변화와 혁신을 위한

기술경영

전략과 방법론

송윤섭

For
Change and Innovation

문운당

PREFACE

21세기는 새로운 과학·기술·지식·정보가 상호 연결되고 융합되어 새로움을 창출하고 발전하는 격변의 시대이다. 이러한 문명사적인 대 전환기에 우리 교육은 새로운 환경 변화에 능동적으로 대응하여 지속적인 개선 노력과 창의적 발상을 구체적으로 구현할 수 있는 창조적이고 총합적인 지식경영 전문 인력을 양성하는데 적극 노력해야 한다.

특히 우리 교육은 복합, 융합, 학제, 통합의 여러 지식 경계를 뛰어넘어 모든 지식을 총괄하는 통섭형 무경계 인재를 양성하여 이러한 시대적 요구에 부응할 수 있도록 모든 역량을 집중하여야 한다. 이를 위해 저자는 그동안의 연구, 실험, 교육 활동은 물론 현장 전문기술자로서의 경험을 바탕으로 변화의 혁신을 위한 기술혁신 활동을 효과 · 효율적으로 전략 경영할 수 있도록 다음 몇 가지 사항에 유의하여 이 책을 집필하였다.

첫째로, 기술경영의 기본 흐름을 이해할 수 있도록 기본 개념과 원리, 최근의 기술흐름을 충실히 반영하였다. 이를 위해 계획화 및 전략 경영, 조직화, 기술혁신과 변화 창조 관리, 시스템 개발 및 프로젝트 관리, 위험분석 및 평가 등의 다양한 주제에 대한 이론과 실제 현상을 면밀히 비교 분석하고 핵심 전략 및 방법론을 제시하였다.

둘째로, 학습조직화를 구체화하여 신교육에서 지향하는 조화학습과 창의성을 강조하였다. 이를 위해 세부 전개되어야 할 주제에 많은 지면과 삽화를 제공하고, 〈개요=〉학습목표=〉본문=〉토의 문제 및 활동〉으로 이어지는 학습 사이클을 제시하였다. 이러한 체계적 과정을 통해 학습자 스스로 창의 종합 • 분석 • 평가할 수 있도록 하였다.

보다 충실한 교재가 될 수 있도록 지속적인 수정·보완을 약속드리며 이 책의 출판을 위해 애써주신 문운당 출판사 여러분께 사의를 표한다.

인수산방 상운재에서
저자 송윤섭

CONTENTS

Part 01
기본 원리

CONTENTS

Part 02
계획화 및 전략

Part 03
조직화

CONTENTS

CONTENTS

Part 07 위험 관리

CONTENTS

〈그림 차례〉

CONTENTS

CONTENTS

〈표 차례〉

PART 01

기본 원리

제1부에서는 기술경영의 기본 원리, 전략 및 방법론을 개관한다. 경쟁우위를 위한 관리, 관리 수준 및 기술, 외부 환경, 환경에 대한 대응, 의사결정 단계, 효과적인 의사결정을 방해하는 요소, 그룹 결정의 관리, 조직의 의사결정 등을 논의한다.

제1장에서는 새로운 시대에 관리•경영해야 하는 주요 과제를 기술하고, 효과적인 관리•경영자의 주요 기능, 기술 및 경쟁 목표를 소개한다. 오늘날 관리•경영자는 그 어느 때보다도 광범위하고 지속적인 변화를 일으킬 수 있는 역동적인 힘을 다뤄야 한다. 우리는 관리•경영자들이 그들의 방식을 재고할 필요성을 느끼는 많은 힘들 가운데 **인터넷, 세계화, 기술 융합 및 지식 경영 그리고 조직 경계를 뛰어넘는 협력**의 네 가지 변화하는 주요 물결을 강조하였다. 또한 사업은 경쟁 영역이므로 경쟁업체보다 우수한 방식으로 고객에게 가치를 제공해야 한다는 점도 역설하였다. 고객 가치를 창조하는 다섯 가지 경쟁우위 요소는 **창의성, 혁신, 품질, 속도 및 가격 경쟁력**이다. 관리•경영 기능과 이들이 오늘날 사업 환경에서 어떻게 진화하고 있는지를 논의하고 서로 다른 조직 수준에서 관리•경영의 본질에 대해 논의한다. 관리•경영 기능을 효과적으로 수행하기 위해서 경영자는 기술적 기술, 개념 및 의사결정 기술, 대인관계 및 의사소통 기술이 필요하다. 당신의 경력을 성공시키기 위해 몇 가지 목표를 기억해야 한다. 전문가(specialist)인 동시에 박학다식(generalist)해야 한다. 자립적이면서도 대인관계가 좋아야 하며, 작업 환경에서 요구되는 방식대로 수행하기 위해 지속적으로 당신의 기술을 향상시켜야 한다.

제2장에서는 경영자와 그들의 조직이 운영해야 할 외부환경 및 대응 전략을 기술한다. 환경이 조직에 미치는 영향과 조직이 환경에 미치는 영향을 논의한다. 거시 환경과 경쟁 환경의 구성 요소를 논의하고 그 차이점을 살펴본다. 아마도 이 둘 간의 가장 간단한 차이점은 기업이 외부 힘에 행사할 수 있는 통제력(지배력)의 크기일 것이다. 또한 조직이 국제적 환경에서 경제적 및 사회적 발전에 왜 관심을 가져야 하는지를 논의한다.

제3장에서는 가장 일반적인 관리 활동인 의사결정을 논의한다. 건전한 의사결정 기술은 효과적인 경영 성과에 매우 중요하다. 당신이 경영자로서 직면할 의사결정 유형을 알게 될 것이다. 합리적인 결정을 하는 방법을 논의하고 당신이 의사결정 할 때 피해야 할 장벽을 알게 될 것이다. 상황적이고 인간적인 제한사항이 대부분의 의사결정자들에게 최대화보다는 만족화로 유도한다. 의사결정시 그룹을 사용할 때의 장/단점과 의사결정 그룹을 이끌 때 사용하는 절차를 논의한다. 창의적인 결정을 장려하는 방법과 조직에서 결정이 이루어지는 과정을 논의한다. 조직이 위기에 봉착했을 때 의사결정 하는 방법을 논의한다. 위기 상황은 건전하고 효과적인 결정을 더 어렵게 만든다. 그러나 위기는 잘 관리할 수 있다. 위기관리를 위한 전략은 사전에 개발할 수 있으며 메커니즘이 준비되기 때문에 위기가 발생할 경우 의사결정자가 이를 충분히 대비할 수 있다.

01 Chapter

기술경영

개요 및 학습목표

어떤 경영자(관리자)도 항상 옳거나 항상 그르지는 않지만, 일부 경영자(관리자)는 다른 경영자(관리자)보다 더 자주 경영을 올바르게 한다. 기업 또한 개인과 마찬가지로 다양한 이유로 성공하거나 실패를 경험한다. 이러한 이유 몇 가지는 상황과 관련되기도 하지만 또 다른 이유는 개인적이고, 인간적이며, 경영자(관리자)의 의사결정과 수행방책이 포함되기도 한다.

사업에서 효과적인 관리를 대체할 수 있는 것은 아무 것도 없다. 기업은 잠시 동안 높이 날 수는 있지만, 좋은 관리(경영) 없이는 오랫동안 성공할 수 없다. 이는 개인에게도 마찬가지다. 경영자(관리자)는 기본에 충실해야 하며, 무엇이 중요한가를 알고, 잘 관리(경영)함으로써 성공한다. 이 장의 목적은 여러분이 그러한 것들을 추구하는 데 있어 성공하도록 돕는 것이다.

이 장을 학습한 후에 여러분은 새로운 경쟁 환경을 관리•경영하는데 주요한 도전 과제가 무엇인지를 알아야 한다. 당신 회사의 경쟁 우위 요소(추동력)를 알아야 한다. 경영(관리)의 기능과 그것들이 오늘날의 사업 환경에서 어떻게 진화하고 있는지를 알아야 한다. 서로 다른 조직 수준에서의 경영의 본질을 이해하여야 한다. 당신이 효과적인 경영자(관리자)가 되는데 필요한 기술을 알아야 한다. 당신의 경력을 관리하면서 무엇을 위해 노력해야 하는지를 알아야 한다.

1.1 새로운 경쟁 환경에서 관리해야 할 주요 도전 과제

21세기에 들어서 경제의 패러다임이 바뀌고 있다. 새로운 용어가 기존의 용어를 대체하고, 새로운 인터넷 관리자가 기득권층 집단과 구별되고 있다. 사업 모형도 전략으로 대체되고 있다. 또한 예기치 못한 코로나 팬데믹 현상 같은 요인으로 야기된 사회경제적 위기 속에서 고용 위기와 산업구조 변화에 따른 시장의 변동성이 일시적으로 그치고 않고 불확실성이 매우 커지는 뉴애브노멀 시대에 경쟁우위 지속성을 위해 추구해야 할 함의를 잘 살펴볼 필요가 있다.

신기술, 신경제가 증폭됨에 따라 더욱 더 많은 기업들은 검증되지 않은 동종의 시장과 경쟁하게 되었다. 그 결과 수많은 기업들이 단기간에 실패를 경험하고 도태되는 등 사업 세계가 현저히 바뀌었다. 닷컴(.com) 거품과 불황, 경제적 불확실성이 눈덩이처럼 커지고 있다. 그러나 환경의 변화는 지극히 한 단면일 뿐, 경영자(관리자)의 수많은 잘못된 결정이 큰 몫을 하였다. 그들은 거만하였으며, 고객을 소홀히 하였고, 관리 경험과 지식의 부족으로 관리 원칙을 잘못 적용하였다.

시간의 변화 속에서도 경영(관리) 관행은 언제나 비효과적인 조직과 효과적인 조직을 분리한다. 일상의 사업에서 적자생존은 모습을 드러내 전개되고 있는 "새로운 세상"에서 가장 성공적으로 적응하는 사람과 조직들에 의해 승리될 것이다. 과거와 다른 "새로운 세상"과 "사업에서의 경쟁 환경"이 무엇인가를 정의하고 주목할 필요가 있다. 또한 오늘날의 경영자(관리자)는 그 이전보다도 훨씬 끊임없이 변화하고 더 큰 힘을 만들어내는 동적인 힘을 다루어야 한다. 특히 경영자(관리자)가 그들의 관리 경험과 전문지식 및 방법을 다시 생각하기 위해서는 과거로부터 현재의 필요한 상황을 만들어내는 많은 힘들 가운데 **인터넷, 세계화, 기술 융합 및 지식과 생각의 중요성(기술 융합 및 지식경영), 조직 경계를 뛰어넘는 협력(협동)**이라는 네 가지 주요 변화를 주목할 필요가 있다.

1) 인터넷

IT기술이 경영 세계에서도 거대한 변화를 주도하고 있다. 경영자(관리자)가 종업원을 지휘하고, 동기부여하기 위해 고안한 전략의 모든 것에 관해 생각하고 행동하는 방식을 인터넷이 변모시켰다. 경영은 여전히 전략적이며, 여전히 격하게 대인적이며, 인간적이지만, 이제는 더불어 IT기술에 기반을 삼아 일어서야 한다.

E-business가 대 유행이다. E-business는 인터넷을 기업경영에 도입하여 기존 기업의 경영활동 영역을 가상공간으로 이전시킨 것을 말한다. 이를 통해 기업은 가치사슬을

재구축하여 경영의 효율화를 도모하고, 새로운 비즈니스 모델을 창출하여 신규 수익원을 확보하고, 고객관계 강화를 통해 고객가치를 증대시킬 수 있다.

E-business의 성공적인 추진을 위해서는 **핵심 축(신가치 창출 · 네트워크 통합), 추진 과정(진단 · 비전 · 전략 · 실행계획 · 실행), 추진 유형(경영 과정의 효율화 · 신규 비즈니스의 개척)별 전략 수립, 인프라(조직구조 · 기업문화 · 정보시스템)** 등이 필수적으로 고려되어야 한다. 최근 디지털 경제의 확산이 기존 제조업체들에게 위기로 인식되면서 이들 제조업체들의 E-business화가 생존을 위한 필수요소로 자리를 잡고 있다. 그러나 E-business의 미래에 대한 논쟁은 여전하며, 온라인 시장만을 고집하는 기업보다는 인터넷(온라인 시장)과 오프라인 시장을 혼합하는 것이 좋은 방법일 수 있다.

인터넷(internet)은 다른 네트워크들처럼 중앙의 호스트 컴퓨터가 네트워크 전체를 관리하는 폐쇄적인 체계가 아니라 수많은 컴퓨터를 병렬로 연결하여 누구나 참여할 수 있는 자율 분산적인 형태를 지닌다. 이는 폭발적으로 급증하는 정보를 한데 모으기보다는 각 개인, 또는 기관이 소유한 정보를 통신망을 통해 서로 연결함으로써 엄청난 정보의 공유가 가능할 수 있도록 하는 것이다. 이것이 인터넷의 가장 큰 특성인 개방성의 모체가 된다.

인터넷은 그 접속방식의 개방성으로 인해 정보의 유통이 검열되거나 통제되지 않으며 각각의 컴퓨터가 거미줄처럼 서로 연결되는 것이 가능하다. 최근에는 연구 업무나 필요한 정보를 얻기 위해서 인터넷을 이용하는 단계를 넘어서서 인터넷을 통해 경영 정보를 입수하는 것은 물론, 기업의 홍보 또는 상품 판매 등 비즈니스에 이용하는 기업들도 늘어나고 있다. 인터넷을 기업의 전산망에 연결하여 해외 거래선과 서류를 주고받음으로써 시간을 절약하고 비용도 줄일 수 있다.

인터넷은 어느 누군가의 정보를 다른 곳에 전달하는 시간을 최소화시켰다. 정보의 속도가 빨라진 만큼 사람들은 더욱 촘촘해진 시간 속에서 살게 되었다. 당사자가 인터넷 기업의 경영자라면 그의 삶이 얼마나 바쁠지는 짐작이 가고도 남는다. 믿기 어려울 정도로 팽창을 거듭하고 있으며 인터넷 기업의 운명이 한 순간에 결정이 날 수도 있다. 세계적인 인터넷 기업 beyond.com의 경영자였으며 amazon.com의 부사장이었던 마크 브레이어는 "인터넷 경영자의 10초는 평생"이라고 말한다. 그는 전문경영인으로 여러 인터넷 기업을 최고의 기업으로 만든 경험을 바탕으로 쓴 책『인터넷 경영자의 10초 활용법』에서 인터넷 기업에 맞는 속도경영법 7가지를 다음과 제시하였는데, 이는 우리에게 시사하는 바가 크다.

첫째, 빠르고 스마트하게 움직이라는 것이다. 기업의 체질 자체를 속도감 있게 바꾸어야 한다. 아마존이 성공한 것은 반스 앤 노블이나 보더스보다 빨랐기 때문이다. 이들이 위원회를 구성하고 프레젠테이션 자료를 만드는 데 시간을 쓰는 동안 아마존은 AOL이나 야후 등 중요한 인터넷 포털사이트에서 전략적 요충지를 확보하고 있었다. 빠르고 스마트하기 위해선 그에 걸 맞는 인재를 등용할 뿐 아니라 피자먹는 시간까지도 줄여야 한다. 만약 테이블이 부족해 피자를 먹는 데 시간이 더 걸린다면 그 몇 분을 아끼기 위해 테이블 수를 늘려야 한다.

둘째, e-메일을 아침과 정오, 밤에 쓰라고 권하고 있다. 아무리 바빠도 최소한 하루에 3번은 메일을 확인하라는 것이다. 경영자의 메일 확인 횟수에 따라 기업의 의사결정이 그만큼 빨라진다. 메일을 보낼 경우 3문장 이상을 넘지 않게 쓰고, 정말로 필요하지 않은 사람에게는 메일을 보내지 않는 것도 중요하다. 메일을 보낼 때 특별한 규칙이나 과도한 예의를 차리는 것도 불필요한 습관이다. 무조건 간결해야 한다.

셋째, 피드백을 친구처럼 생각하라는 것이다. 고객들의 소리를 스트레스로 여긴다면 문제다. 고객의 피드백을 친한 친구라고 생각해야 한다. 피드백이 있으면 지체 없이 관리자를 현장에 투입하고 가능한 한 빨리 답장을 보내야 한다. 이것이 늦어진다면 고객이 다시는 그 기업을 찾지 않을 것이다. 어느 순간 고객의 피드백에 대한 반응속도를 늦춘다면 다른 기업이 당신을 추월한다.

넷째, 회의를 효과적으로 해야 한다. 소모적인 논쟁이나 하고 일방적인 지시나 내리는 비생산적인 회의는 지양해야 한다. 회의를 하려면 분명한 목표를 정해야 하고, 약속된 시간에 시작해 약속된 시간에 끝을 내야 한다. 시간은 되도록이면 짧게 하는 것이 좋고, 회의 중 발생하는 반론을 환영해야 한다. 그리고 회의를 하기 전에 정말 이 일로 회의를 해야 하는지를 다시 한 번 생각해야 한다.

다섯째, 늘 브랜드 가치를 중심에 두어야 한다. 인터넷 전쟁터에서 브랜드 가치는 가장 중요하다. 기업의 이미지나 성취하고자 하는 바와 들어맞는 브랜드는 이것을 설명해야 하는 엄청난 시간들을 절약해 준다. 브랜드는 곧 속도다.

여섯째, 투자정글에서 살아남아야 한다. 투자자들은 각기 다른 특성을 가진 사람들이다. 사기꾼이 있을 수도 있고 냉소주의자가 있을 수도 있으며 투자의 신이 있을 수도 있다. 이들을 효과적으로 다루는 방법을 나름대로 터득해야 한다. 보여주어야 할 것과 그렇지 않은 것을 구별해야 하고 투자자의 어떤 물음에도 대답할 수 있는 연습을 해야 한다.

마지막으로, 일은 늘 재밌어야 한다. 똑같이 바쁘더라도 중독자처럼 일을 하는 사람은 언젠가는 지친다. 그러나 흥미와 유희로 일을 하는 사람은 지치지 않는다. 개인의 개성을 존중해주고 모든 일을 축하하고 칭찬해주는 것이 중요하다.

인터넷 혁명은 현재 분명하며 많은 회사에서 그들의 미래를 확고히 하는 도구로 사용하고 있지만 진정한 부의 창출은 아직 실현되지 않았을 수 있다. 인터넷 상에서 일어나는 무역의 비율도 전 세계적으로 인터넷 사용자 수와 마찬가지로 증가하고 있으며, 네트워크는 그 자체로 사업이 아닐 수 있지만 그것은 분명히 사업을 개선하기 위한 강력한 도구이다. 또한 특정회사가 어떻게 활동할 것인지를 현 시점에서 예측하는 것은 어렵다. 그러나 그것의 운명이 모든 회사의 운명과 마찬가지로 기업 환경과 경영자들의 결정과 행동의 조합이라는 요소에서 파생될 것이라는 점은 분명하다 하겠다. 특히 인터넷 시대에 네트워크와 플랫폼이 미래 경제의 강자로 군림하게 될 것이다.

2) 세계화

국제화(internationalization)가 국민, 국가 간의 교류가 양적으로 증대되는 현상을 말한다면, **세계화**(globalization)는 양적 교류의 확대를 넘어서 현대 사회생활이 새롭게 재구성됨으로써 세계사회가 단일한 차원을 구축해가는 과정을 뜻한다. 세계화는 분석 단위로서의 세계사회를 중시한다.

역사적으로 세계화는 제2차 세계대전 이후 경제, 정치, 문화 세 수준에서 동시적으로 그리고 상호연관을 이루면서 진행되어 왔다.

먼저, 경제적 수준에서 세계화는 교역 · 투자 · 통신 등이 확대되어 국가 간 상호의존이 증대하고 지구적으로 다자간의 협의 · 조정 · 협력 등이 강화되는 현상을 뜻한다. 경제의 세계화는 오늘날 세계화를 추동하는 기본 동력이라 할 수 있다. 경제의 세계화 경향은 최근 더욱 두드러졌는데, 세계무역의 완전자유화를 주장하는 세계무역기구(WTO)의 출범과 국가 간 자유무역협정의 체결, 초국적기업(MNCs)의 활동은 대표적인 사례이다. 여기서 전후 세계화를 주도한 주체로서 초국적기업의 활동은 생산부문을 지구적으로 재배치하는 신국제분업을 통해 기존 국경의 의미를 축소시켜 왔다.

이러한 경제의 세계화에서 중요한 것은 기업 활동에 유리한 조건을 제공하는 지역으로 자본은 자유롭게 이동하지만, 노동력이 국경을 넘나드는 것은 간단하지 않다는 점이다. 그 결과 경제활동에 대한 국가의 규제를 철폐하려는 신자유주의 경제이론의 발언권이 기지고 규칙 및 제도의 지구적 표준화가 진행되어 온 반면, 노동조합은 교섭력을 점차 상실하게 되는 과정을 밟아 왔다.

세계적으로 경쟁하는 것은 쉬운 일이 아니다. 기업들은 종종 외국 시장의 매력에 대하여 과대평가한다. 그러한 시장은 거대한 미지의 처녀림처럼 보이지만, 어려움(비용과 위험) 또한 크다. 해외 지역에는 지역 시장이 필요하며, 현지 경영에는 관계와 신뢰의 구축을 필요로 한다.

소규모 기업일지라도 국제적인 고려 속에서 중요한 전략 결정을 해야 한다. 많은 소규모 기업들은 그들의 제품을 국외로 수출한다. 또한 많은 기업들은 다른 나라에서 그들의 제품을 조립한다. 한편 기업은 고품질의 외국 제품과 격심한 경쟁에 직면하고 있는 그들의 제품을 개선하도록 압력을 받고 있다. 오늘날 기업들은 세계에서 최상이 되기 위해서 어떻게 해야 하는가에 대해 끊임없이 자문하고 그 해답을 찾는 데 노력해야 한다.

한국에서의 세계화는 경제와 문화, 그리고 정치 영역에서 다각적으로 진행되어 왔다. 먼저 경제 영역에서의 세계화는 1990년대부터 무한경쟁 환경에서 국가경쟁력 확대를 주창하면서 탈국가화를 동반했다. 특히 1997년 외환위기를 계기로 미국식 기업운영으로 대표되는 글로벌 스탠다드가 강조되었다. 이러한 경제적 세계화는 외환위기를 단시간 내에 극복하는 데 나름대로 기여했지만, 동시에 고용, 소득, 소비에서의 사회 양극화를 강화하는 결과를 낳았다.

문화 영역에서의 세계화는 미국화로 특징지어질 수 있다. 해방 이후 한국사회에는 물질문명에서 정신문화에 이르기까지 미국식 가치와 생활양식의 영향이 증가해 왔는데, 특히 1990년대 이후 이러한 경향은 크게 강화되었다. 물론 이 과정에서 미국식 생활양식에 맞서 민족주의 내지 민족문화의 중요성이 강조되기도 했지만, 미국문화로 대표되는 서구문화는 여전히 압도적인 문화로 자리하고 있다.

한편 한국사회에서 정치적 세계화는 국제통화기금과 같은 정부 간 기구와 다양한 비정부기구의 영향력 증가에서 관찰될 수 있다. 경제적 · 문화적 세계화와 비교해 그 속도는 더디지만, 정치적 세계화 역시 정부를 포함한 국민국가의 의사결정에 상당한 영향을 미치고 있을 뿐만 아니라, 그 영향력이 점차 커지고 있음을 주목해야 한다.

세계화는 최근 지구적 사회변동을 이해하려는 개념이라 할 수 있다. 1997년 외환위기 이후 한국사회에서도 본격화된 이 세계화에 대해서는 양면적인 평가가 이루어지고 있다. 한편에서는 세계화의 적극적인 수용을 강조하고 있다면, 다른 한편에서는 세계화에 대한 비판적 수용 또는 거부해야 한다는 주장이 제기되고 있다.

한 걸음 물러서서 볼 때, 세계화는 긍정적 측면과 부정적 측면을 모두 갖고 있는 양면적인 과정이다. 세계화는 지구적 불평등을 강화시키는 위기인 동시에 경제 · 문화적 삶을 향상시킬 수 있는 새로운 기회라고 할 수 있다. 중요한 것은 세계화가 한국사회에 미치는 영향력이 갈수록 증대하고 있다는 점이다. 따라서 세계화에 대한 더욱 포괄적이고 심도 깊은 이해가 요청되며, 세계화에 대한 더욱 적극적이고 다각적인 대응 전략 또한 모색되어야 할 것이다.

3) 기술 융합 및 지식 경영

영역을 넘나드는 기술 간 융합은 21세기의 성장 동력이자 다종다양한 분야의 상상력, 창조성의 원동력으로 지식과 기술, 산업의 지도를 바꾸어 가고 있다. 사용자 인터페이스 기술과 증강현실 기술을 융합한 애플의 '아이폰', 그래픽 기술과 모션 캡처 기술, 3D 기술을 총동원한 영화 〈아바타〉, 인간의 아날로그적 신체성이 디지털 게임과 결합한 '닌텐도 위(Wii)'까지, 기술 융합이 낳은 다채로운 문화 현상이 융합 시대를 잘 말해준다.

최근 대중적 용어가 되어버린 **융합(融合)**의 사전적 의미는 '다른 종류의 것이 녹아서 서로 구별이 없게 하나로 합해지는 일'을 뜻한다. '융합물'이라고 했을 때 그것은 둘 이상의 물질이 녹아서 하나로 된 물질을 의미하는 것으로, 물리적인 결합을 통한 화학적 결합이 이루어졌을 때를 말한다. 즉, 1+1=2가 아니라 $+\alpha$ 가 되는 시너지 효과를 내는 것을 의미한다. 융합의 정의를 분야별뿐만 아니라 시기별로 살펴보면 초기의 논의들은 주로 기술, 산업, 시장, 그리고 제도의 측면에서 그것을 이해했는데 대표적인 정의로는 '과거에는 별개의 제품으로 제공되던 기능이 디지털 기술의 적용으로 하나로 통합되는 것', '서로 다른 네트워크 플랫폼이 근본적으로 유사한 서비스를 제공하거나 전화, TV, PC와 같은 소비자 단말이 통합되는 현상', '유사한 종류의 서비스를 서로 다른 네트워크가 전송하거나 유사한 종류의 서비스를 서로 다른 단말기가 받는 현상' 등이 그것이다. 최근에는 융합을 기술적이고 기능적인 측면을 넘어 문화적 측면과 이용자 측면에서 이해하려는 시도가 나타나고 있다.

융합은 산업간 경계를 허물고 있다. ICT와 생물, 에너지, 나노, 우주, 문화, 환경 등 타산업과의 융합으로 NT, BT, ET, IT, CT, ST 등 새로운 영역이 창출되고 있다. 그러나 융합과정에서 간과된 점은 ICT와 인간(사용자)과의 경계도 허물어지고 있다는 것이다. 스마트폰이 인기를 끈 것은 인간의 자연스런 동작인 체화된 상호작용(Embodied Interaction)을 스마트폰에 그대로 재현했기 때문이다. 예를 들어 사용자가 다음 화면을 넘기는 인간의 동작이 스마트폰에서 작동하고, 글자 크기나 화면을 크게 하려는 인간의 손가락 확장 동작이 그대로 작용을 하는 것이다. 이렇듯 인간과 기술의 경계를 허물고 인간의 욕구를 기술에서 자연스럽게 재현할 때 그 기술은 성공했다라고 볼 수 있다. TGIF로 일컬어지는 트위터(Twitter), 구글(Google), 아이폰(iPhone), 페이스북(Facebook) 역시 모두 인간의 경험이나 가치에 중점을 둔 사업이라는 공통점을 가졌다.

미래학자나 IT전문가들은 미래의 기술 진화 방향은 인간과 기술의 경계가 없어지는 **특이점(Singularity Point)**으로 수렴될 것이라 보고 있다. 『특이점의 도래(The Singularity is Coming)』로 유명한 미국의 미래 과학자인 레이 커즈와일(Ray Kurzweil) 박사는 수많은 세계의 과학과 기술 등에 대한 자료를 모아 통계적으로 분석한 결과, 2030년 전후에는 인간과 인공물(인간이 만든 하드 시스템 또는 소프트 시스템)의 경계가 무너지는 '특이점의 시대'가 도래할 것이라는 예측을 했다.

경영 환경이 복잡해지고, 경영학 중심의 접근이 한계에 이르자 융합을 경영 전략으로 접근하는 방법이 주창되고 있다. **융합 경영 전략**은 기존의 경영학 중심의 접근을 부정하는 것이 아니라 종래의 경영학 이론과 기법을 바탕으로, 그 위에 여러 가지 신기술을 가치 혁신 수단으로 활용할 수 있는 능력, 그리고 혁신 대상인 기존 제품·서비스와 프로세스 등에 대한 이해를 추가하는 것이다. 융합 경영의 중요성이 강조되는 이유는 전 세계적으로 거의 모든 기업들이 처한 위기 상황을 종래의 제품·서비스와 업무 방식으로 해결하는 데는 한계가 있기 때문이다. 즉, 오늘날 기업들은 경쟁의 고도화, 제품·서비스에 대한 고객의 기대 상승, 영역의 파괴, 원자재 가격 인상, 인건비 상승, 환경 보호에 대한 사회적 압력 가중, 신기술의 급격한 발전 등에 따른 압박을 받고 있다. 이와 같은 압박 속에서 기업이 최소한 생존하고 나아가 성장할 수 있는 방법은 다른 업종 간 융합을 통해 새로운 영역을 찾아내는 것이다.

애플·구글·페이스북·트위터의 공통점은 경영 전략으로서 융합을 받아들여 적극적으로 스마트 혁명에 대처했다는 점이다. 융합 경영은 바로 창의성 중심의 혁신적 사고와 서비스로 변화와 혁신을 이루어 나가는 소프트 파워 중심의 전략을 구사하는 것이다. 하드웨어 자체 기술이 평준화, 범용화되면서 서로 경쟁적으로 제품에 더욱 많은 차별화 기능과 복잡한 구조들을 추가하고 있고, 다양한 서비스도 가능하게 되었다. 이 때문에 제품의 사용성이 중요한 변인으로 부각되었으며, 양질의 콘텐츠가 성패를 좌우하고, 서비스 중심(service-oriented architecture)으로 변화하고 있다. 즉, 이제는 네트워크나 하드웨어 기반의 경쟁이 아닌 사용자 차원의 편의성, 창의성, 콘텐츠 같은 **소프트파워(soft power)**에서 경쟁 구도가 형성된 것이다. 즉, 융합은 혁신 수단으로 활용되며 개별 기술-제품-서비스-산업을 새로운 방식으로 결합함으로써 강력한 시너지를 만들어 낼 수 있다. 아이패드나 아이폰은 기술 혁명이 아니라 소프트 혁명이라는 측면에서 융합 전략에서 좀 더 하드웨어적인 기술 외의 소프트적인 이슈에 집중할 필요가 있다.

미래 사회는 시간, 공간, 지식, 관계가 확장됨에 따라 새로운 가능성이 형성되거나 핵심 가치가 변화하는 모습을 보일 것이다. 특히 하드웨어적 가치보다 감성·지식·문화·창의성 등에 바탕을 두는 인간 중심적 가치가 중요해질 것이다. 아이폰·아이패드라는 인간 중심의 기술이 탄생하기까지 수많은 분야의 다양한 사람들이 인간의 본질을 이해하려고 했고, 인간 환경의 생태계를 담아내려는 산고의 노력을 기울였기 때문에 애플은 성공 신화를 쓸 수 있었다. 이제 앞으로 ICT 환경은 모든 도메인의 경계가 허물어지며 하나의 거대한 플랫폼으로 이용될 것이다. 이런 플랫폼 위에서 모든 기술과 사람이 자연스럽게 연결되고 새로운 가치를 만들어 낼 것이다.

융합 경영 전략의 하나로 마인드 셰어 전략을 주목할 필요가 있다. **마인드 셰어(mind share)**란 소비자나 사용자들이 특정 기술이나 제품에 대해 공유하고 있는 생각이고, 그 생각은 바로 그들의 인식이나 경험에 기반하고 있다. 예를 들면 "지금 생각나는 스마트폰 브랜드는?"이라는 질문에 몇 %의 소비자가 애플의 스마트폰을 떠올릴까? 이때 나오는 몇 % 숫자가 마인드 셰어다. 한 상품이 가지고 있는 시장 점유율(market share)은 중요한 성과 지표지만 스마트 시대에는 마인드 셰어의 중요성이 한층 더 부각되고 있다. 과거 기술은 그저 사용자들에게 제품을 판매하는 것에 머물렀지만 스마트 시대에는 사용자들에게 기술을 경험하고 사용하고 싶도록 잠재적 이미지와 가치를 호소해야 비로소 제품의 생명력이 발휘된다. 강력한 감성적 공감대를 형성해 마인드 셰어를 확보하지 못한다면 결국 시장점유율과 이익률도 저하될 것이다.

마인드 셰어가 핵심 요인으로 부상하고 있지만, 미래는 이보다 한발 더 나아간 **밸류 셰어(value share: 가치 지향적 접근)**의 문제가 중요해질 것이다. 사용자 가치에 중점을 두는 새로운 가치 지향적 마케팅 전략이다. 사용자 가치란 제품 · 서비스 사용 경험에 따라 사용자가 스스로 느끼고 얻을 수 있는 모든 가치를 의미한다. 이때 말하는 가치에는 다른 사람과 차별된다는 느낌, 제품에 대한 신뢰, 트위터 등을 할 때의 사회적 교감 등이 있다. 다양한 사용자들이 보편적으로 공유하는 태도, 만족감, 효능, 용이성, 유용성 등이 사용성이라는 범주로 망라될 수 있다. 그러한 것들이 기존에는 개별 요인으로 사용자의 요구나 수요를 측정하는 객관적 요소들이었다. 반면, 융합의 스마트 시대에는 그러한 피상적 요인들을 인간의 근원적, 원초적 차원에서 접근해야 한다는 점에서 가치 지향적 경영이라 할 수 있다. 사용자들의 경험 속에 잠재된 가치는 무한하며, 새롭게 발굴될 가능성이 크기 때문에 향후 **킬러 애플리케이션(killer application)**적인 기술은 사용자와 기술 간 가치 창출의 문제로 귀결될 것이다. 소비자 경험은 반드시 수익 창출 매커니즘과 연결해 있어야 한다. 애플이 중시하는 것은 시장점유율과 이익률이 아닌 **브랜드파워(brand power)**와 그를 통한 사용자 경험의 극대화다. 미래의 기술 개발에서 사용자의 가치를 능동적으로 반영하며 실제 사용에 그 가치가 적극 활용되며 사용자 간 선순환 구조를 통해 새로운 가치를 확대 재생산하는 것이 중요해질 것이다.

경영 변화의 가장 중요한 원천 중의 하나는 더 나은 새로운 생각에 대한 요구가 증가하는 것이다. 선진 기업의 노동자들은 효율적인 생산성으로 인해 여가활동과 소프트웨어 및 각종 자료 및 정보 등의 서비스를 자유롭게 제공 받는다. 효율적인 기업은 소수의 인력으로 시장 수요에 맞추어 휴대폰과 같은 첨단 제품을 생산하는 한편 많은 인력들로 하여금 신기 소프트웨어 개발과 같은 새로운 제품과 서비스의 창출에 전념하게 한다. 인력과 손을 사용하는 경제에서 이렇게 두뇌를 통한 지식을 이용하는 경제로 이동하고 있다. 따라서 앞으로는 최고지식경영자(CKO)가 중요한 역할을 하게 된다. 21세기는 **지식 경영(knowledge management)**의 시대라 할 수 있다. 지식이 기업의 부와 경쟁력 창출의 핵심원천이 되는 시대가 시작된 것이다. 산업사회에서는 자본과 노동이 가장 중요한 요소였다. 그러나 지식사회에서는 지식이 그 위치를 대신하고 있다. 따라서 지식의 적절한 활용이 기업과 국가의 성패를 좌우한다고 할 수 있다.

다시 말하여, 지식 경영은 예측할 수 없을 정도로 급격하게 변화하는 경영환경 속에서 기업의 생존과 경쟁력을 갖추게 하는 경영을 말한다. 구체적으로 정보기술에 의한 데이터 및 정보의 가공능력과 인간의 창조적이고 혁신적인 능력을 통합해 가치창조의 극대화를 추구하는 기업의 조직적인 과정이라고 할 수 있다. 특히 기존의 경영기법과는 달리 인간의 창조적 능력이야말로 지식사회에 있어서 경쟁력의 핵심인 지식을 창조하는 원천이라고 보는 경영기법이라고 할 수 있다.

피터 드러커(P. F. Drucker)는 지식이란 일하는 방법을 개선하거나 새롭게 개발하여 기존의 틀을 바꾸는 혁신을 통해 부가가치를 높이는 것이라고 정의하였다. 기업이 살아남기 위해서는 경쟁력을 확보해야 하고 이는 기업이 가지고 있는 인적자원들의 지식이 경쟁기업보다 우위에 있어야 한다. 기업의 경쟁력은 이러한 조직 구성원들의 축적된 지식에 근거한 사업 판단력의 합계이며, 나아가 이러한 지식들이 얼마나 효과적으로 관리되고 재사용되며 그 지식이 기업의 자산으로 남느냐에 달려 있다.

지식 경영이 대두되면서 최고지식경영자의 필요성도 날로 커지고 있다. CKO(chief knowledge officer)는 조직 내 지식 경영과 지식 관리를 총지휘하는 고급임원을 말한다. 기존의 CIO(chief information officer: 최고기술담당임원)보다 더 전문적이고 한 단계 높은 위치라고 볼 수 있다. 유수 기업일수록 CKO의 역할이 확대되고 막중해지고 있는 것이 세계적인 추세다. CKO의 역할은 조직 내부 구성원들이 보유한 전문 지식을 발굴해 효과적인 활용을 유도하는 것이다. 또 지식 경영을 위한 지식 공유시스템 기반을 구축하고, 사내 지식 활용을 위한 지식 문화 조성 등의 업무를 총괄 지휘한다. CKO는 또 각종 정보를 수집하는 것에서부터 어떤 종류의 지식이 조직의 경쟁우위 강화에 필요한지 등을 결정하는 일도 한다.

4) 경계를 뛰어넘는 협력

미래 사회는 시간, 공간, 지식, 관계가 확장됨에 따라 새로운 가능성이 형성되거나 핵심 가치가 변화하는 모습을 보이고, 특히 하드웨어적인 가치보다는 소프트하고 인간 중심적 가치의 중요성이 커질 것이다. 미래에는 물질적인 자본재가 아닌 지식, 신뢰, 정보 등 무형의 가치가 중요한 자본이 될 것으로 전망된다. 도덕적 가치, 정의, 사회적 관계, 인간적 표상, 휴머니티 등은 미래 기술 디자인에서 핵심 가치가 될 것이다. 점점 기술과 인간의 경계가 사라지고 있는 상황에서 인간성이라고 부를 만한 고유의 특징과 가치를

ICT기술에 어떻게 구현할지가 관건이다.

지식 경영의 가장 중요한 과정 중의 하나는 조직의 다른 부서 사람들이 다른 사람들과 효과적으로 협력하는 것이다. 이는 기업 내 다른 부서, 사업부, 혹은 다른 하위 조직 간의 생산적인 의사소통을 필요로 한다. 협력은 조직 내에서 뿐만 아니라 조직 사이에서도 발생한다. 공동의 사업 이익을 추구하기 위해 합병을 하고 있다.

오늘날 기업은 또한 전통적인 기업 경계 밖의 사람들에게 동기부여하고 그들의 생각을 이용해야 한다. 여전히 기업은 소비자에게 제품을 전달하는 데 초점을 두고 있지만, 무엇보다도 고객에게 서비스하는 데 필요한 다른 무엇이 있다는 것을 먼저 인식해야 한다.

고객에게 서비스를 가장 잘하는 것은 고객을 기업의 결정에 더욱 더 관여시키는 것이다. 고객 참여를 통해 그들이 가진 최상의 생각을 기업 활동에 기여할 수 있게 하는 전략적, 체계적, 능동적인 방법으로 고객관계를 관리하여 더 좋은 고객 서비스를 달성할 수 있다.

표 1.1 오늘날 경쟁 환경에서 사업 지도자가 생각해야 할 몇 가지 단상

1: 무한경쟁 시대 속 기업들은 소비자에게 보다 나은 서비스를 제공하기 위한 전략으로 내부직원 역량 향상에 집중해야 한다. 특히 자체적으로 인재양성 프로그램 운영을 통해 브랜드 및 제공 서비스의 질을 강화하고자 하는 노력이 필요하다.
2: 글로벌 비즈니스 환경에서 버틸 수 있는 힘은 과거 기업 활동의 전통적 가치를 버리고 새로운 환경에 맞추는 재창조가 필요하다. CEO의 통찰력과 기업의 강점을 강화하는 경영전략을 통해 가치혁신을 추구해야 한다.
3: 경영자원이 열악한 중소기업의 생존 전략은 속도경영과 M&A이다. 큰 기업이 언제나 작은 기업을 이기는 것은 아니지만 빠른 기업은 언제나 느린 기업을 이긴다. 또한 M&A는 단순한 규모의 경제를 뛰어넘어 해당 기업들에게 경쟁력을 부여하는 좋은 전략적 수단을 제공한다.
4: 무한경쟁시대 경영자 생존전략은 비전을 제시하며 리더십을 발휘해야 한다. 환경변화를 슬기롭게 극복하고 기업을 시대에 맞게 효과적으로 경영하기 위해서는 발상의 전환이 필요한 시점이다. 기업 비전(Vision) 전파를 통한 리더십의 확보가 이루어져야 한다. 또한 고객과 시장중심의 기업가 정신을 가지고 재무적인 성과와 기업의 핵심역량과의 균형된 경영감각을 가져야 한다.
5: 정보기술을 경영전략과 연계시키고, 정보전략가를 효과적으로 활용해야 한다. 21세기 기업의 경영활동의 핵심은 위치정립과 자원배분이다. 상하 간의 원활한 커뮤니케이션과 문제해결 능력을 갖고 있어야 하며, 정보 · 지식을 핵심자원으로 인식하고 경영활동에 있어서 정보와 지식을 핵심자원으로 인식해야 한다. 특히 미래 경영환경 변화에 대한 관리능력과 통찰력이 필요하다.
6: 무한경쟁 시대의 새로운 비즈니스 패러다임으로 미덕이 아닌 경영전략으로서의 상생협력 체제를 구축해야 한다. '경쟁력 있는 믿을 수 있는 "사이(in-between)"가 '기업 경쟁력'을 만든다는 점을 인식하여 경영여건의 변화와 관계없이 협력업체와 상생협력 파트너십이 훼손되지 않도록 사회 전체와 미래를 내다보며 경영활동을 해야 한다. 특히 상생협력이 제대로 뿌리내리기 위해서는 단순한 제도도입 차원을 넘어 생각을 바꾸어서 상생협력이 기업문화의 일부분이 되도록 노력해야 한다.

인터넷, 세계화, 지식경영, 경계를 뛰어넘는 협력이라는 새로운 물결의 영향이 경쟁 환경을 변모시키고 있다. 오늘날 이러한 경쟁 환경에서 사업 지도자가 생각해야 할 몇 가지를 요약하면 표 1.1과 같다.

1.2 경쟁우위 관리

인터넷의 출현은 개인의 삶을 크게 변화시켰을 뿐만 아니라 사업 환경도 크게 변화시켰다. 긍정적인 면도 많지만 위험은 종종 무시되었으며 때로는 비극적으로 무시되었다. 우리는 과거 유사한 변혁력을 가진 자동차 및 항공기 분야의 중요한 혁신 산업의 많은 실패로부터 배운 교훈을 명심해야 한다. 미국에는 적어도 2,000여 개의 자동차 제조업체가 있었지만 지금은 3개 회사만이 남아 있으며 심지어 그들은 훌륭한 투자가 되지 못했다. 유사하게 100여 개의 항공기 제조회사가 파산했으며, 몇 몇은 아주 최근에 파산했다. 그리고 미국 항공사의 순 이익은 거의 제로이다. 그 회사들 모두 돈을 벌지 못했다.

이러한 중요한 혁신 산업의 모든 실패로부터 배워야 할 교훈은 무엇일까? 전통적인 기업이건, 인터넷 기반 기업이건 혹은 이 둘을 혼합한 기업이건 간에 기업의 성공을 이해하는 핵심적인 열쇠는 기업이 운영하는 산업이 사회에 얼마나 많은 영향을 미칠 것인가? 또는 기업이 얼마나 많이 성장할 것인가? 하는 것이 아니라는 점이다. 핵심은 특정 기업이 보유하고 있는 경쟁우위가 무엇이며 그 장점이 얼마나 지속가능한가? 혹은 재생가능한가? 하는 것이다. 훌륭한 경영자(관리자)는 그들이 생존하고 승리하기 위해 투쟁하고 있다는 것을 알고 있다.

생존하고 성공하기 위해서는 당신의 경쟁자들보다 유리해야 하고 이득을 얻어야 한다. 사업은 경쟁이므로 당신의 경쟁자보다 우월한 방법으로 고객들에게 가치 있는 일을 수행하여 경쟁우위를 확보해야 한다. 보다 구체적으로 수익성을 높이기 위해 경영자가 제공해야 하는 기본적인 성공 요소는 **창의성, 혁신, 품질, 속도, 가격 경쟁력**이다.

1) 창의성

창의성(creativity)은 '새로운 생각이나 산물을 만들어 내는 것', '기존의 정보를 끌어내고 새롭게 조절함으로써 유용한 어떤 사물이나 아이디어를 만들어 내는 능력', 혹은 '새로움에 이르게 하는 개인의 사고 관련 특성' 등으로 정의된다. 그러나 창의성은 무에서 유를 만들어 내는 완전히 새로운 것만을 의미하지는 않는다. 창의성은 특정한 아이디어나 산출물이 사회 · 문화 속에서 가치를 인정받고, 실현 가능할 때 주어진다. 새롭고 독창적이기만 해서는 창의적이라고 인정하기 어려우며, 사회 · 문화적 맥락에서 가치있게 인정되며 실현될 때 창의적이라고 할 수 있다. 따라서 창의성에 대한 정의는 독창성, 가치, 실현성의 세 요소를 포함하는 것으로 볼 수 있다. 독창성이 창의성으로 발현되기 위해서는 새로운 가치를 창출해야 하며, 실현 가능해야 한다. 더욱이 창의성은 ICT 융합의 발달에 따라 수평화, 개방화되면서 그 개념과 가치가 크게 확장되고 있다.

기본적으로 창의성은 기존의 관습과 권위로부터 자유로워지는 것에서 시작되므로 개방적 사고는 필수요건이라 할 수 있다. 따라서 '창의성'을 개인이나 집단이 새롭고 가치 있는 아이디어에 도달하는 과정으로 보고, 개인이나 집단이 다중지성 또는 집단지성을 발현하는 현상으로 보기에 이른다. 따라서 창의성은 개방형 혁신(Open Innovation)과 불가분의 관계를 맺는다. 헨리 윌리엄 체스브로(Henry William Chesbrough, 2006)는 혁신적이고 창의적인 계획이 조직 내외부에서 발현되어 새로운 서비스로 발전하고, 새로운 시장을 낳을 수 있는 패러다임으로 개방형 혁신을 설명하였다. 여기에서 창의적인 아이디어가 조직 내외에서 자유롭게 유통되고 구현될 수 있어야 한다고 보았다. 이제는 조직 외부에도 수많은 잠재적인 아이디어와 서비스를 개발하고 구현하는 인력과 기술이 넘쳐나고 있으므로 이를 어떻게 창발적으로 활용할 것인가가 관건이 된다고 보았다.

ICT 융합 시대에는 더욱 많은 사람들의 네트워킹과 협력이 창의성을 낳는다. 개방형 혁신은 그래서 창의성 증진에 필수요소이다. 이를 위해 융합 네트워크 인프라는 그러한 네트워킹을 보다 원활히, 시간과 공간을 넘어 가능하게 하는 기반이다. 창의성과 혁신은 서로 밀접한 관계에 있고 상호작용적이다. GE의 CEO인 제프리 이멜트(Jeffrey Immelt)는 '비즈니스에 적용된 창의성과 상상력이 혁신'이라는 말을 했다. 역동적인 기업 혁신의 기초는 개인과 조직이 발휘하는 창의적인 역량이라는 것이다.

개인과 조직에게 당면한 문제를 해결(problem solving)하는 혁신적인 방법을 찾아야 할 때 필요한 것이 비즈니스 창의성이다. 비즈니스 창의성이란 다양한 생각들을 시장 경쟁력이 있는 아이디어로 재조합하고 혁신 상품을 만들어내는 능력을 말한다. 이는 우리의 모든 경험과 지식을 토대로 하며, 비즈니스 현장에 있는 모든 사람들에게 잠재해 있는 사고 과정과 능력으로 볼 수 있다. 기업 경영에서 요구되는 창의성은 궁극적으로 제품, 서비스, 비즈니스 모델 등으로 구현되어 기업의 수익 증대로 연결될 때 의미가 있으며, 이것이 '비즈니스적인 가치를 갖는 창의성'인 셈이다.

특히, 기업 혁신을 위해 필요한 창의성은 **조직 창의성**(organization creativity)이다. 조직 창의성은 복잡한 사회 시스템 내에서 개인들이 서로 협력함으로써 가치 있고 유용한 상품, 서비스, 프로세스를 창조하는 것이며, 이를 구현하기 위해서는 적절한 시스템의 뒷받침이 필요하다. 이와 관련해 로버트 서튼(Robert Sutton, 2005)은 지속적인 혁신은 한 명의 천재로 인해 이루어지는 것이 아니며, 모든 구성원들이 창의적인 아이디어를 지속적으로 제안하고 이를 실천할 수 있는 제도와 시스템을 갖추고 있어야 진정한 의미의 창조적 기업이 될 수 있다고 강조했다.

그러므로 창의적 경영을 위해서는 **첫째, 협업**(collaboration)이 중요하다. 창의적 조직은 한 명의 천재가 만들어내는 것이 아니라, 다양한 분야의 많은 구성원들이 효과적으로 협력해 이루어내는 것이다. **둘째, 창의적 조직은 리더십의 역할이 중요하다.** 특히, 실패를 용인하는 리더의 긍정적인 태도와 기업문화는 창조에 필수적 요소다. 실패 경험을 조직 내에서 공유할 수 있는 DB 시스템을 구축하고 활용하는 것이 필요하다. **셋째, 창조는 한 순간 나타나는 것이 아니라 '서서히 부상(emerge)'하는 것이다.** 이를 위해 창의적 조직은 아이디어 교환과 피드백을 촉진하는 다양한 제도를 적극 활용한다. **넷째, 창의적 조직이 갖는 성공의 핵심은 '인재'에 있다.** 창의적 인재를 육성하기 위해 조직이 갖추어야 할 중요 덕목은 다양성을 인정하는 것이다.

2) 혁신

혁신(innovation)은 새로운 제품과 서비스를 도입하는 것이다. 당신의 기업은 소비자의 수요 변화와 신규 경쟁자에게 적응해야 한다. 실제로 경쟁자들과의 싸움은 새로운 인터넷 기업과 기존 기업 사이에서 만이 아니라, 신입자와 창단(기성) 요원 사이에서 일어난다. 끊임없이 계속되는 싸움은 독특한 사고방식과 무모한 절차 사이에서 일어난다. 최근 들어 신입자들이 독특한 새로운 방법으로 기성 요원을 공격하고 있다. 혁신하는 기성 요원만이 그들의 부를 지속적으로 증가시킬 수 있다.

혁신은 오늘날의 성배(holy grail)이다. 성배는 풍요를 상징하는 신의 그릇이기도 하지만, 아더왕과 원탁의 기사들이 도전에 직면한 최대의 시련이기도 하다. 혁신은 새로운 부를 창출하는 가장 강력한 수단이다. 다른 경쟁우위 원천과 마찬가지로 혁신은 사람으로부터 온다. 전략 목표가 있어야 하며, 적절하게 관리해야 한다.

혁신은 J.A.슘페터의 경제발전론의 중심 개념으로, 생산을 확대하기 위하여 노동 · 토지 등의 생산요소의 편성을 변화시키거나 새로운 생산요소를 도입하는 기업가의 행위를 말한다.

기술혁신의 의미로 사용되기도 하나 이노베이션(innovation)은 생산기술의 변화만이 아니라 신시장이나 신제품의 개발, 신자원의 획득, 생산조직의 개선 또는 신제도의 도입 등을 포함하는 보다 넓은 개념이다.

슘페터는 이노베이션에 의하여 투자수요나 소비수요가 자극되어 경제에 새로운 호황국

면이 형성되는 것이며, 이노베이션이야말로 경제발전의 가장 주도적인 요인이라고 주장하였다.

또한 루벤스타인(Rubenstein)은 혁신을 새롭게 개선된 제품, 프로세스, 재료 및 서비스 등이 개발되어 공장이나 적절한 시장으로 전달되는 프로세스로 정의하고 있다.

이러한 정의로부터 혁신은 다양한 유형으로 구분할 수 있다. 제품이나 공정의 새로운 정도와 사용상의 새로운 정도에 따라 4가지 범주로 구분할 수 있다. 다양한 혁신 유형을 관리하는 것은 어려운 일이다. 성공적인 혁신 관리가 이루어지기 위해서는 최고경영자의 혁신업무에 대한 참여와 몰입 의지가 필요하다. 이러한 최고경영자의 의지는 개인이나 집단이 새로움을 인식하고 대응할 수 있도록 해준다. 혁신 관리에는 혁신적인 생각과 업무를 장려하는 환경 조성이 요구되며, 창의성과 위험 감수가 권장되어야 한다. 그러므로 이와 같은 상황을 고려하여 혁신 관리는 혁신 흐름, 조직 팀, 조직의 진화 사이의 연계성을 이해하고 통합적인 문제해결 체계에 기반을 둔 관리적 문제 해결과 활동에 대한 종합적인 접근방식이 요구된다. 또한 혁신 관리는 변화에 대한 개인과 집단의 저항, 통제와 정치적 문제 관리 등의 실행과 관련되어 있으므로 경영자(관리자)는 고도의 정치력이 요구되는 테크노크라트(technocrat)적인 요소가 필요하다.

특히 앞서 가는 조직의 오픈 이노베이션(open inovation), 즉 개방형 혁신은 창의성과 혁신을 조직 내외에서 자유롭게 창안하는 것을 전제로 하는 패러다임의 전환이다. 이 개념은 헨리 윌리엄 체스브로(Henry William Chesbrough, 2003) 교수가 처음 주창한 이후, 비즈니스 업계의 키워드로 부상했다. 오픈 이노베이션은 조직이 연구, 개발, 상업화에 이르는 일련의 혁신 과정을 개방하고 외부자원을 활용해 혁신 비용을 줄이고 부가가치 창출을 극대화하는 것이다. 이를 위해 혁신적인 기업은 조직 내외에서 다양한 아이디어를 모으고, 이를 새로운 서비스로 연결시킨다. 예를 들어 IBM은 전 세계 15만여 명의 구성원, 고객, 파트너들이 참여해 신사업 실행을 위한 새로운 아이디어를 창출하고 집단지성의 힘을 발휘하는 웹 기반 포럼 '이노베이션 잼(Innovation Jam)'을 운영했다.

3) 품질

품질(quality)은 제품의 매력, 무결함, 신뢰성 및 장기 의존성을 포함하는 제품의 우수성을 말한다. 품질의 중요성과 허용할 만한 품질에 대한 표준이 최근에 현저히 증가하고 있다. 이제 고객은 높은 품질과 가치를 요구하고 있으며 이를 당연히 여기고 있다.

역사적으로 품질은 주로 물리적인 제품의 품질을 의미하였지만, 오늘날에는 서비스 품질이 또한 중요하다. 품질은 개인 고객이 원하는 대로 제품과 서비스를 주문 생산할 때 더 많이 제공된다.

비용과 품질 두 가지 모두를 경쟁자로부터 우위를 차지하기 위해 노력해야 한다. 이를 위해서는 품질경영을 해야 한다. **품질경영(quality management)**이란 품질을 통해 기업 우위성을 확보하는 한편, 고객만족, 인간성 존중을 바탕으로 전 사원이 혁신과 개선에 참여해 경쟁력을 키우는 경영관리체계이다.

ISO의 정의에 의하면 품질경영은 "최고 경영자에 의해 공식적으로 표명된 품질에 관한 기업의 전반적인 의도 및 방향과 목표 및 책임을 결정하고, 또한 품질 시스템 내에서 품질계획, 품질관리, 품질 보증 및 품질 개선과 같은 수단에 의해 이들을 수행하는 전반적인 경영 기능의 모든 활동"이다.

품질경영이란 개념은 지난 1940년대 일본에서 제품의 불량검사를 통한 품질관리기법으로 출발했다. 현재의 품질경영(QM)의 용어는 1980년대 말 미국에서 품질관리의 개념과 기존 경영이론이 결합되어 탄생되었다.

우리나라에서는 지난 1975년 품질관리(QC: Quality Control) 또는 전사적 품질관리(TQC; Total Quality Control)라는 개념을 도입했으며, 품질경영이라는 용어의 첫 사용은 1987년 국제표준화기구(ISO)가 제정한 ISO 9000 규격을 1992년 한국산업규격으로 받아들이면서 부터이다. 과거에는 품질관리(QC)에서 생산 현장과 생산자 위주로 불량률 줄이기에 초점을 맞추었으나, 시간이 지남에 따라 기업문화/행동변화 지향의 품질경영(QM)으로 변화하고 있다. **전사적 품질경영(TQM : total quality management)**이란 재화나 서비스를 전달하는 데 연관되는 모든 사업과정을 계속적으로 향상 · 개선함으로써 고객들을 만족스럽게 하는 데 조직이 전체적으로 관여하는 것이다. 여기에서 전사적이란 것은 통합적인 개념으로서 종업원, 협력업체(원료공급업자, 중간상 등), 고객 등 모든 구성원과 생산, 마케팅, 기술개발, 디자인, 구매, 물류 등 모든 기능부서가 참여하는 것을 의미한다. 따라서 TQM을 실천하는 조직체들은 모든 구성원들로 하여금 결함이 처음부터 발생하지 않도록 하기 위해 더욱더 잘 할 수 있는 방법을 계속적으로 추구하도록 한다. 그러므로 고객을 만족시키거나 기쁘게 하는 것은 그들이 현재 직무를 잘 하는 것뿐만 아니라 작업과정을 개선하기 위한 방법을 개별적으로 또한 공동으로 추구하는 것을 요구한다.

또한 최근에는 품질경영의 개념을 담고 있는 품질보증시스템인 ISO 9000 시리즈를 많은 선진국들이 국가규격으로 채택하고, 무역상대국에 ISO 9000 시리즈의 인증을 의무적으로 요구하고 있다.

세계 수준의 품질을 고객에게 제공하기 위해서는 품질의 실체가 무엇인지에 대해 철저히 이해하여야 한다. 품질은 성과, 다양한 서비스 차원, 신뢰성, 표준과의 일치성, 완전성, 심미성의 관점에서 측정할 수 있다. 광범위하고 일반적인 개념으로부터 특정한 요소의 품질을 식별할 수 있어야 하며, 문제점, 목표 욕구를 식별하고, 성과표준을 더 정밀하게 설정하고, 세계 수준의 가치를 전달할 수 있어야 한다.

4) 속도

속도(speed)는 종종 경쟁 사회에서 승리자와 실패자를 분리시킨다. 속도는 신뢰성, 의존성, 품질, 비용 등의 차원과는 다르지만 새로운 관점에서 승리자와 실패자를 분리시킨다. 인터넷 시대 이전의 1990년대에는 속도는 상대적으로 덜 중요하였다. 그러나 현재는 속도와 관련한 요건들이 기하급수적으로 증가하고 있다. 결과물을 더 빨리, 그리고 적시에 실행하고, 대응하고, 전달해야 한다. 확실히 자리 잡은 기업에서 주요한 의사결정을 하는 데 3개월이 걸렸다면 인터넷 시대에는 3일이 채 걸리지 않을 만큼 속도가 경쟁우위에서 중요한 요소로 작용하고 있다.

빛의 속도보다 빠르게 진화하는 디지털 시대에 속도는 가히 기업의 성공에 일익을 담당하는 핵심이라고 할 수 있다. GM과 같은 자동차 회사가 해외 경쟁업체와 경쟁할 때 용섭이나 스탬프와 같은 이윤이 적은 작업을 중단하고 설계와 마케팅과 같은 부가가치 공정에 집중하여 커다란 혁신을 이루어 새로운 제품으로 시장에 출시하여 이익을 창출하여 성공한 사례라 할 수 있다. 변화하는 경쟁 사회에서 다양한 방법으로 신속히 대응하는 능력이야 말로 경쟁우위를 획득하는 가장 중요한 요소 중의 하나이다. 기업들은 급변하는 외부환경에 빨리 적응하기 위해 반응속도를 높여 생존하려는 다소 수동적인 경우가 있고, 반면에 상대보다 빠르게 움직여서 경쟁조건을 자신에게 유리하도록 변화시키려는 능동적인 경우도 있다. 속도가 필요한 이유는 이처럼 변화에 적응하거나 혹은 의도적으로 변화를 만들어 내기 위한 것이다.

물리학에서의 속도에 대한 방정식과 마찬가지로 경영의 세계에서도 방향과 힘이 중요하다. 속도경영은 올바른 방향의 설정을 전제로 한다. 또한 속도경영은 단순히 의사 결정을 빨리 한다든가, 각 부서가 일을 신속히 처리하는 것을 가리키는 것이 아니고 조직 전체의 실행의 속도를 높이는 것을 의미한다.

어떤 경우에 속도경영이 필요한가? 첫째, 전망이 좋은 미래 사업 발굴을 위해 경쟁사보다 빨리 기회를 찾아 선점하기 위한 것이다. 특히 락인 효과(Lock in : 고객을 묶어두는 효과), 네트워크 효과 등 선점의 효과가 큰 인터넷 비즈니스에 있어서 그러한 경우가 많이 있다. 둘째, 상품개발, 생산, 운송 등의 프로세스 실행 시간을 단축하여 기존 사업 부문에서 경쟁사보다 앞서 상품과 서비스를 제공하여 고객에게 차별화된 가치를 제공하기 위함이다. ICT처럼 기술혁신의 속도가 빠르고 제품의 생애 주기가 짧은 산업, 자동차 제조, 소매 유통과 같이 부품이나 완제품 재고 보유 비용이 큰 산업, 시간이 경과함에 따른 재고의 진부화의 위험부담이 큰 업종, 건설이나 조선처럼 공사, 제조 기간의 단축 자체가 원가 경쟁력의 주요 요인인 산업, 택배 운송과 같이 사이클 타임의 축소가 필요한 서비스 업종 등이 여기에 해당된다. 이러한 업종에서는 신제품 개발주기를 단축하고 JIT(Just In Time), 토요타의 간판방식 등을 적용하여 생산속도를 높이고 운영 효율을 높이는 것이 경쟁력이 된다. 셋째, 기술혁신에 따라 사업의 경쟁력이 좌우되거나 규모의 경제 효과가 현저한 경우에는 새로운 기술을 적용한 생산설비의 증설 투자 타이밍 포착과 신속한 투자 능력이 필요하고 생산설비 가동을 최대화할 수 있도록 고객베이스 확대가 수반되어야 한다. 대규모 설비투자가 필요한 반도체, LCD와 같은 산업들이 이러한 특성을 가지고 있다. 넷째, 고정비 투자 비중이 높은 경우 같은 설비에서 단위시간 당 더 많은 양을 생산해 낼 수 있도록 생산성을 개선하면 원가경쟁력이 높아진다. 이를 위해서는 라인 밸런스(line balancing)의 개선, 장비 유휴시간의 단축, 사이클 타임의 축소 등 생산 속도를 높이기 위한 조치가 필요하다. 참고로 라인 밸런스는 생산 라인을 지체 없이 가동시키기 위해서 가공, 조립 등 작업공정의 부하를 되도록 평등하게 할당하는 편성 계획을 말한다.

5) 가격 경쟁력

가격 경쟁력(cost competitiveness)은 고객이 매력적인 수준으로 인식할 수 있을 만큼 제품(혹은 서비스) 가격과 이윤을 충분히 낮은 가격으로 유지하는 것을 말한다. 비용을 관리하고 비용을 절감하려면 효율성이 필요하다. 자원을 현명하게 사용하고 낭비를 최소화하여 여러분의 목표를 달성하여야 한다. 작은 것들이 큰 돈을 절감할 수 있지만 비용 절감은 절충을 수반한다.

원재료, 장비, 자본, 생산, 마케팅, 운반 및 노동력은 면밀하게 관리할 필요가 있는 몇 가지 가격 요소들이다. 많은 .com 기업들이 실패한 한 가지 이유는 막대한 광고비용을 판매로 전환하지 못했기 때문이다. 고객의 획득 가격이 오프라인에서의 경쟁자의 가격보다 비쌌기 때문에 인터넷은 고객과 의사소통하는 데는 좋은 방법이었지만 새로운 고객을 얻는 데는 좋지 않은 방법이었다. 소비자는 인터넷으로부터 수많은 경쟁자의 가격을 쉽게 비교할 수 있으므로 가격을 내리지 않으면 경쟁할 수 없다.

가격 경쟁력과 관련하여 주의하여야 할 점은 가격 경쟁력 자체가 소비자 자신이 설정한 조건에서 투자한 비용으로 최대한 좋은 결과를 이끌어내기 위한 지표라는 점이다. 특히 가격 경쟁력은 항상 절댓값을 고려하지 않은 상대적인 개념이며, 성능 이외의 요소는 측정하기 어려우며, 주관적인 요소가 많이 들어가 있다는 점이다. 그러므로 고객이 매력적인 수준으로 인식할 수 있을 만큼의 가격과 이윤을 설정하는 것은 오로지 기업과 경영자의 몫이다.

여러분은 고객이 이상에서 살펴본 5가지 경쟁우위 요소 중 저 비용이나 고 품질과 같은 단 하나의 요소에 만족할 수 있다고 가정하지 말아야 한다. 최상의 경영자(관리자)와 기업은 이 5가지 모두를 고객에게 전달해야 한다. 새로운 경쟁 환경은 5개의 아이콘을 사용하여 모든 우수한 경영자가 성공적인 조직을 위해 시도하고 전달해야 하는 "핵심" 관행에 초점을 맞출 것을 요구하고 있다. 즉 최상의 기업과 최고의 경영자로 성공하기 위한 5가지 핵심 관행은 창의, 혁신, 속도, 품질, 비용이라는 점을 명심해야 한다.

1.3 경영의 기능

경영(management)은 조직의 목표를 달성하기 위해 사람과 자원이 함께 작업하는 과정이다. 좋은 경영자(관리자)는 그러한 일들을 효과적이고 효율적으로 한다. 효과적이기 위해서는 조직의 목표를 달성해야 한다. 효율적이기 위해서는 최소한의 자원 낭비로 목표를 달성해야 한다. 일부 경영자(관리자)는 두 가지 기준 혹은 다른 대가를 지불하고도 하나에 집중하지 못한다. 최상의 경영자(관리자)는 효과성과 효율성 모두에 분명하게 집중해야 한다.

사업의 내용과 특정의 수행 사업이 변하고 있지만, 경영자(관리자)를 위대하게 만들고, 기업을 크게 만드는 변치 않는 수많은 원칙들은 세월이 흘러도 여전히 존재한다. 참신한 생각과 새로운 방법이 이전보다 더욱 더 필요하지만, 21세기 사업 환경에 유용한 성공적인 관리(경영) 관행도 여전히 유효하다.

기술 관행은 계속 발전하지만 물리 법칙은 상대적으로 일정하다. 오늘날 사업 세계에서 위대한 최고경영자는 변화하는 조건에 적응할 뿐만 아니라 기본적인 경영(관리) 원칙을 엄격하고 일관성 있게 적용한다. 이러한 기본 원칙에는 계획화, 조직화, 지휘화 및 통제화라는 전통적인 관리 기능이 포함된다.

1) 계획화: 전략적 가치의 전달

계획화(planning)는 달성할 목표를 명시하고, 그 목표를 달성하기 위해 필요한 적절한 조치를 미리 결정하는 것이다. 계획 활동에는 현재 상황을 분석하고, 미래를 예측하고, 추구하는 목적을 결정하고, 그러한 목적을 달성하기 위해 회사가 어떤 유형의 활동을 할 것인지를 결정하고, 기업 및 사업 전략을 선택하고, 조직 목표를 달성하는데 필요한 자원을 결정하는 것이 포함된다. 계획은 개인, 그룹, 작업 단위 혹은 전체 조직이 장차 추구할 목표와 활동에 대하여 체계적으로 의사결정을 하는 관리 기능이다. 계획은 행동과 주요 성취를 위한 장을 마련하는 것이다.

새로운 사업 환경을 위한 계획 기능은 보다 광범위하게 전략적 가치를 전달하는 것으로 설명할 수 있다. 역사적으로, 계획은 최고 경영자가 사업 계획을 수립하고 하위 계층에게 이를 실행하라고 명령하는 하향식 방법(top-down approach)으로 기술되었다. 현재와 미래에 있어서 전략적인 가치를 전달하는 것은 조직 전반에 걸쳐 사람들이 자신의 두뇌와 고객, 공급자, 다른 이해관계자들의 두뇌를 사용하여 경쟁우위를 창출하고, 확보하고, 강화하고, 유지하기 위한 기회를 식별하는 동적인 과정이다. 이러한 동적 과정은 고객을 위해 점점 더 많은 가치를 창출한다는 목표를 중심으로 소용돌이친다. 효과적으로 가치를 창조하기 위해서는 정부, 자연 환경, 세계화 및 아이디어가 왕이고 기업가가 강력한 경쟁자이자 잠재적인 협력자인 역동적인 경제를 포함하여 새롭고, 변화하는 일련의 이해관계자와 이슈를 충분히 고려해야 한다.

2) 조직화: 동적 조직의 구축

조직화(organizing)는 목표를 달성하는데 필요한 인적, 재무적, 물적 자원, 정보 및 기타 자원을 조합하고 조정하는 관리 기능이다. 조직화는 과업을 완수하는 데 필요한 자원을 결합하고, 최상(최대)의 성공을 위해 고용자와 과업을 조정하는 것이다. 조직 활동에는 사람들과 사물들이 함께 일하면서 최대의 성과를 달성할 수 있도록 조직으로 사람을 유인하고, 직무 책임을 규정하고, 직무를 작업 단위로 분류하고, 자원을 모으고 할당하고, 환경을 조성하는 것이 포함된다. 새로운 사업 환경에서 조직화는 동적 조직을 구축하는 것으로 기술할 수 있다. 역사적으로, 조직은 사업 기능을 식별하여 조직도를 만들고, 보고 관계를 수립하고, 계획, 프로그램 및 문서 작업을 수행하는 담당부서가 있는 것을 의미한다. 현재와 미래에 효과적인 경영자(관리자)는 새로운 형태의 조직을 사용하고, 조직의 사람들을 아마도 가장 가치 있는 자원으로 여겨야 할 것이다. 경영자(관리자)는 특히 경쟁 위협과 고객 욕구에 대응하는 유연하고 적응력이 높은 조직을 구축해야 한다. 고도로 다양한 사람들을 가장 잘 끌어들이고 유지하는 진보적인 인적자원 관행은 성공적인 기업의 핵심 측면일 것이다.

3) 지휘화: 구성원의 결집화(동원화)

지휘화(leading)는 구성원의 동기를 부여하고 높은 성과를 얻을 수 있도록 자극하는 것이다. 지휘화는 종업원이 높은 성과를 거두도록 자극하는 관리자의 노력을 의미하는 관리 기능이다. 지휘화는 개별적으로 혹은 그룹으로 종업원에게 지시하고, 동기부여하고, 의사소통하는 것이 포함된다. 지휘화는 팀과 조직의 목표를 달성하도록 종업원들과 긴밀하게 접촉하여 그들을 유도하고 격려할 수 있도록 지원하는 것이 포함된다. 지휘화는 대규모 조직의 최상층부서 뿐만 아니라 팀, 부서, 사업부에서도 발생한다.

현재와 미래의 관리자(경영자)는 그들의 생각을 조직의 목표에 기여하도록 종업원들을 동원하고, 과거에는 상상하지 못했던 방법으로 그들의 두뇌를 사용해야 한다. 이는 종업원에게 권리를 부여하고 동기를 부여하는 매우 다른 유형의 리더십에 의존해야 한다. 과거와 달리 커다란 과업은 작업 그룹 내에서 그리고 그룹 경계를 뛰어넘어 요원들의 훌륭한 팀워크를 통해 이루어진다. 이상적으로, 이러한 과정의 기초는 효과적인 대인관계와 조직적인 의사소통이 될 것이다.

4) 통제화: 학습 및 변화

통제화(controlling)는 목표를 달성하기 위해 계획된 조직 혹은 과업 단위의 경과를 감시하고, 필요시 수정작업을 하는 것이다. 계획화, 조직화 및 지휘화가 조직의 성공을 보증하지 않는다. 네 번째 기능인 통제화는 경과를 감시하고 필요한 변화를 실행하는 것이다. 감시는 통제의 핵심 측면이다.

경영자(관리자)는 그들의 계획을 실행할 때 종종 계획된 것과 다르게 작동되고 있다는 것을 알게 된다. 통제 기능은 그 목표가 달성되도록 하는 것이다. 실제 성과가 우리의 목표와 일치하는가를 살펴보고 필요하면 조정을 해야 한다.

규모의 크기에 무관하게 성공적인 조직은 통제 기능에 세심한 주의를 기울인다. 현재와 미래의 핵심 관리에 대한 도전은 과거보다 훨씬 더 동적이므로 지속적으로 배우고 변화해야 한다. 통제는 여전히 유효하지만 신기술과 다른 혁신으로 보다 더 효과적인 방법으로 통제를 달성할 수 있어야 한다. 기업 전반에 걸쳐서, 그리고 조직 외의 경계를 뛰어넘어 사람들의 두뇌를 사용하고, 배우고, 다양한 새로운 기여를 통해 성공적인 미래를 구축할 수 있는 방법으로 조직을 변화시키는 데 도움이 되어야 한다.

오늘날 비즈니스 환경에서 전략적 가치를 창출하고, 동적인 조직을 구축하고, 사람을 동원하고, 학습과 변화를 하는 데 이러한 기능들이 보다 더 광범위하게 요구되고 있다.

이러한 네 가지 관리 기능은 개인적으로 여러분에게도 적용할 수 있다. 여러분은 다른 사람들뿐만 아니라 여러분의 가치를 창출하고, 여러분 자신의 개인적인 효과성을 발휘하기 위해 조직하고, 여러분 자신의 재능과 기술을 동원하고, 미래를 위해 끊임없이 학습하고, 개발하고, 변화하는 방법을 찾아야 한다. 개인적인 발전과 이익을 위한 아이디어를 사용하여 이러한 이슈를 개인적인 관점에서 생각해야 한다.

1.4 관리(경영) 수준 및 기술

일부 경영자(관리자)는 이상의 네 가지 관리 기능 가운데 어느 한 가지에 특히 관심을 기울이는 경우가 있다. 네 가지 관리 기능 모두에 적절히 관심과 자원을 기울이지 않는 경영자(관리자)는 결코 성공할 수 없다. 유능한 계획자이며, 통제자일 수 있지만, 종업원을 적절하게 조직하지 못하거나, 높은 수준으로 과업을 수행하도록 격려하지 못하면 결코 효과적인 경영자(관리자)가 될 수 없다. 마찬가지로, 조직화와 지휘화를 사랑하는 경영자(관리자)이지만 가는 방향을 모르고, 올바른 궤적을 결정하는 방법을 이해하지 못하면 효과적인 경영자(관리자)가 될 수 없다. 위대한 경영자(관리자)는 이 네 가지 기능 모두를 등한시하지 않는다. 네 가지 기능 모두에 적절한 관심을 기울여야 한다. 그것들이 무엇인지를 알고, 여러분은 주기적으로 그것들 모두에게 적절한 관심을 기울이고 있는지를 자문해 보아야 한다.

조직 특히 대형 조직에는 많은 관리 수준이 있다. 이 절에서는 대형 조직의 3가지 수준에서 발견되는 경영자(관리자) 유형에 대하여 학습한다.

1) 최고 경영자

최고 경영자(top-level manager)는 조직의 수석 임원으로 조직의 전반적인 경영에 책임을 진다. 최고 경영자는 종종 전략 관리자(strategic manager)라고 불리며, 장기 이슈에 초점을 맞추어 조직의 생존, 성장 및 전반적인 효과성을 강조한다.

최고 경영자는 전체로서의 조직에 관심을 기울일 뿐만 아니라, 조직과 조직의 외부 환경과의 상호작용에도 관심을 기울인다. 이러한 상호작용은 종종 경영자가 외부 개인 및 조직과 심도 있게 작업하는 것을 필요로 한다.

CEO(chief executive manager: 최고 경영자)는 대형 조직에서 발견되는 최고 수준의 관리자이다. 이러한 개인은 기업의 주 전략 관리자이며, 모든 사람에 대하여 권한을 갖는다. 다른 최고 경영자에는 COO(chief operation manager: 최고 운영 책임자), 회장, 부회장, 최고 임원회의 요원이 포함된다.

전통적으로, 최고 경영자의 역할은 전략을 세우고 자원을 통제하여 전반적인 방향을 설정하는 것이다. 그러나 오늘날 최고 경영자는 전략 설계자뿐만 아니라 진정한 조직의 대표로 인정받고 있다. 대표로서 최고 경영자는 사람들이 식별하고 열정적으로 헌신할 수 있는 광범위한 기업의 목적을 세우고 연결해야 한다. 효과적인 최고 경영자는 사람들을 조직의 가치 있는 요원으로 여긴다. 잭 웰치(Jack Welch)가 말한 바와 같이, 경영자(관리자)의 역할은 사람들을 강하고, 강력하고, 자신감에 차 있게 하며, 기꺼이 위험을 감수하는 초인으로 느끼게 하는 것이다.

2) 중간 관리자

이름이 시사하는 바와 같이, **중간 관리자**(middle-level manager)는 조직의 계층상 최고 경영자와 일선 관리자 사이에 위치한다. 종종 중간 관리자를 **전술 관리자**(tactical manager)라고도 하는데, 전략 관리자가 개발한 일반적인 목표와 계획을 좀 더 구체적인 목적과 행동으로 변환하는 책임을 진다.

전통적으로 중간 관리자의 역할은 상위 수준과 하위 수준 사이의 간극을 좁히는 교량 역할을 하는 행정 통제자이다. 중간 관리자는 기업의 목적을 이루기 위해 기업의 목적을 사업단위 목표로 나누고, 높은 수준의 기업 검토를 위해 이를 아래 단위의 별도의 사업단위 계획으로 통합한다. 그리고 중간 관리자는 내부 의사소통의 핵심이 되는 인물로, 최고 경영자의 우선순위를 해석하여 홍보하고 일선의 정보를 위로 전달하는 경로가 된다.

중간 관리자는 현상을 방어하는 상상력이 부족한 보통사람이지만, 최고 경영자에 비해 일상 작업, 고객 및 일선 관리자와 종업원들과 더 가깝다. 중간 관리자는 또한 많은 창조적인 생각을 가지고 있어 종종 그들의 상관보다 우수하다. 좋은 중간 관리자는 기업을 운영하는 데 필요한 운영 기술과 실질적인 문제 해법을 제공한다.

3) 일선 관리자

일선 관리자(frontline manager)는 조직의 작업을 감독하는 하위 수준 관리자이다. 이러한 관리자는 종종 감독관 혹은 판매 관리자라는 명칭을 갖고 있다. 이들은 비경영 종업원과 직접적으로 연관되며, 중간 관리자가 개발한 특정의 계획을 실행한다. 이 역할은 운영 관리자로서 경영과 비경영 요원 간의 연결고리이므로 관리조직에서 중요하다. 대학을 졸업하고 취업을 한 사원의 첫 번째 지위는 아마도 이 부류에 속할 것이다.

전통적으로 일선 관리자는 위에서 지시와 통제를 받으며, 기업의 전략을 지지하여 종업원들이 성공적으로 작업을 수행하도록 보장한다. 그러나 유수한 기업에서는 그 역할이 확장되었다. 운영적인 역할 수행 측면은 여전히 중요하지만, 유수한 기업의 일선 관리자는 성장과 새로운 사업 개발을 관리하는 혁신적이면서 기업가적인 관리자로 호칭되고 있다.

혁신적인 조직에서 우수한 일선 관리자는 새로운 활동을 주도하도록 허용될 뿐만 아니라, 중간 및 최고 경영자로부터 그렇게 하기를 기대 받고 있다.

표 1.2에 상이한 관리 수준의 변화된 측면을 상세히 설명하였다

표 1.2 관리 역할 및 과업의 변환

	일선 관리자	중간 관리자	최고 경영자
역할 변화	운영 실행자에서 공세적인 기업가로 변화	행정 통제자에서 보조 코치로 변화	자원 할당자에서 기관 리더로 변화
1차 가치	일선 단위 내에서 생산성, 혁신, 성장에 주안점을 두고 사업 성과 추진	대규모 회사 이익이 독립 일선 단위로 가도록 지원 및 조정을 제공	조직 전반에 걸쳐 사람들에게 방향감, 헌신 및 도전의식을 심어주고 고취시킴
핵심 활동	- 사업에 대한 새로운 성장 기회 생성 및 추구 - 자원 및 역량 고취 및 개발 - 단위 내에서 지속적인 성과 관리	- 개인 개발 및 개인 활동 지원 - 분산된 지식, 기술 및 최상의 관행을 단위로 연결 - 단기 성과와 장기 목표 간의 긴장 관리	- 내재된 가정에 도전하는 한편 신축적인 기회 포착 및 성과 표준을 설정 - 협력 및 신뢰를 지원하기 위해 일련의 규범 및 가치를 제도화 - 대단히 중요한 회사 목적 및 목표를 창조

4) 광범위한 책임을 갖는 워킹 리더

위에서 기술한 관리 수준은 대형 조직의 전통적인 모형을 나타낸다. 그러나 오늘날의 경향은 덜 계층적이고 보다 더 팀워크적인 경향을 보인다. 소규모 기업과 시대에 적응하는 대형 기업에서 경영자(관리자)는 전략, 전술 및 운영에 책임을 진다. 그들은 완전한 사업가이다. 그들은 모든 사업 기능에 대해 지식을 가지고 있으며, 그 결과에 책임을 지며 기업 내 · 외부의 고객에게 서비스하는 것에 초점을 맞춘다. 이를 위해 이 모든 것을 전략적으로 생각하고, 전략을 특정의 목적으로 전환하고, 자원을 조정하고, 하위 수준의 사람들과 실제로 작업할 수 있는 능력이 필요하다.

요약하자면 오늘날 최상의 관리자는 **워킹 리더**(working leaders)로서 모든 것을 다 할 줄 알아야 한다. 그들은 타인들과의 관계와 결과 달성에 초점을 맞춘다. 그들은 결정만

하는 게 아니라 명령을 내리고, 구성원들이 만들어내도록 기다리며, 그 다음에 그 결과를 평가한다. 그들은 스스로 어려운 일을 하며, 문제를 해결하며, 가치를 창출하는 고단한 사람이다.

5) 관리 기술

관리 기능을 수행하고 경쟁우위를 달성하는 것이 경영자(관리자) 과업의 초석이다. 그러나 이를 이해하는 것이 성공을 보장하는 것은 아니다. 경영자(관리자)에게는 이러한 것들을 잘 해낼 수 있는 다양한 기술이 필요하다. 기술은 지식, 정보, 관행 및 소질로부터 연유되는 특정의 능력이다. 경영자(관리자)에게는 많은 사적인 기술이 필요하지만, 전문 기술, 대인관계 및 의사소통 기술, 개념 및 결정 기술이 중요하며 이들 세 가지 일반적인 범주의 기술에 대하여 생각해보자.

전문 기술(technical skill)은 특수한 방법 혹은 공정과 관련된 전문화된 과업을 수행할 수 있는 능력을 말한다. 대부분의 사람들은 그들의 일상 업무 생활의 일환인 활동을 완료할 일련의 기술을 개발한다.

개념 및 결정 기술(conceptual and decision skills)은 조직의 이익과 모든 사람들의 관심사를 위해 문제를 식별하고, 해결하는 경영자(관리자)의 능력을 말한다. 경영자(관리자)는 기업의 전략과 전반적인 목적을 고려하고, 조직의 다른 부서와 상호작용하고, 조직의 외부 환경에서 사업적 역할을 할 때 이러한 기술을 사용한다. 학습을 통해 개념과 결정 기술을 증진할 수 있지만, 이들 기술을 개발하는 데 경험이 또한 중요한 역할을 한다는 점을 명심해야 한다.

대인관계 및 의사소통 기술(interpersonal and communication skills)은 사람들과 관계하는 데 필요한 경영자(관리자)의 능력에 영향을 준다. 이러한 기술을 종종 대인관계 기술(people skills)이라고 부른다. 경영자(관리자)는 대단히 많은 시간을 구성원들과 상호작용하는 데 투자하며, 구성원들을 효과적으로 지휘하고 동기부여하며 소통하는 능력을 개발해야 한다.

이러한 기술의 중요성은 관리 수준마다 다르다. 전문 기술은 당신의 경력 초기에 가장 중요하다. 개념 및 결정 기술은 당신이 기업에서 더 높은 지위에 올라갈 때 전문 기술보다 더 중요하다. 그러나 대인관계 기술은 당신의 경력 전반에 걸쳐 즉, 모든 수준의 관리(경영)에서 중요하다. 고속 승진하던 잠재력이 높은 관리자가 대인 관계의 문제로 인해 경력에 오점을 남기게 되는 경우가 있다.

1.5 경력 관리

당신은 직장생활 중에 다른 여러 조직에서 일하는 경험을 갖게 될 것이다. 주어진 과업은 더 이상 관리자의 지위를 보장하지 않는다. 직장생활에서 성공하기 위해서는 여러 가지 목적을 명심해야 한다. 전문가인 동시에 일반론자(박학다식)가 되어야 한다. 자립적이어야 하며 대인관계가 좋아야 한다. 당신의 조직과 당신의 관계를 능동적으로 관리해야 한다. 변화하는 작업 환경이 요구하는 방향으로 지속적으로 당신의 기술을 향상시켜야 한다.

1) 경력 관리를 위한 노력

직장생활에서 성공하기 위해서는 여러 가지 목적을 명심해야 한다. 전문가(specialist)인 동시에 박학다식(generalist)해야 한다. 어느 한 분야에서 전문 지식을 가지고 있어야 한다. 이러한 특정 기술을 가지고 있으면 기업과 고객들에게 구체적이고, 식별 가능한 가치를 제공하는 데 도움을 줄 수 있다. 더불어 시간이 경과하면서 다른 관점에서 이해하고 일할 수 있게 다양한 사업이나 기술적인 학문분야에 대하여 충분히 알아야 한다.

또한 자립적이어야 한다. 자립적이란 말은 자신, 자신의 행동 및 자신의 경력에 완전히 책임을 질 수 있어야 한다는 의미이다. 자신을 비즈니스로 생각하고, 자신을 회장이자 동시에 유일한 종업원으로 생각해야 한다. 표 1.3은 자립적이란 뜻에 대한 몇 가지 조언을

표 1.3 경력 관리에 필요한 몇 가지 조언

1. 자신을 비즈니스로 생각한다.
2. 당신의 제품을 정의한다: 당신의 전문분야가 무엇인가?
3. 목표 시장을 알아야 한다: 이 제품을 누구에게 팔려고 하는가?
4. 고객이 당신으로부터 물건을 구매해야 하는 이유를 명확히 할 필요가 있다: 당신의 "가치 제안"이 무엇인가?
5. 사업에서 당신 고객이 하찮을지라도 상관에게 하는 것과 같이 품질과 고객 만족에 매진해야 한다.
6. 당신의 직업 혹은 분야를 알고 그곳에서 무슨 일이 일어나는지를 알아야 한다.
7. 자신의 성장과 발전에 투자하고, 기업이 연구 개발에 투자하는 방식에 투자해야 한다.
8. 기꺼이 직업을 바꾸는 것을 고려해 보아야 한다.

제공하고 있다. 가치를 부여하기 위해서는 기업가와 같이 생각하고 기업가와 같이 행동해야 한다.

당신의 성과를 좋게 할 수 있는 방법을 찾아야 한다. 변화에 대해서 책임을 져야 한다. 혁신가가 되어야 한다. 새로운 방법으로 기여할 기회를 찾고, 새로운 제품과 공정을 개발하고, 기업을 강화시키고, 고객과 동료들의 이익을 강화하는 건설적인 변화를 만들어야 한다.

또한 대인관계가 좋아야 한다. **대인관계가 좋다**(being connected)는 것은 많은 사람들과 좋은 관계로 작업하며, 강력한 대인관계 기술로 팀 플레이어가 되어야 한다는 뜻이다. 당신의 조직과 당신의 관계를 능동적으로 관리해야 한다. 변화하는 작업 환경이 요구하는 방향으로 지속적으로 당신의 기술을 향상시켜야 한다. 모든 사업은 인간관계에 관한 기능이다. 경쟁우위를 구축하는 것은 당신뿐만 아니라 타인에게도 의존한다. 경영은 사적이다. 상업적인 거래도 사적이다. 구매 결정, 재구매 결정, 계약 등 모두가 관계에 의존한다. 가장 큰 사업적 거래일지라도 매우 사적이며 감정적이다. 좋은 비즈니스 관계가 없다면 당신은 국외자가 되어 결코 좋은 관리자와 리더가 될 수 없다.

2) 능동적인 조직관계 관리

당신 자신의 행동과 당신 자신의 직장생활에 대해서 책임을 지는 것이 중요하다. 당신이 자영업자와 당신의 상사가 아니라면, 이것을 하는 한 가지 방법은 당신과 당신의 고용주 사이의 관계의 본질에 대해 생각하는 것이다. 그림 1.1은 두 가지 선택 가능한 관계와 당신이 처해있는 상태를 통제할 방법을 보여주고 있다.

관계 #1은 당신 자신을 직원으로 보는 것으로, 당신이 해야 할 일이 무엇이며, 급여와 이득은 얼마를 주겠다고 당신의 고용주가 말해주기를 수동적으로 기대하는 관계이다. 책임은 고용주가 지고 당신은 그의 행동을 수동적으로 받는 수령인일 뿐이다. 당신의 기여는 최소일 가능성이 높다. 당신은 당신의 조직을 강화할 수 없으며, 모든 조직 구성원들이 이러한 관점을 가지게 되면 조직은 결국 강고해지지 않을 가능성이 높다. 개인적으로 당신은 당신의 과업을 잃거나, 쇠퇴하는 조직에서 겨우 명맥만 유지하거나, 약간의 보수를 얻고 퇴직하거나, 당신의 일에 냉소적이 되고 불행해진다.

대조적으로 관계 #2는 당신과 당신 조직 모두가 서로에게서 이득을 얻는 쌍방향 관계이다. 마음가짐이 다르다. 지시를 해서 수행하는 것이 아니라 당신이 어떻게 기여할 것인지를 생각하고 그에 따라 행동하게 된다. 기업의 수익률이 높아짐에 따라 주주뿐만 아니라 당신과 다른 종업원에게도 이익이 누적된다.

당신이 할 수 있는 기여의 본질이 무엇인가? 당신은 기본 과업을 수행한다. 그러나 당신은 더 잘 할 수 있으며, 더 잘해야 한다. 당신은 또한 부가가치를 높이는 새로운 방법을 생각해 낼 수 있을 것이다. 더 나은 정보체계, 회계기법 혹은 판매기법의 개발과 같은 기술적인 지식과 기술을 사용하여 이를 할 수 있다.

당신은 또한 당신의 관리 행동으로 기여할 수 있다(그림 1.2 참조). 핵심 관리기능을 수행하고 경쟁우위를 전달할 수 있다. 당신은 전략적 가치를 전달할 수 있다. 당신은 보다 동적인 조직을 구축하는 데 도움을 주는 행동을 할 수 있다. 당신은 구성원들이 그들의 완전한 잠재력으로 기여할 수 있도록 동원할 수 있다. 그리고 변화하는 현실에 적응하고 성공적인 미래를 구축하기 위하여 배우고 변화할 수 있으며, 당신의 동료와 기업이 배우고 변화하는 것을 도울 수 있다.

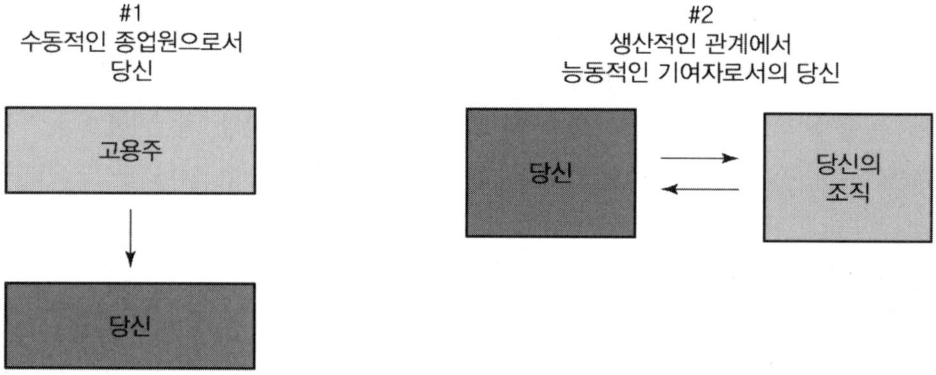

그림 1.1 당신과 당신 조직을 관리하는 데 선택 가능한 관계

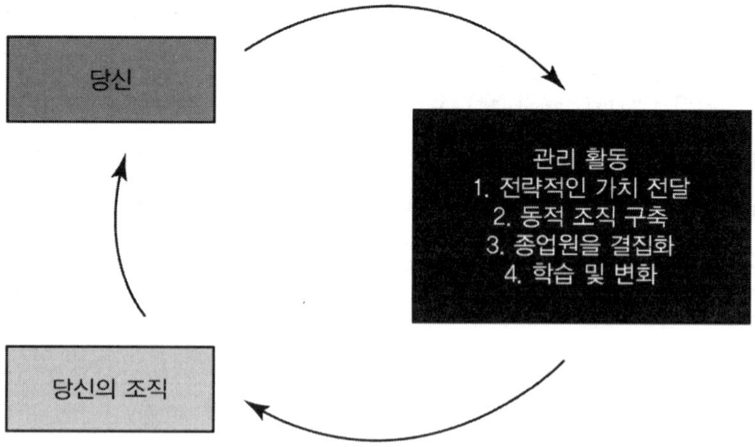

그림 1.2 당신이 기회에 기여할 관리 행동

표 1.4 21세기가 요구하는 자격 요건

경험	• 취업 연계형 장기 현장실습 경험 • 사고력, 문제해결 능력, 창의력 향상을 위한 지적 경험 • 성취동기, 호기심, 자기관리 능력 개발 경험 • 자격증 획득을 위한 실무 경험
교육	• 교양 과정- 경제학, 심리학, 외국어, 철학 등 인문사회 과학 지식 • 전공 과목- 사고력과 분석력을 개발하는 데 필요한 모든 전공 교과목
과외 활동	• 토론 • 스포츠 • 자원봉사 • 여행

3) 생존과 번영

표 1.4는 사람들이 21세기에 생존하고 번영하는 데 도움을 주는 자격 요건을 보여주고 있다. 경험, 교육, 과외활동 면에서 당신의 자격 요건이 이와 같이 이상적인 자격 요건과 부합되지 않는다고 실망하지 말아야 한다. 이렇게 부합하는 것은 쉽지 않으며 인생의 초년기에는 특히 그러하다. 그러나 제시한 자격 요건이 말하고자 하는 의도에 대하여 생각해야 한다. 기업이 현재 필요한 기술의 종류를 나타내고 있으므로, 축적하고 싶은 것을 개발하고 경험하기 위하여 무엇을 할지를 생각해야 한다.

당신은 당신의 행동과 결과에 대하여 책임을 져야 한다. 과거와 달리 오늘날 경영자(관리자)는 과거보다 더 많은 일을 더 잘해야 하며, 모든 일들을 훨씬 더 잘 알아야 한다. 경영자(관리자)는 지구 곳곳에 더 많은 동료를 가지며, 그들 중의 일부는 서로의 개성을 더 잘 알고 교류하지만 그들의 대부분은 어쩌면 만날 수 없을 수도 있다. 당신은 프로젝트에서 또 다른 프로젝트로, 팀에서 팀으로 이동할 가능성이 높다. 당신은 당신이 기여한 내용의 품질, 독창성 및 시의 적절성과 열정에 대해 시시각각 평가를 받게 된다. 생존과 번영에 필요한 세계적 가치를 가진 어떤 최소한의 기술에 숙달해야 한다. 현재와 미래의 프로젝트를 도와 줄 강력한 동료 네트워크를 개발해야 한다. 당신 자신이 사업을 운영할 경우에는 당신의 행동을 도와줄 기업가적인 기술을 가져야 하며, 기술을 사랑하고, 시장을 개척하고, 기꺼이 지속적으로 개선하고, 심지어 당신의 다른 모습을 보여주기 위해 세계적 가치를 가진 최소한의 기술에 숙달해야 한다.

현재의 비즈니스 환경에서 경쟁을 두려워하고, 안전을 원하고, 안정성을 요구하는 사람들은 종종 물 속에 있는 바위와 같이 가라앉는다. 성공에는 경쟁 환경에서의 높은 표준과 자신감이 필요하며, 기꺼이 성장을 유지하고 새로운 일들을 배워야 한다. 당신은 전략적으로 생각하고, 사업 비전을 파악하고, 전달하고, 결정을 하고, 팀을 이루어 작업하는 방법을 배워야 할 필요가 있다. 당신은 생존을 위해 경쟁우위를 확보하고 번영을 위해 변화하는 상황에서 일을 잘 수행해야 한다. 이러한 주제들이 당신의 성공적인 직장생활에서 긴요하다.

토의 문제 및 활동

1. 위대한 관리자를 식별하고 기술하여라. 그(혹은 그녀)가 위대한 관리자로 집단에서 인정받고 있는 점은 무엇인가를 기술하여라.

2. 당신은 효과적이지 않은 관리자를 보거나 그와 함께 작업한 적이 있는가? 비효과성의 원인과 결과를 기술하여라.

3. 인터넷과 세계화가 당신의 일상에 어떤 영향을 끼쳤는지를 기술하여라.

4. 서로 다른 조직이 경계를 가로질러 협력하는 몇 가지 예를 들어라.

5. 위대한 조직의 예를 들어라. 관리(경영)이 위대한 조직을 만드는 데 어떤 기여를 했다고 생각하는가?

6. 비효과적인 조직의 예를 들어라. 비효과적인 조직을 개선하는 데 관리(경영)가 할 수 있는 일이 무엇인가를 말하여라.

7. 당신이 취업하고자 하는 회사의 강 · 약점을 이 책에서 다룬 5가지 경쟁우위의 관점에서 기술하고, 그 회사를 선택하고자 하는 이유를 설명하여라.

8. 당신의 일상을 관리하는 데 있어 4가지 관리 기능을 어떻게 사용하는지를 기술하여라.

9. 당신이 학교에서 혹은 재직하고 있는 직장에서의 기술적, 개념적 및 대인적 기술의 중요성을 기술하여라.

10. 당신의 직업을 고려할 때 당신의 두드러진 강 · 약점이 무엇인가? 그것들은 이 책에서 식별한 기술 및 행동과 어떠한 상관관계가 있는가?

11. 당신 자신을 매력적인 잠재적 고용주로 개발시킬 계획을 기술하여라. 당신이 당신의 관리 기술을 개신하기 위해 해야 할 일이 무엇인가?

12. 당신이 생각하는 이상적인 직업을 가능한 한 구체적으로 가시화해보라.

13. 당신의 진로계획 현황을 요약하고, 이 시점에서 생각해야 할 중요한 질문을 요약하라.

14. 조직의 일원으로서 조직의 생존과 번영을 위해 당신에게 필요한 기술, 방법, 도구를 기술하여라.

15. 전략적 관점에서 언택트(Untact) 환경의 4차사업 혁명시대에 적합한 경영관리 기술의 도전과제에 대하여 생각해 보아라.

02 Chapter 외부환경

개요 및 학습목표

많은 조직들은 조직 자체에서 발생하는 문제 외에도 정부의 규제나 외부 환경의 제약 요소들이 효과적으로 경쟁하는데 필요한 그들의 능력에 영향을 준다는 점을 알아야 한다. 그러므로 효과적으로 경쟁하기 위해서는 조직의 능력에 영향을 주는 외부 환경 요소를 주목해야 한다.

이 장에서는 조직을 운영하는 데 있어 압력을 가하는 외적인 조직 환경의 기본 특징과 전략 변경에 대한 환경의 중요성을 다룬다. 외부 조직으로부터의 압력이 조직이 운영되는 외부 상황을 어떻게 조성하는지를 논의한다. 여기서 논의한 많은 기본적인 환경적인 요소들은 본 교재의 여러 장에서 기술, 국제 환경, 윤리, 사회적 책임 등의 관점에서 교재 전반에 걸쳐 되풀이되는 주제들에서 자세히 설명할 것이다. 환경이 지속적으로 변화하기 때문에 조직은 지속적으로 변화해야 한다.

이 장을 학습한 후에 여러분은 환경이 조직에 어떤 영향을 미치는지, 조직이 환경에 어떤 영향을 미치는지를 알게 될 것이다. 또한 거시환경과 경쟁 환경 간의 차이를 이해하게 될 것이며, 왜 조직들이 국제적 환경에서 경제와 사회개발에 관심을 가져야 하는지를 알게 될 것이다. 특히 경제 환경을 분석하는 방법을 알게 될 것이며, 조직이 환경적 불확실성에 대응하는 전략과 방법론을 알게 될 것이다.

2.1 조직과 환경

조직은 외부환경과 영향을 주고받는 개방체계이다. **외부환경**(external environment)이란 경쟁자, 고객, 정부, 경제와 같은 기업 경계 밖의 모든 관련된 힘들을 말한다. 관련된 힘들이란 경영자(관리자)들이 그들의 조직이 효과적으로 경쟁하고 생존할 수 있도록 돕기 위해 관심을 기울이는 많은 요소를 의미한다.

이러한 많은 요소들은 통제할 수 없다. 대규모 또는 소규모 기업들은 경기후퇴, 정부간섭, 경쟁업자의 행동 등에 의해 크게 영향을 받는다. 그러나 그들의 통제력 부족이 경영자(관리자)가 그러한 힘들을 무시할 수 있다는 것을 의미하지 않으며, 불량한 성과에 대한 변명으로 사용할 수 있다는 것을 의미하지 않으며, 또한 그럭저럭 살아갈 수 있다는 것을 의미하지 않는다. 경영자(관리자)는 외부 발전에 뒤지지 않아야 하며, 그에 따라 대응해야 한다. 더욱이 때때로 외부환경의 구성요소에 영향을 미칠 수 있다. 우리는 조직이 이를 수행할 수 있는 방법을 검토할 것이다.

그림 2.1은 기업의 외부환경을 보여주고 있다. 기업은 **경쟁 환경**(competitive environment)에서 존재하며, 경쟁 환경은 기업과 기업 경쟁업체, 공급업체, 고객, 신규진입업체, 대체업체로 구성된다. 보다 일반적인 수준의 외부 환경은 **거시환경**(macro environment)으로, 일반적으로 모든 조직에 영향을 주는 법, 정치, 경제, 기술, 인구통계학, 사회 및 자연적인 요인으로 구성된다.

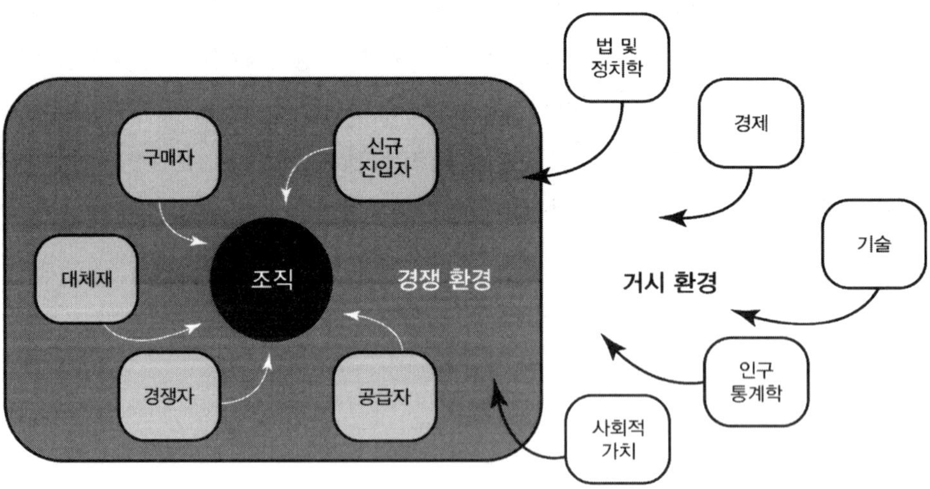

그림 2.1 조직의 외부 환경

2.2 거시 환경

모든 조직은 **거시 환경**(macro environment)에서 운영되며, 이는 전략 결정에 잠재적으로 영향을 미칠 수 있는 외부 환경의 가장 일반적인 요소에 의해 정의된다. 비록 최고경영진이 조직의 목표에 대한 고유한 내부 강점과 아이디어를 가지고 있을지라도, 행동을 취하기 전에 외부 요인을 고려해야 한다.

1) 법 및 규정

정부 정책은 전략적 제한사항을 부과하며 기회를 제공한다. 정부는 조세법, 경제정책, 국제 무역 규칙을 통해 사업 기회에 영향을 준다.

규제기관(regulators)은 기업의 보다 즉각적인 업무 환경에 영향을 주는 특정 정부 조직이다. 규제기관의 예로는 직업안전위생관리국(OSHA), 운송교통위원회(ICC), 연방항공국(FAA), 환경보호청(EPA) 등을 들 수 있으며, 기업의 관행을 조사할 권한을 가지고 있으며, 법을 준수하도록 조치를 취할 수 있다.

2) 경제

경제 환경은 자국의 경제 환경뿐만 아니라 다른 나라 경제와의 복잡한 상호접촉으로 만들어진다. 경제 환경은 효과적으로 작동할 수 있는 기업의 능력에 극적인 영향을 미치며 그들의 전략 선택에 영향을 미친다. 이자와 물가상승률이 가용도와 자본비, 확장 능력, 가격, 비용 및 제품에 대한 소비자 수요에 영향을 준다. 실업률은 제품 수요뿐만 아니라 노동 가용도와 임금에 영향을 준다.

중요한 경제적 영향이 주식시장에 집중되고 있다. 투자금에 대한 회수를 바라는 개인과 기관은 유망한 기업에 투자를 한다. 1990년대의 기술기반 기업들은 20% 이상의 수익을 투자자에게 제공함으로서 더 많은 개인 투자자들이 자본시장에 진입하였다(그림 2.2 참조). 2000년대 초기에 다른 경제지표가 여전히 강세임에도 불구하고 기술 관련 주식의 하락과 기업 재무의 불신과 함께 수익은 마이너스로 떨어졌다.

경제 상황은 시간이 지남에 따라 변화하고 예측하기 어렵다. 주식 시장은 등락을 거듭하고 극적인 성장 기간 후에 경기침체가 뒤따를 수 있다. 모든 추세는 의심할 여지 없이 끝날 것이다. 그러나 그 시점은 알 수 없다. 심지어 시기가 좋아 보일 때도 예산 적자 또는 다른 고려사항들은 미래에 대한 우려를 낳는다.

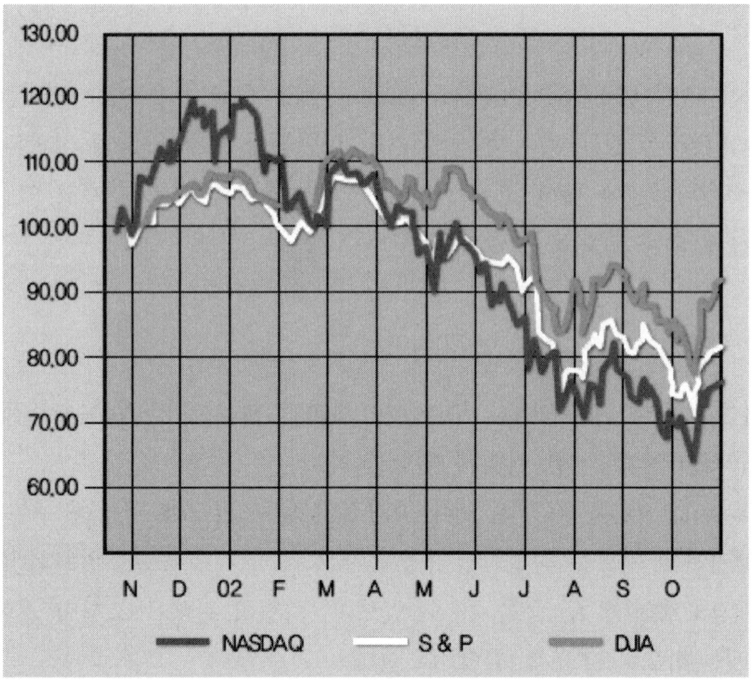

그림 2.2 주식시장의 변동 추이

3) 기술

오늘날 기업은 전략적으로 놀랄 만한 기술과 통합하지 않고서는 성공할 수 없다. 기술 진보는 새로운 제품, 고급 생산 기술, 더 좋은 관리 및 의사소통 방법을 만들어낸다. 더불어 기술이 진보함에 따라 신산업, 시장, 경쟁 틈새가 개발된다. 예를 들어 컴퓨터의 출현으로 거대 산업이 생겼다. 생명공학의 초기 진입업체는 지배적인 위치를 차지하려고 노력하는 반면에 후발 진입업체들은 그들에게 경쟁적인 틈새 시장을 줄 기술적 진보를 위해 노력한다.

신기술은 또한 새로운 제조기법을 제공한다. 제조업에 배치된 정교한 로봇은 피로를 느끼지 않으며, 휴일과 임금 인상을 요구하지 않고 과업을 수행한다.

신기술은 또한 관리 및 의사소통을 위한 새로운 방법을 제공한다. 전산화된 경영정보시스템(MIS)은 늘 과학적이고 체계적인 정보를 제공한다. 컴퓨터로 생산성을 점검하고 성과와 결함을 메모한다. 기술 진보가 사업에서 혁신을 만들어낸다. 첨단 기술 진보를 반영해 개발된 전략은 경쟁우위를 창출한다. 기술을 고려할 때 경쟁자를 무시하거나 경쟁자보다 뒤쳐지는 전략을 구사하면 퇴화하거나 소멸을 초래한다.

4) 인구통계학

인구통계학(demographics)은 그룹 혹은 다른 사회 단위를 구성하고 있는 사람들의 다양한 특징에 대한 척도이다. 작업 그룹, 조직, 나라, 시장 및 사회를 그들 요원의 나이, 성별, 가족 크기, 교육, 직업 등에 관하여 통계학적으로 기술할 수 있다.

기업은 기업의 인적자원 전략을 수립할 때 종업원의 인구통계학적 지표를 고려해야 한다. 인구 성장률은 노동력의 크기와 구성에 영향을 준다. 출산율 변동은 인구통계학적 추세에 많건 적건 영향을 준다. 최근의 국제결혼과 이민의 증가는 한 나라의 인구와 노동력에 영향을 줄 수 있다. 보다 다양한 노동력이 기업에게 유리하므로 관리자는 여성과 외국인 근로자와 같은 소수자에 대한 고용, 승진 기회, 보상 등에 대해서도 동등한 기회를 보장해야 한다. 기업의 임무를 달성하는 데 필요한 기술을 가진 다양한 인구통계학적 배경을 가진 사람들을 충원하고, 유지하고, 훈련하고, 동기를 부여하여 효과적으로 활용하는 선략계획을 수립해야 한다.

5) 사회적 이슈와 자연 환경

사람들이 어떻게 생각하고 행동하는지에 대한 사회적 추세가 노동력의 관리, 기업의 사회적 행동, 제품과 시장에 대한 전략 결정에 주요한 영향을 끼친다.

여성들의 사회적 진출이 증가함에 따라 그들 개인 상황에 맞는 프로그램을 개발하여 경쟁우위의 원천으로 활용해야 한다.

또한 오늘날 중요한 이슈는 자연자원과 관련이 있다. 자연자원의 개발과 함께 자연 환경의 보존, 보호에 관한 이슈가 관리 결정에서 중요하다.

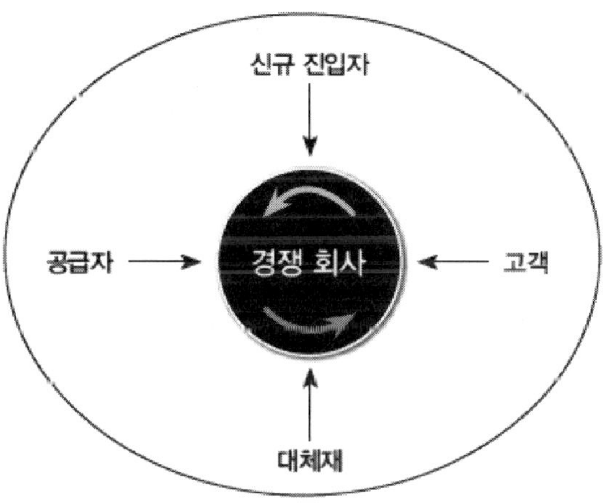

그림 2.3 경쟁 환경

2.2 경쟁 환경

모든 조직은 거시 환경의 일반적인 요소에 의해 영향을 받는다. 각 조직은 또한 보다 가깝고 더 즉각적인 경쟁 환경에서 기능한다. **경쟁 환경**은 조직이 상호작용하는 특정 조직을 포함한다. 그림 2.3에서 보는 바와 같이 경쟁 환경에는 경쟁 기업, 공급자의 힘, 고객의 힘, 신규 진입자의 위협, 대체재의 위협 등이 포함된다. 이 모델은 마이클 포터(Michael Porter)가 개발한 것으로, 성공적인 경영자(관리자)는 환경에 단순히 대응하는 것 이상의 일을 해야 한다고 주장하였다. 경영자(관리자)는 실제로 조직 환경을 만들거나 변경하는 방식으로 행동한다. 전략적 의사결정에서 포터의 모형은 경쟁의 본질에 영향을 주거나 적응하기 위하여 경쟁 환경을 분석하는 탁월한 방법이다.

1) 경쟁자

경쟁 환경의 다양한 요인 중에서도 동종업계 내의 경쟁자를 무엇보다도 먼저 다루어야 한다. 조직이 동일한 고객을 대상으로 경쟁할 때 모든 것을 감수하면서 시장 점유율을 높이려고 하는 경우 경쟁자의 행동을 예상하고 반응해야 한다.

먼저 경쟁 대상이 누구인가를 생각해야 한다. 그러나 종종 조직은 전통적인 경쟁자를 너무 배타적으로 주목한 나머지 신규 진입자를 놓치게 된다. 진정한 경쟁자는 후발 주자로 신규 진입한 경우가 많다. 따라서 조직의 경쟁 환경을 이해하는 첫 단계는 그들의 경쟁자를 식별하는 것이다. 경쟁자에는 (1)소규모 국내 기업, (2)해외 기업, (3)새로운 시장을 개척하는 대규모 신생 국내 기업, (4)강력한 지역 경쟁자, (5)인터넷 쇼핑몰과 같은 비전통적 진입자가 포함된다.

경쟁자를 식별한 후에 다음 단계는 그들과 경쟁하는 방법을 분석하는 것이다. 경쟁자가 사용하는 전술을 파악하고, 그에 맞는 전략을 재정립하여야 한다. 당신이 당신 자신의 전략을 다듬을 때 경쟁자들이 무엇을 하고 있는지를 이해하는 것이 중요하다. 경쟁은 많은 직접적인 경쟁자가 있을 경우, 산업 성장이 더딜 경우, 제품 혹은 서비스를 어떤 방식으로도 차별화 할 수 없을 경우에 가장 치열하다. 그리고 치열한 경쟁은 산업의 구조조정을 야기한다. 취약한 기업은 소멸하고 강력한 기업은 생존한다.

2) 신규 진입자의 위협

신규 진입자는 기존 기업과 경쟁한다. 만약 많은 요소들이 신규 기업이 산업계에 진입하는 것을 방해한다면 안정적으로 자리 잡은 기존 기업에 대한 위협은 심각하지 않을 수 있다. 하지만 진입장벽(barrier to entry)이 거의 없다면 신규 진입자의 위협은 한층 심각하다. 몇 가지 주요 진입장벽은 정부 정책, 자본 요건, 브랜드 식별, 가격 불이익 및 유통 채널 등이다. 정부가 진입을 제한하거나 방지할 수 있다. 특허(patent)도 진입 장벽이 될 수 있다. 특허가 만료되면 다른 기업들도 시장에 진입할 수 있다.

다른 장벽은 덜 공식적이지만 동일한 효과를 줄 수 있다. 자본 요건과 브랜드 식별 등도 신규 진입자로 하여금 기존 기업에 대한 고객의 충성심을 극복하는 데 상당한 영향을 줄 수 있다. 큰 규모, 유리한 위치, 기존 자산 등으로 확립된 비용상의 이점(cost advantages)도 엄청난 진입장벽이 될 수 있다.

마지막으로 기존 업체의 유통 채널 또한 신규 진입자가 그들의 제품 혹은 서비스를 고객에게 제공하는 데 어려움을 안겨줄 수 있다. 예를 들어 기성 식품들은 이미 슈퍼마켓 진열 공간을 가지고 있다. 신규 진입자는 홍보, 가격 인하, 집중 판매 및 다른 전술로 기존 제품을 대체해야 한다.

3) 대체재의 위협

기술 진보와 경제적 효율성은 기업이 기존 제품의 대체재를 개발할 수 있는 방법 가운데 하나이다. 대체 제품 혹은 서비스는 다른 산업의 잠재적 수익을 제한할 수 있다. 품질 개선과 공세적인 마케팅 캠페인이 없으면 성장과 수익 문제에서 고통을 받을 수 있다.

현용 대체재에 더하여 기업은 가까운 장래에 실행 가능한 잠재적인 대체재에 관하여 생각할 필요가 있다. 예를 들어, 화석 연료의 대안으로 핵융합, 태양열 발전, 풍력 에너지가 오늘날 유용한 것으로 입증될 수 있다. 이러한 각각의 기술로 보장되는 장점은 많다. 그러나 아직도 이들은 이론상으로 좋은 것으로 보일 수 있지만, 경제적 관점이나 기술적 가용도적인 측면에서 부족한 면이 있다. 표 2.1은 제품과 잠재적인 대체재 목록을 보여주고 있다. 예를 들어. 태양 융합 연료가 화석 연료의 대체재로, 청량음료가 커피의 대체재가 된다

4) 공급자

공급자는 생산에 필요한 자원을 제공해주는 사람, 원재료, 정보 및 재무 자본의 형태로 관여할 수 있다. 그러나 공급자는 그들이 제공하는 자원 이상의 이유로 조직에 중요하다. 공급자는 가격을 올리거나 불량한 품질의 제품과 서비스를 제공할 수 있다. 노동조합이 파업을 하거나 임금 인상을 요구할 수 있다. 노동자가 결함 있는 공사를 할 수도 있다. 힘 있는 공급자는 기업의 이윤을 감소시킬 수 있는데, 특히 기업이 가격 상승을 고객에게

전가할 수 없을 때는 더욱 더 그러하다.

일부 산업에서 특히 주목할 만한 일련의 공급자는 국제노동기구이다. 국제노동기구(International Labour Organization: ILO)는 1919년 베르사유조약 제13편(노동편)을 근거로 창설되었다. 1948년부터 제29차 총회에서 채택된 국제노동헌장에 입각하여 운영되고 있다. 이에 따라 UN(United Nations:국제연합)과 밀접한 관계를 갖고 처음으로 국제연합의 전문기구로 출발하였다.

다른 국제기구는 대부분 정부가 회원국의 대표로 있지만 ILO는 사용자 · 노동자 · 정부 대표가 이사회에 속해 있다. 상설기관으로는 총회, 이사회, 사무국이 있으며, 보조기관으로는 각 지역별 회의와 여러 노조위원회가 있다. 매년 1회 개최되는 총회에는 각 가맹국의 정부대표 2인과 노사대표 각 1인이 참석하며, 국제노동조약과 권고가 결정된다.

주요활동은 각국의 노동입법 수준을 발전시켜 노동조건을 개선하고 사회정책과 행정 · 인력 자원을 훈련시키며 기술을 지원한다. 그리고 협동조합과 농촌에 공장을 세우는 것도 지원한다. 이러한 활동을 위하여 국제 노동통계를 수집하고 불완전고용, 노사관계, 경제발전 등에 관해 연구한다. 또한 연구 결과와 수집된 자료를 이용하여 《국제노동평론》과 《노동통계연감》을 발간한다.

노동조합은 고용, 임금, 작업조건, 직무보안, 노사간 분쟁 조정 및 해결 등에 관해서 노동자의 이익을 대변하고 보호하는 기관이다. 역사적으로 경영자와 노동조합의 관계는 적대적이었다. 그러나 양측은 생산성과 경쟁력을 증진시키는 데 서로가 협력적인 관계로

표 2.1 잠재적인 대체재

제품	대체재
면	폴리에스테르
커피	청량음료
화석 연료	태양열
영화관	가정용 비디오/DVD
음악 CD	라디오/MP3
자동차	열차, 버스, 자전거
개인용 컴퓨터	PDA
설탕	인공 감미료
주택	아파트, 콘도
벽돌	알루미늄 사이딩
시시한 잡지	인터넷
유선전화	휴대폰

공동으로 일하는 것이 좋다는 것을 인식하게 되었다. 문제가 많은 노사관계는 더 높은 비용을 야기하고 생산성을 떨어뜨려 궁극적으로 해고로 이어질 수 있다.

조직이 임의의 강력한 공급자에게 과도하게 의존하게 되면 불리한 입장에 서게 된다. 구매자에게 다른 공급원이 거의 없거나, 공급자에게 다른 구매자가 많으면 공급자에게 힘이 실린다. 예를 들어 IT기업이 소프트웨어를 마이크로소프트(MS)에서만 구입하고, 마이크로칩은 인텔에서만 구입한다면 마이크로소프트와 인텔은 대단히 강한 압력을 행사할 수 있다. 많은 경우에 기업은 전환비용이 증가된다. **전환비용**(switching costs)은 구매자가 공급자를 변경할 때 직면하는 고정 비용을 말한다. 예를 들어, 구매자가 공급자의 장비 작동 방법을 알게 되면 구매자는 새로운 공급자로 변경하면서 경제적 비용과 심리적 비용을 모두 직면하게 된다.

올바른 공급자를 선정하는 것은 중요한 전략 결정이다. 공급자는 제조 시기, 제품 품질, 재고 수준에 영향을 줄 수 있다. 어떤 회사에서는 공급자와 조직사이의 관계가 변하고 있다. 긴밀한 공급자 관계는 JIT(just-in-time) 생산방식을 사용하는 포드와 같은 많은 조직에서 새로운 모형이 되고 있다.

5) 고객

고객은 조직이 공급하는 제품이나 서비스를 구매한다. 고객이 없으면 회사는 생존할 수 없다. 완제품을 소매상으로부터 구매하는 사람을 **최종 소비자**(final consumers)라고 부른다. **중간 소비자**(intermediate consumers)는 원재료나 도매 제품을 구매하여 최종 소비자에게 판매하는 사람이다. 중간 소비자는 실제로 개인 최종 소비자보다 더 많이 구매한다. 중간 소비자의 예로는 소매상, 산업 구매자, 판매 대리점 등을 들 수 있다.

공급자와 마찬가지로 고객은 여러 가지 이유로 조직에 중요하다. 고객은 낮은 가격, 높은 품질, 독특한 제품 규격, 더 좋은 서비스를 요구할 수 있다. 고객은 또한 경쟁자 역할을 하기도 한다. 자동차 구매 고객이 여러 오퍼를 모아 최상의 가격을 위한 협상을 하는 예가 이러한 경우에 해당한다.

고객 서비스(customer service)는 고객이 원하는 것, 필요한 것을 그들이 원하는 방식으로 처음으로 제공하는 것을 말한다. 이는 보통 조직이 고객에게 제품 혹은 서비스를 전달할 수 있는 속도와 의존도에 좌우된다. 우수한 고객 서비스를 의미하는 행동과 태도에는 다음과 같은 것이 포함된다.

- 정상 주문에 대응하고 전달하는 속도
- 비상 욕구에 대응하는 의지(기꺼운 마음)

- 좋은 조건으로 배달된 상품
- 결함이 있는 제품을 즉시 회수하여 재빨리 재공급해 줌
- 설치 및 수리 서비스 및 부품의 가용도
- 서비스 요금

양호한 고객 서비스를 강조하는 모든 사업(생산뿐만 아니라 서비스 사업) 전략에서 중요한 경쟁우위를 제공한다. 조직이 강력한 고객에게 너무 심하게 의존하면 불이익을 받게 된다. 고객이 대량구매하거나 구매할 수 있는 대체 기업을 쉽게 발견할 수 있다면 고객은 강력해진다. 당신 기업의 가장 큰 고객이고 당신이 구매할 다른 기업이 있다면 당신은 기업에 대해 강력해지며, 기업과 성공적으로 협상할 가능성이 커진다. 당신 기업의 가장 큰 고객은 특히 그들이 다른 공급자로부터 제품을 구매할 수 있다면 당신 기업에 대해 가장 큰 협상력을 갖게 될 것이다.

2.3 환경 분석

경영자(관리자)가 그들의 조직에 미치는 환경의 영향을 이해하지 못하거나 중요한 기회와 위협을 식별하지 못한다면, 결정을 할 수 있는 관리자의 능력과 실행 계획은 심각하게 제한을 받을 수 있다. 예를 들어, 고객의 선호도에 대하여 아는 것이 거의 없다면 조직이 새로운 제품을 설계하고, 생산 일정을 계획하고, 마케팅 계획을 개발하는 것은 어렵다. 요약하자면 시의적절하고 정확한 환경 정보가 사업을 운영하는 데 있어 중요하다.

그러나 환경에 대한 정보는 언제나 쉽게 이용 가능한 것만은 아니다. **환경 불확실성**(environmental uncertainty)은 경영자(관리자)가 미래를 이해하거나 예측할 수 있는 환경에 대한 정보를 충분히 가지고 있지 않다는 뜻이다. 불확실성은 (1)복잡성, (2)역동성의 2가지 관련 요인으로부터 발생한다. **환경 복잡성**(complexity)은 경영자(관리자)가 주의를 기울여야 하는 이슈의 수와 상관성을 말한다. 예를 들어, 많은 기업이 존재하는 산업계는 약간의 핵심 경쟁자를 가진 산업계보다 복잡하다. 유사하게, **환경 역동성**(dynamism)은 산업계 내에서 발생하는 불연속적인 변화의 정도를 뜻한다. 예컨대 제품과 기술이 빠르게 바뀌는 고성장 산업계는 변화가 덜 역동적이고 보다 더 예측 가능한 안정된 산업계보다 더 불확실하게 된다.

환경 불확실성이 증가할수록 경영자(관리자)는 환경에 대한 정보를 수집, 분류, 해석하는 기법과 방법을 개발해야 한다. 거시 환경과 경쟁 환경 모두에서 환경적인 요인을 분석

하여 경영자(관리자)는 조직에 영향을 줄 수 있는 기회와 위협을 식별할 수 있다.

1) 환경 정밀조사

아마도 환경의 불확실성에 대처하는 제1단계는 어느 것이 중요한가를 명확하게 정의하는 것이다. 조직들이 무지해서 행동하고 미래에 이러한 행동에 대해 후회하는 경우가 종종 있다. 예컨대 IBM은 제로그라피(건식복사법) 이면의 기술을 구매할 기회가 있었지만 거절하였다. 반면 제록스(Xerox)는 그 기술의 잠재력을 보았으며, 그 이후 관련 기술의 역사는 제록스가 차지하였다. 후에 제록스 연구자들은 컴퓨터 마우스에 관한 기술을 개발하였지만, 잠재력을 인식하지 못한 나머지 시장에서의 중요한 기회를 잃어버렸다.

변화, 기회, 위협을 이해하고 예측하기 위하여 조직은 환경에서의 사건을 검사하는 데 대단히 많은 시간과 비용을 소비하여야 한다. **환경 정밀조사**(environmental scanning)는 대부분의 사람들이 이용할 수 있는 정보를 조사하고, 무엇이 중요하고 중요하지 않은지를 해석하기 위하여 정보를 철저히 분류하는 것을 말한다. 경영자(관리자)는 다음과 같은 질문을 할 수 있어야 한다.

- 현재 우리의 경쟁자는 누구인가?
- 우리 산업계로의 진입 장벽이 높은가? 낮은가?
- 우리의 제품 혹은 서비스의 대체재는 무엇인가?
- 기업은 강력한 공급자에게 너무 많이 의존하고 있지 않는가?
- 기업은 강력한 고객에게 너무 많이 의존하고 있지 않는가?

이러한 질문에 대한 답변은 경영자(관리자)가 **경쟁지식**(competitive intelligence)을 개발하는 데 도움을 준다. 경쟁지식은 경영자(관리자)가 어떻게 경쟁을 더 잘할 수 있는지를 결정하는 데 도움을 주는 정보를 말한다. 앞에서 살펴본 포터의 경쟁분석은 환경 정밀조사를 유도할 수 있으며, 경영자(관리자)가 다양한 환경에 대한 경쟁 잠재력을 평가하는 데 도움을 준다. 표 2.2는 기업에 경쟁우위를 가져다주는 매력적인 환경과 기업에 불이익을 주는 매력적이지 않은 환경의 두 가지 극한 환경을 보여주고 있다. 경쟁자, 신규 진입자의 위협, 대체재, 공급자, 고객 등이 기업의 경쟁우위에 영향을 주는 환경 요인이라고 할 수 있다.

표 2.2 기업의 경쟁우위에 매력적인 환경과 매력적이지 않은 환경

환경적인 요소	매력적이지 못한 환경	매력적인 환경
경쟁자	많음, 낮은 산업 성장, 동일한 규모, 상품(원자재)	적음, 높은 산업 성장, 동일하지 않은 규모의 차별화
진입 위험	높은 위협; 진입장벽이 낮음	낮은 위협; 진입장벽이 높음
대체재	많음	적음
공급자	적음; 높은 협상력	많음: 낮은 협상력
고객	적음; 높은 협상력	많음: 낮은 협상력

2) 시나리오 개발

경영자(관리자)가 환경적인 힘이 그들의 조직에 미치는 영향을 알아내려고 시도할 때 그들은 종종 미래에 대한 **시나리오(scenarios)**를 개발한다. 시나리오는 환경과 기업의 전체 그림에 다른 요인의 대안적인 조합을 결합한다. 예를 들어, 의회와 대통령은 균형 예산을 위해 노력하면서 궁극적으로 국가 부채를 줄이고자 할 때, 향후 10년에 걸쳐 경제 환경에 무엇이 일어날 것인가에 대하여 여러 가지 다른 시나리오를 개발한다. 종종 조직은 최상의 시나리오(best-case scenario), 최악의 시나리오(worst-case scenario), 중간 입장(middle-ground)의 대안(절충안)을 개발해야 한다. 시나리오 개발의 가치는 경영자(관리자)가 다른 결과가 주어졌을 경우에 그들이 해야 할 우발(비상)계획을 개발하는 데 도움을 준다는 점이다.

3) 예측

환경 정밀조사가 중요한 요소를 식별하는 데 사용되고, 시나리오 개발이 미래의 대안적 그림을 개발하는 데 사용되는 반면에, **예측(forecasting)**은 미래에 몇 가지 변수가 얼마나 정확히 변경되는지를 예측하는 데 사용된다. 예를 들어, 자본 투자를 할 때 기업은 이자율이 얼마나 변할 것인지를 예측하려고 한다. 사업을 팽창 혹은 축소하는 것을 결정할 때 기업은 재화와 서비스에 대한 수요를 예측하거나 그들이 사용할 노동의 수요와 공급을 예측하려고 노력한다.

비록 예측은 경영진이 미래에 대한 예측을 하는데 도움을 주기 위해 고안되었지만 그것들의 정확도는 적용에 따라 다르다. 예측은 과거의 경험으로부터 미래를 투영하기 때문에 미래가 과거와 많이 비슷하게 될 때 가장 정확해진다. 물론 그러한 예에서 정교한 예측은 필요하지 않다. 예측은 미래가 과거와 매우 다른 것처럼 보일 때 가장 유용하다.

불행하게도, 예측은 그렇게 정확하지 않다. 더 많은 것들이 변할수록 우리의 예측에 대한 신뢰도는 더 떨어지는 경향이 있다. 예측을 사용하는 경우에 있어 최상의 조언은 다음과 같다.

- 다수의 예측을 사용하고, 그것들의 예측을 평균하여 사용한다.
- 당신이 예측하려고 노력한 것보다 정확도는 떨어진다는 점을 명심해야 한다.
- 예측은 그것들을 생각할 때 사용한 데이터와 다름없다.
- 가능하면 간단한 예측을 사용한다.
- 중요한 사건들은 때론 예기치 않게 발생하는데, 이는 예측에서 벗어남을 나타낸다.

4) 벤치마킹

환경에서의 변화를 예측하는 것에 더하여, 기업은 그들의 경쟁우위의 원천을 이해하기 위하여 여러 기업들의 최상의 관행을 심도 있게 연구해야 한다. **벤치마킹(benchmarking)**은 제품 개발 혹은 고객 서비스 등 특정 분야 기업의 최상의 성과(조직의 관행과 기술)를 식별하고 당신 기업의 과정을 그것과 비교하는 것을 말한다. 이를 달성하기 위하여 벤치마킹 팀은 자기 기업의 운영 정보와 타 기업의 운영 정보를 수집하고, 그 차이를 파악한다. 이러한 차이가 성과 차이의 근본 원인을 파악하는 단초가 된다. 궁극적으로 팀은 최상의 성과를 가져다주는 일련의 최상의 관행을 입안(계획)할 수 있을 것이다.

2.4 환경에 대응

조직은 환경에 대응하기 위한 수많은 선택권을 가지고 있어야 한다. 일반적으로, 이러한 선택권은 (1) 환경에 적응하는 것, (2) 환경에 영향을 주는 것, (3) 새로운 환경을 선택하는 것과 같이 3가지로 분류할 수 있다.

1) 환경에 적응하기: 자신을 바꾸는 것

환경적인 불확실성에 대응하기 위하여 조직은 종종 그들의 구조와 작업 과정을 조절한다. 환경의 복잡성으로 인해 야기되는 불확실성의 경우에 조직은 분권화된(decentralizing) 의사결정을 통해 적응하려 할 수 있다. 예컨대 기업이 여러 시장에서 경쟁자가 증가하거나, 다른 고객이 다른 제품을 원하거나, 다른 제품의 특징이 증가하거나, 생산 시설을 다른 나라에 건설하고자 하는 경우에 최고경영자(혹은 소그룹의 최고경영자)가 모든 행동에 뒤지지 않고 사업의 모든 운영 세부사항을 이해하는 것은 불가능할 수 있다. 이러한 경우에 최고 경영팀은 일선 관리자에게 기업에 이익을 가져다주는 결정을 하도록 권한을 위임할 수 있다. 이에 대해서는 **권리부여(권한위임: empowerment)**와 의사결정에 대한 설명에서 상세히 살펴보기로 한다.

환경 변화에 기인한 불확실성에 대응하기 위하여 조직은 보다 유연한 구조를 수립하려고 노력한다. 오늘날 비즈니스 세계에서 관료제(bureaucracy)는 부정적 의미를 내포하고 있는 것이 보통이다. 대부분의 사람들은 관료제 조직을 공식화하려는 경향이 있으며 관료제 조직이 매우 안정하다고 인식하고 있다. 종종 사람들은 관료제 조직이 변화 혹은 예외적인 조건에 적응할 수 없다고 인식하기도 한다. 그리고 관료제 조직은 환경이 안정적이면 효율적이며 통제 가능하지만, 제품, 기술, 고객, 경쟁자 등이 시간이 지남에 따라 변화할 때 관료제 조직은 더디게 진행되는 경향이 있다. 이러한 경우 변화에 적응하는 유연성을 갖기 위해서는 보다 유기체적인(organic) 구조가 필요하다. 표 2.3은 기업이 환경적 불확실성에 적응하는 데 취할 수 있는 4가지 다른 방법을 보여주고 있다. 각 상황에 유연하게 대처할 수 있는 방법으로 불확실성을 관리해야 한다.

표 2.3 불확실성을 관리하는 4가지 방법

구분	안정적 환경	동적 환경
복잡	분권화	분권화
	관료적 (표준화된 기술)	유기체적 (상호 조정)
단순	집중화	집중화
	관료적 (표준화된 작업 공정)	유기체적 (직접 감시)

❖ 경계에 적응: 버퍼링과 평탄화

개방체계 관점에서 조직은 환경과 경계의 투입 및 산출 양 측면에서 버퍼링이 발생할 수 있다. **버퍼링(buffering)**은 불확실성에 적응하는 그러한 접근방법 중의 하나이다. 버퍼링은 예측 불가능한 상황에 대비해 잉여 자원을 공급하여 상황을 완충시키는 것을 말한다. 투입 측면에서 조직은 노동 수요 예측이 어려운 특수기에 시간제와 임시 도우미를 고용하기 위해 고용단체와의 관계를 수립할 수 있다. 체계의 산출 측면에서 대부분의 조직은 고객이 그들의 제품을 구매하려고 몰리면 몇 가지 유형의 기말 재고정리 품목(ending inventory)을 그들에게 제공하기도 한다. 자동차 딜러가 이러한 버퍼를 사용하는 일반적인 예로 패스트푸드점, 서점, 의류점, 심지어 공인 중개업에서도 버퍼 재고품을 유사하게 사용하는 예를 볼 수 있다.

더불어 조직은 환경 경계의 정상적인 변동을 **평탄화**(smoothing)할 수 있다. 예를 들어, 겨울철에 자동차 판매량이 떨어지면 매매상은 수요를 증가시키기 위해 재고 차량의 가격을 내리게 된다. 매 의류 시즌이 끝날 무렵에 소매상들은 들어오는 재고를 위한 공간을 마련하기 위해 상품을 정리하려고 가격을 할인한다. 이러한 예는 수요 변동을 평준화하기 위하여 환경 주기를 평탄화하는 것이다.

❖ 핵심에 적응

조직 경계의 불활실성을 관리하기 위해 버퍼링과 평탄화 작업을 하는 것 외에도 기업은 또한 그들의 기술적인 핵심에 적응하도록 **유연한 공정**(flexible processes)을 수립할 수 있다. 예를 들어, 고객의 다양하고 변화무쌍한 수요를 충족시키기 위해 그들의 제품과 서비스를 개인의 요구에 맞게 주문 생산할 수 있다. 두루 적용되는 대량생산 제품 대신에 동일하게 낮은 가격으로 개인의 취향에 맞는 제품을 생산할 수 있다. **대량 맞춤생산**(mass customization) 과정은 각각이 자동차 대시보드 조립부품을 만드는 것과 같은 특정 과정 혹은 과업을 수행하는 독립 운영 부서의 네트워크를 사용하는 것을 포함한다. 주문이 들어오면 서로 다른 모듈이 힘을 합쳐 고객이 지정하는 제품이나 서비스를 제공한다.

2) 환경에 영향을 미치기

환경에 적응하거나 반응하는 것에서 나아가 조직은 환경을 변화시키는 것을 목표로 순향적인(사전 대비적: proactive) 대응을 개발할 수 있다. 두 가지 일반적인 유형의 순향 대응은 독자 행동권과 협력 행동권이다.

❖ 독자 행동권

현재 환경의 몇 가지 측면을 스스로 변화시키고자 할 때 **독자 행동권**(Indepen-dent action)을 사용할 수 있다. 표 2.4는 이러한 전략에 대한 정의와 용도를 보여주고 있다.

독자 행동권은 경쟁력 있는 공격, 경쟁력 있는 화해, 공공관계, 자발적 행동(행위), 소송, 정치활동(행위) 등을 통해 기업이 환경에 영향을 주는 것을 의미한다.

경쟁력 있는 공격(competitive aggression)은 경쟁우위를 위해 탁월한 역량을 활용하거나 내부 효율성을 개선하는 것을 말한다. **경쟁력 있는 화해**(competitive pacification)란 경쟁자와 관계를 개선하기 위해 독자적인 행동을 하는 것을 말한다. **공공관계**(public relations)는 환경을 구성하고 있는 요소들과 우호적인 이미지를 수립하고 유지하는 것을 말한다. **자발적인 행동**(voluntary action)은 다양한 이해 그룹, 원인 및 사회 문제에 자발적으로 헌신하는 것을 말한다. **소송**(legal action)은 기업이 기만적인 독과점 금지와 광고 혹은 다른 영역에 관한 법률관계를 확정하기 위해 경쟁자와 사적인 법률 다툼을 벌이는 것을 말한다. **정치 활동**(political action)은 보다 우호적인 사업 환경을 만들기 위해 선출된 대표자에게 영향을 끼치려고 노력하는 것을 말한다.

표 2.4 독자 행동권

전략	예
경쟁력있는 공격	공세적인 가격 책정, 경쟁우위
경쟁력있는 화해	원재료를 구하기 위해 경쟁자를 도움
공공관계	스포츠 이벤트 후원
자발적인 행동	비영리 자선사업단체 운영
소송	한 회사가 경쟁 회사를 상대로 소송
정치 활동	ARCO의 회사의 유권자 프로그램

❖ 협력 행동권

일부 상황에서는 두 개 이상의 조직이 환경에 영향을 주기 위해 협력적인 전략을 사용한다. 협력 행동권에는 **신축**(contraction), **포용**(**적응적 흡수**, cooptation), **연합**(coalition) 등이 있다(표 2.5).

- **신축**: 재화, 서비스, 정보, 특허 등을 교환하기 위해 조직과 또 다른 그룹 간의 합의를 절충하는 것을 말한다. 신축적인 마케팅 체계가 그 예이다.
- **포용**(적응적 흡수): 조직의 안정성과 생존의 위협을 방지하기 위하여 새로운 요소(잠재적 위협 세력)를 조직의 리더십 구조에 흡수하는 것을 말한다. 이사회의 자금담당, 소비자 및 노동단체를 포용하고, 언론과의 우호적인 관계를 유지하기 위해 언론계 중진을 요직에 발탁하거나, 환경운동가를 환경정책 부서에 받아들이는 조치 등이 그 예이다.
- **연합**: 2개 이상의 그룹이 일정 기간 동안에 몇 가지 일련의 이슈에 관하여 공동으로 합쳐 행동하는 것을 말한다, 협회(업계 단체)가 그 예이다.

보다 조직화된 수준에서 조직은 환경 불확실성을 다루기 위해 경쟁자와 전략적인 연합, 파트너십, 합작투자, 합병을 한다. 이와 같은 협력적인 전략은 (1)연합 행동이 조직의 비용과 위험을 감소시킬 때, (2)협동이 조직의 힘을 증가시킬 때 가장 적절하게 작용할 수 있다.

표 2.5 협력 행동권

전략	예
신축	신축적인 마케팅 체계
포용	이사회에 소비자와 노동단체 수용
연합	산업협회

표 2.6 전략 기동

전략	예
도메인 선택	PC 시장에 IBM 진입
다각화	GE가 RCA와 NBC 구매
인수 & 합병	Boeing과 McDonnell Douglas
사업 분할	Kodak과 Estman Chemical

3) 자신이 처한 환경을 변경하기(새로운 환경을 선택): 전략 기동

조직은 그들 자신을 변화시키고(환경 적응), 환경을 변화시키거나 혹은 그들이 처한 환경을 바꿈으로써 환경적인 불확실성에 대응할 수 있다. 이러한 마지막 전략을 **전략 기동(strategic maneuvering)**이라고 한다. 경쟁 환경의 경계를 바꾸기 위해 의식적으로 노력을 함으로써 기업들은 잠재적인 위협에 대처할 수 있으며 발생하는 기회를 활용할 수 있다. 표 2.6은 이러한 전략의 여러 가지 예를 보여주고 있다. 이러한 전략에는 도메인 선택(domain selection), 다각화(diversification), 인수합병(M & A), 사업 분할(자기업 매각) 등이 있다.

조직이 서로 다른 환경으로 이동할 때 전략 기동을 해야 한다. **탐시자(prospectors)**라고 불리는 일부 기업에서 특히 전략기동을 할 가능성이 더 크다. 공세적인 기업은 새로운 제품과 시장을 개척하여 다각화하고, 새로운 기업을 인수 합병하여 그들의 경쟁 환경에 대한 경계를 지속적으로 바꾼다. 이와 같은 방법과 다른 방법으로 기업들은 경쟁자들을 수세에 몰아넣고 그들이 반응하게 만든다. 반면에 **방어자(defenders)**는 보다 더 제한적이고, 안정된 제품 영역 내에서 머무른다.

2.5 대응 방법의 선택

세 가지 일반적인 고려사항이 환경에 경영층이 대응하는 방법을 유도하는 데 도움을 준다. 첫째, 조직은 환경의 적절한 요소를 변경하려고 시도해야 한다. 환경 대응은 (1)기업 문제를 일으키고, (2)기회를 제공하고, (3)기업이 성공적으로 변화하도록 하는 환경의 요소를 목표로 할 때 가장 유용하다.

둘째, 조직은 환경 관련 요소에 초점을 맞추는 대응을 선택해야 한다. 기업이 기업을 둘러싼 경쟁 환경을 더 잘 관리하기를 원한다면 경쟁적 공격 전략과 화해 전략이 실행가능한 선택권이다. 정치적인 활동은 법적인 환경에 영향을 주며, 계약은 고객과 공급자를 관리하는 데 도움을 준다.

셋째로, 기업은 가장 낮은 비용으로 가장 높은 이익을 제공하는 대응을 선택해야 한다. 투자회수율 계산은 단기적인 재무 고려사항 뿐만 아니라 장기적인 영향을 통합해야 한다. 이러한 요인들을 면밀하게 고려하는 전략경영자는 그들의 조직이 경쟁우위를 보다 효과적으로 얻을 수 있도록 인도할 것이다.

2.6 국제 경영

모든 조직은 외부환경과 영향을 주고 받는 개방체계이다. 이러한 측면에서 국제 경영이라는 주제는 외부 환경을 이해하는데 매우 중요한 과제가 내포되어 있다. 오늘날 경영자는 글로벌 기회를 추구할 것인지, 어떻게 추구할 것인지에 대한 결정을 끊임없이 내려야 한다. 물론 이러한 기회는 경쟁적 혹은 재무적 관점뿐만 아니라 문화 및 관리적 측면에서 면밀하게 평가할 필요가 있다. 글로벌 기회는 서류상으로는 좋아 보이지만 경영자가 다른 국제적 맥락에서 일할 수 없다면 성공하지 못하는 경우가 많다. 경쟁의 세계화에 대한 이유를 검토하고, 국제 경영이 국내 경영과 다른 이유를 검토하고, 기업이 어떻게 국제적으로 확장하는지를 생각하고, 기업이 국경을 넘어 경영할 수 있는 개인을 어떻게 개발할 수 있는지를 알아본다.

1) 글로벌 환경

글로벌(세계) 경제가 그 어느 때보다도 더 통합되고 있다. 예를 들어 1995년에 세계무역기구(WTO)가 조직되고 150여 개국이 가입하였다. 세계무역기구는 무역 자유화를 통한 전 세계적인 경제 발전을 목표로 설립되었으며 WTO 규정이 세계 무역의 90% 이상에 적용된다. 최근에 WTO가 관세 인하에서 비관세 장벽 철폐로 그 역할이 확대됨에 따라 논란이 되고 있다. 논란은 WTO가 환경, 보건, 기타 규제에 도전하는데 사용될 수 있다는 사실에서 비롯된다. 이러한 규정은 종종 합법적인 사회적 목적에는 부합되지만 국제 무역에는 장애물로 간주될 수 있다.

WTO외에도 글로벌 규모에 작용되는 다른 경제적 영향이 존재한다. 주요 국제 무역 지역은 북 아메리카, 유럽 및 아시아가 가장 지배적이다. 그러나 다른 개발도상국과 지역도 경제 성장을 위해 중요한 지역임을 나타낸다.

2) 세계 경제의 영향

자유 무역 장벽이 점차 낮아지면서 세계 경제가 더 통합되고 있다. 이는 현대 경영자가 더 많은 기회를 제공하는 환경에서 경영을 하는 것을 의미하지만, 한 세대 전 경영자가 직면했던 환경보다 더 복잡하고 경쟁적인 환경이라는 것을 의미한다. 세계 경제의 통합이 증가하여 많은 결과를 가져왔다. 첫째로, 지난 10년간 세계 무역량은 세계 생산량보다 빠른 속도로 성장했다. 지난 수십 년 동안 세계 산출량은 약 30% 성장한데 비해 세계 무역량은 50% 이상 성장했다. 최근 NAFTA, EU, APEC에 의해 야기된 자유무역뿐만 아니라 주요 산업국가의 국제 무역에 대한 수년간의 강조는 국가 간의 상품, 서비스 및 자본의 자유로운 흐름에 대한 장벽을 낮추는 결과를 가져왔다. 이러한 추세의 영향은 충격적이다. 이러한 산업 환경에서 성공하기 위해서 경영자는 기존 시장에서 기회를 연구할 필요가 있을 뿐만 아니라 그들 기업의 경쟁력을 높일 필요가 있다.

둘째로, 모든 규모의 기업이 해외 사업에 투자함에 따라 FDI(foreign direct investment: 해외 직접 투자)는 세계 경제에서 점점 더 많은 역할을 하고 있다. 미국의 경우 미국의 해외 투자와 미국에 대한 해외 직접 투자가 거의 일치하고 있다. 주요 투자 국가는 미국, 유럽 및 일본이다.

세계 경제의 통합이 증가하여 얻어진 세 번째 결과는 세계 최대 경제 대국으로 수입품이 깊숙이 침투하고 있다는 점이다. 처음으로 원자재보다 공산품이 일본 수입의 절반을 차지한다. 수입 증가는 세계 무역 성장의 부산물이며 최종 판매를 위해 해외로 선적하기 전에 구성부품 혹은 완제품 제조 동향으로 자연적이다.

마지막으로, 세계 무역의 성장, FDI, 수입은 전 세계 회사들이 외국 경쟁자들로부터 공격을 받고 있는 자국 시장을 찾고 있다는 것을 시사한다. Kodak이 Fuji에서 벗어나 사진 필름 산업에서 가장 큰 비중을 차지하고 있는 일본에서 이것은 사실이다. 미국에서 일본 자동차 회사들이 GM, Ford, Daimler Chrysler 로부터 시장 점유율을 획득했다.

이 모든 것들이 경영자에게 무엇을 의미하는지를 알아야 할 필요가 있다. 글로벌 경제의 통합이 개별 기업과 경영자에게 시사하는 의미를 알아야 한다. 최근에 세계 무역, 외국 직접 투자 및 수입의 빠른 성장이 발생하고 있다. 그 결과 전 세계의 회사들은 국제 경쟁자로부터 공격을 받고 있는 자국의 시장을 찾고 있다. 글로벌 경쟁 환경은 사업을 수행하기가 더 어려운 곳이 되고 있다. 그러나 기업은 이제 그전에 그들에게 거부되었던 시장에 접근할 수 있게 되었다.

불과 몇 년 전에 비해 자유무역을 향한 움직임이 이전에 보호받았던 많은 국내 시장을 개방하게 되면서 기회는 더 커졌다. 수출의 잠재력과 해외 직접 투자의 잠재력은 그 어느 때보다 오늘날 커지고 있다. 오늘날 경영자는 종종 문화가 근본적으로 다른 국가에서 사업을 수행하고 세계적으로 분산된 운영을 조정하는 과제를 해결해야 하기 때문이다. 국내 경쟁업자에 더해 경영자는 비용 효과가 높은 해외 경쟁업자들 때문에 환경은 더 경쟁적이다.

3) 조직이 글로벌 시장에서 경쟁하기 위해 사용하는 전략

조직이 글로벌 시장에서 경쟁하기 위해 사용하는 전략은 글로벌 통합에 대한 압박과 지역 대응에 대한 압박이라는 측면에서 네 가지 모형이 존재한다. 즉, **국제 조직(법인) 모형**(international organization model), **다국적 조직 모형**(multi-national organization model), **글로벌 조직 모형**(global organization model), **초국가적 조직 모형**(transnational organization model)이 있다.

국제 법인은 연구 개발, 마케팅, 제조 등의 기존 핵심 역량을 바탕으로 해외 시장에 침투한다. 다국적 기업은 보통 여러 국가에서 운영하는 완전히 자율적인 부서를 갖는 더 복잡한 형태로 해외 시장에 진출한다. 자회사에는 세계 다른 지역의 소비자 선호도, 정치적 압력 및 경제적인 동향과 같은 지역적인 이슈를 다룰 기회가 주어진다. 글로벌 조직은 해외 사업장에 대한 통제권을 본사로 다시 끌어들이고 글로벌 규모의 효율성을 극대화하기 위해 각 국의 활동을 결합함으로써 "전체를 일원화하는 방식"으로 세계 시장에 접근하는 경향을 보이고 있다. 전 세계에 위치한 전문 시설을 조정하는 네트워크 구조를 활용하여 지역 대응성과 글로벌 통합을 달성하려는 초국제적인 시도이다. 아마도 초국가적 조직 모형의 가장 두드러진 특징은 자회사간의 의사소통을 조성하는 것이다. 국가 자회사들이 상호이익에 기술적 전문 지식과 기술을 이전할 수 있도록 서로 더 잘 소통한다. 동시에 집중화된 제조 공장은 지역 조립 공장과 생산을 조정하여 통합된 전 세계 생산 시스템의 원활한 운영을 촉진한다.

4) 조직이 해외 시장에 진입하기 위해 사용하는 다양한 진입 방식

글로벌 확장을 고려할 때 국제 경영자들은 해외 시장에 진출하는 가장 좋은 방법을 결정해야 한다. 해외 시장에 진출하기 위해 사용하는 다섯 가지 방식이 있다. 즉 **수출, 면허생산(라이선스) 방식, 프랜차이즈화, 합작회사 진출 및 자회사 설립을 통한 진출**이다. 각 방식은 각각 장단점이 있다.

수출의 장점은 1) 다른 나라의 제조비용을 피함으로써 규모의 경제를 제공한다는 것이다. 2) 순수 글로벌 경제와 일치한다는 점이다. 집중된 장소에서 제품을 생산하여 다른 나라 시장에 수출함으로써 기업은 글로벌 규모의 실질적인 규모의 경제를 실현할 수 있다. 단점으로는 타국이 제품 생산을 위한 낮은 비용의 장소를 제공한다면 본국에서 수출하는 것은 부적절할 수 있다. 높은 운송비용으로 인해 비경제적일 수 있다. 수입을 하는 나라에서 관세장벽을 부과할 수 있다.

면허생산의 장점으로 기업은 해외시장 개방에 따른 비용과 위험을 부담할 필요가 없다는 점이다, 그러나 기업이 해외 기업에 기술적인 전문기술을 허가할 때 문제가 발생할 수 있다. 기술적인 노하우는 많은 다국적 기업의 경쟁우위 기반이다.

해외 진출 방식으로서의 프랜차이즈화의 장점은 면허생산 방식과 유사하다. 가장 중요한 단점은 품질관리와 관련된다. 기업의 브랜드 이름은 기업 제품의 일관성을 보증한다. 그러나 해외 프랜차이즈들이 필요 이상으로 품질에 관심을 덜 기울인다면 그 영향은 국내 시장의 판매 손실을 넘어 세계적으로 기업의 평판이 하락할 수 있다.

합작투자방식이 선호되는 경우는 첫째, 현지 정부의 제한 때문에 단독투자방식을 이용할 수 없는 경우, 둘째, 필요로 하는 원료 및 자원을 현지파트너가 생산하고 있어 원료 및 자원의 입수가 현지진출을 위한 전제조건이 되는 경우, 셋째, 다각적인 제품을 취급하는 기업의 경우 현지 마케팅 노력이 요청되는 경우, 넷째, 해외사업운영에 필요한 자본 및 경영능력 부족을 해결하고자 하는 경우, 다섯째, 해외사업경험이나 협상력이 부족한 경우 등이다. 외국기업은 합작투자방식을 이용함으로써 위험부담의 축소, 규모의 경제 및 합리화 달성, 상호보완적인 기술 및 특허 활용, 경쟁 완화, 현지정부가 요구하는 투자 또는 무역장벽 극복 등의 전략적 이점을 활용할 수 있다. 이러한 장점에도 불구하고 합자회사 진출방식은 두 가지 단점이 있을 수 있다. 첫째로, 면허생산 방식과 마찬가지로 기업은 해외 합직회사 파트너에게 기술에 대한 통제권을 상실할 수 있다. 둘째로, 통제를 파트너와 공유하기 때문에 기업은 자회사에 대한 통제권을 상실할 수 있다. 실제로 합작회사 내에서 통제권을 누가 차지하는지에 대한 갈등으로 합작회사가 실패할 수 있다.

자회사 설립을 통한 진출의 장점으로는 기업의 경쟁우위가 기술에 기반하고 있을 때 자회사는 기술에 대한 통제권을 상실할 위험이 줄어들기 때문에 일반적으로 완전히 소유된 자회사가 선호하는 진출 방식이다. 완전히 소유된 자회사는 회사가 글로벌 전략을 추구하기로 선택할 경우 필요한 타국에서의 영업을 엄격하게 통제한다. 글로벌 생산 시스템을 구축하기 위해서는 세계 본사가 국가 계열사의 운영에 대한 높은 수준의 통제권을 요구한다. 면허생산 방식이나 합작회사 방식과 달리 완전히 소유된 자회사는 보통 운영간 이전을 위한 생산 방식, 생산량, 출고 가격에 대해 중앙에서 결정된 결정을 수용한다.

5) 회사가 해외 사업장의 업무에 접근할 수 있는 방법

대부분의 경영진은 국외 거주자, 주재국 국적자, 제3국 국적을 조합하여 사용한다. 국외 거주자들은 새로운 국가 시업을 신속하게 수립하고, 기업 문화를 이전하고, 특정 기술의 기량을 도입하기 위해 사용된다. 주재국 국적자는 지역 관습과 문화에 친숙한 장점이 있어 비용이 절감되고 지역 정부에서 호의적으로 볼 수 있다. 제3국 국적자는 종종 정치적으로 민감한 상황에서 사용되거나 본국 국외 거주자가 없는 경우에 사용된다.

6) 경영자(관리자)의 글로벌 경영에 필요한 기술과 지식

해외 진출 실패의 원인은 기술 능력 이상으로 확대되며, 개인 및 사회적 이슈도 포함된다. 흥미롭게도 가장 큰 문제점 중의 하나는 새로운 환경에 적응하지 못하는 배우자의 능력이다. 국외 거주자와 배우자 모두에게 적응은 유연성, 정서적 안정성, 문화에 대한 공감, 의사소통 가술, 변통성, 진취성 및 외교적 기술을 필요로 한다. 성공 여부는 경영자(관리자)가 현장 관리 및 의사결정에 능숙하고, 지략이 뛰어나고 문화적 적응성, 민감성, 팀 구축 기술 및 지적 성숙도와 같은 다차원적 관점을 갖는 경영자(관리자)의 핵심 기술에 좌우된다. 또한 유용한 증강 기술에는 컴퓨터 활용 능력, 협상 능력, 전략적 비전 및 위임 능력 등이 포함된다.

7) 국가간 문화적 차이가 경영에 영향을 미치는 이유

여러 면에서 문화적 이슈는 국제 비즈니스에서 가장 포괄적인 측면을 대표한다. 문화는 우리의 행동과 인식에 영향을 미칠 뿐만 아니라 타인의 행동과 인식에도 영향을 미친다. 불행히도 우리는 종종 문화가 우리에게 어떤 영향을 미치는지를 인식하지 못하며, 이는 문제를 야기한다. 오늘날 경영자(관리자)는 그들의 행동을 지역 문화의 관습과 욕구와 일치하도록 변화시킬 수 있어야 한다. 예를 들어 다양한 문화에서 종업원은 경영자(관리자)에게 다소간 권위적이거나 참여적이기를 기대한다. 그들의 문화적 차이를 인식함으로써 사람들은 협력적으로 함께 작업하는 것이 더 쉬워지고 상호 교환을 통해 이익을 더 얻을 수 있다는 것을 알게 될 것이다. 문화적 충격은 양 방향으로 작용한다. 하지만 많은 어려움에도 불구하고 자국으로 오는 국제적 업무의 조정을 용이하게 하기 위해 할 수 있는 많은 것들이 있다. 몇 가지 기본적인 범주에는 모임(meeting)을 통해 자국의 노동자들이 시간을 어떻게 보내야 하는지와 소비하는지에 대해 알려주고, 주말 등을 이용하여 집중적으로 작업을 하는 경우가 있을 경우 이러한 점도 고려하여 작업 일정(work schedules)을 알려 준다거나, email, 경험을 통해 획득한 지식 외에도 특정 전문 학위나 직능 기술을 가지면 빠르게 승진할 수 있다는 방법을 알려주거나, 상황에 따라 과도하게 긍정적이거나 부정적인 피드백(feedback)을 제공하는 등의 방식 상의 차이가 있을 수 있다는 점을 그들에게 이해시켜 문화적인 차이를 극복하고 상호 이해를 증진시켜 업무에 장애가 되지 않도록 하는 것 등이 있다.

경영자들이 외국에서 효과적으로 기능한다면 그들은 문화가 어떻게 인식되고 다른 사람들이 어떻게 행동하는지에 영향을 미치는지를 이해해야 한다. 윤리적인(선과 악) 문제, 종교적인 문제, 가치관이 문화마다 다를 수 있으므로 이에 대해서도 주의를 기울여야 한다. 그러나 문화 간의 차이가 있음에도 불구하고 핵심 가치의 집합이 있다는 것을 사람들이 이해하는 한 그들은 전략과 전술에서 모든 종류의 차이를 허용할 수 있을 것이다.

국경을 넘어 경영(관리)하는데 있어 도전과제는 대체로 사람들을 관리하는데 사용되는 철학과 시스템으로 귀결된다. 자국 경영에서 국제 경영으로 이동할 때 경영자는 특정 상황에 맞게 그들의 행동을 조정하는 역량을 가져야 할 뿐만 아니라 광범위한 행동 포트폴리오를 개발해야 한다. 그러나 이 조정은 그들 본국의 가치, 무결성 및 강점과 타협하지 말아야 한다. 경영자들이 국경을 초월하여 다른 문화 사이를 이동할 수 있을 때 그들은 조직의 전략적 역량을 활용하고 세계 경제가 제공하는 기회를 활용할 수 있는 위치에 있게 될 것이다.

토의 문제 및 활동

1. 현대 경영학의 창시자로 평가받고 있는 피터 드러커(Peter Drucker)는 "비즈니스의 요체는 외부 그 자체이다"라고 말하였다. 이 말이 의미하는 바를 설명하라. 그리고 당신은 이 말에 동의하는가?

2. 오늘날 회사가 직면하고 있는 거대환경에서 가장 중요한 힘은 무엇이라고 생각하는가?

3. 거대환경과 경쟁환경과의 주요한 차이점을 말하여라.

4. 환경적인 불확실성에 대응하기 위하여 어떠한 종류의 변화를 회사가 해야 한다고 생각하는가?

5. 이 장에서 조직이 환경에 순향적으로 대응하는 몇 가지 예를 요약하였다. 최근에 주변의 조직이 환경에 효과적으로 대응한 예를 본 적이 있는가? 대응의 효과성을 조직이 위협에 직면할 때와 기회에 직면할 때를 구분하여 설명하라.

6. 환경적인 힘이 조직에 영향을 끼치는 것과 조직이 환경에 영향을 끼치는 것을 구분하여 설명하라.

7. 경쟁 환경은 조직이 상호작용하는 특정의 조직을 포함하는 바, 이러한 경쟁환경의 예를 들고 이러한 경쟁환경을 분석하는 방법을 설명하여라.

8. 고객 서비스를 정의하고 우수한 고객 서비스를 위한 행동과 태도를 열거하라.

9. 환경 불확실성과 환경 역동성을 정의하고 몇 가지 예를 들어보라.

10. 조직은 환경에 대응하기 위해 여러 가지 선택권을 가지고 있어야 한다. 일반적인 3가지 부류의 선택권을 열거하고 각 방법을 설명하라.

11. 조직이 환경을 변화시키는 것을 목표로 개발한 두 가지 순향적(사전 대응적)인 대응 방안을 설명하라.

12. 격심한 경쟁환경에서 생존, 발전하기 위한 핵심역량을 설명하고 당신의 현재 여건 및 핵심역량 개발 방안을 말하라.

13. 항공산업에 가장 큰 영향을 주는 경쟁 요소는 구매자, 공급자, 경쟁업체, 신규 진입업체 혹은 대체업체를 들 수 있다. 당신이 신생 항공사를 운영한다고 가정할 때 환경적인 상황에 대해 어떤 대응을 제안하겠는가?

14. 당신이 주요 회사의 CEO로 생각하고 글로벌 경쟁 세계에 진출하기 위해 선택해야 할 회사의 유형은 국제, 다국적, 글로벌, 초국제적 기업 중 어떤 것일지를 말하여라. 또한 그 이유를 밝혀라.

15. 한국 기업이 일본에서 작업을 효과적으로 수행하기 위해 극복해야 할 가장 큰 문화적 장애물이 무엇이라고 생각되는가? 그 장애물은 미국 혹은 유럽국가에서와 차이가 있는지를 생각해 보아라.

03 Chapter 경영 의사결정

개요 및 학습목표

최상의 경영자(관리자)는 늘 결정을 내려야 하는 상황에 직면하며, 그 결정을 잘 내려야 한다. 경영자(관리자)는 시시각각, 때로는 하루 종일 중요한 결정을 내리는 동시에, 많은 사람들과 함께 한다. 실시간에 걸쳐 이루어지는 이러한 순간적인 결정들은 영속적인 영향을 준다. 결정은 우유부단하거나 과도하게 예민해서도 안 된다. 지금 무엇을 해야 하고, 다음에 무엇을 해야 하는가를 이해하는 것은 당신에게 달려 있다. 언제나 순향적인 경로로 이르게 해야 한다. 조언을 구하되 명령을 기다리면서 수수방관하지 않아야 한다.

결정을 해야 한다. 결정을 할 수 없다면 효과적인 경영자(관리자)가 될 수 없다. 이 장에서는 경영자(관리자)가 직면하는 여러 가지 유형의 의사결정에 대하여 살펴본다. 경영자(관리자)가 어떻게 결정을 하며, 어떠한 결정을 해야 하는가에 초점을 맞춘다.

이 장을 학습한 후에 여러분은 당신이 경영자로서 직면할 의사결정 유형을 알게 될 것이다. 또한 합리적인 결정을 하는 방법을 알게 될 것이며, 당신이 의사결정 할 때 피해야 할 장벽을 알게 될 것이다. 의사결정시 그룹을 활용할 때의 장 단점과 의사결정 그룹을 이끌 때 사용하는 절차를 알게 될 것이다. 창의적인 결정을 장려하는 방법을 알게 될 것이다. 특히 조직에서 결정이 이루어지는 과정을 알게 될 것이며, 조직이 위기에 봉착했을 때 의사결정 하는 방법을 알게 될 것이다.

3.1 관리 결정의 특징

경영자(관리자)는 항상 문제에 직면한다. 어떤 문제는 비교적 단순한 결정이 필요하지만 다른 문제는 너무도 중요하게 다가온다. 일부 결정은 즉각적인 조치가 필요하지만, 다른 결정은 전개하는 데 오랜 시간이 걸릴 수 있다. 실제로 경영자(관리자)는 종종 문제점을 무시하고, 여러 가지 이유로 조치를 취하는 것을 회피한다. 첫째, 경영자(관리자)는 문제점을 해결하는 데 얼마나 많은 시간, 에너지가 투입되어야 하는지, 혹은 어려움이 있는지를 확신하지 못한다. 둘째로, 경영자(관리자)는 어떠한 문제에 연루되는 것을 위험하게 생각한다. 문제를 다루어서 성공적으로 해결하지 못하면 경영자(관리자)의 경력에 흠이 될 수 있기 때문이다. 셋째로, 문제가 너무 당혹스러워서 차일피일 미루거나 덜 까다로운 업무에 집착하여 정작 내려야 할 결정을 미루게 된다.

따라서 의사결정이 이와 같이 도전적일 수 있는지를 이해하는 것이 중요하다. 그림 3.1은 경영자(관리자)에게 어려움과 압박을 주는 관리 결정에 대한 몇 가지 특징을 예시하고 있다. 대부분의 관리 결정은 구조상의 결함과 위험, 불확실성, 갈등을 수반한다. 경영자(관리자)는 이러한 도전에 직면하여 합리적인 결정을 예상해야 한다.

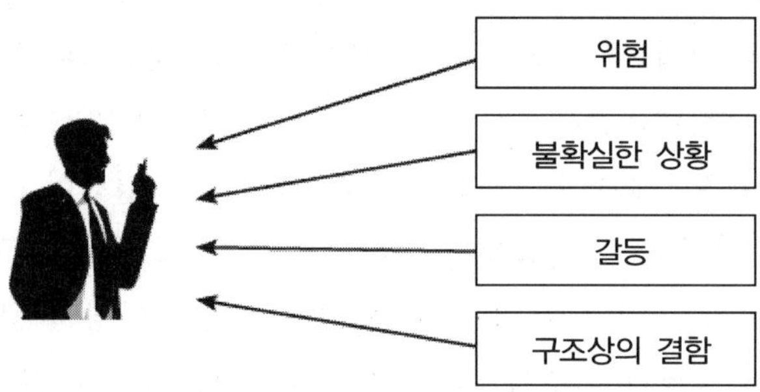

그림 3.1 관리 결정의 특징

1) 구조상의 결함

구조상의 결함은 관리 결정에서 늘 있는 상황이다. 비록 몇몇 결정은 일상적이고 명백하지만, 대부분의 경우는 따라야 할 자동 절차가 존재하지 않는다. 일상적이지 않고, 분명하지 않고, 새롭고, 비구조적인 문제에 직면해 의사결정권자는 어떻게 진행해야 할 것인가에 대해 머뭇거리게 된다.

계획된 결정(programmed decisions)은 객관적으로 정확한 해답을 가지고 있으며, 간단한 규칙, 정책, 혹은 수치계산으로 문제를 해결할 수 있다. 대부분의 중요한 결정이 계

표 3.1 결정 유형에 대한 비교

구분	계획된 결정	계획되지 않은 결정
문제	빈번하고, 반복적이고, 일상적이다. 인과 관계에 확실성이 크다	새롭고, 비구조적이다. 인과 관계에 불확실성이 크다.
절차	정책, 규칙 및 분명한 절차에 의존한다.	창의성, 직관, 모호함에 대한 관용(내성), 창의적인 문제해법이 필요하다.
예	기업: 정기적인 재고 물품 재주문 정부: 승진 시 메리트 시스템 적용	기업; 신제품과 시장으로 다각화 정부: 정부 단체 재조직

획되면 관리적 일상은 훨씬 수월해진다. 그러나 경영자(관리자)는 전형적으로 계획되지 않은 결정에 직면한다. **계획되지 않은 결정**(non-programmed decisions)은 입증된 해답이 없는 새롭고, 복잡한 결정으로 여러 가지 가능한 해가 존재하며, 각각 장단점이 있다. 이러한 계획되지 않은 결정에는 창의성, 직관, 창의적인 문제해법이 필요하다. 표 3.1에서 보는 바와 같이 중요하고 어려운 결정은 계획되지 않은 경향이 있으며, 여기에는 창의적인 방법이 필요하다.

2) 불확실성과 위험

필요한 모든 정보를 갖고 있으면 행동 결과를 정밀하게 예측할 수 있는 확실성 조건에서 작업하게 된다. **확실성**(certainty)은 의사결정권자가 정확하고 광범위한 정보를 가질 때 존재하는 상태를 말한다.

불확실성(uncertainty)은 의사결정권자가 불충분한 정보를 가질 때 존재하는 상태를 말한다. 의사결정자가 강력한 견해를 가지고 있지만, 정보가 부족하고 행동에 대한 다른 결과가 발생할 가능성을 정확하게 추정할 수 없다면 여전히 불확실성 조건에서 작업하고 있다고 볼 수 있다.

다양한 결과의 가능성에 대한 추정은 할 수 있지만 확신하지 못하면 위험에 직면하게 된다. **위험**(risk)은 성공 확률이 100% 미만이어서 손실이 발생할 수도 있는 상태를 말한다.

위험은 불확실성과 마찬가지로 관리 결정에서 어쩔 수 없는 현실이다. 그러나 이는 위험을 무릅쓰는 것과는 다르다. 경영자(관리자)는 불확실성보다 확실성을 선호하는데, 불확실성은 장기 계획을 불가능하게 만든다. 수많은 불확실성이 존재하는 환경에서 앞으로 무엇이 닥칠지 확신할 수 없다. 위험은 불확실성으로 인해 마비로 이어질 수 있다는 점이다. 당신은 모든 가능성과 위험을 해결하는데 많은 시간을 소비해야 하며, 행동하는 것을 결코 회피하지 말아야 한다. 그러한 상황에서 우유부단해진다면 파멸로 이어질 수 있다.

3) 갈등

중요한 결정은 경영자(관리자)가 갈등에 직면하기 때문에 더 어렵다. **갈등(conflict)**은 경영자(관리자)가 다른 원천으로부터 오는 상반된 압력을 고려할 때 존재하는 것으로, 두 가지 수준에서 발생한다. 갈등의 두 가지 수준은 심리적 갈등과 개인 혹은 집단 사이에서 발생하는 갈등이다.

첫째, 개인 의사결정자는 여러 가지 선택권이 모두 매력적이거나 반대로 매력적인 선택권이 없을 때 심리적인 갈등을 하게 된다. 예를 들어, 경영자(관리자)는 누군가를 해고하고 싶지 않을 때 누구를 해고할지를 결정해야 할 수도 있다. 혹은 경영자(관리자)가 한 자리에 3명의 유망한 취업 지원자 중에 한 사람을 선택한다는 것은 다른 두 사람을 거부해야 한다는 것을 의미한다.

둘째로, 갈등은 개인 혹은 그룹 간에서 발생한다. 수석 재무관은 구매하는 데 필요한 예산을 위해 장기 부채를 발행할 것을 주장한다. 그러나 수석 임원은 그러한 부채를 최소화하기를 선호하여 다른 곳에서 기금을 구하기를 원한다. 마케팅 부서는 고객에게 제품을 팔기 위해 더 많은 생산 라인을 원한다. 그리고 엔지니어는 고품질의 제품을 원한다. 갈등이 없는 결정은 거의 없다.

3.2 의사결정 단계

이러한 도전에 직면할 때 어떻게 좋은 결정을 할 수 있을지를 생각해보자. 이상적인 의사결정 과정은 6단계를 통해 이루어진다(그림 3.2 참조). 과정이 제도화된 기업에서 이러한 단계는 보다 공식적으로 의사결정자가 (1)문제점을 식별하여 진단하고 (2)대안을 만들고 (3)대안을 평가하고 (4)선택을 하고 (5)결정을 실행하고 (6)결정을 평가하는 것을 의미한다.

1) 문제점 식별과 진단

의사결정 과정의 1단계는 문제를 식별하여 진단하는 것이다. 전형적으로 경영자(관리자)는 현재의 상태와 바라는 상태 간의 약간의 불일치를 인식하게 된다. 현재 상태와 바라는 상태 간의 불일치를 인식하고, 문제의 근본적인 원인에 나타난 표면적인 징후 이면을 철저하게 조사하는 것이 필요하다.

존재하는 문제점을 인식하는 것은 이 단계의 시작일 뿐이다. 의사결정자는 또한 그것에 대하여 해야 할 일이 무엇이며, 문제를 해결하는 데 필요한 자원과 능력이 존재하는 것을 믿어야 한다. 그리고 의사결정자는 표면에 나타난 문제 징후의 진정한 원인을 심도 있게 진단해야 한다.

이 단계에서 묻고 답변해야 할 유용한 질문은 다음과 같다.

- 실제로 일어나고 있는 것과 일어나야 하는 것 사이에 차이가 있는가?
- 가능한 한 구체적으로 어떻게 편차를 설명할 수 있는가?
- 편차의 원인이 무엇인가?
- 충족해야 할 구체적인 목표는 무엇인가?
- 이 목표들 중 어떤 것이 결정의 성공에 절대적으로 중요한가?

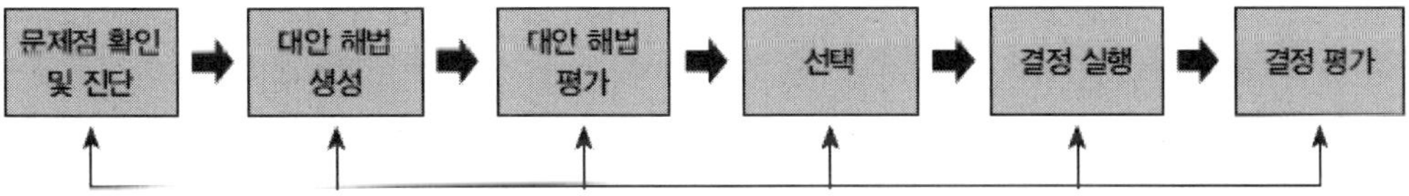

그림 3.2 의사결정 단계

2) 대안 해법 생성

두 번째 단계에서 문제점 진단은 문제를 해결할 대안 조치를 개발하는 것과 연계된다. 의사결정자는 **기존의 해법(이전에 시도한 아이디어: ready-made solutions)을 채택하거나 주문식 해법(새롭고 창조적인 해법에 아이디어를 결합하는 것: custom-made solutions)**을 설계하는 것이 필요하다.

중요한 것은 경영자(관리자)가 인식하는 것보다도 훨씬 더 많은 대안이 존재한다는 것이다. 분명한 선택은 자신의 비용을 줄일 수 있는 방안을 선택하는 것이다. 예컨대 경쟁업자의 가격 인하에 대응하여 가격을 인하하는 것만이 유일한 대안이 아니다. 여러 가지 선택권을 만들고, 이러한 다른 선택권의 결과를 철저하게 예측한다. 가격 인하 이외의 다른 대안으로 제품 특징과 전반적인 품질에 대한 인식 구축, 저가 제품에 대한 소비자의 위험을 강조하는 방법, 경쟁업체에게 비용 우위를 전달하여 가격 경쟁에서 승리할 수 없다는 점을 인식시키는 것과 같은 비가격적인 대응이 포함될 수 있다.

3) 대안 해법 평가

세 번째 단계는 대안의 적절성 혹은 가치를 결정하는 것과 관련된다. 최상의 대안은 무엇인가? 많은 경우 아무런 생각 없이, 또는 논리적이지 않게 대안을 평가한다.

대안은 보다 면밀하게 평가해야 한다. 물론 재무적 혹은 다른 성과 척도에 대한 분명한 영향을 예측해야 한다. 그러나 한편으로 다른 보다 덜 분명한 결과를 강조하는 측면도 존재한다. 결정은 선례를 만들어야 한다. 이 선례가 미래에 도움이 될지 장애가 될지를 판단해야 한다. 또한 결정의 성공 혹은 실패가 그 결정의 수행에 대한 실적이 될 것이다.

물론 결과는 완전히 정확하게 예측할 수 없다. 그러나 종종 의사결정자는 여러 가지 다른 시나리오의 잠재적인 결과를 고려하여 불확실한 미래에 대한 안전장치를 구축할 수 있다. 따라서 의사결정자는 **비상계획**(contingency plan)을 만든다.

일부 시나리오는 다른 시나리오보다 더 잘 일어날 수 있으며, 다른 시나리오는 거의 일어날 것 같지 않을 수 있다. 궁극적으로 몇몇 시나리오 가운데 하나가 다른 시나리오보다 더 정확하다는 것이 입증될 것이다. 여러 시나리오를 고려하는 과정은 의사결정자에게 중요한 "만약에(what if)"라는 질문을 제기하고 그에 대한 대비와 비상 계획의 필요성을 강조한다.

4) 해법 선택

선택권에 대한 가능한 결과를 고려한 후에는 결정을 해야 할 시기이다. 여기서 중요한 개념은 최대화, 만족화, 최적화이다. 해법은 최대화되거나 만족화되거나 최적화된다.

최대화(maximizing)는 최상의 가능한 결과를 실현하는 결정이다. 부정적인 결과가 최소화된다. 다시 말하여, 최대화는 가장 낮은 가격으로 가장 큰 이익을 가져다준다. 최대화는 완전한 범위의 대안을 철저히 조사하는 것이 필요하며, 각 대안을 면밀히 평가하고 서로를 비교하여 가장 좋은 것을 선택하거나 만드는 것이다.

만족화(satisficing)는 최상이거나 완벽하지는 않지만, 수용할 만한 제1의 선택사양을 선택하는 것을 말한다. 만족화는 괜찮은 첫 번째 대안을 찾는 것을 말한다. 보통 사람들은 더 많은 정보를 수집하려고 시간 혹은 에너지를 소비하지 않는다. 그 대신에 비교적 쉬운 방법으로 가용한 정보에 기초하여 신속한 결정을 한다. 때문에 만족화는 때론 게으름의 산물이다.

최적화(optimizing)는 여러 목적 가운데 가능한 최상의 평형을 달성하는 방안을 선택하는 것이다. 장비를 구매할 때 가격뿐만 아니라 품질과 내구성을 고려하여 구매하는 것이 그 예이다.

동일한 생각을 사업 목표를 달성하는 데 적용할 수 있다. 가능한 하나의 마케팅 전략으로 가격을 최대화하는 것이 될 수 있으며, 또 다른 전략으로 이윤을 최대화하는 것이 될 수 있다. 최적화 전략은 다수의 목표를 가장 잘 균형시키는 전략이다.

5) 결정 실행

의사결정 과정은 선택하는 것으로 끝나지 않는다. 선택한 대안을 실행해야 한다. 어떤 경우 사람들은 선택이 효과를 발휘하도록 실행하는 일에 직접 관여한다. 또 어떤 경우에 사람들은 타인에게 실행에 대한 책임을 위임한다. 최고경영진이 정책 혹은 운영 절차를 변경하면, 운영 관리자는 그 변경을 실행한다.

결정을 실행하는 사람은 선택과 그 선택이 이루어진 이유를 이해해야 하며, 또한 성공적인 실행을 위해 헌신해야 한다. 이러한 요구는 결정 과정의 초기 단계에 있는 사람을 연관시킴으로써 충족할 수 있다.

이 단계는 보다 더 면밀한 계획이 필요하다. 적절한 계획에는 여러 단계가 필요하다.

1. 결정을 완전히 했을 때 상황이 어떻게 보일 것인가를 결정한다.
2. 결정을 완전히 달성하는 데 필요한 단계의 순서를 시간 순서대로 정한다.
3. 각 단계를 실행하는 데 필요한 자원과 활동을 열거한다.
4. 각 단계에 필요한 시간을 추정한다.
5. 특정 개인에게 각 단계에 대한 책임을 부여한다.

의사결정자는 실행과정이 순조롭게 진행되지 않을 것을 가정해야 한다. 잠재적인 문제점을 이해하고 잠재적인 기회를 식별할 별도의 시간을 준비하는 것이 필요하다. 그래서 문제점을 방지할 조치를 취하고 기대하지 않은 기회를 포착할 준비가 되어 있어야 한다. 유용한 질문은 다음과 같다.

- 이 행동이 야기할 수 있는 문제가 무엇인가?
- 문제를 방지하기 위해 해야 할 일이 무엇인가?
- 의도하지 않은 이익이나 기회가 생길 수 있는 것은 무엇인가?
- 그것들이 어떻게 일어날 수 있는지 우리가 어떻게 확인 할 수 있을까?
- 기회가 왔을 때 우리는 어떻게 행동할 준비가 되어 있는가?

6) 결정 평가

의사결정의 최종 단계는 결정을 평가하는 것이다. 이는 결정에 영향을 주는 객관적이고 유효한 정보를 수집하는 것을 의미한다. 문제점에 대한 해법을 실행하기 전에 정량적인 목표를 설정할 수 있다. 그리고 결정의 성패를 정확하게 결정하기 위해 객관적인 데이터를 수집할 수 있다.

결정에 대한 평가는 피드백이 긍정적이거나 부정적일 때 유용하다. 긍정적인 피드백은 결정을 계속 적용하거나 조직의 다른 곳에 적용할 수 있다. 부정적인 피드백은 실행하는데 더 많은 시간, 자원, 노력 혹은 생각이 요구되거나, 결정 자체가 나쁜 것을 의미한다.

수집된 증거로 문제가 해결되지 않았다는 것을 의미하면 더 좋은 결정이나 더 좋은 실행 계획을 개발해야 한다. 의사결정 과정의 첫 단계로 돌아가서 다시 새롭게 출발하여, 보다 많은 정보와 새로운 제안과 방법으로 처음에 결정한 실수를 제거하려고 노력해야 한다.

3.3 최상의 결정

얼마나 많은 경영자(관리자)가 최상의 결정을 하였다고 말할 수 있을까? 한 가지 방법은 그 결과가 나타날 때까지 기다리는 것이다. 어떤 것도 최상의 결정을 보장할 수 없다. 경영자(관리자)는 적어도 주어진 환경에서 가능한 최상의 결정을 가능하게 하는 적절한 절차를 따라야 한다. 이는 의사결정자가 의사결정의 모든 단계에서 면밀하게 실행해야 하는 것을 의미한다.

경영자(관리자)가 이러한 의사결정 활동을 반영하고 성심껏 수행하더라도 그들은 여전히 결정이 유효한지를 알지 못한다. 결국에는 좋은 결과를 보증하는 것은 하나도 없다. 그러나 그들은 가능한 최상의 결정을 하기 위해 최선을 다했다는 것을 알게 된다.

대부분의 사업 실패의 원인은 부적절한 경계의 결과이다. **경계**(vigilance)는 의사결정자가 의사결정의 모든 단계를 면밀하게 실행하는 과정을 말한다. 의사결정의 함정을 생각해야 한다. 실패의 원인을 찾고, 그 원인을 분석하여 최상의 결정을 할 수 있도록 가능한 모든 노력을 경주해야 한다.

3.4 효과적인 의사결정에서 피해야 할 장벽

상황과 인적인 제한사항으로 대부분의 의사결정권자는 최대화된 선택보다는 만족화된 선택을 하게 된다. 불량하게 계획하여 실행하고, 모니터링이 부적절하거나 존재하지 않는다. 결정은 주관적인 심리적 편견, 시간 압박, 조직 생활의 사회 현실(대인관계적인 요소)이 의사결정 6단계의 합리적인 실행을 방해하게 된다.

심리적 편견에는 **통제 착시**(illusion of control), **틀 효과**(framing effect), **미래에 대한 할인**(discounting the future) 등이 있다.

통제착시는 사람들은 심지어 그들이 무슨 일이 일어날지에 대한 통제력이 없더라도 사건에 영향을 줄 수 있을 것이라고 믿는 편견을 말한다. 틀 효과는 문제나 결정대안이 표현되거나 제시되는 방식에 의해 영향을 받는 심리적인 편견을 말한다. 미래에 대한 할인은 장기 비용과 이득보다 단기 비용과 이득에 비중을 두는 편견을 말한다.

오늘날 급변하는 비즈니스 환경에서 신속하게 대응하고 보조를 맞춰야 한다. 가장 양심적으로 이루어진 사업 결정에서 경영자들이 너무 오래 걸려 결정하게 되면 무관심해질 수 있고 심지어 재앙이 될 수도 있다. 어떻게 경영자들은 빨리 결정을 내릴 수 있을까? 어떤 자연스러운 경향은 다른 관리자들과 상의하지 않고, 분석하지 않고, 갈등을 억제하고 스스로 결정을 내리는 것일 수 있다. 이러한 전략은 결정을 빨리 할 수 있지만 결정의 질이 떨어질 수 있다. 많은 결정은 개인이 하기 보다는 그룹이 하는 경우가 있다. 더디게 움직이는 기업에서 대인관계 요소가 의사결정의 효과성을 감소시킨다. 경영자(관리자)가 단독으로 결정을 하는 경우에도 타인을 의식하여 많은 사람들이 선호하는 것과 반응 등을 고려해야 한다. 특히 중요한 관리 결정은 이해 관계자 집단 간의 갈등이 두드러지므로 많은 결정은 집중적인 사회적 상호작용, 거래, 절충, 정치적인 타협의 결과이다.

효과적인 의사결정을 위해서는 의사결정 과정에서 피해야 할 요소를 면밀히 검토하고 불굴의 노력과 의사결정 그룹과 활발히 소통해야 한다. 또한 조직 제약요소를 어떻게 관리할 것인가에 대한 이해를 통해 더 좋은 결정을 할 수 있는 구조로 과정을 개선해야 한다.

3.5 그룹에서 의사결정

종종 경영자(관리자)는 중요한 결정을 할 때 그룹 구성원들이 관여할 필요가 있다는 것을 알게 된다. 오늘날 복잡한 사업 환경에서 중요한 문제는 언제나 팀에서 다뤄야 한다. 그러므로 경영자(관리자)는 그룹과 팀이 어떻게 작동하며, 의사결정을 개선하기 위해 이들을 어떻게 활용할 것인지에 대해 이해하여야 한다.

1) 그룹을 활용하는 의사결정의 장점

의사결정에서 그룹을 활용하는 이면의 기본적인 철학은 두 사람의 두뇌가 한 사람의 두뇌보다 좋다는 것에 근거하고 있다. 그러나 이 진술이 진정으로 유효한가? 그럴 가능성이 높다. 충분한 시간이 있을 때 그룹은 보통 대부분의 개인이 단독으로 행동하는 것보다 높은 품질의 결정을 한다. 그러나 그룹은 종종 최고의 개인보다 우월하지 못하다. 그룹이 의사결정을 하는 데 있어서의 장단점을 표 3.2에 요약하였다.

여러 사람이 의사결정을 할 때의 장점으로는

1. 문제 해결에 더 많은 정보를 이용할 수 있다.
2. 문제를 푸는 데 있어 많은 다른 관점 혹은 다른 방법을 사용할 수 있으며, 방법에 집중할 수 있다.
3. 또한 지적인 자극에 대한 기회를 제공한다.

등이 있다.

이상의 세 가지 장점은 보다 더 충분히 정보를 알고, 높은 품질의 결정을 하게 될 기회를 증진시킨다. 따라서 경영자(관리자)는 다른 정보의 배경, 관점, 접근성을 갖는 사람을 참여시켜야 한다.

4. 모든 최종 결정을 훨씬 더 이해할 수 있다.
5. 그리고 결정이 일단 이루어진 후에는 훨씬 더 깊게 전념할 수 있다.

이상의 두 가지 장점은 결정이 성공적으로 실행될 가능성을 개선시킨다. 그러므로 경영자는 가능한 한 초기에 신중히 결정을 이행할 책임 있는 사람들을 참여시켜야 한다.

표 3.2 그룹 의사결정의 장, 단점

잠재적인 이점	잠재적인 단점
문제해결에 필요한 많은 정보량	일인이 논의를 지배
더 많은 관점과 방법 사용	만족화 선택
지적 자극에 대한 기회 제공	집단 사고 발생
집단 토론 참여자들이 결정을 이해하는 데 용이	목표 전치현상 발생
집단 토론 참여자들이 결정에 전념	의견 일치의 어려움

2) 그룹을 활용하는 의사결정의 단점

그룹이 의사결정을 할 때 잘못될 수도 있다. 대부분의 잠재적인 문제점은 그룹 구성원들이 서로 상호작용하는 과정과 관련된다. 그룹을 사용할 때의 잠재적인 위험 혹은 단점으로는

1. 몇몇 개인이 논의를 지배할 수 있다.
2. 또한 집단 내에서 만족화를 가장 많이 선택할 수 있다.
3. 그룹 구성원들이 합의를 이끌어내기 위한 노력을 할 때, 불일치를 피하기 위한 압력에 의해 집단 사고(group think)가 발생할 수 있다.
4. 의사결정 집단이 최상의 해법을 찾아야 함에도 불구하고 원래의 목표를 상실하고 해결 가능한 덜 중요한 목표로 대체하는 목표 전치(goal displacement) 현상이 종종 발생한다.

등이 있다.

효과적인 경영자(관리자)는 그룹 과정에 면밀한 주의를 기울여야 한다. 또한 효과적인 경영자(관리자)는 그룹 과정을 신중히 관리해야 한다.

3.6 그룹의 의사결정 관리

그림 3.3은 그룹의 의사결정을 효과적으로 관리하는 데 필요한 요건을 예시하고 있다. (1)적절한 리더십 스타일, (2)불일치와 갈등의 건설적인 사용, (3)창의성의 고취가 그룹 의사결정을 관리하는 데 필요하다.

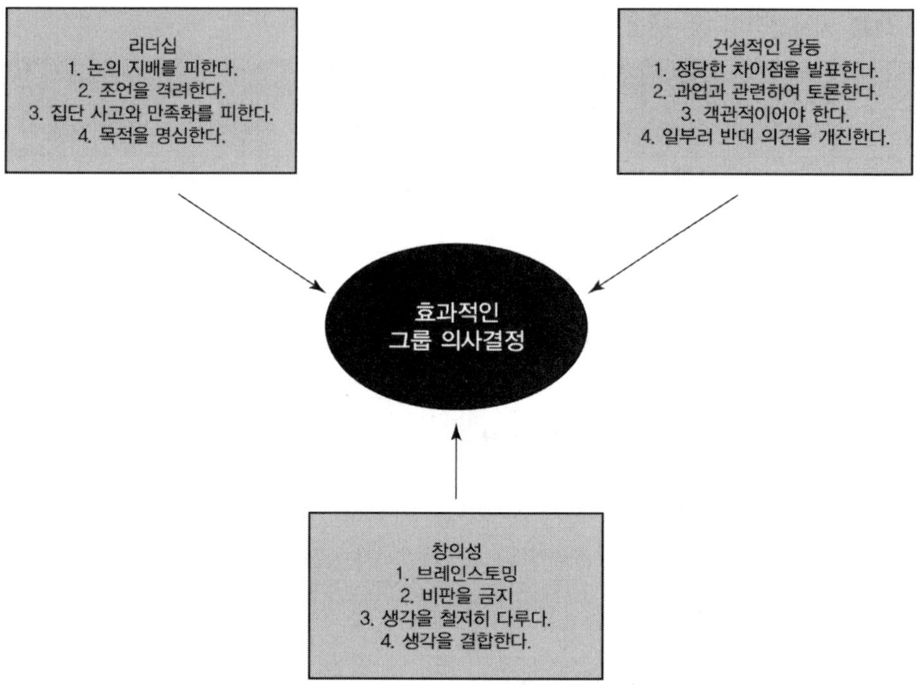

그림 3.3 그룹 의사결정 관리

1) 리더십 스타일

의사결정 팀 혹은 그룹의 효과적인 리더는 문제 관련 과정을 최소화해야 한다. 리더는 또한 논의를 지배하거나 다른 개인이 지배하려는 것을 방지해야 한다. 이는 그들의 의견과 제안을 발표하도록 목소리가 작은 그룹을 격려하고 반대되는 관점을 요청한다는 의미이다.

그와 동시에 리더는 그룹이 구성원들로 하여금 행동을 같이 하도록 압력을 가하지 않게 해야 한다. 리더는 집단사고와 만족화의 위험을 경계해야 한다. 또한 경영자(관리자)는 그룹 구성원들이 주 목적을 잃어버리는 것에 적절히 대처해야 한다. 가능한 최상의 해법과 보조를 같이 해야 한다.

이는 다음의 두 가지 사항을 시사한다. 첫째, 문제의 본질을 간과하지 말아야 한다. 둘째, 의사결정을 해야 한다. 예를 들어, 그룹 구성원들이 합의에 도달하지 못할 때 신속하게 대응하지 못하는 마이크로컴퓨터 기업은 무력화될 수 있다는 점을 명심해야 한다..

2) 건설적인 갈등

그룹 구성원 간의 총체적이고 일관된 합의는 파괴적일 수 있다. 그것은 집단사고, 창조적이지 않은 해법, 지식과 다양한 관점의 낭비로 이어질 수 있다. 따라서 어느 정도의 건설적인 갈등은 존재해야 한다.

대부분의 건설적 유형의 갈등은 **인지 갈등**(cognitive conflict: **관점 혹은 판단에서의 이슈 기반 차이**)이다. 대조적으로 **정서적인 갈등**(affective conflict)이 그룹에서 발생할 가능성이 있다. 정서적인 갈등은 분노, 비탄, 목표 전치, 낮은 품질의 논의를 유발할 수 있으므로 그룹에게 파괴적일 수 있다. 반면에 인지 갈등은 합법적인 의견 차이를 알리고 더 나은 아이디어와 문제 해결책을 개발할 수 있다. 그리고 갈등은 사적인 것보다 오히려 과업 관련이어야 한다.

경영자(관리자)는 다른 유형의 사람들을 조합하고, 빈번한 상호작용을 일으키고, 능동적인 토론을 장려하고 다양한 관점에서 발생하는 복수의 대안을 격려하여 건설적인 갈등이 일어날 가능성을 증가시켜야 한다. 갈등은 또한 구조적인 과정을 통해 발생할 수 있다. 의사결정 과정에 인지 갈등을 의도적으로 계획하는 두 가지 기법은 악마의 변호와 변증법이다.

악마의 변호(devil's advocate)는 아이디어를 비판하는 역할을 한다. 그룹 리더는 이러한 역할을 할 사람을 공식적으로 지명할 수 있다. 사람들에게 문제를 지적하도록 요구하여 불일치에 대한 억제를 줄여주고 갈등을 덜 개인적이고 감정적으로 완화시킬 수 있다.

악마의 변호의 대안은 변증법이다. **변증법**은 하나의 명제를 세운 다음에 그것과 모순되는 반명제를 세우고 이 둘을 발전적으로 부정하는 새로운 명제를 결론으로 도출하는 방법을 말한다. 이와 같이 **변증법적 방식**(dialectic)을 통해 구조적 갈등을 격려한다. 문제에 대한 이슈 혹은 해법의 반대편에 선다. 이들은 또한 기법의 다양성을 통해 창조성을 격려한다.

건설적인 갈등을 일으키는 것은 그러한 공식적인 기초에 의해 행해질 필요는 없으며 리더의 책임만이 아니다. 팀 요원 누구라도 정직한 의견을 개진하거나, 남의 의견에 반대하는 것을 두려워하지 않음으로써 인지 갈등을 유도할 수 있다. 건설적인 갈등을 유도하는 것은 그룹의 의사결정의 효과성을 개선하는데 관심이 있는 모든 그룹 요원들의 합법적이고 필요한 책임이다.

3) 창의적 결정의 격려

이미 주어진 기존의 문제 해법(ready-made solution)은 부적절하거나 사용할 수 없을 수 있다. 그러한 경우에는 주문생산 해법이 필요하다. 이는 그룹이 생각을 만들어내는데 있어 창의적이어야 한다는 의미이다. 창의적인 것은 새로운 것을 창조하거나, 이전에 관련이 없는 두 가지를 결합하거나(합성), 새로운 응용으로 개선하는 것(수정)을 말한다.

창의적인 생각이 필요하면 리더는 구성원들을 창의적으로 만드는 좋은 선례를 만들어야 한다. 리더는 창의성에 대한 '작은' 기회조차 제한을 두지 않게 하여 구성원들 스스로가 창의적인 능력에 자신감을 갖게 해야 한다. 리더는 자유로운 창의성을 강조하여 창의성에 보답을 하고, 창의적인 실패에 책임을 묻지 않음으로써 타인의 창의성을 불러일으킬 수 있다. 리더는 고객과의 상호작용을 격려하고, 토론을 격려하며, 창조적인 과정을 차단하는 관리자로부터 사람들을 보호한다.

브레인스토밍(brainstorming)은 창조적인 아이디어를 생성하는 가장 일반적인 기법 중의 하나이다. 그룹 요원들이 문제점에 대해 가능한 한 많은 아이디어를 만들어낸다. 비판을 금지하고 타인의 생각을 격려하는 적절한 브레인스토밍 환경에서 많은 다른 생각을 고려하고, 수정하고, 결합하여 하나의 창의적인 주문생산 해법이 만들어진다.

비록 브레인스토밍은 하나의 일반적인 관행이지만, 연구 결과 동일한 수의 사람들이 홀로 작업하는 것보다 좋은 브레인스토밍의 잠재적인 이익이 분명하다고 보고되고 있다.

3.7 조직에서의 의사결정

조직 전반에 걸쳐 개인과 그룹이 의사결정을 한다. 조직에서의 의사결정을 이해하기 위하여 경영자(관리자)는

(1) 의사결정자가 직면하는 제약요소
(2) 조직 결정 과정
(3) 타협과 정치
(4) 위기에서의 의사결정
(5) 창발 전략

을 포함하여 수많은 추가적인 개념과 과정을 고려해야 한다.

1) 의사결정자에 대한 제약요소

조직, 혹은 보다 정확하게, 중요한 결정을 하는 사람은 그들의 원하는 것들을 다 할 수 없다. 그들은 특정 행동을 억제하는 재무적, 법적, 시장, 인적, 조직적인 다양한 제약요소에 직면한다. 자본이나 제품 시장은 값비싼 새로운 모험을 불가능하게 할 수 있다. 법적인 제약은 기업이 참여하려고 하는 국제적인 사업활동을 제한할 수 있다. 당신의 고객들에게 혁면적인 서비스를 제공하기 위한 좋은 아이디어를 가지고 있을 경우에도 그 아

이디어를 즉시 시행할 수 없다. 재무적인 것은 말할 필요도 없이 윤리적이고 법적인 고려 사항까지도 면밀하게 고려해야 한다. 이와 같이 조직에서 의사결정은 종종 고도로 복잡한 과정이다.

2) 조직 의사결정 과정 모형

조직의 의사결정 과정은 역사적으로 그림 3.2에서 묘사한 것과 유사한 합리적인 모형으로 기술된다. 그러나 허버트 사이먼(Herbert Simon)은 이러한 합리적인 모형에 도전하여 **제한된 합리성**(bounded rationality)이라고 부르는 새로운 모형을 제안하였다. 사이먼의 제한된 합리성에 의하면, 의사결정자는 (1)대안 및 결과에 대해 불완전하고, 미완성의 정보를 가지고 있으며 (2)그들이 직면하는 문제가 너무나 복잡하고 (3)인간은 그들에게 노출된 모든 정보를 처리할 수 없으며 (4)모든 관련 정보를 완전하게 처리할 시간이 충분하지 않으며 (5)동일한 기업의 관리자를 포함한 구성원들이 갈등적인 목표를 가지고 있기 때문에 의사결정자가 진정으로 합리적일 수 없다.

이러한 조건이 유효하고 관리자(경영자)가 대부분의 중대한 관리 결정을 할 때 완전한 합리성은 더욱 더 편차를 가지며, 주관적이며, 엉망인 결정 과정으로 바뀌게 된다. 예를 들어, **점증모형**(incremental model)은 의사결정자가 일련의 작은 결정을 통해 주요한 해법이 발생하는 조직의 의사결정 모형으로 고전적인 예는 예산 과정이다.

점증모형은 기존 정책을 토대로 하여 그보다 약간 향상된 대안을 추구하는 방식으로 의사결정이 이루어진다는 정책결정의 이론 모형을 말한다. 즉, 정책은 기존정책, 전년도 예산, 전례, 관례 등에 기초하여 이를 부분적으로 수정하거나 결함을 교정하는 수준에서 결정된다는 것이다. 린드블룸(C. E. Lindblom)과 윌다브스키(A. Wildavsky)는 의사결정에서 선택되는 대안은 기존의 정책이나 결정을 점증적으로 수정해 나가는 것이며, 의사결정은 부분적 · 순차적으로 진행되고, 이 과정에서 목표와 수단은 상호 조정되며, 의사결정 과정에서 대안분석의 범위는 크게 제약을 받는다는 관점에서 이 모형을 제시하였다. 이러한 점증모형의 특징으로는 기존정책의 점증적 수정, 목표와 수단의 상호조절, 계속적 결정, 참여집단의 합의 중시 등을 들 수 있다.

연합모형(coalitional model)은 사람들이 목표에 동의하지 않고 자원에 대해 서로 경쟁할 때 발생하는 의사결정 모형이다. 두 개 이상의 연합이 형성되면 각각은 다른 선호도를 나타내며, 각각은 결정을 흔들기 위해 권력을 사용하고 타협을 하려고 노력하는 조직 의사결정 모형이다.

연합모형은 조직은 상이한 목표를 가진 하위 단위들의 상호작용에 의해 움직이며, 목표가 서로 대립하여 갈등적 관계에 놓여 있는 하위 단위 간의 갈등 해결이 의사결정이라고 보는 사이어트(R. Cyert)와 마치(J. March)가 주장한 의사결정 모형을 말한다. 이 모형은 기업의 형태를 경제학적인 시장 중심적 관점에서 벗어나, 조직의 구조와 목표의 변화, 기대의 형성, 욕구 수준, **갈등의 준해결**(quasi-resolution), 불확실성의 회피, 조직체 학습, 선택 등의 여러 관점에서 파악하려는 의사결정 모형으로 **기업모형**(firm model)이라고도 불린다. 이 모형은 사이어트와 마치가 개인 수준에서 전개시킨 만족이론을 조직의 의사결정에 적용시킨 것이다. 기업모형은 조직의 의사결정 행태와 관련해 갈등의 준해결, 불확실성의 회피, 문제성 있는 대안의 탐색, 조직체 학습 등의 네 가지 기본 개념을 핵심으로 하고 있다. 기업과 같은 형태의 조직에서 이루어지는 의사결정을 단순히 이윤극대화라는 경제적 측면에서만이 아니라 조직의 구조와 목표의 변동, 기대의 형성과 선택 등 여러 측면에서 파악하는 이론 모형이다. 기업 모형은 사이어트와 마치가 개인적 차원에 역점을 두고 있는 **만족모형**(satisfying model)을 조직의 차원으로 발전시킨 정책결정의 이론 모형으로서, 기업과 같은 형태의 조직은 대체로 각 단위 조직이 사업 부서별로 준 독립적인 운영을 하는 연합체 형태를 띠고 있기 때문에, 이를 한편으로 '연합모형'이라고도 부른다. 앨리슨(G. T. Allison)이 제시한 두 번째의 모델인 조직과정모형(organizational process model)도 이 유형에 속한다.

사이어트 등은 기업 모형에는 조직의 의사결정에 다음과 같은 특징적 행태가 나타난다고 설명하고 있다.

첫째, 이 모형은 조직을 서로 다른 목표를 가진 하위조직의 연합체로 파악하므로 조직 내의 하위조직 간에는 갈등이 불가피하며, 조직이 의사결정한 후에도 만장일치가 아닌 이상 다소의 갈등이 언제나 잠재하게 된다.

둘째, 이 모형은 조직의 환경을 매우 유동적인 것으로 간주하고 선택한 대안의 집행 결과도 불확실한 것으로 본다. 따라서 의사결정자는 대안의 선택에 있어서도 예측 가능한 단기 전략에 치중하고, 관련자들과 타협하는 등 불확실성을 회피(uncertainty avoidance)하게 된다.

셋째, 조직은 앞으로 발생될지도 모를 문제점을 사전에 탐색하는 것이 아니라 문제가 발생한 것에만 관심을 기울여 그것에 대해서만 적절한 해결방법을 찾으려 한다.

넷째, 조직은 그동안 많은 경험을 통해 학습하게 된 행동규칙인 표준운영절차(standard operating procedure)에 따라 의사결정을 하는 성향을 갖는다.

그러나 이러한 정책결정 모형은 기업형태와 같은 조직을 대상으로 하고 있으므로 정부조직과 같은 공공조직의 정책결정에 그대로 적용하는 데 한계가 있다는 비판도 있다.

쓰레기통 모형(garbage can model)은 의사결정이 일정한 규칙에 따라 이루어지는 것이 아니라, ①문제 ②해결책 ③선택 기회 ④참여자의 네 요소가 쓰레기통 속에서와 같이 뒤죽박죽 움직이다가 어떤 계기로 서로 만나게 될 때 이루어진다고 보는 의사결정 모형을 말한다. 코헨(M. Cohen), 마치(J. March), 올슨(J. Olsen) 등이 주장한 이 정책결정 모형은 조직화된 혼란 상태(organized anarchy)에서의 결정을 다루고 있다. 이러한 모형에 해당하는 조직의 예로 대학사회, 친목단체 등을 들 수 있다. 조직 내의 상황이 다소 복잡하고 무질서한 상태(조직화된 무질서)에 있을 때에 적용할 목적으로 개발된 의사결정 모형(이론적 모형)으로 '집합모형'이라고도 부른다.

대부분의 조직들은 명확한 계층적 구조(계층제)를 갖추고 있으며, 확실한 목표와 기술을 가지고 분명하게 파악된 문제들을 해결하기 위하여 자체 내의 의사 통일을 직권이나 구성원 간의 합의 또는 투표 등을 통하여 결정하는 것으로 이해하고 있다. 그러나 이러한 보편적인 생각으로는 복잡하고 급변하는 환경하에서 발생하고 있는 현실 문제를 해결하기는 어렵다고 보아 제시된 것이 곧 '쓰레기통 모형'이다.

이 모형은 갖가지 쓰레기가 우연히 한 쓰레기통에 모이듯이 4가지의 구성 요소 즉, 문제 · 선택 · 해결 · 참여자의 흐름이 제각기 시간을 달리하며 우연히 한곳에 들어와 모일 때 비로소 통일된 하나의 의사가 결정될 수 있는 것이라고 본다. 여기서 **'문제의 흐름(a stream of problems)'**이란 사람들이 갖는 관심 사항을 뜻하고, **'선택의 흐름(a stream of choices)'**이란 결정을 위한 기회(계기)의 흐름을 말하며, **'해결의 흐름(a flow of solutions)'**이란 문제에 대한 해결책을 가리킨다. 그리고 **'참여자의 흐름(a stream of participants)'**이란 참여자로부터의 에너지의 흐름(a stream of energy from participants) 즉, 조직의 참여자들이 바치는 노력의 정도를 뜻한다.

개인과 집단은 다양한 요소와 사람들에 의해 제약을 받는다. 실제로 의사결정권자는 진정으로 합리적이라기보다는 오히려 **제한적으로 합리적(bounded rationality)**이다. 그들은 대안과 결과에 불완전한 정보를 가지고 있으며, 그들이 직면하는 문제는 고도로 복잡하며, 인간은 노출되는 정보를 모두 처리할 수 없으며, 모든 관련 정보를 완전히 처리할 시간이 없으며, 경영자를 포함한 같은 회사 내의 사람들은 상반된 목표를 가지고 있기 때문에 진정으로 합리적일 수 없다.

이러한 조건이 유효하다면 그들은 가장 중요한 경영상의 결정을 위하여 완벽한 합리성 대신에 더 편향되고, 더 주관적이고, 더 억망인 의사결정 과정을 택할 것이다.

일부 결정은 점진적으로 이루어진다(incremental model). 이는 일련의 소규모 결정을 통해 큰 해법을 만드는 과정이다. 또 다른 의사결정 방식인 연합 방식(coalition model)은 사람들이 목표에 동의하지 않거나 자원을 얻기 위해 서로 경쟁할 때 결정에 영향을 주기 위해 권력이나 타협을 사용한다. 쓰레기통 모형(garbage can model은 사람들의 그들의 목표를 확신하지 못할 때, 또는 목표에 동의하지 못할 때, 그리고 마찬가지로 무엇을 해야 할지 확신하지 못하거나 동의하지 못할 때 사용하는 방식이다. 이는 일부 문제들이 너무 복잡하여 잘 이해하지 못하거나, 의사결정자가 다른 많은 관심사들 때문에 의사결정을 못하는 경우에 발생한다. 이 모델은 일부 결정은 무질서하며 거의 무작위로 결정한다는 것을 시사한다. 당신은 이것이 의사결정에서 합리성에서 현저하게 벗어나는 것을 알 수 있다.

3) 타협과 정치

연합 모형이 시사하듯이 의사 결정자는 종종 타협, 교섭 혹은 협상이 필요하다. 일부 결정은 지방정부, 소비자 단체 혹은 환경 단체 등과 같은 조직 밖의 정당과 타협한다. 조직 내에서도 결정은 수많은 사람들 간의 타협이다.

결정이 종종 타협한다는 것은 그것들이 정치적이며, 즉 그것들은 경쟁 집단과 개인의 선호를 장려한다는 것을 시사한다. 객관적인 근거에 가장 적합한 결정은 힘 있는 개인들이 그것들이 선호하는 대안을 통해 강제하기 때문에 손해를 볼 수 있다. 전략적인 결정은 임금 인상, 승진, 예산 등 모든 것이 정치에 근거하여 이루어지고 비판받을 수 있다.

사람들이 조직의 결정에 영향력을 행사하여 자신의 이익을 도모하고 숨겨진 의제(agendas)를 추구하기 위해 권력을 사용하는 조직 정치는 의사 결정의 효과성을 감소시킨다. 그러한 정치를 줄이고 건설적인 인지 갈등이 정서적인 갈등으로 전락하지 않도록 하기 위한 최상의 방법 가운데 하나는 팀 구성원에 대한 공동 목표를 만드는 것이다. 집단을 결집시킬 수 있는 목표를 설정하여 경쟁보다는 협력적인 의사결정 과정을 유도하는 것이다.

대부분의 경영자는 정치 현실을 수용하며 이를 조직 생활의 기본 도전 과제로 생각한다. 당신이 영향을 주기를 원하는 중요한 결정이 있을 경우에는 강력한 개인 혹은 이해그룹을 식별하고 그들의 지원을 이끌어내는 것이 중요하다.

4) 위기에서의 의사결정

위기 상황은 건전하고 효과적인 의사결정을 더 어렵게 만든다. 그러므로 위기를 잘 관리할 수 있어야 한다. 의사결정권자는 위기관리 전략을 먼저 개발하고 기제(메커니즘)를 작동하여 위기가 발생할 경우에 대비해야 한다. 표 3.3은 위기에서 기업이 그들의 위기를 매우 다른 방법으로 다루는 것을 요약하고 있다.

조직은 위기를 미리 대비해야 한다. 그러나 많은 기업들은 위기관리계획을 가지고 있지 않다. 표 3.4는 기업이 위기를 대비하고 이를 면밀하게 관리하는 것을 방해하는 몇 가지 공통적인 잘못된 가정(자기 합리화)을 열거하고 있다.

표 3.3 두 가지 위기 대응 방안

	A 회사	B 회사
	대중의 인식을 위기로 확인하는 데 실패한 경우	대중의 인식을 위기로 확인한 경우
계획	대응하기 전에 계획을 수립하지 않는다.	대응하기 전에 계획을 수립한다.
목표 설정	목표를 설정하지 않는다.	목표를 설정한다.
행동방책	부적절한 행동방책을 수립한다: 응급 피해 대책/의사방해. 상이한 안전 조건, 대변인에게 정보를 알려주지 않음	적절한 행동방책을 수립한다: 충분한 정보, 권위로 작업, 강력한 마케팅 프로그램 사용
문제 해결	만성적인 문제 지속, 공식 위기관리 계획 부재	위기 해결, 잘 문서화된 위기관리 계획

표 3.4 위기 관리에서 잘못된 가정 (자기합리화)

우리에게는 위기가 없다.
우리는 위기를 다룰 수 있다.
위기관리는 사치로 이를 다룰 여력이 없다.
주요한 위기가 발생하면 누군가가 우리를 구해줄 것이다.
사고는 사업을 하는 데 있어 드는 비용일 뿐이다.
대부분의 위기는 나쁜 일개인의 잘못이다. 그러므로 이를 방지하기 위해 우리가 할 수 있는 일은 별로 없다.
사장만이 위기관리계획에 대해 알고 있어야 한다. 종업원들이 이를 알아야 할 이유가 없다.
객관적이고 합리적인 방법으로 위기를 대응할 수 있을 만큼 우리는 강인하다.
위기관리에서 가장 중요한 일은 공공관계와 활동을 홍보하여 조직의 좋은 이미지를 보호하는 것이다.

비록 많은 기업이 위기관리에 관심을 기울이고 있지 않지만, 위기관리(CM)를 위한 효과적인 계획에는 다음과 같은 요소를 포함해야 한다.

1. 전략적인 행동방책: CM을 전략계획과 공식 정책에 통합
2. 기술적이고 구조적인 행동방책: CM 팀을 만들고 CM에 예산을 편성
3. 평가 및 진단 행동방책: 위협 및 법적 책임(부채) 감사
4. 의사소통 행동방책: 매체, 지역 공동체, 공공기관을 다루는 훈련 제공
5. 심리적이고 문화적인 행동방책: 위기에 대한 인간적이고 정서적인 충격에 대한 훈

련과 심리적인 지원 서비스 제공

경영자는 궁극적으로 다음과 같은 질문에 답변할 수 있어야 한다.

- 기업은 어떤 유형의 위기에 직면하고 있는가?
- 기업은 초기 단계에서 위기를 탐지할 수 있는가?
- 위기가 발생하면 위기를 어떻게 관리할 수 있는가?
- 위기가 지나갔을 때 위기로부터 어떠한 이득을 얻을 수 있는가?

특히 마지막 질문이 중요한 점이다. 위기를 효과적으로 관리하면 이득을 얻을 수 있다. 오래된 문제뿐만 아니라 새로운 문제도 해결할 수 있다. 새로운 전략과 경쟁우위가 나타날 수 있으며, 긍정적인 변화가 나타날 수 있다. 누군가가 개입하고 그 위기를 잘 관리하면 영웅이 탄생하는 것이다.

위기가 발생할 경우 리더는 아무 것도 일어나지 않았다고 위장하지 말아야 한다. 조직의 가치를 소통하고 보강해야 한다. 사람들이 서로를 지원하는 방법을 찾도록 노력하고, 당신의 행동으로부터 단서를 찾는 사람들을 기억해야 한다. 낙관적이어야 하지만 너무나도 솔직해야 한다. 두려워하지 말고 감정을 드러내야 한다. 냉정해야 한다. 그러나 문제를 무시하지 않아야 하며 경시하지도 너무 안일하게도 생각하지 않아야 한다. 잘못된 희망을 갖도록 하지 않아야 한다. 나쁜 사실은 솔직하게 말해야 한다. 그러면 당신은 신용을 얻을 것이며 좋은 소식이 올 경우 이는 진실로 의미가 있을 것이다. 당신의 리더십을 신뢰할 것이다.

5) 창발 전략

곧 당신은 당신의 경영자가 회사가 추구하는 전략을 어떻게 수립하는지를 알게 될 것이다. 또한 이 과정을 이상적인 형태로 기술하는 합리적인 모델을 기술할 수 있을 것이다. 그러나 다시 한번 조직의 의사 결정이 현실과는 다르다는 점을 강조한다. 조직의 의사결정의 현실은 이상과 다르다. **창발 전략**(emergent strategy)은 원래 계획하고 시도한 것뿐만 아니라 실제로 조직 전체의 사람들이 관여하는 모든 활동으로부터 실제로 발달된 최종적으로 추구하는 조직의 전략이다.

그림 3.4에서 보는 바와 같이, 의사결정과 전략 출현은 사람들이 발견에 참여하고, 의사결정하고, 때로는 시행착오를 거치는 방식으로 그러한 선택을 수행하고, 우연히 새로운 것과 새로운 방식을 발견하는 동적인 과정이다. 발견은 사실을 체계적으로 수집하고 분석하는 과정이다. 이것이 의사결정의 기본을 이루며, 이는 목표와 행동 방책을 생성하

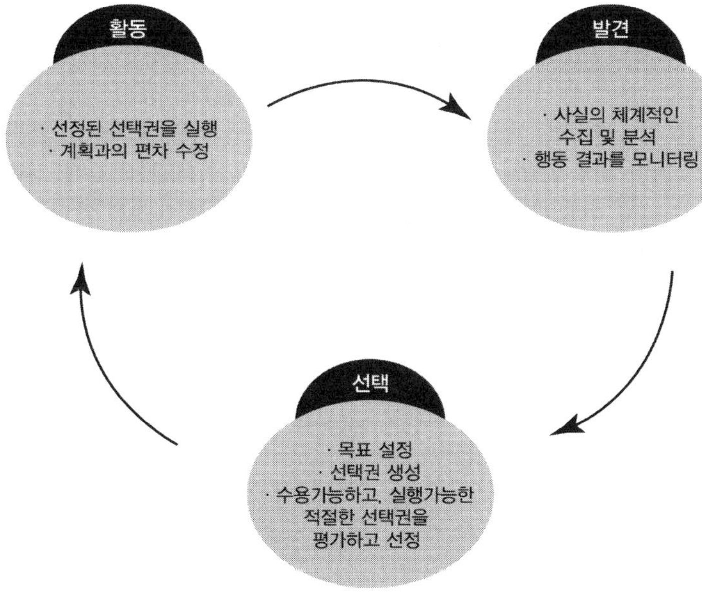

그림 3.4 창발 전략

고 선택하는 것을 포함한다. 그리고 방책을 구현하고 평가한다. 발견은 조금도 쉬지 않고 계속된다.

따라서 창발 전략은 최고 중역의 계획에서 시작되지만, 시행착오, 실험, 실수로부터의 학습과 예상치 못한 기회를 잡는 것 등이 수반될 수 있다. 그리고 이러한 행동들은 임의의 조직 수준, 임의의 단위, 임의의 장소에서 발생할 수 있다.

사실 일부 결정은 철저한 분석으로부터 이루어지지 않으며, 여러 일들을 시도하며 작동하여 나타나는 것이 무엇인가를 보는 것으로부터 이루어진다. 종종 배우기 위해 철저한 분석을 하기 전에 조치를 취하는 것이 가치가 있다. 이러한 방법이 오히려 오랜 시간에 걸쳐 과도하게 분석하는 기업에 비해 불확실한 시기에 경쟁우위를 점할 수 있다.

토의 문제 및 활동

1. 몇 가지 모험적인 의사결정을 식별하여 발표하고 당신이 그러한 위험을 무릅쓰는 이유를 설명하라. 그리고 어떻게 그 일을 해결하였는가, 되돌아볼 때 그러한 일을 통해 어떤 것을 배웠는가를 발표하라.

2. 예상치 못한 중요한 결과를 가져 온 결정을 식별하여라. 그 결과는 어떠하였는가? 그 상황에서 다른 결정을 할 수 있었는가?

3. 최근에 당신이 어려운 결정을 한 기억을 상기하여 관리 결정에 관한 특징의 관점에서 이를 기술하라.

4. 의사결정을 할 때 컴퓨터 기술을 사용하는 경우 몇 가지 장 · 단점을 말하여라.

5. 관리자가 의사결정을 할 때 이 장에서 제시한 의사결정 단계를 따른다고 생각하는가? 간과하기 쉽거나 부적절한 관심을 가지는 단계는 어느 단계인가?

6. 의사결정에서 그룹을 사용하는 경우의 잠재적인 장 · 단점을 기술하라. 당신의 경험으로부터 예를 들어보라.

7. (당신이 유력 회사의 CEO라고 가정하여) 회사가 커다란 위기에 직면한 경우 그 위기를 대처하는 데 필요한 가장 중요한 것이 무엇이라고 생각하는가?

8. 당신이 해결하고자 하는 몇 가지 문제를 식별하여라. 다양한 창의적인 해법을 위해 타인과 브레인스토밍을 진행해보라.

9. 위기관리에 필요한 합리화 방안을 간단히 기술하라

10. 효과적인 의사결정에서 피해야 할 몇 가지 장벽의 예를 들어보라.

11. 당신이 의사결정을 할 때의 단계와 학습한 의사결정 단계를 비교 설명하라.

12. 조직의 전략인 창발전략을 당신의 전략으로 체화하기 위한 방안을 말해보라.

13. 3가지 의사결정 모형을 기술하고 적용의 한계를 요약하여라.

PART 02

계획화 및 전략

2부에서는 계획화 및 전략의 핵심 개념을 소개한다. 이 주제들에서는 최고 경영자들이 내린 결정과 전체 조직에 미치는 영향을 강조한다.

제4장은 계획화 과정의 개요를 제시하고 최고 경영자가 이를 어떻게 전략적으로 관리하는지에 대해 개관한다. 전략 계획은 전체 조직에 대해 장기간에 걸친 의사결정이라는 점에서 운영 계획과 다르다. 전략 계획은 개괄적인 목표와 전략을 조직의 부문 내에서 특정한 활동을 할 수 있도록 변환한다. 모든 계획 단계에서 기본 단계를 통해 진행되는 방법을 논의한다. 전략을 세우기 전에 외부 환경과 회사의 내부 자원 모두를 분석하고 기업 전략에 사용할 수 있는 선택사양을 결정해야 한다. 사업 전략을 통해 조직이 경쟁우위를 달성하고 핵심역량이 어떻게 기업 전략의 토대를 제공하는지를 논의한다. 많은 좋은 계획들은 정확하게 실행하지 않기 때문에 실패할 가능성이 높다. 전략은 구조, 기술, 인적자원, 보상, 정보체계, 문화, 리더십 등에 의해 지원을 받아야 한다. 참여 경영이 전략을 실현하는데 종업원의 입력(조언, 시간, 지식)을 획득할 수 있으며 그들의 헌신을 보장하기 위해 사용하는 보다 일반적인 방법 중의 하나이다.

제5장에서는 현대 경영자의 필수 고려사항으로 최근에 부상한 주제를 다룬다. 그 일환으로 제5장은 주요 결정에서 윤리적인 고려와 사회 정치적 요소의 영향을 검토한다. 이들 장에서 효과적인 조직이 추구하는 전략적인 방향에 대한 명료한 이해를 여러분에게 제공할 것이다.

04 Chapter 계획화 및 전략경영

개요 및 학습목표

성공적인 조직들은 전략을 계획 과정의 일환으로 결정한다. 비록 그들의 계획 결정을 알리는 기업은 거의 없지만, 계획과정에 필수적인 아이디어가 몇 개 있다. 이 장에서는 계획화와 전략경영과 관련된 가장 중요한 개념과 과정에 대해 검토한다. 이러한 개념을 배우고 요약된 과정을 검토함으로써 당신은 오늘날 조직의 전략경영에 대한 현재의 접근 방식을 이해하게 될 것이다.

이 장을 학습한 후에 여러분은 모든 계획 과정에서 기본 단계를 통해 진행되는 방법을 알게 될 것이다. 또한 전략 계획이 전술 및 운영 계획과 통합되는 방법을 알게 될 것이며, 전략을 세우기 전에 외부 환경과 회사의 내부 자원 모두를 분석하는 이유를 알게 될 것이다. 기업 전략에 사용할 수 있는 선택사양을 알게 될 것이다. 사업 전략을 통해 조직이 경쟁우위를 달성하는 방법을 알게 될 것이다. 특히 핵심역량이 어떻게 기업 전략의 토대를 제공하는지를 알게 될 것이며, 효과적인 전략을 구현하는 방법을 알게 될 것이다.

4.1 계획화의 기본원리

조직에서 공식 계획의 중요성이 크게 증가하고 있다. 1900년대 중반까지만 해도 대부분의 계획은 비구조적이었으며, 단편적이었으며, 공식 계획화는 몇몇 대형 기업으로 제한되었다. 비록 GM의 알프레드 슬로언(Alfred Sloan)과 같은 경영 선구자가 공식 계획화 과정을 도입하였지만, 계획화는 최근에서야 광범위한 경영 기능이 되었다. 대형 조직에서 공식 계획화를 처음 채택하였지만 공세적이고, 기회주의적인 기업가에 의해 운영되는 소규모 기업에서도 현재는 공식 계획화에 관여하고 있다.

계획화(planning)는 개인, 집단, 작업 단위, 혹은 조직이 미래에 추구할 목표 혹은 활동에 대한 의식적이고 체계적인 의사결정 과정이다. 계획화는 위기에 대한 비공식적이거나 무계획적인 대응이 아니다. 계획화는 경영자(관리자)에 의해 지휘되고 통제되는 고의적인 노력으로, 종종 조직 전반에 걸쳐 종업원의 지식과 경험에 의존한다. 계획화는 개인과 작업 단위에게 그들의 미래 활동에서 따라야 할 분명한 지도를 제공한다. 그와 동시에 이 지도는 개별 상황과 조건 변경을 허용할 수 있다.

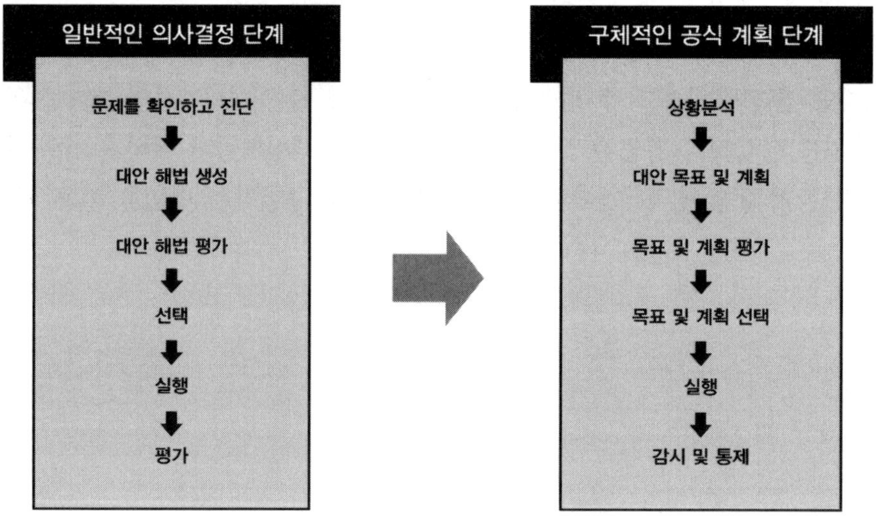

그림 4.1 의사결정 단계 및 공식 계획화 과정

1) 기본 계획화 과정

계획화는 결정 과정이므로 공식 계획화를 하는 동안에 따라야 할 중요한 단계는 3장에서 논의한 기본적인 의사결정 단계와 유사하다. 그림 4.1은 공식 계획화 단계와 의사결정 과정을 보여주고 있다.

❖ 1단계: 상황 분석

계획화(계획 과정)는 조직에 영향을 주는 내·외적인 요소에 대한 **상황 분석**(situational analysis)으로부터 시작된다. 시간과 자원 제약요소 내에서 계획자는 논의가 되고 있는 계획 이슈와 관련된 모든 정보를 수집하여 해석하고 요약한다. 철저한 상황분석으로 과거의 사건을 연구하고 현재의 조건을 검토하며 미래의 경향을 예측한다. 상황분석은 조직 혹은 작업 단위에서 작업하는 내적 힘에 초점을 맞추고, 열린 체계 방법과 일관되게 외적 환경으로부터의 영향을 검토한다. 이 단계의 결과는 계획 가정, 이슈 및 문제점의 식별과 진단이다.

철저한 상황분석은 수행할 필요가 있는 계획 결정에 주안을 둔다. 예를 들어, 한 주요 의료센터가 역사적인 정보와 소비자, 정부 당국 및 보험기업의 다른 데이터를 수집하고 분석하는 데 10개월이 소요되었다. 상황분석 결과는 250페이지 길이의 문서이지만, 이 단계의 철저함에 힘입어 수행할 일이 무엇인가가 분명해졌다. 그렇게 하여 나머지 단계는 3개월밖에 걸리지 않았으며, 의료센터의 최종 문서는 단 50페이지에 불과했다.

❖ 2단계: 대안 목표 및 계획

상황분석에 기초하여 계획과정은 미래에 추구할 대안 목표를 만들고 그러한 목표를 달성하기 위해 사용되는 대안 계획을 만들어야 한다. 과정에서 이 단계는 창의성을 강조하며, 그들 과업에 대해 광범위한 관점을 가정하도록 관리자와 종업원을 격려한다. 이러한 대안 목표와 계획에 대한 가치를 평가하는 것은 대안의 범위가 개발될 때까지 미루어야 한다.

목표(goals)는 경영자(관리자)가 도달하고자 하는 목표 또는 종착점이다. 목표는 구체적이고, 도전적이고, 현실적이어야 한다. 적절한 경우 목표는 또한 정량적이어야 하며, 시간에 연계되어야 한다. 목표는 경영자(관리자)와 종업원이 그것들을 달성할 수 있을 만큼 허용 가능해야 하며, 목표는 작업 단위 내에서 일치되어야 한다.

계획(plans)은 경영자(관리자)가 목표를 달성하기 위해 사용하려고 행동 혹은 수단이다. 최소한 이 단계는 각 목표 달성으로 이끄는 대안 행동과, 그러한 수단을 통해 목표에 도달하는 데 필요한 자원과 발생할 수 있는 장애물을 요약해야 한다. 예를 들어, 기업 서비스의 최고 제공자가 되려는 푸드서비스 전문기업인 Aramark의 계획은 건강 및 교육뿐만 아니라 판매, 음식 서비스, 균일 서비스 분야의 사업을 확장하기 위해 고안된 회사의 활동을 개략적으로 보여준다. 이 계획은 판매 및 이윤에서 연 10%의 성장이라는 회사의 목표에 초점을 맞추고 있다.

이 장에서 우리는 다양한 종류의 계획에 대하여 살펴볼 것이다. 일회용 계획

(single-use plans)이라고 부르는 몇 가지 계획은 미래에 발생할 가능성이 없는 일련의 목표를 달성하도록 설계된다. 상설계획(standing plan)이라고 부르는 다른 계획은 영속적인 일련의 목표를 달성하기 위해 고안된 지속적인 활동에 초점을 맞춘다. 예를 들어, 많은 기업은 소수 그룹 인력과 여성 인력을 충원하기 위한 그들의 노력에 대한 상설계획을 가지고 있다. 종종 상설계획은 조직을 운영하는 데 보다 영구적인 정책과 규칙이 되고 있다. 마지막으로, 비상계획(contingency plans)은 "만일(what if)"을 위한 계획이다. 비상계획에는 기업의 처음 계획이 잘 작동되지 않거나 외적 환경에서 사건이 갑작스러운 변화가 필요할 때 취해야 할 일련의 행동이 포함된다.

❖ 3단계: 목표와 계획 평가

의사결정자는 각 대안 목표와 계획의 장, 단점 및 잠재적인 영향을 평가해야 한다. 의사결정자는 그러한 목표에 우선순위를 정해야 하며, 추가적인 고려사항으로부터 심지어는 몇 가지를 제거해야 한다. 그와 동시에 경영자(관리자)는 높은 우선순위를 가진 목표를 충족하기 위해 설계된 대안 계획이 내포한 의미를 고려할 필요가 있다.

일부 기업에서 다양한 배경을 가진 특수 경영자(관리자) 팀이 이 평가를 수행한다. 예를 들어, 한 기업의 주요 계획 노력에서 수석임원이 전략계획, 공공 및 정부 관계, 운영, 마케팅 및 다른 분야의 계획 그룹과 만난다. 종종 이러한 그룹에서 만들어지는 다른 관점과 생각이 기업의 목표와 계획에 대해 보다 균형 있고 광범위한 검토로 이어진다. 이러한 방법으로 종종 새로운 대안을 식별하거나 현존하는 방안을 개선시킨다.

❖ 4단계: 목표와 계획 선정

계획자는 가장 적절하고 실행 가능한 목표와 계획을 선정할 위치에 있게 된다. 평가 과정에서 우선순위를 식별하고, 목표와 계획 간에 절충(비교분석)이 이루어져 의사결정자에게 최종 선택이 남게 된다. 경험적인 판단이 언제나 중요한 역할을 담당한다. 그러나 판단에만 의존하면 최상의 방향으로 나아갈 수 없다.

전형적으로 공식 계획과정은 예견된 일련의 환경 내에서 적절하고 실행 가능한 문서로 쓴 일련의 목표와 계획으로 이어진다. 일부 조직에서 대안 생성, 평가, 선정 과정을 위한 계획 **시나리오(scenario)**를 만든다. 다른 비상계획이 각 시나리오에 소속된다. 경영자(관리자)는 목표를 추구하고 일어날 가능성이 가장 높은 시나리오에 연계된 계획을 실행한다. 그러나 작업 단위는 상황에 따른 비상계획이 바뀌어 다른 시나리오가 적절하게 되면 또 다른 일련의 계획으로 전환할 준비를 해야 한다. 이러한 방법은 기업이 위기를 피하고 더 많은 유연성과 대응성을 갖도록 하는 데 도움이 된다.

❖ 5단계: 실행

경영자(관리자)가 목표와 계획을 선택했으면 그들은 목표를 달성하기 위해 고안된 계획을 실행해야 한다. 경영자(관리자)와 종업원은 계획을 이해하여야 하며, 그것을 실행하는데 필요한 자원을 가지고 있어야 하며, 그것을 하도록 동기부여 되어야 한다. 경영자(관리자)와 종업원 모두가 계획 과정의 이전 단계에 참여하였다면 실행 과정은 아마도 더 효과적이고 효율적일 수 있다. 종업원들은 보통 그들이 개발에 참여한 목표와 계획일 때 더 많이 알고, 더 많이 헌신하며, 더 높게 동기부여 된다.

마지막으로, 성공적인 실행에는 조직의 다른 체계와 연계된 계획이 필요하며, 특히 예산과 보상 체계와 연계된 계획이 필요하다. 충분한 재원을 가지고 계획을 실행해야 하는 경영자(관리자)에게 예산이 제공되지 않으면 계획은 아마도 불행한 결말을 맞게 될 것이다. 마찬가지로 목표 달성은 조직의 보상체계와 연계되어야 한다. 많은 조직은 종업원이 목표를 달성하고 그 계획을 적절히 실행하도록 인센티브 프로그램을 사용한다. 수수료, 봉급, 승진, 상여금, 기타 보상이 성공적인 성과에 기초가 된다.

❖ 6단계: 감시 및 통제

비록 종종 무시되기도 하지만, 공식 계획과정의 마지막 단계인 감시와 통제가 긴요하다. 계획은 계속 진행 중이고, 반복적인 과정이므로 경영자(관리자)는 그들 작업 단위를 단위 목표와 계획에 따라 지속적으로 감시해야 한다. 또한 경영자(관리자)는 계획이 부적절하게 실행되거나 상황이 변할 때 교정 활동을 할 수 있도록 통제체계를 개발해야 한다.

4.2 계획의 수준

앞에서 우리는 3가지 유형의 경영자(관리자)에 대하여 살펴보았다. 최고(전략 경영자), 중간(전술 경영자), 일선(운영 관리자) 수준이 3가지 유형의 경영자(관리자)가 있다. 계획이 중요한 관리 기능이므로 3가지 수준 모두의 경영자(관리자)는 이를 사용한다. 그러나 계획 과정의 범위와 활동은 조직의 각 수준에서 종종 다르다.

1) 전략 계획

전략 계획(strategic planning)은 조직의 장기 목표와 전략에 대한 의사결정을 의미한다. 전략 계획은 외부 지향이 강하며, 조직의 주요한 부분을 망라한다. 수석 임원은 전략

계획의 개발과 실행에 책임이 있지만, 그들은 사적으로 전체계획을 만들거나 실행하지 않는다.

전략 목표(strategic goals)는 조직의 장기 생존, 가치, 성장과 관련되는 최종 결과 혹은 목표이다. 전략 경영자(최고 경영자)는 보통 효과성과 효율성 모두를 반영하는 목표를 수립한다. 전형적인 전략 목표에는 주주에게 돌려주는 다양한 수익척도, 이윤, 결과물의 양과 질, 시장 점유율, 생산성, 사회에 대한 기여가 포함된다.

전략(strategy)은 조직의 목표를 달성하기 위한 행동과 자원 할당 패턴이다. 조직 실행 전략은 조직의 기술과 자원을 외부 환경에서 발견되는 기회와 일치시키는 것으로, 모든 조직은 특정의 장점과 단점을 가지고 있다. 조직 실행을 위한 행동 혹은 전략은 고객의 바람과 욕구 및 조직의 외부 환경에서 다른 핵심 요인을 만족시키는 분야에서 강점을 구축하는 방향으로 나아가야 한다. 또한 일부 조직은 외부 환경을 바꾸거나 영향을 주는 전략을 실행해야 한다.

2) 전술 및 운영 계획

조직의 전략 목표와 계획을 식별한 후에 이들 목표와 계획은 중간 및 일선 관리자가 수행하는 계획의 기초가 되어야 한다. 목표와 계획이 더 구체화 되고, 계획이 전략 수준에서 운영 수준으로 이동함에 따라 짧은 기간과 관련된다. **전술 계획**(tactical planning)은 광범위한 전략 목표와 계획을 조직의 분명한 부문(마케팅 혹은 인적자원과 같은 기능 분야)과 관련되는 특정의 구체적인 목표와 계획으로 변환한다. 전술 계획은 단위(부서)가 전략 계획의 일환을 충족해야 하는 주요 행동에 초점을 맞춘다.

운영 계획(operational planning)은 조직의 하위 수준에서 필요한 특정의 절차와 공정을 식별한다. 일선 관리자는 보통 매우 짧은 기간의 계획을 개발하고 인도 일정, 인적자원 요건, 생산 시행(실제 운용)과 같은 일상 과업에 초점을 맞춘다.

3) 전술, 운영 및 전략 계획의 연계

조직의 전략, 전술 및 운영 목표와 계획은 일관성이 있어야 하며, 상호 지원적이어야 한다. 전술과 운영 계획은 전략 계획에 직접 연계되어야 한다.

전략 계획과 운영 계획을 연결하는 한 가지 방법이 **균형성과기록표**(Balanced Score Card)이다. 그림 4.2는 균형성과기록표의 작동방법을 보여주고 있다.

균형성과기록표(Balanced Score Card)는 기업의 새로운 전략관리 · 성과평가 시스템이다. 조직의 사명과 전략을 측정하고 관리할 수 있도록 포괄적인 측정지표로 바꾸어주는

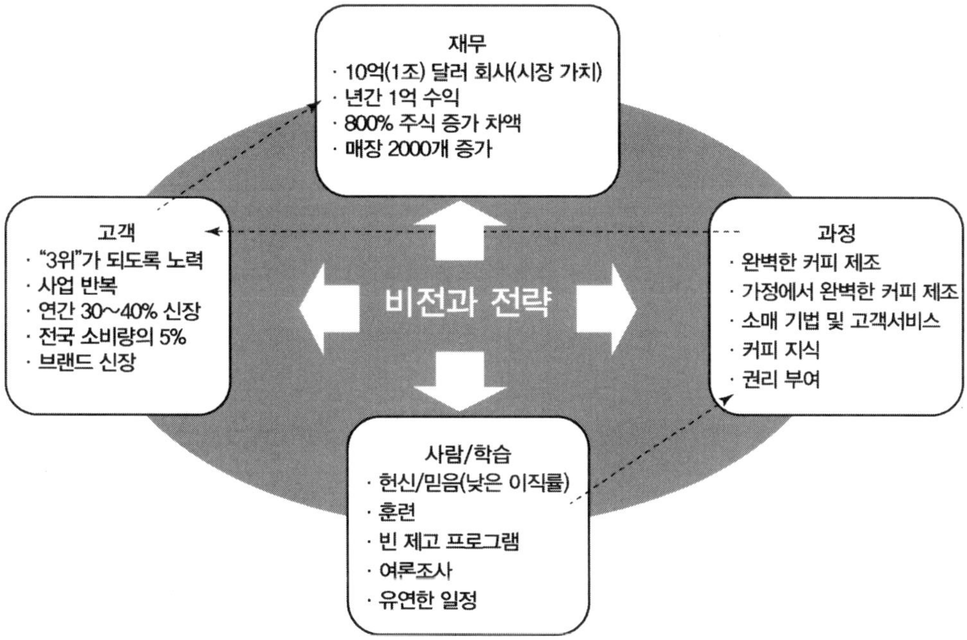

그림 4.2 균형성과기록표 적용

틀이다. 성과측정 전문 컨설팅기업인 르네상스 솔루션의 데이비드 노턴과 하버드 비즈니스 스쿨의 로버트 카플란 교수가 함께 개발하여 1992년에 최초로 제시하였다. 현재 미국과 유럽의 많은 기업들이 도입한 무형자산 평가시스템이다.

이것은 과거성과에 대한 재무적인 측정지표를 통해서 미래성과를 창출하는 측정지표이다. 재무 · 고객 · 내부 프로세스 · 사람/학습과 성장 등 네 분야로 구분하여 기업별 특성에 맞는 지표를 선정하고 각 지표별 가중치를 적용하여 산출한다.

재무 분야에서 이 지표의 구축과정을 통해 기업전략을 자신의 재무 목표로 연결할 수 있어야 한다. 기업의 재무 목표는 사업단위에 투자된 자본에서 더 높은 수익을 얻기 위한 것이다.

균형성과기록표는 재무 목표를 명백하게 밝히고, 성장과 유지, 수확 단계의 사업 단위들이 그 위치에 맞는 재무 목표를 설정할 수 있도록 도와준다. 또한 대상이 세분화된 시장에서 고객 목표를 파악해야 한다. 세분화된 시장을 파악하고 대상이 설정되면 그 시장에 대한 목표와 측정지표를 결정할 수 있다.

경영자(관리자)들은 내부 과정을 구체화해야 한다. 현재와 미래의 고객요구를 파악하고 요구에 대한 새로운 해결책을 발견하는 혁신 과정에서 출발해야 한다. 따라서 기존고객에게 기존제품과 서비스를 전달하는 운영 과정에서 고객의 가치를 증가시키는 사후 서비스로 이어져야 한다.

재무 · 고객 · 내부 과정에서 목표를 충족하는 힘은 조직의 학습과 성장 역량에 달려있다. 학습과 성장을 가능하게 하는 세 가지 원천은 직원과 시스템, 조직이다. 균형성과기록표는 전통적인 단기투자영역이 아니라, 새로운 설비와 신제품 연구개발과 같은 미래에 대한 투자의 중요성을 강조한다.

그러므로 균형성과기록표는 전략에서 도출된 측정지표들을 통합하는 새로운 관리시스템이다. 네 가지 다른 분야의 목표를 측정지표로 전환하여 기업의 사명과 전략을 하나의 틀과 언어로 제공한다.

표 4.1에서 보는 바와 같이 균형성과기록표는 각 운영 분야의 척도와 표준을 개발하는데 사용할 수 있다. 그리고 이러한 방법으로 실행할 때 전략과 전술 이슈를 운영 기준으로 변환하는 데 도움을 줄 수 있다.

표 4.1에서 보는 바와 같이 계획 시에 균형성과기록표를 이용하여 (1)비전을 명확히 하고 (2)사업 단위 성과기록표를 개발하고 (3)전체 기업의 전략, 전술에 기초하여 개발한 성과기록표를 운영 이슈에 연결하여 의사소통하고 (4)마지막으로 이전의 성과를 검토하여 전략을 갱신한다.

표 4.1 계획 시 균형성과기록표 사용

1. **비전의 명확화:** 최고경영팀과 중간 관리자는 균형성과기록표를 사용하여 일반적인 비전을 이해하고 소통하는 전략으로 변환한다.
2. **사업 단위 평가표 개발:** 각 사업 단위는 전략 목표를 전술 및 운영 목표로 변환하는 고유의 성과기록표를 개발한다.
3. **사업 단위 평가표 검토:** CEO와 최고경영팀은 사업단위 평가기록표를 검토한다. 이 검토로 전략 계획을 수정하는데 사용되는 상호 업무 이슈를 식별한다.
4. **평가표를 전체 회사에 전달:** 관리자와 종업원은 전략 및 전술 계획을 그들과 관련된 운영 이슈와 연결되는 개인별 성과기록표를 개발한다. 개인별 목적과 보상을 이러한 성과 기록표에 연결한다.
5. **연간 전략 검토 수행:** 이전년도의 성과를 검토하고, 전략을 갱신한다. 각 사업 단위는 전략 계획을 선도하는 각 이슈에 대한 좌표를 개발하도록 요청받는다.

4.3 전략 계획

전략적 의사결정은 오늘날 경영에서 가장 흥미롭고 논쟁이 많은 주제 중의 하나이다. 사실, 오늘날 많은 조직은 그들의 전략 계획을 개발하고 실행하는 방법을 바꾸고 있다.

전통적으로 전략 계획은 하향식 방법을 강조한다. 수석 임원과 전문 계획부서가 전체 조직의 목표와 계획을 개발한다. 전술 및 운영 관리자는 그러한 목표와 계획을 받아 실행하지만, 그들 고유의 계획 활동은 부서의 특정 절차와 예산으로 한정되었다.

세월이 경과하여 경영자(관리자)와 컨설팅기업은 다양한 분석 기법과 계획 방법을 혁신시켰으나, 이들 중 많은 것들은 복잡한 사업 상황과 경쟁 이슈를 분석하는 데 매우 중요했다. 그러나 많은 예에서 수석 임원은 조직의 나머지 일선 관리자를 배제하고 계획 전문가와 너무나 많은 시간을 소비하고 있다. 그 결과 전략 경영자와 전술 및 운영 관리자 간에 간극이 생기고, 경영자(관리자)와 조직의 전반에 걸쳐 종업원은 소외감을 느끼게 되며, 조직의 성공에 헌신하지 않게 되었다.

오늘날 수석 임원은 점차로 전략 형성 과정에서 조직 전반에 걸친 관리자를 포함하게 되었다. 비록 CEO와 최고 경영자가 조직의 전략 방향 혹은 비전을 제공하지만, 전술 및 심지어 운영 관리자도 조직의 전략 계획에 가치 있는 조언을 제공하게 된다. 일부 경우에 이러한 관리자는 또한 그들 고유의 전략을 형성하거나 변경하는 실질적인 자율권을 갖는다. 이러한 것이 현대 조직의 성공을 위한 유연성과 대응성 및 중요한 요건을 증가시킨다.

이러한 경향으로 인해 전략경영이라고 하는 새로운 전략 계획 과정에 관한 용어가 출현하였다. **전략경영**(strategic management)은 조직의 모든 부서의 관리자가 목표와 전략을 세우고 실행하는 것을 말한다. 전략경영은 전략 계획과 경영을 단일 과정으로 통합하는 것이다. 전략 계획은 모든 관리자가 전략적으로 생각하도록 격려하고 단기 전술 및 운영 이슈뿐만 아니라 장기적이고 외부 지향 이슈에 초점을 맞추는 진행 중인 활동이 된다.

그림 4.3은 전략경영 과정의 6가지 주요 성분을 보여주고 있다. 6가지 주요 성분은 (1)임무, 비전 및 목표 수립 (2)외부 기회 및 위협 분석 (3)내부 강점 및 약점 분석 (4)SWOT 분석 (5)전략 실행 (6)전략 통제이다.

이 과정은 계획 및 결정 과정이므로 앞에서 논의한 계획 체계와 유사하다. 비록 조직은 다른 용어를 사용하거나 과정의 다른 부분을 강조하지만 그 구성요소와 개념은 모든 조직에서 명시적으로 또는 암묵적으로 발견된다.

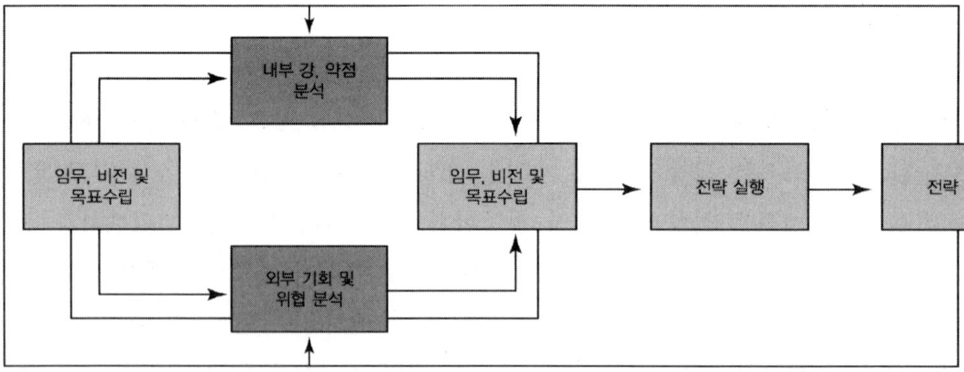

그림 4.3 전략경영 과정

1) 1단계: 임무, 비전 및 목표 수립

전략계획의 1단계는 임무, 비전 및 목표를 수립하는 것이다. **임무**(mission)는 조직의 운영 범위뿐만 아니라 기본 목적과 가치이다. 임무는 조직이 존재하는 이유에 대한 기술이다. 임무는 종종 조직이 일반 고객을 받드는 역할에 대한 개념으로 쓰인다. 조직의 범위에 따라 임무는 광범위하거나 협소할 수 있다. 예를 들어, 한 기업의 임무는 초일류 식품 생산업체이자 편의식품 제조업체가 되는 것일 수 있다. 이와 대조적으로, 대부분의 대학 캠퍼스 근처에서 운영하는 지역 학사주점의 임무는 대학생에게 저렴한 맥주를 대량으로 판매하는 것일 수 있다.

전략적 비전(strategic vision)은 기업이 나아가고자 하는 관점과 조직이 장차 되고자 하는 관점을 제공하기 위하여 임무 기술을 벗어나 확장된다. 비록 임무와 비전은 종종 상호 교환적으로 사용되지만, 비전 기술은 기업의 장기 방향과 기업의 전략적 의도를 이상적으로 명확하게 하는 것이다.

전략적 목표(strategic goals)는 조직의 임무와 비전으로부터 진화한다. 조직의 최고경영자는 이사회의 조언과 승인으로 임무, 비전 및 주요 전략 목표를 수립한다. 임무 기술, 비전 기술 및 전략 목표 기술에 포함된 개념과 정보는 이와 동일하지 않을 수 있지만, 그것들은 조직과 접촉한 모든 사람들에게 전달되어야 한다. 예를 들어, 대형 기업은 일반적으로 그들의 임무, 비전 및 목표에 대한 공식 기술의 개요를 대중에게 제공한다. 예를 들어, 〈워싱턴 포스트(Washington Post's)〉의 웹사이트에 공시한 목표 기술은 다음과 같다.

- 최상의 신문, 잡지, TV 프로그램을 생산하며, 다른 제품도 생산할 수 있다.
- 괄목할 만한 사업을 수행하고 시간이 흐르면서 고유의 주주 가치를 증진시킨다.

- 최선은 아니지만 사람들이 작업할 고유한 위치를 만들며, 소수민과 여성을 충원하고 승진하는 데 앞장선다.
- 우수한 고객 서비스를 제공하는 기업이 된다.
- 사업 환경 변화에 적응하기에 충분히 창의적이고 유연하고 지적인 기업이 된다.
- 우리가 사업하는 공동체의 존경받는 일원이 된다.

비록 이러한 기술을 임무 기술로 부를 수는 없지만, 여기에는 기업의 임무, 비전 및 목표가 포함되어 있다.

표 4.2 환경분석

환경분석
산업 및 시장 분석 • 산업 개요: 주요 제품 라인 및 산업에서 중요한 시장 부문 • 산업 성장: 전체 산업 성장률, 핵심 시장 부문 성장률, 성장 패턴의 변화, 성장 요인 • 산업력: 신규 산업 진입에 따른 위협, 대체재의 위협, 구매자의 경제력, 공급자의 경제력, 내부 산업 경쟁자
경쟁자 분석 • 경쟁자 개요: 주요 경쟁자 및 이들의 시장 점유율 • 경쟁자 분석: 목표, 전략, 각 주요 경쟁자의 강점 및 약점 • 경쟁자 장점: 산업 경쟁자의 제품 혹은 서비스의 차별화 정도 혹은 달성된 비용 리더십
정치 및 규제 분석 • 법률 제정 및 규제 활동 및 이들이 산업체에 미치는 영향 • 정치 활동: 산업계 내의 조직과 협회의 정치 활동 수준
사회 분석 • 사회 이슈: 현재 및 미래의 사회적 이슈 및 이들이 산업에 미치는 영향 • 사회 이익 단체: 소비자, 환경 및 산업에 영향력을 발휘하려는 유사한 활동가 그룹
인적자원 분석 • 노동 이슈: 핵심 노동 욕구, 부족, 기회, 산업에 직면한 문제
거시경제 분석 • 거시경제적 조건: 산업 내에서의 공급, 수요, 성장, 경쟁 및 이윤에 영향을 미치는 경제적 요소
기술 분석 • 기술적 요소: 산업, 특히 최근 및 잠재적 혁신에 영향을 미치는 과학적 또는 기술적 방법

2) 2단계: 외부 기회 및 위협 분석

임무와 비전이 전략경영 과정의 두 번째 구성요소인 외부 환경 분석을 주도한다. 성공적인 전략경영은 환경에 대한 정확하고 철저한 평가에 의존한다.

표 4.2는 환경 분석에서 중요한 몇 가지 활동을 열거하고 있다. 환경 분석 활동에는 산업체와 시장 분석, 경쟁자 분석, 정치 및 규정 분석, 사회 분석, 인적자원 분석, 거시경제

분석, 기술 분석이 포함된다.

분석은 산업체 검토로부터 시작된다. 둘째로, 조직 이해관계자를 검토한다. **이해관계자(stakeholder)**는 조직의 임무, 목표 및 전략 달성에 영향을 주고받는 그룹 및 개인이다. 구매자, 공급자, 경쟁업자, 정부 및 규제당국, 노동조합 및 종업원 단체, 재무 공동체, 소유주와 주주 및 무역협회 등이 포함된다. 환경 분석은 이러한 이해관계자와 그들이 조직에 영향을 주는 방법에 대한 정보를 제공한다.

환경 분석은 또한 거시경제 상황 및 기술 요인과 같은 환경의 다른 힘들을 검토해야 한다. 환경 분석에서 한 가지 중요한 과업은 미래 추세를 예측하는 것이다. 예측기법은 단순한 판단으로부터 많은 변수들의 체계적 관계를 검토하는 복잡한 수학적 모델에 이르기까지 다양하다. 심지어 간단한 정량적 기법이 직관적인 전문가 평가를 능가한다. 판단은 편견에 사로잡힐 수 있으며, 경영자는 정보를 처리하는 능력에 제한을 받는다. 경영자(관리자)는 정량적인 모형의 투입요소로 혹은 새로운 상황에 직면할 때 주관적인 판단을 해야 한다.

종종 기회와 위협의 차이는 기업이 전략적으로 어떻게 대처하느냐에 따라 다르다. 처음에 위협으로 보였던 것이 기회로 전환될 수 있다.

3) 3단계: 내부 강점과 약점 분석

외부분석을 수행함과 동시에 조직 내의 강점과 약점 분야를 평가해야 한다. 내부분석은 조직의 전반적이고 기능적인 성과 수준뿐만 아니라 조직의 기술과 자원 목록을 전략적 의사결정자에게 제공한다. 표 4.3은 내부 자원분석의 몇 가지 주요 성분을 보여주고 있다. 내부 자원분석 활동에는 재무 분석, 인적자원 평가, 마케팅 감사, 운영 분석 및 기타 다른 조직 활동의 강 · 약점 분석과 같은 내부 자원분석이 포함된다.

재무분석에서는 균형성과기록표와 손익계산서와 같은 재무기술서를 통해 재무적 강점과 약점을 검토하고 추세를 역사적 수치와 산업적 수치와 비교한다.

인적자원 평가에서는 모든 수준의 경영자와 직원의 강점과 약점을 검토하고 인적자원 활동에 주안을 둔다. 인적자원 활동에는 고용, 선발, 배치, 교육훈련 및 노사관계, 보상, 승진, 업무 평가, 직장생활의 품질, 인적자원 계획이 포함된다.

마케팅 감사에서는 주요 마케팅 활동의 장단점을 검토하고, 시장, 핵심 시장 부문, 핵심 시장 내에서의 경쟁적 지위(시장 점유율)을 식별한다.

운영분석에서는 조직의 제조, 생산, 혹은 서비스 인도 활동의 강점과 약점을 검토한다.

기타 내부 자원분석에서는 필요시 연구개발, 경영정보시스템 및 조달과 같은 기타 조직 활동의 강점과 약점을 검토한다.

❖ 자원과 핵심역량

의문의 여지 없이 전략 계획은 최근 내부 자원에 초점을 맞춘 것에 의해 크게 영향을 받았다. **자원**(resource)은 기업의 성과를 고양하기 위해 시간이 경과함에 따라 누적될 수 있는 생산 투입 요소이다. 자원은 여러 가지 형태일 수 있지만 크게 두 가지 부류로 분류된다.

(1) 유형 자산(tangible assets): 부동산, 생산 시설, 원재료 등
(2) 무형 자산(intangible assets): 기업의 명성, 문화, 기술 지식, 특허, 누적된 학습과 경험 등

개발된 전략 계획은 유형 및 무형의 자산을 결합한 것일 수 있다.

효과적인 내부분석은 기업이 기업의 자원을 통해 어떻게 경쟁할 수 있는가에 대한 명백한 이해를 제공한다. 자원은 특정 환경에서 경쟁우위의 원천이다. 첫째, 자원이 고객가치를 창출하는 데 있어 중요하면 자원이 경쟁우위로 이어질 수 있다. 둘째, 자원이 희귀하고 모든 경쟁업자가 동일하게 사용할 수 없다면 이익의 원천이 된다. 매우 가치가 높은 자원일지라도 모든 경쟁업자가 동일하게 접근할 수 있다면 자원은 경쟁우위의 원천을 제공할 수 없다. 셋째, 자원을 모방할 수 없다면 자원은 경쟁우위의 원천을 제공한다. 마지막으로, 자원을 잘 조직하면 기업의 경쟁우위를 증진할 수 있다. 예를 들어, AT&T는 기업의 자원을 관리하는 공세적인 프로그램을 가지고 있다. 소위 실시간 품질관리(real-time quality) 시스템으로, 프로그램은

- 공정 중인 척도와 공정 결과를 엄격하게 감시한다.
- 계속 진행 중인 문제를 해결하고 수정조치를 한다.
- 미래의 문제를 예견하고 방지한다.
- 성과 및 체계와 공정비용을 즉각적이고 지속적으로 개선한다.

는 점을 강조한다.

실시간 품질관리 시스템과 같은 체계로 AT&T이 자원은 기업의 경쟁우위를 강화시켰다.

그림 4.4에서 보는 바와 같이, 자원이 가치 있고, 희귀하고, 모방할 수 없고, 조직화될 때 자원은 기업의 핵심역량으로 볼 수 있다. 간단히 말해서, **핵심역량**(core competence)은 기업이 경쟁업체에 비해 특히 잘하는 것을 말한다. 예를 들어, 혼다(Honda)는 소형

엔진 설계와 제조에서 핵심역량을 가지고 있다. 또한 소니(Sony)는 축소모형을 만드는 핵심역량을 가지고 있다. 전형적으로, 핵심역량은 조직이 경쟁업체에 비해 우위를 가지고 있는 일련의 독특한 기술 및(혹은) 지식을 말한다. 특히 핵심역량은 물리적 혹은 재정적 자산보다는 일부 활동에서의 일련의 기술 혹은 전문지식을 의미한다. 예를 들어, GM은 전통적으로 마케팅에서 핵심역량을 가지고 있는 반면에, 포드(Ford)는 제1의 강점으로 품질을 꼽고 있다. 최근에 크라이슬러(Chrysler)는 핵심역량을 설계와 기술로 재정립하였다.

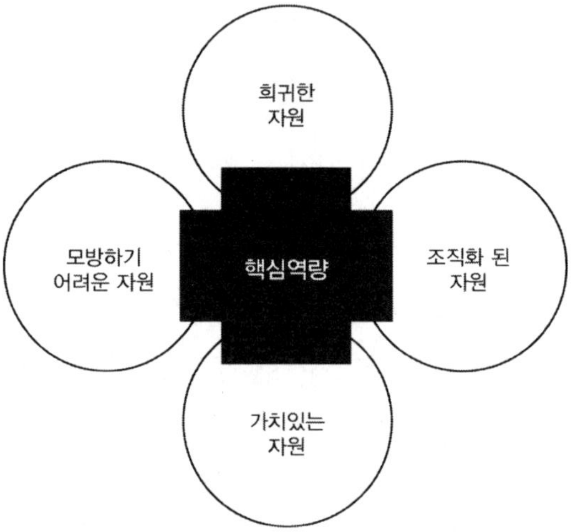

그림 4.4 자원과 핵심역량

❖ 벤치마킹

벤치마킹(benchmarking)은 한 기업의 기본 기능과 기술을 다른 기업 혹은 일련의 기업의 기능과 기술과 비교하여 얼마나 좋은가를 평가하는 과정이다. 벤치마킹의 목적은 다른 기업의 '최상의 관행'을 철저히 이해하고 보다 나은 성과와 낮은 비용을 달성하기 위한 조치를 취하는 것이다. 예를 들어, 제록스(Xerox)사는 벤치마킹의 선구자로 세계 최상위 기업 67개를 연구하여 핵심 작업 공정 프로그램을 수립하였다. 이러한 기업의 대부분은 동종 사업에 있는 것이 아니다. 예를 들어, 주문 만족 공정을 개선하기 위한 노력으로 제록스는 의류 통신판매 기업인 엘엘빈(L. L. Bean)을 연구하였다. 벤치마킹 프로그램으로 제록스는 비효율을 제거하고 경쟁력을 개선하여 비약적인 발전을 하였다.

4) 4단계: SWOT 분석과 전략 공식화

외부 환경과 내부 자원을 분석한 후에 전략적 의사 결정권자는 조직의 전사적, 사업적,

기능적 전략의 공식화에 필요한 정보를 취해야 한다. 강점, 약점, 기회 및 위협에 대한 비교를 **SWOT 분석**이라고 한다. SWOT 분석은 임원에게 주요 사실을 요약하고, 외부 및 내부 분석으로부터 예측을 도출하는 데 도움을 준다. 이것으로부터 임원은 조직이 수행할 1차 및 2차 전략 이슈를 식별하는 일련의 기술을 도출할 수 있다. 기회를 활용하고, 위협을 상쇄하고, 내부 약점을 완화하고 조직의 강점을 활용할 수 있도록 전략 공식화는 SWOT 분석을 기반으로 하고 있다. 간단히 말해서, 전략 공식화는 분석에서 출발하여 일관된 행동방책을 수립하는 것으로 이동한다.

❖ 기업 전략

기업 전략(corporate strategy)은 조직이 경쟁해야 할 일련의 사업, 시장 혹은 산업을 식별하고, 그러한 사업들에 자원을 분배하는 것을 말한다. 그림 4.5는 4가지 기본 기업 전략 대안을 보여주고 있다.

집중화(concentration) 전략은 단일 산업에서 경쟁하는 단일 사업에 초점을 맞춘다. 산업 성장이 양호하고, 기업이 좁은 범위의 역량을 가지고 있을 때 해당 산업에 진입하기 위해 기업은 집중화 전략을 추구한다.

수직적 통합화(vertical integration) 전략은 조직의 영역을 공급 채널 혹은 유통업체로 확대하는 것을 포함한다. 수직적 통합화는 기업의 제품 성분 혹은 부품을 생산하는 새로운 사업을 획득하거나 개발하는 것으로, 일반적으로 공급업체 혹은 유통업체와 관련된 비용을 절감하고 불확실성을 제거하기 위해 사용된다.

집중형 다각화(concentric diversification)는 기업의 고유 핵심 사업과 관련된 새로운 사업으로 이동하는 것을 말한다. 집중형 다각화는 관련 제품을 생산하거나 관련 시장 혹

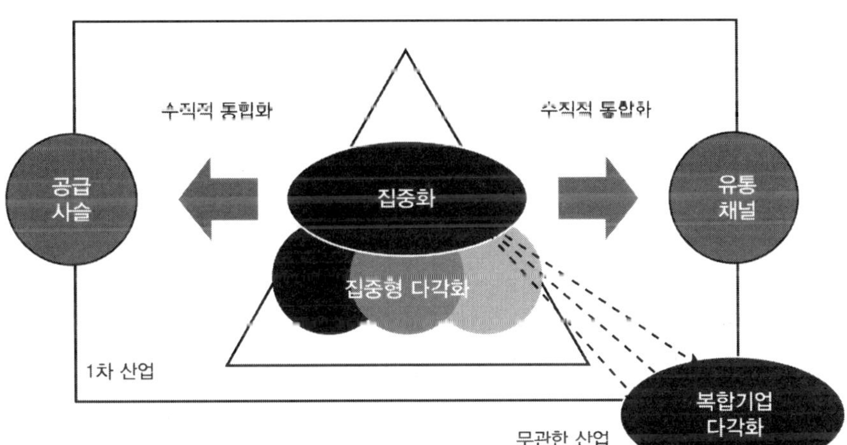

그림 4.5 기업 전략 개요

은 활동과 연관된 새로운 사업을 추가하는 데 사용되는 전략이다. 사업이 연관되므로 한 사업에서 사용되는 제품, 시장, 기술 혹은 능력을 다른 사업으로 전환할 수 있다.

집중형 다각화와 대조적으로, **복합기업 다각화**(conglomerate diversification)는 무관한 사업으로 확장하는 기업의 전략이다. 복합기업 다각화는 관련이 없는 제품을 생산하거나 관련이 없는 시장 혹은 활동과 연관된 새로운 사업을 추가하는 데 사용되는 전략이다. 전형적으로 기업은 한 산업에서 시장이 요동침으로 인해 발생하는 위험을 최소화하기 위해 복합기업 다각화 전략을 추구한다.

조직의 기업 전략을 종종 사업 포트폴리오라고 부른다. 기업의 전략을 분석하고 소통하는 가장 대중적인 기법을 BCG 매트릭스라고 한다.

BCG 매트릭스는 보스턴컨설팅그룹(Boston Consulting Group)에 의해 1970년대 초반 개발된 것으로, 기업의 경영전략 수립에 있어 하나의 기본적인 분석도구로 활용되는 사업 포트폴리오(business portfolio) 분석기법이다.

BCG 매트릭스는 자금의 투입, 산출 측면에서 사업(전략사업 단위)이 현재 처해있는 상황을 파악하여 상황에 맞는 처방을 내리기 위한 분석도구이다. '성장-점유율 매트릭스(growth-share matrix)'라고도 불리며, 산업을 점유율과 성장성으로 구분해 4가지로 분류했다(그림 4.6 참조).

즉, X축을 '상대적 시장점유율'로 하고, Y축을 '시장성장률'로 하여, 미래가 불투명한 사업을 물음표(Question Mark), 점유율과 성장성이 모두 좋은 사업을 스타(Star), 투자에 비해 수익이 월등한 사업을 캐시카우(Cash Cow), 점유율과 성장률이 둘 다 낮은 사업을 도그(Dog)로 구분했다.

BCG 매트릭스는 사업의 성격을 단순화, 유형화하여 어떤 방향으로 의사결정을 해야 할지를 명쾌하게 얘기해 주지만, 사업의 평가요소가 상대적 시장 점유율과 시장성장률뿐이어서 지나친 단순화의 오류에 빠지기 쉽다는 단점이 있다.

- **스타(Star)사업**: 성공사업. 수익성과 성장성이 크므로 계속적 투자가 필요하다.
- **고수익(Cash Cow) 사업**: 수익 창출 사업. 기존의 투자에 의해 수익이 계속적으로 실현되므로 자금의 원천사업이 된다. 시장성장률이 낮으므로 투자금액이 유지 · 보수 차원에 머물게 되어 자금투입보다 자금산출이 많다.
- **물음표(Question Mark) 사업**: 신규사업. 상대적으로 낮은 시장점유율과 높은 시장성장률을 가진 사업으로 기업의 행동에 따라서는 차후 성공(Star)사업이 되거나, 사양(Dog)사업으로 전락할 수 있는 위치에 있다. 일단 투자하기로 결정한다면 상대적 시장점유율을 높이기 위해 많은 투자금액이 필요하다.

• **경쟁력이 약한(Dog)사업**: 사양사업. 성장성과 수익성이 없는 사업으로 철수해야 한다. 기존의 투자에 매달리다가 기회를 잃으면 더 많은 대가를 치를지도 모른다.

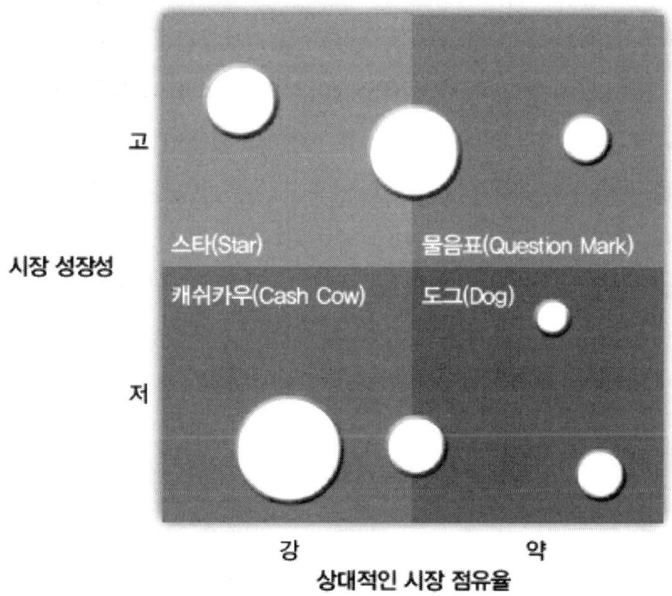

그림 4.6 자원과 핵심역량

❖ 기업 전략 추세

최근에 기업의 M&A가 증가하고 있다. 이러한 인수합병 전략은 종종 집중형 다각화 혹은 복합기업 다각화에 의한 기업 전략에 영향을 준다.

다각화 기업 전략의 실행 가치는 개별 환경에 좌우된다. 많은 비판론자들은 무관한 다각화는 기업을 돕기보다는 오히려 기업을 해친다고 주장한다. 최근에 수많은 다각화 기업에서 보다 집중력이 있는 포트폴리오에 집중할 수 있도록 그들의 주변 사업을 매각하고 있다.

이와 대조적으로 저성장에 있거나 성숙 혹은 위협 받는 산업에서 경쟁하고 있는 조직의 다각화 노력은 종종 각광받고 있다. 많은 은행 통합은 금융업계에서 더 높은 효율과 시장 점유율을 증가하기 위한 시도이다.

다각화의 이점은 지속적으로 연구해야 할 이슈이지만, 대부분의 관찰자들은 일반적으로 사업이 서로 관련이 있거나 유사한 분야인 경우 집중형 다각화 전략을 조직이 구사하면 더 좋다는 점에 동의하고 있다. 반면에 두 회사가 서로 차이가 있을 경우에 그들의 사업은 상보적이다.

❖ 사업 전략

최고경영팀과 이사회가 기업 전략 결정을 하면 임원은 각 사업 분야에서 그들을 어떻게 경쟁시킬 것인가를 결정해야 한다. **사업 전략**(business strategy)은 사업이 특정 산업 혹은 시장에서 경쟁하기 위해 필요한 주요 활동을 말한다. 경쟁우위는 보통 **저가 전략**(low- cost strategy)과 **차별화 전략**(differentiation strategy)의 두 가지로 달성한다.

첫째, 월마트(Wal-Mart)나 사우스 웨스트 에어라인(Southwest Airlines)과 같은 기업들은 **저가 전략**을 통해 경쟁우위를 추구하였다. 저가 전략을 사용하는 기업은 효율적이고 표준적인 제품을 공급하려고 시도한다. 저가 전략은 생산 및 유통에서 규모의 경제의 이점을 활용하려고 노력한다. 많은 경우에 큰 규모는 그들의 제품과 서비스를 낮은 가격으로 판매할 수 있어 높은 시장 점유율과 양적 팽창으로 인해 궁극적인 이윤을 가져다준다. 성공하기 위해 이 전략을 사용하는 기업은 산업 혹은 시장 부문에서 가격 선두가 되어야 한다. 그러나 가격 선두일지라도 경쟁 제품과 비교하여 인정할 만한 제품을 고객에게 제공해야 한다.

둘째로, 조직은 차별화 전략을 추구할 수 있다. **차별화 전략**(differentiation strategy)은 제조업체가 특정 시장에서 강한 정체성을 확립하기 위하여 사용하는 마케팅 전략의 하나로 세분화 전략이라고도 한다. 차별화 전략을 사용하여 제조업체는 같은 특정 상품군의 상표에 대한 다양한 상품을 소개하여 그 상품 종류에 가용한 상품들을 커버하게 된다. 예를 들어, 일반참치, 고추참치, 짜장참치, 어린이용 참치 등을 같은 상표로 일관되게 광고하는 것이다. 이러한 차별화 전략은 같은 종류의 상품을 생산하는 경쟁기업의 경쟁을 배격할 수 있는 전략이 된다. 그러나 이 전략은 광고비가 많이 드는 것으로, 각각의 세분화 시장에 개별적 마케팅 전략이 필요한데, 각 제품이 독립적으로 광고되어야 하기 때문이다.

❖ 직능 전략

전략 공식화의 마지막 단계는 직능 전략이다. **직능 전략**(functional strategy)은 조직의 사업 전략을 지원하기 위해 조직의 직능 영역에서 수행하는 전략으로, 전형적인 직능 영역은 생산, 인적자원, 마케팅, 연구조사 및 개발, 재무 및 유통 분야이다. 예를 들어, 어느 기업의 확장 계획에는 창의적 과정과 관련된 훈련과 다른 활동을 포함하는 직능 전략에 초점을 맞추는 것이 포함되어 있다.

직능 전략은 전형적으로 사업 전략에 책임이 있는 임원의 조언과 승인으로 직능 분야 임원이 함께 참여한다. 수석 전략결정권자는 각 주요 부서가 조직의 사업전략과 일관된 방법으로 운영되는 것을 보장하기 위해 직능 전략을 검토한다.

5) 5단계: 전략 실행

임의의 계획에서와 마찬가지로, 적절한 전략을 공식화하는 것만으로는 충분하지 않다. 전략 경영자는 또한 새로운 전략을 효과적이고 효율적으로 실행하는 것을 보장해야 한다. 현명한 기법과 좋은 계획이 성공을 보장해주지 않는다.

첫째, 조직은 보다 광범위하게 실행 계획을 채택해야 한다. 전략은 적절한 조직구조, 기술, 인적자원, 보상체계, 정보체계, 조직문화, 리더십 스타일과 관련된 결정으로 뒷받침되어야 한다. 조직의 전략이 외부 환경과 조화를 이루어야 하는 것과 같이 실행에 책임이 있는 복수의 요소들과 조화를 이루어야 한다.

둘째로, 많은 조직들은 실행을 위해 보다 참여적인 전략 관리 과정으로 확장된다. 모든 수준의 관리자가 전략 공식화에 참여하고 새로운 전략을 실행하는 수단을 식별하고 집행한다. 수석 임원은 여전히 전반적인 실행 과정을 조율해야 하지만, 모든 수준의 관리자가 더 큰 책임과 권한을 가지고 전략을 실행한다. 일반적으로 전략 실행은 4단계가 포함된다.

❖ 1단계: 전략 과업을 정의한다.

경쟁우위를 창조하거나 유지하기 위해 특정 과업에서 수행해야 할 과업을 간단한 언어로 분명히 표현한다. 종업원이 조직에 어떻게 기여하는지에 대한 이해를 돕기 위해 전략 과업을 정의한다. 전략 과업은 또한 조직 부문 간의 관계를 재정립할 수 있다.

❖ 2단계: 조직의 역량을 평가한다.

전략 과업을 수행할 조직의 역량을 평가한다. 전형적으로 특수집단(태스크 포스)이 효과적인 실행을 돕거나 방해하는 특정 이슈를 식별하기 위해 종업원과 관리자를 면접한다. 그 결과를 최고경영자에게 요약하여 보고한다.

❖ 3단계: 실행의제(어젠다)를 개발한다.

경영자는 관리 패턴을 어떻게 변경하고, 주요한 상호의존 관계를 어떻게 관리하고, 핵심 역할에 어떤 기술과 인원이 필요하고, 구조, 척도, 정보 및 보상이 궁극적으로 어떻게 특정 행동을 지원하는지를 결정한다. 가치 관점에서 의사소통되는 경영 철학에 대한 기술이 이 과정의 자연적인 산출물이다.

❖ 4단계: 계획을 실행한다.

최고 경영팀, 종업원 특별 전담조직(task force) 및 다른 사람들이 실행 계획을 개발한다. 최고 경영팀은 경과를 추적 관찰한다. 종업원 특별전담조직은 조직의 다른 사람들이 변화에 어떻게 대응하는지에 대해 피드백을 제공할 책임이 있다.

이 과정은 비록 직접적이지만, 언제나 순조로운 것은 아니다. 표 4.4는 전략 실행을 저해하는 6가지 장애요소와 이러한 장애요소를 극복하는 데 필요한 몇 가지 핵심 원칙을 제공하고 있다. 전략 실행을 저해하는 6가지 장애요소에는 (1)하향식 관리 스타일 (2)불명확한 전략과 우선순위의 갈등 (3)비효과적인 최고 경영팀 (4)불량한 수직적 의사소통 (5)직능, 사업, 혹은 경계 간의 불량한 조정 (6)부적절한 관료제적 리더십 기술과 개발 등이 포함된다.

전략 실행하는 과정을 면밀히 살펴 임원, 관리자, 종업원은 전략 계획이 실제로 수행되는 것을 보장하는 데 있어 중요한 역할을 담당할 수 있다.

표 4.3 전략실행을 저해하는 6가지 장애요소

전략 실행 장애요소	전략 실행 장해요소 관리 원칙
하향식(자유방임형) 관리 스타일	최고 경영팀과 하위수준에서 CEO/일반 관리자가 사업 방향을 개발하고, 조직의 전후사정을 가능하게 하도록 하고, 개인과 팀이 명확하게 책임을 지도록 권한을 위임한다.
불명확한 전략과 우선순위의 갈등	최고경영팀이 하나의 그룹으로서 전략기술서를 개발하고, 요원들이 기꺼이 수용할 수 있는 우선순위를 정한다.
비효과적인 최고경영팀	최고경영팀이 하나의 그룹으로서 효과성을 시험하고 개발할 수 있도록 변경 과정의 모든 단계에 관여한다
불량한 수직적 의사소통	새로운 전략과 이를 실행하는 데 있어서의 장벽을 정직하고 사실에 기초한 대화로 하위 수준과 소통한다.
직능, 사업, 혹은 경계 간의 불량한 조정	전략을 실행하기 위해 올바른 사람들이 올바른 방법으로 올바른 일에 공동으로 작업하는 데 필요한 일련의 사업 전반에 걸친 주도권과 새로운 조직 역할과 책임을 정의한다
부적절한 관료제적 리더십 기술 및 개발	하위 수준의 관리자가 변화를 유도하고, 핵심 사업 주도권을 행사하도록 새롭게 만들어진 기회를 통해 기술을 개발한다. 이들은 적시 지도, 훈련, 선별 채용으로 지원한다. 필요한 수준에 이르지 못하면 교체해야 한다.

6) 6단계: 전략 통제

전략 관리 과정의 마지막 요소는 전략 통제이다. 조직의 전략과 관련한 조직의 진척사항을 평가하고 불일치가 존재할 때 수정작용을 하는 데 관리자를 지원하는 **전략통제체계**(strategic control system)를 설계해야 한다. 전략통제 체계는 계획과 일치하는 효율적인 운영을 격려하는 한편, 변화 조건에 적응할 수 있도록 융통성이 있어야 한다. 모든 통제체계에서와 마찬가지로 조직은 경과를 검사하는 성과지표, 정보체계 및 특수 기제(메커니즘)을 개발해야 한다.

대부분의 전략통제체계는 주요 재무 경비를 모니터하고 통제하는 데 필요한 몇 가지 종류의 예산이 포함된다. 통제시스템의 두 가지 책임은 효율성과 융통성이다. 이는 종종 예산과 관련하여 모순처럼 들린다. 예산은 보통 지출의 한계를 설정하지만 변경, 조정 혹은 혁신은 회계기간 동안에 다른 재정적인 책무를 필요로 한다. 이러한 딜레마를 해결하기 위해 일부 기업에서는 목표-전략-전술(OST) 체계로 전략 예산과 운영 예산이라는 두 가지 별개의 예산으로 대응한다. 전략 예산은 장기적인 효과성을 창출하고 유지하는 데 사용되며, 운영 예산은 단기 효율성을 달성하도록 엄중히 감시해야 한다.

토의 문제 및 활동

1. GE의 최연소 경영자로 GE를 세계 최고의 기업으로 성장시킨 잭 웰치(Jack Welch)는 "당신의 운명을 관리하라. 그렇지 않으면 다른 누군가가 할 것이다"라고 하였다. 전략경영적 관점에서 이 말이 의도하는 바는 무엇인가? 특히"그렇지 않으면 다른 누군가가 할 것이다"라는 바가 의미하는 바를 잭 웰치의 리더십과 관련하여 설명해보라.

2. 전략계획, 운영계획, 전술계획의 차이점을 말하고 조직에서 이들 3가지 계획의 상보적인 연계에 대하여 설명하라.

3. 전략계획과 운영계획을 연결하는 한 가지 방법인 균형성과기록표의 작동방법을 기술하라.

4. 전략 실행에서 핵심 도전과제는 무엇인가? 전략 실행을 방해하는 장애물은 무엇인가?

5. GM, 포드, 크라이슬러와 같은 세계 유수 자동차 회사의 핵심역량이 무엇인지를 말하고, 현대와 같은 국내 자동차 회사가 이들과 경쟁하기 위하여 보완해야 할 핵심역량이 무엇이라고 생각하는지 발표하라.

6. 대부분의 조직이 기회와 강점을 조화시키는 전략을 개발하지 않는 이유를 말해보자.

7. 대부분의 조직이 기회와 약점을 조화시키는 전략을 개발하지 않는 이유를 말해보자.

8. 대부분의 조직이 강한 위치에서 거래하고자 하는 이유를 말하라.

9. 새로운 전략을 선택하는 데 영향을 주는 회사의 핵심 강 · 약점이 무엇인가?

10. SWOT분석과 전략 공식화를 예를 들어 설명하라.

11. 학습한 계획화의 기본 절차에 따라 당신의 향후 10년의 미래를 계획하여 발표하라.

12. 조직의 계획화과정에 영향을 끼칠 수 있는 여러 요소를 열거하고, 이들 각 요소들이 대규모 및 소규모 조직에서 끼치는 영향의 차이점을 말하라

05 Chapter 윤리 및 기업의 책임

개요 및 학습목표

기업은 스스로 혼자 성장하거나 발전할 수 없고 기업의 고객인 사회와 더불어 성장해야 한다. 따라서 윤리와 관계되는 의사결정은 기업의 이익과 사회의 이익을 동시에 고려하여야 한다.

이러한 관점에서 기업윤리란 개인의 도덕적 가치관을 윤리와 관련된 기업 활동과 목표에 적용시키는 원리 또는 기술이라고 정의할 수 있다. 흔히 경영자들은 기업윤리에 관한 의사결정을 할 때 자기이익 모델을 이용한다. 그러나 기업은 특정 개인의 소유물이 아니라 사회적인 존재이므로 기업이 존속하고 성장하려면 사회이익 모델을 동시에 고려하여야 한다.

이러한 내용을 종합하여 기업 윤리학은 '기업 활동과 관련되지만 상충되는 복잡한 도덕적인 문제들을 검토하고 해결하기 위하여 윤리적 원칙을 적용하는 학문'이라고 할 수 있다. 즉 기업 윤리학에서는 기업 활동에 있어서 무엇이 옳고 그른지, 무엇이 좋고 나쁜지를 따져서 윤리적 해결방안을 모색한다. 단 그 해결방안은 관점에 따라서 여러 가지가 있을 수 있으므로 기업 활동의 복잡한 도덕적 문제에 대하여 논리적이면서도 윤리적 추론이 반드시 필요하다.

많은 의사결정에서 당신은 윤리적인 딜레마(진퇴양난)에 빠지게 되며, 올바른 일을 하는 것이 무엇인지도 분명하지 않다. 이 장에서는 윤리와 기업의 사회적 책임을 논의한다. 기업의 사회적 책임을 둘러싼 중요한 이슈가 무엇인지를 이해하여야 한다.

이 장을 학습한 후에 여러분은 다양한 윤리적 관점이 어떻게 의사결정을 이끄는지를 알게 될 것이다. 회사가 윤리 환경에 어떻게 영향을 미치는지를 이해할 수 있을 것이며, 당신이 윤리적 문제에 직면할 때 선택할 수 있는 선택권이 무엇인지를 알게 될 것이다. 또한 정치적, 사회적 환경이 당신 조직의 지위와 정당성에 어떻게 영향을 미치는지를 알게 될 것이다. 특히 기업들이 정치적, 사회적 환경을 관리하는데 사용되는 전략을 알게 될 것이며, 여러분은 우리의 자연 환경에서 경영자의 역할을 알게 될 것이다.

5.1 윤리

윤리의 목적은 사람들의 행동을 지배하는 규칙과 추구할 만한 가치가 있는 "제품" 모두를 식별하는 것이다. 윤리적인 결정은 개인의 근본적인 가치에 의해 유도된다. 가치는 "돌봄, 정직, 약속준수, 우월함의 추구, 충성심, 공정성, 완전성, 타인에 대한 존경심, 책임감 있는 시민의식"과 같은 행동 원리이다. 대부분의 사람들은 이러한 모든 가치들을 행동에 관한 존경할 만한 지침이라고 동의한다. 그러나 하나의 가치가 다른 가치를 무효로 할 때 윤리는 더 복잡한 이슈가 된다. 윤리는 가치의 순서를 지배하는 규칙의 체계이다.

윤리적인 이슈는 개인이 선악으로 평가해야 할 여러 행동 가운데 선택해야 하는 상황, 문제 혹은 기회이다. 윤리적인 이슈는 모든 일상사에서 발생한다. 여기서 우리는 특히 기업적인 윤리에 관심을 갖는다. 기업 윤리는 기업 세계에서 행동을 유도하는 도덕적인 원리와 표준으로 이루어진다.

1) 윤리 체계

윤리학은 사람들이 무엇이 옳고 그른지를 결정하는 데 사용되는 원리, 규칙 및 가치를 말한다. 이는 추상적으로 간단한 정의이지만, 종종 실제 선택에 직면할 때에는 매우 복잡하고 어렵다. 무엇이 옳고 그른지를 당신은 어떻게 결정하는가? 당신은 당신이 적용할 기준이 무엇이며, 그것들을 어떻게 적용하는지를 아는가?

윤리학자들은 하나의 지침으로서 다양한 주요 윤리 체계를 지적하고 있다. 첫째, 윤리 체계는 보편론으로 개인이 즉각적인 결과에 무관하게 정직과 같은 특정한 가치를 옹호하는 것을 말한다. 중요한 가치는 사회가 작동하는 데 필요한 것들이다. 예를 들어, 사람들은 언제나 정직해야 한다. 그렇지 않을 경우에는 의사소통이 되지 않기 때문이다. 그러나 그렇게 간단한 것은 거의 없다. 다른 윤리 체계를 기술하기 전에 다음과 같은 예를 고려하고, 당신 혹은 타인들이 그것을 어떻게 해결하는지를 생각해야 한다. 당신이 해야 하는 무엇을 타인들이 반드시 해야 할 필요는 없다는 것을 기억해야 한다. 그리고 사람들이 말하고자 하는 것, 희망, 혹은 생각이 무엇이건 간에 그들이 하는 것은 종종 실제 상황의 압력과 요구사항에 직면할 때 그들이 진정으로 하고자 하는 것과 다르다. 이 시나리오와 동일하게 행동하는 사람은 아무도 없다. 각기 다른 개인들은 각기 다른 윤리학을 적용하게 된다. 다음과 같은 각각의 윤리학과 그들이 직면한 상황으로 이끌 행동을 고려해 보자.

❖ 목적론

목적론(teleology)은 행동이 바람직한 결과를 만들어낼 경우에 도덕적으로 옳거나 수용할 만한 행동을 생각한다. 그 결과는 쾌락, 개인적인 성장, 돈, 지식, 혹은 타인의 사리사욕을 포함하는 사람들이 바라는 무엇일 수 있다. 핵심 기준은 행동의 결과이므로 목적론은 결과주의라고 한다.

두 가지 유형의 목적론은 이기주의와 공리주의이다. **이기주의**(egoism)는 도덕설의 하나로 자기만의 이익을 중심에 두고, 다른 사람이나 사회의 이익은 고려하지 않는 입장을 말한다. 개인주의와 결부되는 것이다. 이기주의는 개인의 결과를 극대화하는 허용 가능한 행동을 정의하는 윤리 시스템이다. 그렇지만 이기주의자 중에는 타인의 이익을 도모하는 것을 수단으로 하여 그 목적을 달성할 수도 있다. 요컨대, 목적은 자기이고 타인은 수단으로 작용할 뿐인 것이다.

공리주의(utilitarianism) 또한 결과에 관심을 갖는다. 그러나 이기주의와 달리 공리주의는 가치판단의 기준을 효용과 행복에 두어 최대 다수의 최대 행복 실현을 윤리적 행위의 목적으로 보았다. 공리주의는 최대 다수의 최대 행복(선)이 의사결정자의 최우선 관심사여야 한다고 기술되는 윤리체계이다. 공리주의적 방법은 결정에 의해 영향을 받는 사람들의 최대 이익을 달성하여 총 효용의 극대화를 추구한다.

❖ 의무론

의무론(deontology)은 개인의 권리에 초점을 맞춘다. 개인의 권리에 주의를 기울이면 모든 사람들에게 동일한 존경을 보장하게 된다. 이처럼 그들이 한 집단에게 심각하게 정의롭지 못하게 행동하는 경우, 많은 집단에 대해 공익을 극대화하는 행위를 거부하게 된다. 반대로 공리주의는 전체 결과를 극대화한다는 정신에서 그러한 행동을 용인하게 된다. 공리주의는 보다 더 결과에 집중하는 반면 의무론은 보다 더 수단에 집중하게 된다.

요약하면 의무론은 옳음을 결정하는 법칙에 따라 행동하는 것이 인간의 당연한 의무이고 선이라는 것이다. 의무는 도덕 법칙에 대한 존중, 법칙에 따라야 할 필연성을 의미한다. 그래서 의무론적 윤리설에서 제기하는 근본적인 문제는 시대나 지역을 초월하여 어디서나 타당한 행위의 법칙이 무엇이냐 하는 것이다.

❖ 상대주의

상대주의(relativism)는 절대로 올바른 진리란 있을 수 없고 올바른 것은 그것을 정하는 기준에 의해 정해지는 것이라는 주의이다. 상대주의는 윤리적 행동을 관련된 다른 사람의 의견과 행동에 기초하여 정의한다. 이 관점은 다른 윤리적 관점의 존재를 인정하고 타인의 조언, 지식의 제공, 의견에 의존한다. 전문적 체계가 준수해야 할 것을 제공하고,

의사결정자가 집단이 관점을 공유하고 결론을 유도하도록 회합시킴으로써 그룹 일치를 추구한다.

❖ 덕 윤리학

윤리학은 다른 유형의 규칙과 추론을 적용한다. **덕 윤리학**(virtue ethics)은 기존의 사회 규칙을 넘어서는 관점이다. 사회 규칙은 도덕의 최소한을 제공하고, 도덕적 개체주의는 믿음, 정직과 완전함과 같은 그들의 개인적인 도덕을 적용하여 규칙을 초월할 수 있다. 덕은 사전적 의미로 "윤리적 도덕적 이상이나 법칙을 좇아 의지나 선을 실현할 수 있는 인격적 능력"으로, 철학이나 종교의 핵심과제이다. 고대 그리스 이래 중세를 거쳐 근세 초기에 이르기까지 윤리학설의 중심을 이루어 왔던 것이 '덕(arete, virtus)'이다. 원래 동물이 갖는 기능의 선함을 의미하는 것으로 말에 있어서 빨리 달릴 수 있거나 무거운 짐을 운반할 수 있는 것, 또는 칼에 있어서 잘 드는 것이 각각 그 '선함(=탁월성)'인 것처럼 인간에게 있어서는 정의를 수호하고 절제를 유지하는 것이 덕이라고 하였다. 소크라테스(Sokrates)는 덕을 '혼의 선'으로서 규정함으로써 '덕은 지(知)'라는 주지주의(主知主義)적인 입장을 취하였으며, 플라톤(Piaton)은 그 지혜(sophia)를 포함하여 정의(dikaiosyne), 용기(andreia)와 절제(sophrosyne)의 4가지 덕을 주요한 덕으로 하였다. 또한 아리스토텔레스(Aristoteles)에 있어서는 지혜와 기술(techne), 실천지(實踐知, phronesis) 등의 지성적 덕과 정의, 용기, 절제 등의 성격적 덕(ethikearete)을 구별하고, 후자에 관하여 "행위와 감정에 관계하는 선택에 따른 성향이며, 실천지를 갖는 사람의 분별에 적합한 중용성이다"라고 하는 규정을 하였다. 중세에 들어서도 덕목은 신앙(fides), 희망(spes), 사랑(Charitas)으로 바뀌었지만 그 기본적인 틀은 변하지 않았다.

최근 영미에서 그 부활의 움직임이 현저한 덕 윤리학(virtue ethics)은 근대 이후의 도덕학설이 의무론이든 공리론이든 모두 행위를 중심으로 각각 그것이 따르는 규범의 적합 여부나 그 결과의 선악을 문제로 해 온 것에 대해, 행위자의 성격 즉 '덕'을 윤리학의 기초로 재평가하고자 하는 안스콤(Elizabeth Anscombe)과 풋(Philippa Foot) 이래의 움직임에서 시작되었다. 이것은 또한 '행위자 중심의 윤리(Agent-centered Ethics)'라고 하는 경우가 있다. 또한 이것과 연동하여 칸트(Immanuel Kant)에서 시작된 보편적인 의무로서의 도덕(morality)의 편협성을 비판하고 행위자의 삶의 방식의 양식으로서 윤리(ethics)를 구별하는 견해(B. Williams)나 가치의 인지 조건으로서 코드화되지 않는 규칙에 따르는 방법으로서 덕을 재평가하는 견해(J. McDowell이나 D. Wiggins), 또는 재(財, commodity)의 분배가 아니라 여러 능력(capabilities)을 발휘할 수 있는 기회의 분배를 중시하는 견해(M. Nussbaum), 또는 원자화된 개인의 추상적인 규범에 대한 종속을 비판하고 공동체에 기인한 윤리의 제창(A. Mclntyre나 C. Taylor) 등 다양한 입장이 있다. 이것들은 모두 아리스토텔레스의 윤리학에 그 발상의 원천을 두고 있어 네오 아리스토텔리즘이라고도 한다.

이상에서 살펴본 주요 윤리 시스템은 사업에서 개인의 도덕적 선택과 기업의 윤리적 결정의 기초가 된다.

2) 기업 윤리

내부자 거래, 불법 비자금, 뇌물수수, 유명한 법정 소송 사건, 기타 추문 등과 같은 기업 총수들의 개인적인 이득을 위한 부도덕한 행위들이 도마에 오르고 있다. 최근 전문가들의 연구조사에 의하면 기업의 최고 경영자들은 사업 관행에서 윤리적인 표준을 유지하고 있다고 믿는 반면에, 많은 관리자와 그들이 조직에서는 종종 윤리적인 딜레마에 빠지며 그 이슈도 점점 더 복잡해지고 있다. 예를 들어 많은 사람들은 작업장에서 정신적인 부활을 추구한다. 일부는 더 넓은 종교적 지각을 반영하고 있는 반면에 다른 사람들은 이러한 경향이 교회와 중역 회의실을 분리하고 자유를 침해한다고 주장한다. 표 5.1과 표 5.2는 기업의 윤리적인 딜레마의 몇 가지 중요한 예를 보여주고 있다. 예술성과 관련한 장악력, 브랜드, CEO 급여, 대학에서의 상업주의 만연, 유전자 변형 식물, 국제화, 정치, 무분별한 도시 확산 현상, 노동력 착취, 임금 등에 관한 이슈에서 기업은 윤리적인 딜레마에 빠지고 있다.

기업인들이 얼마나 윤리적인지를 생각해 보기 바란다. 의견은 서로 다를 수 있다.

3) 윤리 환경

윤리는 사회 혹은 개인의 개발 혹은 덕망으로 규정지을 수 없다. 윤리는 또한 기업의 직업 환경에 의해 영향을 받는다. 조직의 윤리적인 풍토는 선악의 토대에서 평가하고 이루어지는 결정 과정이다. 사람들이 도덕적인 기준에 의해 판단할 때 그 사람은 왜 그런 일을 하지? 좋은 동기에서 하는가? 혹은 나쁜 동기에서 하는가? 믿음을 얻을까? 비난을 받을까? 그의 책임일까? 혹은 다른 사람의 책임일까? 등의 질문을 하게 된다. 종종 비윤리적인 행동의 책임은 정확하게 그를 어긴 개인에게 있지만 또한 작업 환경이 심대하게 영향을 끼친다.

비도적적, 비윤리적 행동을 하는 경우의 책임에 대해서 생각해 보기로 하자. 비윤리적인 기업의 행동은 비윤리적인 개인의 책임일 수 있지만 이는 또한 윤리적으로 허술한 회사의 문화를 나타낸다.

❖ 위험한 징후

기업에서 모든 종업원이 일관된 윤리적인 행동을 유지하기 위한 도전이 계속 진행되고 있다. 기업에서 직원들의 비윤리적인 행동을 용인하거나 심지어 격려하는 몇 가지 위험한 징후는 무엇인가? 다음 몇 가지를 포함하여 많은 요인들이 비윤리적인 행동을 조장하는 풍토를 만들고 있다. (1)장기적인 고려 대 단기적인 수익의 과도한 강조 (2)성문화한 윤리 법전 설정 실패 (3)윤리 문제에 대한 임시방편 해법 (4)재무비용을 부과할 수 있는 윤리적인 기조 유지를 원하지 않는 것 (5)윤리적인 문제를 다루는 명확한 절차 미비 (6)윤리를 단지 법적인 이슈 혹은 공공관계 도구라는 생각 (7)다른 지지층의 대가를 치르고서라도 이해관계자의 수요에 응답하는 행위 등이 그것이다.

표 5.1 몇 가지 윤리 이슈

예술성과 관련된 장악력	대학교의 만연한 상업주의	세계화
브랜드	소비지상주의	정치
CEO 급여	유전자 변형식품	저임금 노동
무분별한 도시 확산 현상	임금	불공정 갑을 관계

표 5.2 국제적인 관점에서 윤리적인 의사결정

이러한 실제 상황에서 당신이 해야 할 일이 무엇이며, 그 이유는 무엇인가?
• 당신은 건설회사의 판매 대리인이다. 당신의 회사는 특수 프로젝트를 매우 많이 얻기를 원한다. 계약을 주는 장관의 사촌이 장관은 표준 비용 외에 $20,000을 원한다고 알려주었다. 당신이 이 지불금을 주지 않으면 당신의 경쟁자가 분명히 계약을 따게 될 것이다.
• 당신은 다국적 회사의 부회장이다. 당신의 회사는 최근에 서아프리카 지역에서 만연한 해충의 피해를 효과적으로 대처할 유일한 살충제 제조회사이다. 소규모 개발도상국인 아프리카 국가의 농업상이 당신 회사의 제품을 대량으로 구매하기를 요청하였다. 당신 회사의 살충제는 매우 독성이 높으며 미국에서는 사용을 금지하고 있다. 당신은 당신 회사 제품을 사용했을 경우의 위험을 장관에게 알려주었지만, 그는 이 제품을 사용할 것이라고 주장하였으며, 이 제품을 지능적으로 사용할 것이라고 주장하였다. 당신 회사의 대표는 당신이 주문을 받을 것으로 믿고 있지만 궁극적인 결정은 당신이 해야 한다.
• 당신은 대규모 자동차 타이어 제조업자의 마케팅 관리자이다. 당신 회사의 광고 대행사는 서남아시아 시장에 새로운 타이어를 소개할 계획을 제안하였다. 당신 회사의 타이어는 정말로 좋은 타이어이지만, 제안한 광고가 기만적이다. 예를 들어, "할인 가격"은 할인할 수 있게 설정된 가상적인 양으로부터 "할인"되었으며, 타이어는 장기적인 열대 지방의 열과 습도에서 시험하지 않았다는 사실을 무시하고 가장 "반대인 조건"에서 시험된 타이어라고 주장한다. 당신의 감독자는 기만적인 광고에 관여하지 않았으며, 그들은 타이어가 새로운 시장에 매우 잘 맞는다는 것을 알게 될 것을 기대하고 있다. 당신은 광고 계획을 승인하겠는가?

❖ 기업 윤리 표준

사람들은 종종 강력한 타인의 압력 혹은 선호도에 의해 그들이 감지한 무엇을 포기하게 된다. 조직의 최고경영자가 조직원 개인들이 최선의 노력을 다해도 달성할 수 없다고 생각하고 있는 일을, 그리고 이는 그들 조직원 자신들의 가치를 희생하는 것임에도 불구하고 특정 기간에 특정한 이윤 목표를 달성하라고 요구했을 때, 그들은 이를 좋아하지 않지만 과업의 일부로서 정의하게 된다.

기업 윤리는 최고경영자의 확실한 의지와 구성원 모두의 윤리적인 행동에 대한 구체적인 추진 의사가 없으면 성공할 수 없다. 따라서 기업에서 모든 구성원들이 공통으로 인식하고 적용할 수 있는 윤리 표준이 마련되어야 한다.

❖ 윤리강령

기업의 윤리 프로그램은 보통 윤리에 관한 기업의 기대치를 연결하는 정식 윤리강령을 포함한다. 표 5.3은 기업의 윤리강령의 예를 보여주고 있다.

윤리 프로그램은 순응에 기초한 윤리강령과 성실성에 기초한 윤리강령의 두 가지 유형이 있다. **순응에 기초한 윤리강령**(compliance-based ethics)은 법을 위반하는 것을 방지하고, 탐지하고, 처벌하기 위해 기업 변호인이 설계한다. 순응에 기초한 윤리강령 프로그램은 사람들을 감시하고 통제하는 것이 증가하며, 잘못된 행위에 대해 처벌을 하게 된다. 프로그램 요소에는 법적 표준과 절차의 수립과 소통, 순응을 감시하기 위한 상위 수준의 관리자 할당, 순응을 사정하고 감시하여 범죄 행위를 보고하고, 잘못된 행위를 처벌하여 향후 위배를 방지하는 단계를 수립하는 것이 포함된다. 그러한 프로그램은 부도덕한 행위를 줄이고 기업이 법정에서 소송을 하는 것을 도울 수 있다. 그러나 윤리적인 행위에 대한 도덕적인 헌신을 만들 수는 없다. 그러한 프로그램은 단지 도덕적인 평범함을 보장할 뿐이다.

성실성에 바탕을 둔 윤리강령(integrity-based ethics)은 윤리적으로 건전한 행동을 지원하는 환경을 만들고 책임감을 강조하는 조직의 문화를 구축한다. 성실성에 기초한 윤리강령 프로그램에서는 법률에 관심을 가질 뿐만 아니라 사람들에게 윤리적인 행동에 대한 개인적인 책임감을 심어준다. 그러한 프로그램으로 기업과 사람들은 그들을 둘러싸고 있는 일련의 유도 원리를 통해 그들을 지배한다. 성실성에 기초한 윤리강령을 가진 기업들은 이들 프로그램으로 경쟁력과 핵심 이해관계자들과 더 높은 사기와 지속가능한 관계를 유지할 수 있다고 믿고 있다.

표 5.3 기업의 윤리 강령의 예

우리 ***시스템은 대한민국 IT역사 30년과 궤를 같이한 자랑스러운 IT산업의 1세대 기업이다. 우리는 이러한 긍지와 자부심을 바탕으로 윤리경영과 준법경영을 통해 고객과 파트너로부터 신뢰와 존경을 받는 진정한 기업으로 거듭나고자 한다. 이에 모든 임직원이 지켜야 할 올바른 행동과 가치판단의 기본 방향으로서 윤리강령을 제정하고 실천을 다짐한다.
하나. 우리는 '고객을 위한 가치창조'경영으로 고객으로부터 신뢰받는 기업이 된다.
하나. 우리는 모든 협력업체와 공존공영을 위해 공정거래 및 공동이익을 추구한다.
하나. 우리는 회사와 나의 건전한 도약을 위해 최선의 노력을 한다.
하나. 우리는 신의성실을 바탕으로 일을 하며 회사의 규정을 준수한다.
하나. 우리는 전문적 지식을 바탕으로 일하는 사고와 방식의 변화를 선도한다.
하나. 우리는 사회가 요구하는 책임과 역할을 존중하며, 법령을 준수하고 건전한 사회관습을 존중한다.

4) 윤리적인 의사결정

흔히 경영자들은 기업윤리에 관한 의사결정을 할 때 자기이익 모델을 이용한다. 자기이익 모델이란 (1)기업의 이기적인 활동이 가장 많은 사람에게 가장 큰 혜택을 주므로, (2)기업 활동의 목표는 이익 극대화이고, (3)법규와 업계의 관행대로 행동하되, (4)능률적으로 해야 한다는 것이 기본 개념이다.

그러나 기업은 특정 개인의 소유물이 아니라 사회적인 존재이므로 기업이 존속하고 성장하려면 사회이익 모델을 동시에 고려하여야 한다. 즉, (1)기업은 사회가 필요로 하는 서비스를 제공해야 하는데, (2)그러기 위해서는 사회가 필요로 하는 가치를 창조하고 그것을 전달하는 것을 그 목표로 삼아야 한다. (3)그리고 그 대가로 수익을 받게 되며, (4)사회와 지속적인 관계가 유지되도록 해야 한다. 단 기업은 경제적 조직이므로 적절하고 정당한 수익은 사회이익 모델의 필수조건이다.

좋은 사람들도 종종 그들 행동의 결과와 함의에 대해 면밀하게 생각하지 않기 때문에 부도덕한 행위를 저지를 때가 있다. 기업 정책은 윤리적인 의사결정을 확실히 하는데 도움이 될 수 있다. 당신은 시간적인 여유를 가지고 중요한 세부사항을 분석하여 도덕적인 본능을 드러내야 한다. 더불어 다음의 몇 가지 지침이 부적절하게 윤리를 위반하는 것을 피하고 의사결정을 하는 데 도움을 줄 수 있다.

첫째, 이슈를 명확하게 정의하여야 한다. 이슈의 맥락이 무엇인가? 누가 이해관계자에게 영향을 미쳤는가? 다양한 이해관계자들이 모든 사실을 고려하고 있는지를 물어보아라. 종종 의사 결정권자는 구성요소 모두를 끊임없이 고려하고 있어 문제를 이미 이해하고 있다고 가정하여 이 단계를 생략한다.

둘째, 상황과 관련이 있는 가치를 식별해야 한다. 모든 윤리적인 딜레마는 복수의 가치와 관련된다. 다양한 선택의 결과, 그들 중 가장 주의하는 것이 무엇이며 가장 주의를 기울이는 다른 것은 무엇인가? 윤리적인 결정 요소에 주의를 기울여 이들 가치를 분명하게 주목해야 한다.

셋째, 가장 중요한 가치를 최대로 강조하여 갈등적인 가치를 따져보고 이들이 균형을 이룰 수 있는 사양을 선택해야 한다. 이 단계에서 의사 결정권자는 어느 가치가 다른 것보다 더 중요한지를 결정해야 한다. 윤리강령과 다른 조치를 통해 그들의 가치를 분명하게 정의한 회사는 이미 가치 우선권을 명확히 했다. 가치가 불분명하거나 일관성이 없는 조직에서 가치의 균형은 더 어려운 도전이다.

넷째로, 결정을 실행해야 한다. 이 단계는 당신의 행동을 정당화하는 것이 필요하다. 이미 평가한 단기 및 장기 윤리적 결과물로 인해 당신은 더 효과적으로 이해관계자에 대한 결정을 정의할 수 있다.

당신의 기업에서 당신의 윤리 원칙에 반하는 방법으로 행동하는 경영자를 보았을 때 당신은 무엇을 할 수 있겠는가? 부도덕한 행위를 보았을 때 선택할 수 있는 방안은 외면하거나, 갈등을 피하기 위해 동조하거나, 그만 두거나, 타협하고 부도덕한 행위를 바꾸기 위해 합의를 도출하거나 하는 등의 여러 가지가 있을 수 있다. 이들 선택권의 장단점이 무엇이며, 생각할 수 있는 다른 선택권이 있는지, 사람들이 어떤 선택권을 택할 것인지를 고려하여 당신은 생각하고 의사결정을 해야 한다.

5.2 기업의 사회적 책임(CSR)

1970년대 이후로 정치적, 사회적 환경이 공해방지, 에너지와 천연자원의 보존, 소비자와 노동자 보호 등의 여러 이슈에 관심을 더 기울이게 되었다. 또한 일반인들도 이러한 이슈를 강조하고 기업이 이들을 어떻게 대응하는가에 대하여 논쟁하였다. 이러한 논쟁은 기업의 사회적 책임에 초점을 맞추었다. **기업의 사회적 책임**(corporate social responsibility)을 약어로 CSR이라고 하는데, 기업이 지속적으로 존속하기 위한 이윤 추구 활동 이

외에 법령과 윤리를 준수하고, 기업의 이해 관계자 요구에 적절히 대응함으로써 사회에 긍정적 영향을 미치는 책임 있는 활동을 말한다. 오늘날에는 기업의 성장과 발전이 사회나 국가 경제 발전과 경제 사회의 구조를 규정할 수 있을 만큼 대규모화되고 있다. 따라서 기업의 활동은 사회적으로 큰 영향을 미치며, 이로 인해 기업의 사회적 위치가 커지고 그만큼 기업에게 요구되는 사회적 책임도 커지게 되었다.

기업 이미지를 높이기 위해 독거노인 도시락 배달, 무료급식 등 흔히 불우이웃 돕기 사업들이 대부분이 우리나라 기업들이 지고 있는 사회적 책임이다. 하지만 기업의 이미지를 높이는 것에만 급급해서 실제로는 마음에도 없는 봉사활동을 기업 사원들에게 강요하는 일이 생겼고, 내용 없는 행사에 참여한 사람들이 피해를 보는 일까지 생기기 시작했다. 대기업들이 기부를 많이 하고 이러한 사회공헌 사업들을 꽤 많이 해 왔지만 오히려 사람들은 여전히 기업이 사회적 책임을 다하지 않는다고 말한다. 기업의 사회적 책임이라는 것은 이런 불우이웃 돕기와 많은 돈을 기부하는 1차원적인 책임이 아니기 때문에 당연히 외면 받을 수밖에 없는 것이다. 더불어 그 1차원적인 책임방식도 가식적이거나 성의가 없는 경우가 많았다.

기업의 사회적 책임에 대한 것은 어제 오늘 이야기가 아니었지만 진정한 기업의 사회적 책임 즉, CSR경영을 실행하고 있는 건 최근 들어서다. 흔히 **CSR(Corporate Social Responsibility)** 경영이라고 불리는 기업의 사회적 책임은 일반적으로 알고 있는 단순한 기업 봉사활동이 아니다. 기부라고 하는 1회성 사업뿐만 아니라 지속가능한 사업으로서 기업의 또 다른 투자로 CSR경영을 이용할 때 장기적으로 기업이 살아남을 수 있다. CSR경영을 통해 감소하는 소비를 자극하기 위한 하나의 전략일 수 있는데, 기업, 소비자, 환경 등 사회 전반적인 면에서 상생전략이기 때문에 기업들은 자신들의 사회적 책임을 기꺼이 질 수 있는 것이다. 그러므로 CSR경영을 단순한 윤리경영, 봉사활동 차원에서 보는 것이 아니라 환경을 생각하여 친환경적인 재료로 제품을 생산하고, 지속적인 성장으로 일자리를 창출하는 등 전반적으로 사회가 원활하게 잘 돌아갈 수 있도록 기여하는 것이 진정한 CSR경영 즉, 기업의 사회적 책임이라고 할 수 있다.

CSR은 각국의 경제 · 사회 상황이 서로 상이하고 각 기업마다 사회적 책임에 대한 인식 차이가 존재해 국제적으로 통일된 정의는 없다. 기업의 사회적 책임은 사업상의 사회에 대한 의무이다. 사회적으로 책임있는 기업은 사회에 미치는 긍정적인 영향을 극대화하고 부정적인 영향을 최소화한다. 기업의 사회적 책임을 보다 상세하게 분류화하면 그림 5.1과 같이 일반적으로 4단계로 구분된다.

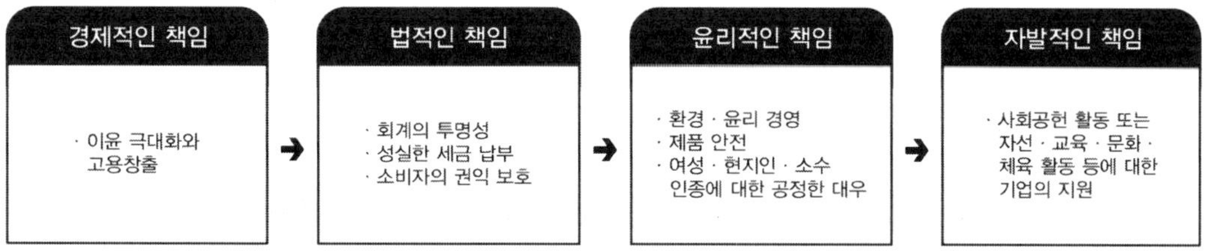

그림 5.1 기업의 사회적 책임

제1단계는 기업의 **경제적 책임**(economic responsibility)으로 기업의 경제적 책임은 기업을 영속시키는 가격으로 사회가 원하는 재화와 서비스를 생산하고 투자자에 대한 의무를 충족시키는 것이다. 이윤 극대화와 고용 창출 등의 예를 들 수 있다.

제2단계는 **법적 책임**(legal responsibility)으로 기업의 법적 책임은 지방정부, 국가 및 관련 국제법을 따르는 것이다. 법은 옳고 그름에 대한 사회의 규범이다. 경기 규칙에 따라 경기한다. 회계의 투명성, 성실한 세금 납부, 소비자의 권익 보호 등의 예를 들 수 있다.

제3단계는 **윤리적 책임**(ethical responsibility)으로 기업의 윤리적 책임은 법으로 성문화되지 않은 다른 사회적 기대를 충족하는 것을 포함한다. 이와 같이 윤리가 사회적 책임의 하나의 기준(차원)이다. 윤리적이어야 한다. 옳고, 정의롭고, 공정한 일을 할 의무가 있다. 환경 · 윤리 경영, 제품 안전, 여성 · 현지인 · 소수 인종에 대한 공정한 대우 등의 예를 들 수 있다.

제4단계는 **자발적 책임**(voluntary responsibilities)으로 기업의 자발적 책임은 사회가 바람직하다고 생각하는 추가적인 행동과 활동이며, 사업 지원의 가치이다. 좋은 기업 시민이 되어야 한다. 지역사회(공동체)에 자원을 기부해야 한다. 삶의 질을 향상시킨다. 사회 공헌 활동 또는 자선 · 교육 · 문화 · 체육 활동 등에 대한 기업의 지원 등의 예를 들 수 있다.

❖ ISO 26000

국제표준화기구(ISO)가 2010년 11월 1일 발표한 기업의 사회적 책임(CSR : corporate social responsibility)에 대한 국제표준이다. 이는 사회의 모든 조직이나 기업이 의사결정 및 활동 등을 할 때 소속된 사회에 이익이 될 수 있도록 하는 책임을 규정한 것이다. 구체적으로 산업계, 정부, 소비자, 노동계, 비정부기구(NGO) 등 7개 경제주체를 대상으로 지배구조, 인권, 노동관행, 환경, 공정거래, 소비자 이슈, 공동체 참여 및 개발 등 7대 의제를 사회적 책임 이슈로 규정하고, 이에 대한 실행지침과 권고사항 등을 담고 있다. 2005년부터 5년간 추진돼 온 이 기준은 2010년 9월 77개 참여국을 대상으로 실시한 투표에서 93%의 찬성을 얻어 국제표준으로 최종 결정된 바 있다.

1) 기업의 사회적 책임

기업의 사회적 책임(social responsibility of business)이란 기업의 의사결정에 있어서 단순한 이윤 원칙만을 결정기준으로 하지 않고, 사회복지를 결정기준의 하나로 삼는 일을 말한다. 보통 사회적 책임의 구체적 내용으로서 ①공해방지 · 환경개선 ②지역사회 주민의 복지에의 협력 ③국민사회 복지에의 공헌 ④소비자 이익의 보호 ⑤종업원의 복지나 생활하는 보람에 대한 요구충족 등을 들 수 있다. 기업의 의사결정은 경영목적이나 경영전략을 결정하는 목적결정과 실행하기 위한 수단을 선택하는 수단결정으로 나눌 수 있는데, 사회적 책임은 목적결정과 수단결정의 쌍방에 관련된다는 사실에 주의할 필요가 있다. 목적결정의 면에서 기업이 다만 경제적 목적만을 추구하는 데 그치지 않고 비경제적 목적으로서 사회적 책임의 목적을 설정하고 이를 위한 사회적 전략으로서 공해방지계획, 이익환원계획이나 사회시장계획을 결정해 갈 것을 사회적 책임은 요구한다. 수단결정의 면에서는 선택되는 수단이 인간가치나 사회가치에 미치는 영향을 고려할 것을 사회적 책임은 요구한다. 노동강화나 노동조건의 악화에 의한 능률의 향상, 소비자를 기만하는 광고나 가격정책, 정치가에 대한 뇌물공작에 의한 판로의 획득 등은 목적을 위해서는 수단을 가리지 않는 일이며 경영의 사회적 책임에 위배되는 행위이다.

거시적인 국민경제의 관점에서 기업의 사회적 책임의 근거로서는 ①독점 또는 과점의 진전에 따른 시장의 자동조절력의 약화 즉, 시장의 불완전성이 노동자 · 소비자 · 기업 사이의 이해의 자연 예정적인 조화를 크게 저해하고 있다는 시장불완전설 ②기업의 이윤추구에 의하여 생기는 외부불경제(예를 들면, 공해)를 기업의 사회적 비용으로 파악하여 기업의 비용에 내부화하는 것이 필요하다고 하는 외부불경제설 ③기업의 경제활동은 모든 사람에 대하여 최저복지기준을 확보하도록 운영되지 않으면 안 된다고 하는 시빌 미니멈(civil minimum)설 등이 있다. 미시적 경제의 입장에서 기업의 사회적 책임을 설명하는 근거로서는 개방체계(open system)론이 있다. 기업은 개방체계로서 환경으로부터 원료 · 자금 · 정보 등을 투입요소로 받아들이고 그것을 제품이나 서비스로 전환하여 산출하여 환경에 제공하고 있다. 투입과 산출에 의해 기업 시스템과 환경은 상호작용의 관계에 있다. 가령, 환경 속에서 성장하고 교육받은 사람이 기업에 투입되므로 사회의 교육 · 연구 환경이나 위생 · 의료 환경 등이 기업인재의 육체적 정신적 질을 결정한다. 사회 또는 업계의 기술혁신의 수준은 정보로서 기업에 투입되어 기업의 기술수준을 결정짓는다. 이와 같이 기업과 환경 간에 상호작용이 있기 때문에 기업의 존속을 위해서는 환경에 대한 사회적 책임을 기업이 짊어져야 하는 것이다.

2) 대조적인 견해

어떤 원칙이 관리 책임을 이끌어야 하는지에 대한 두 가지 기본적이고 대조적인 견해는 공통적이다. 첫 번째 견해는 경영자가 주주의 대리인 역할을 하며, 회사의 현재 가치를 극대화하는 것이 의무라고 생각한다. 이 자본주의는 국부론의 저자인 아담 스미스의 초기 저작과 광범위하게 관련이 있으며, 보다 최근에는 프리드먼과 관련이 있다. 그의 유명한 격언에 의하면 기업의 사회적 책임은 이윤을 증대시키는 것이다. 프리드먼은 그러한 조치가 이윤을 증대시키기 위한 것이라면 조직들이 삶의 질을 향상시키는데 도움이 될 수 있다고 주장한다. 일부 사람들은 프리드먼이 사업 윤리의 적이라고 생각하지만, 그의 입장은 윤리적이었다. 그는 선출되지 않은 사업 리더들이 사회를 위해 무엇을 할 것인지를 결정하는 것은 비윤리적이며, 그들이 주요 사업 이익과 무관한 프로젝트에 주주의 돈을 소비하는 것은 비윤리적이라고 믿었다.

이것은 이익 극대화의 관점과 다른 두 번째 견해이다. 경영자는 원칙적인 도덕적 추론에 의해 동기부여 된다. 프리드만과 국부론의 추종자들은 그런 부드러운 선전에 비웃을지도 모른다. 그러나 아담 스미스는 18세기 소규모 자영농장과 공예가의 사리사욕에 이끌려 현재 우리가 살고 있는 세상과는 다른 세상에 대하여 저술하였다. 이러한 사리사욕(self-interest)은 최신 기업의 최고 경영자의 것과는 판이하게 다르다. 아담 스미스 역시 "도덕 관념론"이란 저서에서 타인에 대한 적절한 존중으로 정의되는 "동정(sympathy)"은 문명사회의 기본이라고 한 점은 매우 흥미롭다.

기업의 사회적 책임 주창자들은 조직이 수익으로 재화와 서비스의 생산을 넘어서는 광범위한 책임을 갖는다고 주장한다. 사회 구성원으로서 조직은 공동체와 더 큰 환경에 적극적이고 책임감 있게 참여해야 한다고 주장한다.

3) 화해

이익 극대화와 기업의 사회적 책임이 적대시되어 반대 정책으로 이어지곤 했다. 그러나 이제 좀 더 "윤리화"된 기업 환경에서 두 견해는 수렴될 수 있다. 현대 경제학자이자 경영학자인 Charles Handy가 말했듯이 부와 효율을 위한 "시장"은 문명에 대한 동정심(아담 스미스가 정의한)을 통해 균형을 이루어야 한다. 윤리적 행동이 옳고 더 수익성이 높다는 주장은 1980년대 탐욕스러운 10년보다 오늘날 더 일반적이다.

기업의 사회적 책임에 대한 이전의 관심은 불법행위와 이를 통제하는 방법에 집중되었다. 보다 최근에는 사회적으로 책임 있는 활동의 가능한 경쟁우위로 관심이 집중되었다. 예를 들어 최근의 연구 결과는 기업의 사회적 책임이 회사의 명성을 강화시키고, 이는 결국 그들을 보다 더 매력적인 고용주, 그리고 그들은 더 많은 지원자를 끌어들이게 되었다고 보고하고 있다. 따라서 기업의 사회적 책임은 우수한 직원을 유치하고 보유하는데 도움을 줌으로써 경쟁우위를 제공할 수 있다.

사회적으로 책임있는 활동은 조직에 다른 장기 이익을 제공할 수 있다. 회사는 그들이 사회적으로 책임이 있다면 불필요하고 비용이 많이 드는 규제를 피할 수 있다. 정직과 공정은 양심, 개인적인 명성, 회사의 대중적 이미지 및 시장 반응에 큰 배당을 줄 수 있다. 또한 사회의 문제는 기업 기회를 제공할 수 있으며, 이러한 문제를 해결하기 위한 체계적이고 강력한 노력으로부터 이익을 얻을 수 있다. 다시 말하여 좋은 것은 득이 될 수 있다.

3) 기업의 사회적 대응

기업의 사회적 책임이라는 논쟁에 기업이 어떻게 대응하는가를 **기업의 사회적 대응(corporate social responsiveness)**이라고 하는데, CSR1과 CSR2라는 약어를 분별해야 한다. CSR1(corporate social responsibility)은 원리, 철학, 혹은 신념인 반면에, CSR2(corporate social responsiveness)는 기업이 준수해야 할 절차이며 수행해야 할 행동이다. 이러한 과정과 전략은 반응적이고 방어적이며, 적응적이고 순향적이다. 표 5.4는 이러한 대응을 요약하고 있다.

대응 전략은 책임을 부정하며 방어 전략은 책임을 인정하지만 책임에 대하여 투쟁한다. 적응 전략은 책임을 수용하며 순향 전략은 책임을 예상한다.

기업의 사회적 책임과 대응은 학계와 기업계 모두에서 많은 비판을 받고 있다. 비평가들은 이러한 생각들이 기업 세계 밖에서 왔으며, 가치가 불쾌한 것으로 가득하며, 불량하게 정의되었으며, 모호하다고 비판하고 있다. 너무도 다르게 기업의 사회적 책임과 대응은 이해관계자 관리와 같은 의미를 갖지 않는다. 경영자는 사회와의 관계를 관리하지 않는다. 기업의 사회적 책임과 대응에서는 그렇게 말하고 있지만 경영자는 다수의 이해관계자와의 관계를 관리한다. 보통 말하는 그런 이해관계자 관리는 훨씬 더 직접적으로 관련되고 현실적이며 다루기 쉽다.

이해관계자 관리는 핵심 이해관계자와 서로 관련된 특정한 이슈를 고려한다. 경영자에게 이해관계자는 기업, 고용인, 주주, 고객, 공급자, 공중 이해관계자를 포함한다. 기업 이슈에는 경제적 성과, 조직 임무 혹은 목적, 경쟁 환경, 기업 법령 등이 포함된다. 고용인 이슈에는 보상 및 보답, 건강 및 지원 프로그램, 휴가, 해고 및 어필, 계약 종료 및 해고, 차별, 가족 숙박시설, 안전, 경력 계획 등이 포함된다. 주주 이슈에는 주주권, 투표권, 의사소통, 불만사항 등이 포함된다. 고객 이슈에는 의사소통, 불만사항, 제품 안전, 서비스 등이 포함된다. 공급자 이슈에는 상대적 권력, 취급 등이 포함된다. 공공 이슈에는 공중 건강 및 안전, 에너지 보존, 공공정책, 환경 이슈, 공공정책 관여, 사회적 기부, 공동체 관계 등이 포함된다. 관리적으로 관련이 있는 많은 이슈들을 이 교재의 다른 장에서 살펴볼 것이다. 인터넷을 둘러싸고 있는 몇 가지 윤리적이고 사회적인 이슈를 기술한 후에 특히 정치적 환경과 자연 환경이라는 두 가지 이슈로 우리의 관심을 되돌릴 것이다.

표 5.4 기업의 사회적 대응 방법

방법	자세 혹은 전략	성과
1. 대응	책임을 부정	필요한 것보다 적음
2. 방어	책임을 인정하나 투쟁	최소한의 필요한 것
3. 적응	책임을 수용	필요한 모든 것
4. 순향	책임을 예상	필요한 것 이상

5.3 정치적 환경

규제를 통해 정부 의사결정권자는 관리적 의사결정의 핵심 분야를 통제한다. 한편 경영자는 공공정책을 사용하여 그들의 사회적 책임을 정의하고, 또한 공공정책을 구성하고 있는 법과 규율에 영향을 줄 필요성을 인지하게 된다. 그러므로 조직은 그들의 윤리적 구조 내에서 경쟁우위와 기업 합법성이라는 두 가지 주요한 목표를 달성하기 위해 정치적 환경에 영향을 주려고 시도한다.

1) 경쟁우위

많은 경우에 기업 공동체는 정부를 적으로 간주한다. 그러나 많은 혁신적인 조직은 정부를 개인 기업 혹은 전체 기업에 관한 경쟁우위의 원천으로 인식한다. 예를 들어, 공공정책은 외국 혹은 경쟁업체가 기업으로 진입하는 것을 방지해주고 있다. 정부는 실패한 기업에 보조금을 지급하거나 세제 감면 혜택을 준다. 특허를 통해 혁신적인 제품 혹은 생산 공정 기술을 보호하고 있다. 나아가 규정은 국가의 한 지역에서 경쟁자에게 호의적이다. 기업의 생존에 이익을 주는 공공정책의 특수한 예는 무수히 많다. 정부의 대출 보증은 기업 법인의 파산 가능성을 구할 수 있으며 실행가능하고 수익성 있는 법인이 될 수 있는 기회를 줄 수 있다. 정부가 가격인하 관련법을 통해 보험을 제공한 후에야 다목적 산업이 원자력 산업에 진입할 수 있었다. 미국의 대공황이후 농부는 정부와 보조금의 수

혜자였다. 몇몇 항공사들은 정부의 도움을 받거나 생존을 위해 다양한 규제 및 법적 수단을 사용했다.

2) 기업의 정당성

공공과정과 관련된 기업의 두 번째 동기부여는 **기업의 정당성**(corporate legitimacy)을 증진시키는 것이다. 기업들은 그들의 목표, 목적 및 방법이 사회의 목표, 목적 및 방법과 일치할 정도로 합법적이다. 포괄적인 사회 시스템이 기업 지원의 원천이며, 그들의 목적을 추구할 수 있게 해주므로 기업은 사회 건설에 대한 기대와 가치에 민감하다. 이러한 기대는 사회 규범의 형태인 법과 규정으로 기업 행동에 대한 통제로 작용한다. 이러한 기대를 빈번하게 위반하면 기업은 정부의 지원을 상실하게 되고 재량권을 제한받게 된다.

기업은 가끔 자신의 존재 혹은 자신의 행동에 대한 정당성이 도전받는 위협에 직면한다. 기업은 경쟁우위를 얻기 위한 그들의 노력이 비판받거나 기업의 사회적 책임 혹은 윤리적 행동에 대한 질문을 받을 수 있다. 조직의 정당성을 지키기 위해 상대 도전자에게 하는 활동을 **영역 방어**(domain defense)라고 한다. 이는 기업이 생존하고 자유롭게 운영할 수 있도록 기업의 권리를 강화하기 위해 계획되었다. 영역 방어는 고유의 이익을 추구하기 위해 행동하는 기업이 그들의 정당성을 유지하고 고양시키기 위해 사회적 책임과 윤리적인 행동을 사용할 때 발생한다.

3) 정치적 환경에 영향을 미치기 위한 전략

경영자는 정치적 환경을 다루기 위한 일련의 전략적 선택권을 가지고 있다. 많은 기업들은 이러한 활동을 관리하는 특수부서가 있다. 기업의 공공관계 부서는 정치적, 사회적인 환경에서 핵심 사건과 추세를 감시하고, 기업에 대한 그들의 영향을 분석하고, 적절한 대응을 권고하고, 정치적인 전략을 실행한다. 성공적인 공공관계 프로그램은 기업의 신용을 고양시키고, 이슈를 적시에 그리고 적절하게 대응하게 해주며, 재정에 긍정적인 영향을 준다.

기업이나 개인 회사의 필요에 따라 공공관계 부서는 여러 가지 중요한 활동을 수행한다.

- **이슈 관리**: 중요한 사회, 정치, 경제 및 기술 개발을 식별하고 이 정보를 전략계획에 통합한다.
- **대정부 관계(중앙정부, 지자체)**: 법률 및 규정 개발을 감시하고, 그것들의 영향을 사정하고, 공공정책 과정에 영향을 끼치려고 시도한다.
- **공공관계**: 조직에 대한 정보를 매체에 전달한다.

- **국제관계**: 외국 자본과 국제 포럼에 기업 관심사를 증진시킨다.
- **투자자 및 이해관계자 관계**: 종종 투자자, 중개업자 및 기타 금융조직과 기업의 소통을 담당한다.
- **기업의 사회공헌**: 공동체(지역사회)에 대한 기업의 공헌(기부금)을 자주 조정한다.
- **기업 광고**: 대중의 인식을 높이기 위해 종종 제품과 관련이 없는 광고를 통해 이미지 구축에 관여한다.

기업은 정치적인 환경을 관리하기 위해 다양한 특수 전략과 수단을 사용한다.

- **로비활동**: 로비(lobby)는 '의원 휴게실, 응접실'을 말한다. 미국에는 이익단체와 계약을 맺은 이익 대리인으로서 그 단체를 위해 정치 공작을 전문으로 하는 로비스트가 있다. 로비스트가 실행하는 제반 활동을 로비활동이라고 한다. 이 말은 원래 그러한 활동이 의회의 로비에서 이루어진 것에서 유래한다. 로비스트는 의원과 개인적으로 접촉하여 의원에게 의회에서의 투표를 요구하거나 법안의 작성을 돕고 그 속에 자신의 이익을 포함시키고자 한다. 미국에서는 법안의 작성 · 제출은 의원의 책임이며 유능한 로비스트는 의원에게 있어서 믿음직스러운 존재이다. 그들의 지식이나 인간관계가 이들의 활동에 있어서 자원이 되지기도 하지만, 한편으로는 매수 · 향응 등을 수반하는 경우도 많다. 행정의 힘이 증대한 오늘날 이러한 의원에 대한 로비 활동뿐만 아니라 행정부에 대한 활동의 중요성도 증가하였다.
- **정치활동위원회(PAC)**: 기업의 정치적, 사회적 목표 달성에 부합하는 후보와 정책을 지지하기 위해 정치자금을 모금하는 단체를 말한다.
- **기업 구성원 프로그램**: 기업의 이익을 가져다 줄 수 있는 정치적인 활동을 하도록 기업의 구성원들을 알아보고, 교육시키고, 동기부여를 주는 기업의 노력을 말한다.
- **연합형성**: 특정한 법률 이슈에서 정치적인 관심사를 공유하기 위해 기업이 다른 기업 혹은 투표권자 그룹과 함께 작업하는 것을 말한다.
- **의사 방해**: 공공관계를 사용하여 기업에 악영향을 줄 수 있는 법률 혹은 규정의 도입을 지연시키거나 방해하기 위한 법률 활동 및 행정 과정을 말한다.
- **전략적 후퇴**: 정치적, 사회적 환경 변화에 순응하여 제품 혹은 공정을 채택하는 한편, 그러한 변화에 따른 부정적인 영향을 최소화하려는 기업의 노력을 말한다.

5.4 자연 환경

대부분의 거대 기업은 원재료가 풍부하고, 에너지가 저렴하고, 폐기물 처리에 규제를 받지 않던 시기에 발전하였다. 이 시기에 발전된 많은 기술들은 환경 시스템 파괴의 원인이 되었다. 산업시대 시스템은 추출, 생산, 판매, 사용, 폐기의 직선 흐름인 소위 "take-make-waste" 방법을 따랐다. 그러나 아마도 기업 사고방식을 바꿀 수 있는 더 큰 가능성을 제공한 시기는 역사상 없었다.

자연은 기후 · 태양광선 · 물 · 토양 · 식생 · 동물 · 곤충 · 미생물들이 태고로 부터 상호 밀접한 관련성을 유지하면서 생태계의 균형을 유지하고 있다. 그러므로 지구상의 어느 지역에서 이러한 요소가 변화되거나 천재(天災)에 의해서 변화가 나타나거나 인간이 개발이나 대규모 벌채 · 채취 · 포획 · 전쟁 · 환경오염을 발생시켜 생태계의 일부분을 변화시키면 생태계는 연쇄적으로 파괴되어 자연의 큰 변화가 발생한다. 인간과 모든 생물은 지구 상의 생태계에 의존하여 그 지역의 자연에 적응하여 생존 · 번식 · 이동하여 왔으며 문화를 발전시켜왔다. 근대에 들어서 전 세계적으로 인구가 증가하고 자원수요가 크게 증가하면서 토지수요가 급증하고 자연자원의 수요도 급증하므로 자연파괴가 급속히 일어나기 시작하였다. 자연파괴는 처음에는 한 지역에서 시작되었지만 점차 광범위하게 확산되면서 광범위한 재해와 생물의 멸종도 발생하기 시작하였다. 세계인구 증가, 산업 발전에 따라 전 지구상의 토지가 개발되고, 자원수요가 늘면서 자연은 급속히 파괴되고 있다. 이러한 추세에 최근 기상이변이 세계 여러 지역에 극심한 한파, 태풍, 홍수를 가져오고 지구온난화로 남북극의 빙하가 녹아내리며 해양수위가 상승하고 있어 자연이 크게 변해가고 있다. 이러한 현상은 지구 곳곳의 생태계에 큰 변화를 초래하여 자연 파괴로 인한 재앙이 여러 지역에서 유발되고 있다.

지속가능한 개발(ESSD: Environmental Sound and Sustainable Development)을 위해서는 모든 발전이 친환경적 수단으로 전환되어야 한다. 그러기 위해서 21세기에는 전 세계에서 에너지 소비, 자원 소비를 줄이고 폐기물을 회수, 재이용하여 다시 자연으로 돌아가는 순환구조로 바꿔야 한다. 최근에 물 · 에너지 · 토지 이용을 줄이는 수요관리, 유전자조작 생물, 각종 병의 예방법이 연구되어 왔지만 세계적인 자연보호에는 큰 효과를 기대하기 힘들다.

기업은 환경 문제를 승산이 없는 상황으로 보곤 하였다. 환경을 도와 사업에 피해를 주거나 환경에 대한 대가를 치르고 나서야 사업을 도울 수 있었다. 그러나 이제 기업의 환경 관리에 대한 새로운 패러다임의 변화가 일어나고 있다. 즉 경쟁 전략과 제품의 설계 및 생산에 환경적 가치를 의도적으로 통합하려는 움직임이다. 그 이유가 무엇일까? 철학적인 이유에 더해 소비자 요구를 만족하기 위해 회사는 "친환경" 정책을 수립하여 경쟁업체의 친환경활동에 대응하였으며, 고객 또는 공급업체의 요구를 충족하고, 지침을 준수하고, 경쟁우위를 창출하였다. 지속가능한 환경에 주안점을 두어 성장을 창출하는 새로운 제품, 시장, 동반자관계, 지적재산권 개발에 도움이 되는 포괄적인 수행 방법으로 전환하였다.

1) 위험한 사회

우리는 위험한 사회에 살고 있다. 부의 창조와 분배가 사람과 환경에 위해한 부산물을 만들어내고 있다. 근대사회에서 위험의 근본적인 원천은 위험요소의 과도한 발생과 생태학적으로 자연자원의 지속 불가능한 소비에 기인한다. 위험은 인구 폭발, 산업 오염, 환경 악화를 통해 확산되고 있다. 산업으로 인한 오염에는 공기 오염, 스모그, 지구 온난화, 오존 고갈, 산성비, 유독성 폐기물, 핵 위험, 산업재해, 유해 제품 등이 포함된다. 환경적, 기술적 위험을 만들어내는 조직이 또한 위험을 통제하고 관리할 책임이 있다.

2) 환경중심 관리

환경중심 관리(ecocentric manegement)는 지속가능한 경제 발전을 이룩하고, 모든 이해관계자들의 삶의 질을 개선하는 것이 목적이다. 관리 결정은 기업의 모든 측면에 걸쳐 부정적인 환경 영향을 최소화하는 것이다. 환경중심 관리는 저에너지의 사용, 더 적은 자원량, 환경적으로 적절한 생산기술, 환경 친화적으로 포장하고 재활용이 가능한 재료로 만든 제품을 격려한다. 환경중심 관리는 자연자원을 재생하기 위해 폐기물 오염을 최소화하기 위해 노력한다. 환경중심 관리로 각 기업 기능은 생태학을 염두에 두고 작동되어야 한다. 중요한 예가 **환경친화적 설계**(DFE)로 회복, 재사용 혹은 재생이 용이한 제품을 만드는 도구이다. 제품에 대한 모든 환경적 노력을 설계 단계에서 검토한다. 고객이 제품을 사용하고 폐기하는 전 단계를 상세하게 분석하여 모든 투입요소를 완벽히 통제한다.

수익성으로 고통을 받을 필요가 없으며, 환경중심 철학과 관행에 의해 긍정적인 영향을 받을 시기가 올 것이다. 몇몇 연구는 기업 환경 성능과 수익성과의 관계에서 긍정적인 관계를 보여주고 있다.

3) 미래의 환경 의제

과거에 기업들은 그들의 환경에 미치는 부정적인 영향을 의식하지 못하였다. 보다 최근에서야 많은 기업들은 환경에 영향을 최소화하기 위해 노력하기 시작하였다. 이제 몇 가지 긍정적인 영향을 주기 위해 노력하고 있으며 세계의 문제를 해결하기 위한 해법을 제시하고 있다.

기업은 환경적인 문제를 해결할 수 있는 능력을 가질 뿐만 아니라 동기를 알고 획득할 수 있어야 한다. 많은 기업들은 이제 상업 역사상 가장 큰 기회 중의 하나로 간주되는 환경문제를 해결하는 것으로 그들의 관심을 돌리게 되었다. 환경 문제를 해결한 후에야 비로소 기업의 이익을 극대화할 수 있다.

5.5 경영윤리와 지식경영

행동을 윤리적으로 만드는 것은 법률, 규범, 관행, 도덕성, 윤리적 정책과 강령 등이다. 경영윤리는 기업의 이윤 극대화에 반해 소홀히 취급된다. 공공이라는 측면에서 조직문화가 성숙되지 않은 데 그 원인이 있다. 윤리란 개인이나 집단을 지배하는 행동의 원칙이며, 윤리적 결정은 항상 도덕성을 수반한다. 경영 윤리는 기업이 사회 속에서 계속기업(Going Concern)으로 건전성을 지속시키는 생명력을 제공한다. 현대경영은 기술위주로 인해 비인간화 경향이 높은데, 인간에 의한 기술화 추진이므로 대인관계에서 신뢰에 의한 경영 실천이 중요하다.

1) 경영윤리를 강화하는 방법

기업 경영에서 경영윤리를 강화해야 한다. 경영윤리를 강화하는 몇 가지 방법을 제시하면 다음과 같다.

- 최고 경영자가 더욱 윤리경영에 몰입을 강조한다: 조직의 가치관을 새롭게 하기 위해 지속적인 리더십 발휘가 필요하다.
- 강령(Codes)을 발표한다: 문서형태로 된 강령의 원칙을 소유하고 운영한다.
- 순응(Compliance) 매커니즘을 수립한다: 구성원이 조직의 윤리강령을 잘 순응하는지 관리한다.
- 윤리를 강조한다: 토론회를 운영하고, 지속적인 태도 조사를 실시한다.
- 결과를 측정한다: 결과에 대해 구성원들이 서로 공유하도록 개선방향을 토론한다.
- 내부고발(Whistle-blowing)을 보장한다: 조직의 잘못을 보고하려는 종업원의 활동을 보장한다.

2) 경영윤리의 제도화

윤리강령은 경영윤리의 효과적 실천을 위한 제도화로서 윤리경영의 기본적 방침에 따른 세부적 지침을 공식화하는 것을 말한다. 윤리강령은 비윤리적 행동의 가능성을 미연에 방지하고 구성원들의 윤리적 행동을 자율적으로 주도하게 하는 데 그 의의가 있다.

1. 윤리강령의 구성 조건
   - 구체적이어야 하고 공공의 이익을 보호해야 하며 성실한 실천과 효력이 발휘되도록 구성되어야 한다.
   - 형식적으로는 간결해야 하며 유용한 구문으로 구성되어야 한다.

2. 윤리강령의 두 가지 유형
   - 순응에 기초한 윤리강령: 통제력을 높이고 잘못에 대해 처벌함으로써 불법 행위를 사전에 예방하는 데 있다.
   - 성실성에 바탕을 둔 윤리강령: 윤리적으로 건전한 행동을 지원하는 환경을 만들고 책임감을 상소하는 조직의 분화를 구축하는 데 있다.

3. 윤리강령의 제정 및 시행 시 고려해야 할 사항
   - 조직문화의 차원에서 신중히 검토되어야 한다.
   - 경영의 철학적 이념, 윤리이론 그리고 조직문화의 세 차원이 조화를 이루어 나타난 산물로서 평가되어야 한다.

4. 기업 윤리강령의 제정의 목적과 필요성

   「기업윤리강령」의 제정 목적은 기업이 지향하는 기업윤리 수준을 정해 놓고 전체 종업원의 이에 맞는 행동을 유도하는데 있다. 「기업윤리강령」의 보다 구체적인 유용성은 다음과 같다.

   - 「기업윤리강령」은 종업원들에세 윤리적으로 옳고 그른 판단기준을 제공함으로써 종업원들이 윤리적 문제를 자의적으로 판단할 여지를 감소시킬 수 있다.
   - 기업윤리 관련문제가 발생하여 여론의 비판 또는 정부의 간섭을 받지않도록 사전에 예방하는 데 도움이 된다.
   - 경영전략, 집행계획, 교육 프로그램에 윤리관련 요소를 어느 정도 포함시켜야 할 것인가를 결정하는 기준을 제공한다.
   - 하급 직원이 경영자 또는 중간관리자로부터 부당한 간섭이나 압력을 받을 경우, 이에 대항할 수 있는 근거를 제공한다. 즉, 종업원 행동준칙에 금지된 사항이면 상사의 명령이라도 거절할 수 있는 근거가 된다.

5. 기업윤리강령이 포함되어야 할 내용

(1) 기업윤리강령에서 추구해야 할 가치이념

기업경영의 과정과 결과에 따라서 영향을 받는 「이해관계자」는 주주·경영자·종업원을 비롯하여 고객·지역사회·납품업자·경쟁자·외국기업·정부·여론 등에 이르기까지 매우 다양하다. 「기업윤리강령」은 이러한 기업을 둘러싸고 있는 다양한 이해관계자와 기업 간의 윤리적 관계를 정립해야 한다. 기업이 윤리적으로 추구해야 할 이해관계자별 가치이념은 구체적으로 다음과 같으며, 이러한 내용이 「기업윤리강령」에서 다루어져야 한다.

- 경쟁자: 공정한 경쟁
- 고객: 성실, 신의
- 투자자: 공평, 형평성
- 종업원: 인간의 존엄성
- 지역사회: 기업 시민
- 정부: 준법정신
- 외국 정부, 기업: 공정한 협조
- 지구 환경: 공정 관계 모색

(2) 국제 기업의 윤리적 문제

한편 오늘날 국제화·정보화시대를 맞아 대외거래가 급증하자 OECD의 「외국공무원 뇌물방지협정」, 「국제기업 및 국제투자지침」, 「기업지배의 원칙」 등 이 권장되고 있다. 이러한 국제적 환경을 고려할 때 국제거래에서 발생할 수 있는 기업윤리 문제는 다음과 같다.

- 뇌물(소액, 거액)
- 선물, 특혜, 접대
- 가격 담합, 특혜
- 본국에서 사용 금지 혹은 현지 사정에 안 맞는 제품, 기술 수출
- 탈세, 재무 비리(세금 회피, 불법 외화 거래)
- 종업원의 권리 침해(본국과 다른 차별적 인권 침해, 인종 차별)
- 환경 파괴
- 지적 재산권 침해
- 정치 관여

(3) 기업윤리강령의 주요 내용

「기업윤리강령」의 내용은 기업의 정책결정과 경영결과에 영향을 받는 이해관계자를 기준으로 해야 한다. 기업의 이해관계자는 제1차 이해관계자(주주·종업원·경영자 등), 제2차 이해관계자(고객·경쟁자·납품업자·지역사회 등), 제3차 이해관계자(정부·환경·여론 등)로 나눌 수 있다. 따라서 「기업윤리강령」도 이러한 이해관계자와의 관계를 중심으로 구성되어야 하고 기업윤리에서 추구하는 기본적 가치관도 이해관계자와의 관계규정에 구체적으로 반영되어야 한다. 「기업윤리강령」에서 각 이해관계자와의 관계는 기본적으로 다음과 같은 내용으로 표현되어야 한다.

- **전문**: 강령 제정 이유, 준수 의무
- **기본 정신**: 사회적 가치 창조 포함
- **고객**: 고객은 기업의 존재 이유
- **종업원**: 종업원의 권리, 의무
- **주주**: 정당한 투자 수익 보호, 공평, 평등
- **지역사회**: 지역사회와 공생, 기업 시민
- **경쟁자**: 공정한 경쟁, 공평한 대우
- **임원**: 개인보다 회사 이익 우선
- **정부**: 법규 준수, 책무 수행, 성실 보고
- **정치**: 조직으로는 정치 불간여, 투명한 관계 유지
- **지구 환경**: 환경 친화, 공생관계
- **국제거래**: 국제적 기업 시민, 평등, 공평 대우
- **처벌**: 윤리적 판단 기준, 고발 의무, 개인의 책임, 처벌

4) 우리나라 기업의 지배구조

경영윤리의 제도화를 위해 기업 지배구조의 개혁이 필요하다. 근본적으로 건전한 지배구조가 구축된 상태에서 비로소 실천된다. 1997년 우리나라는 윤리, 도덕적으로 불건전한 지배구조 때문에 IMF사태를 초래했다. 이를 극복하기 위해 사외이사 제도의 도입, 소액주주 소송제의 도입으로 지배구조가 개혁되고 있으나, 아직 형식에 치우쳐 순기능이 발휘되지 못하고 있다. 우리나라의 지배구조의 모형은 주주 주권주의를 기반으로 하는 미국식 지배구조로 인본주의와 배치된다.

5) 제도화의 실천

제도화의 강력한 실천이 필요하다. 이를 위한 몇 가지 지침은 다음과 같다.

- 제도화의 내재적(Implicit) 실천: 경영윤리의 제고를 위한 제언이며, 윤리강령의 제정과 시행, 지배구조의 개선과 운영을 위한 제언이다.
- 경영윤리의 내재적 제도화를 위해 먼저 경영과 경영자에 관한 이해 선행 필요: 경영자는 누구의 이해(Interest)와 누구의 편익을 위해 기업을 경영해야 하는가에 관한 논의가 필요하다.
- 제도화의 실천을 위해 개발된 경영모형: 탈관습적 도덕주의에 입각한 이론, 사회계약이론, 이해관계자이론, 경영의 사회적 성과 이론 등이 있다.
- 기업의 윤리 강령 부재: 의료계는 유명한 히포크라테스 선서를 근간으로 의료인들의 윤리강령을 제정하고 있으나 기업은 이와 같은 선서가 부재하다.
- 스위스의 다보스 선언: 1973년 세계경제포럼에서 40여 개국 400여 기업인, 경영인에 의해 서명된 선언문으로 다양한 이해를 수렴하고 개방체제로서의 경영과 경영자의 이해집단에 대한 의무와 책임을 강조하고 있다.
- 윤리강령을 보완하기 위해 대화윤리를 추가하자는 움직임: 논변 윤리학이 보여주는 '보편성'과 '합의'를 향한 경직성을 비판적으로 완화시킨 다음 다원주의적 입장에 가까이 접근하면서 여전히 그 속에서 보편성과 합리성을 추구한다.

5.6 기업 윤리와 관련한 이슈

기업 윤리의 문제는 일개 기업의 문제를 넘어 전 세계적인 측면에서 바라봐야 한다. 윤리적 기업경영은 선택사항이 아닌 기업 생존의 필수과제가 되었다. 윤리적으로 행동하지 않는 기업은 무역과 해외투자 등 국제거래에 제한을 받고 윤리적인 기업은 궁극적으로 경쟁력을 갖게 되는 경영환경이 도래하였다. OECD 등 국제기구의 기업 윤리 관련 선언 등에서 고용정책, 소비자 보호, 환경 문제 등 다양한 측면에서 기업 윤리를 강조하고 있다. 그러한 주제의 일환으로 Caux 원탁회의에서 채택한 **기업의 원칙(Business Principles of Ethics)**를 소개한다. Caux 원탁회의는 1986년에 설립된 윤리적인 사업 관행을 촉진하는 것을 목표로 하는 고급 경영진들의 국제 조직으로 매 3년마다 정례회의가 스위스 Caux에서 개최된다. Caux 원탁회의는 1993년에 기업의 윤리 관행을 강조하는 기업의 원칙을 채택하였다. 전문, 일반 원칙, 이해관계자 원칙의 3부로 구성되어 있다. 주요 내용을 제시하면 다음과 같다.

1) 제1부 전 문

고용·자본·제품 및 기술의 유동성 증가로 인하여 기업의 거래활동과 영향력은 급속히 국제화되고 있다. 법규와 시장원리는 필요하지만 기업활동의 지침으로서는 불충분하고 경영정책과 행위에 대한 책임감과 이해관계자의 존엄성과 이익보호가 기본적 명제이다. 작은 공동체와 마찬가지로 국제사회에서도 공동번영과 함께 가치관의 공유가 중요하다.

이런 이유와 함께 기업은 사회개혁의 중요한 긍정적 매개체이기 때문에 우리는 기업의 책임을 생각하는 기업 지도자들 간의 대화와 실천을 위한 기본지침으로서 다음과 같은 원칙을 제시한다. 이렇게 함으로써 우리는 기업경영에서의 도덕적 가치의 필요성을 재확인한다. 이것 없이는 안정적 기업관계와 국제사회의지속적 발전은 불가능하다.

2) 제2부 일반원칙

❖ 원칙1 : 기업의 책임은 주주의 범위를 넘어서 이해관계자에게

사회에서 기업의 존재가치는 부와 고용을 창출하고, 소비자에게 품질에 합당한 가격으로 제품과 서비스를 제공하는 데 있다. 그러한 가치를 창조하기 위해서는 기업이 스스로 경제적 건전성과 활력을 가져야 하고, 단지 생존만으로는 충분한 기업목표가 되지 않는다.

기업은 창출된 부를 고객·종업원 및 주주들과 나누어 가짐으로써 그들의 생활을 향상시키는 역할을 한다. 한편 납품업자와 경쟁자도 정직과 공평의 정신에 입각하여 기업은 임무를 지킬 것을 기대한다. 기업은 지역사회·나라 및 세계공동체의 책임있는 시민으로서 이러한 공동체의 미래를 구축하는 데 일익을 담당해야 한다.

❖ 원칙2 : 혁신·정의 및 국제사회에 대한 기업의 경제적, 사회적 영향

외국에서 개발·제조·판매에 종사하는 기업은 그 나라에서의 고용을 창출하고,그 나라 시민들의 구매력 증진을 도움으로써 그 나라의 사회발전에 공헌을 하여야 한다. 또한 기업은 현지국의 인권신장, 교육, 사회복지 및 사회발전에 공헌해야 한다.

기업은 자원의 효과적 활용, 자유롭고 공정한 경쟁·기술·생산방법·마케팅 및 커뮤니케이션의 혁신을 강조함으로써 세계 전체의 발전에 공헌해야 한다.

❖ 원칙3 : 기업의 행동은 법조문을 넘어서 신뢰의 정신에서

정당한 영업비밀은 인정하지만 성실·정직·신뢰성·약속이행 및 투명성이 기업 자체의 신용과 안정에 도움이 될 뿐만 아니라 특히 국제거래의 원활한 수행에도 도움이 된다는 것을 기업은 인식해야 한다.

❖ 원칙4 : 법규의 존중

무역마찰을 피하고, 같은 조건 하에서의 경쟁 및 경쟁 참가자의 차별 없는 대우 등 동일 조건에 의한 공정한 교역을 촉진하기 위하여 기업은 국내·국외의 규정을 지켜야 한다. 그뿐만 아니라 합법적인 행위라도 때로는 역효과가 난다는 것을 기업은 인식해야 한다.

❖ 원칙5 : 다자간 거래의 지원

기업은 GATT, WTO 및 기타 유사 국제협정에 의한 다자간 무역을 지원해야 한다. 기업은 진취적이고 합법적인 무역자유화, 국제간 교역을 부당하게 방해하는 내국 규제를 국내의 정책목표를 존중하면서 완화하는 데에 협력해야 한다.

❖ 원칙6 : 지구환경의 존경

기업은 가능한 한 환경을 보호·개선하고 지속 가능한 개발을 촉진하며, 자연자원의 남용을 방지해야 한다.

❖ 원칙7 : 부정행위의 회피

기업은 뇌물수수, 돈 세탁, 기타 부패행위에 참여하지 않아야 하며 오히려 그러한 부패행위의 제거에 협력해야 한다. 기업은 테러활동, 마약거래, 기타 조직적범죄에 사용될 무기나 물자를 거래해서는 안된다.

3) 제3부 이해관계자 원칙

❖ 원칙 8 : 고객

우리는 제품이나 서비스를 직접 또는 시장에서 구입하는 모든 고객을 존엄성을 가지고 대우한다. 따라서 우리는 다음과 같은 책임이 있다.

- 고객이 원하는 가장 높은 품질의 제품과 서비스를 제공한다.
- 서비스, 불만해소 등 기업행위의 모든 분야에서 고객을 공정히 대우한다.
- 고객의 건강과 안전 및 환경이 제품이나 서비스에 의해서 유지·개선되도록 노력한다.
- 제품·마케팅 및 광고에서 인간의 존엄성을 보장한다.
- 고객의 문화를 존중한다.

❖ 원칙 9 : 종업원

우리는 모든 종업원의 존엄성을 믿고 종업원의 이익을 신중히 고려한다. 따라서 우리는 다음과 같은 책임이 있다.

- 근로자의 생활조건을 개선하는 일자리와 보수를 제공한다.

- 각 근로자의 건강과 권위를 존중하는 근로조건을 제공한다.
- 고용자와 솔직하게 대화하고, 합법적 테두리 안에서 기업경영 정보를 공개한다.
- 종업원의 건의·의견·요구 및 불평을 들어주고, 가급적이면 조치를 취한다.
- 분쟁이 생기면 선의를 가지고 교섭해야 한다.
- 차별행위를 피하고 성·연령·인종·종교 면에서 동등한 대우를 보장한다.
- 능력에 차이가 있는 근로자도 적절히 활용될 수 있도록 고용을 한다.
- 작업장에서의 상해 및 질병으로부터 종업원을 보호한다.
- 종업원이 관련 기술과 지식을 개발하는 것을 장려하고 도와준다.
- 기업경영방침의 변경으로 생기는 실업문제를 신중히 생각하고 정부, 종업원 단체, 기타 기관, 단체와 이 문제 해결에 노력한다.

❖ 원칙 10 : 소유주/ 투자자

우리는 우리 기업의 투자자들이 우리에게 보여준 신임을 존중한다. 그래서 우리는 다음에 관한 책임이 있다.

- 우리 기업의 투자자들에게 공정하고 경쟁적인 수익을 올려주기 위하여 우리는 전문적이고 성실한 경영을 한다.
- 법규와 경쟁관계가 허용하는 범위 안에서는 투자자들에게 관련 정보를 공개한다.
- 현재의 투자자를 유지·보호하고, 투자자를 더 증가시킨다.
- 투자자들의 요구·의견·불평 및 공식 결의를 존중한다.

❖ 원칙 11 공급업자

우리 기업의 공급(납품)업자 및 하청업자와의 관계는 상호 존중이 바탕이 되어야 한다. 그래서 우리는 다음에 관한 책임이 있다.

- 가격 책정(pricing), 라이센싱(licensing), 판매권 계약(rights) 등 우리의 모든 활동에 공정성과 신뢰를 추구한다.
- 영업활동에 관하여 담합이나 불필요한 소송을 하지 아니한다는 것을 보장한다.
- 납품업자로부터 가격에 합당하고, 품질 좋고, 다른 상품과 경쟁력이 있고 또 신뢰성 있게 상품을 공급받는 대신에 장기적이고 안정적인 납품관계를 유지한다.
- 납품업자와 정보를 공유함으로써, 그들을 우리의 납품계획 과정에 참여시킨다.
- 납품업사에게는 기일 내에, 약속한 조건에 의하여 대금을 지불한다.
- 인간의 존엄성을 존중하는 납품업자나 하청업자를 모색하고 장려하고 선호한다.

❖ 원칙 12 : 경쟁자

공정한 기업 경쟁이 국부를 증가시키고 궁극적으로는 재화와 서비스의 정당한 분배를 가능하게 하는 최선의 방법임을 믿는다. 그래서 우리는 다음에 관한 책임이 있다.

- 무역과 투자를 위한 시장개방을 촉진한다.
- 사회적으로 그리고 환경보호 차원에서 유리한 경쟁활동을 조장하면서도 경쟁자끼리는 서로 존중한다.
- 경쟁적 우위를 위하여 부정한 돈을 주려고 하거나 주지 아니한다.
- 유형·무형 재산권을 존중한다.
- 산업스파이 같은 정직하지 못하고 비윤리적인 방법으로 상업정보를 취득하지 아니한다.

❖ 원칙 13 : 지역사회

국제적 기업시민으로서,우리 기업이 활동하고 있는 지역의 개혁과 인권문제에 공헌할 수 있다. 그래서 우리는 다음에 관한 책임이 있다.

- 인권과 민주제도를 존중하고 촉진한다.
- 사회 전반에 대하여 정부는 합법적 책임이 있다는 것을 인정하고, 기업과 사회의 조화로운 관계를 통한 인간개발을 촉진하고자 하는 정부의 공공정책과 활동을 지지한다.
- 지역사회의 건강, 교육, 작업장 안정 및 경제·복지 수준을 높이고자 하는 단체들과 협력한다.
- 지속 가능한 개발을 촉진하고, 물리적 환경을 보존하고 지구의 자원 보존에 앞장선다.
- 평화·안정·다양성 및 사회적 조화를 지지한다.
- 지역사회의 문화를 존중한다.
- 자선 기부, 교육·문화사업에 공헌 및 지역사회에의 종업원 참여를 통하여 착한 기업시민이 되어야 한다.

토의 문제 및 활동

1. 이 장에서 기술한 다양한 윤리체계를 고려하여 당신이 과거에 결정한 구체적인 예를 식별해보자.

2. 표 5.1의 하나 이상의 주제를 선정하고, 이들을 둘러싸고 있는 윤리적인 이슈에 대하여 토의해보자.

3. 표 5.2에서 기술한 각각의 시나리오에서 당신이 해야 할 일이 무엇인가?

4. 최근 뉴스에서 거론되는 비합법적이고, 비윤리적이고, 사회적으로 책임이 있는 비즈니스 활동을 식별하고 그에 대하여 토의하여라.

5. 대학생들이 공학활동을 수행할 때 지켜야 할 윤리헌장을 작성하라.

6. 기업이 지켜야 할 환경윤리 기준에 대하여 예를 들어 간단히 설명하라.

7. CSR에 대한 찬반 논란의 핵심은 무엇인가? 당신은 어느 쪽을 지지하며 그 이유는 무엇인가? 당신의 견해를 구체적으로 말하라.

8. 회사가 경쟁우위를 추구하는 데 있어 정치적 · 사회적 환경 모두는 제약요소일 수도 있고 도움이 될 수도 있다. 예를 들어 설명하라.

9. 어떤 조건에서 의사진행 방해와 전략적 후퇴가 가장 적절한 정치적 전략인가? 이러한 것들이 효과를 본 적이 있는가?

10. 하나의 제품을 선택하여 제품의 전 생애주기에 걸친 환경적인 영향에 대하여 논하여라.

11. 당신, 그리고 당신의 대학 및 지역사회가 환경을 위해 하고 있는 일이 무엇인가? 당신이 권장하고 싶은 일은 무엇인가?

12. 대학 혹은 지역사회에서의 재활용 노력에 대한 현황을 조사하고, 그에 대한 소비자로서의 당신의 관점과 가능한 사업 기회를 말하라.

13. 환경을 개선하기 위한 기업의 노력을 예를 들어 설명하라.

14. 비즈니스와 환경의 상충된 관점에 대하여 논하라.

PART 03

조직화

제3부에서는 조직의 최대 효과성을 위해 어떻게 조직하고 인적자원을 선발하고 활용하는가에 대해 논의한다.

제6장에서는 다양한 조직 구조를 소개하고 작업을 그룹화하고 위임하는 방법을 설명한다. 차별화와 통합화가 조직 구조에 어떻게 영향을 미치는지를 논의한다. 권위가 어떻게 작동하는지를 논의한다. 일상적인 권한 운영을 통해 조직은 목표 달성을 향해 나아갈 것이다. 이사회와 최고 경영층의 역할을 논의한다. 중앙집권적 조직과 분권적 조직의 차이는 중앙집권적 조직에서 가장 중요한 결정은 최고 경영팀이 하고 분권적 조직에서는 많은 결정이 하위 계층으로 위임된다는 점이다. 많은 조직은 다양한 유형의 부문화를 통해 과업을 작업 단위로 할당한다. 매트릭스 조직은 이중 권한 구조로 잘 관리된 매트릭스는 조직을 변화에 적응할 수 있게 해주지만 혼란을 야기하고 대인관계를 어렵게 한다. 매트릭스 조직의 모든 사람들은 독특한 생존 기술을 획득해야 한다. 경영자는 표준화, 계획 및 상호 조정을 통해 독립 단위를 조정한다.

제7장은 보다 복잡한 조직 설계를 설명함으로써 이러한 기본 개념을 구축한다. 이 장에서는 조직이 급변하는 환경에 얼마나 신속하게 적응하고 이를 통해 조직을 효과적으로 재구축하는 방법을 설명한다. 기업이 생존하기 위해 충족해야 하는 시장의 필요성을 알아야 한다. 조직은 조직 내에서 무엇을 진행할 것인지를 통제하는 것을 도와주는 공식 구조를 가지고 있다. 그러나 오늘날 생존하기 위해 기업은 통제 이상이 필요하며 이는 대응성이다. 유기적인 형태의 조직은 융통성을 강조하며 유기적인 조직은 분권적이고, 비공식적이며 광범위한 책임을 가진 사람들의 경험과 판단에 의존한다. 또한 크고 작은 회사가 될 수 있는 방법, 정보 처리 요구를 관리하는 방법, 회사가 고객의 요구사항을 충족하는 방법, 서로 다른 유형의 기술을 조직하는 방법을 논의한다. 마지막으로 조직을 구조화하고 관리화하기 위해 필요한 전략적 대응을 위해 사용하는 새로운 유형의 동적 조직 개념과 형태를 논의한다.

제8장에서는 인적자원 관리를 강조한다. 유능한 직원을 선발하고, 활용하고, 보상하는 주제에 초점을 맞춘다. 또한 오늘날 노동력을 관리하는데 있어 제기되는 도전 과제에 대해 논의한다. 경쟁우위를 확보하기 위해 기업이 인적자원 관리를 활용하는 방법과 새로운 인원을 충원하기 위해 내 외적으로 사람을 모집하는 이유를 논의한다. 새로운 직원을 고용하는데 사용되는 다양한 방법이 있으며 요원을 훈련하고 개발하는데 그렇게 많은 비용과 시간을 소비하는 이유를 설명한다. 종업원의 성과를 평가하는 방법과 보상 체계의 기본적인 측면을 분석한다. 마지막으로 인적자원 관리에 영향을 주는 노동조합과 법적 체계를 논의한다. 법적 시스템은 잠재적 직원과 실제 직원의 대우 방식에 제한을 가함으로써 경영자에게 영향을 준다. 노동법은 직원과 경영자 모두의 권리가 생산적이고 동의할 수 있도록 권리를 보호하고자 노력한다.

Chapter 06

조직구조

개요 및 학습목표

A라는 회사는 우리 모두가 잘 알고 있는 회사이지만, “시대를 설정”하는 내용은 우리에게 미래에 대한 투쟁과 계획에 대한 몇 가지 통찰력을 제공한다. 비록 이와 같은 짧은 이야기는 그 회사의 전략과 구조에 대한 모든 세부사항을 알려주지 않지만 우리가 이 장에서 다루려고 하는 몇 가지 중요한 이슈를 강조하고 있다. 실수하지 말아야 한다. 기업이 스스로를 조직하는 방법은 전략보다 더 중요하지는 않더라도 전략만큼 중요하다. 그리고 A회사는 다른 많은 회사들과 마찬가지로 전략과 구조가 잘 맞아 떨어지도록 하기 위해 열심히 노력하고 있다. 전략 못지않게 기업이 자신을 어떻게 조직하느냐가 중요하다.

이 장에서는 조직구조의 수직 및 수평적 측면에 초점을 맞춘다. 차별화와 통합화의 기본 원리를 다루면서 시작한다. 다음에 권한, 계층, 위임, 분권화에 관한 이슈를 포함하여 수직 구조를 살펴본다. 계속하여 직능제 형태, 사업부제 형태 및 매트릭스 형태를 포함하여 수평 구조를 논의한다. 마지막으로 조직이 그들의 구조를 통합할 수 있는 방법인 표준화에 의한 조정(협동), 계획에 의한 조정(협동), 상호 조정에 의한 조정(협동) 방법에 대하여 설명한다.

다음 장에서 우리는 조직구조에 관한 주제를 계속하여 살펴보지만 다른 관점을 적용할 것이다. 그 장에서 우리는 조직의 유연성과 대응성에 초점을 맞춘다. 즉, 조직의 형태를 어떻게 변화시켜 전략, 기술, 환경 등에 맞게 조정할 수 있는가에 초점을 맞출 것이다.

이 장을 학습한 후에 여러분은 차별화와 통합화가 조직 구조에 어떻게 영향을 미치는지를 알게 될 것이다. 또한 권위가 어떻게 작동하는지를 알게 될 것이며, 이사회와 최고경영층의 역할을 알게 될 것이다. 구조와 관리 효과성에 영향을 미치는 통제 범위를 알게 될 것이다. 작업을 효과적으로 위임하는 방법을 알게 될 것이다. 중앙집권적 조직과 분권적 조직의 차이를 알게 될 것이며, 과업을 작업 단위로 할당하는 방법을 알게 될 것이다. 특히 매트릭스 조직의 독특한 도전과제를 어떻게 관리하는지를 알게 될 것이며, 중요한 통합 메커니즘(기제)의 본질을 알게 될 것이다.

6.1 조직화의 기본원리

논의를 진행하기 위해 간단히 시작하기로 하자. 우리는 종종 기업의 조직도를 통해서 기업의 구조를 기술한다. **조직도(organization chart)**는 회사에서의 직책과 배치 방식을 묘사여 보고 계통(line)과 각각의 구성원들에 의해 수행되는 다양한 직무활동을 표현해주는 그림이다. 대부분의 기업에서는 이러한 정보를 사람들에게 알려주기 위해 공식 조직도를 가지고 있다.

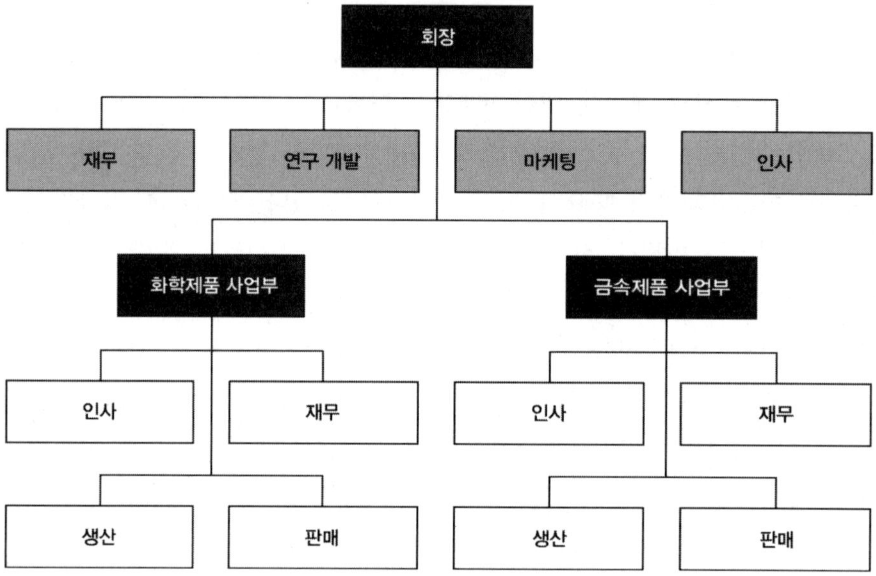

그림 6.1 전통적인 조직도

그림 6.1은 인사, 재무, 마케팅 및 연구개발의 4개 부서와 2개의 사업부문으로 이루어지는 전통적인 조직도를 보여주고 있다. 매우 간단한 방법으로 나타낸 다양한 종류의 정보를 주목하기 바란다.

1. 각각의 네모 상자는 다른 작업을 나타낸다.
2. 상자 안의 명칭은 각 단위에서 수행하는 작업을 보여준다.
3. 보고 및 권한 관계는 실선으로 나타내어 상하 관계를 보여준다.
4. 관리 수준은 조직도의 수평계층의 수로 표시된다. 동일한 계급이고 동일한 사람에게 보고하는 모든 사람 혹은 단위는 한 계층에 있다.

비록 조직도가 몇 가지 분명하게 중요한 구조 특징을 제시하지만, 분명하지는 않지만 중요한 구조와 관련된 다른 이슈가 존재한다. 조직을 둘러싼 두 가지 기본 개념은 차별화와 통합화이다. **차별화**(differentiation)는 조직이 다른 기술과 작업 방법을 사용하여 다른 종류의 과업을 하는 많은 다른 단위로 구성되어 있다는 것을 의미한다. **통합화**(integration)는 이러한 차별화된 단위가 다시 결합되어 전체 제품으로 작업이 조정된다는 것을 의미한다.

1) 차별화

여러 가지 관련 개념이 구조적 차별화에 대한 생각의 기저를 이루고 있다. 예를 들어, 차별화는 분업과 직무 전문화를 통해 이루어진다. **분업**(division of labor)은 조직의 작업을 작은 과업으로 세분화한다는 뜻이다. 여러 개인과 단위가 조직 전반에 걸쳐 다른 과업을 수행한다. 결국 **전문화**(specialization)는 다른 사람 혹은 집단이 종종 전체 과업의 특정한 부분을 수행한다는 사실을 가리킨다. 물론 두 가지 개념은 밀접하게 관계된다. 비서와 회계는 특화되며 다른 직무를 수행한다. 마찬가지로 마케팅과 재무 및 인적자원 과업은 각각의 부서로 나눠진다. 조직에서 수행해야 하는 수많은 과업이 전문화되어야 하고 분업이 필요하다. 그렇지 않을 경우 조직의 전체 작업의 복잡성으로 인해 개인이 하기에는 너무 과중하다.

많은 하위 단위가 존재하고 다르게 생각하는 많은 유형의 전문가가 있을 때 차별화가 높다. 복잡하고 동적인 환경의 조직은 복잡한 도전에 대처하기 위하여 높은 수준의 차별화를 개발했다. 간단하고 안정된 환경의 기업은 낮은 수준의 차별화를 유지한다. 중간 환경의 기업은 중간 수준의 차별화를 한다.

2) 통합화

조직이 그들의 구조를 차별화함에 따라 경영자는 통합화의 이슈를 동시에 고려해야 한다. 조직에서 모든 전문 과업은 완전히 독립적으로 수행할 수 없다. 다른 단위는 더 큰 조직의 일부분이기 때문에 그들 사이에는 몇 가지 수준의 소통과 협동이 존재해야 한다. 통합화와 그와 관련된 개념인 **조정**(coordination)은 조직의 전체 임무를 달성하기 위해 조직의 다양한 부분을 연결하는 것을 말한다.

통합화는 협동과 조정을 고양시키는 구조적 기제(메커니즘)를 통해 달성된다. 다른 작업 단위로 연결된 임의의 직무 활동이 통합 기능을 수행한다. 당신의 기업을 보다 더 고도로 차별화하면 할수록 다른 단위 간의 통합화가 더 필요하다. 고도로 차별화된 기업은 또한 높은 수준의 통합화를 할 때 성공적이다. 조직은 복잡한 환경에서 존재하고 고도로 차별화하였지만, 그들의 활동을 적절하게 통합하는 데 실패할 경우에 보다 더 실패할 가능성이 높다.

이러한 개념들은 다음에 좀 더 심층적으로 살펴보기로 하자. 먼저 우리는 조직구조 내에서 수직 차별화를 논의할 것이다. 여기에는 위임과 분권화와 관련된 이슈뿐만 아니라 조직 내의 권한, 이사회, 최고경영자, 계층 수준과 관련된 이슈가 포함된다. 다음에 부문화에 관한 이슈를 포함하여 조직구조 내의 수평 차별화에 대해 논의한다. 마지막으로 조정, 조직적 역할, 상호의존성, 경계 범위 등을 포함하여 구조적 통합화와 관련된 이슈를 논의한다.

6.2 수직 구조

보고 관계, 권한, 책임과 같은 이슈를 이해하기 위해서는 기업 구조의 수직적 차원으로부터 시작할 필요가 있다. **기업의 지배(소유 경영)구조(Corporate governance)**는 기업의 간부 직원과 이사회에 의해 기업을 감독하는 것을 말한다. 기업의 지배구조에 대한 대중의 신임이 최근에 무너지고 있다. 기업의 지배구조를 주의깊고, 객관적이며, 이해 관계자들의 장기적인 관심사를 위해 일하는 것을 보장하기 위해 법적이고 내부적인 변화가 이루어지고 있다.

기업의 지배구조는 통상 기업 내부의 의사결정시스템, 이사회와 감사의 역할과 기능, 경영자와 주주와의 관계 등을 총칭한다. 보다 엄밀하게 말하면, 기업을 둘러싼 환경 전체를 상정하는 광의의 해석이 있고 기업 내부에 초점을 맞춘 협의의 해석이 있다. 넓게는 기업경영과 관련된 의사결정에 영향을 미치는 요소로 이해할 수 있다. 기업경영 환경에는 기업 내부의 의사결정시스템은 물론 시장에 대한 규제, 금융 감독체계, 관행 및 의식 등이 망라된다. 좁게는 기업경영자가 이해관계자, 특히 주주의 이익을 위해 역할을 다할 수 있도록 감시 통제하는 체계를 의미한다. 우리나라의 경우 기업지배구조 개선작업은 사외이사제도 도입, 감사의 독립성 제고, 회계제도의 선진화, 주주 권리의 강화, 금융 감독체계 강화 등을 기본 골격으로 진행되고 있다. 그동안 미국을 중심으로 하는 선진국에서는 우수한 기업지배구조가 기업경쟁력의 원천이며 각국 경제의 장기적 안정성장의 기본요건이라는 인식이 확산돼 왔다. 이러한 인식은 경제와 자본시장의 국제화가 가속화되면서 기업지배구조에 대한 국제규범을 만들어야 한다는 견해로 발전되기도 했다. 단적인 예로 OECD는 최근 '기업지배구조의 기본원칙'을 마련했는데 이는 주주 자본주의에 바탕을 둔 영미식 기업지배모형이 중심이다.

1) 조직의 권한

권한(authority)은 결정을 하고 다른 사람에게 무엇을 하라고 명령하는 정당한 권리이다. 예를 들어, 최고경영자는 부하 직원에게 명령을 할 권한을 갖는다. 권한은 사람보다 직위에 있다. 사기업에서 소유주는 최종 권한을 갖는다. 대부분의 소규모, 간단한 구조의 기업에서 소유주는 또한 관리자로 행동한다. 가끔 소유주는 사업과 기업 고용인을 관리하기 위해 또 다른 사람을 고용한다. 소유주는 이 관리자에게 작업을 감독하도록 약간의 권한을 주지만, 관리자는 소유주에게 책임을 진다. 따라서 소유주는 여전히 궁극적인 권한을 갖는다.

전통적으로 권한은 조직을 가동하는 1차 수단이었다. 최고경영자의 명령을 보통 하위계층의 고용인이 수행한다. 이러한 일은 조직에서 매일같이 일어나므로 조직은 조직의 목적을 달성하기 위해 앞으로 나아갈 수 있다. 권한은 계층 전반에 걸쳐 실행된다. 이러한 권한의 일상 작용으로 조직은 조직의 목적을 달성하는 방향으로 나아간다.

조직의 권한 구조에 대하여 살펴보기로 하자.

❖ 이사회와 최고경영자의 역할

이사회는 이해관계자에게 보고한다. 이사회는 관리를 통제하거나 조언을 하고, 기업의 법적인 면과 다른 관심사를 고려하며 이해관계자들의 권리를 보호한다. 최고경영자는 이사회에 보고하며, 조직의 성능에 책임을 진다.

❖ 이사회

기업에서 소유주는 주주이다. 그러나 수많은 이해관계자로서의 개인들은 일반적으로 정보가 부족하거나 없으므로 소수의 사람들이 조직을 관리한다. 이해관계자들은 조직을 감독하기 위하여 이사회를 선출한다. 이사회는 적어도 3가지 이상의 의무를 수행한다.

(1)CEO를 선출하고, 평가하고, 보상하고, 교체한다. (2)기업의 전략과 방향을 결정하고, 재무 성능을 검토한다. (3)윤리적, 사회적 책임 및 법적인 행위를 보장한다.

일부 고위 간부를 이사회가 임명하는데 이를 사내 중역이라고 한다. 이사회의 외부 요원들은 다른 기업의 중역이 맡는 경향이 있다. 오늘날 대부분의 기업들은 대부분이 사내 중역(이사)이다. 강력하고 독립적인 국외자로 이루어진 이사회는 다른 정보와 관점을 제공할 가능성이 더 많으며 커다란 실수를 방지할 수 있다. 성공적인 이사회는 기업의 전략을 결정할 때 능동적이고 비판적인 참여자로 이루어진 이사회이다.

❖ 최고경영자

이사회에 공식적으로 부여된 권한을 조직 피라미드의 최상부에 위치한 최고경영자

(CEO)에게 할당한다. CEO는 개인적으로 이사회에 책임을 지며, 조직의 성과에 대해 소유주에게 책임을 진다.

❖ 최고경영팀

점차 CEO가 그의 권한을 최고경영팀의 다른 핵심 요원과 공유하는 경향이 늘어나고 있다. 최고경영팀은 전형적으로 CEO, 회장, 업무집행담당 책임자(총괄 사장), 수석 재무담당관, 기타 핵심 간부로 구성된다. CEO가 단독으로 중요한 결정을 하는 대신에 최고경영팀과 정기적으로 만나 그 구성원으로서 결정을 한다.

2) 계층 수준

제1장에서 우리는 계층이라고 부르는 세 가지 광범위한 수준의 조직 피라미드를 살펴보았다. CEO는 최상층에 위치하며 최고 경영 수석 요원이다. 최고 경영 수준에는 또한 회장과 부회장이 포함된다. 이들은 전체 조직을 담당하는 전략적 관리자이다. 두 번째 광범위한 수준은 중간 관리층이다. 이 수준에서 관리자는 플랜트 혹은 부서를 담당한다. 가장 낮은 수준은 낮은 관리층과 직원으로 구성된다. 여기에는 사무 관리자, 판매 관리자, 감독관, 기타 일선 관리자와 그들에게 직접 보고하는 고용인이 포함된다. 이 수준을 또한 조직의 운영수준이라고 부른다.

권한 구조는 이러한 수준을 서로 유지하는 접착제이다. 일반적으로 높은 수준에 있는 사람이 결정을 하고 하위 계층의 사람들에게 명령을 할 권한을 갖는다. 최근에는 계층의 수가 감소하고 있는 경향이다. 오늘날 대부분의 경영자는 계층이 적을수록 더 효율적이고 신속하게 활동하고, 비용 효과가 높다고 믿고 있다. 이는 또한 주요 기업의 하위 단위인 경우에도 유효하다.

3) 통솔 범위

경영자(관리자) 밑에 있는 사람의 수가 조직구조의 중요한 특징이다. 경영 간부 혹은 감독관에게 직접 보고하는 부하 직원의 수를 **통솔 범위(관리의 한계)**(span of control)라고 부른다. 크기가 일정할 때 통솔 범위가 좁으면 보고 수준이 많은 키가 큰 조직이 되며, 통솔 범위가 넓으면 보고 수준이 적은 납작한 조직이 된다. 언제나 적절한 통솔 범위는 존재하지 않는다. 통솔 범위는 너무 좁거나 너무 넓을 수 있다. 최적의 통솔 범위는 관리자가 부하 직원에 대한 통제를 유지할 수 있을 정도로 충분히 좁지만, 과잉 통제 및 소수의 부하직원을 감독하는 과도한 수의 관리자로 이어지지 않기 때문에 효과를 극대화한다. 최적의 부하 직원의 수는 얼마인가? 나폴레옹의 경우에 최적의 통솔 범위의 수를

5명으로 보았으며, 오늘날 일부 관리자 역시 5명이 적절한 것으로 보고 있다.

실제로 최적의 통솔 범위는 작업의 특징, 참모(부하 직원), 관리자 및 조직에 의해 결정된다.

(1)작업이 분명하게 정의되고, 모호하지 않으며 (2)부하 직원이 고도로 훈련을 받았으며 정보에 잘 접근하고 (3)관리자가 고도로 능력이 있으며 잘 도와주며 (4)과업이 단순하고 성능 척도가 비교가능하며 (5)부하 직원이 밀접하게 관리 통제를 받는 것보다 자율을 선호하는 경우에는 통솔 범위가 넓어야 한다. 그와 반대인 조건이 존재하면, 통솔 범위가 좁은 것이 더 적절하다.

4) 위임

조직을 살펴보면 위임의 문제가 가장 중요하기 때문에 권한이 다양한 수준과 통제 범위에 걸쳐 분산되고 있음을 알 수 있다. **위임**(delegation)은 과업과 책임을 하위 수준의 부하 직원에게 할당하는 것이다. 할당이 얼마나 효과적으로 이루어졌는지에 대해 부하 직원은 그의 상관에게 보고하는 것이 필요하다. 관리는 다른 사람을 통해 일을 수행하는 것을 수반하기 때문에 위임은 관리의 가장 기본적인 특징일 것이다. 따라서 위임은 모든 계층 수준에서 중요하다. 그 과정은 어떤 유형의 구조에서든 임의의 과업과 관련하여 2 사람 사이에서도 발생할 수 있다.

어떤 경영자는 부하 직원에게 쉽게 권한을 위임하지만, 다른 경영자는 그렇지 않다.

❖ 책임, 권한, 의무

일을 위임할 때 권한, 책임, 의무에 관한 개념의 중요한 차이점을 명심하는 것이 유용하다. **책임**(responsibility)은 종업원이 수행해야 할 과업을 할당받는 것을 의미한다. 작업 책임을 위임할 때 관리자는 또한 그 과업을 수행하는 데 충분한 권한을 부하 직원에게 위임해야 한다. **권한**(authority)은 책임을 충족하는 데 필요한 결정을 하고, 다른 사람에게 무엇을 하라고 명령을 하고, 자원을 이용하고 분배하는 힘과 권리를 말한다. 역설적으로, 사람들에게는 권한보다 책임이 더 많은 것이 보통이다. 그들은 순전히 권한에 의존하는 대신에 공적인 영향 전술을 통해 최선을 다해 일을 수행해야 한다. 경영자가 책임을 위임하면 부하 직원은 그 결과를 달성할 의무(책무)가 있다. **의무**(accountability)는 하위 관리자가 과업을 수행하기 위해 종속되기를 기대하며, 부하 직원이 그 일을 실패하면 교정 작업을 수행할 권리를 말한다. 부하 직원은 필요시 그가 수행한 성과 품질과 상태를 상부에 보고해야 한다. 그러나 최종적인 책임은 위임을 한 경영자(관리자)에게 있다. 경영자(관리자)는 그들 자신의 행동에 책임과 의무가 있을 뿐만 아니라, 그들 부하 직원들의 행동에 대해서도 책임과 의무가 있다. 따라서 경영자(관리자)는 그들 자신의 책임을 회피할 수단으로 타인에게 위임을 해서는 안 된다. 그러나 많은 경우에 경영자(관리자)는 부하 직원의 행동에 책임을 지려고 하지 않는다. 경영자(관리자)는 종종 그들이 저지른 실수에 책임이 없다는 것을 보장하기 위해 다른 사람에게 책임을 전가한다.

❖ 위임의 이점

작업을 위임하면 경영자(관리자), 참모(부하 직원), 조직에게 많은 이점을 가져다준다. 경영자는 그의 책임을 타인에게 줌으로써 시간을 절약할 수 있다. 그럼으로써 경영자는 계획, 목표 설정, 성과 감시 등과 같은 다른 중요하고 높은 수준의 활동에 에너지를 자유롭게 전념할 수 있다. 위임은 기본적으로 부하 직원에게 더 중요한 과업을 제공한다. 부하 직원은 새로운 기술을 개발할 기회를 획득하고, 추가적인 책임과 더불어 아마도 승진에 대한 가능성을 나타낼 수 있다.

조직은 또한 보상을 받는다. 경영자(관리자)가 중요한 관리 기능에 더 많은 시간을 기울이고 하위 수준의 종업원이 할당한 과업을 수행한다는 것은 일이 보다 더 효율적이고 비용 효과가 높은 방법으로 수행된다는 뜻이다.

❖ 위임 방법

위에서 언급한 이점을 달성하기 위해서는 위임을 적절하게 해야 한다. 그림 6.2에서 보는 바와 같이 효과적인 위임 과정은 여러 단계를 통해 진행된다.

위임 과정의 첫 단계는 목적을 정의하는 것으로, 경영자(관리자)는 그가 원하는 결과를 분명하게 이해하는 것이 필요하다. 그리고 경영자(관리자)는 과업을 수행할 수 있는 사람을 선발해야 한다. 선임된 사람에게는 과업을 성공적으로 수행하는 데 필요한 권한, 시간, 자원을 주어야 한다. 위임 과정 전반에 걸쳐 경영자(관리자)와 부하 직원은 함께 일해야 하며 프로젝트에 대해 소통해야 한다. 경영자(관리자)는 처음부터 부하 직원의 생각을 알아야 하며, 주기적인 회합 혹은 검토회의에서 경과나 문제점에 관하여 물어보아야 한다. 따라서 부하 직원이 할당된 과업을 수행하였을지라도 경영자(관리자)는 그 과업의 현황을 인식하고 이용해야 한다.

부하 직원을 규율하고 성과 검토를 수행하는 것과 같은 일부 과업은 위임할 수 없다. 경영자(관리자)의 실수는 보통 위임을 너무 많이 하는 것보다는 위임을 너무 적게 한 경우가 많다. 효과적이기 위해서 과정을 면밀히 관리해야 한다. 경영자(관리자)는 목적을 정의해야 하며, 인원을 선택하고, 의견을 요청하고, 자원을 제공하고, 일정을 점검하고, 과정을 주기적으로 토론해야 한다. 위임을 하지 않을 경우에는 당신은 단지 일만을 해야 하지만, 더 많은 위임을 하면 조직을 구축하고(building) 관리하는 일(Managing)을 더 잘할 수 있다.

5) 분권화

책임과 권한의 위임이 의사결정을 분권화한다(decentralize). **중앙집권적인 조직(centralized organization)**에서 중요한 결정은 보통 최상층부에서 이루어진다. **분권적인 조직(decentralized organization)**에서는 더 많은 결정이 하위 수준에서 이루어진다. 이상적으로, 의사결정은 문제에 대한 지식을 가장 많이 가지고 있으며 가장 직접적으로 영향을 받는 사람의 수준에서 발생한다. 이는 빠르게 변하는 비즈니스 환경에서 신속한 결정을 해야 할 때 특히 중요하다.

오늘날 대부분의 경영자는 아래로 적용 지점까지 권한을 주는 분권적인 의사결정의 이점을 이해하고 있다. 문제와 기회를 직접 다룰 수준에서 가장 관련된 정보를 가지며, 결정의 결과를 가장 잘 예견할 수 있다. 경영자는 또한 분권화된 방법이 사람들에게 보다 적시에 행동을 수행할 수 있게 한다는 것을 알고 있다. 세계에서 가장 큰 글로벌 기업인 AES의 경우 모든 결정은 조직의 가장 낮은 수준에서 이루어지고 있다. 예컨대 이 기업의 플랜트 팀은 운영 및 정비에 관해 모든 책임을 지고 있다.

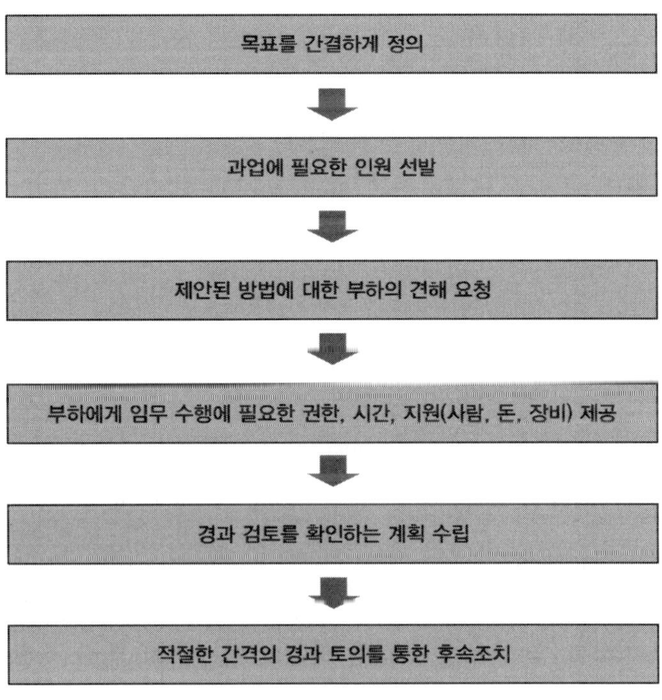

그림 6.2 효과적인 위임 단계

6.3 수평 구조

지금까지 우리는 주로 조직구조의 수직적 측면에 대해 살펴보았다. 권한, 통솔 범위, 위임 및 분권화에 관한 이슈는 경영자(관리자)와 고용인이 다른 수준의 또 다른 사람과 어떻게 관련되어 있는가에 대한 생각을 준다는 점에서 중요하다. 동시에 수직 차별화와 수평 차별화를 분리하는 것은 요소가 동시에 작동하기 때문에 다소 인위적이다. 과업이 복잡해짐에 따라 조직은 필연적으로 세분화 즉, 작은 단위 혹은 부서로 부문화해야 한다. 우선, 라인과 참모부서의 차이점을 알아야 한다. **라인 부서**(line departments)는 조직의 1차 재화와 서비스를 직접 다루는 단위이다. 이들은 실질적으로 주어진 각각의 과업을 실행하고, 물건을 판매하고, 고객에게 서비스를 제공한다. 예를 들어, GM에서 라인 부서는 제품 설계, 제작, 조립, 유통과 같은 부서이다. 라인 관리자는 전형적으로 조직에서 많은 권한과 힘을 갖는다. 이들은 주요 운영 결정에 관한 권한을 가지며, 또한 그들 결정의 최종 결과에 대해 책임을 진다.

참모부서(staff departments)는 라인 부서를 지원하기 위해 특수 혹은 전문기술을 제공하는 부서이다. 여기에는 연구, 법률, 회계, 공공관계, 인적자원 부서가 포함된다. 이렇게 특화된 단위는 각 부서 고유의 부회장이 있으며, 일부는 회계 혹은 재무 그룹 승인과 예산 활동을 감시할 때 대단히 많은 권한을 부여받고 있다. 과거에는 참모부서가 성능 감시 및 통제 업무에 초점이 맞춰져 있었지만, 오늘날 대부분의 참모부서는 전략 지원과 수출 조언과 같은 새로운 역할로 이동하고 있다.

조직이 여러 단위로 과업을 세분화함에 따라 우리는 부서들이 무리 짓고 배열되는 방식을 통해 패턴을 파악할 수 있다. 부문화의 3가지 기본 방식은 직능제, 사업부제, 매트릭스 방식이다. 이들 각각에 대하여 살펴보고 몇 가지 유사성과 차이점에 주목하기로 하자.

1) 직능식 조직

직능식 조직(functional organization)에서 과업과 부서는 사업 기능과 그들이 필요한 기술(생산, 마케팅, 인적자원, 연구개발, 재무, 회계 등)에 따라 전문화되어 분류된다. 아마도 가장 기본적인 수준에서 기업의 가치사슬을 중심으로 조직되는 직능식 구조를 생각할 수 있다. **가치사슬**(value chain)은 원재료에서 제품 혹은 서비스의 전달까지 흐름의 순서 혹은 활동을 말한다. 즉, 제품 혹은 서비스를 창출하기 위해 수행되는 각각의 활동 간의 관계를 의미한다. 그림 6.3(a)는 일반적인 가치사슬을, 그림 6.3(b)는 조직이 직능식 구조로 어떻게 변환되는가를 보여주고 있다.

직능식 부문화는 대형 및 소형 조직에서 일반적이다. 대기업은 여러 개의 다른 직능 분류로 조직할 수 있다.

전통적인 직능식 부문화 방법은 조직에 많은 잠재적인 이점을 제공한다.

1. 규모의 경제를 실현할 수 있다.
2. 환경 감시에 더 효과적이다.
3. 성과 표준을 더 잘 유지할 수 있다.
4. 구성원들이 전문화된 훈련과 심층 기술을 개발할 기회가 더 많다.
5. 기술 전문가의 관리(행정) 활동이 비교적 자유롭다.
6. 의사결정과 소통 라인을 간단하고 분명하게 이해할 수 있다.

이상의 이점을 가진 반면에 직능식 조직은 부작용도 있다. 구성원들이 전체로서의 기업보다 부서 고유의 직능과 과업에 더 관심을 기울임으로써 최종 제품의 품질과 고객 만족에 주목하지 못할 수 있다. 관리자의 직능 전문지식은 발달하지만 타 분야의 지식은 얻지 못한다. 전문가는 될 수 있을지언정 다방면에 박식한 보편론자가 되지 못할 수 있다.

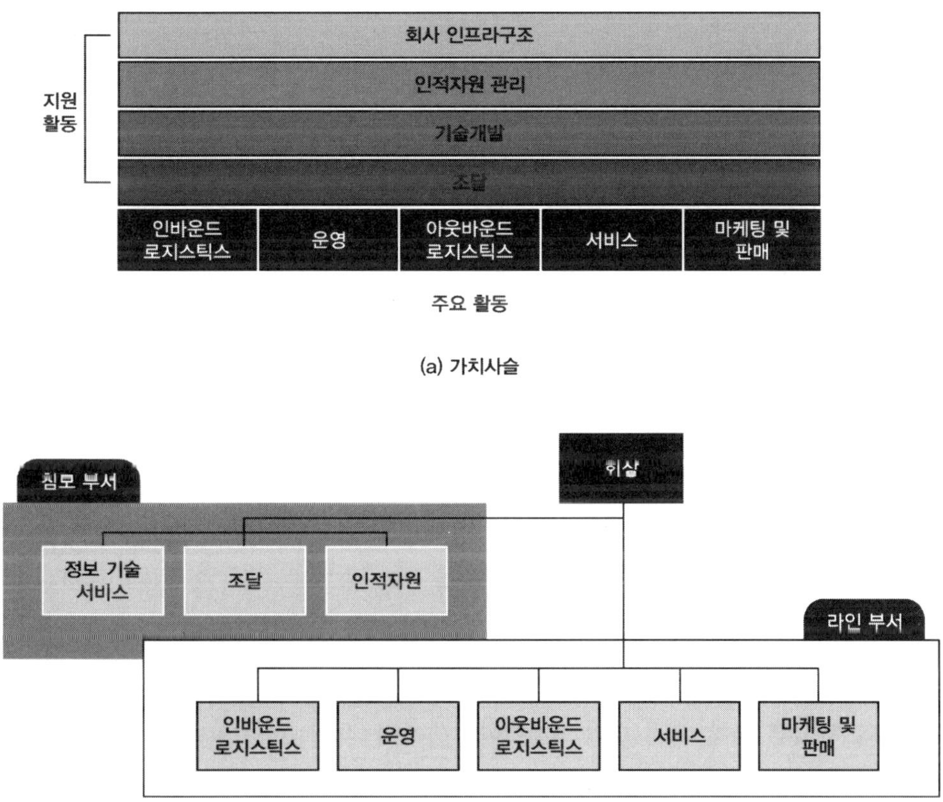

(b) 직능구조

그림 6.3 가치사슬과 직능구조; (a)가치사슬, (b)직능구조

직능 간에 갈등이 일어나고 소통과 조정이 떨어진다. 요약하면, 직능상의 차별화는 존재하지만 직능상의 통합화는 존재하지 않을 수 있다.

그 결과 직능식 구조는 다소 단순하고 안정된 환경에 적절하다. 조직이 분열되면 시장에 출시할 제품을 개발하기 어렵고 고객 수요와 환경의 변화에 빠르게 대응할 수 없다. 특히 기업이 성장하고 사업 환경이 바뀔 때 조직이 보다 유연하고 대응적일 수 있도록 과업 분야를 보다 효과적으로 통합할 필요성이 제기된다. 이 경우 다른 형태의 부문화가 직능식 구조보다 더 유연하고 대응적일 수 있다.

총합 품질, 고객 서비스, 혁신, 속도에 대한 요구로 인해 일부 기업의 직능식 형태의 단점이 선명히 드러나고 있다. 직능식 조직은 고도로 차별화되면서 직능 간의 조정에 장벽이 되고 있다. 복합 직능식 조정이 총합 품질, 고객 서비스, 혁신 및 속도에서 긴요하다. 한편, 직능식 조직은 부분적으로 직능 전문가가 항상 필요할 것이기 때문에 사라지지 않을 것이지만, 직능 관리자는 더 적은 결정을 내릴 것이다. 따라서 더 중요한 단위로 제품, 공정 혹은 고객에게 통합적인 대응을 하는 복합 직능팀이 필요하다.

표 6.1 직능식 조직 및 사업부제 조직의 예

직능식 조직	사업부제 조직
– 중앙 구매 부서 – 별도의 회사 전반에 걸친 마케팅, 생산, 설계, 공학(기술)부서 – 중심도시 보건위생국 – 공장 전반에 걸친 검사, 정비 및 공급 부서 – 대학 통계학과에서 전체 대학에 필요한 통계학 교습	– 각 부서에 고유의 구매부서가 있음 – 각 생산 그룹이 마케팅, 설계, 생산 및 공학(기술)에 대한 전문지식을 가지고 있음 – 학군과 교도소에 자체 보건위생부서가 있음 – 생산 팀이 자체 검사, 정비 및 공급 수행 – 각 학과가 자체 학생을 가르치기 위해 통계 전문가를 고용함

2) 사업부제 조직

직능조직의 단점으로 인해 점차 **사업부제 조직**(divisional organization)으로 이행되고 있다. 조직이 성장하고 분화될수록 직능식 부서로는 다양한 제품, 고객, 지역을 관리할 수 없다는 것을 알게 되었다. 이 경우에 조직은 그룹의 모든 직능을 단일 부서로 모으기 위해 재건설하고, 각 직능을 모든 부문으로 복제하여야 한다. 사업부서 A는 고유의 업무와 마케팅 부서를 갖는다. 사업부서 B 역시 고유의 업무와 마케팅 부서를 갖는다. 이 점에서 별개의 사업부는 별개의 사업 혹은 이익센터와 같이 활동하며 전체 기업의 목적을 달성하기 위해 자율적으로 작업한다. 즉, 사업부제 조직은 대규모 직능별 부문구조를 보다 작은 단위로 분할하고, 각 단위조직이 각기 자신의 목표달성에 대한 책임을 질 수 있는 독립된 경영단위가 되도록 하는 특수한 조직 형태이다. 표 6.1은 직능식 조직과 사업부제 조직에서 동일한 과업이 어떻게 조직될 것인가에 대한 예를 보여주고 있다.

사업부제 구조를 만드는 여러 가지 방법이 있는데, 여기서는 제품별, 고객 및 지역별 사업부제를 살펴보자.

❖ 제품별 사업부제

제품별 사업부제 조직에서 주어진 제품에 기여하는 모든 직능은 한 명의 관리자 아래에 조직된다. 제품 조직에서 관리자는 특정한 제품을 제품 관리자에게 보고하는 직능을 담당한다. Johnson & Johnson이 이러한 형태의 한 예이다. 제품별 사업부제 조직이란 기업 전체의 입장에서 볼 때 제조상 또는 판매상 동질성을 갖는 제품을 분리하여 이들이 자주적인 제품 단위가 될 수 있도록 독자적인 제품 사업부를 마련하는 것을 말한다. 이때 제품별 사업부는 제조, 판매, 기술, 재무, 인사와 같은 주요 직능을 갖고 독자적인 사업단위로서의 역할을 담당하여 이익 중심점의 역할을 하게 된다. 따라서 각 사업부는 제품의 종류 및 가격의 결정에서부터 실질적인 제조활동 및 판매활동에 이르기까지의 모두 직능을 수행하기 때문에 마치 단독적인 독립기업체와 같은 인상을 준다.

제품별 사업부제 조직의 장점은 다음과 같다.

1. 정보 요구를 보다 용이하게 관리할 수 있다.
2. 구성원들이 특정 제품 라인에 전념할 수 있다.
3. 과업 책임이 명확하다.
4. 구성원들이 보다 더 광범위한 훈련을 받는다.

제품별 사업부제 구조가 직능식 구조보다 더 유연하기 때문에 변화에 신속하게 적응해야 하는 불안정한 환경에서 가장 적합하다. 그러나 제품별 사업부제 구조 또한 단점이 있다. 제품 라인과 부서 간에 조정이 어렵다. 그리고 비록 관리자가 다방면에 박식한 보편론자가 되기 위해 애쓰지만, 그들은 직능식 구조에서 개발하는 심도 있는 직능적 전문지식을 획득할 수 없다.

더욱이 모든 제품 라인과 부서에서 수행할 수 있는 직능이 본부에 집중되어 있지 않다. 그러한 노력의 중복은 비용이 많이 소모된다. 또한 의사결정이 이 구조에서 분권화되므로 최고 경영자가 부서에서 이루어지는 결정을 일부 통제할 수 없게 된다. 분권화와 위임을 둘러싼 이슈 모두를 적절하게 관리하는 것이 이 구조가 효과적이 되는 데 필수적이다.

❖ 고객 및 지역별 사업부제 조직

일부 기업은 고객 그룹이나 지역을 중심으로 사업 일체에 대하여 사업부장이 직접 책임을 지는 사업부제를 구축한다. 이와 같은 사업부제 조직은 고객의 기호와 요구가 지역에 따라서 다르게 나타나거나 제품의 제조활동상 필요한 재료를 특정 지역에서 공급받는 것이 유리하다고 판단되는 경우이다. 즉 고객의 요구와 기호에 부합되는 마케팅 전략을 구상할 수 있도록 시장을 지역별로 세분화하여 각 시장의 특성에 적합한 판매 노력을 기울여야 할 때 지역별 사업부제가 필요하다(그림 6.4).

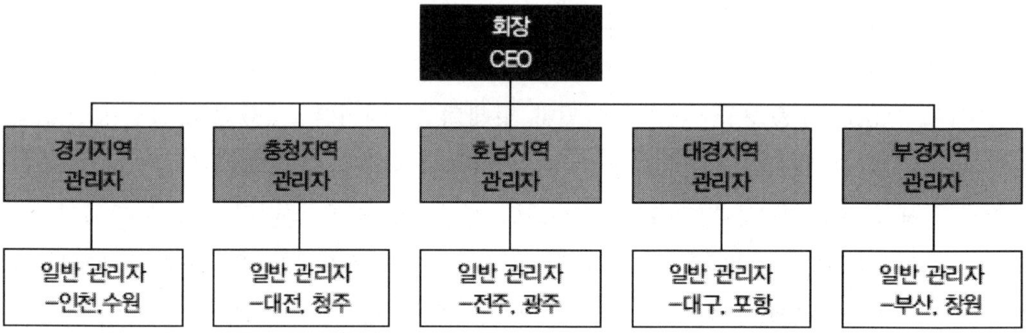

그림 6.4 지역별 사업부제 조직

고객 및 지역별 사업부제 조직의 장점은 고객의 요구에 초점을 맞추고 보다 빨리, 그리고 더 좋은 서비스를 제공할 수 있다는 점이다. 그러나 많은 고객 그룹과 지역에서의 중복되는 활동에 비용이 많이 든다는 단점이 있다. 또한 최고경영자의 통제 문제, 고객 집단의 특성에 따라 인적, 물적 자원의 완전한 고용이 불가능할 수 있는 점 등을 들 수 있다.

3) 매트릭스 조직

매트릭스 조직의 본질은 직능의 부문화와 제품의 부문화를 같은 조직구조로 결합시키는 것이다. 매트릭스 조직은 직능과 제품의 두 부문을 결합시킴으로써 단일 활동을 위한 여러 요소들의 동시성을 증진시킬 수 있고, 규모의 경제를 향상시킬 수 있으며, 고객과 기업에 더 좋은 서비스를 제공할 수 있다. 이와 같은 매트릭스 조직에서 감독은 기술 관리자와 부서(행정) 관리자로서의 이중성을 띠게 되고, 몇 개의 보고시스템을 통합하게 되며 의사결정의 전달을 위한 매트릭스를 짜 넣어야 한다. 그림 6.5는 기본적인 매트릭스 구조를 예시하고 있다.

매트릭스 구조 형태는 항공우주산업에서 연유하여 오늘날 병원, 헬스 케어, 기업 조직, 정부실험실, 다국적기업 등에서 이용되고 있다. 현재 매트릭스 구조 형태를 선호하는 기업으로는 IBM, GE, Xerox, Shell Oil, Dow Corning 등이 있다.

❖ 매트릭스 구조 형태의 장단점

다른 조직구조와 마찬가지로 매트릭스 구조도 장단점이 있다. 표 6.2는 매트릭스 구조를 사용할 때의 장점을 요약하고 있다. 주요한 장점으로는 높은 수준의 유연성과 적응성이다.

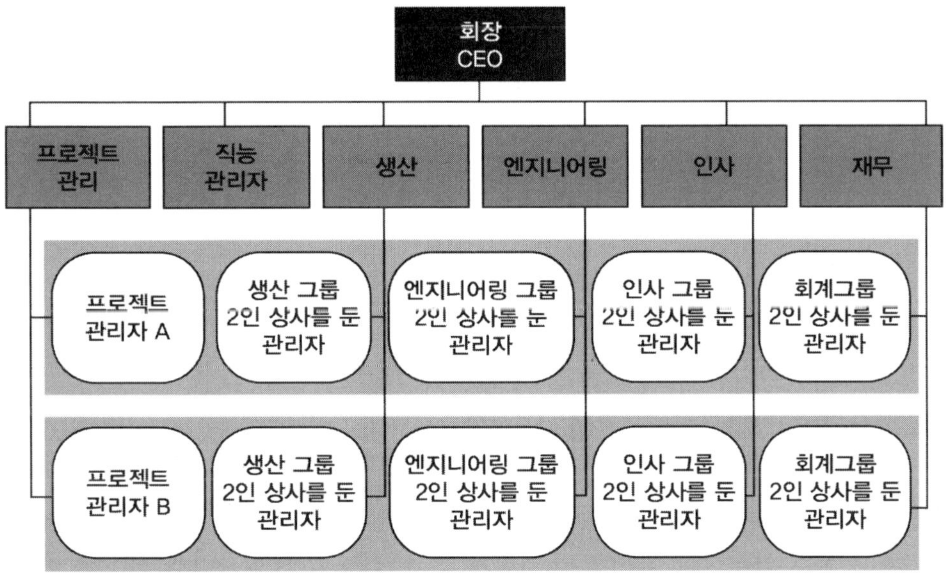

그림 6.5 매트릭스 조직구조

표 6.2 매트릭스 구조의 장점

1. 정보를 적절하게 처리하고 관련 지식을 적용하는 하위계층으로 의사결정이 분권화된다.
2. 광범위한 의사소통 네트워크는 많은 양의 정보를 처리하는 데 유용하다.
3. 적절한 수준으로 결정을 위임함으로써, 고위 관리 수준은 운영적 의사결정으로 인한 과부하가 없다.
4. 빈번한 만남과 정보의 상호 교류를 통해 고용인이 직능에 필요한 협동기술을 배울 수 있다.
5. 구성원들은 조직의 양쪽에서 사용할 수 있는 그들 자신의 지식과 재능을 개발할 수 있는 기회를 부여받을 수 있다.
6. 핵심 자원을 여러 중요 프로그램 혹은 제품에서 동시에 공유할 수 있으므로 자원의 활용이 효과적이다.

표 6.3 매트릭스 구조의 단점

1. 1차 책임이라고 느끼는 단일 상급자가 없으므로 혼란이 야기될 수 있다.
2. 부하 직원들을 공유하는 관리자들의 권력 다툼을 조장한다.
3. 매트릭스 관리가 그룹 의사결정과 같다는 잘못된 믿음이 발생할 수 있다. 곧, 모든 사람들이 모든 결정을 참조해야 한다.
4. 방임으로 인해 충분한 행동을 이끌어내지 못할 수 있다.

표 6.3은 매트릭스 조직의 단점을 요약하고 있다. 많은 단점들은 매트릭스 구조의 본질적인 특징인 명령통일의 원칙을 위배하고 있는 데서 유래하고 있다. 두 감독자에게 보고하는 것은 혼란을 야기할 수 있으며, 대인 관계를 어렵게 할 수 있다.

❖ 매트릭스 생존 기술

매트릭스의 핵심 관리자가 매트릭스 조직에서 요구하는 행동 기술을 배우게 되면 문제점을 대부분 피할 수 있다. 이러한 기술들은 그림 6.6에서 보여주고 있는 4명의 다이아몬드 구조의 과업에 따라 각기 다를 수 있다.

최고 경영자는 세력 균형을 배워 직능과 부서의 방향을 강조해야 한다. 제품 혹은 사업부문 관리자와 직능 관리자는 협동을 배우고 그들의 갈등을 건설적으로 관리해야 한다. 마지막으로 2명의 상급자를 모시는 관리자나 고용인은 두 상급자에게 어떻게 책임을 질 것인가를 배워야 한다. 이는 다중 수요에 우선순위를 매겨야 하며, 종종 갈등적인 명령을 조화시킬 줄 알아야 한다는 뜻이다.

일부 구성원들은 이러한 모호하고, 갈등적인 상황에서 불량하게(서투르게) 행동할 수

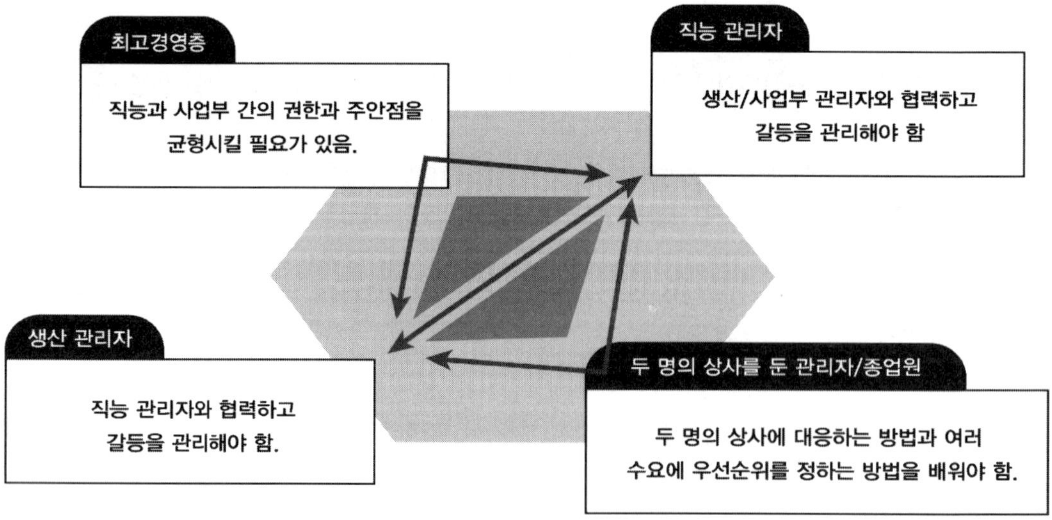

그림 6.6 매트릭스 다이아몬드

있다. 이러한 징후는 종종 기업에서 그들의 경력을 마감하는 것으로 귀결된다. 또 다른 구성원들은 두 감독자와 순향적이고 효과적으로 의사소통할 수 있으며, 어려움을 극복하고 이러한 일들을 건설적으로 관리하게 된다.

❖ 오늘날 매트릭스 형태

1980년대 후반 들어 매트릭스 형태의 대중성이 시들어감에 따라 많은 기업들은 매트릭스 형태를 구현하는 데 어려움을 겪었다. 그러나 최근 들어 매트릭스 형태가 다시 강조되고 있다. 그 이유는 비용을 강조하고 더 빠르게 시장에 진입하려는 압력이 사업 단위에서의 더 나은 조화를 필요로 하며, 글로벌 사업전략에 따라 기업에 대한 국가 간의 조화가 필요했기 때문이다. 매트릭스에 의해 만들어지는 많은 도전이 국제적인 관점에서 특히 격심하다. 매트릭스 구조는 바뀌지 않았지만 매트릭스에 대한 우리의 이해는 바뀌었다. 오늘날의 매트릭스를 관리하는 핵심은 구조 자체의 형식이 아니라 매트릭스가 하나의 과정이라는 자각이다. 환경적인 복잡성에 대응하기 위해 기업은 다차원적으로 매트릭스 형태를 채택해야 하는 문제에서 오는 어려움에도 불구하고, 유연한 조직을 구축하기 위해 단지 구조를 변화시키려는 노력에서 더 나아갈 필요가 있다. 형식적인 구조는 단지 조직의 구조일 뿐이다. 더불어 경영자는 조직의 생리적인 측면도 주의를 기울어야 한다. 조직을 통해 정보가 흐르도록 하는 관계-그리고 그 생리-규범, 가치, 그리고 구성원들이 생각하고 행동하는 방식을 느끼고 이해해야 한다. 다음 장의 대응 조직과 4부(지휘화)에서 이러한 이슈와 관련하여 구성원들을 어떻게 이끌고 관리하는 것에 초점을 맞추어 살펴보도록 하자. 이러한 이슈는 또한 통제와 문화에서도 다시 발생한다.

❖ 매트릭스 조직의 여러 형태

매트릭스 조직은 직능 조직과 제품 조직 사이의 연속선상에 존재함으로써 여러 가지 형태로 나타날 수 있다. 조직은 직능적인 것으로부터 매트릭스 형태로 또는 제품적인 것으로부터 매트릭스 형태로 변화될 수 있다. 보통 매트릭스 조직으로 변화되는 과정은 발전적인 차원에서 이루어진다. 즉 현재의 조직구조가 급격한 기술의 혁신과 시장의 변화에 적응할 수 없다고 판단될 때, 경영자는 정상적인 경로를 벗어나서 업무처리의 방법과 절차를 마련하려고 한다.

매트릭스 조직의 발전과정은 먼저 특수임무 집단으로부터 출발하여 고정된 팀과 제품관리자의 단계를 거쳐 최종적으로 제품관리 부서에 이르는 순서를 밟게 된다.

1. **특수임무 집단**(task force): 경쟁자가 신제품을 개발하여 시장을 재빨리 장악할 때 신속한 대응책이 마련되어야 한다. 그러나 직능식 조직에서는 신제품 개발이 흔히

시간낭비를 초래한다. 왜냐하면 관련되는 여러 부문을 통합 · 조정하여야 하기 때문이다. 따라서 편리한 방법은 각 직능부문으로부터 필요한 인원을 차출하여 그들에게 신속하게 임무를 수행할 책임을 지게 하는 것이다. 이와 같은 특수임무 집단은 그 목적을 달성하고 난 후 구성원들이 본래의 위치로 복귀함으로써 해체된다.

- **고정된 팀**: 기술의 비약적인 발전에 힘입어 일련의 신제품들이 거듭하여 개발되어야 할 경우에는 일시적인 특수임무 집단의 개념은 효과를 거둘 수 없다. 따라서 다음 단계는 각 직능부문으로부터 차출된 대표자들로 영구적인 팀을 구성하는 것이다. 이와 같이 고정된 팀은 정규적으로 회합을 갖고 부문들 사이의 문제를 조정하고 해결한다. 물론 신제품 개발과 관련된 문제를 다루지 않을 때는 그 팀의 구성원들은 본래의 위치에서 일하게 된다.
- **제품관리자**: 기술혁신이 지속적으로 이루어져 신제품 개발이 생활의 수단이 될 정도이면 최고경영자는 제품관리자의 역할을 만들어 주어야 할 것이다. 어느 의미에서 제품관리자들은 팀을 이끄는 리더가 되기도 하지만 그것이 영구적인 직책은 아니다. 일반적으로 그들은 최고경영자에게 보고하는 위치에 있기는 하지만 팀의 구성원들을 다스리는 공식적인 권한을 갖지 못한다. 따라서 그들이 팀 구성원들에게 영향력을 행사하기 위해서는 그들의 전문적인 기술과 대인관계의 재능에 의존하는 수밖에 없다.
- **제품관리 부서**: 매트릭스 조직의 발전과정에 있어 최종 단계는 제품관리 부서를 창설하는 것이다. 최고경영자에게 보고하는 총 제품관리자와 각 제품별 관리자를 가지고 있는 조직을 만드는 것이다. 경우에 따라서 제품별 관리자들은 특정 직능 부문으로부터 선정되어 그들의 직능관리자들에게 직접 보고하게 된다. 따라서 매트릭스 조직을 적용하는 경우에 여러 가지 다양한 형태가 있을 수 있지만 어디까지나 기본 성격은 공통적인 권한의 창출과 이원적인 권한의 존속이다.

요컨대, 연속적인 발전과정에서 조직이 어느 곳에 멈추느냐 하는 문제는 상황요인에 달려있다. 특히 기술 및 제품 개발에 있어 변화의 속도가 중요하다. 결과적으로 나타나는 불확실성과 그 불확실성을 다루는 데 필요한 정보도 역시 여러 가지로 나타난다. 바로 이러한 점에서 매트릭스 조직은 대안적인 조직설계를 예시해주는 것이다.

6.4 조직적 통합화

비록 우리가 조직구조의 수직 및 수평적 차원을 다루었지만, 실제로는 구조적 차별화(differentiation)에 대해서만 초점을 맞추었다. 초기에 조직이 구조적으로 차별화됨에 따라 또한 통합화(integration)과 조정(coordination)에 주목해야 할 필요가 있다. 전문화와 분업으로 인해 각각의 관리자와 고용인 집단은 각기 다른 방향으로 전개된다. 고용인이 직능 부서에 있거나 부문그룹에 있느냐에 따라, 라인 혹은 참모냐에 따라 그들은 그들의 특수 작업 단위로 진행할 준비가 된 방향으로 생각하고 행동하게 된다. 간단히 말하면 구성원들은 다른 것을 잊어버리고 별개의 직능, 부문, 사업 단위에서 일하게 된다. 이럴 때 관리자는 그들의 모든 행동을 통합된 하나로 결합하는 데 어려움을 느끼게 된다.

경영자(관리자)가 독립된 부서와 개인이 공통 목적을 달성하기 위한 협업에 이르도록 하는 데 사용되는 여러 가지 방법이 있다. 그 조정 방법에는 표준화, 계획, 상호조정이 포함된다.

1) 표준화에 의한 조정

조직이 시간이 경과해도 변하지 않는 일상적이고 표준적인 작업 절차를 수립하여 활동을 조정할 때 작업이 표준화되었다고 말한다. **표준화**(standardization)는 모든 사람에게 균일하게 적용하는 규칙과 절차를 수립하는 것을 말한다. 표준화는 사람들이 하는 일을 규제하여 행동을 제약하고 다양한 단위를 통합한다. 표준 작업 절차가 있기 때문에 사람들은 종종 행동할 방법을 알고 있고, 어떻게 반응하는가를 알고 있다. 예컨대 종업원 지침서와 정책은 관리자가 종업원을 어떻게 규율하는지, 불량스런 고객을 다룰 때 어떤 행동을 해야 하는지 설명해준다.

조직은 또한 사람들이 어떻게 상호작용해야 하는지를 규칙과 규범에 의존할 수 있다. 이를 **공식화**(formalization)라고 한다. 예를 들어 출석, 복장, 예의에 관한 간단한 규정이 작업 시 많은 불확실성을 제거하는 데 도움을 줄 수 있다. 표준화와 공식화에 놓여있는 중요한 가정은 규칙과 절차를 전부는 아니더라도 대부분에게 적용해야 한다는 점이다. 그러므로 이러한 방법은 비교적 안정되고 일상적인 상황에서 적절하다. 일부 경우에 작업 환경의 유연성이 필요할 때 표준화에 의한 조정이 매우 효과적이지 않을 수 있다. 규칙과 절차가 종종 더딘 요식체계로 인해 문제점을 지적하느라 적시에 행동하는 것을 방해할 때, 이러한 상황을 우리는 종종 불필요한 요식행위(red tape)라고 한다.

2) 계획에 의한 조정

통합해야 하는 일에 규칙과 절차를 정확하게 배치하는 것이 어려울 때 조직은 상호 관련 단위에 대한 목적과 일정을 수립하여 보다 더 많은 자유범위(재량권)를 제공할 수 있다. **계획에 의한 조정**(coordination by plan)은 표준화에 의한 조정에서 필요한 것과 동일한 수준의 안정성과 일상화가 필요하지 않다. 서로 관련된 단위는 다른 사람과 작업하는 데 필요한 목표와 마감일을 충족하는 한, 그들의 행동을 자유로이 수정하고 채택할 수 있다. 목표와 마감일은 공동 목표를 충족시키는 데 필요하다. 계획에 의한 조정은 각 하부단위에 많은 융통성을 부여함과 더불어 종합적인 방식으로 효과적인 협업을 할 수 있도록 해준다.

3) 상호 조정에 의한 조정

역설적으로 조정을 위한 가장 간단하고 가장 유연한 방법은 상호 관련 부서가 서로 대화할 수 있어야 한다는 것이다. **상호 조정에 의한 조정**(coordination by mutual adjustment)은 문제점을 해결할 방법을 공동으로 생각해내고, 모든 사람들이 동의할 수 있는 해법을 강구하기 위해 피드백과 토론을 하는 것과 관련된다. 오늘날 팀의 대중성은 한편으로 그들이 유연한 조정을 할 수 있게 해준다는 사실에 기인한다. 팀은 상호 조정의 원칙하에 작동할 수 있다.

그러나 조정 기구로서 상호 조정의 융통성은 상당한 대가를 치르지 않고는 얻을 수 없다. 모든 이슈를 계속 논의하여 결론을 내리는 방법은 업무를 조직하는 데 있어 많은 시간이 소요되며, 가장 편리한 방법이 아닐 수 있다. 하위 단위에서 모든 상황을 토론하는 경우 심지어 가장 기본적인 과업을 달성하는 데 얼마나 많은 시간이 소요되는지 상상해 보면 알 수 있다. 동시에 상호 조정은 문제점이 새로우며 규칙, 절차 혹은 계획으로 미리 계획할 수 없을 때 매우 효과적일 수 있다. 특히 규칙과 절차를 적용할 수 없는 위기 상황에서 상호 조정은 가장 효과적인 조정 방법이 될 수 있다.

4) 조정과 소통

오늘날 기업 환경은 복잡하고 역동적이며, 그러므로 불확실하다. 많은 양의 정보가 외부 환경에서 조직으로 흐르고 다시 환경으로 흐른다. 이에 대응하기 위해 조직은 정보를 획득하여 처리하고 대응해야 한다. 이것을 어떻게 하느냐에 따라 기업을 어떻게 조직할 것인가에 직접적인 영향을 끼친다. 효과적으로 기능하기 위해서 조직은 정보를 처리하는 구조를 개발해야 한다.

그림 6.7은 경영자(관리자)가 높은 불확실성과 많은 정보 수요에 대응하는 데 도움을 줄 수 있는 두 가지 전략을 보여주고 있다. 첫째, 경영층은 정보에 대한 요구를 줄이도록 행동할 수 있어야 한다. 둘째, 경영층은 더 많은 정보를 다룰 수 있도록 관리 능력을 증진시킬 수 있어야 한다.

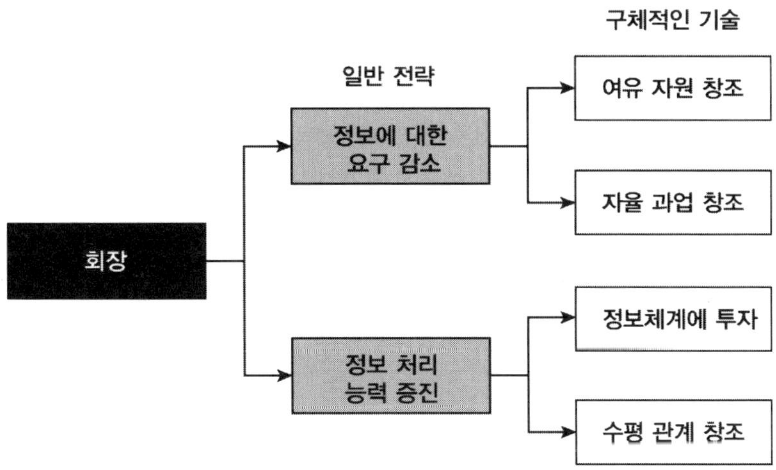

그림 6.7 높은 정보처리 수요 관리 전략

❖ 선택 1: 정보의 필요성 감소

경영자(관리자)는 (1)여유 자원을 만들고 (2)자율 과업을 만드는 두 가지 방법으로 정보에 대한 요구를 감소시킬 수 있다. **여유 자원**(slack resources)이란 간단히 말해서 조직이 허를 찔려도 여전히 조정할 수 있도록 "만약의 경우"에도 의존할 수 있는 잉여 자원을 말한다. 잉여 재고가 있을 경우에 조직은 판매 수요, 리드 타임 등과 같은 많은 정보를 가지지 않아도 된다. 종업원 또한 잉여 자원일 수 있다. 예를 들어, 전업 종업원으로 이루어진 기업에서 바쁜 성수기에 비상근 종업원과 연결될 수 있다. 이러한 비상근 종업원은 판매 정점을 완벽하게 예견하지 못했다는 점에서 잉여자원의 유형으로 볼 수 있는데, 번칙을 다루기 위해서는 보조 작업자에 의존할 수 있다.

여유 자원과 마찬가지로 **자율 과업**(self-contained tasks)을 만들면 조직이 필요한 몇 가지 정보에 대한 요구를 줄여준다. 자율 과업을 만든다는 것은 직능 조직에서 제품 혹은 프로젝트 조직으로 전환하는 것을 말하며, 각 단위에게 그 과업을 수행하는 데 필요한 자원을 부여하게 된다. 각 단위는 수많은 제품 팀 가운데 그들의 전문지식을 공유하는 직능 전문가 대신에 고유의 충분한 전문 인력을 보유하기 때문에 정보 처리 문제가 줄어든다. 그러면 의사소통이 상호 관련 그룹들의 복잡한 의사소통 과정을 거치지 않고 각 팀에서 효과적으로 진행될 수 있다.

❖ 선택 2: 정보 처리 능력 증진

정보의 필요성을 감소시키는 대신에 조직은 조직의 정보 처리 능력을 증진시킬 방법을 취할 수 있다. 조직은 전산시스템을 확장하는 것과 같이 정보체계에 투자할 수 있다. 그리고 조직은 다른 단위 사이의 조정을 수행할 수평 관계를 만들 수 있다. 이러한 수평 관계는 각 단위 간의 통합을 증진시키므로 효과적이다. 불확실성이 증가하면 가장 간단한 것에서부터 가장 복잡한 것에 이르기까지 다음과 같은 수평적인 과정을 사용할 수 있다.

1. 문제를 공유하는 관리자와 직접적인 접촉(상호 조정)을 한다.
2. 두 부서 간의 의사소통을 다룰 전문적인 과업(역할)이 있어야 한다.
3. 공통 문제를 해결하기 위해 일시적으로 특수임무 집단(대책위원회: task force)을 구성한다.
4. 팀 혹은 영구적인 상호 관련 의사결정그룹을 구성한다.
5. 여러 학제 간 그룹에서 수행 할 공통 작업을 지시하는 제품, 프로그램 혹은 프로젝트 관리자를 둔다.
6. 일부 관리자들이 두 명의 상사에게 보고하는 이중관계로 구성되어 있는 매트릭스 조직을 활용한다.

6.5 전망

조직도(organization chart), 차별화(differentiation), 통합화(integration), 권한(authority), 이양(위임: delegation), 조정(coordination) 등은 조직구조에 관한 기본적인 정보를 나타낸다. 그러나 지금까지 제공한 정보는 간단한 정보에 불과하다. 실제 조직은 이상에서 살펴본 내용을 훨씬 뛰어넘는다. 보다 유연하고 혁신적인 조직의 형태가 출현하고 있다. 오직 일련의 정적인 작업 관계만을 갖는 조직은 하나도 없다. 조직은 사람들로 구성되어 있기 때문에 사회적 관계의 온상이다. 개인들의 네트워크가 서로 상호작용하여 부서의 경계를 허물어뜨린다. 다양한 교류집단 혹은 파벌이 연합하기 위해 무리를 지어 모인다. 그들은 특정 이슈를 공동으로 지원하는 조직의 요원이며, 정책 결정의 결과물을 결정하는 데 자신들의 관점을 관철시키기 위해 노력한다.

따라서 공식 조직구조로는 기업 내에서 실제로 진행되는 모든 것에 대해 설명하지 못한다. 심지어 부서와 권한 관계를 안다고 하여도 여전히 이해해야 할 많은 것들이 존재한다. 그러한 것들은 실제로 어떻게 이루어지는가? 일에 영향을 끼치는 사람은, 그리고 어떻게 영향을 끼치는가? 어떤 집단이 가장 효과적이며, 가장 효과적이지 않은가? 이러한 이슈를 교재 전반에 걸쳐 논의해 보기로 하자.

이제 이 장에서 논의한 기본 조직 개념에 익숙해졌으므로, 다음 장에서는 최신 조직을 설계하는 데 있어 현재 직면하고 있는 도전 과제가 무엇인가에 대해 논의할 것이다.

토의 문제 및 활동

1. 이 장에서 논의한 개념을 사용하여 각 조직 구조의 장 · 단점을 말하라.

2. 내재적으로 가지고 있는 당신의 장 · 단점을 조직의 CEO 지위에 오르게 될 때 어떻게 활용할 것인가에 대하여 말하라.

3. 하나의 직업을 선택하여 통솔 범위, 책임, 권한, 의무의 관점에서 논하라.

4. 관리자가 위임을 하는 데 곤란을 느끼는 이유를 말하라. 이러한 어려움을 극복하기 위해서는 어떤 일을 해야 하는가?

5. 당신이 소속된 조직의 조직도를 그리고 이 장에서 배운 용어를 가지고 기술하라.

6. 당신은 직능식 조직과 사업부제 조직 중 어느 곳에서 일하고 싶은가? 그 이유를 말하라.

7. 매트릭스 조직의 장 · 단점과 생존 기술에 대하여 논하라.

8. 상호의존적인 작업 단위를 통합하는 방법에 대하여 브레인스토밍하여라. 각 방법의 찬반양론과 그 일을 착수하는 데 필요한 활동에 대하여 논하라.

9. 당신이 소속한 조직은 유기적인 조직인가? 아니면 기계적인 조직인가? 그에 대한 이유를 몇 가지 측면으로 구체화해보라.

10. 전통적인 직능식 부문화 방법의 잠재적인 장점과 단점을 열거하라.

11. 매트릭스 조직은 직능 조직과 제품 조직 사이의 연속선상에 존재함으로써 여러 가지 형태로 나타날 수 있다. 매트릭스 조직의 발전과정을 기술하여라.

12. 관리자(경영자)에게 독립 부서와 개인이 공통 목적을 달성하기 위해 함께 작업하는 것을 도와주는 데 사용되는 여러 방법을 설명하여라.

13. 조직 구조는 조직도, 차별화, 통합화, 권한, 조정 등으로 표현되는 기본적인 정보 이상의 보다 유연하고 혁신적인 조직의 형태가 출현하고 있다. 조직의 미래를 예견하여 발표해보라.

14. 당신이 이사회의 일원이 되었을 경우 어떤 유형의 조직을 선호할 것이며, 이사회의 일원으로서 어떤 활동을 가장 적극적으로 할 것인지를 기술하여라.

07 Chapter 대응 조직

개요 및 학습목표

Flextronics사는 전자 제조 서비스(EMS) 사업을 하는 회사이다. EMS 회사는 고객이 대신 제품 개발에 집중할 수 있도록 기업 고객들이 물건을 만드는 힘든 힘을 덜어준다. Flextronics는 다른 회사들을 위해 다양한 전자 컴퓨터 품목을 만들고 그들은 제품에 그들의 브랜드를 올린다. 회사는 누구나 아는 이름은 아니지만 그 제품이 유명하게 되어 모든 종류의 제품을 그 브랜드명으로 지칭하는 이름의 제품을 생산한다. 이러한 예를 통해 짐작할 수 있겠지만 성공적인 기업들은 조직을 운영하는 방법에 대해 "규칙을 어기는 것"일 수도 있고, 적어도 스포츠에서 비유하면 게임이 가능하도록 규칙을 변경할 수도 있다.

제6장에서 우리는 조직의 공식 구조에 대하여 살펴보았다. 그러한 기업의 공식 구조가 이야기의 유일한 측면은 아니다. 기업을 최대의 효율성을 갖도록 운영하는 것과는 정말로 구별되는 조직의 또 다른 미묘한 측면이 존재한다. 조직은 정적 구조가 아니고 많은 사람들이 다른 일들을 동시에 해야 하는 복잡한 체계이다. 조직의 전반적인 활동은 도표로 정확하게 제시할 수는 없지만, 다른 과정, 시스템, 상호관련 당사자 간의 관계에서 나타난다. 오늘날 최신 기업에서 조직을 구축하기 위한 새로운 방법이 출현하였다. 이 장에서는 공식 조직이 아닌 행동을 위한 조직을 강조한다. 오늘날 조직에서 긴요한 점은 최적 크기의 조직 규모여야 하며, 환경에 대응할 수 있는 조직이어야 한다. 또한 기술적으로 대응할 수 있어야 하며 전략적으로 대응할 수 있는 조직이어야 한다.

이 장을 학습한 후에 여러분은 회사가 생존하기 위해 충족해야 하는 시장의 필요성을 알게 될 것이다. 유기적인 형태의 조직을 만들면서 얻을 수 있는 잠재적인 이점을 이해할 수 있을 것이다. 여러분은 또한 크고 작은 회사가 될 수 있는 방법, 정보 처리 요구를 관리하는 방법, 회사가 고객의 요구사항을 충족하는 방법을 알고 서로 다른 유형의 기술을 조직하는 방법을 알아야 한다. 마지막으로 여러분은 전략적 대응을 위해 사용되는 새로운 유형의 동적 조직 개념과 형태를 이해할 수 있을 것이다.

7.1 오늘날 조직이 당면한 지상 과제

공식 구조는 사람, 결정 및 행동을 통제하기 위해 시행된다. 그러나 오늘날의 급변하는 사업 환경에서 변화하는 수요에 빠르고, 민첩하게 적응할 수 있는 능력인 대응성(responsiveness)이 기업의 생존에 그 어느 것보다 중요하다.

개혁적인 기업은 행동할 수 있으며, 빠르게 행동하는 것을 최우선시하고 있다. 그들은 고객의 요구와 다른 외부 압력에 따라 행동하기를 원한다. 그들은 지난 잘못을 바로잡기 위한 조치를 취할 것을 원하고, 또한 불확실한 미래를 대비하기를 원한다. 그들은 위협과 기회에 대응할 수 있기를 원한다. 이러한 일을 하기 위해서 그들은 유기적으로 운영하고, 효과적으로 규모를 관리하며, 거대한 양의 정보를 처리하며, 새로운 형태의 조직을 채택하려고 한다.

막스 베버(Max Weber)가 관료주의에 대한 개념에 대해 쓴 지 수년이 지난 후에 두 명의 영국의 경영학자인 번스(Burns)와 스토커(Stalker)는 소위 **기계적 조직(mechanistic organization)**에 대하여 기술하였다. 그들이 공통으로 기술한 기계적 구조는 베버의 관료주의와 유사하지만, 최신 기업에서 기계적 구조가 유일한 선택권은 아니라는 것을 시사하고 있다. **유기적 구조(organic structure)**는 기계적 조직과 대조를 이룬다. 조직구조는 훨씬 덜 엄격하며, 실제로 융통성을 강조한다. 유기적 구조는 다음과 같이 기술할 수 있다.

1. 유직자(일정 업무를 가진 사람)는 수요가 발생하는 변화에 대해 보다 광범위한 책임을 진다.
2. 명령과 지시 대신에 조언과 정보를 통해 의사소통을 한다.
3. 의사결정과 영향이 더 분권화되고 비공식적이다.
4. 전문 지식이 매우 높이 평가된다.
5. 유직자는 규칙보다 판단을 더 중시한다.
6. 권한을 따르는 것이 조직의 목표에 헌신하는 것보다 덜 중요하다.
7. 종업원은 서로에게 더 많이 의존하며, 더 비공식적이고 개인적으로 관계를 맺는다.

그림 7.1은 조직의 공식 구조와 비공식 구조를 대조하고 있다. 통찰력이 예리한 경영자(관리자)는 조직 구성원 간의 상호작용 네트워크를 잘 알고 있으며, 이 네트워크 주위의 구조가 민첩성을 증진시키는 것을 인식하고 있다. 유기적 조직에 있는 사람들은 상관의 지시를 따르는 부하직원이라기보다 오히려 동료로서 과업을 더 잘 수행한다. 그러므로 전통적인 관료적 형태를 깬다.

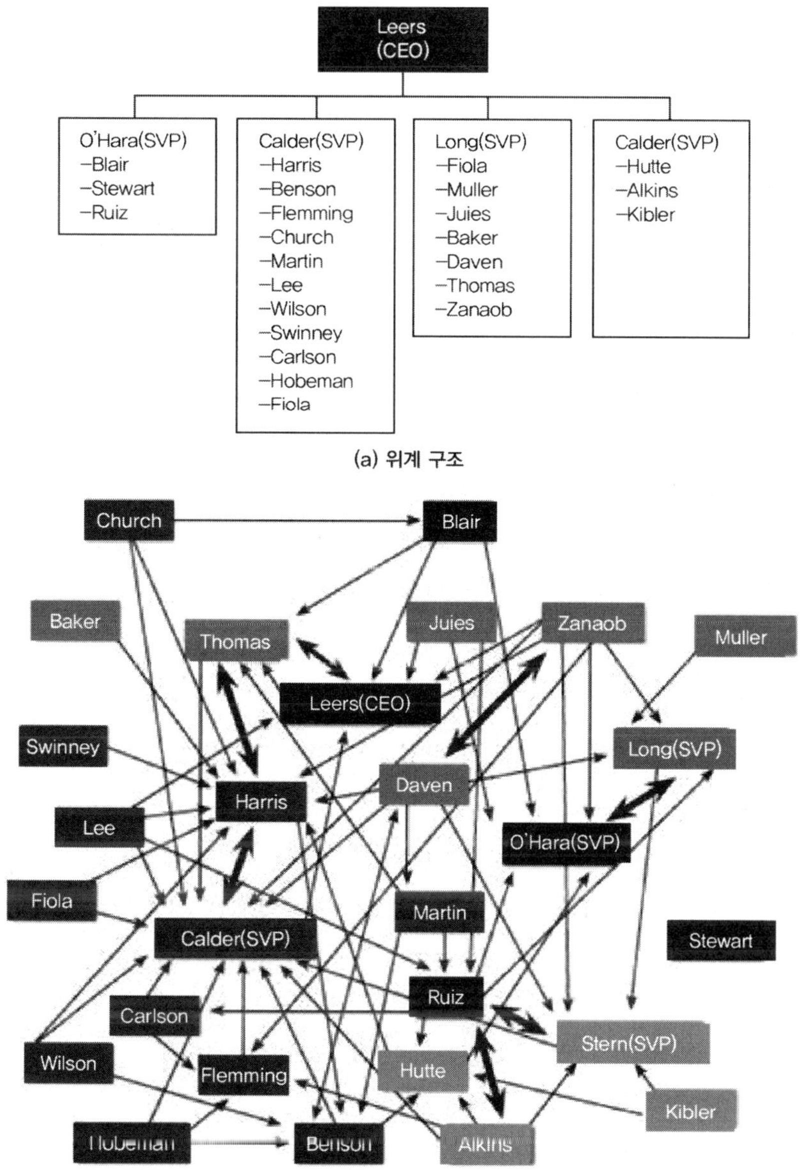

(a) 위계 구조

(b) 지식 흐름 네트워크

그림 7.1 조직도

우리는 이 장에서 기술하는 새로운 형태의 조직을 논의하기 위한 기초로써, 유기적 조직과 네트워크에 대한 근본적인 생각에 의존한다. 기업이 더 유기적일수록 변화하는 경쟁 수요와 시장 현실에 더 대응적이다. 이 장의 나머지 부분에서 우리는 유기적 구조 혹은 기계적 구조를 채택하는 조직에 필요한 몇 가지 가장 중요한 이슈를 요약한다. 이러한 것들에는 최적 규모의 조직화, 환경 대응을 위한 조직화, 기술 대응을 위한 조직화, 전략 대응을 위한 조직화 등이 포함된다.

7.2 최적 규모를 위한 조직화

조직의 가장 중요한 특징 중의 하나는 조직의 규모이다. 대형 조직은 전형적으로 덜 유기적이고 더 관료적이다. 대형 조직에서 일은 더 전문화된다. 대형 조직은 낮은 비용으로 새로운 전문성을 추가할 수 있으므로 보다 분명한 전문가 집단이 만들어진다. 이러한 수많은 전문성이 만들어지는 복잡성으로 인해 조직을 통제하기가 어렵게 된다. 그러므로 과거의 관리에서는 통솔범위가 너무 커지지 않도록 유지하기 위해 더 많은 수준을 추가하였다. 복잡성에 대응하기 위해 대형 기업에서는 보다 더 관료적이 된다. 규칙, 절차, 문서업무가 도입된다. 따라서 규모가 더 복잡성을 띠게 되며, 그리고 이러한 복잡성은 증가된 통제를 위한 또 다른 수요가 필요하다. 그 대응으로 조직은 관료주의적 통제 전략을 채택하게 된다. 일반적으로 관료제는 효율성을 증가시키지만 기업의 혁신 능력을 감소시킨다. 그러므로 규모가 크다는 것은 좋을 수도 나쁠 수도 있다.

1) 대규모 조직의 사례

제2차 세계대전 이후 다른 나라의 경쟁업체가 제한적이고 성장이 무한한 것처럼 보였을 때에는 큰 규모를 더 선호했다. 제품에 대한 높은 수요에 대응하기 위해 미국 산업계의 경우 고효율 저비용의 대량 생산방법을 수용하였다. IBM, GM, 시어스 로벅 앤 컴퍼니(Sears, Roebuck and Company) 모두가 그 시기에 거대기업으로 성장하였다.

전략경영의 창시자인 알프레드 챈들러(Alfred Chandler)는 대형 기업이 20세기 전반에 걸친 경제성장의 동력이었다는 데 주목하였다. 크기는 제품 단위당 낮은 비용의 **규모의 경제**(scale economics)를 만들어낸다. 그리고 규모는 낮은 운영비용, 더 큰 구매력, 자본 접근의 용이성과 같은 특정한 장점을 제공할 수 있다. 크기는 또한 **범위의 경제**(economics of scope)를 만들어냈다. 한 제품에서 사용되는 재료와 공정을 다른 관련 제품에서 사용할 수 있다. 그러한 장점으로 인해 많은 자본을 가진 대규모 기업은 거대한 글로벌 시장에서 대규모 외국 경쟁기업과 대결하는 데 최상일 수 있다.

2) 소규모 조직의 사례

그러나 크고 복잡한 조직은 고객, 그리고 기업 자체 부서 간의 관계를 관리하기가 어렵다는 것을 알게 되었다. 관료제가 만연할 수 있다. 너무 크게 성공하면 현실에 안주하게 되며, 그 결과 관성이 혁신을 저해한다. 이것은 배고픈 경쟁업자에게 크게 추월당하는 확실한 공식이라는 점을 전문가들은 경고하고 있다. 소비자들이 우수한 서비스를 지원받는 고품질의 다양한 맞춤형 제품을 요구함에 따라 거대 기업은 휘청거리기 시작했다. 예컨대 기업이 더 커지고 그들의 시장 점유율이 증가함에 따라 고객들은 그들의 제품을 품질이 낮은 것으로 보기 시작한다는 몇가지 증거가 있다. 대형 기업은 조정과 통제가 더 어렵다. 따라서 고정 비용을 더 많은 부서에 분산함으로써 효율을 증진시킬 수 있는 반면, 한편으로는 효율적인 성능을 저해하는 행정적인 어려움이 만들어질 수 있다. 비즈니스 사전에 규모의 비경제(diseconomics of scale)라고 하는 새로운 용어가 등장하였다. "작은 것이 아름답다"가 기업가적 경영자가 선호하는 관용구가 되었다.

소규모 기업은 양질의 제품과 서비스를 빠르게 목표 틈새시장에 제공할 수 있다. 또한 구성원들에게 기업에 대한 애착을 더 가질 수 있게 해준다. 때로는 민첩한 소규모 기업이 거대한 관료제를 이긴다. 새롭고 보다 나은 제품을 도입하여 시장 점유율을 가로챈다. 오늘날 가장 중요한 것은 융통성과 대응성이다. 이것이 소규모 기업의 독특한 잠재적인 강점이다.

3) 대규모와 소규모 조직을 결합한 사례

에너지와 속도를 촉발시키는 데 작은 것이 아름답다. 그러나 구매와 판매에서 크기는 시장 지배력을 제공한다. 그러므로 서로의 장점을 이용하기 위해 크고 작은 규모에 대한 도전이 이루어지고 있다. 투자은행 에드워드 존스(Edward D. Jones)는 미국의 도시와 농촌에 7,000여명의 독립 중개인을 갖고 있는 광대한 네트워크를 구축하고 있다. 기업은 덩달아 닷컴 사업에 뛰어드는 것을 거부하고, 소규모 투자자에게 건전한 맞춤형 조언을 제공하여 높은 수익을 제공하고 있다. 본질적으로 에드워드 존스는 맞춤형 지역 서비스와 전국에 퍼져 있는 네트워크를 활용하는 크고 작은 두 세계의 장점을 결합하려는 시도를 하고 있다.

다른 관점에서 ASE, 스타벅스, 모토롤라와 같은 기업은 작게 행동하려고 노력하는 대형 기업이다. 이들은 세계에서 관리가 가장 잘 되는 기업 가운데 하나로 간주되고 있다. 그들은 성장과 크기의 문제점을 피하기 위해 의사결정을 분권화하고, 소규모의 적응력이 뛰어난 팀에 기반한 작업 단위를 중심으로 조직화하고 있다.

❖ 소형화(기구 축소)

대형 기업이 작은 기업의 대응성을 회복하려고 할 때 그들은 종종 기구 축소라는 딜레마에 봉착하게 된다. **소형화**(downsizing) 혹은 **적정 규모화**(rightsizing)는 직위 혹은 과업을 계획적으로 제거하는 것이다. 소형화에 관한 일반적인 방법은 직능, 계층 수준 혹은 부서를 제거하는 것이 포함된다. 다른 회사의 축소 발표를 보지 않고는 신문을 접하기가 어렵다. 마찬가지로, 최근 몇 년 동안 축소되지 않은 주요 기업의 이름도 보기 어렵다. 소형화에 성공한 기업으로는 IBM, AT&T, 코닥(Kodak), 제록스, TRW, GM 등을 들 수 있다.

역사적으로 정리 해고는 제조업 회사 특히 운영 수준(일선) 작업자에게 영향을 미치는 경향이 있었다. 그러나 가장 최근의 축소 경향은 관료적 구조의 직계를 간소화시키고 제거하는 것에 초점을 맞추고 있다. 화이트칼라 중간 관리자들이 주로 이런 영향을 받아왔다.

보다 효과적으로 소형화 혹은 적정 규모화로 관리하기 위해 기업은 무엇보다도 과도한(주기적인) 고용을 피해야 한다. 반면에 시기를 놓치는 더딘 고용이나 소규모의 빈번한 해고와 같은 일반적인 실수도 피할 수 있어야 한다. 자발적인 조기 은퇴 프로그램을 실시하는 것이 사람들의 이직을 유도하는 가장 좋은 방법이다. 대량 해고는 기업의 과업을 더 이상 수행할 수 없게 만든다. 대신에 기업은 규모 축소에 따른 고통을 완화시킬 수 있는 많은 긍정적인 관행에 관심을 가져야 한다.

- 면밀한 분석과 전략적 사고로 제거해야 할 직위를 선택한다.
- 새로운 상황에 대응하도록 사람들을 훈련시킨다.
- 재능 있는 사람을 식별하고 보호한다.
- 과업을 잃은 사람들에게 특별한 관심을 기울이고 도와준다.
- 구성원들과 과정에 관해 끊임없이 소통한다.
- 그들이 이루고자 하는 긍정적인 미래와 새로운 역할을 강조한다.

흥미롭게도 소형화로 심하게 영향을 받은 사람들은 일을 상실한 사람들만이 아니다. 직업을 유지한 사람들도 **생존자 증후군**(survivor's syndrome)을 나타낸다. 그들은 과도한 작업부하와 싸우며, 다음에 퇴직할 사람이 누구인가를 궁금해 하며, 어떻게 생존할 것인가에 대해 생각하고, 기업과 상사에 대한 믿음을 상실하고, 마음이 왜소해져 자신에게만 몰두하고, 위험을 회피하게 된다. 그 결과 일반적으로 사기와 생산성이 떨어진다. 이러한 문제들은 뒤에서 설명하게 될 인적자원 관리, 리더십, 동기부여, 의사소통, 변화 관리 등에서 살펴보기로 하자.

복잡한 산업에서도 소규모 경쟁업체가 고객에게 우수한 서비스, 우수한 성과 및 재정적인 강점을 제공할 수 있다는 점을 고려하여 규모의 적정화가 이루어져야 할 것이다.

7.3 환경 대응을 위한 조직화

최적 규모로 조직화하는 것과 별개로 조직은 외부 환경에 적응해야 한다. 어떤 의미에서 이는 대응 조직을 만드는 가장 중요한 부분이다. 앞 장에서 우리는 조직이 환경에 대응하는 다양한 방법을 살펴보았다. 여기에는 환경에 적응하는 것, 환경에 영향을 끼치는 것, 새로운 환경을 선택하는 것이 포함된다. 이 절에서는 환경에 대응하기 위해 조직을 어떻게 조직화하는가에 대해 자세하게 살펴보기로 하자.

1) 고객 대응을 위한 조직화

일반적으로 환경적인 불확실성을 논의하는 것은 가치 있는 일이지만, 이 시점에서 보다 더 구체적인 일련의 환경으로 논의의 초점을 이동하기로 하자. 앞장에서 설명한 대로 환경은 많은 다른 부분(정부, 공급자, 경쟁자 등)으로 구성된다는 것을 상기해 보자. 아마도 고객보다 다른 환경 측면이 최근에 더 심도 있게 조직에 영향을 주었을 것이다. 오마에 겐이치(Kenichi Ohmae) 박사는 임의의 사업 단위는 기업 자신, 경쟁자 그리고 고객이라는 3가지 핵심 요소를 고려해야 한다고 지적하였다. 오마에 겐이치 박사가 언급한 이러한 요소들은 그림 7.2에서 보는 바와 같이 전략적 삼각형을 형성한다. 경영자(관리자)는 전략적 삼각형을 균형시킬 필요가 있다. 성공적인 기업은 고객 요건을 경쟁자가 하는 것보다 더 좋게 충족시키는 가치를 만들도록 그들의 강점을 사용한다.

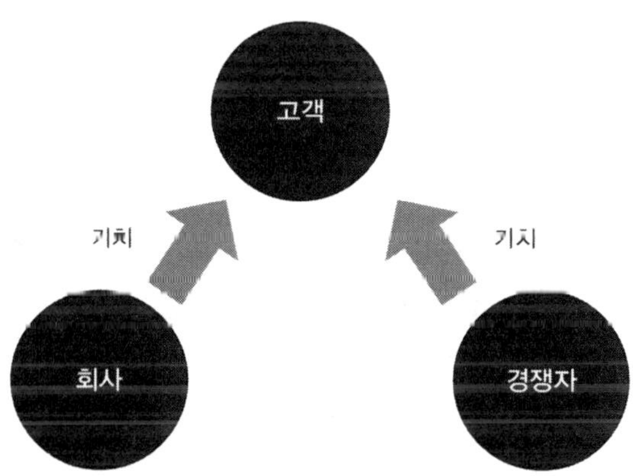

그림 7.2 전략적 삼각형

❖ 고객관계관리(CRM)

고객관계관리(customer relationship management)는 다면적인 과정으로, 전형적인 일련의 정보기술을 매개로 기업이 고객의 요구, 바람, 구매 패턴에 대한 상세한 지식을 확보하도록 양방향 교류를 통해 이견을 조율하는 관리 방식이다. 이러한 방법으로 CRM은 기업이 현재와 미래의 잠재적인 고객의 요구를 예상하고 이해하는 것을 돕는다. 따라서 CRM은 기업에게 그들의 장기 가치를 최대화하기 위해 고객을 관리하는 사업 전략의 일환이다.

고객은 양질의 제품과 서비스, 저비용, 혁신적인 제품 그리고 빠른 속도를 원한다. 재래식 사고에서는 이러한 기본적인 고객의 바람을 일련의 잠재적인 절충으로 고려한다. 예를 들어, 고객이 고품질 저비용을 원하면 저가(염가) 형태로 나아간다. 그러나 오늘날 세계 최상급의 기업은 '절충적 사고방식이 더 이상 적용되지 않는다는 것을 알고 있다. 고객은 모든 것을 원하며, 모든 것을 제공해 줄 기업이 어딘가에 존재한다는 것을 안다. 세계 최상급 기업은 대부분의 장점이 일시적인 것이라는 것을 알고 있으므로, 경쟁자는 그것을 따라잡으려고 노력한다. 간단히 말해서 기업은 지속적으로 개선하여 경쟁우위를 획득하고 유지한다. 카이젠(keizen) 즉, **지속 개선(continuous improvement)**이라고 하는 개념이 일본 기업에서의 운영 전략의 핵심이다. 모토롤라는 "기업 혁신에 만족하는 기업은 고객이 만족하지 않는다는 것을 곧 알게 된다."라는 철학으로 기업을 운영한다.

기업이 고객 요구의 대응에 중점을 둔다면 그들은 전통적인 의미의 고객(customer)은 "내부 고객"을 포함하는 것으로 확대되었다는 것을 곧 알게 된다. 고객이라는 용어는 이제 다음 공정(next process) 즉, 다음에 해야 할 과업을 나타낸다. 이는 관련 기능 간의 상호의존성이라는 생각을 강조하는 것으로, 기업의 모든 기능이 사람에게 마케팅만을 하는 것이 아니라 고객 만족과 관련되어야 한다는 것을 의미한다. (동료, 상관, 부하 직원 혹은 외부인이건 간에) 남의 일을 받는 모든 사람이 고객이라는 대상으로 비춰지기도 한다.

❖ 총합(전사적) 품질경영(TQM)

총합 품질경영(total quality management)는 모든 사람들이 자신의 운영부분을 지속적으로 개선하기 위해 헌신하는 관리 방식이다. 사업에서 성공은 양질의 제품을 갖는 것에 의존한다. TQM은 제품의 품질을 개선하고 그로 인해 고객을 만족시키는 포괄적인 방법이다. TQM은 강력한 (외부 및 내부)고객을 지향하는 것을 그 특징으로 하고 있다. TQM은 제품이나 서비스의 품질 뿐만 아니라 경영과 업무, 직장환경, 조직 구성원의 자질까지도 품질 개념에 넣어 관리해야 한다고 주장한다. TQM은 1960년대 이후 크게 발전한 전사적 품질관리(TQC: total quality control)에서 발전한 개념이다. TQC에서는 통계학적인 것이 주 방법론을 차지했다면 TQM은 통계학적인 것은 물론 조직적이며 관리론적인 방법론에 많은 비중을 두고 있다. 특히 품질을 개선시키기 위해서는 노동의 질적인 측면도 고려해야 한다는 일본식 품질관리의 영향을 받아 발전했다. TQM은 경영·기술 차원에서 실천되던 고객지향 품질관리 활동을 품질관리 책임자뿐만 아니라 마케팅, 엔지니어링, 생산, 노사관계 등 기업의 모든 분야에 확대하여, 생산 부문의 품질관리만으로는 기업이 성공할 수 없고 기업의 조직 및 구성원 모두가 품질관리의 실천자가 되어야 한다는 것을 전제한다. TQM은 기본적인 정신이나 사고방식을 소홀히 한 채 단순히 지엽적인 제도나 기법에만 매달려서는 품질경영의 진정한 효과를 얻기 어렵고, 오로지 품질 위주의 기업문화를 창조하여 조직 구성원의 의식을 개혁해야만 궁극적으로 기업의 국제 경쟁력을 제고할 수 있다고 강조한다. 국내에서도 1992년부터 정부가 신산업정책의 일환으로 TQM을 강조하여 많은 기업들이 이를 수용하고 있다.

품질경영운동의 창시자인 에드워즈 데밍(W. Edwards Deming)은 그의 저서 『Out of the crisis』에서 기업의 효과성을 일신하기 위해 관리자가 해야 할 14가지 핵심원리를 강조하고 있다. 그는 생산성, 품질, 경쟁우위를 결정하는 재료, 기계, 사람의 상호작용에 전념하는 거시적(총체적)인 관리 방법을 강조하고 있다.

1. 목적의 불변성을 창조한다: 단기 이득보다 장기적인 개선에 전념한다.
2. 새로운 철학을 채택한다: 지연과 실수를 용납하지 않는다.
3. 대량 검사에 대한 의존성을 중단한다: 최일선의 공정에서 품질을 구축한다.
4. 가격표만으로 사업을 보상하는 관행을 종식한다: 장기적인 관계를 구축한다.
5. 항상 그리고 영구적으로 생산 및 서비스 시스템을 개선한다: 각 단계마다 개선한다.
6. 훈련 및 재훈련을 도입한다: 방법 및 사고방식을 지속적으로 개선한다.
7. 리더십을 도입한다: 효과성에 필요한 자원을 제공한다.
8. 두려움을 몰아낸다: 문제점을 보고하거나 도움을 청하는 것이 안전하다고 믿어야 한다.
9. 부서 간의 장벽을 무너뜨린다: 팀워크를 증진시킨다.
10. 구호, 경고, 임의적인 목표를 제거한다: 유행어가 아닌 방법을 공급한다.
11. 수치적인 한도를 제거한다: 이는 지속적인 개선에 대한 생각과 다르다.
12. 기량을 자랑하도록 장벽을 없앤다: 자율과 자발성을 허용한다.
13. 교육과 재훈련에 관한 정력적인 프로그램을 도입한다: 사람은 상품이 아니라 자산이다.
14. 변혁을 이루기 위해 조치를 취한다: 품질을 달성할 수 있는 구조를 제공한다.

또한 세계에서 가장 수익성이 높은 자동차 제조업체인 도요타는 TPS(Toyota Production System)라는 자기만의 경영 방식으로 품질경영을 달성하고 있다. 제프리

리커(Jeffrey K. Liker)의 『The Toyota Way』에 소개된 도요타 방식의 14가지 원리를 소개하면 다음과 같다.

1. **장기적인 철학에 기반하여 의사결정한다**: 단기적인 목표를 희생하더라도 의사결정은 기업의 장기적인 철학에 기반한다. 장기적인 전략을 추구하는 것은 언제나 가장 현명한 방법이며, 오랜 기간 동안 추구할 목표는 단순히 돈을 버는 것 이상이어야 한다. 예를 들어, 장기적인 철학의 일환으로 도요타는 비용을 감축하기 위한 해고는 하지 않는다. 도요타는 자립과 자신의 운명을 스스로 결정하는 책임을 가질 것을 강조한다. 도요타는 지구촌의 구성원으로서 장기적인 책임을 느끼고 비즈니스 파트너의 장기적인 안정에도 책임을 느낀다.
2. **지속적인 공정 흐름을 생성한다**: 지속적이고 단편적인(one-piece) 흐름을 만들어냄으로써 문제가 발생할 소지가 있는 곳이 표면상으로 드러나도록 한다. 린(lean) 흐름상에서는 하나의 문제가 발생하면 전체 조립 라인을 정지시킨다. 이것이 상당히 비효율적으로 보이지만, 이는 모든 사람들이 문제를 해결하는 데 집중함으로써 문제를 재빨리 해결한다는 것을 의미한다.
3. **풀(pull)시스템으로 과잉생산을 방지한다**: 푸시(push)시스템은 판매상이 얼마나 빨리 그것을 파느냐에 관계없이 제품을 밀어붙이는 시스템이다. 반면 풀(pull)시스템은 판매상이 제품을 필요로 할 때 제품을 제공한다. 이는 제조업의 가장 큰 낭비의 원인인 과잉생산을 방지하게 해준다.
4. **작업량의 평준화를 기한다**: 과잉 생산을 피하고자 한다고 해도 생산 활동이 상당히 비효율적이라면 제품을 효율적으로 만들어낼 수가 없다.
5. **올바른 문화를 정립한다**: '정확한' 문화는 문제를 해결하고 최고의 품질을 얻기 위해 모든 것을 멈추게 하는 것이다. 이는 질적인 측면에서의 타협을 거부한다.
6. **과업의 표준화를 기한다**: 어느 공정에서든 가능하면 작업을 비슷하게 만들어 표준화한다. 표준화된 작업 계획표는 결함을 줄이는 데 도움이 된다.
7. **시각적인 관리 기법을 사용한다**: 어떤 공장들은 재고나 각 생산 부문이 너무 복잡하여 실제로 어떤 일이 일어나는지 파악할 수 없다. 공장을 관리할 때는 어떤 생산 과정이 이루어지고 있는지 눈으로 확인할 수 있어야 한다.
8. **신뢰할 수 있고 검증된 기술만을 사용한다**: 도요타는 최첨단의 기술을 좀처럼 사용하지 않는다. 오히려 검증된 기술만을 찾는다. 실질적으로 종업원들, 생산 공정, 기업의 가치에 도움이 되는 기술만을 채택해야 한다.
9. **철학을 가진 리더를 육성한다**: 조직의 리더들이 입으로만 TPS를 이야기하는 것이

아니라 가장 열정적으로 TPS 철학에 따라 할 때 조직원들의 생각도 그에 따라가고, 고객을 최우선으로 여기게 된다.

10. **뛰어난 인재와 팀을 개발한다**: 뛰어난 팀을 갖기 위해서는 뛰어난 팀원이 필요하다. 사람을 존중한다는 것은 그들의 마인드와 생각, 능력을 존중한다는 의미이다.
11. **확장된 네트워크를 존중한다**: 보다 나은 공급자를 갖기 위해서는 현재의 공급자들이 보다 개선되도록 도전하게 하고 지원한다. 도요타는 모든 공급자들이 최고의 수준으로 올라갈 수 있다고 기대하고, 그들이 그렇게 하게끔 지원하였다.
12. **근본원인을 눈으로 직접 확인한다**: 어떤 상황을 직접 가서 눈으로 확인하고 이해하라. 도요타의 매니저들은 항상 프로세스를 관찰하고 그것을 이해할 때까지 끊임없이 '왜'라는 질문을 반복한다.
13. **결정은 신중하게 하되 실행은 신속하게 한다**: 건전한 조직은 어떤 사안을 결정할 때 모든 대안들을 충분히 고려한 후에 시간이 걸리더라도 합의하에 결정을 내린다. 그러나 일단 합의된 아이디어를 실행할 때는 재빨리 이루어낸다.
14. **냉정한 반성을 한다**: 냉정한 반성은 가이젠(Kaizen), 즉 지속적인 개선을 이룩해낸다. 지속적인 개선을 이룩한다는 것은 학습조직이 됨을 의미한다. 문제를 일으키는 근원을 파악하고, 해결 방안을 모색하는 데 있어 열정적이 되어야 한다.

도요타 생산 방식의 핵심 개념은 '카이젠(Kaizen)' 즉, 끊임없이 개선을 추구하는 것을 일컫는 말로 이를 바탕으로 도요타는 세계에서 가장 수익성이 높은 자동차 제조기업이 되었다. 도요타의 성공의 열쇠는 린(lean) 생산방식을 강조하는 도요타 방식의 생산 방법이다. TPS(Toyota Production System)는 단순히 문제해결에 적용하는 도구의 집합이 아니라 문화적인 방식이다. 도요타의 방식은 14개의 기본 원리로 구성되어 있으며 여기에는 오랫동안 내려온 기업의 철학과 리더를 육성하는 방식도 포함되어 있다.

❖ 볼드리지 기준과 TQM

볼드리지 상(賞)은 1987년 미국 의회에서 제정하여 우수한 품질을 달성한 기업에게 주는 상이다. 품질 개선에 대한 몇 가지 지침을 대표하는 볼드리지 상을 수상하는 기업을 선정할 때의 7가지 기준은 다음과 같다.

1. 리더십
2. 전략적 품질 계획 수립
3. 인적자원 개발 및 관리
4. 정보관리와 분석

5. 공정 품질의 관리
6. 품질과 운영 결과
7. 고객 중심과 만족

여기서 알 수 있는 바와 같이, 총합 품질은 조직화하는 데 철저하고, 광범위하고, 통합적인 방법이 필요하다. 볼드리지 기준을 면밀히 살펴보면 품질은 이 과정 전반에 걸쳐 논의한 이슈와 관행에서 온다는 것을 알 수 있다.

❖ ISO 9000

국제품질보증제도인 ISO 9000은 제조업자와 고객 모두에게 이익을 가져다주기 위해 모든 사업에서 총합 품질을 개선할 수 있도록 ISO 위원회에서 개발한 일련의 품질표준이다. 국제품질보증제도인 ISO 9000시리즈는 제품의 생산 및 유통과정 전반에 걸쳐 국제규격을 제정한 소비자 중심의 품질보증제도이다. 1976년 영국의 품질인증기관인 영국표준협회(BSI)의 발의로 1987년 모든 산업에서 인정받았다.

국내제품의 해외 수출 시 ISO 9000의 인증을 요구하는 사례가 늘고 있어 공업진흥청은 ISO 9000시리즈를 KS규격에 채택하고 인증기관을 지정해 1993년부터 시행하고 있다. ISO 9000은 단순히 제품의 품질규격 합격여부만을 확인하는 일반품질인증과는 달리 해당제품이나 서비스의 설계에서부터 생산시설, 시험검사, 애프터서비스 등 전반에 걸쳐 규격준수 여부를 확인해 인증해 주는 제도이다. ISO 9000 규격은 다음의 4개 규격으로 구성되어 있다.

1. 9001은 제품의 디자인 및 개발과 생산, 서비스 등을 내용으로 하는 가장 광범한 적용범위를 가진 규격이다.
2. 9002는 디자인 개발 또는 서비스에 대해 공급자의 책임이 없는 경우에 적용된다.
3. 9003은 디자인 · 설치 등이 문제가 되지 않는 극히 단순한 제품의 경우에 적용된다.
4. 9004는 품질관리시스템을 개발하고 실행하기 위한 일반지침이다.

그리고 9000은 이들 4개 규격의 안내서다.

❖ 리엔지니어링(조직 재충전, 업무 재구축)

TQM에서 확장하여 고객 욕구에 관한 조직화에 초점을 맞추면 조직은 또한 리엔지니어링(조직 재충전 혹은 업무 재구축)에 관한 개념을 포괄해야 한다. **리엔지니어링(reengineering)**은 사업 과정을 혁신적으로 재설계하고 그것을 고유기능이 무시된 혼성팀이 수행하도록 하는 경영전략을 말한다. 리엔지니어링의 주요한 생각은 고객 중심으로 핵심 조직

체계와 공정을 혁신하는 것이다.

'업무재구축'이라는 말로 번역되는 비즈니스 리엔지니어링은 인원삭감, 권한이양, 노동자의 재교육, 조직의 재편 등을 함축하는 말로서, 비용 · 품질 · 서비스와 같은 핵심적인 경영요소를 획기적으로 향상시킬 수 있도록 경영과정과 지원시스템을 근본적으로 재설계하는 기법이다. 한마디로 말해서, 기업의 근본적인 체질개선을 위해 기업공정을 획기적으로 다시 설계하는 것을 말한다. 마이클 해머 박사가 1990년 《하버드 비즈니스 리뷰》지에 이 개념을 처음으로 소개해 전 세계 기업의 경영혁신운동에 새 장을 열었고, 용어 자체가 특허로 등록되어 있어 사용권이 제한되어 있다. 따라서 비즈니스 리엔지니어링은 비즈니스 프로세스 리엔지니어링 혹은 사업 재설계 등 우회적으로 사용되는 예가 많다.

초창기의 리엔지니어링은 주로 직능 위주로 분담되어 있는 기존의 업무방식을 프로세스별로 재편하는 것을 골자로 한다. 예컨대 연구개발이나 생산, 판매 등 직능별로 나뉘진 업무를 '고객을 만족시키는 구조'로 재설계하는 것이다. 반면에 최근의 리엔지니어링은 조직, 정보기술, 조직문화, 측정시스템 등을 포함하는 '제2단계 리엔지니어링'의 단계로 넘어서 있다. 많은 사람들이 리엔지니어링을 다운사이징과 혼동하여 이를 감원이나 공장 폐쇄의 암시쯤으로 이해하고 있는데 해머 박사는 분명히 다르다고 주장한다. 다운사이징은 기본적으로 일의 공정을 현재대로 유지하면서 근로자를 감축하는 것을 말하지만, 리엔지니어링은 작업공정을 세밀하게 검토해 필요 없는 부분을 폐지하는 것으로 직원의 감원이 필수적인 것은 아니다.

요약하여, 리엔지니어링은 최소한의 조직 변화를 꾀하는 것이 아니라, 고객과 조직에게 가능한 최대한의 이익을 달성할 수 있도록 하기 위해 혁신적으로 행동을 완전히 전체 분해하는 것이다.

7.4 기술 대응을 위한 조직화

광범위한 의미에서 기술은 자원(투입물)을 제품(산출물)으로 변환하는 데 사용되는 방법, 과정, 체계 및 기술로 볼 수 있다. 기술과 혁신에 대해서는 뒤에서 설명할 예정이지만, 이 장에서는 기술이 조직 설계에 미치는 몇 가지 중요한 영향에 초점을 맞추어 살펴보기로 하자.

1) 기술에 대한 정의

기술(technology)은 조직을 형성하고 있는 여러 가지 구성 요소를 변화시키는 모든 활동을 의미한다. 일반적으로 조직의 기술이라 하면 원료 · 지식 · 운영방식 등을 중심으로 개념화되고 있다.

과거의 조직이론에서는 모든 조직이 동일한 것으로 이해하였다. 그래서 학자들은 주로 조직의 구성원인 인간과 조직 속의 제도와 구조에만 관심의 초점을 두고 연구하였다. 그러나 최근에 이르러서는 조직 간의 차이를 결정하는 요인으로써 조직의 구성원이나 구조보다 기술이 더 큰 영향력을 행사하고 있음이 밝혀졌다. 즉, 각 조직이 가지고 있는 기술의 내용에 따라 조직의 구조가 달라짐을 알게 되었던 것이다. 그리하여 1950년대 후반부터는 조직이 지니는 기술에 대하여 많은 연구가 진행되어 왔는데, 그 대표적인 학자는 우드워드(Joan Woodward), 톰슨(James D. Thompson), 페로(C. Perrow) 등이다.

기술은 그 분류하는 입장에 따라 여러 가지 유형으로 나눌 수 있다. 톰슨(J. D. Thompson)은 기술을 조직이라는 체계(체계이론)의 입장에서 파악하고 ①긴 연계가 있는 기술 ②중개 기술 ③집약 기술의 세 가지로 분류하고 있다. 긴 연계가 있는 기술(long-linked technology)은 여러 행동이 순차적으로 의존적 관계를 이루고 있는 경우에 사용되는 기술이다. 조립 라인에 의한 대량생산 기술 등이 그 예이다. 중재 기술(mediating technology)은 한 조직이 상호의존하기를 원하는 고객들을 연결해 주는 기술을 뜻한다. 은행 · 보험기업 · 통신공사 등의 업무가 이에 해당된다. **집약 기술(intensive technology)**은 특정의 문제를 해결하거나 현상을 변화시킬 때 사용되는 여러 단순한 기술 등의 복합체를 뜻한다. 예를 들어, 건설기업에서 여러 가지의 기술을 사용하여 하나의 건물을 짓는 것 등이 이에 해당된다.

한편 페로(Charles Perrow)는 기술을 '개인이 수행해야 할 업무의 종류'와 '개인이 사용하는 방법'이라는 두 가지 요소로 구성되어 있다고 보고 있다. 그리고 개인이 사용하는 방법(업무해결을 위해 사용할 방법의 탐색)에는 분석하기 쉬운 것과 어려운 것이 있고, 업무의 종류에는 단순히 반복되는 일과 매우 다양한 일이 있다고 구분하여, 이들을 조합하여 기술의 유형으로 기능(craft), 일상적 기술(routine), 공학적 기술(engineering), 비일상적 기술(non-routine)의 네 가지로 나누고 있다. 페로(C. Perrow)는 그가 제시한 네 가지 유형의 기술에 따라 조직의 구조는 달라진다고 주장하고 있다. 바꾸어 말해서, 각 조직은 그 기술의 차이에 따라 그것에 알맞는 조직구조를 갖추어야 능률적인 운영이 가능해지며, 만일 그렇지 못할 경우에는 비능률적인 운영이 된다는 것이다.

기술이 조직의 구조에 많은 영향을 미친다는 사실은 컴퓨터의 예에서 쉽게 알 수 있다. 컴퓨터는 관리과학(management science)을 더욱 발전시켰으며 여러 가지 많은 업무들을 신속 정확하게 자동 처리해 주기 때문에 전반적인 업무구조에 변화를 가져다주고 있다. 이와 같이 과학기술의 발달은 앞으로 조직의 구조에 여러 가지 변혁을 가져오게 될 것이다. 뿐만 아니라 기술은 조직의 구조에 국한하지 않고 조직 구성원에게도 영향을 미치게 된다. 고객의 주문에 따라 제품을 만드는 소량생산 기술을 사용하는 조직에서는 그 구성원들 서로 간에 인간관계가 좋아지며 소집단(small group) 같은 것이 형성될 것이고, 대량 생산기술을 사용하는 조직에서는 구성원의 상호관계가 별로 좋지 않게 되는 경우가 많을 것이다. 한편, 컴퓨터처럼 자동화된 기술은 조직 구성원, 특히 생산근로자의 수를 감소시키는 반면 행정관리 층의 수를 증가시킨다. 또 업무의 자동화는 직무에 권태감과 소외의식을 가져오게 될 수 있다.

기술의 진보가 인간의 소외의식을 일으킨 주원인이라고 주장한 유명한 사람으로는 리스먼(D. Riesman), 프롬(Erich Fromm) 등을 들 수 있다. 그러나 블라우너(R. Blauner) 같은 사람은 기술이 소외감을 일으키는 원인임을 인정하면서 고도로 진보된 기술을 이용하는 근로자는 소외감을 가지지 않는다고 주장하였다.

2) 기술 형태의 유형

한편, 우드워드(John Woodward)는 조직이 사용하는 기술에 따라 적합한 조직구조 형태가 달라져야 한다는 상황이론을 처음으로 제창한 학자이다. 즉, 조직이 채택하고 있는 생산 기술의 유형(type of production technology)이 조직구조 및 관리 형태에 상당한 영향을 끼칠 뿐만 아니라. 생산기술의 유형과 조직구조의 적합성(fit) 여부에 따라 조직의 성과가 달라진다고 하는 기술과 조직구조의 상황적 관례를 실증적으로 규명하였다. 당시의 경영학적 흐름은 과학적 관리론 등과 같이, 어떤 상황에 처한 조직이건 간에 조직을 관리하는 '최선의 방법(one best way to organize)'이 존재하며, '최선의 방법' 혹은 '보편적인 법칙'이 무엇인지를 규명하려고 하였다. 그러나 이러한 규범적 입장에서 제시된 관리원칙들은 충분한 실증적 검증을 거치지 않았고 우드워드와 그의 동료들은 관리의 일반원칙들이 실제 기업에 적용되고 있는지, 기업의 성과와 어떠한 성과관계를 가질 것인지를 실증적으로 확인하는 데 관심을 두었다.

상황과 조직 특성 간의 적합관계를 경험적 · 조작적으로 특정화한다는 것을 이해하기 위해서는 독립변수인 상황변수(환경 · 기술 · 규모) 및 매개변수인 조직특성변수(조직구조 · 관리체계) 그리고 종속변수인 조직유효성변수(성과 · 능률)의 관계를 결정짓는 기본요소인 '적합', 또는 '부적합'의 개념을 알아야 하는데, 적합 여부가 조직의 유효성을 결정한다고 본다. 상황이론은 이렇게 이론의 영역을 특징화하는 점에서 두드러진 특징을 발견할 수 있다.

1960년대 중반 우드워드는 영국의 신흥공업지인 사우스 이스트 에섹스의 기업체 100여 개를 조사한 결과 생산 기술에 따른 분류와 기업의 조직구조 사이에는 명백한 관계가 있으며, 아울러 조직의 효과성은 기술과 조직구조 사이의 적합성 여부와 관계가 있음을 발견하였다. 즉, 그의 연구는 생산과정에서 사용되는 기술적 복잡성, 조직의 구조, 그리고 조직의 효과성 사이에 적극적인 결과가 있음을 밝혀주었으며, 특히 "기술이 조직의 구조를 결정한다."는 유명한 기술결정론 명제를 남겼다.

기술과 구조를 이해하는 토대를 제공한 우드워드는 작업 방법을 특징으로 3가지 기본 기술이 존재한다고 주장하였다. 그는 기술 복잡성에 따라 생산형태를 단위 소량생산 체제/ 대량생산 체제/ 연속공정생산 체제로 구분하고 기업조직들을 이 가운데 어느 하나로 범주화시켰다.

❖ **단위 소량생산 체제**(unit and small batch production system)

상품 또는 서비스가 매우 **적은 량**(small batch)으로 제공될 때 그러한 일을 하는 회사를 잡숍(job-shop: 개별주문 생산 회사)이라고 한다. 고객의 주문에 따라 특별 개별 제품을 생산하는 것으로서 고객의 욕구에 따라 작업별로 생산함을 원칙으로 한다. 서비스의 예는 의사 사무실로, 매우 다양한 소량 맞춤형 서비스를 제공한다. 맞춤가구 · 맞춤공구 등 개별 주문생산 형태에서부터 전함 · 도로건설 · 공장건설 · 항만건설 등 단독추진 대형사업에 이르기까지 그 형태가 다양하다.

소량 생산 조직에서 구조는 매우 유기적이다. 많은 규칙과 공식 절차가 없는 경향이 있으며, 의사결정은 분산화(분권화)되는 경향이 있다. 사람들 간의 상호 조정을 강조한다.

❖ **대량생산 체제**(large batch and mass production system)

양이 증가함에 따라 제품 다양성은 줄어든다. 단위 소량 생산 체제보다 많은 양과 낮은 다양성을 갖는 회사는 일괄 처리 혹은 **대량 생산 기술**(large batch or mass production technology)을 특징으로 하는 경향이 있다. 표준화되어 있는 몇 종의 제품을 대량으로 생산하는 시장지향적 생산 체제를 말하며 일괄처리(large batch) 또는 대량생산 방법을 사용한다. 대량 생산 기술의 예는 현대 자동차 회사의 자동차 조립 작업이 포함된다. 서비스 부문에서는 맥도널드와 버거킹이 좋은 예이다. 제과 · 음료수 · 담배 · 시멘트 · 냉장고 · 자동차 공정 등이 그 보기에 속한다. 생산 공정은 표준화되는 경향이 있으며 모든 고객들은 유사한 제품을 받는다. 기계는 일을 물리적으로 실행하는 사람들을 대체하는 경향이 있으며 사람이 기계를 작동한다.

대량 생산 기술을 사용하면 구조가 더 기계적인 경향이 있다. 규칙과 공식 절차가 훨씬 많지 않은 경향이 있으며 의사결정은 통제 범위가 높은 집중화(중앙집권화)되는 경향이 있다. 의사소통은 계층적 권한이 더 두드러지는 회사에서 더 공식적인 경향이 있다.

❖ **연속공정생산 체제**(continuous process production system)

매우 큰 규모의 끝에는 멈춰가면서 나아가는 기술인 연속 공정 기술을 사용하는 회사가 있다. 에를 들어 Domino Sugar & Shell Chemical과 같은 회사는 매우 제한된 수의 제품을 생산하는 연속 공정 기술을 사용한다. 사람들은 일 자체에서 완전히 배제된다. 일은 전적으로 기계와 컴퓨터가 한다. 어떤 경우에는 사람들이 기계를 작동하는 컴퓨터를 작동할 수 있다.

연속 공정 생산 체제는 특정제품을 제조 방식에 따라 이미 고정적으로 설치된 장치공정에 의거하여 자동적으로 계속 생산하는 과정을 가지고 있다. 석유 · 화학 · 제약공장 등에서 볼 수 있는 계속 흐름 생산방식 또는 장치생산이 이에 해당한다.

역설적으로 연속 공정 기술에서 구조는 모니터링과 감리가 덜 필요하기 때문에 더 유기적인 형태로 돌아오는 경향이 있다. 의사소통은 규칙과 규정이 더 적게 확립된 회사에서 더 비공식적인 경향이 있다.

우드워드는 기술 형태에 따라 조직구조도 달라질 뿐만 아니라 기술과 조직유형의 관계에 따라 그 유효성도 다르다는 것을 밝혀내었다. 조직의 유효성과 기술에 대한 조직형태의 적합성 사이에 밀접한 관계가 있다는 이 발견은 특정 기술에 따라 적합한 조직의 구조와 관리체계가 다름을 일깨워주었다. 이것은 각 생산체제에 가장 적절한 조직형태가 있으며, 조직마다 사용하는 기술에 따라 적절한 조직형태를 갖추어야 효과성 달성에 도움이 된다는 것을 의미한다.

3) 유연 생산을 위한 조직화

비록 양과 다양성에 대한 이슈가 종종 기술적인 측면에서 절충으로 여겨져 왔지만 오늘날 조직은 다량 다품종의 제품을 동시에 생산하려고 하고 있다. 이를 **대량 맞춤 생산방식**(mass customization)이라고 한다. 대량 맞춤은 대량생산(Mass Production)과 맞춤화(Customization)가 결합된 용어로 맞춤화된 상품과 서비스를 대량생산을 통해 비용을 낮춰 경쟁력을 창출하는 새로운 생산 · 마케팅 방식을 말한다. 고객 입장에서는 대량생산 제품을 불평 없이 사는 것이 아니라, 마치 동네 양복점에서 옷을 맞추듯 대기업, 중견기업 제품도 자신의 취향을 반영한 상품을 살 수 있다.

이러한 종류의 대량 맞춤을 얼마나 저렴한 비용으로 해내기 위해서 기업은 어떻게 조직화해야 하는가를 표 7.1에서 보여주고 있다. 표 7.1에서 보는 바와 같이 기업은 비교적 독립적인 업무 단위에 관하여 동적인 네트워크를 조직하였다. 각 단위가 특정의 공정 혹은 과업을 수행하는데, 이를 모듈(module)이라고 한다. 일부 모듈은 아웃소싱으로 수행할 수 있다. 서로 다른 모듈을 결합하여 제품을 만들거나 서비스를 제공하게 된다. 다양한 모듈을 언제 그리고 어떻게 서로 상호작용하는가는 각 고객의 독특한 요청에 의해 결정된다. 경영자(관리자)의 책임은 그들의 과업을 완수하고, 다음 고객의 수요를 충족하기 위해 이를 재결합하는 데 손쉽고 비용이 덜 들게 하는 것이다. 대량 맞춤의 궁극적인 목적은 기업이 고객을 만족시킬 수 있는 수많은 방법을 끊임없이 확장하는 것이다. 인터넷 또한 고객이 선호하는 그들의 제품을 온라인상에서 선택하고, 기업의 제조부서가 직접 주문을 받게 하는 데 도움을 주고 있다.

표 7.1 대량 맞춤생산 방식의 핵심 특징

	대량 맞춤
제품	높은 다양화와 맞춤 제작
제품 설계	협력 설계: 고객으로부터 의미 있는 의견 제공 단기 생산 개발 주기 부단한 혁신
운영 및 공정	유연 공정 업무처리 리엔지니어링(BPR) 모듈 사용 지속 개선(CI) 준비 및 전환 시간 감소 리드타임 감소 재료 및 구성부품의 JIT 납품 및 처리 주문 생산 짧은 주기 시간 IT 기술 활용
품질관리	고객 만족으로 품질 측정 결함을 성능 고장으로 처리
조직구조	비교적 자율적인 운영 단위의 동적 네트워크 학습 관계 가치 사슬 통합 팀에 기반한 구조
종업원 관리	종업원에게 권리 부여 종업원의 지식, 정보, 다양성에 대해 높은 가치 부여 신제품 팀 광범위한 직무기술
주안점	고품질, 맞춤형 제품의 저가 생산

❖ 컴퓨터 통합 생산시스템(CIM)

CIM(Computer Integrated Manufacturing)은 컴퓨터에 의한 통합적 생산시스템을 뜻한다. 즉 컴퓨터를 이용하여 기술개발 · 설계 · 생산 · 판매에 이르기까지 하나의 통합된 체제를 구축하는 것이다. CIM의 두 가지 예는 CAD/CAM이다. 고객이 새로운 상품을 요구하면 고객수요를 반영한 신제품이 신속하게 설계되고 제작도면, 제품의 규격 등이 컴퓨터를 통해 생산기술자에게 즉시 전달돼 생산준비가 이뤄진다. 또 납기 · 규격 · 수량 등의 제조지시는 판매부문으로부터 네트워크를 통해 생산현장에 전달되어 자동적으로 알게 된다. 생산현황에 관한 정보는 생산현장에서 뿐만 아니라 판매부문에서도 동시에 검토됨으로써 기업 전체가 하나로 통합된 생산, 판매시스템을 갖는 것이다. 결국 CIM은 새로운 생산시스템으로 필요한 제품을 필요한 시기에 필요한 양만큼 생산 가능토록 한다. CIM은 미국에서 가장 먼저 시작했다. 제조업에서 전략적 정보시스템(SIS)은 CIM과 동일한 개념으로 본다. CIM의 적용 범위는 최근 생산, 판매뿐만 아니라 기술, 생산의 일체화까지도 추구하고 있다. CIM은 동시병행설계의 개념을 바탕으로 프로세스를 정립, 상품의 개발 리드 타임을 단축하고 원류관리도 효율적으로 함으로써 품질 개선에도 크게 기여하고 있다. 이밖에 고객만족의 경영목표를 달성함은 물론 시장점유율 확대에도 도움을 주고 있다. CIM의 성패는 분명한 목표의 설정 여부, 현장 · 현실 · 현물 등 3현주의(三現主義)에 입각한 공감대 형성 여부에 달려 있다.

❖ 유연 공장시스템

이름에서 시사하는 바와 같이 **유연 공장시스템**(flexible factories)은 보다 많은 생산 선택권과 더 많은 품종의 제품을 제공한다. 이들은 로트 크기(lot size), 유통 패턴, 일정이라는 3가지 주요한 방식에서 재래식 공장과 다르다.

첫째로, 유연 공장은 많은 제품을 생산함에도 불구하고 생산 조업기간이 재래식 공장보다 짧다. 둘째로, 유연공장은 부품 생산 라인이 생산 순서의 한 장소에서 다음 생산 순서의 장소로 이동하지 않고, 작업 단위 혹은 팀으로 제품 주위에서 조직화되어 사람들이 계속 함께 일하고, 부품 이동 거리가 짧거나 지연이 없게 된다. 셋째로, 재래식 공장은 집권화된 일정계획을 사용하므로 시간이 많이 소모되고, 부정확하고, 변화에 적응하는 것이 더디다. 반면에 유연 공장은 국시 혹은 분권화된 일정계획을 사용하여 의사결정이 현장에서 작업하는 사람들에 의해 작업현장에서 이루어진다.

❖ 린 생산방식

린 생산 방식(lean manufacturing)은 생산 과정에서 불필요한 단계를 제거하고 지속적인 개선을 통해 가장 높은 생산성과 총합 품질, 비용 효과가 높은 제품을 달성하기 위한 생산 방식을 말한다. 불량품을 용납하지 않으며 방만한 관리 직원과 간접비 및 재고품을 낭비적인 것으로 생각하는 군살 없는 생산 전략이라고 할 수 있다. 린 생산에서는 비용, 효율성, 계층보다 품질, 속도, 유연성을 강조한다. 그러나 닛산, 크라이슬러, 토요타와 같은 잘 관리되는 린 생산 공정에서는 노동력, 도구, 시간, 전체 비용 등에서 절반 이하로 줄여 제품을 개발하여 생산 · 유통하고 있다. 린 방법이 보다 효과적인 작업이 되기 위해서는 다음과 같은 조건을 충족해야 한다.

- 사람들은 전문화되는 것보다 오히려 광범위하게 훈련되어야 한다.
- 현장 작업자들의 소통이 비공식적이고 수평적이어야 한다.
- 장비가 일반적으로 범용이어야 한다.
- 작업이 유사한 제품군을 생산하는 팀 혹은 셀 단위로 조직되어야 한다.
- 공급자 관계가 장기적이고 협력적이어야 한다.
- 제품 개발은 순차적이지 않고 동시적이어야 하며, 다기능 팀에 의해 수행되어야 한다.

린 생산방식은 재고를 최소화하고, 관리 계층을 제거하고, 자본 설비를 보다 효율적으로 활용하는 등 생산공정을 혁신함으로써 비용을 줄이고 생산성을 높이는 방식이다. 최근에 많은 기업들이 군더더기 없는 생산방식으로 이행하고 있다. 그러나 린 생산방식으로의 이행이 단지 거칠고 무계획적인 비용 절감 방법으로 채택하는 경우, 결과는 혼돈스럽게 되어 사람들을 과부하 걸리게 하고 사기를 저하시키게 된다.

4) 속도에 대응하기 위한 조직화: 시간에 기반한 경쟁

전 세계 기업들이 제품 품질 개선에 너무 많은 에너지를 쏟아 부었기 때문에 이제는 모든 상위 경쟁업체가 높은 품질을 제공하는 표준이 되었다. 경쟁은 품질을 더 이상 한 회사와 차별화하는데 충분하지 않은 수준까지 끌어올렸다. 시간이 시장 선두업체와 낙오자를 구분할 수 있는 핵심 경쟁우위 요소로 부상하고 있다.

오늘날 기업들은 고객 요구가 무엇인가를 배워야 하고 이러한 요구를 가능한 한 빨리 충족해야 한다. **시간에 기반한 경쟁**(TBC: time-based competition)은 제품 혹은 서비스를 배달하는 데 소요되는 전체 시간을 줄이는 것을 목표로 하는 전략이다. 물류혁신, JIT(적시생산방식), 동시공학 등 TBC를 하기 위한 여러 가지 핵심 조직요소가 있다. JIT 생산 시스템은 제품을 생산하는 데 소요되는 시간을 줄인다. 유통은 제품을 고객에게 배달하는 것을 가속화시킨다. 이들 모두가 제품을 소비자에게 가능한 한 가장 짧은 시간에 배달하는 필수 단계이다. 오늘날 속도가 핵심이다.

❖ 물류혁신

물류(logistics)는 자원을 조직으로 이동(inbound)하고, 제품을 조직에서 고객에게 이동(outbound)하는 것을 말한다. 조직의 기술 형상을 확장할 때 물류 기능의 조직은 조직의 대응성과 경쟁우위에서 매우 중요하다. 물류는 대량의 부품, 재료 및 제품을 트럭, 기차, 비행기, 선박을 통해 이동한다. 제품에 따라 유통의 중복과 비효율성은 제품 자체를 만드는 것보다 훨씬 더 비용이 많이 든다.

공급망관리(SCM)의 구조에 따르면 제조업체를 중심으로 상위 공급업체까지는 **inbound logistics(조달물류)**, 하위 최종소비자까지는 **outbound logistics(유통물류)**로 표현되어 있는 것을 볼 수 있는데, 제조업체를 중심으로 원자재의 흐름을 inbound(조달), 완제품의 흐름을 outbound(유통)라고 할 수 있다. 결국 여기서 in 또는 out은 제조업체 중심의 물류흐름 또는 완제품 생산시점에 따른 구분이라 볼 수 있다. 이는 과거 생산업체가 생산뿐만 아니라 유통 및 판매의 중심에서 모든 수요와 공급을 소설하는 기능을 담당했기 때문이다. 하지만 점차 유통업체로 이러한 능력과 기능이 상당부분 이전되어가고 있으므로 변화되는 경향이 있다.

조달물류(physical distribution on supply)는 기업이 공급요청을 받은 외주공장에서 원자재 및 부품의 포장방법과 당해 기업의 자재 창고에서의 수배송 방법 등 원부자재의 조달에서부터 자재창고에서의 보관 및 자재관리의 효율성 제고에 중점을 두는 물류관리 과정을 의미한다.

조달물류의 합리화를 위해서는 다음의 항목들이 이루어져야 한다.

1. 외주 팔레트 풀(pallet pool)의 결성
2. 포장의 모듈화 및 간편화
3. 하역에서 오더 피킹(order picking: 주문 준비 작업) 제도의 활용
4. 보관에서 자재 창고의 자동화
5. 재고관리에서 자재소요량 계획(MRP)과 적시공급 제도(just-in time)도입
6. 수·배송에서 납품의 대행체제를 통해 공동화
7. 정보통신에서 외주업체와 모기업 및 관련 업체 간 온라인 시스템 구축

한편 **판매물류**(physical distribution on sales)는 물류의 최종단계로서 제품을 도소매업자나 소비자에게 전달하는 일체의 수·배송 활동과 이에 수반되는 제반 물류활동을 말한다. 판매물류비의 절감을 위해서는 단위화를 통해 사내 팔레트 풀 결성, 포장의 모듈화·간이화·기계화, 하역에서의 제품 분류작업 제도 도입, 재고의 적정화 달성, 수·배송에서 물류센터 및 공동 집배송 단지를 이용한 공동 수·배송 실시, 유통가공에서의 콜

드 체인(cold chain)화, 정보통신에서 상품을 코드화한 바코드의 도입 등이 이루어져야 한다.

❖ 적기공급생산(JIT) 운영

TBC의 추가요소로 JIT 운영이 포함된다. JIT(just in time)는 적기공급생산을 말하며, 재고를 쌓아 두지 않고서도 필요한 때 적기에 제품을 공급하는 생산방식이다. 즉, 팔릴 물건을 팔릴 때에 팔릴 만큼만 생산하여 파는 방식이다. 다품종 소량생산 체제의 구축 요구에 부응, 적은 비용으로 품질을 유지하여 적시에 제품을 인도하기 위한 생산 방식이다. JIT는 자동화와 함께 도요타 생산방식(TPS)의 축을 이루고 있다. 2차대전 후 도산의 늪에서 벗어나지 못하던 일본의 도요타 자동차가 세계 제일의 자동차기업인 미국의 GM 타도를 목표로 창안한 기법이다. JIT는 혼류생산방식으로 변화에 대응하는 유연성을 추구하며, 결과적으로 대폭적인 리드타임 단축, 납기 준수, 재고 감소, 생산성 향상, 불량률 감소를 가능하게 한다. 이 방식은 유한한 자원을 절약하자는 사상에서 출발하였다. 따라서 철저한 현장 중심의 개선과 낭비 제거를 추구한다.

JIT는 모든 운영 과정에서 폐기물을 제거하고 자재를 개선하는 것을 지향하는 전사적 철학이다. 이러한 방식으로 과도한 재고가 제거되고 비용이 감소된다. JIT의 궁극적인 목표는 더 높은 수준의 품질과 서비스를 제공하여 고객에게 봉사하는 것이다. JIT는 수많은 핵심 생산 개념을 나타낸다. 도요다 자동차 기업에서 연유한 JIT 시스템은 다음과 같은 개념을 포함하고 있다.

1. **낭비를 제거**: 시간, 사람, 기계, 공간, 재료 등을 포함하여 제품 공정의 모든 낭비를 제거한다.
2. **완전한 품질**: 로트 크기가 감소되더라도 완벽한 부품을 생산하고, 필요한 정확한 양이 요구될 때 제품을 정확하게 생산한다.
3. **공정에 소요되는 시간(cycle time) 절감**: 장비 설치 시간 단축, 부품을 짧은 거리로 이동, 모든 지연을 제거하여 전체 생산 공정을 보다 신속하게 달성한다.
4. **직원 관여**: 직원 관여가 성공의 중심이다. 노동자는 생산 결정에 책임을 진다. 관리자와 감리자는 기술 지도자이다. 최고경영자는 생산성 향상을 이유로 절대로 해고하지 않는다고 약속한다.
5. **부가가치 생산**: 완제품에 가치를 부여하는 행동과 작업만 한다. 가치가 추가되지 않으면 그 일을 하지 않는다.
6. **문제점 발견 및 재발 방지**: 조작 오류 방지와 파손 안전이 JIT의 핵심 요소이다. 문제가 발생하는 것을 방지하고, 그 원인을 찾아 조치를 취한다. 따라서 JIT 운영에서

사람들은 예방조치가 결정되고 실행될 수 있도록 표면으로 문제 영역을 노출시켜 "체인의 약한 고리"를 찾으려고 노력한다.

많은 사람들은 JIT 가능성의 일부분만이 실현되었지만, 그 영향은 서비스, 분배, 신제품 개발과 같은 다른 공정에 적용해도 그 영향력이 증가할 것으로 믿고 있다.

❖ 동시공학(concurrent engineering)

JIT가 TBC에서 중요한 요소이지만 JIT는 한 기능(생산)에서만 시간을 절감하는 것에 집중한다. TBC는 모든 기능 즉, 제품 개발, 생산, 물류, 고객 서비스에서 속도를 전달하려고 노력한다. 고객들은 생산을 빨리 하지만 제품을 받거나 문제점을 해결하는 데 소요되는 시간이 오래 걸리면 감동을 받지 않는다.

많은 기업들은 TBC 전략의 초석으로 동시공학에 관심을 돌리기 시작했다. **동시공학(concurrent engineering)**은 또한 종합 품질관리의 중요한 요소로 고객의 요구를 충족하는 고품질의 제품을 목표로 모든 관련 기능이 공동으로 협력하고, 지속적으로 최대한으로 노력하는 설계 방법이다. 동시공학은 모든 기능의 이슈와 관점, 고객과 공급자를 과정의 처음부터 끝까지 통합한다. 이러한 팀에 기반한 방법으로 효율적인 생산과 고객의 요구에 맞도록 설계된 더 높은 품질의 제품을 만들 수 있게 되었다.

동시공학은 순차적인 단계로 진행되던 과거의 제품 개발과는 달리, 전체 공정을 담당하는 모든 부서가 통합된 정보 통신망과 전산 시스템의 지원 아래 동시 진행과 상호 교류로 제품 개발의 성공 가능성을 높이고, 개발 기간과 비용을 줄이는 방법이다. 공정마다 작성된 데이터, 관련 정보 등을 모두 디지털화하여 컴퓨터로 필요한 데이터나 정보를 공유하면서 제품 개발을 진행시킨다. 선행 공정이 완료되기 이전에 이미 후행 공정이 진행되고 있어, 후 공정에서 노출될 문제가 쉽게 발견되고 즉시 대응할 수 있게 된다. 또 설계 공정에서 작성된 부품의 형상 데이터를 제조에 이용하는 등 데이터를 재입력하지 않고 될 수 있는 대로 재이용함으로써 제품 개발 기간을 단축할 수 있다. 동시공학의 목적은 개발에서 시험까지의 전 과정을 동시에 반복 진행하여 완벽한 신제품을 최대한 빨리 시장에 내놓음으로서 높은 수익률을 확보하는 것이다.

7.5 전략적 대응을 위한 조직화

지금까지 우리는 대응성을 개선하기 위한 방식으로 조직화에 초점을 맞추었다. 이들은 어떤 의미에서는 경쟁우위와 전략에 관한 것이었다. 조직의 크기, 환경 적응, 기술 결정과 같은 것들은 전략관리의 모든 요소들이다. 그리고 이들 모두는 조직 설계에 영향을 준다.

그와 동시에 조직을 구조화하고 관리하는 데 영향을 주는 전략의 다른 측면을 직접 포함하고 있는 이슈가 존재한다. 이러한 이슈에는 핵심역량, 네트워크 조직, 전략적 동맹, 학습 조직, 고관여(high-involvement) 조직이 포함된다.

1) 핵심역량을 중심으로 조직화

최근에 전략, 조직, 경쟁에 관한 다르지만 중요한 관점은 **핵심역량**(core competency)에 관한 개념이다. 기업은 그들의 제품과 경쟁할 뿐만 아니라 그들의 핵심 강점과 전문지식 기반과 경쟁한다.

제4장에서 배운 바와 같이, 핵심역량은 기업이 광범위한 특정의 제품과 서비스를 제공하는 데 있어 선두가 될 수 있는 능력–지식, 전문지식, 기술–을 말한다. 핵심역량은 고객에게 가치를 제공하고, 기업의 제품을 경쟁업자의 제품과 다르게 만들며, 신제품을 만드는 데 사용할 수 있다. 핵심역량을 경쟁력의 근원으로, 그리고 제품을 그 산물로 생각할 수 있다.

핵심역량의 몇 가지 구체적인 예는 무엇일까? 그리고 기업이 보다 대응적이고, 경쟁적이 되도록 이들을 어떻게 사용할 수 있을까? 세계 최고 수준의 핵심역량을 성공적으로 개발하면 다양한 미래의 기회가 열리고, 실패하면 많은 시장에서 배제된다는 뜻이다. 따라서 잘 이해되고, 잘 개발된 핵심역량은 기업의 대응성과 경쟁력을 고양시킬 수 있다. 전략적으로, 이는 특정 제품에 대한 시장 점유율을 얻기 전에 기업은 역량의 우수성에 전념하고 주도권을 잡아야 한다는 뜻이다. 조직적으로, 이는 기업이 단지 특정 사업의 자산이 아닌 역량의 자산으로서 봐야 한다는 뜻이다. 기업은 제품 주도권이 아닌 핵심역량의 주도권을 잡기 위해 노력해야 한다.

핵심역량을 통해 그들 기업의 경쟁력을 강화하려고 하는 경영자(관리자)는 다음과 같은 여러 가지 관련 이슈에 주목할 필요가 있다.

- 현존하는 핵심역량을 식별하는 것
- 미래에 중요한 핵심역량을 획득 혹은 구축하는 것

- 기업이 세계 최고 수준을 유지하고 경쟁자보다 더 좋게 하기 위해서 역량에 꾸준히 투자하는 것
- 미래 시장에 새로이 적용할 곳과 기회를 얻기 위해 역량을 확장하는 것

2) 네트워크 조직

핵심역량의 개념은 곧바로 네트워크 조직에 대한 논의로 이끈다. 사업 기능 모두를 수행하는 재래식 계층적 조직과 대조적으로, 네트워크 조직은 대부분 단일 기능 조직들의 독립된 집단이다.

네트워크 조직(network organization)은 권한의 형식적 위계보다 계약이나 동의에 의해 활동들이 조정되는 서로 다른 조직들의 집단이다. 네트워크 조직은 고도로 분권화되어 있으며, 상호 영향력과 의사소통을 극대화하는 통합된 체계로 급변하는 조직환경에 의해 발생하는 상황에 대해 효율적이며 적절하게 대응할 수 있다. 리프낵(Lipnack)과 스탬프스(Stamps)는 네트워크 조직의 기본원리를 공동목적, 독립적인 구성원, 자발적인 연결, 다수의 지도자, 계층 통합 등으로 제시하고 있다.

그림 7.3에서 보는 바와 같이 네트워크 조직은 하나의 조직이 아니라 많은 조직 간에 연관성을 가진 망이다. 네트워크 조직은 각 기업이 고유의 분명한 역량을 추구할 수 있는 경우의 디자이너, 공급자, 생산자, 유통업자, 고객 간의 유연한 배열이다. 그리고 네트워크는 전체로서 기능적 구조의 기술적 전문화, 제품 구조의 시장 대응성, 매트릭스의 균형과 융통성(유연성)을 나타낼 수 있다.

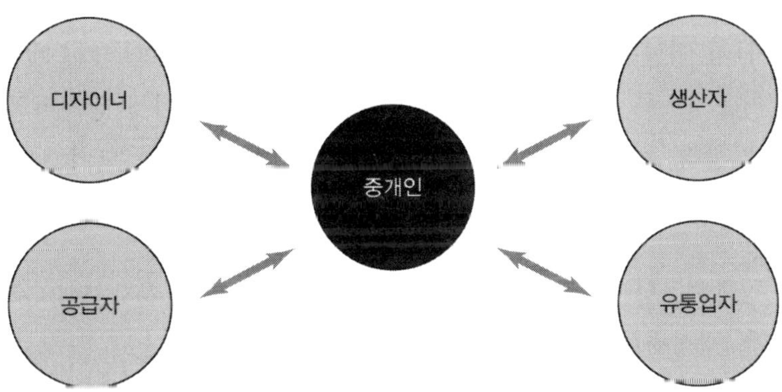

그림 7.3 동적인 네트워크

❖ 동적 네트워크

동적 네트워크(dynamic network)는 모듈러(modular) 혹은 가상 협력(virtual corporation)이라고 부르며, 변화하는 경쟁 환경을 충족하기 위해 조립하고 재조립할 수 있는 구성원 간의 일시적인 배열로 이루어진다. 네트워크 구성원은 위계와 권한보다 시장 메커니즘(기제)으로 규정되는 계약으로 뭉친다. 불량하게 수행하는 기업은 해체되고 대체될 수 있다. 이러한 배열은 전자공학, 완구 및 의류업계에서 일반적이다. 이러한 유형의 기업의 예로는 리복(Reebok), 나이키(Nike), 봄베이(Bombay), Louis Galoob Toys 등이 포함된다. 바이오 기술 분야에서 소규모 기업이 연구와 생산을 하고 거대 제약기업이 제품을 판매한다.

성공적인 네트워크는 유연성과 혁신을 제공하고, 위기와 기회에 빠르게 대응하고, 비용과 위험을 감소시킨다. 그러나 이러한 배열이 성공하기 위해서는 여러 가지 일들이 전제되어야 한다.

- 기업은 올바른 특화기술을 선택해야 한다. 이것은 시장이 필요로 하고 기업이 다른 기업보다 더 나은 것을 제공하는 제품 혹은 서비스여야 한다.
- 기업은 우수하며 그들이 해야 할 일이 무엇인가를 인식하는 상보적 강점을 제공하는 협력자를 선택해야 한다.
- 기업은 모든 부서가 동료의 전략적 목적을 완전히 이해한다는 점을 확인해야 한다.
- 각 부서는 전략적 정보를 가진 모든 타인을 신뢰해야 하고, 또한 각 협력자가 사업 성장이 빠르고 과중한 요구를 할지라도 양질의 제품을 배달할 것을 믿어야 한다.

경영자(관리자)의 역할은 네트워크에서 명령과 통제의 역할로부터 **중개인(broker)**이라는 표현에 더 어울리도록 바뀌어야 한다. 중개인은 네트워크에서 참여자를 조합하고 조정하는 사람을 말한다. 중개인/관리자는 네트워크 통합과 조정을 도와주는 여러 가지 중요한 경계 역할을 한다.

- 설계자의 역할: 집합적인 전문지식을 가진 일단의 그룹 혹은 기업이 특정한 제품 혹은 서비스를 구상하는 네트워크 설계자로서의 중개인
- 공정공학의 역할: 자원 흐름과 관계의 배치를 주도하고 모든 사람들이 동일한 목표, 표준, 급여 등을 공유하도록 하는 네트워크 협력자로서의 중개인
- 보육의 역할: 건강하고 상호 이익을 주는 관계로 보육하고 고양하는 네트워크 개발자로서 중개인

3) 전략적 동맹

최신 조직은 다른 조직과 다양하게 연계되어 있다. 이러한 연쇄는 공급자와 고객과 같은 종래의 이해관계자와의 표준 관계보다 더 복잡하다. 오늘날에는 심지어 그들의 전략적 목적을 달성하기 위해 전례 없는 수준에서 경쟁자와 함께 일하고 있다.

전략적 동맹(strategic alliance)은 상호 목적을 공동으로 추구할 목적으로 독립된 조직 간에 만들어진 정식 관계를 말한다. 전략적 동맹에서 개별 조직은 행정 권한을 공유하고 사회적 연계를 형성하며 공동 소유권을 수용한다. 그러한 동맹은 기업의 경계를 흐릿하게 만든다. 전략적 동맹은 기업과 그들의 경쟁업자, 정부 및 대학 간에도 발생한다. 전략적 동맹을 형성한 기업은 신기술을 개발하여 새로운 시장에 진입하고 생산 비용을 절감한다. 동맹은 종종 목적을 달성하는 가장 신속하고, 가장 효율적인 방법이다. 더욱이 전략적 동맹은 즉각적인 거래를 통해서 정리될 수 있지만, 추가적이고 예견하지 않은 기회를 만들어 미래에 대한 새로운 길이 열릴 수 있다.

경영자(관리자)는 전형적으로 재무적 관점에서 잠재적인 동반자를 검사하는 데 많은 시간을 헌신해야 한다. 그러나 동맹으로 작업하기 위해서 경영자(관리자)는 또한 동반자와 인간관계를 조성하고 발전시켜야 한다. 그러므로 기업은 인간 측면의 동맹에 특히 관심을 기울여야 한다. 표 7.2는 이를 어떻게 할 것인가에 대한 몇 가지 권고를 보여주고 있다. 진정한 동반자 관계를 갖는 최상의 동맹은 표 7.2에서 제시한 이러한 기준을 충족해야 한다. 두 동반자가 우월한 역량을 가져 가치를 더하고, 그들의 동기가 부정적이지 않

표 7.2 진정한 동반자 관계를 위한 기준

최상의 동맹을 위해서는 다음과 같은 기준을 충족하는 진정한 동반자관계가 구축되어야 한다.
1. 두 동반자가 우월한 역량을 가져 가치를 추가하고, 그들의 동기가 부정적이기보다 긍정적이어야 한다.
2. 두 동반자는 장기적인 전략 목적을 충족하는 데 도움이 되기 때문에 두 동반자는 작업에 필요한 관계를 작동하는 것이 중요하다.
3. 두 동반자는 상호 의존적이어야 하며, 목표 달성을 위해 서로를 도와야 한다.
4. 두 동반자는 동반자 관계를 위해 아낌없이 재정 및 기타 자원을 투자해야 한다.
5. 두 동반자는 열린 마음으로 목표, 기술적인 데이터, 문제점에 대해 의사소통해야 한다.
6. 그리고 두 동반자는 서로를 가르치고, 서로에게서 배워 공유할 수 있는 운영 방법을 개발해야 한다.
7. 두 동반자는 명확한 책임감으로 공적인 지위를 갖는 제도화를 통해 진정한 동반자 관계를 구축해야 한다.
8. 두 동반자는 서로를 신뢰하고 정직해야 한다.

고 긍정적이어야 한다. 상호 의존적이어야 하며, 아낌없이 재정 및 기타 자원을 투자해야 하며, 열린 마음으로 목표, 기술적인 데이터, 문제점에 대해 의사소통해야 한다. 그리고 두 동반자는 서로를 가르치고 배워 공유할 수 있는 운영 방법을 개발하고, 서로를 신뢰하고 존경해야 한다. 또한 명확한 책임감으로 공적인 지위를 갖는 제도화를 통해 진정한 동반자 관계를 갖는 최상의 동맹이 된다. 사실 이렇게 적용되어야 하는 대부분의 요소들은 전략적 동맹뿐만 아니라 어떤 유형의 관계에서도 적용된다.

4) 학습조직

대응하려면 행동할 새로운 방법을 지속적으로 변경하고 배워야 한다. 일부 전문가들은 유일하게 지속가능한 우위에 있기 위해서는 경쟁자보다 더 빨리 배워야 한다고 말한다. 이는 학습조직이라는 새로운 용어를 탄생시켰다. **학습조직(learning organization)**이란 새로운 지식과 통찰력을 반영하기 위해 지식을 만들고 획득하고 이전하는 데 능숙하고, 그 행동을 수정하는 데 능숙한 조직을 말한다.

학습조직(learning organization)이란 급변하는 경영 환경 속에서 승자로 살아남기 위해서는 조직원이 학습할 수 있도록 기업이 모든 기회와 자원을 제공하고 학습 결과에 따라 지속적 변화를 이루는 조직, 즉 학교의 모습을 지녀야 한다는 것으로 요약된다. 이는 최근 국내에서 선풍적으로 인기를 모았던 벤치마킹에서 한 단계 발전된 것이다. 벤치마킹이 다른 기업의 장점을 수용하려는 자세를 강조한 것이라면 학습조직은 벤치마킹을 전사적으로 확대할 수 있는 방법을 집중적으로 다루고 있다. 한마디로 끊임없이 학습하는 조직만이 살아남는다는 전제하에 어떻게 하면 그러한 조직이 될 수 있을까에 몰두하는 경영이론이다. 학습조직은 변화에 능한 조직구축의 필요성이 갈수록 커지고 있다는 데에서 출발한다. 거창한 구조개혁이나 인원감축에 의한 기존의 혁신이 지속적인 변화를 유도하지 못한 채 단발성으로 끝나고 있다는 반성으로부터 태동했다. 따라서 항상 배우는 문화와 조직을 구성하는 데 역점을 둔다. 1980년대 말 미국 MIT대학의 피터 센지 교수에 의해 처음으로 제시된 학습조직은 조직도 개인과 마찬가지로 지식과 정보에서 힘을 발휘한다고 전제한다. 센지 교수는 "배우는 능력의 부족은 어린이들에게는 불행한 일로 그치지만, 조직에 있어서는 치명적인 것이다. 학습능력의 부족으로 인해 단지 몇몇 기업만이 인간 수명의 반 정도까지 살아남을 뿐 대부분의 기업은 마흔이 되기도 전에 사라진다."며 21세기 경쟁력이 단지 상품의 질보다는 지식창출과 지식의 생산력에 좌우되는 만큼 지식 인프라 구축이 기업성패의 관건이 된다고 주장한다. 따라서 학습조직은 인간, 조직, 기술을 유기적으로 통합하여 기업의 생산성을 극대화하고 지식의 경제적 가치를 효과적으로 관리하는 데 역점을 두고 있다. 학습조직은 일정한 시점에서 완료되는 것이 아니라 조직 구성원들 간에 끊임없이 학습을 통해 지속적으로 변화해 가는 것을 추구한다.

GE, 혼다(Honda), 코닝(Corning)은 학습조직의 좋은 예이다. 그러한 조직은 문제해결에 능숙하며, 새로운 방법으로 시험하는 데 능숙하고, 그들 자신의 경험으로부터 배우는 데 능숙하며, 타 조직으로부터 배우는 데 능숙하고, 지식을 신속하고 효율적으로 전파하는 데 능숙하다.

기업이 진정으로 학습조직이 되기 위해서 해야 할 몇 가지 중요한 요소는 다음과 같다.

1. 기업 구성원들이 잘 규율된 사고방식으로 참여하고, 상세한 것에 주의를 기울이고, 추정이나 가정 대신에 데이터와 증거에 기초하여 결정해야 한다.
2. 항상 새로운 지식을 조사하고, 현재의 문제점에 대한 신속한 해결 대신에 확장된 시야와 기회를 모색해야 한다.
3. 성공과 실패 모두를 면밀하게 검토하여 교훈을 찾고 심도 깊게 이해를 해야 한다.
4. 학습조직을 벤치마킹해야 한다. 타 조직의 최상의 사업 관행을 식별하고 실행해야 하며, 뻔뻔스럽게 생각을 훔치는 것도 불사해야 한다.
5. 보고서, 정보체계, 비공식 논의, 교육, 현장 방문 및 훈련을 통해 조직전반에 걸쳐 생각을 공유해야 한다.

5) 고관여 조직

참여 관리가 경쟁우위를 만드는 방법으로 점차 대중화되고 있다. 특히 고기술 기업에서 경직된 국제 경쟁에 직면할 때, 조직의 목적을 달성하기 위해 직원과 관리자가 함께 작업함으로써 높은 수준의 헌신과 관여를 만들어내는 것을 목표로 하고 있다. **고관여 조직(high-involvement organization)**은 최고경영자가 사업을 이끄는 방향에 대한 합의가 있다는 것을 확신하는 조직의 유형이다. 종업원 관여는 조직의 성과와 종업원 복지에 영향을 미치는 의사결정에 구성원의 의견 개진을 증가시키는 것이다. 잘 정의되지 않은 복잡한 문제를 해결하는 데 있어 구성원을 통해 관료조직에 융통성을 부여하는 종업원 관여 적용형태를 말한다. 구성원의 높은 참여와 성과 향상을 위해 구조, 작업설계, 정보 및 통제시스템, 물리적 배치, 인사정책, 보상 체계 등 조직의 거의 모든 구성요소를 노사가 공동으로 설계한다.

최고경영자는 최고경영팀과 기업의 하위수준에서 해결 방안을 찾는다. 비상대책위원회, 스터디 그룹, 다른 기술이 전체 조직에 영향을 주는 결정에 참여하는 것을 조성하는 데 사용된다. 또한 고관여 조직의 기본원칙은 그들이 수행한 일을 경쟁업자와 비교하여 전략적 의제를 얼마나 효과적으로 충족했는가에 관하여 끊임없이 피드백하는 것이다.

구조적으로 심지어 하위 수준의 직원이 공급자와 고객에 일반적으로 직접 관계를 한다. 따라서 이는 제품 혹은 서비스 배달에 관해 피드백을 받으며 책임을 진다는 뜻이다. 조직의 형태는 수평적으로 되고 고객, 제품, 혹은 서비스에 관해 분권화된 조직이 구축된다. 종업원 관여는 환경이 급변할 때, 과업이 창조적이고 조정이 필요한 복잡한 활동일 때, 기업이 혁신과 속도에서 주요한 대변혁이 필요할 때 특히 강력하다. 다시 말하여 기업이 보다 대응적일 때 종업원 관여는 강력하다.

7.6 대응 조직에 관한 최종 생각

조직이 대응성을 최대화하려고 매진할 때 그들은 그들의 욕구를 효율성과 효과성에 대해 균형을 맞춰야 한다. 조직화하는 모든 방법에는 강점과 약점이 있다. 또한 혁신 구조와 체계로 기업이 획득한 장점은 단명에 그칠 가능성이 크다.

오늘의 강점은 내일의 '내기에 거는 돈(table stake)'일 수 있다. 기업이 산업계에서 주요한 역할을 하는 것을 기대하려면 충족해야 할 필요가 있는 요건이다. GE의 잭 웰치(Jack Welch)가 말한 대로, 기업이 경쟁우위를 지속적으로 확보하기 위해서는 모든 일을 언제 어디에서나 수행할 수 있는 **무경계화 조직**(boundaryless organization) 같은 유연한 조직을 구축할 필요가 있다. 이는 물론 고귀한 목표이며, 기업의 현존하는 구조, 기술, 체계의 한계를 초월할 수 있는 조직이 필요하다는 의미이다.

토의 문제 및 활동

1. 오늘날 조직이 당면한 지상 과제에 대응하기 위하여 통찰력이 예리한 관리자가 지녀야 할 덕목에 대하여 논하라.

2. 고객 수요에 유연하게 대응하지 못하는 대규모, 관료 조직에 대하여 논하라. 또한 만족스러운 대응성의 예를 기술하라.

3. 대응조직과 비대응조직의 차이점은 무엇이라고 생각하는가?

4. 소형화 혹은 적정규모화에 대하여 논하라.

5. 대규모 및 소규모 조직의 잠재적인 장점을 고려하여 당신 대학 조직은 어느 유형에 속하는가를 논리적으로 설명하라.

6. 핵심역량을 정의하고, 현재 당신과 당신이 소속된 조직이 다른 사람 및 조직과 분명하게 구분되는 핵심역량을 말하라. 또한 개발하고자 하는 핵심역량은 무엇이며, 이러한 핵심역량을 적용할 수 있는 몇 가지 창의적인 새로운 제품 혹은 시장에 대해 브레인스토밍하라.

7. TQM(전사적 품질관리)에 대하여 설명하라.

8. 전략적 대응을 위한 조직화에 관한 이슈인 (1) 네트워크조직, (2) 학습조직, (3) 고관여조직에 효과적으로 작업하는 데 필요한 기술이 무엇인가?

9. 고객 욕구의 조직화라는 관점에서 리엔지니어링에 대하여 설명하라.

10. 기술에 대한 여러 정의에 따라 기술을 분류하라.

11. 속도에 대응하기 위한 조직화에 대하여 설명하라.

12. 당신이 소속한 대학의 문화를 측정하고, 대학 문화에 대한 학생들의 경험과 태도의 차이점을 설명하라.

13. 학습조직을 정의하고, 기업이 진정으로 학습조직이 되기 위해 해야 할 일들을 열거해보라.

08 Chapter 인적자원 관리

개요 및 학습목표

인사관리로 알려진 인적자원 관리는 작업하는 사람을 관리하는 정상 체계를 다룬다. 이 장에서는 인적자원관리(HRM)를 전략경영과 관련하여 기술한다. IBM의 창시자인 토마스 왓슨(Thomas Watson)은 조직에서 사람의 중요성에 관한 견해를 강조하였다. 또한 인적자원 관리의 제 요소들인 충원, 훈련, 성과 평가, 보상 및 노사관계에 대하여 살펴본다. 이 장 전반에 걸쳐 인적자원 관리의 다른 측면에 영향을 주는 법적인 이슈를 논의한다. 다음 장에서는 이러한 관점을 다양한 직원을 관리하는 이슈와 관련하여 강조한다.

이 장을 학습한 후에 여러분은 경쟁우위를 확보하기 위해 기업이 인적자원 관리를 활용하는 방법을 알 수 있을 것이다. 기업에서 새로운 인원을 충원하기 위해 내 외적으로 사람을 모집하는 이유를 알아야 한다. 새로운 직원을 고용하는데 사용되는 다양한 방법을 알아야 한다. 또한 요원을 훈련하고 개발하는데 그렇게 많은 비용과 시간을 소비하는 이유를 알아야 한다. 특히 종업원의 성과를 평가하는 방법을 알고 보상 체계의 기본적인 측면을 분석할 수 있어야 한다. 마지막으로 인적자원 관리에 영향을 주는 노동조합과 법적 체계를 이해할 수 있어야 한다.

8.1 전략적 인적자원 관리

인적자원 관리는 조직이 사람을 통해 경쟁하려고 할 때 최근 몇 년 동안 중요한 전략적 역할을 맡았다. 계획과 전략경영에서 배운 바와 같이 기업은 가치 있고, 특별하고, 모방할 수 없으며, 조직적인 자원을 소유하거나 개발할 수 있을 때 경쟁우위를 점유할 수 있다. 인적자원의 전략적 영향에 대해서 말할 경우에도 동일한 기준을 사용할 수 있다.

1. 인적자원은 가치를 창조해야 한다: 사람들은 비용을 줄이거나, 고객에게 독특한 무엇인가를 제공하거나, 혹은 두 가지의 일부를 결합하는 노력을 통해 가치를 증가시키려고 한다. 권한부여 프로그램, 총합 품질 계획, 지속적인 개선 노력 등은 하위층에 위치한 고용인의 가치를 증가시키기 위해 고안한 노력들이다.
2. 인적자원은 특별(진기)해야 한다: 사람들의 기술, 지식 및 능력을 다른 경쟁자와 차별되게 사용함으로써 경쟁우위의 원천이 된다. 최고 기업은 그들의 경쟁자들에 대해서 경쟁우위를 차지하기 위해 최상의 그리고 가장 명민한 종업원을 고용하여 훈련하는 데 대단히 많은 투자를 한다.
3. 인적자원은 모방하기 어려워야 한다: 사람들의 역량과 기여가 타인들이 모방할 수 없을 때 경쟁우위의 원천이 된다. 디즈니(Disney), 사우스웨스트 항공(Southwest Airlines)과 같은 기업은 팀워크를 통해 종업원으로부터 가장 많은 것을 얻었으며, 모방하기 어려운 독특한 문화를 창조한 것으로 알려져 있다.
4. 인적자원은 조직적이어야 한다: 사람들은 그들의 재능을 함께 결합할 수 있고 즉석에서 새로운 과업을 수행하기 위해 신속히 개발할 수 있을 때 경쟁우위의 원천이 된다. 팀워크와 협력이 조직화된 노동력을 보장하는 두 가지 광범위한 방법이다. 한편 일부 소프트웨어 기업에서는 임시 프로젝트에 종업원의 임무를 할당하고 추적하는 것을 돕기 위해 정보기술에 투자하고 있다.

이러한 4가지 기준은 사람의 중요성을 강조하고 있으며, 전략경영과 인적자원 관리의 긴밀한 관계를 보여주고 있다. 최근 조사에 따르면, 기업 중역의 80% 이상이 지난 10년간 기업의 실질적 성장의 주요인으로 인적자원의 중요성을 강조하고 있으며, 60% 이상이 인적자원에 투입된 경비를 단순히 최소화해야 할 비용으로서가 아니라 전략적인 관점에서 투자를 해야 한다는 견해를 밝히고 있다. 종업원의 기술, 지식, 능력은 가장 확실하고 재생가능한 자원이기 때문에 기업은 그것들에 대한 전략적 관리를 그 어느 때보다도 더 중시해야 한다. 점차 조직은 그들의 성공이 사람의 지식과 기술에 의존하고 있다는 것을 인식하게 되었다. **인적자본**(human capital), 좀 더 포괄적으로 **지능자본**(intellectual capital)이라는 용어가 종종 오늘날 고용자의 지식과 기술의 전략적 가치를 설명하는 데 사용되고 있다. 여기서 인적자본은 경제적 가치를 가지고 있는 고용자의 지식, 기술 및 능력으로 정의할 수 있다.

그러나 지속가능한 경쟁우위와 인적자본과 같은 개념은 분명히 중요함에도 불구하고 그것들은 행동을 위한 아이디어 수준에 머물고 있다. 일상적으로 인적자원 관리자는 그들의 작업자와 전체 구성원에 관한 여러 문제에 대해 많은 관심을 가져야 한다. 이러한 관심사에는 해고관리, 고용자 충성심에 관한 이슈 강조, 다양성 관리, 잘 훈련되고 고도로 동기부여할 수 있는 작업력 창조, 건강 복지(의료) 비용 포함과 같은 것들이 포함된다. 이러한 이슈들에 대해 균형을 맞추는 것은 어려운 과업이므로 조직이 처한 각각의 환경에 의거하여 실행하는 것이 가장 좋은 방법일 것이다. 조직이 성장하고 있는지 쇠퇴하고 있는지 혹은 현상 유지하고 있는지와 같은 상황에 따라 이에 의거한 서로 다른 인적자원 활동이 강조되어야 한다. 이것은 인적자원 계획과 관련된 실질적인 이슈로 이어진다.

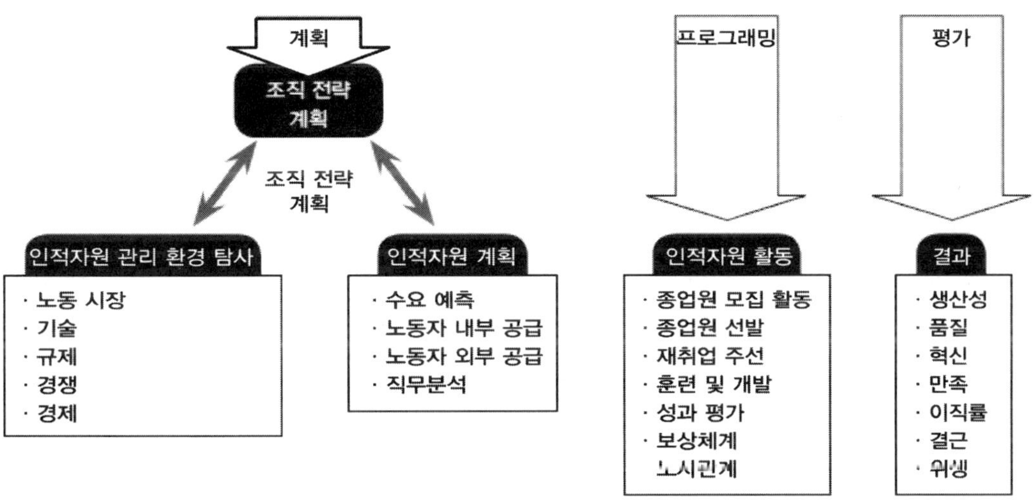

그림 8.1 인적자원 계획 과정 개요

1) 인적자원 계획 과정

정확한 시기에 필요한 유형의 사람과 필요한 인원을 적절히 확보하는 것은 매우 간단한 것처럼 보이지만, 조직의 충원 요구를 충족하는 것은 전략적 인적자원 계획(조직 계획에서 유래한 전략적 목적을 가진 활동)하에서 이루어져야 한다. 인적자원 계획이란 조직 목표의 달성이 가능하도록 하기 위하여 능력 있는 근로자를 충분히 확보하는 과정을 뜻하며, 오늘날 기업의 주요한 과업으로 간주되고 있다.

인적자원 계획 과정은 계획, 프로그래밍, 평가의 3단계에서 발생한다. 첫째, 인적자원 관리자는 정확한 인원과 유형의 가용 인원을 보장하기 위해 조직의 사업계획을 알아야 할 필요가 있다. 둘째, 조직은 채용, 훈련, 해고와 같은 특정한 인적자원 활동을 위한 프로그램을 수행한다. 이 단계에서 기업 계획을 실행한다. 셋째, 조직의 사업 계획에 기여할 필요가 있는 결과를 만들어냈는지를 결정하기 위해 인적자원 활동을 평가한다. 그림 8.1은 인적자원 계획 과정의 요소를 예시하고 있다. 인적자원 계획 과정은 외부 및 내부 환경을 고려한 조직의 목표 및 전략적 계획이 먼저 수립되어야 한다. 많은 외부 및 내부 요인들이 여기서 고려되어야 한다. 전략적 계획은 기업이 그의 주요한 목표를 달성하는 데 도움을 줄 수 있도록 짜야 한다. 기업 목표와 계획은 그 기업의 인적자원의 장래성을 반영해야 한다.

이 장에서 우리는 인적자원 계획과 프로그래밍에 대해서 초점을 맞추도록 하자. 그림 8.1에서 열거한 다른 많은 요소들은 다음 장에서 살펴보기로 하자.

❖ 수요 예측

기업의 목표와 계획이 설정되고 나면 제품과 서비스에 대한 수요 예측이 이루어져야 한다. 제품 및 서비스에 대한 수요 예측이 이루어지면 인적자원 계획 수립에 착수해야 한다. 인적자원 계획은 수요와 공급이라는 두 가지 측면이 있다. 그리고 직무분석은 이 두 측면에 대한 선행조건이다.

인적자원 계획에서 가장 어려운 부분은 수요 예측일 것이다. 즉, 얼마나 많은 사람과 어떠한 유형의 사람이 필요한가를 결정하는 것이다. 필요한 사람에 대한 수요 예측은 조직 계획에서 유래한다. 예를 들어, 제약기업에서 신약을 개발할 때 경영자(관리자)는 인구통계학적인 추정에 기초하여 이 시장의 미래 규모를 추정해야 한다. 현재의 판매 및 추정된 미래의 판매 성장률에 기초하여 경영자(관리자)는 미래 수요, 필요한 판매력, 필요한 지원 인력 등을 충족하는 데 필요한 공장 능력을 추정해야 한다. 이 시점에서 공장을 가동하는 데 필요한 인원수, 제품 판매, 유통, 서비스 고객 등을 계산해야 한다. 이러한 추정치가 다양한 유형의 작업자에 대한 수요를 결정하는 데 사용된다.

❖ 노동자 공급 예측

수요 예측과 관련하여 노동자 공급을 예측해야 한다. 즉, 조직이 얼마나 많이, 그리고 어떤 유형의 종업원을 실제로 가져야 하는가를 추정하는 것이다. 공급 측면에서 기업이 필요한 인적자원을 충족시키기 위해 근로자를 기업 외부에서 혹은 내부에서 충당할 것인지를 결정하는 과정을 노동 공급분석이라고 한다.

공급분석을 수행할 때 조직은 가용한 외부 작업자 공급뿐만 아니라 조직의 현재 근로자의 수와 질을 추정해야 한다. 내부 공급을 추정하기 위해서 기업은 전형적으로 순환 회수, 고용 종료, 퇴직, 승진 및 전직에 대한 경험에 의존한다. 전산화된 인적자원 정보시스템이 공급 예측에 크게 도움을 준다.

외부적으로 조직은 추정을 하기 위한 노동자 공급 경향을 살펴보아야 한다. 전 세계적으로 노동자 공급과 수요에 대한 간극이 커지고 있다. 대부분의 좋은 급여를 받는 직업은 산업화된 세계의 도시에서 발생하지만, 많은 숙련 및 비숙련 인적자원은 개발국가에 존재한다. 이 간극이 이주민, 임시직 작업자, 퇴직자를 포함하는 대규모의 재배치를 가져오며, 보호주의적 이주 정책의 감소를 가져온다.

다양한 노동자에 대한 예측이 현실이 되고 있다. 사업 세계는 더 이상 남성의 배타적인 영역이 아니다. 소수집단, 여성, 이주자, 노인과 장애인 및 기타 그룹들에 대한 다양성 관리가 최신 경영자(관리자)의 기본적인 활동이 되고 있다. 이는 새로운 노동자 관리가 중요하기 때문이다.

❖ 수요와 공급의 조정

일단 경영자(관리자)가 다양한 유형의 노동자에 관한 공급과 수요에 대한 좋은 생각을 가졌으면 이 둘을 조정할 방법을 개발해야 한다. 즉, 앞으로 필요한 근로자의 수요와 공급에 대한 분석이 완료되면 기업은 근로자 수의 과부족에 직면하게 될 것인지에 대한 결정 단계에 이르게 된다. 조직이 현재 인원보다 더 많은 사람이 필요하다는 요구에 직면할 경우, 조직은 현재의 노동자를 새로운 직위로 승진시키고 새로운 노동자를 고용하거나, 또는 아웃소싱을 한다. 조직이 필요한 인원보다 더 많은 인원을 가지고 있는 경우, 상황을 충분히 탐지하여 노동자를 정상적으로 순환 배치하는 방법으로 잉여인력을 해소하거나, 한편 노동자를 해직하거나 다른 부서로 전직시킨다. 수요와 공급을 주고받는 것은 이제 인터넷상에서도 가능하다.

인적자원 계획은 부단히 지속되는 것이다. 외부나 내부 환경 상황은 단시일 내에도 변화할 수 있다. 이러한 급격한 변화로 인력 수요 및 공급에 대한 예측을 광범위하게 수정할 필요가 있게 된다. 계획은 관리자들이 보다 좋은 위치에서 변화하는 상황을 예측하고 그에 대한 대응을 강구할 수 있게 한다.

❖ 직무분석

수요와 공급에 관한 이슈는 조직 수준에서 수행하기에 상당히 “거대한” 활동인 반면에 직무분석이라고 하는 인적자원 활동은 “미세한” 활동이다. 직무분석은 두 가지 일을 수행한다. 첫째로, **직무분석**(job analysis)은 인적자원 관리 대상의 수행해야 할 과업에 대한 것을 기술한다. 직무의 수행과 관련한 필수 과업, 의무 및 책임에 대한 분석이다. 이 정보를 **직무기술서**(job description)라고 한다. 둘째로, 직무분석은 과업을 수행하는 데 필요한 기술, 지식, 능력, 기타 특성을 기술한다. 이를 **직무명세서**(job specification)라고 부른다.

직무분석은 실질적으로 필요한 모든 인적자원 활동에 대한 정보를 제공한다. 직무분석은 신규 직원 모집, 훈련, 선발, 승진 및 보상 시스템의 핵심 인적자원 프로그램을 지원한다. 궁극적으로 직무분석은 과업을 효과적으로 수행하는 데 실제로 필요한 것이 무엇인가를 명확하게 하기 때문에 종옵원이 조직에 부가가치를 증가시키는데 도움이 된다.

8.2 조직의 직원 채용

인적자원 계획이 완료되면 경영자는 조직의 직원 채용에 초점을 맞춘다. 직업 채용 기능은 신규 직원 모집, 선발, 재취업 주선에 관한 3가지 관련 활동으로 구성된다.

1) 신규 직원 모집

신규 직원 모집 활동(recruitment)은 직무를 위해 선발해야 할 예비 노동력을 증가시키는데 도움을 준다. 신규 직원 모집은 조직 내부 및 외부에서 모집할 수 있다. 각 방법의 장단점은 다음과 같다.

❖ 내부채용

내부모집(internal recruiting)의 장점은 고용주가 그들의 종업원을 알고, 종업원이 그들의 조직을 안다는 것이다. 기업은 미래 예측에 필요한 많은 근로자를 이미 고용하고 있는 경우가 일반적이다. 만일 기업이 소규모라면 경영자는 모든 근로자를 잘 알기 때문에 근로자들의 기술과 열정이 쉽게 일치되게 할 수 있을 것이다. 그러나 조직이 커지면 인력의 수요와 공급을 일치시키는 일은 점차 어려워진다. 내부 공급원을 확인하는 데 이용되는 몇 가지 도구를 살펴보기로 하자.

1. **경영 인벤토리**(management inventories): 경영 인벤토리는 다음과 같은 자료를 포함한다.
   - 경력
   - 강점
   - 약점

- 승진 잠재력
- 경력 목표
- 개인 신상명세서

경영 인벤토리는 각 관리자에 대한 상세한 자료를 포함하고 있으며 이는 보다 높은 수준의 직위에 승진할 수 있는 잠재력을 가진 개인을 확보하는 데 이용되기도 한다.

2. **기술 인벤토리**(skill inventories): 경영 인벤토리가 관리자들과 관련된 정보를 포함하고 있는데 비해, 기술 인벤토리는 비관리직에 있는 근로자들에 관한 정보를 포함한다. 기술 인벤토리의 과정과 의도는 근본적으로 경영정보 인벤토리와 같지만, 정보에 있어서 기술 인벤토리에 포함될 수 있는 내용들은 다음과 같다.
   - 배경 및 성장 관련 자료
   - 작업 경험
   - 구체적 기능 및 지식
   - 감독자의 평가
   - 경력 목표

적절히 작성된 최신의 자료를 갖춘 기술 인벤토리는 기업의 변화하는 욕구를 만족시키기 위해 필요한 특수 기술을 가진 근로자를 경영자가 쉽게 찾아내도록 하는 데 도움을 준다. 내부모집의 단점은 현재의 근로자가 기술과 재능이 부족하면 한정된 인력으로 인해 불량한 선택을 결정하게 된다. 또한 내부모집 정책은 기업이 사업의 본질이나 목표를 외부 근로자가 바꾸려고 하는 것을 억제할 수 있다.

많은 기업들은 내부모집에서 **직위공모제**(job-posting system)에 많이 의존한다. 참고로 직위공모제는 개방 지위를 공모하여 직원을 뽑는 제도이다. 직원이 게시된 직업에 대한 관심을 나타내는 요청 양식을 작성한다. 게시된 직무 기술서에는 직무 목록과 요구되는 최소한의 기술과 경험이 포함된다.

참고 대한민국 정부의 직위공모제

직위공모제는 특정 부처 내 주요 직위에 대해 전 부처 직원들을 대상으로 공모하여 가장 적합한 인사를 뽑는 제도이다. 직위공모제가 도입되면 인사권을 쥐고 있는 각 부처장의 지연, 학연에 의한 정실인사가 사라지게 되어 미국, 영국 등 선진국에서 보편화 되었을 뿐 아니라, 우리나라에서는 2000년 10월 중앙인사위원회(현 행정안전부)와 행정자치부가 직위공모제를 설계하여, 현행 법령하에서도 소속장관이 원할 경우에는 기관의 여건 등을 고려하여 실정에 맞게 직위공모를 실시할 수 있도록 하였다. 정부 내 또는 부처 내 우수인력을 균형적으로 배치·활용하고 이를 통해 유기적인 업무협조와 조정능력 등을 강화하기 위하여 우선 정부 주요 정책결정 직위인 3급 이상 실·국장급 공무원을 선발·보직함에 있어 이를 운영할 수 있도록 '공무원 직위공모에 관한 규정(대통령훈령 제98호)'을 제정(2000. 11. 1)하여 기본모델을 제시하고 4급 이하 직위에 대하여도 소속장관별로 이를 준용할 수 있도록 하였다.

직위공모 적용대상 직위는 1급 내지 3급의 일반직 공무원 또는 별정직 공무원 직위(개방형 직위 제외)와 3급 이상의 일반직 공무원과 별정직 공무원으로 임명하는 주재관 직위이다. 4급 이하 직위에 대하여는 소속장관이 판단하여 이에 준해서 실시할 수 있다. 이후 외교통상부에서 외압을 막아 인사의 투명성을 높이고 전문성을 살리기 위해 정부 부처 가운데 직위공모제를 처음 도입하였고, 당시 행정자치부·산업자원부·건설교통부·교육인적자원부·과학기술부 등으로 확대되었다. 최근 들어서는 각 시청, 군청 등에서도 직위공모제가 확대 시행되고 있으며, 기업에서도 이 제도를 이용하여 직원을 채용하고 있다.

❖ 외부채용

외부채용(external recruiting)은 기업에 새 피를 수혈하고 혁신을 격려할 수 있다. 가장 빈번하게 사용되는 외부채용 방법은 인터넷 구인란, 신문광고, 근로자 소개소, 대학 캠퍼스 리쿠르팅(채용설명회) 등이다.

신문 광고가 가장 대중적인 채용방법이다. 그러나 독자 수가 점차 하락하여 웹 기반 방법으로 이동하고 있다. 캠퍼스 리크루팅은 기업이 학교를 찾아와 채용설명회를 통해 채용 인원을 직접 선발하는 제도로서 대규모 인원을 확보할 수 있으며, 혁신적 사고의 원천인 대학에서 현대식 훈련을 받은 인력을 확보할 수 있다는 점이 장점이다.

한 기업이 그 동안 종업원 수요 감소를 겪어보지 않았다면, 부족한 종업원을 확보하기 위해 그 기업은 조직 외부로 눈을 돌려야 할 것이다. 종업원의 고용 가능성에 대한 예측은 인적자원관리의 지속적인 과정이므로 중요한 기능이다. 새로운 종업원을 갑자기 채용하는 것은 매우 어려운 일이다. 그러므로 기업은 필요한 종업원 수뿐만 아니라 그들을 어디에서 확보할지 결정할 수 있는 역량을 갖추고 있어야 한다. 가장 바람직한 인력공급 방식은 산업별 기업별로, 그리고 지리적 위치에 따라 다르다. 만약 기업이 그들의 종업원을 어디에서 채용하는 것이 좋은지에 대한 정보를 가지고 있다면, 종업원에 관한 과거와 현재의 통계 자료가 그 공급원을 추정하는 데 이용될 수 있다. 이러한 추정은 공급원이 어떤 위치에 있는지를 확인하는 것뿐만 아니라, 어떤 유형의 종업원이 기업 내에서 성공적으로 일을 할 수 있는지를 예견하는 데 도움을 준다.

어떤 공급원에서 높은 이직률이 나타날 수 있는 경우를 대비하여 다른 하나의 공급원을 마련해야 한다. 이러한 사실이 확인되면 이직률이 현저히 낮은 새로운 공급원을 찾아야 한다.

대중적인 다양한 채용방법의 효과성을 그림 8.2에서 보여주고 있다.

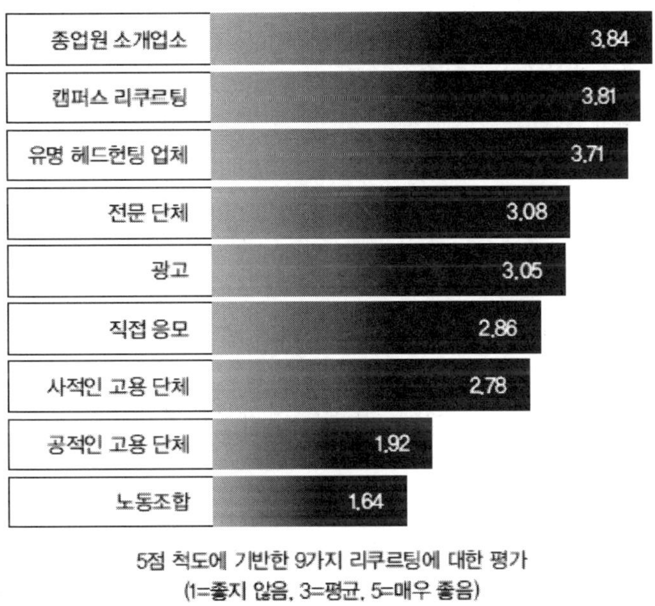

그림 8.2 신규 채용 방법의 효과성

2) 선발

선발(selection)이란 어떤 기준에 따라서 필요한 조건을 갖춘 사람을 뽑는 것을 말한다. 채용에서의 어떤 기준이란 어떤 직무에서 향후 충분하게 능률을 발휘할 수 있느냐의 여부에 대한 문제를 말한다. 즉, 직무에 필요한 적성을 가지고 있는지 여부가 문제가 되는데, 이 경우의 적성이란 단순히 능력뿐만 아니라 주위의 물적, 인적 환경에 적응하기 위한 정서적 행동의 특징을 포함한다. 그리고 장래 간부가 될 사람을 고려하는 경우에는 전문직에 전념할 사람과 작업직에 종사할 사람의 기준이 각각 다른 것이 당연하다.

사람의 적성 유무를 판단하는 방법을 생각하기 전에 사람의 적성 구조를 살펴보면 크게 신체적 · 생리적 능력, 지적 능력, 정서와 성격의 세 가지로 구분할 수 있다.

❖ 신체적, 생리적 능력은

- 건강도
- 체격
- 체력, 운동 능력
- 감각
- 기능

으로 구분할 수 있다.

❖ 지적 능력은

- 습득된 지식
- 소질에 의한 지식(일반 및 특수 지능)

으로 구분할 수 있다.

❖ 정서, 성격은

- 내성적, 외향적, 적응성, 흥미
- 그 밖의 경향

으로 구분할 수 있다.

이 절에서는 여러 가지 선발 도구에 대하여 살펴보기로 하자.

❖ 신청서(입사원서) 및 이력서

입사원서(applications) 및 이력서(resumes)는 전도유망한 고용인의 기본 정보를 제공한다. 1차 선발을 위하여 고용주는 다양한 취업 지원자의 배경과 프로필을 검토한다. 입사원서와 이력서는 전형적으로 지원자 이름, 교육 배경, 시민의식, 직무 경험, 인증 등에 대한 정보가 포함된다. 입사원서와 이력서는 중요한 정보를 제공하는 한편 최종 선발 결정을 하는 데 매우 중요하다.

❖ 면접

가장 일반적인 선발 도구로 모든 기업들은 몇 가지 유형의 면접(interview)를 사용한다. 면접으로 일종의 신상조사 같은 것들을 관찰하려고 하는 것이다. 그러나 이러한 방법은 시험이나 그 외의 여러 가지 객관화된 방법으로 측정 · 평가할 수 없다는 점 때문에 극히 주관적으로 될 위험성이 크다. 따라서 가능하면 주관적인 편견이 개입되지 않도록 적용되어야 한다. 면접관이 지원자에 대한 보다 상세한 정보를 알고자 할 경우에는 후속 질문을 할 수 있다.

구조화 면접(structured interview)에서 면접관은 각 지원자에게 동일한 면접을 수행한다. 즉 모든 지원자에게 동일한 질문을 하고 그들의 응답을 표준화된 일련의 답변으로 비교하는 방식이다. 구조화 면접에는 두 가지 기본 유형이 존재하는데, 그 하나는 가상적인 상황에 초점을 맞추는 상황 면접(situational interview)과 또 다른 방법으로 지원자가 과거에 실제로 수행한 것이 무엇인가를 탐구하는 행동기술 면접(behavioral description interview)이 있다.

❖ 추천 조사

추천조사(reference checks)는 지원자의 조직경력을 검증하는 데 사용되는 또 다른 유형의 일반적인 방법이다. 실제로 모든 조직은 조직 내에서의 구성원의 평판 혹은 고용 및 교육 기록 등을 점검하여 활용한다. 비록 추천조사가 적절하다고 하여도 추천 정보에 내포된 개인정보로 인해 이미 알려진 여러 가지 소송관련 판결 등으로 이제는 받기가 곤란하다.

❖ 인성검사

인성검사(personality tests)는 종업원 선발에 덜 대중적인 방법이다. 인성검사에 의한 성격적 특징, 기질 등의 측정을 위해 여러 가지 연구방법이 시도되고 있으나 주로 질문지법, 작업법, 투영법이 사용된다. 인성검사는 인격(personality)의 구조나 유형에 주안을 둔 독일 성격 연구의 영향을 받은 것으로 생각되나 최근에는 역동적인 인격을 전체로 파악하려는 입장에서 인격검사로 불리는 일이 많다.

❖ 약물검사

약물검사(drug testing)는 신체검사를 하는 데 자주 사용되는 방법이다. 약물검사는 운동경기에서 체력을 극도로 발휘시켜서 좋은 성적을 올리게 할 목적으로 선수에게 심장흥분제 · 근육강화제 따위의 약물을 먹이거나 주사 또는 특수한 의학적 처치를 하는 것을 말한다. 이때 사용되는 약물을 도프(dope)라고 한다. 원래는 경주마에 투여하는 약물을 도프라고 했는데, 스포츠계에서 선수들도 사용하게 되었다. 도핑을 함으로써 경기성적은 올릴 수 있지만, 신체는 극도로 피로해지고 약물을 습관적으로 사용하게 되면 건강을 해치는 원인이 된다. 이러한 의학적인 이유와, 인간 본래의 능력으로써 겨루어야 할 경기장에서 약물의 힘을 이용하려는 그릇된 생각에 대한 도의적인 비판이 대두되어 도핑 금지의 방향으로 의견이 모아졌다. 오늘날은 각종 경기에서 특정약물을 검출하는 검사가 실시되는데, 이것을 도프체크(dope check)라고 한다.

❖ 인지능력 검사

인지능력 검사(cognitive ability test)는 인간의 지적 능력을 측정하는 검사이다. 학업 성취 중 지적 영역의 성취도 검사, 적성, 지능, 그리고 창의성 등 다양한 능력의 검사를 총칭한다. 근래 들어 인지능력 검사는 인지심리학과 컴퓨터공학의 발전에 힘입어 다양한 인지구조를 진단할 수 있는 방향으로 연구 개발되고 있다. 그림 8.3은 인지능력 검사 질문에 대한 몇 가지 예를 보여주고 있다.

언어 능력	1. "영리한" 이란 뜻을 가진 단어는? ⓐ smart ⓑ handsome ⓒ kind ⓓ sweet
정량적인 능력	2. 25를 0.25로 나누고 5를 더하면 얼마인가? ⓐ 25 ⓑ 95 ⓒ 30 ⓓ 105
추론	3. ( )과 summer의 관계는 snow와 ( )의 관계이다. ⓐ flower, spring ⓑ rain, winter ⓒ water, fall ⓓ leaf, fall
기계적 능력	4. 중간 기어 B를 사이에 두고 기어 A와 C가 반시계방향으로 회전하면 기어 B에 어떠한 일이 발생하는가? ⓐ 반시계방향으로 회전한다. ⓑ 시계방향으로 회전한다. ⓒ 고정되어 있다. ⓓ 전체 시스템이 움직이지 않게 된다.

그림 8.3 인지능력에 대한 표본 척도

❖ 성능검사

성능검사(performance tests)는 수험자가 과업의 표본을 수행하는 절차이다. 대부분의 기업들은 몇 가지 유형의 성능검사를 사용한다. 전형적으로 비서직이나 서기직에서 사용하는 방법이다. 가장 광범위하게 사용되는 성능검사는 타이핑 시험이다. 그러나 성능검사는 거의 모든 직종에서 개발되었다. 평가센터는 가장 주요한 관리차원에서의 성능검사 방식이다.

전형적인 평가센터(assessment center)는 다양한 상황에 참여하는 10~12명의 후보로 구성되어, 그룹 상호작용이 포함되는 몇 가지 상황과 개별적으로 수행되는 또 다른 상황으로 전개된다. 각 상황에는 주요 관리 차원, 예를 들어 리더십, 의사결정 기술, 의사소통 능력과 같은 관리 차원을 타진한다. 일반적으로 일선 관리자로부터 조직에 이르기까지 평가자는 각 상황에서 후보의 성과에 대한 정보를 관찰하고 기록한다. AT&T는 평가센터를 활용한 최초의 조직으로 알려져 있다. 그 이후로 FBI, Sears, Bristol-Myers와 같은 수많은 조직에서 사용되고 있다.

❖ 진실성 검사

진실성 검사(integrity test)는 직무 후보의 정직성을 평가하기 위해 사용된다. 거짓말 탐지기와 지필 진실성 검사의 두 가지 형태가 있다. 거짓말 탐지기는 고용 목적으로는 대부분 금지되어 있다. 지필 진실성 검사는 진실성을 측정하는 보다 최근의 도구이다. 이러한 시험에는 한 사람이 도둑질에 대해 생각해본지에 대한 여부, 그리고 다른 사람이 도둑질을 한다고 믿는지와 같은 질문이 포함된다.

❖ 신뢰도와 타당성 검사

종업원을 선정하는 데 사용되는 방법에 무관하게 강조할 필요가 있는 두 가지 중요한 이슈는 검사의 신뢰도와 타당성이다. **신뢰도**(reliability)는 시간의 경과와 대안 측정에 따른 시험 점수의 일관성을 말한다. 예를 들어, 3명의 다른 면접관이 동일한 직무 후보에게 질문했을 때 후보자의 능력에 대해 다른 결론이 나오면, 선발 시험 혹은 면접 절차에 대한 하나 이상의 신뢰도에 문제가 있다고 의심할 수 있다.

타당성(validity)은 선발 시험이 직무 성과를 예측하거나 상관시키는 정도를 말한다. 가장 일반적인 형태의 타당성은 **기준 관련 타당성**(criterion-related validity)으로 시험이 실제로 직무 성과를 예측하거나 상관하는지에 대한 정도를 말한다. 상관계수의 범위는 통계학적으로 −1.0(완전히 부정적인 상관관계) ~1.0(완전히 긍정적인 상관관계)이다. 실제로 대부분의 타당성계수는 이러한 극치 사이의 어딘가에서 떨어진다. 그림 8.4에서 상관계수 산포도를 보여주고 있다. 종업원을 선발할 때 관리자는 높은 기준 관련 타당성을 가지고 있는 Test B를 사용하는 것이 타당하다.

또 다른 형태의 타당성 검사는 **내용의 타당성**(content validity) 검사로, 선발시험이 직무에 필요한 지식, 기술, 능력에 대한 대표적인 표본을 측정했는가의 정도를 나타낸다. 가장 대표적인 내용의 타당성 검사의 예는 비서직의 타이핑 시험을 들 수 있다. 그러나 내용의 타당성이 완전하려면 다른 기술도 측정해야 한다. 내용의 타당성은 기준 관련 타당성 검사보다 더 주관적이지만, 결코 덜 중요하지 않다.

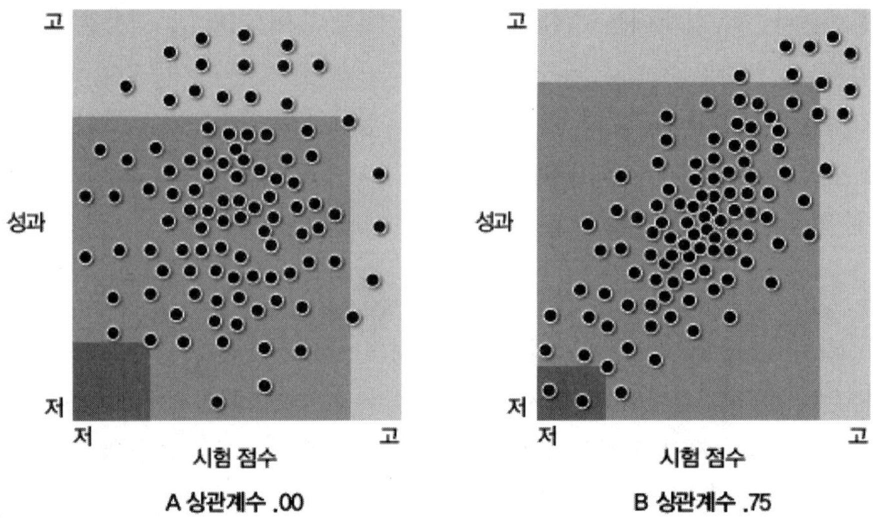

그림 8.4 상관관계 산포도

3) 종업원 감축

불행히도 충원 결정은 종업원 고용에만 초점을 맞추는 것은 아니다. 조직이 진화하고 시장이 변함에 따라 특정 종업원의 수요가 증가하거나 감소하고, 일부 종업원은 고용을 지속화하는 데 필요한 수준으로 과업을 수행하지 못한다. 이러한 이유로 경영자(관리자)는 가끔 그들의 고용을 종료시켜야 하는 어려운 결정을 해야 한다.

❖ 일시 해고(layoffs)

인수합병, 다각화, 경쟁 격화 등의 이유로 조직은 구조조정(기구 축소)을 해야 한다. 수많은 관리직과 종업원이 해고된다. 기업에서 종업원을 감축시키는 과정은 어려운 일이지만 회사가 상당 부분의 인력을 감축할 때 그 과정을 통해 조직의 토대가 단단해질 수 있다.

재취업 주선(outplacement)은 기업에서 해고된 사람들이 다른 곳에서 다시 고용되도록 돕는 과정을 말한다. 이러한 과정은 이직하는 사람에게 어느 정도 도움을 줄 수 있지만 해고에 대한 충격은 조직이 더 오래간다. 기업에 남아있는 사람들은 기업에 환멸을 느끼고, 불신하며, 무기력해진다. 경영층에서 해고를 다루는 방식은 여러 측면에서 남아 있는 종업원들의 생산성과 만족에 영향을 준다. 심사숙고하는 해고 과정이 그러한 긴장감을 풀어주어 남아 있는 종업원들이 새로운 작업 환경에 적응하는 데 도움을 준다.

생존자가 해고 결정이 임의적이 아닐 가능성이 있다고 믿기 때문에 강력한 성과평가 체계를 가진 조직이 유리하다. 더욱이 실제 해고 과정에 관심을 기울이는 경우 즉, 종업원들이 퇴직금을 수령하고 새로운 일자리를 구하는 데 기업이 나서서 도움을 준다면 남아 있는 종업원들은 위안을 받는다. 기업은 또한 해고 과정을 더디게 진행하지 않고 가능한 한 번에 마무리를 해야 한다.

❖ 해고(termination)

사람들은 종종 성과불량 혹은 다른 이유로 해고된다. 고용주는 종업원을 마음대로 해고할 수 없다. 고용주는 점진적이면서도 적극적인 규율 절차를 개발하여 해고와 관련된 함정에 빠지는 것을 피할 수 있다. 점진적이란 관리자가 직장 내 행동을 교정하기 위해 단계적 조치를 취하는 것을 말한다. 예를 들어 회의에 무단결석한 직원은 처음에는 구두 질책을 받는다. 두 번째는 사유서 제출 등과 같은 서면 질책을 한다. 세 번 째는 상담을 하고 보호 관찰을 한다. 네 번째는 향후 규칙 위반을 생각해 볼 수 있도록 벌금을 부과한다. 고용주는 고용인에게 더 이상은 참을 수 없다는 신호를 준다. 중재자들은 회사가 그 종업원의 행동을 바로잡기 위해 성실히 노력했다고 믿을 때 고용자를 해고할 때 고용주의 편을 들 가능성이 더 높다.

종업원 해고에 관해 경영자와 종업원 사이에 논의하는 것을 **해고 면접(termination interview)**라고 한다. 이 과정은 당사자 모두에게 스트레스를 주는 상황이다. 직속상관이 나쁜 소식을 종업원에게 직접 전달하는 것이 좋다. 또한 금요일 오후를 선택한다든지 하여 일정을 잘 조절할 필요가 있다. 경영자와 종업원이 나중에 품위 있게 나갈 수 있도록 회의실에서 해고 면접를 수행하는 것이 좋을 수 있다. 표 8.1은 해고 면접를 하는 데 있어서 해야 할 일과 하지 말아야 할 일에 대한 몇 가지 지침을 제공하고 있다.

표 8.1 해고 면접에 필요한 몇 가지 조언

해야 할 일	하지 말아야 할 일
• 대량 해고에 대해 가능한 한 많은 경고를 해야 한다. • 사적인 공간에서 1:1로 마주앉아 얘기한다. • 15분 내로 해고 회의를 종료한다. • 퇴직수당에 관한 문서를 제공한다. • 회사 경영층에서 재취업 알선 서비스를 제공한다. • 직장 동료가 아닌 경영자로부터 종업원 자신의 해고에 대해 들어야 한다. • 가능하다면, 종업원이 회사에 기여한 내용에 대해 고마움을 표현해야 한다.	• 해고시에 혼란의 여지를 남기지 말아야 한다. 제일 먼저 그 종업원이 해고되었다는 점을 말해야 한다. • 해고 회의에서 해고에 대해 토론할 시간을 주지 말아야 한다. • 해고할 때 사적인 언급을 하지 말아야 한다. 전문적으로 대화해야 한다. • 보안이 이슈가 아니라면 해고 종업원을 서둘러 밖으로 내몰지 않아야 한다. • 종업원 개인에게 의미있는 날에 해고를 통보하지 말아야 한다. • 종업원이 휴가중이거나 막 복귀했을 때 해고를 통보하지 말아야 한다.

❖ 법률적인 쟁점과 동등고용 기회

인종, 성별, 국가, 종교에 기초하여 고용에 차별을 두어서는 안 된다. 미국의 경우 공민권법(Civil Rights Act)이 제정되어 흑인을 보호하고 있다. 1957년 7월 미국의회는 이전부터 문제가 되어 왔던 공민권법을 확정하여 대통령에게 흑인투표권 실시에 관한 광범위한 권한을 부여했다. 또한 연방의회는 1964년 7월 인종차별철폐법을 가결했다. 그 내용은 ①흑인선거권의 방해제거 ②공민권위원회의 임기연장 ③인종차별 철폐 과정에서의 학교에 대한 연방정부 원조 등 세 가지로 이루어져 있다.

이 밖에 1965년 8월에 흑인의 투표권 등록에 관한 차별 철폐를 중심으로 한 공민권법이 발표되었고, 또 1968년 4월 흑인에 대한 주택 정책에서의 차별대우를 금지한 공민권법이 킹목사의 암살사건을 계기로 제정 발표되었다. 1960년대 후반에는 이 공민권법도 지상평등에 지나지 않는다고 하여 흑인해방운동이 다시 격화되었으나 1970년대에 들어서면서 가라앉았다. 한편 흑인의 선거권 등록자 수는 급속하게 증가하여 연방 하원의원이나 시장 등에 선출되는 흑인의 수도 눈에 띄게 증가하고 있다.

우리나라의 경우에는 국제결혼의 증가에 따른 다문화 가족이 많이 존재하고 있으며, 이들에 대한 사회적 차별이 없도록 지원할 필요가 있다. 또한 남녀고용평등법을 제정하여 고용에 있어서 남녀의 평등한 기회 및 대우를 보장하는 한편, 모성을 보호하고 근로여성의 지위 향상과 복지 증진에 기여함을 목적으로 하고 있다. 이 법에서는 일하는 여성들이 모집, 채용, 임금, 배치, 교육훈련, 승진, 정년, 해고에서 부당한 차별을 받지 않고, 육아의 권리를 보장받으며 평등하게 대우받을 권리를 명시하고 있다. 1987년 제정되어 1989년, 1995년, 1999년, 2008년, 2012년 개정되었다. 남녀고용평등법은 1989년 제1차 개정 시에 우리나라 법 사상 최초로 '차별'의 정의를 규정했다. 이 법은 "사업주가 근로자에게 성별, 혼인 또는 가족상의 지위, 임신 등의 사유로 합리적인 이유 없이 채용 또는 근로의 조건을 달리하거나 기타 불이익한 조치를 취하는 것" 즉, 남녀를 달리 대우하여 특정한 성에게 불이익을 초래하는 형태의 '직접적 차별'을 금지하였다.

그런데 1999년 제3차 개정 시에는 차별의 개념을 넓혀 "사업주가 여성 또는 남성 어느 한 성이 충족하기 현저히 어려운 인사에 관한 기준이나 조건을 적용하는 것"도 차별로 봄으로써, 표면상 남녀를 동일하게 대우하나 그 기준이 특정 성(gender)이 충족하기 현저히 어려워 결과적으로 특정 성(gender)에게 불이익한 결과를 초래하는 '간접 차별 문제'도 규제할 수 있게 되었다. 그리고 1999년 개정 시 직장 내 성희롱을 고용상의 성차별 행위로 규제하였다. 남녀고용평등법은 '직장 내 성희롱'을 "사업주, 상급자 또는 근로자가 직장 내의 지위를 이용하거나 업무와 관련하여 다른 근로자에게 성적인 언어나 행동 등으로 또는 이를 조건으로 고용상의 불이익을 주거나 또는 성적 굴욕감을 유발하게 하여 고용환경을 악화시키는 행위"로 정의하였다.

또한 2008년 개정 시 저출산 · 고령화 시대에 여성인력의 적극적인 활용을 도모하고, 직장과 가정생활의 양립 지원을 적극 추진할 필요가 있어, 이를 제도적으로 뒷받침하고자 현행 육아휴직제도를 보강하고 배우자 출산휴가 등 새로운 제도를 도입하였다. 2012년 2월에도 배우자 출산휴가의 유급화와 육아기 근로시간 단축제도 의무화, 가족돌봄휴직제 의무화를 도입하는 개정이 또 한 차례 있었다.

8.3 종업원 개발

종업원과 관리자의 기술과 성과를 지속적으로 개선해야 한다. 이러한 요건을 충족하는 것은 종업원이 최선을 다하여 과업을 수행하는 데 동기를 부여하고 피드백을 제공할 목적으로 종업원을 훈련하고, 개발 활동을 수행하고, 성과를 평가하는 것이 포함된다.

1) 교육훈련 및 개발

고용된 종업원을 그의 직무에 맞게 교육 및 훈련하는 것이 매우 중요하다. 대부분의 경우 기업의 공식적인 훈련비용은 매년 증가하고 있다. 미국의 대규모 기업의 경우에 비공식적인 교육 및 개발 비용을 포함하여 연평균 200조의 비용이 소요되고 있다. 한편 많은 기업들은 e-learning, Web-기반 시뮬레이션을 활용하여 저비용으로 높은 효율을 보이는 교육훈련 방법에 의존하고 있다.

❖ 교육훈련 과정 개요

교육훈련 프로그램은 현재의 직무성과를 유지 내지 향상시키려는 것인데 반하여, 개발 프로그램은 미래의 직무를 위한 재능을 개발하기 위한 것이다. 비록 일반적으로 교육훈련이라는 용어를 사용하고 있지만, 교육훈련은 종종 개발과 구분하여 사용된다. **교육훈련**(training)은 보통 현재의 직무성과를 유지 내지 향상시키기 위해 낮은 수준의 종업원을 가르치는 것을 말한다. 반면에 **개발**(development)은 관리자와 전문적인 종업원의 현재와 미래의 직무에 필요한 광범위한 기술을 가르치는 것을 말한다.

1단계 교육훈련에서는 **욕구 평가**(needs assessment)가 수반된다. 교육훈련이 필요한 직무, 사람, 부서를 식별하기 위해 분석이 수행된다. 직무분석과 성과 측정이 이 목적에 유용하다. 2단계에서는 교육훈련 프로그램의 설계가 수반된다. 욕구 평가에 기초하여 교육훈련 목적과 내용이 수립된다. 3단계에서는 사용할 교육훈련 방법에 대한 결정이 이루어진다(그림 8.5 참조). 교육훈련 방법의 선정에 대한 기본적인 결정은 직장 내 교육훈련 혹은 직장 외 교육훈련을 제공하는 것이다. 교육훈련 방법에는 강의, 역할연기법, 프로그램 학습, 사례 토론, 사업 시뮬레이션, 행동모델링, 직무순환, 실습장 훈련, 도제식 훈련 등이 포함된다. 마지막으로 4단계 교육훈련에는 종업원 반응, 학습, 직무에 전달된 행동, 최종 결과의 관점에서 프로그램의 효과성을 평가해야 한다.

❖ 교육훈련의 종류

기업은 개인의 성과와 조직의 생산성을 고양하기 위해 교육훈련에 투자한다. 가장 일반적인 분야는 컴퓨터 응용, 관리 기술/개발, 감리 기술, 기술적 기술, 의사소통 기술이다. 여기에 더하여 여러 주제가 특히 주목을 받는다. 신입사원에게 직무에 배치되기 전 새로운 조직생활에 적응할 수 있도록 새로운 직무, 작업 단위, 조직에 대한 **적응(예비교육) 훈련**(orientation training)이 전형적으로 사용된다. 이를 잘 수행할 경우 이직률 감소, 사기 증진, 생산성 증진, 충원 및 훈련비용의 절감 등 많은 이점이 있다.

팀 훈련(team training)은 종업원이 다른 사람들과 협력하여 작업하는 데 필요한 기술과 관점에 대해 가르치는 훈련으로, 조직을 재조직하는 데 더 없이 중요한 훈련이다. **다양성 훈련**(diversity training)은 서로 다른 사람들에 대한 숨겨진 편견을 식별하여 해소

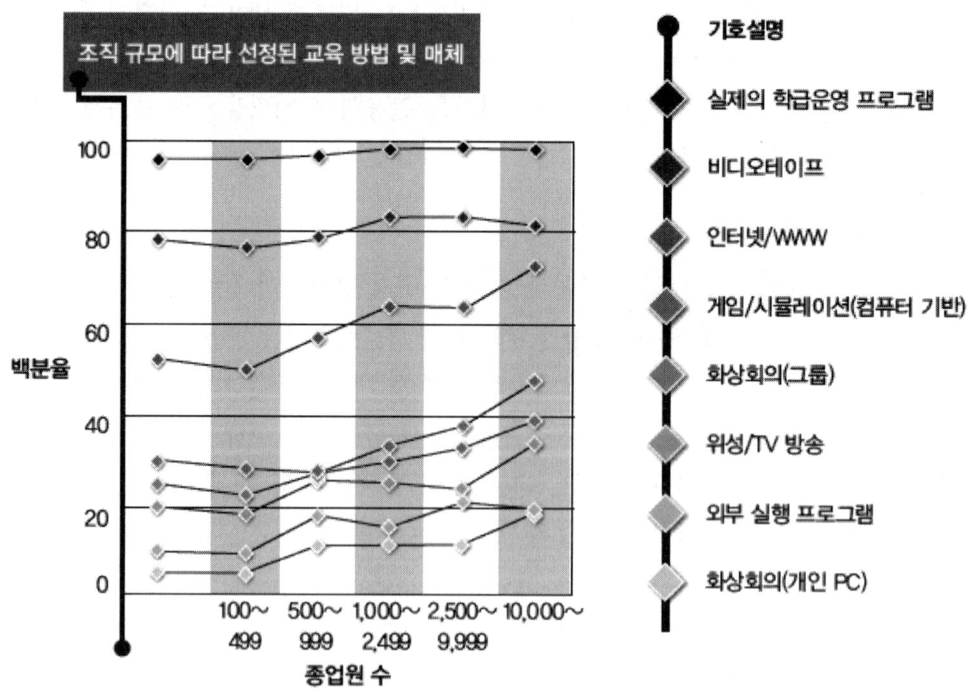

그림 8.5 교육훈련 방법

시키고, 다양한 종업원을 관리하는 데 필요한 기술 개발에 초점을 맞추는 프로그램이다. 또한 다양성 훈련은 다양성 이슈에 대한 인식을 구축하는 데 유효하다.

8.4 성과 평가

성과 평가(performance appraisal: PA)는 종업원의 직무 성과를 평가하는 것이다. 성과 평가는 두 가지 목적을 갖는다. 첫째로, 성과 평가는 행정적인(administrative) 목적을 갖는다. 급여 산정, 승진, 해고 결정에 관한 정보를 제공할 뿐만 아니라, 이러한 결정으로 인한 문제가 발생할 경우 법정에서 이를 증명할 기록을 제공한다. 둘째로, 성과 평가는 개발(developmental)을 목적으로 한다. 이 정보는 훈련 요구 진단, 경력 계획 등에 사용할 수 있다. 평가 정보에 기초한 피드백과 코치가 일상 과업의 성과 개선에 대한 기초를 제공한다.

1) 평가 척도

성과 척도는 자질, 행동 및 결과라는 세 가지 기본 범주로 분류된다. **자질 평가**(trait appraisal)는 종업원 성과에 대한 주관적인 평가이다. 추진력, 리더십, 자세와 같은 차원으로 종업원이 이러한 자질을 얼마나 많이 보유하고 있는지를 평가한다. 자질에 대한 척도가 모호하므로 종종 개인적인 편견으로 귀결되어 유용한 피드백을 얻는 데 적절하지 않을 수 있다.

행동 평가(behavioral appraisal) 역시 여전히 주관적이지만, 식별할 수 있는 성과 측면에 더 초점을 맞춘다. 이 평가는 자질 평가에 대한 문제점으로부터 개발되었다. 이들 척도에는 모든 집단이 실제로 측정한 등급을 이해한다는 것을 보장해 줄 수 있는 특징의, 규정된 행동에 초점을 맞춘다. 이들은 덜 모호하기 때문에 유용한 피드백을 제공하는 데 도움을 줄 수 있다. 그림 8.6은 품질을 평가하는 데 필요한 행동기술척도(BARS)를 보여주고 있다.

결과 평가(results appraisal)는 더 개관적으로 판매량, 생산 단위, 이윤과 같은 생산 데이터에 초점을 맞춘다. 결과 평가를 위한 한 가지 방법이 **목표관리**(MBO, Management by objectives)이다. 마헤슈와리(Maheshwari)는 장단기 성과증진을 위한 관리기술을 MBO라고 정의하였다. 또한 드러커(Drucker)는 개인의 능력발휘에 대한 책임소재를 명확히 하고, 미래의 전망과 노력에 대한 지침을 제공하는 등 팀워크를 조성하여 관리원칙에

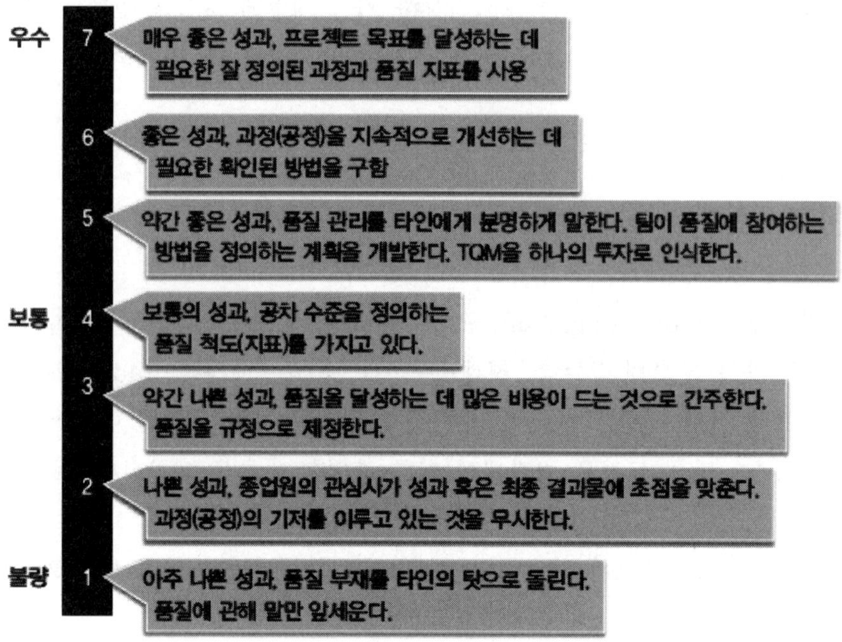

성과 지표: TQM(총합 품질관리)

그림 8.6 품질 평가에 사용되는 행동기술척도의 예

따라 관리하고 자기통제하는 행위과정이라고 정의하고 있다. 한편 험블(Humble)은 관리자 자신이 자기개발과 조직에 공헌하기 위해서, 설정된 기업의 이익과 목표를 효과적으로 달성시키기 위한 기업의 욕구를 통합, 조정하는 동태적 시스템이라고 정의하고 있다. 따라서 MBO에 대한 종합적인 견해는 장기적 성과 증대와 미래지향적인 관리통제를 통해서 동태적인 기업의 욕구(이익과 목표달성)를 조정하고 통제하는 관리기법이라고 볼 수 있다.

MBO의 효율적인 운영은 계획화, 조직화, 지침화, 요원화 및 조정 등의 주요 관리활동 과정과 연결성을 유지하면서 운영되는 종합적 시스템을 확립하여야 설득력과 타당성이 인정되는 것이다. 그러므로 MBO는 관리적 실행의 집대성인 동시에 체계화로 간주되며, 엄격성이 항상 개재되어 있다고 하겠다.

MBO는 여러 가지 장점이 있는데 관리자가 원하는 목표를 달성하기 위하여 필요한 경우 그들의 행동을 맞추기 위해 종업원에게 권한을 부여할 때 유용할 수 있다. 비록 MBO가 특정한 목표에 도달하는 종업원에 초점을 맞춰 계획과 개발을 격려하지만, 종종 단기 달성에 너무 많이 초점을 맞추고 장기 목표를 무시하는 경향이 있다.

이러한 성과 평가체계는 어느 것도 적절히 수행하기가 어려우며, 조심해야 할 단점이 있다. 평가 방법을 선정할 때 다음과 같은 지침이 유용할 수 있다.

1. 언제나 법률적인 사항을 고려해야 한다.
2. 직무분석에 대한 성과 표준에 기초해야 한다.
3. 종업원에게 성과 표준에 대해 알려주어야 한다.
4. 유일한 척도 혹은 전체 척도가 아닌 특정의 성과 관련 행동으로 종업원을 평가해야 한다.
5. 성과 평가 과정을 면밀히 기록해야 한다.
6. 가능하다면 한 명 이상의 평가자를 활용한다.
7. 공식 항의 과정을 개발한다.

2) 평가 대상

성과 평가 정보를 얻는 다수의 방법이 있는 것과 같이, 성과 평가 정보를 제공할 여러 다른 원천이 존재한다. 관리자와 감독자가 종업원의 성과를 잘 관찰할 수 있으므로 전형적인 평가 정보원이다. 동료 및 팀 구성원이 종종 다른 성과 차원을 볼 수 있는데, 리더십 잠재력과 대인 기술을 식별하는 데 가장 좋다.

점점 대중화되는 한 가지 평가원은 하급자이다. 상급자에 대해 하급자가 그들을 어떻게 바라보고 있는지에 대한 피드백을 제공하기 위하여 하급자(subordinates)에 의한 평가가 제록스, IBM과 같은 기업에서 사용되고 있다. 그러나 이 과정은 종업원에게 그들의 상관에 대한 권한을 부여하기 때문에 개발 목적으로만 보통 사용된다.

내부 및 외부 고객(internal and external customers) 또한 성과 평가 정보원으로 사용된다. 포드와 혼다 같은 기업에서는 총합 품질관리(TQM)에 초점을 맞추어 사용하고 있다. 요식업체에서 종업원을 평가하는 데 외부 고객 평가가 일상적으로 사용되며, 내부 고객 평가에는 종업원의 작업 결과에 의존하는 조직 내부의 모든 사람이 포함된다. 마지막으로, 종업원 스스로 자신의 성과를 평가하는 것이 좋은 생각이다. 비록 자체 평가(self-appraisal)는 편차가 높지만, 자체 평가는 검토 과정에서 종업원의 관여를 증진하는 데 도움이 되며, 미래 목표를 수립하는 시발점이 된다.

성과 평가 정보원들은 일정 정도의 한계를 가지는데, 또 다른 평가자들이 성과의 또 다른 측면을 발견할 수 있으므로 한 명 이상 다수의 평가자를 사용함으로써 그 단점을 최소화할 수 있다. 또한 **전방위 평가**(360 degree appraisal, **다면평가**)라고 하는 다수의 다른 정보원들을 결합하는 방법을 사용하여 종업원의 성과를 보다 더 완벽하게 평가할 수 있다.

3) 종업원에게 피드백을 제공하는 방법

PA 피드백을 제공하는 것은 관리자와 하급자 모두에게 스트레스를 받는 과업일 수 있다. PA 목적은 어느 정도 갈등을 야기할 수 있다. 성장과 개발을 제공하는 것은 이해와 지원이 필요하다. 그러나 관리자는 개인의 감정을 나타내지 않아야 하며 힘든 결정을 할 수 있어야 한다. 종업원들은 그들이 하는 행동을 알려고 하면서도 전형적으로 피드백을 받는 것에 불편해한다. 마지막으로, 인적자원 결정을 하기 위한 조직의 요구와 긍정적인 이미지를 유지하려고 하는 종업원의 요구가 갈등을 일으킨다. 이러한 갈등은 종종 PA 면접를 어렵게 하므로 관리자는 그러한 면접를 철저하게 수행해야 한다.

PA 면접를 수행하는 최상의 방법은 존재하지 않는다. 가장 어려운 면접는 성과가 불량한 종업원을 면접하는 것이다. 종업원의 성과가 표준 이하일 때 사용되는 유용한 PA 면접 형식은 다음과 같다.

1. 종업원의 특정 성과를 요약한다. 성과를 행동 혹은 결과 관점에서 기술한다. 종업원이 불량한 자세를 가졌다고 하지 말고, 불량한 자세를 나타내는 종업원의 행동을 설명한다.
2. 기대치와 표준을 구체적으로 기술한다.
3. 성과가 낮은 원인을 기술한다.
4. 문제점에 대한 해결책을 논의하고 종업원에게 그 과정의 중요한 역할을 맡긴다.
5. 해법에 동의한다. 감독자로써 해법에 대한 조언을 하고, 이슈를 제기하고 질문을 하면서 또한 지원을 한다.
6. 개선을 위한 일정(시간표)에 동의한다.
7. 회합을 기록한다.

후속 회합이 필요할 수 있다. 평균 종업원에게 피드백을 제공할 때의 몇 가지 지침은 다음과 같다.

1. 종업원의 성과를 구체적으로 요약한다.
2. 종업원의 작업이 조직에서 중요한 이유를 설명한다.
3. 종업원이 작업을 수행하는 것에 대해 감사를 표한다.
4. 개선 분야와 같은 관련 이슈를 제기한다.
5. 종업원의 미래의 좋은 성과에 대한 자신감을 표현한다.

8.5 보상체계 설계

보상체계는 또 다른 주요한 인적자원 관리 활동이다. 이 절에서는 주로 금전적인 보상에 대하여 살펴본다. 비록 전통적으로 급여가 주요한 관심사였지만 최근에는 복리후생에 대한 관심이 증가하고 있다. 복리후생비용이 인건비에서 차지하는 비율이 점차 증가함에 따라 고용주는 이러한 비용을 절감하는 방법을 강구하게 되었다. 또한 복리후생에 대한 점증하는 관심사는 복잡도에 있다. 많은 유형의 복리후생제도가 현재 사용되고 있으며, 세법이 건강보험과 연금과 같은 종류의 부가혜택에 영향을 주고 있다.

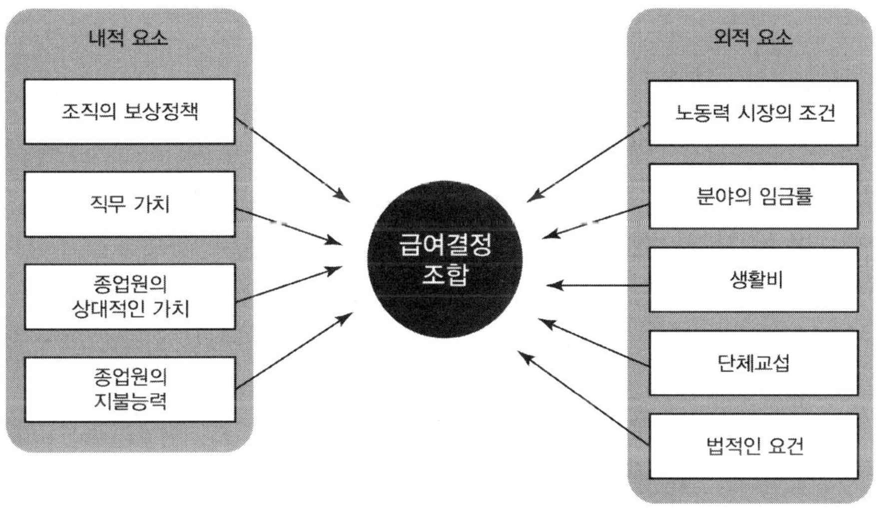

그림 8.7 급여 결정에 영향을 주는 요소

1) 급여 결정

보상체계는 사람들을 유인하고, 동기부여하고, 유지하는 전략적 목적으로 기능할 수 있다. 종업원에게 지불되는 임금은 복잡한 일련의 힘들에 기초하고 있다. 보상을 좌우하는 법체계를 벗어나 적절한 급여계획을 선택하는 데 수많은 기본 결정이 이루어진다. 그림 8.7은 급여 결정을 다루는 데 영향을 주는 몇 가지 요소를 예시하고 있다. 내적인 요인으로는 조직의 보상 정책, 직무에 대한 가치, 종업원의 상대적인 가치, 고용주의 급여 지불 능력 등이 포함된다. 외적인 요인으로는 노동시장 조건, 지역의 임금률, 단체 교섭, 생활비, 법적인 요구사항 등이 포함된다.

임금 수준, 임금 구조, 개인 급여라는 3가지 유형의 결정이 효과적인 급여계획을 설계하는 데 중요하다. **임금 수준**(pay level)은 높은, 평균, 낮은 임금을 주는 기업이냐에 대한 선택을 의미한다. 보상은 어느 조직에서나 주요한 비용이며, 낮은 임금은 단기 재무

기반에서 정당화될 수 있다. 그러나 높은 임금을 주는 고용주(기업)는 많은 지원자를 유인할 수 있는 기업이라는 것을 보증한다. 임금 리더가 되는 것은 낮은 실업률이나 극심한 경쟁 시기에 중요할 수 있다. **임금 구조**(pay structure) 결정은 조직 내에서 다른 직무에 어떻게 가격을 정하는가에 대한 선택을 의미한다. 유사한 직무는 직무군으로 묶는다. 급여 등급을 각 직무군마다 설정한다. 그림 8.8은 가상적인 임금 구조를 예시하고 있다.

마지막으로, **개인 급여 결정**(individual pay decision)은 동일한 직무군에서 유사한 직무에 대한 다른 임금률과 관련된다. 직무군 내에서 임금 차이는 두 가지 방법으로 결정한다. 첫째, 일부 직무는 선임이 높은 급여를 차지한다. 둘째, 성과가 더 좋은 사람이 더 높은 수준의 급여를 받을 자격이 있다.

2) 인센티브 시스템과 변동성과급

종업원들이 보다 생산적이 되도록 격려하고, 동기부여하는 수많은 인센티브 시스템이 고안되었다. **개인 인센티브 계획**(Individual incentive plan)이 가장 일반적인 인센티브 계획이다. 개인 인센티브 시스템은 작업자의 성과를 비교하는 객관적인 표준에 기초하여 임금을 결정하는 방법이다. 개인 인센티브 계획은 판매 직무에서 종종 사용되고 있다. 효과적으로 설계될 경우 개인 인센티브 계획은 고도로 동기부여될 수 있다.

그룹 성과에 기초한 여러 가지 유형의 그룹 인센티브 계획이 존재한다. **절약임금배분제**

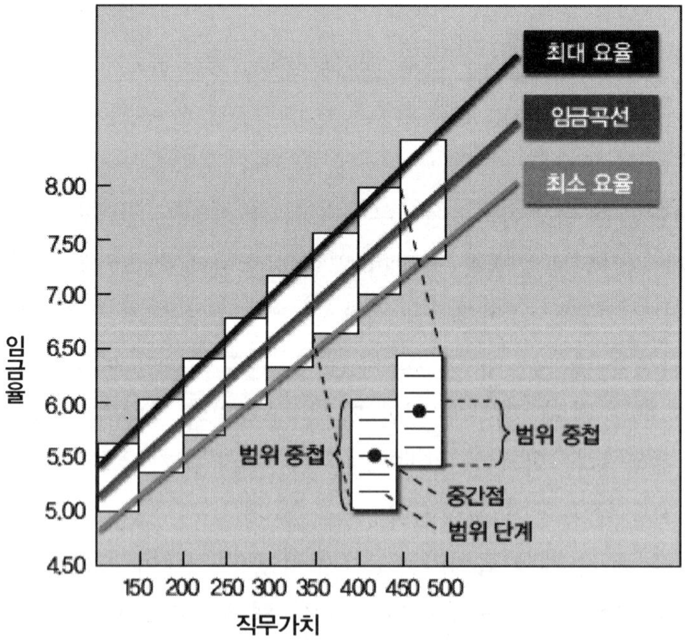

그림 8.8 임금 구조

도(gainsharing plans)는 임금 절약에 집중한다. 잘 알려진 **스캔론 계획**(scanlon plan)은 생산액의 변동에 임금을 연결시켜 산출하는 것이다. 영업 실적 향상에 의해 생긴 경제적 이익을 노사 모두의 협조에 의한 결과로 보고, 이를 노사 간에 분배해 종업원의 참여의욕을 높이려는 제도이다. 이는 인건비가 점유하는 비율을 정해 실제 지불한 임금과의 차액을 임금증액에 충당하는 방식으로, 매출액에 대한 인건비율을 일정하게 하는 것이 특징이다. 미국의 매사추세츠 공과대학 스캔론(J. N. Scanlon) 교수가 고안했다.

이익분배 계획(profit-sharing plan)은 단위, 부서, 공장 혹은 기업 생산성에 기초하여 종업원에게 인센티브를 주는 방법이다. 전체 기업 종업원을 보너스(상여금) 그룹으로 나눈다. 그룹 기반 이익분배 계획으로, 각 그룹마다 생산 표준을 가지고 있으며 특정 수준 이상을 생산한 양에 대하여 지급하는 방식이다. 객관적인 성과 척도를 사용하지 않을 때 기업은 여전히 실적급제(merit pay system)를 사용하여 성과에 대해 기본급을 주기를 원한다. 개인의 임금 상승과 상여금이 상관으로부터 받은 자의적인 인사고과에 기초하여 지급된다. 미국의 링컨전력(Lincoln Electric Company)은 매우 효과적인 실적급제 계획을 가지고 있는 것으로 알려져 있다.

3) 종업원의 복리후생

임금체계와 마찬가지로 종업원의 복리후생계획도 법의 적용을 받고 있다. 종업원의 복리후생은 법에서 요구하고 고용주가 선택한 방법에 의해 세분된다. 법에서 요구하는 3가지 기본 복리후생은 산재보상제도, 사회보장연금제도, 실업보험제도이다. **산재보상**(worker's compensation)은 종업원이 작업 관련하여 재해를 입었을 경우 재정적인 지원을 해주는 제도이다. **사회보장연금**(social security)은 은퇴자에게 재정적인 지원을 하는 것으로부터 출발하여 여러 분야로 확대되고 있다. 원래 사회보장이란 용어가 공적으로 사용되기 시작한 것은 근래의 일로, 1935년 미국의 사회보장법(Social Security Act)에서였다. 우리나라에서는 광복 후의 혼란이 미처 수습되기도 전에 닥쳐온 6·25전쟁으로 인한 선후 복구가 어느 정도 마무리되어 경제발전으로 눈을 돌리는 여유가 생기면서부터 근로기준법(1953.5.10. 법률 286호), 윤락행위 등 방지법(1961.11.9. 법률 771호), 생활보호법(1982.12.31. 법률 3623호), 아동복지법(1981.4.13. 법률 3438호), 재해구호법(1962.3.20. 법률 1034호), 사회복지사업법(1992.12.8. 법률 4531호), 국민연금법(1986.12.31. 법률 3902호), 의료보험법(1994.1.7. 법률 4728호), 의료보호법(1991.3.8. 법률 4353호), 소비자보호법(1986.12.31. 법률 3921호), 사회보장기본법(1995.12.30. 법률 5135호) 등의 입법조치가 진행되어 복합적인 사회보장제도가 확립되어 나가고 있다.

이러한 복지사상의 동향에 대해서 한국의 현행 헌법 제34조는 “모든 국민은 인간다운 생활을 할 권리를 가진다. 국가는 사회보장 · 사회복지의 증진에 노력할 의무를 진다. 국가는 여성의 복지와 권익의 향상을 위하여 노력하여야 한다. 국가는 노인과 청소년의 복지향상을 위한 정책을 실시할 의무를 진다. 신체장애인 및 질병 · 노령 기타의 사유로 생활능력이 없는 국민은 법률이 정하는 바에 의하여 국가의 보호를 받는다. 국가는 재해를 예방하고 그 위험으로부터 국민을 보호하기 위하여 노력하여야 한다.”라고 규정하고 있으며, 국제연합의 세계인권선언 또한 “누구든지 노동하며, 직업을 자유로이 선택하고, 적절하고 유리한 노동조건을 획득하며, 실업에 대해서는 보호를 받을 권리를 가진다. …누구든지 자신과 가족의 건강과 복리를 위한 충분한 생활수준을 향유할 권리를 가지며, 실업 · 질병 기타로 인한 생활능력 상실의 경우에는 보장을 받을 권리를 가진다.”라고 밝히고 있다.

따라서 이러한 사회보장 요구의 사상과 권리를 보다 구체화시키기 위해서는 다음과 같은 점들이 고려되어야 할 것이다.

1. 전면적 사회보장의 실시를 위하여 먼저 사회보장에 대한 기본구상이 확립되어야 한다. 이 기본구상은 한국문화와 전통에 알맞은 것이어야 하며, 개개인의 창의성과 소질을 높이고 근로의욕을 저해하지 않는 것이어야 한다.
2. 사회복지의 종착지는 가정이므로 가정의 보호를 제일의 목적으로 생각하되 집단복지개념을 도입하며 기업 내의 후생복지 제도를 유도, 발전시켜 나간다.
3. 사회보험에 있어서는 종래와 같은 보험료와 급여 간의 보험수리적 관련, 즉 **수지상등**(balance of earning and expenditure)의 원칙을 지양하여 국고부담의 비율을 제고해 나가는 것이 바람직하다.
4. 기왕의 각종 사회보험이 부문에 따라 개별적으로 운영해 오던 재정과 관리행정의 일원화를 도모한다.
5. 오늘날 선진국에 대한 평가기준으로 그 나라의 아동과 노인 및 심신장애자에 대한 복지수준을 중요한 척도로 삼을 정도이니만큼 이 부문에 대한 제도수립과 복지증진이 시급하다.

실업보험제도(unemployment insurance)는 실직한 고용자에게 재정적인 지원을 해주는 제도이다. 실업사고에 대한 사후 소득보장을 위한 실업급여의 지급뿐만 아니라, 노동의 수급조절 · 직업훈련 · 노동시장 정보의 제공 · 직업안정 사업 등 실업의 원인을 제거하고 실업자를 경제활동에 복귀시켜 국민경제생활의 안녕을 기하기 위한 제도이다.

실업보험제도의 유형으로는 의무적 실업보험제도, 임의적 실업보험제도 및 실업수당제도 등으로 크게 나누어진다. 미국 · 영국 등이 포괄적 적용범위를 가지는 의무적 실업보험제도를 실시하고 있고, 스웨덴 · 덴마크 · 핀란드 등이 노동조합에 의하여 설치된 실업기금과 국가가 이에 보조금을 지급하는 임의적 실업보험제도를 실시하고 있다. 뉴질랜드 · 오스트레일리아 등은 수당을 지급하는 실업수당제도를 채택하고 있다. 그 밖에 일시금 형태의 특수한 제도를 실시하고 있는 나라도 있다.

이러한 실업보험제도의 적용대상과 범위는 다른 사회보험에 비하여 상당히 한정되어 있다. 실업보험은 1차적으로 한정된 임금근로자를 대상으로 하고 있으며, 공무원이나 교원 등 특수직 종사자는 다른 제도에 의하여 보호를 받고 있기 때문에 일반적으로 대상에서 제외된다. 실업보험제도에서 가장 중요하고 어려운 문제는 재원조달이다. 재원은 사용자와 피용자(근로자)가 부담하는 보험료와 국가의 보조금에 의하여 조달되는 것이 관례이다. 부담비율이 문제인데, 의무적 실업보험제도의 경우에서는 국가가 전혀 부담하지 않고 노사의 보험료만으로 이를 충당하는 경우도 있다. 임의적 실업보험제도의 경우에는 국가와 사용자가 부담하고, 근로자는 소액을 부담하거나 전혀 부담하지 않는다. 그러나 구체적인 사정은 보험기금을 설치 · 운영하고 있는 노동조합에 따라 많은 차이를 보이고 있다. 실업수당제도의 경우에는 사용자와 근로자는 부담이 없고, 국가가 단독으로 비용을 부담하고 있다.

현재 한국에서는 실업보험과 관련된 사업 또는 제도로서 의료보험, 영세민 취로사업, 산업재해보상보험, 해고수당, 퇴직금 및 1995년부터 시행되고 있는 고용보험제 등이 있다. 이 실업보험제도를 적극적으로 도입하여 실시하기 위해서는 해결해야 할 몇 가지 과제가 있다. 즉, 실업유형에 따른 정보의 수집, 적용대상 근로자의 파악, 실업자 등록, 직업보도를 위한 전국적 직업안정소 및 조직망의 수립, 보험료 산정의 기준이 되는 평균임금의 개념 정립과 각종 수당을 포함한 기본급제도의 정립 등이 그것이다. 이러한 선행조치에 따라 실업보험제도와 관련된 모든 관련제도를 상호 검토하고, 직업안정조직을 확충하여 실업보험제도의 도입기반을 구축하며, 이직자 통계, 실업유형별 실업통계, 평균 실업기간 등 고용 및 임금에 관한 통계를 체계적으로 확립하고, 실업보험법의 시안을 작성 · 검토하여 연차적으로 도입하여야 한다.

고용주가 제공하는 수많은 복리후생제도가 필요하다. 가장 일반적인 제도가 연금계획과 의료보험제도이다. 기타 선택적 복리후생제도에는 치과의료보험, 생명보험, 휴가시간 등이 포함된다. 다양한 종류의 복리후생제도와 종업원의 선호도와 요구에 상당한 차이가 있으므로 기업은 카페테리아형(cafeteria benefit program) 지급방식 혹은 선택적 복지제도(flexible benefit programs)를 종종 사용한다. 이러한 방식으로 기업은 종업원이 원하는 방식을 선택하여 사용할 권리를 부여한다.

보상과 복리후생 제도에 관한 법률적인 이슈를 잠깐 살펴보면 수많은 법률이 종업원의 보상과 복리후생제도에 영향을 주고 있다. 예를 들어, 노동기준, 동일임금, 남녀 동일임금 원칙, 임신차별, 종업원 퇴직 소득보장 등에 관한 법률이다. 또한 고용주는 작업장의 안전에 유의해야 한다. 고용주는 작업장 사고에 대한 재해와 사상기록을 유지해야 한다. 전 세계에서 일어나는 대규모 산업 재해와 핵원자력 발전소 재해가 작업장 안전의 중요성에 주목하게 되었다.

1970년에 미 연방 정부는 직업 안전 및 보건 법령(Occupational Safety and Health Act)을 제정함으로써 산업체들이 특정한 안전 기준을 부과하는 행동을 취하였다. 이 법령에 의해 정부 기관이 만들어졌는데, 이 기관은 미국 노동성 산하의 직업안전 위생국(Occupational Safety and Health Administration : OSHA)이다. OSHA는 안전 프로그램들의 실시, 위생 및 안전과 관련된 기준들에 대한 새로운 설정과 기존의 잘못된 기준들의 폐기, 기업체 감찰, 프로그램들에 대한 조사, 질병 및 상해의 발생 비율에 대한 계속적 감시, 소환장 발부, 벌과금의 산정, 안전 기준을 지키지 않는 고용주에 대해 적합한 행동을 취하기 위한 법원에의 청원, 안전 훈련의 제공, 상해방지 컨설팅 제공, 위생 및 안전에 관한 통계 데이터베이스의 관리 등을 수행하고 있다. OSHA는 일반 산업체뿐만 아니라 건설, 농업, 해양 부분과 같은 특수한 산업체 대해서도 안전기준을 발간하고 있다.

8.6 노사관계

노사관계(labor relation)는 노동을 제공하는 근로자(피고용자)와 제공을 받는 사용자(고용주)와의 노동수급관계로 근로관계라고도 한다. 노사관계는 개별 노사관계와 단체 노사관계로 나뉘는데, 단순한 사법상의 채권관계는 아니다.

형식상으로 보면 피고용자는 고용주로부터 일정액의 보수를 받고 노동이라는 일종의 경제가치를 제공하기 때문에 단순한 채권관계처럼 생각하기 쉽지만, 노동력은 그것 자체만을 분리할 수 없는 인적급부(人的給付)이므로, 매매 · 증여 · 임대차 등의 목적물이 되는 일반 경제재화와는 본질적으로 다르다. 그러므로 노사관계는 민법의 채권 편에 규정된 각종 계약관계와는 전혀 다르며, 일반 채권관계에서는 볼 수 없는 특수한 요소를 내포하고 있다.

1) 노동조합화(노조가입)

근로자는 노동조합에 가입할 수 있다. 노동조합(trade union , labour union)은 노동자들의 노동조건과 생활조건을 유지하고 개선하는 것을 기본적 목적으로 하는 노동계급의 자주적인 단체이다. 노동조합의 기능은 무엇보다도 임금 · 노동 · 시간 등 노동자들의 경제적 지위를 향상시키는 데 있지만, 노동조합운동의 발전에 따라 단순히 여기에 머물지 않고 노동사계급의 사회적 지위개선을 위한 정치활동을 적극적으로 수행하는 데까지 그 기능이 확대되고 있다.

노동조합의 본질은 자본주의 사회에서 정치 · 사회 · 경제적으로 열위에 있는 노동계급이 스스로 단결하여 자기들 간의 경쟁을 제한하고 조직력을 통해 자본에 대항함으로써 자신들의 사회경제적 처지를 개선시키는 데 있다. 그것은 자본주의의 경제적 과정이 필연적으로 노동자에게 미치는 불리한 영향을 스스로의 힘에 의해 제한하고 극복하려는 조직적 노력의 결정체이다. 자신의 노동력을 노동시장에서 판매하지 않고는 달리 살아갈 방도가 없는 노동자가 고립 · 분산적으로 노동력을 판매하는 한 노동력이란 상품의 특수성에서 오는 불리함을 극복할 수 없기 때문이다. 노동력이라는 상품에는 저장성이 없고, 또한 먹고 살아가기 위해서는 불리한 조건에서라도 매일매일 자신의 노동력을 판매하지 않을 수 없는 특수성이 있다. 그것이 곧 노동력의 궁핍판매이다. 더욱이 노동자들 상호간의 경쟁은 노동력의 판매조건을 더욱 악화시키게 된다. 이와 같이 고립 · 분산적 노동자는 자본과의 관계에서 더욱 불리하게 된다.

여기서 노동조합은 노동력 판매자의 집단으로서 적정한 수준의 임금이나 고용 조건을 집단적으로 정하고 그것을 사용자측에 제시하고 교섭한다. 사용자측이 이에 응하면 조합으로 결집한 노동자는 동일한 임금률(wage rate)로 노동하고 교섭이 타결되지 않으면 조합으로서는 조합원이 노동력을 사용자에게 제공하는 것을 거부함으로써 압력을 가하여 요구를 관철하려고 한다. 따라서 노동조합이란 노동시장에서의 노동력 내지 임노동(賃勞動)의 판매자 단체라고 할 수 있다. 개개의 노동자가 분산적으로 자신의 노동력을 판매하는 대신에 노동시장에 등장하는 판매자를 가능한 한 하나의 큰 조합으로 조직하고 통일된 임금 및 기타 노동조건과 통일된 의사에 의해 진퇴할 수 있는 집단으로 통합함으로써 노동자이 노동력을 가능한 한 유리한 조건으로 상대방에 요구하려고 하는 것이다.

보통 노동조합의 노동자들은 주요한 현안에 대해 그들의 의사를 물어 단체 행동을 하게 된다. 노동조합에서 투표 행위를 하는 주요한 이유는 크게 네 가지 요소가 중요한 역할을 담당한다(그림 8.9). 첫째, 경제적인 요소가 중요하다. 특히 저임금 노동자의 경우에 임금 인상을 위해 투쟁할 때 투표를 통해 단체행동에 대한 의견을 집약한다. 둘째, 직무 불만족을 해결하기 위한 방안을 찾을때 투표를 한다. 불량한 감독 관행, 의사소통 부족, 불공정한 규율 등 직무 불만족을 해소하기 위한 방안을 마련하기 위함이다. 셋째, 노동조합의 투표가 원하는 이득을 얻을 수 있다는 믿음에서 투표한다. 마지막으로, 노동조합의 이미지에 불만족한 노동자들이 노동조합을 신임할지 여부를 결정할 수 있다. 노동조합의 부도덕한 이야기가 매체의 머리기사로 나오게 되면 노동자는 노조원이 된 것에 대하여 실망하게 된다.

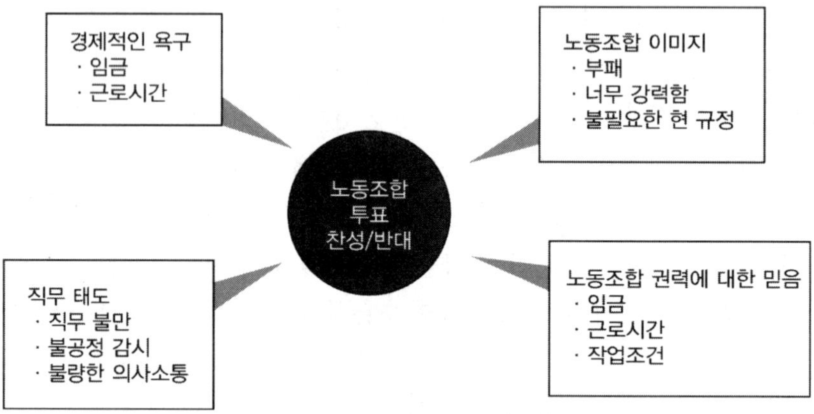

그림 8.9 조합의 투표 행태 결정 요인

2) 단체교섭

고용주와 노동자 간에 임금, 작업시간, 작업 조건 등에 대한 교섭이 필요하다. **단체교섭**(collective bargaining)은 피고용자의 대표(보통 노동조합의 직원)와 고용주가 상호간에 만족할 만한 고용조건을 정할 목적으로 행하는 교섭을 말한다. 단체교섭의 범위는 임금률, 노동시간, 고용, 일시 해고절차 등의 많은 중요한 문제서부터 휴식시간, 노동 후 피고용자에 허용되는 세탁과 옷 갈아입는 시간과 같은 세세한 부분까지 이르고 있다. 최종적으로 합의된 조건은 피고용자와 고용주 모두를 구속하는 단체교섭협정 내지 협약에 삽입된다. 보통 노동조합이 쟁의에 들어가기 전에 쟁의 행위의 시기와 절차의 정당성을 확보하기 위해 조합원 찬반투표를 실시한다.

단체교섭은 지금까지 몇 개의 형태로 오랫동안 존재하여 왔지만 괄목할 만한 발전을 이루게 한 것은 단체교섭을 위해 노동자들이 스스로의 조직체를 만드는 것을 확실하게 허용한 입법(1932년 미국의 Norris-La Guarrdia Act)과, 그 후 고용주가 피고용자 대표와 성의 있는 교섭을 거부하는 것은 위법이라고 규정한 법률(1953년 미국의 전국노동관계법(The Wagner Act))의 통과에 의해서였다. 1947년에 제정된 미국의 노사관계법(태프트 · 하트리법, Taft Hartlely Act)은 단체교섭의 적용범위에 어느 정도의 제한을 가하고 있다. 단체교섭의 방법에는 지금까지 많은 비판이 있어 왔다. 그 대표적인 것은 직접 당사자 즉, 자본가와 노동자가 상호간 협정에 도달하였다고 해도 일반대중의 이익이 무시될 우려가 있다는 주장이다.

고용주와 노동자 간의 여러 노동 논쟁들이 원만하게 해결되지 않을 경우에는 국가기관이 개입하게 되며, 정부 당국은 무모한 파업(wildcat strikes)을 막고 합의에 도달하기 위해 보통 중립적인 제3자의 **중재**(arbitration)를 통해 해결하고 있다.

미국의 경우 **유니온 숍**(union shop) 제도가 있다. 즉, 노동자를 신규 채용할 때 고용주는 조합원 여부를 막론하고 채용할 수 있으나, 일단 채용되면 반드시 노동조합에 가입해야 하는 제도를 말한다. 일정 기간 내에 노동조합에 가입하지 않거나 제명되거나 탈퇴하는 자는 **클로즈드 숍**(closed shop)의 경우와 같이 해고되어야 한다. 노동조합 가입 여부를 따지지 않는 **오픈 숍**(open shop)과 조합원이라야 고용될 수 있는 클로즈드 숍의 절충제다.

또한 미국의 경우 노조가 오히려 실업률을 높이는 결과를 초래한다는 판단하에 유니온 숍 조항을 무력화시키기 위해 노조에 가입을 하지 않아도 되고 회비를 내지 않아도 되는 **노조무력화법**(right-to-work)이 있다.

특히 최근에는 종업원의 권리에 관한 법률이 변경되고, 국제간의 글로벌 경쟁, 서비스 경쟁의 격화, 새로운 노동자에 대한 기대 변화 등의 이유로 유니온 숍에 가입하는 수가 감소하고 있다.

미래에 노동조합은 다른 역할을 수행할 수 있다. 경영층과 덜 적대적이고 보다 협력적인 역할을 수행할 수 있다. 노동조합은 변화하는 노동자 지형에 적응할 필요가 있다. 이들은 여성, 노약자, 재택근무자에게 더 많은 관심을 기울여야 한다. 노동조합이 근로자를 위해 비효율적인 작업 규칙을 제거하고, 이익분배제도를 도입하고, 무해고를 보장하는 것은 근본적으로 다른, 장기적인 협력 관계를 향한 진일보로 보인다. 종업원을 개발하고, 가치를 부여하고, 관여시키는 것에 기초한 공통 기반을 찾는 데 기업과 노동조합이 노력하여 노사간에 서로 상생할 수 있는 길을 찾아야 한다. 특히 지식기반 기업의 경우 권력 균형이 종업원으로 이동하고 있다. 기업이 아닌 개인이 그들 고유의 인적 자본을 소유하고 있다. 그리고 이러한 종업원들은 제한 범위 내에서 조직을 자유롭게 떠날 수 있으며 조직으로부터 그들의 인적 자본을 가져간다. 그들을 불량하게 관리하는 경우 조직은 특히 취약한 위치로 남게 된다. 경쟁적인 역량을 확보하기 위해 조직은 가장 가치 있는 자원인 인적자원을 획득하고, 유지하고, 고용하는 방법을 찾아야 한다.

8.7 다양성 관리

보다 다양한 노동력을 구축하는 것은 기업의 가장 큰 도전과제 중의 하나이다. **다양성 관리**(managing the diversity)는 다양한 배경, 신념, 능력 및 문화를 가진 완전한 장점을 가진 개인을 모집, 훈련, 승진, 활용하는 것을 의미한다. 다양성 관리는 소수자와 여성들을 고용하는 것 이상이다. 다양성을 관리하는 것은 보다 효과적이고 수익성이 높은 조직을 구축하기 위해 직원 간의 차이를 이해하고 평가하는 것을 의미한다.

다양성 관리는 새로운 혹은 미래적인 관리 이슈는 아니다. 여성의 사회 진출의 증대, 국제간의 문화, 인종, 무역 등의 교류가 증대되면서 이전보다는 좀 더 인력 관리 측면에서 복잡한 문제가 발생하게 되었으며 이러한 문제에 세심한 주의를 기울일 필요가 있게 되었다. 특히 오늘날의 이민자를 포함한 소수자들은 통합 팀의 일원이 되려고 하지만 더 이상 개인의 출세를 위해 그들의 정체성을 희생시키려 하지 않는다. 그들은 그렇게 할 필요가 없다. 기업은 차이점을 더 잘 수용해야 하며, 이를 통해 사업에서 성과를 거둘 수 있다는 것을 깨닫고 있다. 기업은 또한 그들의 고객이 다양하게 증가하고 있다는 사실을 인식하기 시작했으며 다양한 노동력이 시장에서 경쟁우위를 제공할 수 있다는 것을 알게 되었다. 이 절에서는 다양한 인력을 효과적으로 관리하는 것과 관련하여 다양성의 의미, 다양성 관리 기술 및 조직 과정을 살펴본다.

1) 노동력의 변화로 다양성이 조직적이고 경영적인 중요한 문제로 대두

여성 취업 비율이 높아지고 소수자 및 이민자가 증가하는데 비해 일자리는 그에 비례하지 않음에 따라 취업 연령이 높아지고 인종이 다양화되고 있는 추세이다. 그리고 절대적인 노동자의 수는 증가하는 반면에 일자리의 증가는 노동자의 수적인 증가를 따라가지 못하고 있는 현실이다. 또한 자주 창출되는 일자리는 일반적인 노동자가 제공할 수 있는 것보다 더 높은 기술을 필요로 한다. 따라서 기술 격차가 증가하는 것을 주목해야 한다. 경쟁적이 되기 위해서 조직은 더 이상 노동력의 핵심이 자국민 위주로 이루어지는 전통적인 방식에 의존해서는 안 된다. 오늘날 관리자는 인재들이 어디에 있든 그들을 활용하기 위해 폭넓게 살펴야 한다. 노동 시장이 변함에 따라 조직은 인원을 충원하고, 개발하고, 동기를 부여하고, 다양한 작업을 유지할 수 있어야 경쟁우위를 가질 수 있다.

2) 차별 철폐 조치와 다양성 관리간의 차이점

과거 여성과 소수자를 배제하는 것을 수정하기 위해 차별철폐 조치가 고안되었다. 그러나 긍정적인 조치가 달성되었음에도 불구하고 개인들의 잠재력을 최대한 발휘하는 것을 막는 장벽은 제거하지 못했다. 다양성 관리는 표준과 다른 사람을 고용하는 것을 넘어 직원 간의 차이를 조직의 이점으로 지원하고, 육성하고, 활용하는 것이어야 한다.

3) 기업이 다양성을 효과적으로 관리하여 경쟁우위를 확보할 수 있는 방법

다양성을 관리하는 것이 핵심이다. 관리자가 다양성을 관리할 때 효과적이라면 그들은 최고의 직원을 유치하고, 유지하고, 동기 부여하는데 용이할 것이다. 그들은 자국과 글로벌적으로 다양한 소비자 그룹에게 마케팅하는데 더 효과적일 것이다. 그들은 더 창조적이고, 더 혁신적이고, 더 잘 문제를 해결할 수 있는 노동력을 갖게 될 것이다. 또한 그들은 환경적인 변화에 대해 조직의 융통성과 대응성을 높일 가능성이 크다.

어느 보고서에 따르면 기업의 85%는 기술 부족자를 고용하지 않지만, 거의 75%는 기술 부족자를 고용하여 교정조치 교육을 제공한다고 답했으며, 8%는 추후에 재시험을 포함한 다른 조치를 제공한다고 밝혔다. 직원들은 이러한 기본 기술 차이를 줄이기 위해 여러 가지 방법으로 노력한다. 한 가지 방식은 사내 기본 교육 프로그램이다. 작업장에서 다양성을 관리하기 위해 교정 교육에 사용되는 몇 가지 방법을 제시하면 다음과 같다.

문화적인 측면에서 조직 전체의 동질성을 강화하기 위해 조직은 상호 존중을 촉진하고, 소속감을 촉진시키고, 회사 전체의 다양성 교육 프로그램을 개발 시행하면 좋다. 또한 평등에 대한 관심을 증진시키기 위해 소수자와 다수자 그룹 간에 상호 존중하는 분위기를 조성하고, 소수자와 다수자 그룹의 동등한 성과를 기대하고, 소수자와 다수자 그룹의 동일한 보상을 실시한다. 동일한 보수와 급여를 제공하여 다양성을 가치화한다.

기회적인 측면에서 경력 개발을 위해 다문화 종업원들에게 차별 없는 승진 기회를 보장하고, 신기술 개발 기회를 제공하고, 승진에서 소수자를 우대하고, 최상위 관리자로 승진할 기회를 제공한다. 또한 고용 관행을 개선하여 다문화 직원을 능동적인 고용 및 충원을 실시하고, 소수자에 대한 기회를 제공하고, 차별 조치 철패 프로그램을 실행하는 등 기회를 보장한다.

최고 경영자는 리더십을 발휘하여 모든 직원을 신사하게 생각하고, 모는 직원의 능력을 인식하고, 모든 직원을 지원하고, 모든 직원과의 소통을 효과적으로 수행하고, 다양한 작업 그룹의 가치를 존중하고, 직원의 문화적인 신념과 욕구를 존중하고, 언어에 익숙하지 않은 직원을 위한 교육 프로그램을 실시한다.

4) 다양한 노동력에 직면할 가능성이 높은 기업의 도전 과제

관리자에게는 그룹의 낮은 응집력, 의사소통 문제, 불신과 긴장감, 유형화의 오차를 포함한 다양한 노동력으로 인해 만들어지는 도전과제가 있다. 이들 도전과제는 교육 훈련과 효과적인 관리를 통해 장점으로 전환해야 한다.

5) 조직이 다양성을 기르기 위해 시행하는 방법

다양성을 관리하기 위한 성공적이고, 조직적인 노력을 하기 위해서 최고 경영자는 지원하고 헌신을 다해야 한다. 조직은 먼저 그들의 문화, 정책 및 관행뿐만 아니라 그들의 노동력 풀(pool)과 고객 기반의 인구통계학을 철저히 평가해야 한다. 이러한 진단을 완료한 후에야 비로소 회사는 다양한 노동력을 유치하고, 개발하고, 동기 부여하도록 설계된 프로그램을 시행할 위치에 있게 된다.

많은 구직자들은 가족의 욕구를 우선시한다. 기업의 일과 가족에 대한 복지정책을 충족시키는 것은 이제 가장 중요한 채용 도구 중의 하나가 된다. 기업이 다양성을 충족시키는 또 하나의 방법은 유연한 작업 일정과 배치를 제공하는 것이다. 창의적인 작업 배치 방법에는 (주중 4일 10시간 근무와 같은) **압축 근무제**(compressed workweeks)와 **분담 노동**(job-sharing) 방법이 있다.

직원들은 다양한 방식으로 개발할 수 있다. 다양성 교육 프로그램은 숨겨진 편견을 식별하여 줄이고 다양한 노동력을 효과적으로 관리하기 위해 필요한 기술을 개발한다. 전통적으로 대부분의 관리 교육 훈련에서 관리한다는 것은 균질의 다수자 전일제 노동자를 관리한다는 의미이다. 그러나 성별, 인종, 문화 및 기타 차이가 복잡도를 더하게 되었다. 전형적으로 다양성 교육 훈련에는 **인식 구축**(awareness building)과 **기술 구축**(skill building)이라는 두 가지 구성요소가 있다. 인식 구축은 다양성을 중시하는 의미와 중요성에 대한 인식을 높이기 위해 고안되었다. 그 목적은 특정 기술을 가르치는 것이 아니라 종업원이 타인에 대해 생각하는 가정과 그러한 가정들이 그들의 행동, 결정 및 판단에 어떻게 영향을 미치는지에 대해 종업원을 민감하게 만드는 것이다. 기술 구축은 모든 종업원과 관리자가 다양한 환경에서 공동으로, 그리고 고객들과 효과적으로 다루는데 필요한 기술을 개발하도록 고안되었다. 대부분의 기술들은 능동적인 경청, 개인 교습, 피드백 제공과 같은 대면으로 교육한다.

유자격 및 경험 있는 직원을 교체하는 것이 더 어려워지고 비용이 많이 들수록 좋은 직원을 유지하는 것이 훨씬 더 중요해질 것이다. 정보 교환과 사회적 지원을 촉진하기 위한 지원 그룹을 활용하고, 멘토링 제도(mentoring)를 활용하고, 경력 개발과 승진의 기회를 폭넓게 제공하고, 장애인의 요구를 충족시킬 뿐만 아니라 개인의 취향과 문화적 차이를 수용하여 모든 종업원의 유지율을 높이는 수많은 방책과 전략을 사용할 수 있다. 다양성 노력이 성공하기 위해서 관리자는 인력 개발에 책임을 져야 한다. 조직은 그들의 성과 평가와 보상 체계가 효과적인 다양성 관리의 중요성을 강화하도록 보장해야 한다. 오늘날, 글로벌 시대에 변화하는 인구 통계학, 국내의 인종 시장 확대로 인해 다양한 인력을 관리하는 것이 현실적인 문제로 대두되고 있다. 기업들은 이제 향후 경쟁력을 유지하기 위해 다양성 관리를 최고의 인재들을 유치하기 위한 전략적 최우선 과제로 삼아야 한다는 사실을 인식하게 되었다.

토의 문제 및 활동

1. 전략적 인적자원관리를 위한 기준을 말하라.

2. 인적자원관리 관행을 지배하는 주요 규정을 기술하라.

3. 직무분석을 정의하라. 이 장에서 논의한 6가지 핵심 인적자원관리 활동과 직무분석이 어떤 관련이 있는지를 말하라.

4. 종업원을 채용하는 다양한 방법을 살펴보고 이들 방법 중의 일부가 다른 방법보다 더 좋은 이유를 말해보라.

5. 인적자원 계획 과정에 대하여 설명하라.

6. 종업원 선발에 사용되는 다양한 유형의 시험에 대하여 설명하라.

7. 성과 면접를 수행할 때 명심해야 할 몇 가지 핵심 생각을 말하라.

8. 개인과 그룹 모두를 만족시킬 수 있는 효과적인 보상체계를 정의하라.

9. 의사소통 문제, 불신과 긴장감, 유형화의 오차와 같은 다양성을 극복할 수 있는 방법이 무엇인가?

10. 세계 유수의 회사가 종업원의 훈련 및 개발에 많은 투자를 하고 있는 이유를 말하라.

11. 단체교섭에 있어서의 노사 간의 유·불리에 대해 논하라.

12. 노동자가 노조에 가입하는 이유를 설명하라.

13. 미래의 노동조합의 역할 변화를 통해 노사 간의 관계 정립을 논하라.

14. 최근에 산업현장에서 부메랑 고용(boomerang hiring : 퇴사한 직원을 다시 고용하는 제도)이 대세인 이유를 말해보자.

15. 퇴직한 직원을 재고용했을 때의 이점을 말하라.

16. 결과 평가의 한 방법인 목표관리(MBO)의 장점과 이 관리기법을 적용할 때 고려해야 할 사항을 기술하라

17. 당신은 우리나라의 노동력의 변화로 인해 어떤 기회가 있을 것으로 보는가?

18. 우리 사회에서 편견이 줄어들고 있는가? 우리 조직에서 편견이 줄어들고 있는가? 그렇다면 혹은 그렇지 않다면 그 이유는 무엇이라고 생각하는가?

PART 04

지휘화

제4부에서는 지휘화를 통해 사람들을 관리하는 방법에 대하여 논의한다. 효과적인 경영자는 단위와 조직의 성공을 위해 타인들을 지휘하는 방법을 안다.

제9장에서는 조직에서 권력을 사용하는 방법을 포함하여 리더십의 핵심 구성요소를 탐구한다. 리더가 된다는 것이 무슨 의미인지를 알아야 한다. 리더는 타인이 목표를 달성하는데 영향을 주는 사람이다. 리더는 변화를 조율하며 방향을 설정하며 사람들로 하여금 장애물을 극복하고 조직이 이상적인 미래로 나아가도록 동기를 부여한다. 좋은 비전이 더 좋은 리더가 되도록 어떻게 도움을 주는지를 알게 될 것이다. 효과적인 리더의 개인적인 특징과 기술, 당신이 더 좋은 리더가 될 수 있는 행동을 알게 될 것이다. 카리스마적인 리더와 변혁적인 리더가 된다는 것이 무슨 의미이며, 미래의 당신 자신의 리더십 개발을 위해 어떻게 해야 하는지를 알게 될 것이다.

제10장에서는 성과를 향상시키기 위한 의미가 담겨 있는 사람들을 동기 부여하는 것에 초점을 맞춘다. 사람을 동기 부여하는데 필요한 관리자의 행동 유형을 논의한다. 목표 설정이 강력한 동기부여자이다. 구체적이고, 정량적이고, 도전적이지만 달성가능한 목표가 높은 노력과 성과를 동기 부여한다. 좋은 성과에 대한 보상을 어떻게 할 것인지를 논의하고 사람들의 동기부여에 영향을 미치는 핵심 신념과 사람들의 개별적인 요구가 그들의 행동에 영향을 미치는 방식을 논의한다. 욕구를 충족시키고 동기를 부여하는 한 가지 접근 방법은 개선된 직무설계를 통해 본질적인 동기를 창출하는 것이다. 만족스러운 노동력은 기업에 많은 이점을 준다. 사람들이 공정을 평가하고 공정을 달성하는 방법과 만족스러운 노동력의 원인과 결과를 이해하게 될 것이다.

제11장에서는 그룹간의 관계를 관리하는 것을 포함하여 작업 팀을 검토한다. 팀이 당신 조직의 효과성에 어떻게 기여하는지를 논의한다. 팀은 조직 구조의 기본 구성요소이며 생산성, 품질, 비용 절감, 속도, 변화 및 혁신의 원동력이다. 오늘날의 팀은 전통적인 작업 그룹과 비교하여 더 많은 권한을 가지며 종종 자기 관리된다. 오늘날 팀들은 과거에 비해 더 많은 목적을 위해 더 많은 방식으로 사용되고 있다. 새로운 팀 환경과 기존의 팀 환경과의 차이를 알게 될 것이다. 그룹은 다양하고 중요한 개발 활동을 수행한다. 팀과 그룹간의 차이점을 이해하게 될 것이며 그룹이 가끔 실패하는 이유를 알게 될 것이다. 효과적인 팀을 구축하는 방법과 다른 팀과의 관계를 관리하는 방법을 논의한다. 여러 가지 이유로 갈등이 발생한다. 상황에 따라 5가지 기본 대인 관계 접근 방식으로 갈등을 관리한다.

제12장에서는 중요한 관리 활동인 의사소통을 강조한다. 여기서 여러분은 조직 전반에 걸친 다른 사람들과 소통하여 당신의 효과성을 극대화하는 방법을 배우게 될 것이다. 이 장에서는 쌍방향 소통의 중요한 이점을 설명한다. 의사소통에서의 문제점은 부호화, 송신, 복호화, 해석 등 모든 단계에서 발생할 수 있다. 시스템 내에서 소음은 의사소통을 더 복잡하게 만들며 더 많은 왜곡이 발생한다. 더 나은 정보 “발신자”와 “수신자”가 되는 방법과 상향식, 하향식, 수평식 소통을 개선하는 방법을 논의한다. 서로 다른 조직 간에 경계가 존재한다. 이상적인 무경계 조직은 정보 흐름, 생각, 정보, 결정 및 조치가 가장 필요한 곳으로 이동하는데 장애물이 없는 조직이다. 정보를 필요시 사용할 수 있으며, 자유롭게 접근할 수 있으므로, 전체로서의 조직이 별개의 부문보다 훨씬 잘 기능한다.

09 Chapter 리더십

개요 및 학습목표

사람들은 리더십에 관한 주제에 흥미를 갖는다. 그들은 무엇이 위대한 지도자를 만드는가를 알고 싶어 한다. 산업체의 모든 수준에서 임원들은 이 질문에 관심을 가지고 있다. 그들은 그 답변이 개선된 조직 성과와 개인 경력 성장을 가져오는 것이라고 믿고 있다. '평균적인' 관리자를 진정한 지도자로 변환시키는 기술을 획득하기를 희망한다.

다행히도 리더십은 가르치고 배울 수 있다. 어떤 매체에 따르면 "리더십은 누구나 소유한 기술의 나열인 것처럼 보이지만 소수에 의해 사용된다. 그러나 리더십은 누구나 배울 수 있으며, 모든 사람에게 가르쳐지고, 아무도 부인할 수 없는 것이다" 라고 기술되어 있다.

리더십이 무엇일까? 첫째로, 리더는 목표를 얻기 위해 다른 사람에게 영향을 주는 사람이다. 추종자의 수가 많을수록 그 영향력은 더 크다. 그리고 가치있는 결과의 획득에 더 성공할수록 리더십은 더 자명해진다. 그러나 외부에 드러난 정의 이면의 것을 탐구하여 헌신적인 추종자와 리더십을 배우고자 하는 학생들이 행동하는 위대한 리더를 볼 때 느끼는 흥분과 흥미를 포착하고 조직의 리더가 진정으로 하는 것이 무엇이며, 사업 리더로서 최고가 되기 위해서 필요한 것이 무엇인지를 파악해야 한다.

두드러진 지도자는 좋은 전략적 실체와 효과적인 대인과정(interpersonal processes)을 결합하여 결과와 지속가능한 장점을 만들어내는 전략을 수립하고 실행한다. 이들은 사업을 시작하고, 조직문화를 구축하고, 사업에서 성공하거나 그렇지 않으면 사건의 과정을 변화시킨다. 이들은 타인들이 간과하는 기회를 붙잡는 전략가이면서 가장 웅대한 계획을 세울 수 있는 세세하면서도 기본적인 현실까지도 열정적으로 관심을 갖는다.

이 장을 학습한 후에 여러분은 리더가 된다는 게 무슨 의미인지를 알게 될 것이며, 좋은 비전이 더 좋은 리더가 되도록 어떻게 도움을 주는지를 알게 될 것이다. 권력을 이해하고 그 권력을 사용하는 방법을 이해하게 될 것이다. 또한 효과적인 리더의 개인적인 특징과 기술을 알고, 당신이 더 좋은 리더가 될 수 있는 행동을 알게 될 것이다. 특히 카리스마적인 리더와 변혁적인 리더가 된다는 것이 무슨 의미이며, 미래의 당신 자신의 리더십 개발을 위해 어떻게 해야 하는지를 알게 될 것이다.

9.1 비전

리더의 역할은 비전을 창출하는 것이다. 몇 년 전만 해도 비전은 경영자(관리자)에게 낯선 단어였다. 그러나 오늘날에는 미래에 대한 비전을 가지고 그 비전을 타인과 의사소통하는 것이 위대한 리더십의 핵심요소로 알려져 있다. 비전이 없으면 비즈니스도 없다. 조 네빈(Joe Nevin)은 리더는 비전의 화가이며 여정의 설계자로 기술하고 있다. 이러한 신념은 실무적인 사업가들뿐만 아니라 학술적인 연구에서도 명확한 비전과 그러한 비전에 대한 의사소통이 기업가적인 기업의 더 높은 벤처 성장으로 이어진다는 것을 보여주고 있다.

비전(vision)은 조직의 가능하고 바람직한 미래 상황에 대한 심상이다. 비전은 조직에 대한 리더의 야망을 표현한다. 최상의 비전은 이상적이고 독특해야 한다. 비전이 이상(ideal)을 전달하는 경우 그 비전은 우수한 표준과 의사소통하며 긍정적인 가치의 분명한 선택이 된다. 비전이 또한 독특한(unique) 경우에 그 비전은 다른 조직과 다르다는 자부심을 고취시킨다. 언어의 선택이 중요하다. 단어는 현실론과 낙관론, 행동 방향, 비전이 달성될 것이라는 결의와 확신의 조합을 내포하고 있어야 한다.

위대한 지도자는 그들 조직에 대해 이상적인 미래를 상상한다. 그들은 타인들이 이루지 못한 중요한 업적을 실현하기 위해 노력한다. 요약하자면 지도자는 미래를 내다봐야 하며, 조직 그리고 전체 산업계가 나아갈 방향을 명확하게 해야 한다.

비전은 최상위 수준뿐만 아니라 모든 조직 전반에 걸쳐 크고 작은 수준에서 존재할 수 있다. 중요한 점은 (1)비전은 효과적인 리더십에 필요하다 (2)사람 혹은 팀은 직무에 관한 비전을 개발할 수 있다 (3)강력한 지도자로 개발되기를 원하지 않는 관리자를 포함한 많은 사람들은 분명한 비전을 개발하지 않는다. 그 대신에 그들은 일상적인 활동을 수행하거나 생존하는 것에 초점을 맞춘다.

달리 말하면, 지도자는 그들이 원하는 것을 알아야 한다. 그리고 다른 사람은 그것이 무엇인가를 이해해야 한다. 지도자는 비전을 분명히 그리고 자주 표현할 수 있어야 한다. 조직 전반에 걸쳐 다른 사람들은 비전을 이해하고 이를 스스로 분명하게 진술할 수 있어야 한다. 그것이 시발점이다. 그러나 비전은 지도자와 추종자가 비전을 현실로 전환하기 위해 조치를 취할 때까지 아무 것도 아닌 것을 의미한다.

두 가지 비유로 비전의 중요한 개념을 보강한다. 첫 번째 비유는 조각 그림 맞추기이다. 앞에 놓인 상자의 그림을 가지고 조각을 맞추는 것은 쉽다. 그림 혹은 비전이 없으면 방향 결여로 혼란과 실패할 가능성이 높다. 두 번째 비유는 슬라이드 프로젝터이다. 초점이 맞지 않는 슬라이드 프로젝터를 상상해보자. 장시간 흐릿한 영상을 바라보면 혼란스럽고 불편하며 방향감각을 상실하게 된다. 질의응답이 원활하지 않게 되고 진행자에 대한 존중이 사라지게 된다. 프로젝터의 초점을 맞추는 것이 리더의 일이다. 비전과 소통하는 것이 가장 좋다. 당신이 나아가야 할 방향이 무엇인가가 분명해진다.

어떤 비전이나 좋은 것은 아니다. 비전은 여러 가지 이유로 부적절할 수도 실패할 수도 있다. 첫째, 부적절한 비전은 리더의 개인적인 욕구를 반영할 수 있다. 그러한 비전은 비윤리적일 수 있으며, 시장에서 수용하지 않거나 그를 실행하는 사람들이 수용하지 않아 실패할 수 있다. 둘째, 첫 번째와 관련하여 부적절한 비전은 이해관계자의 욕구를 무시할 수 있다. 셋째, 리더는 환경 변화와 함께 나아가야 한다. 비록 효과적인 리더들은 장애물이 있음에도 불구하고 자신감을 유지하며 인내심을 가지고 나아갈 수 있지만, 실제 비전이 바뀌어야 한다는 사실이 밝혀질 시기가 올 수도 있다.

9.2 지휘와 관리

효과적인 경영자(관리자)가 진정한 리더라고 할 수는 없다. 많은 행정가, 감독자, 심지어 최고경영자도 위대한 리더가 아니면서도 그들의 책임을 성공적으로 수행한다. 하지만 이러한 위치는 리더십을 제공할 기회가 있다. 그리고 효과적으로 지휘할 수 있는 능력은 우수한 관리자들을 평균적인 관리자들과 차별화할 수 있을 것이다.

경영자는 지속적인 조직의 일상적인 복잡함을 다루는 반면에, 진정한 리더십은 중요한 변화를 효과적으로 조율하는 것이 포함된다. 관리가 일상적인 계획과 예산편성이 필요한 반면에, 지휘는 기업의 방향을 설정하는 것이 포함된다. 경영은 조직을 구성하고, 능력 있는 사람을 충원하며, 활동을 감시하는 것이 필요하다. 리더십은 비전을 갖도록 격려하여 이러한 기능을 넘어선다. 위대한 리더는 사람들이 조직을 이상적인 미래로 나아가도록 초점을 맞추며, 그들에게 그 길에 놓여있는 장애물이 무엇이건 간에 이를 극복하도록 사람들에게 동기부여한다.

많은 관찰자들은 강력한 리더십이 드문 현상에 대해 우려한다. 많은 경영자(관리자)들은 피상적인 활동에 초점을 맞추고, 단기 이익과 주가에 대하여 근심한다. 혁신을 촉진하고 장기 목표를 갖도록 격려하는 리더의 출현이 너무나 드물다. 그리고 많은 경영자(관리자)들은 잘 돌아가는 현실에 안주하여 풍파를 일으키려고 하지 않는 반면에, 지도자로 부상하는 사람들은 전통을 타파하지만, 인간적이며 도덕적이며 올바른 중요한 의사결정을 하는 것에 더 관심을 갖는다. 리더는 스타일보다 내용에 더 우선순위를 둔다.

이 시점에서 여러 가지 사항에 대하여 분명히 하는 것이 중요하다. 첫째, 경영과 리더십은 모두 매우 중요하다. 리더십의 필요성에 대해 더 많이 주목하는 것이 경영 혹은 관리자의 중요성을 축소시키는 것은 아니다. 리더십은 기본적인 경영 과정과 분별되는 독특한 과정을 포함한다고 말할 수 있다. 더욱이, 리더십이 다른 과정을 포함한다는 것은 또 다른 별도의 사람이 필요하다는 것을 의미하지 않는다. 동일한 개인이 효과적인 관리 과정과 리더십 과정 모두의 전형적인 예가 될 수 있거나 아닐 수 있다.

일부 사람들은 여전히 경영과 리더십을 구분하려는 생각을 싫어하여 이러한 생각을 유지하는 것은 조직을 운영하는 경영자와 관리 관점에 대해 인위적이거나 경멸하는 것이라고 주장한다. 아마도 보다 더 좋거나 유용한 구분은 감독적 리더십과 전략적 리더십 사이에 있다. **감독적 리더십**(supervisory leadership)은 작업 단위 구성원들의 일상 활동에 대한 유도, 지원 및 교정 피드백을 제공하는 행동을 말한다. **전략적 리더십**(strategic leadership)은 조직에 목적과 의미를 부여한다. 전략적 리더십은 조직의 가시적인 미래를 예견하고 마음 속에 그리며, 그러한 미래를 창조하는 변화를 주도하기 위해 타인과 함께 작업하는 것을 포함한다.

9.3 지휘와 추종

조직은 그 추종자를 얼마나 잘 지휘하느냐 뿐만 아니라 추종자가 조직을 얼마나 잘 따르는지에 의해 성공하거나 실패할 수 있다. 경영자(관리자)가 반드시 좋은 리더일 필요가 없듯이, 사람들이 반드시 좋은 추종자일 필요도 없다. 가장 효과적인 추종자는 독립적으로 생각하며 동시에 조직의 목표를 향해 능동적으로 헌신할 수 있어야 한다. 추종자의 가장 중요한 특징은 진실에 대해 기꺼이 말하는 것일 수 있다. 위대한 리더도 동일한 역할을 한다.

경영자(관리자)로서 당신은 리더와 추종자의 역할을 담당하는 것에 대하여 질문을 받을 수 있다. 당신에게 보고하는 사람을 지휘하면서 또한 당신의 상관에게 보고한다. 당신은 일부 팀과 위원회의 구성원이면서 타인을 주재할 수도 있다. 리더십 역할은 매력적이다. 그러므로 많은 사람들이 갈망하는 역할이다. 추종자는 그들의 책임을 또한 양심적으로 수행해야 한다.

효과적인 추종자와 비효과적인 추종자는 조직에 대한 그들의 열정과 헌신에 의해 구별되며, 그들 자신의 이해보다는 사람 혹은 목적에 대한 열정과 헌신으로 구별된다. 그들은 그들 조직에 유용한 기술을 숙달해야 하며, 필요한 것보다 높은 성과 표준을 유지해야 한다. 효과적인 추종자는 영광을 얻을 수 없을지 모르지만 그들의 조직에 대한 기여는 가치 있다. 그리고 그들은 조직에 기여하면서 그들 자신의 리더십 역할에 대한 준비를 하기 위해 리더로부터 배우게 된다.

9.4 권력과 리더십

효과적인 리더십의 중심은 **권력**(power)이다. 권력은 타인에게 영향을 미치는 능력으로, 조직에서 권력은 일을 수행할 수 있는 능력 혹은 타인의 저항에도 불구하고 개인의 목표를 달성하는 능력을 의미한다.

1) 권력의 원천

권력을 이해하는 데 있어 최초이자 여전히 가장 유효한 방법 중의 하나는 조직에서 리더는 다섯 가지 중요한 잠재적인 권력의 원천을 가지고 있다는 것을 시사한다. 그림 9.1은 리더가 조직에서 가져야 할 다섯 가지 중요한 잠재적인 권력의 원천을 보여주고 있다.

- **합법적 권력**(legitimate power): 타인에게 무엇을 하라고 명령하는 권한으로 고용인은 합법적인 지시에 따라야 할 의무가 있다. 짐작하겠지만 관리자는 동료, 상사 및 조직 내외부의 다른 사람에 대한 것 보다 그들의 직접적인 보고에 대해 더 정당한 권한을 갖고있다.
- **보상적 권력**(reward power): 평가된 보상을 통제하여 타인에게 영향을 끼치는 권력으로, 보상적 권력을 갖는 리더는 귀중한 보상을 통제하기 때문에 타인에게 영향을 미친다.
- **강압적 권력**(coercive power): 처벌에 대해 통제할 수 있는 능력으로, 사람들은 그러한 처벌을 피하기 위해 순응한다. 일반적으로 낮은 수준의 관리자는 중간 및 상위

그림 9.1 권력의 원천

관리자보다 덜 합법적이며, 강압적이고 보상적인 권력을 갖는다.

- **지시(준거적) 권력**(referent power): 타인에게 어필하는 개인적인 특징을 갖고 있는 능력으로, 사람들은 이에 대한 존경, 찬성에 대한 욕망, 개인적인 호감, 지도자처럼 되고 싶은 욕망으로 인해 지시(준거적) 권력의 리더에게 순응한다. 무능하고 싫어하고 거의 존경을 받지 못하는 간부는 지시(준거적) 권력이 거의 없다.
- **전문적 권력**(expert power): 특정의 전문지식이 있는 리더에게 사람들은 전문 지식을 믿거나, 배울 수 있거나 또 다른 방법으로 얻을 수 있기 때문에 순응한다.

타인에게 무엇을 하라고 지시 할 권한이 있는 사람, 보상과 처벌을 할 권한이 있는 사람, 타인들이 좋아하고 존경하는 사람, 전문지식을 가진 사람은 조직의 강력한 요원이 된다. 이러한 권력의 원천은 잠재적으로 중요하다. 강력한 지위가 높은 합법적 권력을 가지고 주요한 보상과 처벌을 하는 원천이라고 가정하기 쉽지만, 전문지식과 지시권력과 같은 보다 '개인적인' 원천을 과소평가하지 않는 것이 중요하다. 이러한 개인적인 권력의 원천은 그들 관리자의 기대에 부응하기 위해 사람들을 동기부여하는 것과 가장 밀접하게 관련되어 있다.

9.5 전통적인 리더십 이해 방법

리더십을 연구하는 세 가지 전통적인 방법은 자질, 행동, 상황 이론이다.

1) 리더의 자질

리더십의 **자질이론**(trait approach)은 특성이론이라고도 하는데, 리더십의 현상이 지도자 개인의 뛰어난 자질에서 연유하는 것이라고 가정하는 것이다. 자질이론은 리더의 개인적 특성에 초점을 맞춰 위대한 리더가 공유하는 사적인 특징을 밝혀보려고 노력하는 방법이다. 현재의 관점은 어떤 성격 특성이 효과적인 리더를 타인과 구별한다는 것이다. 그 중 많은 것들은 천부적일 필요는 없지만 습득하기 위해 노력할 수 있는 효과적인 리더로서 구비할 몇 가지 개인적인 특징은 다음과 같다.

1. **추진력**(drive): 높은 수준의 노력을 반영하는 일련의 특징을 말한다. 추진력에는 높은 성취욕, 개선에 대한 끊임없는 노력, 야망, 에너지, 끈기, 결단력 등이 포함된다. 여러 나라에서 최고경영자에게 필요한 가장 중요한 자질로 성취욕을 들고 있다. 그

러나 성취욕은 개인적인 성취에 초점을 맞출 경우에는 단점이 될 수 있다. 그리고 성과에 대한 필요성은 기업가적인 기업의 조직의 효과성을 예측하는 것으로 나타난 반면에 더 크고 더 관료적인 기업의 사업부의 성공은 예측하지 못한다.

2. **리더십 동기부여**(leadership motivation): 위대한 리더는 추진력만을 가지지 않는다. 그들은 지휘하려고 한다(want to lead). 그들은 권력에 대한 높은 욕구를 가지고 있다. 높은 권력욕은 타인에게 영향을 주려고 하고, 리더십의 과정에서 이익과 만족을 유지하려고 한다. 권력욕을 도덕적이고 사회적으로 건설적인 방향으로 구사하면 리더는 사람들이 그들의 비전을 더 신뢰하고 존경하여 헌신하게 만든다.
3. **진실성**(integrity): 진실성은 행동과 말이 일치하는 것을 말한다. 그 자체로 바람직한 특징에 더하여 정직과 신용은 이들 특성이 타인에 대한 신뢰를 고취하기 때문에 특히 중요한 리더의 자질이다.
4. **자신감**(self-confidence): 자신감은 여러 이유로 중요하다. 리더십 역할은 도전이며, 좌절은 피할 수 없다. 자신감 있는 리더는 장애물을 극복하고, 불확실성에도 불구하고 결정을 하며 타인에게 자신감을 고취시킨다.
5. **사업 지식**(knowledge of business): 효과적인 리더는 그들의 산업, 기업, 기술적인 문제에 높은 수준의 지식을 가지고 있어야 한다. 리더는 방대한 양의 정보를 해석할 수 있는 지능을 가지고 있어야 한다. 고급 학위는 경력에 유용하지만 궁극적으로 조직과 관련하여 획득한 전문지식이 더 중요하다.

마지막으로, 가장 중요한 한 가지 개인적인 기술이 존재한다. 타인의 욕구와 목표를 인식하고, 그에 따라 개인의 사적인 리더십 방법을 조정하는 능력이 가장 중요하다. 효과적인 리더는 하나의 리더십 스타일에 의존하지 않는다. 오히려 그들은 상황에 맞추어 다른 스타일을 사용할 수 있어야 한다. 이 특질은 뒤에서 설명할 상황이론 방법의 초석이 된다.

2) 리더의 행동

리더십의 **행동이론**(behavioral approach)은 성공적인 지도자의 행동 스타일에 주목하여 연구하는 것으로, 행동과학의 영향을 받아 지도자의 자질보다는 지도자가 집단에서 어떻게 행동하는가에 초점을 맞춘다. 행동이론에서 개인적인 특징은 리더가 보여주는 실제 행동보다 덜 중요하게 여긴다.

3가지 부류의 리더십 행동은 의사결정에서 과업성과, 그룹 유지, 종업원 참여와 관련된 행동에 특히 주목하였다.

❖ 과업성과 행동

리더는 구성원들이 과업을 효과적으로 수행하도록 이끌어야 한다. **과업성과 행동(task performance behavior)**은 작업 단위 혹은 조직의 목표를 달성하는 것을 보장하는 리더의 노력을 말한다. 이러한 차원은 성과에 대한 관심, 지휘 리더십, 과업 중심의 주도적 구조, 혹은 감독의 친밀함 등으로 언급되고 있다. 과업성과 행동은 작업 속도, 품질과 정확도, 산출량, 규칙 준수 등에 초점을 맞춘다.

❖ 그룹 유지 행동

그룹 유지 행동(group maintenance behaviors)을 보여주기 위해 리더는 그룹 구성원의 만족, 조화로운 작업 관계 개발 및 유지, 그룹의 사회적 안정성 보존을 보장하는 조치를 취한다. 이 차원은 종종 사람에 대한 관심과 고려, 지원적인 리더십 등으로 표현된다. 그룹 유지 행동에는 사람들의 감정과 안락함, 그들에 대한 이해, 스트레스 감소 등에 중점을 둔다.

과업성과와 그룹 유지 지향 리더십을 수행하는 데 필요한 명확한(specific) 행동은 무엇인가? 이 질문에 답을 구하기 위해 당신은 상관에게 두 가지 차원에 대한 우선순위(등

표 9.1 과업 성과와 그룹 유지 리더십 평가 설문지

과업 성과 리더십
1. 당신의 상관은 당신이 최대의 능력으로 작업하도록 배려해 줍니까? 2. 당신의 상관은 구체적인 시간에 당신의 작업을 완료하기를 원합니까? 3. 당신의 상관은 당신이 작업한 양에 대하여 엄격합니까? 4. 당신의 상관은 어느 정도 수준의 지시와 명령을 합니까? 5. 당신이 부적절한 일을 할 때, 당신의 상관은 부적절한 방법으로 그 일을 수행한 것에 관심을 둡니까? 6. 당신의 상관은 작업의 진척상황에 대하여 보고하라고 말합니까? 7. 당신의 상관은 매 달 목표 달성에 대한 계획을 얼마나 정밀하게 산출합니까? 8. 당신의 상관은 규칙을 준수하는 것에 엄격합니까?
그룹 유지 리더십
1. 당신은 당신의 작업에 대하여 상관에게 자유롭게 말할 수 있습니까? 2. 당신의 상관은 일반적으로 당신을 지원합니까? 3. 당신의 상관은 당신의 사적인 문제에 관심을 가지고 있습니까? 4. 당신의 상관이 당신을 믿는다고 생각하십니까? 5. 당신의 상관이 당신이 일을 잘할 때 당신을 인정하십니까? 6. 작업장에 문제가 발생할 때 당신의 상관은 이를 해결할 방법을 당신에게 묻습니까? 7. 당신의 상관은 승진이나 급여 인상과 같은 당신의 미래의 이익에 대하여 관심을 가지고 있습니까? 8. 당신의 상관은 당신을 공정하게 대합니까?

급)를 매겨보라고 요청할 수 있다. 당신의 조직에서 리더십 연구를 수행한다면 표 9.1과 유사한 설문지를 받을 수 있을 것이다. 처음의 일련의 질문에 나타난 행동은 성과 지향 리더십을 보여주며, 두 번째 일련의 질문에 나타난 행동은 유지 지향 리더십을 보여준다.

한 가지 리더십 이론인 LMX(leader-member exchange)이론은 전체로서의 그룹을 향한 행동이 아닌 사적 관계에 기초한 구성원 개인을 향한 리더 행동의 중요성에 초점을 맞춘다. LMX이론에 의하면 신뢰, 열린 의사소통, 상호 존중, 상호 의무, 상호 충성심과 같은 유지 행동이 리더와 구성원 간의 만족스러운 관계의 초석을 이룬다. 문화간 차이의 가능성을 기억해야 한다. 문화적인 차이에도 불구하고 유지 행동은 어떤 곳에서든 중요하지만 그것을 위한 특정한 행동은 문화마다 다를 수 있다. 미국의 경우 유지 행동에 있어서 일대일 대면(face-to-face) 방식을 선호하는 반면에, 일본에서는 메모를 이용한 의사소통을 선호한다.

❖ 의사결정에 참여

리더는 결정을 할 때 어느 정도까지 구성원들을 의사결정에 참여시켜야 하는가? 리더십 행동의 의사결정 참여 정도는 독재적인 방식에서 민주적인 방식까지 다양하다. 독재적인 리더십은 자신이 결정하고 그룹에게 이를 공표한다. 민주적인 리더십은 타인에게 조언을 요청한다. 민주적인 리더십은 정보, 의견 및 성과를 구하고 그룹과 일치점을 찾아 합의점을 구하여 구성원들에게 최종 선택을 위한 투표를 하게 한다.

❖ 리더 행동의 영향

리더 행동이 사람들의 태도와 성과에 어떠한 영향을 미치는가? 이러한 영향에 대한 연구는 독재적 스타일과 민주적 스타일 혹은 성과지향과 유지지향 행동에 초점을 맞춘다.

❖ 결정 스타일

독재와 민주적 스타일을 비교한 고전적인 연구에서 민주적인 방식이 가장 긍정적인 태도를 보인 반면에 독재적인 방식이 다소 높은 성과를 보였다. 자유방임형(laissez-faire) 스타일은 더 부정적인 태도와 더 낮은 성과를 보였다. 그러나 민주적인 스타일이 언제나 가장 적절한 것은 아니다. 속도가 핵심일 때 민주적인 결정은 너무 더디어 구성원들이 리더의 결단력을 요구할 수 있다. 민주적 혹은 독재적인 결정은 리더, 추종자 및 상황의 특징에 좌우된다. 따라서 후술할 리더의 결정 스타일에 대한 상황적 방법이 적절하다.

❖ 성과 및 유지 행동(행태)

리더십의 성과와 유지 차원은 상호 독립적이다. 다시 말하여, 리더는 이 중 한 가지 차원이나 두 가지 차원 모두 또는 아무 것도 강조하지 않는 방법으로 행동할 수 있다. 일부 연구조사에서 이상적인 조합은 두 가지 유형의 리더십 유형에 관여하는 것이라고 보고 있다.

리더의 행동에 미치는 영향에 관한 연구에서 일반적으로 유지행동이 높은 감독자는 이 차원이 낮은 감독자보다 그들의 작업 단위에서 불만이 더 적고 이직률이 낮은 것을 알 수 있다. 과업 성과 행동에서는 그 반대이다. 이 차원이 높은 감독자는 그들의 작업 단위에서 불만이 더 많고 이직률이 높다. 유지와 성과 리더십 행동을 함께 고려할 때 그 결과는 더 복잡하다. 그러나 한 가지 결론은 분명하다. 리더는 성과지향 행동이 높아야 하고, 또한 유지 지향적이어야 한다. 그렇지 않으면 리더는 높은 이직률과 불만이 많은 종업원을 갖게 된다.

그룹의 과업 성과에 관한 리더의 행동에 관한 또 다른 연구에서 무엇보다도 가장 효과적인 관리자는 계획, 일정계획, 조정, 자원 제공 및 성과목표 설정과 같은 **과업 지향적 행동**(task-oriented behavior)에 관여한다고 결론짓고 있다. 효과적인 관리자는 또한 신뢰와 자신감을 보이며 다정하고 사려 깊고, 감사함을 나타내며, 계속 정보를 알려주는 **관계 지향적 행동**(relationship-oriented behavior)을 나타낸다고 보고하고 있다. 이러한 차원의 리더 행동은 과업 성과와 그룹 유지 차원에서 긴요하다.

연구 결과 이상적인 리더는 성과와 유지를 모두 지향하는 리더이다. 이러한 스타일을 따르는 가장 잘 알려진 리더십 훈련 모형이 **리더십 격자**(Mouton's Leadership Grid)이다. 이 격자 훈련에서 관리자는 그들의 성과 지향적 행동(concern for production)과 유지 지향적 행동(concern for people)에 대해 등급을 매긴다. 그리고 이들의 점수를 그림 9.2에서 보는 격자에 표시한다. 가장 높은 점수는 두 차원 모두에서 9점인 (9,9)의 위치에 있다.

그림에서 보는 바와 같이 이론적으로 격자 위에 81자리가 있을 수 있는데, 이는 그만큼 많은 리더십 스타일이 있다는 것을 의미한다. 관리자는 생산과 사람 모두에 관심을 보이는 것이 중요하다. 리더의 마음속에 생산에 대한 관심과 사람에 대한 관심으로 양분할 필요가 없으며, 생산과 사람에 대한 관심은 상호배타적이라기보다 상호보완적이라는 가정하에 리더가 효과적인 성과를 거두기 위해서는 이들 관심을 통합하여야 한다는 것이다. 다섯 가지 전형적인 스타일을 간단히 살펴보면 다음과 같다.

(1,1): 나약한 관리 유형으로 생산이나 사람 모두에게 최소의 관심만 보이면서 필수 과업만 수행하고 이탈을 막으려는 극히 소극형의 관리이다. 이러한 관리자는 어디로 나아가야 할지 갈피를 잡지 못하며 직분을 유지하는 데만 최소한의 노력을 투입할 것이다.

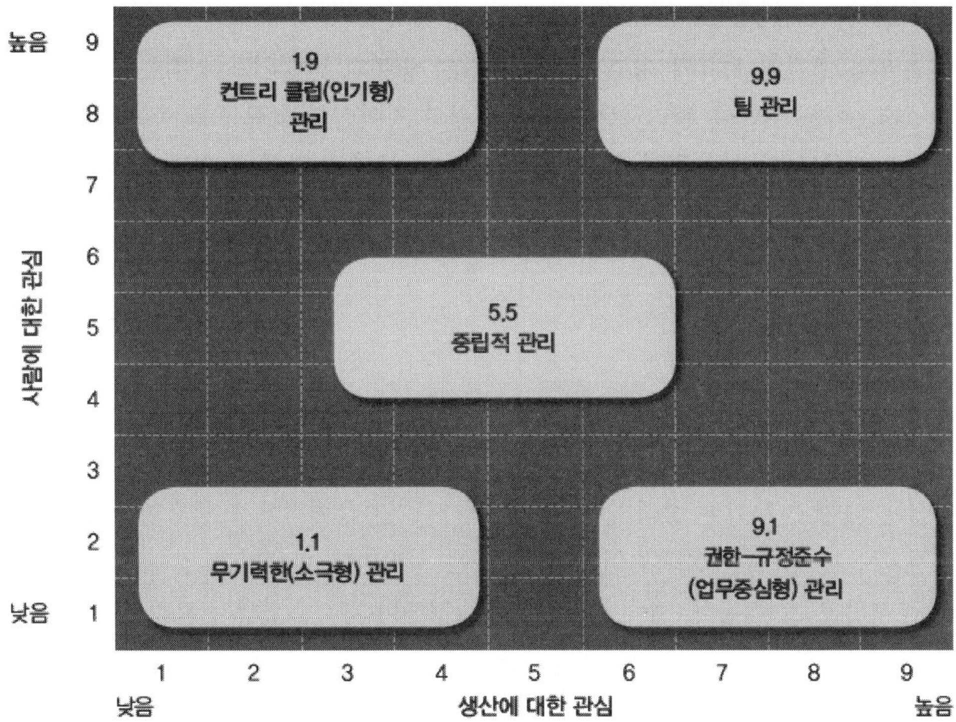

그림 9.2 리더십 격자

(9,1): 과업관리 유형으로 될 수 있는 한 많은 과업이 수행되도록 하는 데에만 최대의 관심을 보이면서 종업원들에게는 그들이 직장을 떠나지 않도록 하는 정도의 관심을 갖는 업무중심형 관리이다. 이러한 과업지향적인 관리자는 대개 매우 권위주의적이다.

(1,9): 컨트리클럽 관리 유형으로 필수적인 과업만 겨우 수행되도록 과업에는 최소의 관심을 보이면서 종업원들의 욕구를 만족시키는 데에는 최대의 관심을 보이는 인간중심형 관리이다. 이러한 관리자는 인기형에 속한다고 볼 수 있는데, 친절하고 편안하게 인간관계나 조직 분위기에 지대한 관심을 쏟는 것에 비해 생산에는 무관심하여 산출이 낮다.

(5,5): 중립적 관리 유형으로 과업이나 사람 가운데 어느 한 쪽에 관심을 크게 기울이면 다른 한 쪽이 소홀히 될 것을 염려하여 양쪽에 다 같이 적절한 관심을 갖는 유형이다. 이러한 관리자는 용인될 수 있는 정도로 적당히 생산을 독려하고, 만족할 만한 정도로 사기도 유지함으로서 생산과 사람에 대한 균형을 꾀하는 관리자로 무사안일주의자라고 할 수 있다.

(9,9): 팀 관리 유형으로 사람과 과업 양쪽에 모두 최대의 관심을 보이면서 개인의 목표와 조직의 목표가 상호협조를 통하여 충분히 달성되도록 하는 이상형 관리이다. 이를 위하여 관리자는 조직구성원의 자아실현의 욕구를 충족시키고 신뢰와 존경의 분위기를 유지하면서 구성원들로 하여금 과업에 전력하도록 노력한다.

사실 넓은 범위의 효과적인 리더십 스타일이 존재한다. 다양한 리더십 스타일의 필요성을 이해하는 조직이 '유일한 방법'을 신뢰하는 조직에 비해 최근의 비즈니스 환경에서 경쟁우위를 가질 수 있다.

3) 상황이론 리더십

리더십에 대한 상황이론 방식의 지지자들에 따르면 보편적으로 중요한 자질과 행동은 존재하지 않는다. 그들은 효과적인 리더 행동은 상황마다 다르다고 믿는다. 리더는 먼저 상황을 분석하고 그 다음에 해야 할 행동을 결정해야 한다. 경영자(관리자)의 직무 가운데 가장 중요한 것은 그의 리더십의 효과에 영향을 미치는 여러 가지 요인들을 진단하여 규명하고 평가하는 것이다. 상황요인들을 진단하고 규명하는 일은 개인의 차이, 집단의 구조 및 조직의 방침과 업무와 같은 요인들의 영향을 찾아내고 파악하는 것을 말한다. 상황의 철저한 검토는 어떤 특정의 리더십 스타일을 적용하고자 하는 경영자(관리자)에게는 필수적인 과정이다.

경영자(관리자)가 상황을 진단하고 규명할 때에는 (1)경영자(관리자)의 특징 (2)종업원의 특징 (3)집단의 구조와 과업의 성격 (4)조직의 유형에 초점을 맞추어 검토하여야 한다.

리더십의 상황이론을 연구한 피들러(Fred E. Fiedler)는 리더십 스타일과 리더에게 유리한 상황 사이의 관계를 연구하고, 이들 사이의 관계가 리더십의 효과를 결정한다고 주장하였다. 그의 모형에 따르면 집단의 성과는 리더십의 스타일과 상황의 유리함과의 상호작용에 의하여 결정된다.

피들러는 리더십의 유효성에 영향을 미치는 세 가지 상황요인을 들고 있다.

(1) 지도자와 구성원의 관계: 추종자들이 지도자에 대하여 가지고 있는 신뢰와 존경의 정도를 의미한다.
(2) 과업의 구조: 과업 구조가 잘 조직되어 있다는 것은 과업 내용이 명백하고, 목표가 뚜렷하며, 방법과 절차도 간단하여 의사결정이 언제나 반복되는 경우를 의미한다. 과업의 구조가 잘 짜여 있을수록 그 상황은 지도자에게 유리하다.

(3) 지도자의 직위권한: 지도자의 직위가 집단구성원들로 하여금 명령을 받아들이게 할 수 있는 능력을 말한다.

이상의 3요소의 조합이 지도자에 대한 상황의 유/불리를 결정하게 된다. 3요소에 의한 결합은 지도자와 구성원과의 관계에서 좋은 것과 나쁜 것 두 가지, 과업구조가 구조적인 것과 비구조적인 것 두 가지, 직위권한이 강한 것과 약한 것의 두 가지가 있을 수 있으므로 모두 여덟 가지 리더십 상황을 도출할 수 있다.

직관적인 견지에서 뿐만 아니라 이론적인 견지에서 볼 때 지도자와 추종자들 사이의 상호 인간관계가 권한과 영향력을 결정하는 가장 중요한 변수이다. 지도자의 영향력은 추종자들의 용인(인정)에 의하여 결정된다. 천부적인 능력과 비범한 지식 또는 상호간의 존경으로 다른 사람들이 기꺼이 따라준다면 지도자는 과업의 구조나 직위의 권한에 의존할 필요가 없다. 그러나 지도자가 추종자들로부터 신뢰를 받지 못하고 부정적인 시각으로 보인다면 그 상황은 호의적이라고 생각할 수 없다.

지도자에게 유리한 상황은 3요소가 모두 높을 때로 지도자와 구성원의 관계가 좋아 종업원들이 지도자를 인정해 주며, 과업의 성격이 구조적이어서 모든 것이 명확하며, 지도자의 직위권한이 강력한 경우이다.

❖ 브룸의 리더십 모형

브룸(Vroom)과 이튼(Yetton)은 지도자의 효과적인 의사결정을 위해 실제로 이용할 수 있는 규범적 모형을 개발하였다. 이 규범적 모형은 지도자가 효과적인 의사결정을 위해 주어진 어느 특정 상황에서 어떻게 의사결정을 내려야만 하는가를 설명해 주고 있다. 모델은 최상의 리더 스타일을 결정하기 전에 상황을 평가하는 기본적인 상황 접근방식을 사용한다.

표 9.2는 문제점을 분석하는 데 사용되는 상황요인을 보여주고 있다. 결정의 중요성, 리더의 전문지식, 목적에 대한 그룹 지원, 그룹의 전문지식, 팀 역량 등의 각 요인들은 리더가 직면하는 문제점의 중요한 속성에 기초하고 있으며, 각각을 높고(H) 낮음(L)을 선택하여 평가한다.

브룸은 그림 9.3에서 보는 바와 같이 질문에 동시에 답하면서 각각에 대하여 높고 낮은 것을 선택하여 궁극적으로 14가지의 가능한 종점 가운데 하나에 도달하게 된다고 하였다. 각 종점에서 모델은 지도자의 의사결정 유형으로 5가지 유형이 가장 적절하다고 기술하고 있다. 여러 가지 다른 의사결정 스타일이 작동될 수 있지만, 권고되는 스타일은 시간이 가장 적게 소요되는 스타일 즉, 최종 결정에 이르기까지 필요 요소가 가장 적은 유형이다.

그림 9.4는 다섯 가지 리더의 결정 스타일을 정의하고 있다. 다섯 가지 스타일은 독재형 혹은 민주형과 같은 유형이 아니라 참여 정도에 따라 달라지는 여러 가지 참여 유형이 있다는 것을 나타내고 있다. 혼자서 결정하거나, 그룹 구성원 개개인에게 문제점을 제시하고 그들의 제안을 받아 결정을 하거나, 그룹과의 회합을 통해 문제점을 제시하고 그들의 제안을 받아 결정을 하거나, 회합에서 그룹에게 문제점을 제시하고 조력자의 역할을 수행하여 결정을 하거나, 허용 범위 내에서 권한을 이양하여 그룹이 결정을 하도록 하는 방법이 있을 수 있다.

표 9.2 문제 분석을 위한 상황요인

문제 분석을 위한 상황 요인	
결정의 중요성	프로젝트 혹은 조직의 성공에 대한 결정의 중요성
전념의 중요성	결정에 전념하는 팀 요원의 중요성
리더의 전문지식	이 문제와 관련한 당신의 지식 혹은 전문기술
전념 가능성	팀이 결정에 스스로 전념할 가능성
목적에 대한 그룹 지원	이 문제의 성패가 달려있는 조직의 목적에 팀이 지원하는 정도
그룹 전문지식	이 문제와 관련한 팀 요원의 지식 혹은 전문기술
팀 역량	문제를 해결하는데 공동으로 작업하는 팀 요원의 능력

방법: 매트릭스는 깔때기처럼 운용된다. 마음속에 특정 의사 결정 문제를 생각하면서 왼쪽에서 시작한다. 세로열 머리글은 그 문제에서 상황적 요소가 존재하는지 여부를 나타낸다. 각각의 관련 상황 요소에 대해 높음 또는 낮음(H or L)을 선택하여 진행한다. 권장되는 프로세스에 도달할 때까지, 판단을 요구하는 상황 요소들을 판단하여, 아래쪽으로 진행한다.

<table>
<tr><th></th><th>의사 결정의 중요성</th><th>헌신의 중요성</th><th>리더의 전문 지식</th><th>헌신 가능성</th><th>집단의 지원</th><th>집단의 전문 지식</th><th>팀의 능력</th><th></th></tr>
<tr><td rowspan="22">문제진술</td><td rowspan="18">H</td><td rowspan="13">H</td><td rowspan="5">H</td><td>H</td><td>–</td><td>–</td><td>–</td><td>결정</td></tr>
<tr><td rowspan="4">L</td><td rowspan="3">H</td><td rowspan="2">H</td><td>H</td><td>위임</td></tr>
<tr><td>L</td><td rowspan="3">상담(집단)</td></tr>
<tr><td>L</td><td>–</td></tr>
<tr><td>L</td><td>–</td><td>–</td></tr>
<tr><td rowspan="8">L</td><td rowspan="4">H</td><td rowspan="3">H</td><td rowspan="2">H</td><td>H</td><td>조력</td></tr>
<tr><td>L</td><td rowspan="3">상담(개별)</td></tr>
<tr><td>L</td><td>–</td></tr>
<tr><td>L</td><td>–</td><td>–</td></tr>
<tr><td rowspan="4">L</td><td rowspan="3">H</td><td rowspan="2">H</td><td>H</td><td>조력</td></tr>
<tr><td>L</td><td rowspan="3">상담(집단)</td></tr>
<tr><td>L</td><td>–</td></tr>
<tr><td>L</td><td>–</td><td>–</td></tr>
<tr><td rowspan="5">L</td><td>H</td><td>–</td><td>–</td><td>–</td><td>–</td><td>결정</td></tr>
<tr><td rowspan="4">L</td><td rowspan="4">–</td><td rowspan="3">H</td><td rowspan="2">H</td><td>H</td><td>조력</td></tr>
<tr><td>L</td><td rowspan="3">상담(개별)</td></tr>
<tr><td>L</td><td>–</td></tr>
<tr><td>L</td><td>–</td><td>–</td></tr>
<tr><td rowspan="4">L</td><td rowspan="3">H</td><td rowspan="3">–</td><td>H</td><td>–</td><td>–</td><td>–</td><td>결정</td></tr>
<tr><td rowspan="2">L</td><td rowspan="2">–</td><td rowspan="2">–</td><td>H</td><td>위임</td></tr>
<tr><td>L</td><td>조력</td></tr>
<tr><td>L</td><td>–</td><td>–</td><td>–</td><td>–</td><td>–</td><td>결정</td></tr>
</table>

그림 9.3 리더십 스타일에 관한 브룸 모형

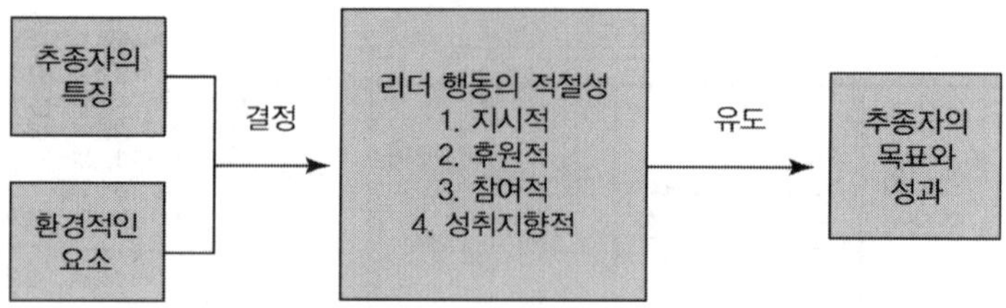

그림 9.4 브룸 모형의 리더 결정 스타일

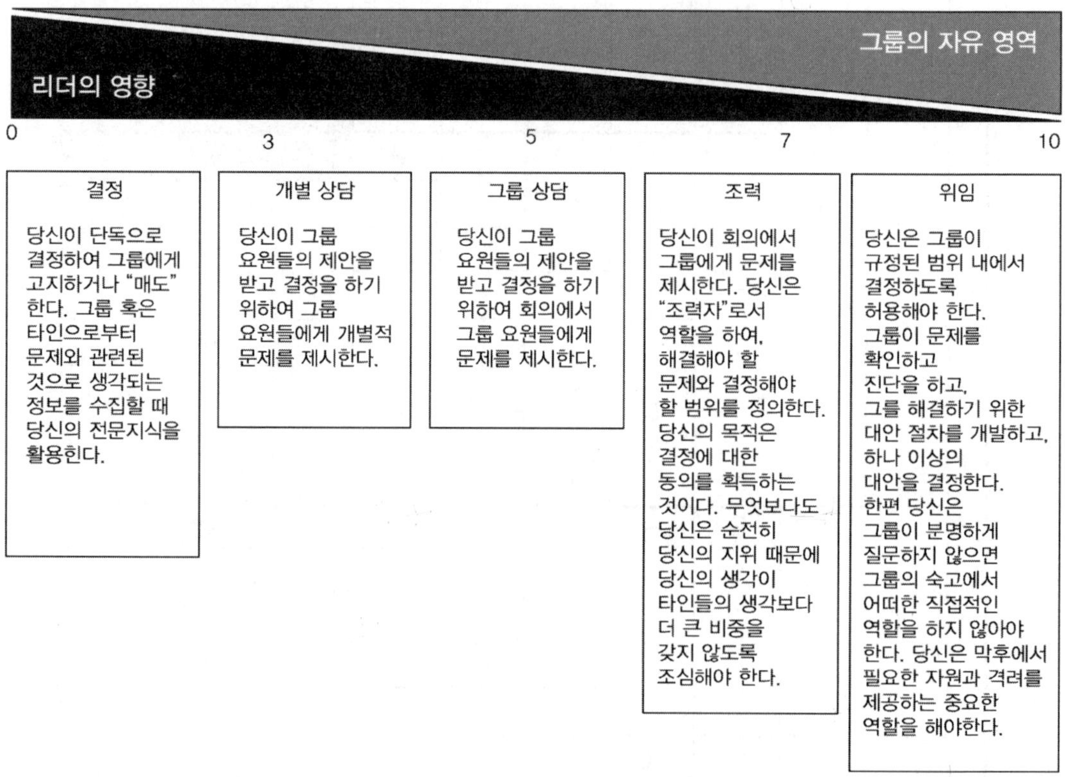

그림 9.5 상황-목표 체계

❖ 경로-목표이론

아마도 가장 일반적으로 유용한 리더십 효과성의 상황이론은 로버트 하우스(R. J. House)가 개발한 **경로-목표이론(path-goal theory)**이다. 이 이론은 동기유발의 기대이론에 기반을 두고 노력 → 성과, 성과 → 보상에 따른 기대감과 그 보상의 선호도(유인가)를 중심으로 리더십 과정을 설명하고 있다. 이 이론에서는 지도자의 주된 기능은 부하직원들이 기대감과 유인가를 인지하도록 영향력을 미치는 것으로 보고 있다. 즉 지도자가 유인가와 기대감을 높일 수 있고 목표 달성의 경로를 명백히 열어놓을 수만 있다면 보다 많은 노력과 보다 높은 만족과 성과가 나올 것이라는 것이다.

경로-목표이론에서 핵심 상황요인은 (1)추종자의 개인적인 특징 (2)종업원이 그들의 작업 목표를 달성하는 데 대응할 수 있는 환경적인 압력과 수요이다. 이러한 요인들이 가장 적절한 리더십 행동을 결정한다. 여기에 따르는 4가지 적절한 리더십 행동은 (1)**지시적 리더십**(directive leadership) (2)**후원적 리더십**(supportive leadership) (3)**참여적 리더십**(participative leadership) (4)**성취 지향적 리더십**(achievement-oriented leadership)이다.

이러한 상황 요인과 리더 행동을 조합한 것이 그림 9.5이다. 적절한 리더 행동이 효과적인 성과를 가져온다는 것을 알 수 있다.

이론은 또한 추종자와 환경 특징이 중요하다는 것을 기술하고 있다. 3가지 핵심 추종자 특징은 권위주의(authoritarianism), 통제의 소재(locus of control; 외재적, 내재적), 능력(ability)을 들 수 있다. 권위주의는 개인이 권위를 존중하고, 존경하고, 복종하는 정도를 말한다. 통제의 소재(위치)는 개인이 자신의 상황이나 환경을 통제할 수 있다고 보는 범위이다. 또한 능력은 주어진 일을 할 수 있는 자신의 능력에 대한 사람들의 믿음이다. 이러한 개인적인 특징이 다양한 리더십 스타일의 적절성을 결정한다고 기술하고 있다. 예를 들어, 지시적인 리더십 스타일은 고도로 권위주의적인 사람에게 적절하고, 참여적인 리더십 스타일은 내부 통제의 소재를 가진 사람에게 적절하며, 지시적인 리더십 스타일은 종업원의 능력이 낮을 때 더 적절하다고 할 수 있다.

적절한 리더십 스타일은 또한 사람들의 과업, 조직의 공식 권한체계, 주요 작업 그룹의 세 가지 중요한 환경적인 요인에 의해 결정된다. 예를 들어, 과업이 이미 잘 구조화되어 있다면 지시적인 리더십은 부적절하다. 과업 혹은 권한체계가 불만족스러우면 후원적인 리더십이 특히 적절하다. 주요 작업 그룹이 구성원들에게 사회적인 후원이 잘 제공된다면 후원적인 리더십은 덜 중요하다.

경로-목표이론은 많은 제안을 하고 있다. 이론은 일반적으로 리더의 기능은 (1)지도와 지시를 제공하여 작업 목표가 용이하도록 경로를 설정해야 하며 (2)목표 달성을 좌절시키는 장애물을 경감시켜야 하며 (3)성과 목표를 달성한 사람들에게 임금을 인상하여 개인적인 만족을 줄 수 있는 기회를 증가시켜야 한다는 것을 제시하고 있다.

어떻게 이러한 것들을 가장 잘 할 수 있는가는 사람들과 작업 환경에 달려있다. 경영자(관리자)는 다시 한 번 이를 분석하고 그에 따라 적절한 스타일을 채택해야 한다.

❖ 대체이론

때로는 리더가 지도할 수 없거나 효과적인 리더의 지도를 제한하는 상황이 있는데, 리더십이 불필요하거나 경험이 거의 없는 경우이다. 이러한 상황하에서는 리더십 자체가 구성원의 성과와 만족에 거의 영향을 주지 않는다는 것이 리더십 **대체이론**(substitutes for leadership)이다.

특정의 추종자, 과업 및 조직요인이 과업-성과 지향형 리더 행동과 그룹 유지 지향형 리더 행동을 대체한다. 예를 들어, 사람들이 이미 빈틈없이 잘 짜여진 그룹의 요원이며, 전문적인 방향을 가지고 있으며, 과업을 본질적으로 만족하거나, 리더와 추종자 사이에 대단히 큰 물리적인 거리가 있을 경우에 그룹 유지 행동은 별로 의미가 없고 그 영향이 적다. 사람들이 많은 경험과 능력을 가지고 있으며, 피드백이 과업으로부터 그들에게 직접 공급되거나, 규칙과 절차가 강건한 경우에는 과업 성과 리더십은 덜 중요하고 긍정적인 효과가 적게 된다. 이러한 요인들이 작동되면 리더는 사람들에게 그들이 수행할 것이 무엇이며 어떻게 잘 하라고 말할 수 없게 된다.

리더십 대체이론 개념은 리더가 작업에 영향을 미치거나, 영향을 미치지 않는 것 이상의 더 많은 것을 나타내고 있다. 대체 개념은 어떻게 더 효과적으로 관리하는가에 대한 유용하고 실질적인 처방전을 제공하고 있다. 관리자가 작업 상황을 시의적절하게 개발하면 구성원들에게 직접적으로 영향을 주는 시간이 덜 소요될 것이며, 리더는 다른 중요한 활동에 더 많은 시간을 투자할 수 있게 된다.

9.6 현대적 관점의 리더십

지금까지 우리는 리더십에 대한 고전적 방법을 학습하였다. 이제는 이러한 중요한 관리 관점을 이해하는 데 필요한 혁신적인 수많은 새로운 관점의 리더십에 대하여 살펴보기로 하자. 이러한 개발 이론에는 카리스마적 리더십, 변혁적 리더십, 포스트 영웅 리더십이 포함된다.

1) 카리스마적 리더십

카리스마의 사전적인 의미는 예언이나 기적을 나타낼 수 있는 초능력이나 절대적인 권위를 의미한다. 최초의 연구자인 하우스(House)는 **카리스마적 리더**(charismatic leaders)란 "개인적 능력으로 부하들에게 특별한 영향력을 미칠 수 있는 리더"라고 정의하였다.

카리스마적 리더는 부하들이 리더가 남다른 능력이 있다는 사실을 인정할 수 있도록 이미지 관리(Image making)를 잘 해야 하는데, 이것은 부하들의 동기부여를 위한 기본 조건이다. 이미지 관리를 위하여 리더는 4가지 행동을 하여야 한다고 제시하고 있다.(House 이론 1977).

첫째, 부하들의 가치나 이상에 부합하는 호소력 있는 비전을 제시하고, 집단의 업무에 대한 확실한 의미를 부여하여 부하들의 열정을 고취시킨다.

둘째, 부하들이 모방할 수 있게 행동 모델(behavior modeling)을 제시한다. 부하들이 리더를 인정하고 존경하게 되며, 리더의 신념과 가치를 모방하게 된다.

셋째, 부하들의 업무 수행에 대한 높은 기대를 가지고 의사소통하는 동시에 부하들에 대한 자신감을 표현한다. 존경받는 리더가 자신감을 표현하는 것은 부하들의 자존심과 성공 가능성에 대한 신념을 연결시켜 더 높은 목표를 달성하도록 만든다.

넷째로, 집단 업무와 관련된 동기들을 고양시키는 방향으로 행동해야 한다. 즉 과업에 따라 적절한 동기부여 방법을 개발하고 적용할 수 있어야 한다.

도전적인 과제는 성취동기를 고양시켜야 하고, 영향력과 관련된 과제는 권력동기를 고양시켜야 하며, 협동과 상호 지지가 필요한 과제는 친애동기를 고양시켜야 하고, 충성심, 최선을 나하자, 경쟁자를 물리치자 등과 같이 가치에 기반을 둔 과제는 감정적 동기를 고양시키는 것이 필요하다.

하우스의 이론을 확대하여 바스(Bass, 1985)는 또 다른 이론을 제시하였다.

첫째, 카리스마적인 리더는 단순히 자신의 신념을 확신할 뿐만 아니라, 스스로를 초자연적인 속성을 지닌 존재로 파악한다(내 사전에는 불가능이 없다, 나폴레옹).

둘째, 부하들은 리더를 단순히 신뢰하고 존경할 뿐 아니라 리더를 초인간적인 영웅이나 영적인 존재로서 숭배하고 이상화시킨다(장기집권 독재자들).

셋째, 카리스마적인 리더는 부하들의 정신적 역동기제(투사, 억압, 퇴행 등)에 촉매작용의 역할을 한다. 또한 개인적인 정신 역동기제는 집단과정을 통하여 확대된다(사이비교주들).

넷째, 카리스마적인 리더는 부하들이 공통의 관념들(규범, 신념, 환상)을 갖게 하는 감정적, 이상적인 호소를 통하여 영향력을 발휘한다(세계를 게르만 민족의 발 아래, 히틀러).

결론적으로 카리스마적인 리더십은 리더의 능력과 자질에 대한 부하들의 지각 과정에 의해 결정되는 것으로 보고 있다. 즉, 부하들이 우리의 리더는 천부적으로 뛰어난 능력을 소유한 사람이라는 지각 정도에 따라 충성과 복종의 수준이 달라진다는 것이다. 기존의 리더십 이론이 리더 중심이거나 리더-부하와의 관계에서 리더의 역할에 초점을 두었던 것에서 부하에 초점을 두는 관점으로 변화하였으며 부하의 역할이 크게 강조된 것이다.

카리스마적인 리더는 조직이 어려운 상황에 처해 있을 때 부각되기 쉽다. 공식적인 권한이 심각한 위기를 극복하지 못하고 전통적인 가치와 신념이 의심받게 되는 상황에서 카리스마는 자라난다. 즉, 생존을 위해 몸부림치는 신생조직이나 실패를 거듭한 오래된 조직에서 자주 발생한다. 그러나 위기가 카리스마적 리더십의 필수적인 선행 조건이라는 것은 아직 불분명하다. 오늘날 카리스마의 의미는 특별히 타고난 재능을 의미하며 동시에 거부할 수 없는 막강한 영향력(추종, 열광, 신앙적 헌신, 충성)을 행사하는 것을 의미한다. 이러한 카리스마는 특별한 정치인, 종교 지도자, 영화배우, 팝스타, 운동선수 등에게 나타나고 있다.

카리스마적인 리더는 특히 불확실한 상황에서 기업의 재무성과를 개선하는 것으로 나타났다. 즉 불확실한 상황은 사람들이 환경이 변할 때 무엇을 해야 하는지를 이해하는데 어려움을 겪는 위험한 상황이다. 불확실성은 사람들에게 스트레스를 주며 조직은 카리스마적인 리더의 생각과 행동을 더 수용하게 된다.

우리나라와 같은 민주주의 국가에서 정치적으로 카리스마적 리더가 갖는 의미에 대하여 생각해 보자. 불안정한 감성에 치우친 추종자들로 인하여 독재자가 출현하여 민주주의를 파괴할 수 있는 위험성 때문에 카리스마적인 리더를 거부하는 측면과 우리사회가 당면한 갈등과 분열의 정치, 심화되는 경제적 양극화, 각계각층의 부정부패 등의 문제들 때문에 새로운 강력한 지도자(영웅)를 마음속에서 찾고 있는 양면성이 존재하는 것이 사실이다.

일반적으로 카리스마적인 리더를 영웅(위인)과 동일시하는 경향이 있다. 영웅은 태어나는가? 시대가 만드는가? 이러한 논쟁과 더불어 영웅에 대한 맹목적인 숭배와 절대적인 복종을 연상하게 되고, 영웅을 만들기 위한 거대한 조작의 역사를 기억하기 때문에 오늘날 영웅에 대한 부정적인 시각이 많다. 역사적으로 기록된 영웅의 조건을 살펴보자. 독일 철학자 니체는 저서 『권력 의지』에서 초인과 범인으로 구분하여 "초인은 의지가 있는 사람이고, 범인은 무의지의 사람이다"라고 규정하였다. 즉, 초인과 범인은 상반된 속성을 가지고 있는 존재이다. 의지의 초인(영웅)이 깃발을 흔들면 무의지의 범인(대중)은 동화 속의 피리 부는 사나이를 따라나선 수천 마리의 쥐처럼 우르르 몰려간다.

한편, 『영웅 숭배론』의 저자 칼라일은 영웅과 추종자를 상반된 속성을 가진 것으로 보지 않고 같은 속성을 지닌 사람으로 표현하고 있다. 영웅은 진정성을 가진 위인으로 그 영웅을 알아보고 추대하려면 추종자 역시 진정성을 가진 사람이어야 한다고 말한다. 물론 영웅은 추종자에 비해 진정성의 빛이 더욱 뜨겁고 강열하다. 그러나 추종자의 내면에도 영웅과 같은 진정성이 있기에 동질감을 느끼고 지지하고 따른다. 영웅이 광명의 원천임에는 틀림없으나 빛을 받아들이는 것은 추종자의 마음에 달려 있다. 작은 영웅들로 가득한 세상이라야 진정한 영웅의 출현이 가능하다. 작은 영웅, 추종자는 오늘날 민주국가에서 자율적 인격을 지닌 성숙한 시민이다. 칼라일에 따르면 추종자가 영웅에게서 느끼는 감정은 진정성에 대한 찬탄과 감동이다.

진정한 카리스마적 리더십은 무엇일까? 화성을 탐사하고 인간 유전자를 해독하는 과학의 발전과 개개인의 인권과 자유 그리고 평등의 개념이 보편화되고 마음을 넘어 영혼의 감동을 추구하는 21세기에 우리는 살고 있다. 아무리 뛰어난 사람도 모든 분야에서 다른 사람보다 탁월한 전문적인 지식과 능력을 다 갖추었다고 생각하는 사람은 아무도 없다. 카리스마가 강력한 영향력을 행사하는 힘(power)이라는 사실은 확실하지만 그 힘의 원천에 대해서는 잘못된 생각을 하는 사람들이 많다. 강력한 힘(권위)을 바탕으로 업적을 만들어내고 숭배에 가까운 충성과 복종심을 이끌어 낼 수 있다면 카리스마가 있는 지도자라고 평가하는 경향이 있다. 그러나 위험한 생각이다.

진정한 카리스마적 리더는 다른 모든 사람들이 표현할 수 있을 것 같지만 하지 못하여 애태우던 것을 표현해 주는 사람이다. 다른 모든 사람들이 고치고 바꾸어야 한다고 가슴 속에서 외치는 함성이 있지만 힘이 없어 하지 못하는 일들을 과감하게 고치고 바꾸어 나가는 사람이다. 다른 모든 사람들이 마음속에 꿈꾸고 있는 이상향을 향하여 한 걸음이라도 나아 갈 수 있도록 만드는 사람이다. 다시 말해서 카리스마적 리더는 대중의 내면에 감추어진 욕구와 시대정신을 읽어 낼 줄 아는 사람이고, 바람직한 방향으로 변화를 이끌 수 있는 의지와 능력을 가진 사람이다.

2) 변혁적 리더십

변혁적 리더십이론(transformational leadership theory)은 지도자가 부하들에게 기대되는 비전(vision)을 제시하고 그 비전 달성을 위해 함께 힘쓸 것을 호소하여 부하들의 가치관과 태도의 변화를 통해 성과를 이끌어내려는 지도력에 관한 이론이다. 변혁적 리더십이론은 종래의 모든 리더십 이론을 **거래적 리더십이론**(transactional leadership theory)이라고 비판하면서 등장한 이론이다. 지도자가 제시한 조직목표를 구성원들이 성취하면 그것에 따른 보상(award)을 주는 목표달성과 보상을 서로 거래(교환)하는 현상을 리더십으로 보는 입장이 거래적 리더십이론이다. 거래적 리더십은 집단주의자보다 개인주의자에게 더 효과적인 방법이다. 그러나 변혁적 리더십 이론은 리더가 부하들에게 장기적 비전을 제시하고 그 비전을 향해 매진하도록 부하들로 하여금 자신이 정서 · 가치관 · 행동규범(→ 행위규범) 등을 바꾸어 목표달성을 위한 성취의지와 자신감을 고취시키는 과정으로 보는 입장이다.

변혁적 리더십 이론은 번스(T. Burns)에 의해 1978년 처음 제기되고 바스(B.M Bass)에 의해 정립된 새로운 리더십 이론이다. 번스는 변혁적 리더십을 “리더와 부하가 상호간에 더 높은 도덕적 동기적 수준을 갖도록 만드는 과정이다."라고 정의하고 있다. 따라서 리더는 과거의 경우처럼 두려움 · 증오 · 탐욕 · 질투 등과 같은 하등수준의 감정을 이용하는 것이 아니라, 자유 · 정의 · 평등 · 평화 · 박애 등과 같은 고차원적인 이상과 도덕적 가치에 호소함으로서 부하들로 하여금 스스로 의식을 변혁시키고 조직의 목표를 향해 매진케 한다는 것이다.

이상과 같은 번스의 이론과 카리스마적 리더십 이론을 종합하여 바스는 1985년에 새로운 변혁적 리더십이론을 정립하여 내어놓았다. 바스에 따르면 부하들로 하여금 개인적 이해관계를 넘어 기대 이상의 성과를 올리도록 높은 수준의 욕구를 충족시키며, 업무성과 중요성 및 가치를 인식케 함으로서 부하에게 동기부여하는 영향력 행사가 리더십이라는 것이다.

변혁적 리더는 3가지 주요한 방법으로 흥미를 유발시킨다. 첫째, 그들은 카리스마적으로 흥미를 유발시킨다. 둘째, 그들은 그들의 추종자에게 개인적인 관심을 주어 흥미를 유발시킨다. 변혁적 리더는 사람들에게 도전 과업을 이야하고, 의사소통의 길을 열어놓고, 추종자들을 개발하기 위해 1대1 멘토링을 제공한다. 그들은 모든 사람들을 동일하게 취급하지 않는다.

셋째, 변혁적 리더는 지적으로 자극(intellectually stimulating)을 준다. 그들은 그들의 추종자들로 하여금 문제에 대한 의식과 잠재적인 해법이 발생하게 한다. 그들은 조직의 기회, 위협, 강점과 약점을 분명히 표현한다. 그들은 상상력과 통찰력이 생기는 것을 진작시킨다. 그러므로 문제가 인식되고 높은 품질의 해법이 식별되어 추종자의 투철한 사명감으로 실행된다.

적어도 네 가지 기술 혹은 전략이 변혁적 리더십에 기여한다. 첫째, 변혁적 리더는 (사람들의 주목을 끌 수 있는 목표, 의제 혹은 결과 지향적)비전을 가져야 한다(have a vision). 둘째, 그들은 말, 행동, 혹은 부호로 그들의 비전과 의사소통하고 (communicate their vision), 궁극적인 목표를 불러오게 하는 심상과 관련시켜야 한다. 셋째, 변혁적 리더는 일관되고 신뢰할 수 있게 끊임없이 신뢰를 구축한다(build trust). 그들은 방향을 선택하여 거기에 머물고, 따라서 진실성을 보여 그들의 처지를 분명히 한다. 마지막으로, 그들은 긍정적인 자존감을 갖는다(positive self-regard). 그들은 자만하거나 현실에 안주하지 않으며, 오히려 개인적인 강점을 인식하고 약점을 보완하며, 재능을 육성하고 지속적으로 개발하며, 실패로부터 배우는 방법을 안다. 그들은 실패를 피하려고 하기보다는 오히려 성공을 얻으려 노력한다.

변혁적인 리더십은 산업계뿐만 아니라 군이나 정계에서도 관찰되고 있다. 변혁적인 리더의 예로는 헨리 포드(Henry Ford), 아이아코카(Lee Iacocca), 얀 칼슨(Jan Carlzon)

등을 들 수 있다. 카리스마적 리더십에서 학습한 바와 같이, 추종자 만족과 성과에 대한 변혁적 리더십과 그 영향은 이집트, 중국, 영국 및 일본과 같은 나라를 포함한 전 세계에서 보여주고 있다.

중요한 점은 변혁적 리더십이 대통령과 최고경영자 등의 배타적인 영역이 아니라는 것이다. 중간 관리자들도 변혁적 리더십을 자극하기 위한 프로그램을 개발하여 훈련할 수 있다. 훈련에는 사업 환경 변화, 기업 전략, 변화 필요성에 대한 토론과 개인적인 반영 등의 분석이 포함된다. 훈련에 참여한 관리자가 조직 혹은 작업 단위에 상당한 수준의 변혁적인 변화를 가져오는 것을 알 수 있다.

3) 고전적인 영웅이 사라진 이후의 21세기 리더십(post-heroic leadership)

리더에 대한 일반적인 견해는 그들이 영웅이라는 점이다. 경이로운 재능으로 그들은 어려운 시기에 앞으로 나아가고 곤경을 면하게 한다. 그러나 이와 같이 복잡한 시기에 위대한 최고경영자가 그들 스스로 모든 문제를 해결할 수 있다고 가정하는 것은 어리석은 일이다.

효과적인 리더십은 조직에 스며들어야 하며, 한 두 사람의 초인에 의지해서는 안 된다. 리더의 과업은 기업 전반에 걸쳐 리더십 능력이 확산되도록 하는 것이다. 사람들이 그들 고유의 성과에 책임을 지게 해야 한다. 개인이 해야 할 일이 무엇인가를 생각해낼 수 있으며, 이를 잘 수행할 수 있는 환경을 만들어야 한다. 방향을 정하고 사람들이 성공할 수 있도록 경로를 분명하게 해야 한다. 그들이 비축한 신용을 그들에게 주어 그들로부터 영웅을 몰아내야 한다.

따라서 리더가 현재 필요한 것은 효율적인 자원 관리이며, 지적자본과 인적자원을 효과적으로 촉발시켜야 한다. "당신은 당신 조직의 모든 두뇌와 재능을 활용해야 한다(capitalize on all the brain and talent in your organization)".

21세기 영웅 리더십을 전형적으로 보여주는 핵심 역할은

1. 동기부여하고 격려하는 데 비전을 사용한다. 미래의 글로벌 리더에게 이것이 가장 중요한 기술이라고 할 수 있다.
2. 모든 수준이 종업원에게 권리를 부여한다. 대부분의 사람들은 그들의 지식을 확대하기를 원하며 그들의 조직에 관여하고 있다고 느끼며 조직의 성공에 기여하고 있다고 믿는다.
3. 내부 지식을 축적하고 공유한다. 이를 통해 계층적 상태 차이를 해소하고 글로벌 통

신 네트워크를 구축할 수 있다.

4. 현재의 상황에 도전하고 창의성을 가능하게 한다. 리더는 관리자들에게 새로운 것들을 시도하고 서비스 우수성을 추구할 때 지능적인 실패에 대해 걱정하지 말라고 해야 한다. 혁신과 창의성을 통해 가장 잘 대처할 수 있는 기회들이 넘쳐나고 있다.

훌륭한 지도자가 되려면 당신의 부서를 위해 위대함에 대한 비전을 만들 용기가 필요하 다. 건설적인 변화를 만들어내기 위해 기업의 좋은 점뿐만 아니라 합당한 위험도 기꺼이 받아들여야 한다. 특히, 비전을 충족하기 위해서는 몇 가지 용기 있는 행동이 필요하다. (1)사물을 있는 그대로 정면으로 응시하며, 변명을 하지 않으며, 환상에 사로잡히지 않아야 한다. (2)듣고자 하는 사람에게 말해야 할 것이 무엇인지를 말해야 한다. (3)저항, 비판, 비난, 저지에도 불구하고 끈질기게 주장해야 한다. '용기'는 현실을 직시하여 설명하고, 도움을 주기 위해 당신이 해야 할 일이 무엇이며, 타인으로부터 당신이 얻고자 하는 것이 무엇인지를 공적으로 말하는 것이 포함된다. 정직해야 한다.

9.7 리더십 기술 개발

다른 일과 마찬가지로 리더십 기술을 개발하기 위해서는 열심히 노력해야 한다. 위대한 음악가와 위대한 운동선수는 선천적인 소질(자연의 선물)로만 되는 것이 아니다. 그들은 수많은 훈련, 학습, 고통의 대가를 지불하고 있다. 다양한 분야에서 최상의 리더가 될 수 있도록 가능한 노력을 다해야 한다.

- 존경하는 상관의 방법과 기술을 관찰한다.
- 위험을 무릅쓰고, 노력하고, 실수로부터 배운다.
- 위대한 지도자의 전기를 읽고 그들이 어떻게 생각했는지를 이해한다.
- 많은 연습을 통해 익힌다.
- 스스로 실수를 해보고 다른 방법을 시도해 본다.
- 그 일이 이루어지도록 의도적으로 타인과 관계를 맺는다.
- 다른 사람들이 중시하는 책임 있는 지위에 오른다.

리더십 능력을 개발하기 위해서 먼저 잠재적인 당신의 고용주(상관)에 대하여 생각해 보자. 리더십 기술을 어떻게 개발했는지를 살펴보아야 한다. 최상의 관행으로는 사람들을 개발하는 데 임원급 수준의 긴밀한 관심을 기울여야 하며, 전도유망한 능력을 펼칠 수 있도록 적절한 배치를 해야 하며, 개인적인 개발 계획을 수립하고, 다면(multirater) 피드백을 제공하는 것 등을 포함한다. 리더십 개발에 최선을 다하는 기업의 예로 존슨 앤 존슨, 휴렛팩커드, GE, 세계은행(World Bank) 등을 들 수 있다.

더 일반적으로는 요령을 피우는 것에서 벗어나야 한다. 즉, 손쉬운 것을 추구하지 않아야 하며 도전적이지 않은 상황에 안주하지 않고 적응과 도전이 필요한 상황에 직면해야 한다. 이것이 리더십 기술을 배우는 가장 좋은 방법이며 위대한 경영자를 배우는 방법이다.

보다 구체적으로는 다음과 같은 몇 가지 개발 경험을 추구할 수 있다.

- 과제: 무에서 유를 창조해야 한다. 국제적 연구 과제를 수락해야 한다. 프로젝트 혹은 태스크포스 책임을 담당해야 한다.
- 타인: 긍정적인 역할 모델을 해야 한다. 타인과 폭넓은 관계를 가져야 한다. 다양한 배경을 가진 사람과 작업해야 한다.
- 어려움: 실패한 계획과 거래를 극복해야 한다. 타인의 성과문제에 맞서고 판에 박힌 직장생활에서 벗어나야 한다.
- 다른 사건: 공식 과정을 이수하고, 직무 경험에 도전하고, 타인을 감독하고, 외부 작업에서 경험을 얻는다.

이러한 경험들은 당신이 효과적인 리더로 발전한다는 것을 보증해주지 않는다. 그러나 이러한 경험들이 없으면 당신의 발전은 확실히 제약을 받게 될 것이다. 이러한 경험을 찾고, 실수를 예견하고, 자책하지 않고, 당신의 경험으로부터 배우는 시간을 가져야 한다.

토의 문제 및 활동

1. 효과적인 관리와 효과적인 리더십의 차이점을 당신의 관점에서 기술하고 타인의 견해로부터 학습하라.

2. 효과적인 리더라고 생각하는 사람을 식별하고 이 사람을 효과적으로 생각할 수 있게 하는 특유의 자질과 기술을 기술하라.

3. 대부분의 관리자가 변혁적 리더가 될 수 있거나 없다고 생각하는 이유를 말하라.

4. 여성과 남성의 리더십 스타일이 다르다고 생각하는가? 그러할 경우에 어떻게 다른가? 남성과 여성은 그들의 상관으로 다른 스타일을 선호하는가? 당신의 답변에 대한 근거를 말하라.

5. 당신이 존경하는 영웅은 누구인가? 몇몇 전통적인 영웅과 포스트 영웅을 식별하여 그들을 영웅으로 만든 점이 무엇이며 그들로부터 당신은 무엇을 배울 수 있는가를 말해보라.

6. 이 장에서 학습한 내용에 기초하여 당신 자신을 리더로서 평가하여라. 당신의 강점과 약점은 무엇인가?

7. 당신의 능력을 강화시킬 수 있는 개발적 경험(developmental experience)을 식별하라. 그러한 경험으로부터 당신은 무엇을 배울 것인가? 또한 당신이 획득할 필요가 있는 몇 가지 개발적 경험을 식별하라. 브룸 모델을 사용하여 의사결정을 하는 데 사용될 방법을 결정해보라.

8. 당신 과거의 조직 생활을 생각해 볼 때 당신의 상관은 당신을 어떻게 관리했는지 생각해보라. 그 상관을 리더로서 어떻게 기술할 수 있겠는가?

9. 리더가 된다는 것이 의미하는 바를 말하라.

10. 당신이 더 좋은 리더가 될 수 있게 하기 위해서 취해야 할 행동을 기술하라.

11. 뛰어난 지도자는 좋은 전략적 실체와 효과적인 대인과정을 결합하여 결과와 지속가능한 장점을 만들어내는 전략을 수립하고 실행하는 사람이다. 이를 위해 당신이 준비해야 할 조건과 과제를 기술하라.

12. 당신에게 적합한 리더십은 과업 성과형인가? 그룹 유지형인가? 그 이유를 말하여라.

13. 21세기 격변의 시대에 적합한 현대적 관점의 리더십 핵심 역할을 말하라.

14. 리더십 스타일에 대한 학생들의 견해를 묻는 조사를 위해 필요한 설문지를 작성해보라.

15. 다른 사람들이 관련될 수 있는 당신이 직면한 몇 가지 결정을 생각해 보아라. Vroom 모델을 사용하여 의사결정에 어떤 방식을 사용할지를 결정하여라.

10 Chapter 업무수행 동기부여

개요 및 학습목표

어떻게 "경영자(관리자)는 사람들이 열심히 일하고, 그들이 최상의 수준에서 업무를 수행하도록 동기를 부여할 수 있는가?" 이 질문에 대한 해법은 다양할 수 있다. 종업원의 업무수행 성과는 단순히 개인의 능력뿐만 아니라 개인의 자발적 의욕에 의해서 좌우되는데, 주어진 능력 범위에서 조직성과를 높이기 위해서는 개인의 업무수행에 대한 자발적 의욕을 촉진시키는 것이 중요하다. 여기에서 자발적 의욕이 바로 동기부여인데, 이러한 동기부여를 유발시키는 요인이 무엇이고 이러한 동기부여 과정은 어떠한 경로를 갖는가에 대한 분석은 관리의 성과를 제고시키는 전제가 될 수 있다.

이 장을 학습한 후에 여러분은 사람을 동기 부여하는데 필요한 경영자(관리자)의 행동유형을 알게 될 것이다. 도전적이고 동기 부여되는 목표를 설정하는 방법을 이해하게 될 것이다. 좋은 성과에 대한 보상을 어떻게 할 것인지를 알게 될 것이다. 또한 사람들의 동기부여에 영향을 미치는 핵심 신념과 사람들의 개별적인 욕구가 그들의 행동에 영향을 미치는 방식을 이해하게 될 것이다. 또한 동기부여되고 권한을 위임하는 방법을 이해하게 될 것이다. 특히 사람들이 공정을 평가하고 공정을 달성하는 방법을 알게 될 것이며, 만족스러운 노동력의 원인과 결과를 이해하게 될 것이다.

10.1 업무수행 동기부여

왜 사람들이 그들의 일터에서 과업을 수행하는지를 이해하는 것은 경영자(관리자)에게 쉬운 일이 아니다. 경영진의 최신 생산성 프로그램에 대한 구성원들의 반응을 예측하는 것은 더 어렵다. 다행히도 사려 깊은 경영자(관리자)에게 사람들의 노력과 역량을 증진시키기 위한 실질적이고 효과적인 기법을 제공하는 동기부여에 관해서는 충분히 알려져 있다.

동기부여(motivation)는 사람들의 노력을 격려하고 지시하고 유지하게 하는 힘을 말한다. 자기도 모르게 행하는 반사작용을 제외한 모든 행동은 동기부여에 의해 이루어진다. 고도로 동기부여된 사람은 성과 목표를 달성하기 위해 열심히 노력하게 된다. 과업에 대한 적절한 능력과 이해가 있으면 그러한 사람은 생산성이 대단히 높게 된다.

효과적인 동기부여자가 되기 위해 경영자(관리자)는 사람들을 동기부여하는 행동이 무엇인가를 알아야 한다. 생산성이 높은 경영자(관리자)는 외견상 매우 많은 양의 일을 하는 것처럼 보이지만, 일반적으로는 대부분 다음 다섯 가지 주요한 행동으로 분류할 수 있다. 경영자(관리자)는 구성원들을 (1)조직에 참여시켜 (2)조직에 남아있게 하고 (3)정규적으로 일을 할 수 있게 동기부여해야 한다. 이러한 관점에서 "충성심을 가져야 한다."라거나 "매력적인 환경을 조성하도록 해야 한다.", "사람들을 격려하여 조직에 헌신하도록 해야 한다."와 같은 일반적인 관점을 피해야 한다. 경영자(관리자)는 또한 (4)구성원들의 과업수행을 요구한다. 마지막으로 관리자는 (5)구성원들의 **조직시민행동**(Organizational Citizenship Behavior, OCB)을 요구한다. 조직시민행동이란 직무범위를 넘어서 기업을 도울 수 있는 추가적인 일을 수행하는 헌신적이고 만족스러운 직원 행동을 말한다. 조직시민행동의 중요성은 생산성과 관련해 불명확하지만 조직 기능을 순조롭게 하는 것을 돕고 또한 경영자(관리자)의 일상을 용이하게 해준다.

경영자(관리자)가 구성원들을 어떻게 이러한 건설적인 행동에 참여하도록 동기부여할 것인가에 대한 여러 이론들이 제시되었다. 다음 절에서는 이들 생각들 중 가장 유용한 것을 기술한다. 먼저 모든 사람들을 동기부여하는 데 영향을 주는 가장 기본적인 과정–목표설정이론, 강화이론, 기대이론–으로부터 출발하며 이들 과정은 경영자(관리자)가 취해야 할 기본적이고 강력한 행동이라는 것을 시사하고 있다. 이어서 구성원들이 과업으로부터 원하는 것이 무엇이며, 구성원들이 서로 어떻게 다르며, 동기부여하는 과업의 설계에 따른 구성원들 각자의 욕구를 어떻게 이해하는가, 최상의 수준으로 사람들이 일을 수행할 수 있도록 힘을 북돋우는 것들에 대하여 살펴본다. 마지막으로 구성원들이 과업을 수행할 수 있도록 환기시켜 목표를 달성하게 하는 공정성에 관한 가장 중요한 믿음과 인식에 대하여 논의한다.

10.2 목표설정이론

사람들에게 일과 관련된 목표를 부여하는 것이 동기부여를 자극하는 가장 효과적인 방법이다. 사실 이것은 아마도 사람들의 성과에 동기부여하는 가장 중요하고 유효하고 유용한 단일 접근 방법이다. 그러므로 이것부터 먼저 살펴보기로 하자.

목표설정이론(goal-setting theory)에서 사람들은 그들을 격려하고, 그들의 생각과 활동을 특정한 결과가 되도록 지시하는 의식적인 목표를 가지고 있다고 기술하고 있다. 목표가 중요하다는 원칙하에 관리자는 직원의 목표를 설정한다. 예를 들어 케이블 TV 회사는 신규 가입자의 수를 증가시키거나, 프리미엄 채널을 결재하는 기존 회원의 수를 증가시키거나, 고객의 문의에 끊임없이 응답하는 회원의 수를 증가시키기 위한 목표를 설정한다.

1) 동기를 부여하는 목표

어떤 유형의 목표가 사람들을 가장 효과적으로 동기를 부여하는가? 경영자(관리자)는 자기에게 보고하는 사람들을 동기를 부여할 수 있는 목표를 어떻게 설정하는가?

첫째, 목표는 종업원이 수용할 수 있어야 한다. 이 말은 다른 무엇보다도 사람들의 개인적인 가치와 충돌하지 않아야 하며, 사람들이 목표를 추구할 이유를 주어야 한다. 사람들이 그들의 작업 목표를 설정하는 데 참여하도록 하는 것은 사람들이 기꺼이 수용하고 추구하는 목표를 만드는 가장 좋은 방법이다.

둘째, 수용가능하며, 최대로 동기 부여되는 목표는 도전적이지만 달성할 수 있다(challenging but attainable). 다시 말하여 그들은 더 좋은 성과를 얻을 수 있다고 충분히 고무되지만, 그 목표가 결코 도달할 수 없을 만큼 그렇게 높지는 않다는 것이다.

셋째, 목표는 구체적이고 정량적이고 측정 가능해야 한다. 이상적인 목표는 직원들이 단지 성과를 개선하라고 촉구하는 것이 아니라, 그들이 최선을 다해 시작하면 생산성이 증가한다거나 고객이 서비스를 받기 위해 기다리는 시간을 줄여주는 것이다. 목표는 24시간 이내에 배송되는 캐터필러 트랙터의 보증 부품과 비슷해야 한다. 그러한 마감일자와 측정가능한 성과 목표가 종업원이 달성하는 데 동기 부여되는 구체적이고 정량적인 목표이다.

2) 목표설정의 한계

목표설정은 매우 강력한 관리기법이다. 그러나 다른 모든 것과 마찬가지로, 구체적이고 도전적이며 달성 가능한 목표조차도 어떤 조건에서는 다른 것보다 더 잘 적용된다. 사람들이 집단으로 일하면 개인 성과 목표는 제대로 기능하지 못할 수 있으며 팀 구성원과의 협력이 팀 성과에서 긴요하다. 개인적인 목표는 경쟁을 야기하고 협력을 감소시킬 수 있다. 협력이 중요하면 성과 목표는 팀이 달성할 수 있도록 해야 한다.

다른 중요한 성과 차원이 존재할 경우에는 단일 생산성 목표를 설정하지 않는 것이 중요하다. 예를 들어, 생산성 목표는 생산성을 증진시킬 수 있지만, 한편으로는 새로운 프로젝트와 씨름하거나 종업원들이 과업과 관련된 문제에 대해 창조적인 해법을 개발하는 것과 같은 다른 일을 등한시할 수 있다. 창조성에 대해 동기 부여하고자 하는 관리자는 생산성 목표와 함께 창조성 목표를 설정해야 한다. 품질에 대한 명성있는 **볼트리지 상**조차도 회사가 사업 성공의 다른 핵심 요소를 희생하고 이 상을 수상하는데만 전념할 정도로 열성적인 추구를 불러일으켰다는 비난을 받고 있다.

10.3 성과 강화

목표는 만능의 동기부여자이다. 그러므로 이 절에서는 강화이론에 대하여 논의하기로 한다. 1911년에 심리학자 손다이크(Edward Lee Thorndike)는 효과의 법칙(law of effect)을 체계화했다. 긍정적인 결과가 뒤따르는 행동은 아마도 반복될 것이다. 이 강력한 행동 법칙은 행동을 동기 부여하는 강화인자(reinforcer)라고 불리는 긍정적인 결과의 효과에 대한 수 많은 조사를 위한 토대를 만들었다.

효과의 법칙(law of effect)은 어떤 행동의 강도(빈도, 지속 기간 등)는 과거에 그 행동이 초래했던 결과에 의해 좌우된다는 것이다. 즉, 그 결과가 긍정적이면 행동의 강도가 증가하고 그 결과가 부정적이면 행동의 강도가 감소하게 된다. 어떤 행동의 강도는 그것이 과거 환경에 미친 효과에 좌우되기 때문에 효과의 법칙이라고 부른다. 이 법칙에 함축되어 있는 개념은 조작적 학습이 능동적인 과정이라는 것이다. 왜냐하면 그 효과를 직접적으로든 간접적으로든 만들어 내는 것은 대개 유기체의 행동이기 때문이다.

조직행동 수정이론(organization behavior modification)에서는 작업 조건과 사람들의 행동 결과를 체계적으로 관리하여 사람들의 행동에 영향을 주고, 성과를 개선하려고 시도하였다.

다음과 같은 네 가지 핵심 행동 결과는 사람들의 행동을 격려하거나 낙담시킨다(그림 10.1).

1. 적극(긍정)적인 강화

어떤 반응에 대해 즐거움을 줌으로써 행동을 촉진하는 것을 말한다. **적극(긍정)적인 강화**(positive reinforcement)의 예로는 칭찬, 표창장, 유리한 능률 평가, 봉급 인상 등이 포함된다. 잘한 일에 대한 인정을 포함한 피드백과 사회적인 강화는 일시적인 강화인자만큼 강력하다는 점을 명심해야 한다.

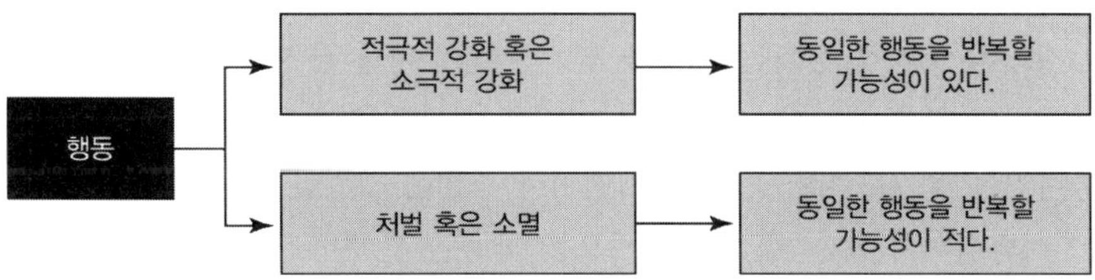

그림 10.1 행동 결과

2. 소극(부정)적인 강화

소극(부정)적인 강화(negative reinforcement)는 바람직하지 않은 결과를 제거하거나 보류하는 것이다. 즉 어떤 반응에 대해 불쾌함을 제거하여 그 행동을 촉진시켜 주는 것을 말한다. 예컨대 개선된 성과에 대한 보상으로 경영자(관리자)가 종업원에 대한 수습기간을 면제하거나 근무평정에 포함시키는 행위이다. 또는 정부기관 내에서의 능력, 가치관, 근무실적을 평정자가 체계적이고 정기적으로 평정하는 것을 말한다. 이 제도는 대우와 상벌의 불공평, 승진의 차별 등 부정적인 결과를 제거하여 행정능률을 향상시키는 데 힘쓴나는 섬에서 소극적 강화에 속한다고 볼 수 있다. 소극적인 강화는 사람들이 잘하고 처벌을 피할 때 발생한다.

3. 처벌

처벌(punishment)은 회피적인 결과를 관리하는 것이다. 예컨대 직원을 비판하거나 직원에게 고함을 치는 것, 급여를 주지 않고 직원을 집으로 돌려보내는 일, 매력 없는 과업을 시키는 것 등이 포함된다. 부정적인 강화는 처벌의 위험을 수반할 수 있지만, 직원이 일을 만족스럽게 수행할 때에는 이를 전달하지 않는다. 처벌은 회피적 결과를 실제로 전달하는 것이다. 경영자(관리자)는 구성원들이 처벌을 정당하게 받아들이거나 다른 사람들이 처벌을 예상하고 있다고 생각될 때 사용한다. 일반적으로 구성원들은 기업의 정책과 절차를 따르는 것에 관심이 있다.

4. 소멸

소멸(extinction)은 강화된 결과를 철회하거나 제공하지 않는 것을 말한다. 이러한 일이 발생할 때 동기부여는 줄어들고 행동이 약화되거나 사라진다. 구성원들이 잘한 일을 칭찬을 하지 않음으로써 결코 성과에 대한 성공을 경험하지 못하게 하거나, 우호적인 태도에 대한 고마움의 표시에 인색한 것, 불가능한 성과 목표를 설정하는 것 등이 이러한 소멸의 예에 해당된다.

적극적 강화와 소극적 강화는 그것을 받는 사람들에게 긍정적이다. 그 사람은 무엇을 얻거나 부정적인 것을 피한다. 그러므로 이러한 결과를 경험한 사람은 강화가 되는 방향으로 행동하려는 동기부여를 받는다. 처벌이나 소멸은 그것을 받는 사람들에게 부정적인 결과이다. 바람직하지 않은 결과를 가져오는 행동을 반복하려는 동기가 줄어들 것이다.

가끔 조직과 경영자(관리자)는 잘못된 행동을 강화한다. 관리자에게 부여된 스톡옵션(stock option)은 관리자가 실제 가치를 생산하는 대신에 주식 가격의 조작에 관여하는 부적절한 행동을 야기한다. 단기간의 성과에 기초하여 평가하는 기업은 의사결정에서도 단기 관점을 강화하는데, 이는 비용을 낭비하고 구성원들의 의욕을 꺾는 행동이다. 일정 정도를 벗어나 결근을 자주하는 직원을 처벌하는 프로그램은 실제로 그들의 결근을 조장할 수 있다. 직원들은 처벌을 받게 되는 시점에 도달할 때까지 허용된 결근일수를 모두 사용하는 등 근퇴를 규칙적으로 하지 않게 된다.

경영자(관리자)는 어떤 종류의 행동이 강화되고 어떤 행동이 의욕을 꺾는지를 판단해야 한다(표 10.1). 보상 시스템은 기업의 전략적 의지를 지원해야 하며, 전략 목표를 추구하는 관점에서 성과를 정의해야 한다. 자신을 개발하는 직원을 보상하는 것은 전략적으로 중요한 방법이다. 이는 핵심역량을 강화하고 가치를 창조하는 데 중요한 신기술을 구축하기 때문이다.

경영자(관리자)는 강화인자를 사용하는 데 창조적이어야 한다. 혁신적인 경영자(관리자)는 지적 도전, 더 큰 책임감, 자율, 인정, 선택적 복지, 결정에 대한 큰 영향 등과 같은 비금전적인 보상을 사용한다. 높은 성과를 내는 종업원에 대한 이러한 보상을 창조적으로 고안하여 적용하면 급여와 승진에 구애받지 않고 지속적으로 동기 부여될 수 있다.

표 10.1 가장 위대한 관리 원칙

수행한 일에 내해서 보상을 하는 것이 가장 위대한 경영 원칙일 수 있다. 효과적으로 높은 성과를 얻도록 동기부여하기 위해 회사, 그리고 경영자는 다음과 같은 일에 보상해야 한다.
1. 미봉책 대신 견고한 해법 제시
2. 위험 회피 대신에 위험 부담
3. 특별한 이유 없는 순응 대신에 창의성 적용
4. 분석에 의한 마비 대신에 결단력 있는 행동
5. 바쁘기만 하고 별로 쓸모없는 일 대신에 눈치 빠른 일
6. 불필요한 복잡함 대신에 단순함
7. 목소리 큰 사람 대신에 조용히 효과적인 행동을 하는 사람
8. 재빠른 작업 대신에 품질 작업 수행
9. 배신 대신에 충성하는 사람
10. 반대 대신에 협력하는 사람

10.4 성과와 관련된 믿음

어떤 목표의 가치를 믿고 과업이 그것을 달성하는 데 도움이 된다면 구성원들은 동기부여되어 그 목표를 성취하는 데 매진한다. 이 세상에서 행해지는 모든 일은 그 결과의 기대로부터 행해진다. 기대 이론은 사람들의 뇌리에서 일어나는 인지 과정 중 일부를 덧붙인다. 기대 이론에 따르면 사람들의 작업 노력은 어느 정도 성과를 이끌어낸다. 그리고 성과는 그 사람에게 하나 이상의 동기를 부여한다. 사람들은 이 세 가지 사건을 연결하는 두 가지 중요한 믿음을 개발한다. 즉, 노력과 성과를 연결하는 기대(expectancy)와 성과와 결과를 연결하는 수단(Instrumentality)이다.

1) 성과와 노력 연계

첫 번째 믿음은 **기대(expectancy)**로 사람들이 노력하여 성과 목표를 달성할 수 있을 것 같다고 느끼는 인식 가능성을 말한다. 기대는 높을 수 있거나 낮을 수 있다. 다른 모든 것이 동일할 때 높은 기대가 낮은 기대보다 높은 동기부여가 만들어진다. 심지어 동일한 상황에서도 기대는 개인마다 다를 수 있다.

기대이론(expectancy theory of motivation)이란 개인은 자신의 노력의 정도에 따른 결과를 기대하게 되는데 그 기대를 실현하기 위하여 어떤 행동을 결정한다는 동기이론이다. 브룸(Victor H. Vroom)은 종래의 내용이론이 동기의 복합적인 과정을 설명하기에는 부적절하다고 생각하여 그 대안으로 기대이론을 제안하였다. 기대이론에서 개인은 행동의 결과로 나타날 수 있는 성과에 대한 기대를 가지고 있으며, 사람마다 성과에 대한 선호는 다른 것으로 가정한다.

브룸의 기대이론은 **가치**(Valence), **수단**(Instrumentality), **기대**(Expectancy)의 세 요인으로 구성되며, 그 첫 글자를 따서 VIE모형이라고도 한다. 기대이론에 따르면 사람들이 조직 내에서 이루어지는 작업 노력은 어떤 성과를 가져올 것이라는 기대와, 그러한 성과가 보상을 가져다줄 것이라는 수단에 대한 기대감의 함수에 의해 결과가 결정된다(그림 10.2). 사람이 조직 내에서 어떠한 일을 수행할 것인가의 여부를 결정하는 데는 그 일이 가져다 줄 가치와 그 일을 함으로써 기대하는 가치가 달성될 가능성, 그리고 자신의 일처리 능력에 대한 평가가 복합적으로 작용한다는 것이다.

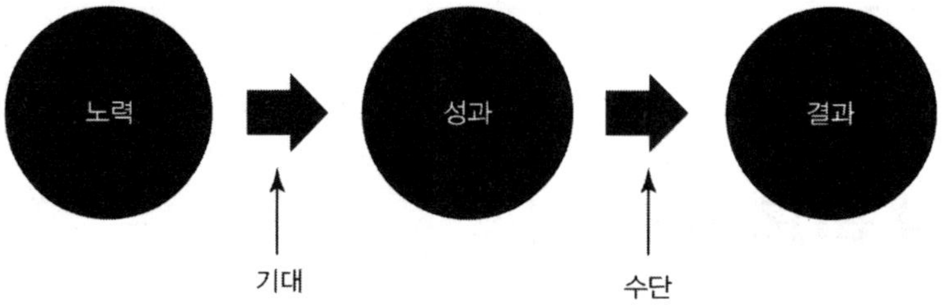

그림 10.2 기대이론의 기본 개념

2) 성과와 결과 연계

결과(outcome)는 자신의 성과에 대한 결과물이다. 예를 들어 최고의 영업 실적을 올리면 경쟁력 있는 승리, 성취감, 상사로부터 인정, 회사 전체의 명성, 다른 판매원의 분노로 이어질 수 있다. 그러나 성과가 이런 모든 결과를 가져올지 얼마나 확신할 수 있을까? 대회에서 우승하지 못하면 정말 분개하게 될까요? 정말 명성을 높일 수 있을까? 이 질문들은 기대이론으로 설명한 두 번째 핵심 신념을 다룬다. 수단은 특정 결과가 성과에 뒤따를 것으로 인지되는 가능성이다. 즉, **수단**(instrumentality)이란 제1의 성과와 제2의 결과 간의 관련성에 대한 지각 정도를 말한다. 즉, 제1의 성과 또는 과업의 수행은 제2의 성과인 보상을 획득하기 위한 수단의 역할을 한다는 것이다. 수단은 기대와 마찬가지로 높거나 낮을 수 있다. 제1의 성과가 제2의 성과를 가져오게 될 것이라는 확률치를 −1∼+1까지 나타낸다. 가치는 제2수준의 성과인 승진, 급여, 인정과 같은 보상에 대한 열망의 강도를 말하는데, 개인의 욕구에 따라 그 중요성과 가치가 달라진다. 어떤 결과를 얻는 것이 좋다고 생각할 때 +1에서 결과를 얻지 않는 것이 좋다고 생각할 때 −1까지 계량화한다.

또한 각 결과는 **가치**(valence)와 연관된다. 가치는 그것을 생각하는 사람에게 결과가 주는 가치이다. 가치는 제2수준의 성과인 승진, 급여, 인정과 같은 보상에 대한 열망의 강도를 말하는데, 개인의 욕구에 따라 그중요성과 가치가 달라진다. 가치는 기대 이론의 수학적 공식에서 긍정적이거나 부정적일 수 있다. 어떤 결과를 얻는 것이 좋다고 생각할 때 +1에서 결과를 얻지 않는 것이 좋다고 생각할 때 -1까지 계량화한다.

3) 동기에 대한 영향 및 기대 이론의 경영상의 시사점

동기부여가 높기 위해서는 모든 결과의 기대, 수단, 총 가치가 모두 높아야 한다. 다음과 같은 조건 중 하나에 해당하는 경우 사람들은 높게 동기 부여되지 않는다.

1. 높은 가치와 높은 수단이지만 낮은 기대
2. 높은 기대와 높은 수단이지만 낮은 가치
3. 높은 기대와 긍정적인 가치이지만 낮은 수단

4) 기대이론의 관리적인 시사점

기대이론은 경영자(관리자)가 구성원들을 동기 부여하는 핵심 영향력에 모든 관심을 집중시키도록 도와준다. 다음의 3가지 시사점이 중요하다.

1. 기대가 증진된다. 우수한 성과를 촉진하는 작업 환경을 제공하고 현실적으로 달성 가능한 성과 목표를 설정한다. 교육, 지원 및 격려를 제공하여 사람들이 기대 수준의 성과를 거둘 수 있다는 확신을 갖게 한다. 카리스마 있는 리더는 추종자들의 자신감을 높이는데 탁월하다.
2. 가치가 있는 결과를 긍정적으로 식별한다. 사람들이 일에서 얻고자 하는 것이 무엇인지 이해한다. 그들의 직업이 그들에게 무엇을 제공하고 무엇을 제공할 수 없는지를 생각해봐라. 사람들이 결과에 할당한 가지에서 어떻게 다를 수 있는지를 고려한다. 동기 부여할 수 있는 욕구 이론과 중요한 결과를 식별하는데 미치는 영향을 안다.
3. 성과가 긍정적인 결과에 중요하다. 좋은 성과에 이어 개인적인 인정과 칭찬, 호의적인 성과 평가, 임금 인상 및 기타 긍정적인 결과가 뒤따르도록 한다. 또한 열심히 일 하고 일을 잘하면 부정적인 결과가 적게 될 것이다. 상사가 보통 보상을 제공하

지만, 동료, 직접 보고서, 고객 등을 포함하여 다른 사람들도 보상을 제공한다는 것을 깨닫는 것도 유용하다.

10.5 사람의 욕구에 대한 이해

지금까지 우리는 근본적인 동기부여 과정에 초점을 맞추었다. 목표설정이론, 강화이론, 기대이론을 적절하게 적용하는 관리자는 작업 환경에서 핵심적인 동기부여 요소를 만들 수 있다. 그러나 사람의 특징 또한 동기부여에 영향을 미친다. 다음의 내용이론(content theory)은 만족을 원하는 사람의 유형을 나타낸다. 사람들은 저마다 다른 목표와 강화를 위해 격려되고 동기 부여되는 다른 욕구를 가지고 있다. 과업으로부터 느끼는 욕구충족의 크기와 방법의 정도가 과업에 대한 그의 행동에 영향을 끼친다.

동기부여의 내용이론은 어떠한 요인이 사람들의 행동에 활기를 주고, 방향을 정하여 나아가도록 하며 또 멈추게 하는가 하는 데 초점을 맞추고, 사람들에게 동기 부여하는 구체적인 욕구를 밝히려는 데 목적을 두고 있다. 과학적 관리에서 종업원들에게 동기 부여할 수 있는 것을 금전이라고 생각했고, 인간관계론에서는 작업조건, 안전 및 민주적 리더십이 동기유발의 요인이 된다고 가정하였다. 행동과학을 통해 동기유발의 복잡성을 인식하게 되면서 동기유발의 요인이 욕구라고 진단하고 그 구체적인 욕구들을 파악하는 데 진력하였다.

이와 같이 사람의 욕구를 기술하는 데 가장 중요한 내용 이론이 마슬로우(Maslow)의

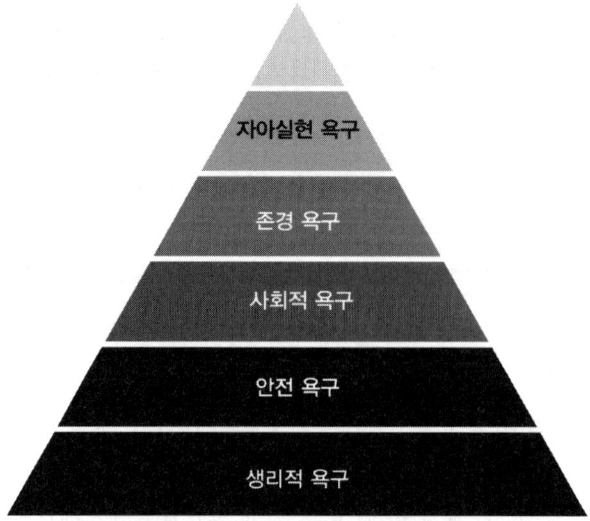

그림 10.3 Maslow의 욕구 계층

욕구 계층, ERG, 맥클랜드(McClelland)의 욕구이론이다.

1) 마슬로우의 욕구 계층

마슬로우(Maslow)는 그림 10.3에서 보는 바와 같이 사람에게 동기를 부여할 수 있는 주요 5가지 유형의 욕구가 계층을 형성하고 있는 것으로 파악하였다. **욕구 계층(need hierarchy)**은 특정한 순서로 사람의 욕구가 만족되는 마슬로우의 개념을 예시하고 있다. 마슬로우는 사람의 욕구를 그 중요도 또는 강도에 따라

1. 생리적 욕구: 음식, 의복, 거처에 대한 욕구
2. 안전 욕구: 위험이나 위협 또는 박탈감에 대해 보호받고자 하는 욕구
3. 사회적 욕구: 소속감, 연합, 사랑, 우정, 친화와 같은 대인관계적 욕구
4. 존경 및 명예 욕구: 독립, 위업, 자유, 상태, 인식, 직위 명칭, 실적에 따른 임금인상, 직무 자체, 상사로부터 인정받는 욕구
5. 자아실현 욕구: 자신이 가지고 있는 잠재력을 실현시키고, 계속적으로 자기발전을 꾀하고자 하는 욕구

로 나누고 있다.

마슬로우에 따르면 사람들은 높은 단계의 욕구를 만족하려고 노력하기 전에 아래 단계의 욕구를 만족시키기 위해 동기 부여된다. 또한 한 욕구를 만족하면 더 이상 강력하게 동기 부여되지 않는다. 생리적 욕구 및 안전 욕구를 어느 정도 만족한 후에는 더 높은 수준의 욕구가 우세한 관심사가 된다.

그러나 마슬로우의 욕구 계층은 지나치게 단순화한 것으로 정확한 인간의 동기부여이론은 아니다. 예컨대 모든 사람들이 계층적 순서에 따라 다섯 가지 욕구를 통해 앞으로 나아가지 않는다. 그럼에도 불구하고 마슬로우는 세 가지 중요한 기여를 하였다. 첫째, 중요한 욕구 유형을 식별하였다. 이는 관리자(경영자)가 효과적인 적극적 강화인사를 만드는 데 도움을 줄 수 있다. 둘째, 하위 수준의 욕구는 상위 수준의 욕구가 중요해지기 전에 만족된다는 상 · 하위의 두 가지 일반적인 수준의 욕구를 생각하는 데 유용하다. 셋째로, 마슬로우는 경영자(관리자)에게 개인 성장과 자아실현의 중요성을 강조하였다.

자아실현은 이 이론에서 가장 잘 알려진 개념이다. 마슬로우에 따르면 평균인의 경우 10%만 자아실현을 한다. 다시 말하여, 대부분의 사람들은 평범하게 우리의 삶을 살아가고 있으며 잠재력을 크게 발휘하지 않으면서 직장에서 일을 하고 있다. 여기서 시사하는 바는 분명하다. 훈련, 자원, 자율, 책임, 그리고 도전적 과제를 제공하는 작업 환경을 만

들어 주어야 한다. 이러한 유형의 환경이 조성되어야 그들의 기술과 능력을 창조적인 방법으로 사용할 가능성이 생기며, 더 많은 잠재력을 발휘할 수 있다. 그러므로 사람들을 단지 통제해야 할 비용이 아닌 개발해야 할 자산으로 취급해야 한다. 그러므로 많은 기업들은 개인적인 성장 경험을 제공하는 프로그램에 착수하여 종업원의 자아실현을 위한 욕구를 격려해야 한다.

경영자(관리자)들이 고려해야 할 중요한 문제는 고도로 결핍된 욕구 즉, 오랫동안 충족되지 않은 욕구가 결국 좌절, 갈등, 긴장과 같은 행동반응을 일으킨다는 점이다. 실제로 자아실현이나 존경의 단계에 속하는 고차적인 욕구를 모든 종업원이 충분히 충족할 수는 없을 것이다. 이러한 욕구를 충족시키지 못함으로써 나타나는 좌절, 갈등, 긴장에 대한 개인의 반응은 환경적, 조직적 그리고 개성적 요인 때문에 사람마다 다르게 나타난다. 욕구결핍에 대한 반응은 적어도 공격(aggression), 합리화(Rationalization), 퇴행(Regression)과 같은 3가지 형태의 방어적 행동을 취하게 된다. 그러한 행동들은 관리자들이 종업원과 같이 일할 때 흔히 직면하게 되는 현실인데 그 원인을 이해하는 것이 중요하다.

조직은 조직의 인적자원을 최대한 활용하여 이득을 얻어야 하며, 종업원 또한 직무에서 그들의 높은 수준의 욕구를 충족할 수 있는 기회에 출자하여 이득을 얻어야 한다. 듀퐁(Dupont)에서 관리자는 성과 목표와 함께 개인의 성장 목표를 설정하고 있다.

2) ERG이론

마슬로우의 인간 욕구이론보다 더 진보된 이론이 알더퍼(Alderfer)의 ERG이론이다. 알더퍼는 인간의 욕구를 **존재 욕구**(existence needs), **관계 욕구**(relatedness needs), **성장 욕구**(growth needs)의 3단계로 구분하였다. ERG는 영문표기의 머리글자에서 따온 것이다.

1. **존재 욕구**(E): 이 욕구는 인간의 생존을 위해 필요한 기본적인 욕구이다. 마슬로우의 욕구단계에서 생리적 욕구와 물리적 측면의 안전 욕구가 이에 해당한다. 조직에 있어서는 기본급, 부가급부, 안전한 작업환경 및 직업 안정성 등을 들 수 있다.
2. **관계 욕구**(R): 이 욕구는 대인관계에 관한 것으로 직장 내에서와 직장 외에서의 상호작용을 필요로 하는 욕구이다. 마슬로우의 대인관계 측면의 안전욕구, 사회적 욕구 및 다른 사람으로부터의 존경 욕구가 여기에 해당한다.
3. **성장 욕구**(G): 이 욕구는 개인적인 성장과 발전을 위한 욕구로서 자기의 능력을 새롭게 개발하고 창의적으로 성취하는 것을 말한다. 마슬로우의 욕구단계에서 자기존

중과 자아실현의 욕구가 이에 해당된다.

ERG이론이 마슬로우 욕구단계와 크게 다른 점은 첫째, 한 가지 이상의 욕구가 동시에 작용할 수 있다는 점이다. 이것은 마슬로우의 경우처럼 한 단계의 욕구 충족만을 강조하는 기계적인 사고방식이 아니고 욕구들의 복합적인 성격, 즉 총체적 욕구구성 개념에 입각한 것으로 매우 현실적인 개념으로 받아들이고 있다.

둘째, 마슬로우는 저차원의 욕구가 만족되면 고차원의 욕구로 올라가는 이른바 만족-진행 과정만을 주장한데 반하여, 알더퍼는 만족-진행과 아울러 고차원적인 욕구에서 저차원적인 욕구로 내려가는 이른바 좌절-퇴행 과정을 가미했다는 점이다. 예를 들어, 성장욕구를 추구하다가 이것이 좌절되면 관계욕구의 중요성이 커짐으로써 그 하위욕구가 중요한 동기로 작용하는 것을 말한다.

마슬로우 이론이 알더퍼 이론보다 더 잘 알려져 있으나 ERG이론이 더 과학적이라는 지지를 받고 있다. 두 이론 모두 강화인자 유형의 관리자나 보상 유형의 관리자가 사람들을 동기부여하는 데 사용될 수 있다는 점에서 실질적인 가치를 갖는다. 관리자(경영자)가 어떤 이론을 선호하건 간에 관리자는 사람들의 욕구를 충족시키도록 그들을 동기부여할 수 있으며, 특히 자아실현과 성장에 대한 기회를 제공할 수 있다.

3) 맥클랜드의 학습욕구이론(McClelland's Needs)

맥클랜드(David McClelland) 또한 사람들을 유도하는 수많은 기본 욕구를 식별하였다. 맥클랜드에 따르면 관리자가 가장 중요하게 생각해야 할 욕구는 성취 욕구, 친화 욕구 및 권력 욕구이다.

1. **성취 욕구**(need for achievement): 이 욕구는 성취에 대한 강렬한 열망, 성공과 목표 달성에 대한 집착(강박감)을 특징으로 한다. 대부분의 관리자와 사업가는 높은 수준의 이러한 욕구를 가지고 있다. 그들은 도전해 보려고 하고, 적당히 어려운 목표를 설정하며 위험에 대해서는 현실적인 접근을 시도한다. 그들은 결코 도박사가 아니라 오히려 문제를 분석, 평가하기를 더 좋아하고 수행한 일에 대해서 혼자 책임을 지며, 그들이 하고 있는 일에 대해서 구체적인 피드백을 원한다. 또한 그들은 오랜 시간 일하기를 좋아하고 실패하는 경우에 대하여 부당하게 걱정하지 않으며, 일을 혼자서 처리하고자 하는 경향이 있다.
2. **친화 욕구**(need for affiliation): 이 욕구는 다른 사람이 좋아하기를 강력히 원한다. 친화욕구가 강한 사람들은 사랑을 받음으로써 즐거움을 끌어내고 사회집단으로부터 거부당하는 괴로움을 피하려고 한다. 그들은 개인적으로 즐거운 사회관계를 유지하

는 데 관심을 갖게 되고, 다른 사람들과 친교관계를 즐기려고 하며 곤란한 사람들을 기꺼이 위로하거나 도움을 주려고 한다. 높은 수준의 이 욕구를 가진 사람들은 타인과 함께하려고 하며, 높은 수준을 수행하는 데 관심을 덜 갖는다.

3. **권력 욕구**(need for power): 이 욕구는 타인에 영향을 주거나 통제하려는 욕구이다. 이 욕구는 부정적인 힘(사적인 권력: personalized power)일 수 있다. 사적인 권력 욕구가 높은 사람은 자기 자신의 목표를 추구하는 데에만 전적으로 힘을 쓰려고 한다. 그러나 권력 욕구는 긍정적인(사회화된 리더십:socialized power) 동기일 수 있다. 이는 자신에게 부여된 권력을 자신의 이익을 위해 사용하지 않고 조직과 사회의 목표달성에 사용하기 때문이다.

맥클랜드는 이들 욕구 가운데 어느 하나가 강력하게 나타날 때 그것의 효과는 그 사람을 동기유발하여 욕구를 충족시키기 위한 행동을 하게 한다고 주장하였다.

낮은 친화 욕구와 중간 이상의 권력 욕구는 상위 및 하위 수준 관리자의 성공과 관련된다. 높은 권력과 성취 욕구는 효과적인 리더십과 관련되는 특성이다. 친화 욕구가 경영과 리더십의 성공에 중요하지 않은 한 가지 이유는 이러한 욕구가 높은 사람들은 몇몇 사람들을 불행하게 만들는 힘들지만 필요한 결정을 내리는데 어려움을 겪기 때문이다.

4) 욕구이론에 대한 국제적인 관점

욕구이론이 나라별로 어떻게 적용되고 있는지를 살펴보는 것도 흥미롭다. 미국의 경영자(관리자)들은 성취, 존경, 자아실현에 대해 강력하게 동기 부여되는 한편, 그리스와 일본의 경영자(관리자)는 보안에 의해 더 동기 부여된다. 스웨덴, 노르웨이, 덴마크에서는 사회적 욕구를 가장 중요하게 생각한다. 한 국가의 문화에 기반한 자아실현을 다른 나라에 적용할 수는 없다. 프랑스, 일본 및 스웨덴의 경우에 사람들은 개인보다 집단에 기반하고 있기 때문에 매클랜드의 성취동기를 잘 상상하지 못한다.

분명히 성취, 성장, 자아실현은 미국, 캐나다, 영국 같은 나라에서는 매우 중요하게 생각한다. 그러나 이러한 욕구가 모두에게 중요한 것은 아니다. 모든 경영자(관리자)는 욕구의 중요성이 나라마다 다르며, 동일한 욕구에 의해 사람들이 동기 부여되지 않는다는 점을 명심해야 한다. 일반적이며 가장 좋은 유일한 방법은 존재하지 않으므로 경영자(관리자)는 개인들이 어떻게 다른가를 생각하여 그들의 방법을 욕구에 맞춰 적용해야 한다.

10.6 동기부여되는 직무 설계

앞에서 우리는 여러 가지 동기 부여 이론을 살펴보았다. 이들 이론들이 경영자(관리자)에게 어떤 의미를 주는지를 알아보아야 할 것이다. 경영자(관리자)들이 이용할 수 있는 동기부여 기법은 무엇인가? 동기부여 자체가 매우 복합적이고 개별적인 것이므로 유일한 최선의 해법은 없겠지만 상당히 유용한 동기부여기법이 존재한다. 이들 동기부여 기법들은 성과를 올리고 직무 만족을 증대시키는 데 초점을 맞추고 있다. 성과를 이룩하기 위해서 외적 보상과 내적 보상을 마련해 주는 것이 있다. 외적 보상은 주로 화폐적 보상이 가장 큰 비중을 차지하고 있으며, 내적 보상과 관련해서 직무확충, 직무확대, 직무순환 등이 주목을 받고 있다.

경영자(관리자)는 사람들에게 가장 중요한 외적 및 내적 동기부여인자로 조직을 설계해야 한다. **외적 강화인자**(extrinsic reinforcer)는 상관, 기업 혹은 몇몇 다른 사람에 의해 주어지는 보상이다. 즉 외적 강화인자는 어떤 반응이 수행된 후에 외부에서 주어지는 인자로서 그러한 반응이 수행되는 빈도나 강도를 높여주는 자극을 말한다. 어떤 반응을 한 후에 주어지는 상, 칭찬 등은 외적 강화인자의 대표적인 예이다.

내적 강화인자(보상, intrinsic reward)는 작업자가 과업을 수행하여 직접 얻는 보상이다. 즉 내적 강화인자는 어떤 행동 후에 유기체 내부에서 주어지는 강화인자로서 그러한 행동의 빈도나 강도를 높여주는 자극을 말한다. 어떤 반응을 한 후에 나타나는 자기만족감, 기쁨, 성취감, 자기평가 등은 내적 강화인자의 대표적인 예이다.

내적 강화인자는 창의성을 동기 부여하는 핵심이다. 도전적인 과제는 사람들을 동기부여하여 모든 시간과 에너지를 과업을 완수하는 데 소비하므로 내적 강화인자를 사용하여 직무를 설계한다. 반면에 다른 과업과 조직은 창의성과 동기부여를 억누른다. 과업에 의욕을 꺾는 전통적인 예가 고도로 전문화된 부품 조립라인 과업이다. 각 작업자는 다음 작업자에게 직업을 넘기기 전까지 지루한 작업을 수행한다. 20세기 대부분에 걸쳐 그러한 전문화 혹은 기계론적인 방법을 직무설계에 적용하는 것이 우세한 관행이었다.

그러나 너무 단순하고 일상적인 일은 종업원을 만족시키지 못하여 결근을 자주 하게 되고, 이직을 유도하게 된다. 더욱이 많은 성공적인 기업의 사람들이 돈을 많이 벌었음에도 불구하고 이직하는 문제가 발생하였다. 그러한 종업원을 유지시킬 수 있는 유일한 방법은 그들 작업을 다른 어느 것보다도 더 흥미롭도록 그들 자신의 과업을 설계하는 것이다. 점차 내적인 보상으로써 동기부여를 증진시키도록 다음과 같은 방법을 사용하여 직무를 설계하는 기업이 증가하고 있다.

1) 직무순환, 확대, 확충

직무순환(job rotation)으로 한 가지의 일상적 과업에 모든 시간을 소비하는 지루한 작업자를 다른 직무로 이동할 수 있다. 직무순환은 경력 발전 등을 위해 한 구성원이 여러 직무를 차례로 경험하도록 하여 능력과 자질을 높이고자 하는 인사관리 방법을 말한다. 이는 단순하게 조직구성원의 배치를 바꾸는 것이 아니라, 구성원의 배치전환을 계획적으로 수행하는 인사관리 수단이다. 오랫동안 특정한 직무 영역에 종사하게 되면 전문성은 높아질 수 있으나 시야가 좁아질 우려가 있기에, 특히 폭넓은 시야와 판단을 필요로 하는 관리자의 양성 방법으로 많이 사용된다. 직무순환은 사람들의 투입과 직업적 관심사를 염두에 두고 적절히 잘 수행하면 모든 사람들에게 이익을 줄 수 있다. 직무순환 정책의 결과는 종종 회사에 잔류하는 공인된 종업원이다.

직무확대(job enragement)는 사람들에게 다른 과업을 부여한다는 점에서 직무순환과 유사하다. 그러나 직무확대는 개인이 분담하는 직무의 범위를 확대하여 단순작업의 되풀이에 의한 권태감을 없애고 보다 흥미를 가질 수 있게 재편성하려는 방식이다. 관련이 있는 몇 개의 일을 묶어서 개인에게 분담시키는 것이 아니라 공동으로 담당하게 하는 형태를 취할 때가 많은데 다기능공 제도를 그 예로 들 수 있다. 직무확대에서 사람들에게 추가되는 과업은 동일한 수준의 책임이다. 재무 서비스 조직의 직무확대에 관한 연구에서 확대된 일자리는 직업 만족도를 높이고 직원들의 오류 감지 능력을 향상시키고 고객 만족도를 향상시켰다고 보고하고 있다. 직무 확대에서 사람들의 추가적인 과업도 동일 수준의 책임이다.

직무를 확충할 때 보다 심오한 변화가 발생한다. **직무확충**(job enrichment)은 단순히 직무의 수를 양적으로 확대하는 것과 구별되어 직무의 내용을 질적으로 충실하게 만드는 것이다. 즉, 직무확충은 더 높은 수준의 책임을 추가하여 직무를 재구성하고 재설계하는 것이다. 직무확충은 보다 더 보상적이고 동기유발되며 만족하도록 과업을 본질적으로 바꾸는 것을 말한다.

전문화에서 오는 단조로움을 완화하기 위하여 한 개인이 담당하는 직무내용을 몇 가지 다른 내용의 활동으로 구성하는 직무확대를 **수평적 확대**라고도 한다. 전통적인 전문화 원리에서는 표준화 · 정형화 · 단능화를 추진하는 것이 생산성의 향상으로 직결된다고 하지만, 이는 그것이 초래하는 인간성의 소외를 무시한 것으로 직무확대는 이 점을 반성 · 수정한 것이다.

반면에 직무확충이란 단지 신체적 활동의 내용을 다양화할 뿐만 아니라 여기에 다시 판단적 · 의사결정적 내용을 곁들인 것으로 **수직적 확대**라고도 한다. 인간이 지닌 문제해결 능력을 활용하여 인간성을 회복하고 참여의 원리를 활용하자는 것이다.

직무확충은 많은 기업에 적용되어 생산성이 향상되고, 결근율과 이직률이 줄어들며 사기가 올라가는 등 좋은 성과를 거두고 있다. 그러나 적지 않은 문제점들도 지적되어 비판을 받고 있다.

첫째, 기술과 관련된 문제로서 고도의 전문화된 기계나 조립공정기법이 이용되는 상황에서 결코 모든 직무를 의미 있는 것으로 만들 수는 없다는 것이다. 둘째, 직무확충의 기본적인 가정과 관련된 것으로, 작업자들은 소외감을 느끼지 않으며 오히려 책임을 지기 싫어하고 참여를 꺼려한다는 것이다. 셋째, 내적보상으로 성과를 증진시키기 위하여 시도되는 직무확충의 노력은 그 직무상 처음 얼마 동안은 직무의 성격 자체에 관심을 갖게 되지만, 시간이 경과함에 따라 직무 자체에 무관심해지고, 오히려 감독의 기질, 동료와의 관계, 그리고 임금 등 직무의 외적 특성에 더욱 관심을 갖게 된다는 것이다.

이와 같은 비판적인 견해에 비추어 조직이 직무확충을 동기유발 프로그램으로 사용하고자 할 경우에는 먼저 개인 차이를 고려하여 이를 선별적으로 적용하여야 할 것이다. 따라서 직무확충이 모든 종업원에게 적용되어 성공을 거두기 위해서는 외적보상에 의한 불만족 요인을 어느 정도 충족시킨 다음 내적보상에 의한 동기유발 요인을 만족시키는 방향으로 나가야 할 것이다. 그리고 앞으로는 직무확충의 차원을 넘어서 보다 넓은 시각에서 근로생활의 질이나 작업의 인간화에 역점을 두는 직무설계 방안이 강구되어야 할 것이다.

2) 허즈버그의 2요인이론

허즈버그(Frederick Herzberg)는 동기유발의 **2요인이론(two-factor theory)**을 개발하였다. 2요인이론은 직무에서 작업하는 사람들에게 영향을 미치는 두 가지 광범위한 부류를 구별하였다. 종업원이 직무에 대한 만족과 불만족의 2요인은 별개의 차원이며, 이들에게 영향을 주는 요인들도 별개인 것을 규명하였다.

첫 번째 요인인 불만족(위생) 요인은 작업상의 특징으로 기업 정책, 작업조건, 급료, 동업자, 감독 등이다. 불만족을 주는 요인은 직무상황과 관련된 환경적인 것들이다. 이들 외적 요인들은 그들이 있지 않을 때는 종업원들 사이에 불만족이 일어나고, 이들이 있더라도 반드시 종업원들을 동기유발하는 것은 아니다. 그래서 이들은 기껏해야 불만족이 없는 상태를 유지하는 데 필요한 것이라고 하여 **불만족 요인(dissatisfiers)** 또는 위생 요인(hygiene factors)이라고 한다.

허즈버그에 따르면 직무를 수행하는 데 있어서의 진정한 만족과 동기부여는 두 번째 부류의 **동기유발 요인(motivators)**에 있다. 동기유발 요인은 직무 자체, 성취, 인정, 책임, 발전, 성장 가능성이 포함된다. 만족을 주는 요인들은 직무내용과 관련되는 것들로,

이들 내적 요인들이 존재하면 훌륭한 직무 성과를 가져올 수 있는 강력한 동기유발을 일으키며, 이들이 없더라도 그렇게 큰 불만족은 느끼지 않는다.

이와 같이 허즈버그 이론은 전통적인 이론과 달리 직무만족이 1차원적인 개념이 아니라 2차원적인 견지에서 파악되어야 한다는 것을 기본 가정으로 하고 있다.

위생 요인의 특성은 그것이 충족되면 불만족의 감소만을 가져올 뿐이지 만족에 작용하지 않는다는 것이다.

동기유발 요인의 특성은 그 요인이 충족되지 않아도 불만은 없지만 일단 충족되기만 하면 만족에 크게 영향을 줄 수 있고 일에 대한 적극적인 태도를 유지할 수 있다는 것이다.

이상과 같이 2요인이론에 비추어 볼 때 관리자가 종업원에게 동기부여를 하기 위해서는 일단 어느 정도 위생 요인을 충족시켜 준 후에 동기 요인에 주의를 기울이는 것이 효과적일 것이라는 것을 알게 될 것이다. 즉, 종업원들이 동기유발이 되어 그들의 직무를 효과적으로 수행할 수 있도록 하기 위해서는 관리자는 불만족을 극소화시키고 만족감을 극대화시키는 양면작전을 펴나가야 할 것이다.

허즈버그 이론은 그의 원래의 이론에 대해 보다 상세하게 설명하지 않는다는 이유로 많은 학자들이 비판하고 있다. 그러나 허즈버그는 직무설계 분야의 선구자이며 여전히 많은 관리자들에게 존경을 받고 있다. 더욱이 그의 이론의 특정 부분이 과학적 엄격함에 유효하지 않지만 여러 가지 중요한 기여를 하였다. 첫째, 허즈버그 이론은 외적 보상과 내적 보상 간에 중요한 차이점이 있음을 주목하였다. 둘째, 허즈버그 이론은 경영자(관리자)에게 작업자들을 동기유발하기 위해서는 외적인 보상뿐만 아니라 내적인 보상에도 초점을 맞춰야 한다는 것을 상기시켰다. 셋째, 허즈버그 이론은 직무확충에 의한 직무설계 모형인 해크만 올드햄(Hackman & Oldham) 모델과 같은 후기 이론의 토대를 제공하였다.

3) 직무설계에 관한 해크먼 올드햄 모델(직무특성이론)

허즈버그에 이어 해크먼(Hackman)과 올드햄(Oldham)은 직무설계에 관한 보다 완전한 모델을 제안하였다. 직무특성이론으로 부르는 이 모델은 직무 특성이 직무 수행자의 성장 욕구 수준(growth need strength)에 부합될 때 긍정적인 동기 유발 효과를 초래하게 된다는 동기부여 이론이다(그림 10.4). 잘 설계된 직무는 높은 동기 부여, 높은 품질의 성과, 높은 만족 및 낮은 결근 및 이직률로 이어진다. 이러한 결과는 사람들이 3가지 중요한 심리 상태를 경험할 때 발생한다: (1) 그들은 자신들의 일이 다른 사람들에게 중요하기 때문에 의미있는 일을 하고 있다고 믿는다, (2) 그들은 일이 어떻게 될지 개인적으로 책임감을 느낀다, (3) 그들은 그들의 일을 얼마나 잘 수행했는지를 배운다.

이러한 심리 상태는 사람들이 확충된 직무에서 일을 할 때 즉, 5가지 핵심 직무 차원을 제공하는 직무에서 작업할 때 발생한다. 이와 같이 직무특성이론은 개인의 성장 욕구 수준이 직무 특성과 심리 상태, 심리 상태와 성과 간의 관계를 조절하는 변인으로 작용한다는 가정에 입각해 있다. 그들은 어떤 직무가 갖는 **잠재적 동기지수**(MPS: motivating potential score)에는

1. **기술 다양성**(skill variety): 여러 가지 기술과 재능을 수반하는 다른 직무 활동
2. **직무 정체성**(task identity): 식별 가능한 전체 작업의 완성도
3. **직무 중요성**(task significance): 타인의 삶에 대한 중요하고 긍정적인 영향
4. **자율성**(autonomy): 의사결정에서의 독립성과 재량
5. **환류**(feedback): 직무 성과에 대한 정보

의 다섯 가지 직무 특성이 모두 영향을 비치며, 그 가운데서도 자율성과 환류가 중요한 영향을 미친다고 강조한다.

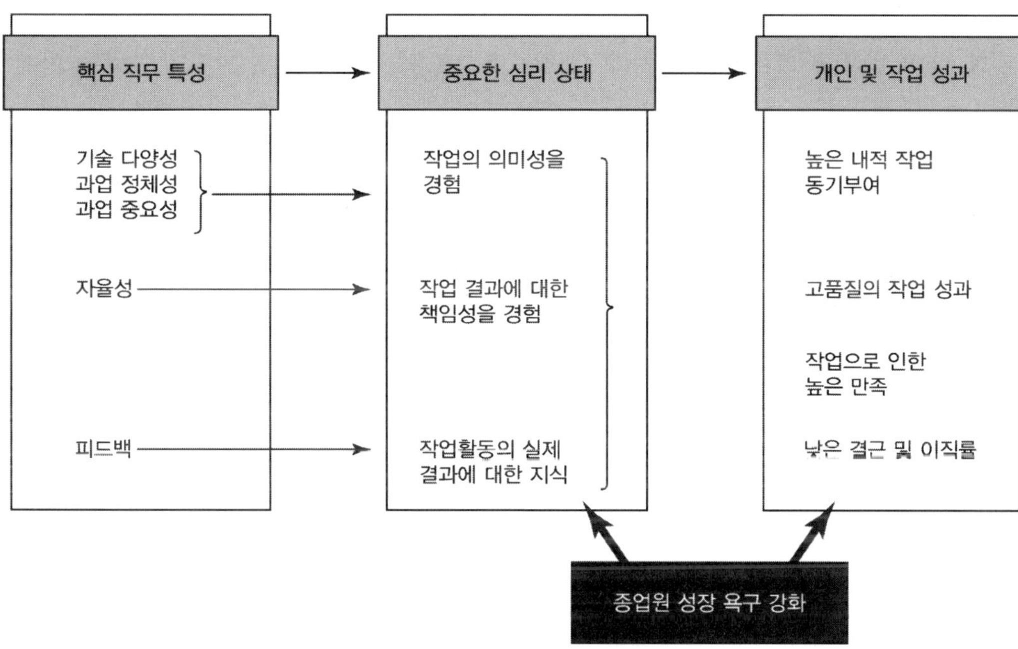

그림 10.4 직무확충에 관한 해크먼 올드햄 모델

가장 효과적인 직무확충은 5가지 핵심 차원을 모두 증진시킨다. 사람의 성장 욕구를 강화하면 직무확충 프로그램을 어떻게 효과적으로 할 수 있는지를 결정하는 데 도움을 줄 수 있다. **성장 욕구 강화**(growth need strength)는 개인이 사적이고 심리적인 개발을

원하는 정도를 말한다. 성장 욕구가 강한 사람의 경우 직무확충이 더 성공적이다. 직무확충은 종업원을 적극적으로 동기 부여하여 직무만족과 성과를 높이기 위해서는 직무자체가 성취, 인정, 책임, 성장 및 발전의 기회를 제공하게 설계되어야 한다는 것이다. 요컨대 직무확충은 다음과 같은 3가지 성질을 내포하고 있다. 첫째, 개별 종업원들에게 그들의 작업을 통제하고 기술을 개발할 수 있도록 최대한의 자유를 준다. 둘째, 각 개인에게 의미가 있고 해볼 만하며 보람을 느낄 수 있는 과업을 제공하도록 직무를 설계한다. 셋째, 상급자와 하급자를 구별하는 신분 차별을 없애고 대신 공동 목표를 추구하는 팀 개념을 강조한다.

4) 권리부여(권한이양)

오늘날 경영자(관리자)가 종업원에게 권리를 부여(권한을 이양)한다는 말을 자주 듣는다. **권리부여**(empowerment)는 종업원과 권한을 공유하는 과정을 말한다. 그로 인해 종업원이 과업을 수행하는 데 자신감을 높이고 그들이 조직에 영향력 있는 기여자라는 믿음을 주게 된다. 그 결과 종업원들은 장애물에 직면할지라도 조직의 목표와 리더의 비전을 달성하는 데 보다 더 주도적으로 꾸준히 노력하게 된다. 특히 권리부여는 종업원들이 다음과 같은 믿음을 갖도록 고무한다. 첫째, 종업원들은 그들의 작업에서 의미를 인지한다. 둘째, 종업원들은 그들이 가진 기술로 과업을 수행할 수 있다는 자신감을 갖는다. 셋째, 종업원들은 과업, 방법, 작업 진도 등에 관한 몇 가지 선택을 하는 자기결정에 대한 인식을 하게 된다. 넷째, 종업원들은 과업에 대한 중요한 전략, 행정, 혹은 운영 결정, 결과에 영향력을 갖게 된다. 표 10.2는 사람들이 힘이 있던 시기와 힘이 없는 시기에 느끼

표 10.2 권력에 대한 소회

무력한 시기	강력한 시기
나는 나에게 직접 보고하는 사람을 채용하는 결정에 아무런 조언을 할 수 없었다	나는 스스로 대규모 재무 결정을 할 수 있다.
사람들은 내가 프레젠테이션하도록 지정하고 나를 지원하지 않았다.	내가 경험이 없는 프로젝트에 선발되었을 때 '너는 성공할거야' 라고 말했다.
적당한 교육 수준이 아니었기 때문에 질문을 할 수 없었다고 말했다.	출장기간을 단축하라는 지시를 받았을 때 사업상의 이유로 출장을 계속 해야 하는 이유에 대하여 당당히 말하였다.
내가 긴급 프로젝트에 피와 땀을 흘려 일을 한 후에 비로소 나의 관리자는 그것에 대해 전적으로 신용하였다.	나는 대단히 많은 유용한 제안을 하였다.
그 프로젝트는 내 지식 없이 이관되었다.	모든 재무 데이터는 내가 공유하고 있다.

는 몇 가지 내용을 보여주고 있다.

권리부여를 조성하기 위하여 경영자(관리자)는 모든 종업원이 그들의 책임 영역 내에서 성과 표준과 사업 효과성에 실제 영향을 준다는 것을 느낄 수 있는 환경을 만들어야 한다. 권리부여 작업 환경에는 종업원이 최선을 다해 작업을 수행하는 데 필요한 정보를 제공해야 하며, 그 정보를 어떻게 사용하며 그들의 과업을 어떻게 수행하는가에 대한 지식을 제공하고, 그들 과업을 통제하기 위해 결정을 하는 데 필요한 힘을 주어야 하며, 그들이 기여한 것에 대한 보상을 주어야 하는 것이 포함된다. 그러한 환경은 소수의 인원으로 감독하고, 모니터하고, 조정할 수 있기 때문에 비용이 절감된다. 또한 높은 성과는 작업을 수행하는 사람, 즉 원천에서 영감을 받기 때문에 품질과 서비스가를 개선한다. 또한 그들은 행동할 권한을 부여받았기 때문에 문제점, 해법, 혁신의 기회를 파악하여 신속하게 행동할 수 있다.

사람들에게 명확한 전략적 방향을 제시하는 것은 중요하지만 유연성과 계산된 위험 감수를 위한 여지를 남겨두는 것이 중요하다. 보다 구체적인 조치로는 모든 수준에서 서명할 수 있는 권한을 확대하고, 규칙 및 승인된 단계를 줄이고, 일상적이지 않은 과업을 할당하고, 독립적인 판단을 할 수 있도록 하고, 융통성과 창의성을 고취시키고, 과업보다는 프로젝트 수준으로 직무를 보다 광범위하게 정의하고, 조직 내·외부 전체에 걸쳐 자원 및 사람에 대한 접근의 재량권을 제공하는 것이 포함된다.

중요한 점은 권한 부여가 사소한 것들을 결정하는 것을 허용한다는 의미는 아니다. 권한 부여가 차이가 있게 하기 위해서는 사람들은 품질과 생산성과 같은 그들이 관심을 갖는 것들에 영향을 끼쳐야 한다. 항공기 엔진 마운트 제조회사인 Lord Corporation, 가구 제조업체인 Herman Miller, Johnson Ville Foods를 포함한 많은 기업에서 권한 이양은 매우 성공적이었고 그들의 권한 이양 프로그램으로 큰 갈채를 받았다.

적어도 단기적으로는 권한 이양이 어떤 문제를 일으켰을 때 놀라지 말아야 한다. 이는 사실상 개선을 위한 변화를 포함하여 바뀔 수 있는 경우이다. 종업원들이 적절하고 충분한 훈련을 받지 않은 상태로 권리를 부여받을 경우 초기에 실수를 할 수 있으며, 신기술을 획득하고 더 많이 기여하기 때문에 더 많은 급여를 요구할 수 있다. 그러나 잘 훈련되고 진심으로 권리를 부여받은 종업원은 자신뿐만 아니라 기업에게도 이익을 가져다주게 될 것이다.

10.7 공정성 달성

궁극적으로 동기부여에서 가장 중요한 이슈 중의 하나는 종업원이 그들의 조직에 대한 기여와 그들이 조직으로부터 받는 것이 무엇인가를 어떻게 바라보고 있는가이다. 이상적으로, 종업원들은 경영주와의 관계에서 균형을 잘 이루며, 상호 이익적인 교환을 한다고 보고 있다. 종업원들이 작업하여 이룬 결과를 인정할 때 그 평가가 얼마나 적절한가에 대한 신뢰가 발생한다. 기본적으로 종업원들은 조직이 그들을 얼마나 공정하게 다루는가를 평가하게 된다.

종업원들이 그들의 기여와 결과를 어떻게 해석하는가에 대한 이론을 **공정성이론(equity theory)**이라고 한다. 공정성이론이란 조직구성원은 자신의 투입에 대한 결과의 비율을 동일한 직무상황에 있는 준거인(referent person)의 투입 대 결과의 비율과 비교하여 자신의 행동을 결정하게 된다는 스테이시 애덤스(Stacy Adams) 등의 동기이론을 말한다. 다시 말해 조직구성원은 자신의 편익/투입을 준거인(referent person)의 그것과 계속적으로 비교를 하여, 양자의 투입/산출비가 일치하면 만족하고, 자신의 것이 작으면 편익 증대를 요구하거나 생산량을 감축하는 등의 투입을 감소시키며, 반면에 자신의 투입/산출비가 크면 노력을 더하는 등의 투입 증대를 꾀한다는 것이다. 이 이론은 사회적 비교이론(social comparison theory), 분배의 공정성이론(distributive justice theory), 균형이론(balance theory), 교환이론(exchange theory)라고도 한다.

1) 공정성 평가

공정성이론에서 투입은 종업원 개인이 직무에 투입하거나 목표를 달성하려는 노력, 재능, 교육, 과업 성과와 같은 것을 말하고, 산출은 과업 완수로부터 얻어지는 보상으로서 봉급, 승진, 인정, 성취 및 지위 등과 같은 것을 말한다.

애덤스(J. S. Adams)는 개별 종업원들이 투입과 산출을 대략 비슷한 지위의 다른 사람들과 마땅히 비교할 것이라고 가정한다. 만약 두 비율이 균형을 이루지 않으면 그 사람은 그 불공정을 줄이기 위하여 동기유발하게 된다.

공정성 평가는 객관적으로 이루어지지 않는다. 그것들은 주관적인 인식이나 믿음이다. 예를 들어 월급이 많이 오른 사람은 스스로 받을 만 하다고 느낄 것이다. 비록 오랜 시간을 일하지 않는다는 점을 인정하더라도 자신이 너무 재능이 많기 때문에 그럴 필요가 없다고 스스로 확신할지도 모른다.

2) 공정성 회복

불공정한 상황을 줄이기 위하여 사람이 취할 수 있는 행동방식에는 몇 가지가 있다. 첫째, 장본인에 대한 불공정이 보다 낮은 산출/투입 비율에 의하여 야기될 때, 그 사람은 준거인과 비교하여 산출을 증진시키려고 할 것이다. 예를 들어, 비교할 수 있는 투입에 비하여 다른 사람보다 봉급을 적게 받는 사람은 생계비나 봉급과 같은 수입의 조정을 요청할 수 있을 것이다. 둘째, 생산성을 줄이거나 작업시간을 지연시켜 늘림으로써 투입(노력, 재능)을 감소시키게 될 것이다. 불충분한 임금이 지불되는 상황에서의 불공정을 조정하기 위한 세 번째 방법은 보다 현실적인 비교를 할 수 있도록 장본인이 그의 준거인을 바꾸어 보는 것이다. 그리고 장본인의 산출/투입 비율이 준거인의 것보다 크기 때문에 불공정이 야기될 경우에는 그 사람은 산출을 줄이거나 아마도 대개는 투입을 늘림으로써 이러한 불공정을 제거하는 데 동기유발 될 것이다.

따라서 사람들은 행동적으로, 그리고 인지적으로 투입과 산출을 바꾸는 수많은 방법으로 공정성을 회복할 수 있다.

3) 공정한 과정

불가결하게 경영자(관리자)는 타인들보다 조금이라도 더 우호적인 결과가 도출되는 결정을 한다. 우호적인 결과는 사람을 즐겁게 하며, 다른 것이 동일해도 결과가 더 나빠지면 사람들은 더 불만스러워한다. 그러나 관리자(경영자)는 사람들이 불만을 줄이는 조치를 할 때까지 그들을 달래주어야 한다. 핵심은 사람들이 관리자(경영자)가 절차적 정의를 제공한다고 믿도록 하는 것이다. **절차적 정의**(procedural justice)란 의사결정에서 공정한 절차를 사용하고, 타인들이 그 절차가 공정하다고 믿게 하는 것이다. 사람들이 그 절차가 공정하다고 인지할 때 그들은 결정, 의사결정자, 조직을 더 잘 지원할 수 있다.

비록 사람들이 그들의 결과가 불공평하고 불공정하다고 믿더라도 그들은 과정이 공정했다면 정의가 실현된 것으로 볼 가능성이 더 높다. 무엇보다도 종업원이 경영자와 함께 결정을 하고 공정한 절차에 주의를 기울인다면 결국 개인은 자신이 원했던 것을 얻지 못할 수도 있지만 최소한 사용한 절차가 가능한 한 공정했다는 것을 이해하게 될 것이다.

고전적 의미에서 정의(justice)는 '각 개인에게 그의 몫을 주는 것' 그리고 '동등한 자를 동등하게 취급하는 것'으로 정의된다.

조직의 공정성은 조직 구성원들이 조직으로부터 받는 대우의 공정한 정도를 말한다. 조직의 공정성은 조직구성원이 조직으로부터 받는 성과나 결과의 공정성을 따지는 **분배적 공정성**(distributive justice)과, 조직구성원이 받는 성과를 결정하는 절차에 대한 공정성을 말하는 **절차적 공정성**(procedural justice)으로 나눌 수 있다. 조직의 공정성에 관한 연구는 애덤스(J. S. Adams)의 형평성이론에 근거를 두고 있다.

10.8 직무 만족

사람들은 그들이 수령한 결과나 사용한 절차가 공정하다고 느끼면 만족하게 된다. 만족스러운 작업자가 반드시 불만족한 작업자보다 더 생산적이지는 않다. 종종 사람들은 그들의 직무로 인해 행복해한다. 그러나 직무가 불만족스러우면 (1)더 많은 이직이 발생할 수 있으며 (2)결근이 잦아지고 (3)직업의식이 떨어지고 (4)고충처리와 소송이 많아지고 (5)파업이 많아지고 (6)태업, 폭력이 많아지고 (7)정신적, 육체적 건강상태가 불량해진다. (8) 고객 서비스가 불량해진다.

이러한 불만족의 결과는 직 · 간접적으로 조직으로 하여금 많은 비용이 들게 한다.

1) 노동 생활의 질

노동 생활의 질(quality of work life: QWL)은 노동의 인간화를 의미하는데, 최근의 산업발전에 따른 인간성 상실과 인간소외 현상의 존재와 함께 인간을 업무에 맞춘다는 종래의 경영에 대한 반성으로 인간성이나 자기실현의 욕구를 중시한 경영 방식이 주목을 받아 왔다. 이러한 문제의 대응으로서 QWL이 주장됐다. 즉, 참여의 기회를 늘려 동기부여를 높임으로 자기실현이나 인간성 회복을 중시한 조직을 창조하고자 하는 것이며, 동시에 생산성과 보다 고차원적인 과제를 추구하려고 하는 것이다. 이러한 상반되는 요건을 동시에 달성하고자 하는 방책이 QWL이다.

QWL의 실현에는 다음의 8가지 유형이 있다.

1. 적절하고 공정한 보상
2. 안전하고 건강한 환경
3. 인간 역량을 발전시키는 과업
4. 개인 성장과 보안에 대한 기회
5. 개인 정체성, 편견으로부터의 자유, 공동체 의식, 상향 사회로 이동을 조성하는 사회적 환경
6. 법치주의, 개인 사생활 존중, 정당한 법 절차
7. 개인적인 여가 및 가족 욕구를 최소한으로 침해하는 직업 역할

8. 사회적으로 책임 있는 조직 행동

조직의 QWL에 대한 관심은 크게 다르다. 비판론자들은 QWL 프로그램은 기업이 종업원에 대한 보상과 직접 연계하지 않고는 큰 성과를 거둘 수 없다고 주장한다. 반면에 QWL 옹호론자들은 조직의 효과성과 생산성을 개선한다고 주장한다. QWL 프로그램에서 말하는 '생산성'의 개념은 개인의 작업 산출량이라는 의미보다 더 많은 의미를 내포한다. 생산성은 또한 결근율, 사고, 절도, 태업, 창조성, 혁신, 특히 작업의 질까지 포함한다.

2) 심리적 계약

개인과 조직과의 관계는 전형적으로 문서 계약에 의해 정식화된다. 그러나 종업원의 마음에는 **심리적 계약**(psychological contracts)이 존재한다. 심리적 계약이란 조직과 구성원 사이에 체결되는 일종의 묵시적인 계약으로 계약 당사자들은 상호 의무와 권리를 가지게 된다. 기업에 대한 종업원들의 신뢰나 충성심은 기업 성과에 미치는 영향 때문에 매우 중요하게 여겨져 왔다. 하지만 최근 몇 년 동안 지속되었던 기업의 구조조정에 의한 대량해고로 종업원들은 조직에 대한 신뢰나 충성심을 차츰 잃어가고 있다.

이러한 현상은 조직과 구성원 사이의 심리적 계약(Psychological contract)이 상당부분 해체되었기 때문으로 해석할 수 있다. 즉, 종업원들은 종신고용이 기업과 자신을 연결해주는 하나의 약속이나 계약이라고 여김으로서 기업이 고용에 대한 안정성을 보장해주는 대신 자신은 기업을 위해 최선을 다하고 충성을 다할 것을 맹세했지만 이제는 그 약속이 깨어졌다고 인식하는 것이다. 그래서 종업원들은 기업과 조직에 충성하기보다는 좀 더 자신의 경력을 중요시하면서 현재보다 자신에게 좋은 조건이나 여건을 제공하는 일자리로 주저하지 않고 옮기고 있다.

물론 심리적 계약은 노사 간에 맺는 합의서와 같이 법적인 구속력을 가지는 것은 아니다. 그러나 서로에 대한 태도와 행동을 결정한다는 점에서 매우 중요하게 여겨진다.

심리적 계약은 성질에 따라 **거래 계약**(Transactional contract)과 **관계 계약**(Relational contract)으로 구분할 수 있다. 거래 계약은 금전적인 요소가 중요한 매개물로 작용하는 것으로, 짧은 기간 지속되고 구체적인 의무사항을 포함하고 있는 것이 특징이다. 반면에 관계 계약은 비금전적인 요소인 지원이나 협력 그리고 신뢰 등이 중요하게 다루어지는 것으로, 오랫동안 지속되고 구체적인 의무사항이 포함되어 있지 않다.

과거에 기업과 종업원들은 거래 계약보다 관계 계약을 더 중시하는 경향이 강했다. 그래서 기업은 종업원들의 충성심을 중요하게 여겼고, 종업원들은 기업에 대한 강한 신뢰와 자부심을 미덕으로 여겼다. 그러나 최근에는 성과주의, 연봉제 등의 개념이 많은 기업에 도입되면서 종업원들도 관계 계약보다 거래 계약을 보다 중시하게 되었다.

심리적 계약은 어느 한쪽이 약속된 의무를 이행하지 않았을 때 깨질 수 있다. 예를 들어, 기업에서 약속한 급여나 복지 혜택 등을 제공하지 않았을 때 직원들은 기업이 심리적 계약을 위반했다고 생각하게 된다. 이 경우, 종업원들은 기업에 대한 믿음을 상실하게 될 뿐만 아니라 근무 태만, 책임 회피 등과 같은 행동을 하게 된다. 만일 그 위반 정도가 심할 경우에는 직장 내 폭력 행위나 절도 행위 등으로 나타날 수도 있다.

사람과 사람 사이의 신뢰가 중요하듯이 기업과 종업원 간 신뢰 역시 중요한데, 이 신뢰라는 것은 기업과 종업원 간에 맺는 심리적 계약에 의해 형성된다. 하지만 IMF라는 긴 터널을 지나오면서 기업도 종업원도 이 계약이라는 것을 소홀히 여겨온 것이 사실이다. 이 시점에서 기업과 종업원 모두 심리적 계약을 새롭게 체결하고 이를 준수함으로써 상호신뢰를 쌓는 노력이 필요하다.

고용주와 종업원 모두에게 더 나은 거래가 가능하다. 이상적으로 당신의 고용주는 지속적인 기술 업데이트와 당신이 당신의 기술을 사용할 수 있고 당신이 다른 직업 선택권이 있더라도 머무를 수 있는 의욕적인 작업 환경을 제공할 것이다. 또한 당신은 다음과 같은 거래를 제공하는 다른 회사를 위해 일할 수 있다. 당신이 회사가 필요로 하는 기술을 개발하고, 회사의 성공에 도움이 되는 방식으로 적용하고, 회사의 가치관과 일관되게 행동한다면 회사는 도전적인 업무 환경, 개발 지원 및 회사 기여에 대한 충분한 보상을 제공할 것이다. 그러한 "계약"의 결과는 상호 이익이 되는 높은 성과를 보장하는 성공적인 조직이 될 가능성이 훨씬 더 높다.

토의 문제 및 활동

1. 관리자가 사람들을 동기부여하는 데 필요한 중요한 행동 유형을 말하라.

2. 자신의 일생을 통해 추구해야 할 도전적이고 동기부여하는 목표를 설정하라.

3. 기대이론에서 사람들의 동기부여에 영향을 미치는 중요한 작업 관련 핵심 신념을 말하라.

4. 사람들의 개인 욕구가 그들의 행동에 영향을 미치는 방법을 설명하라.

5. 사람들의 공정성을 평가하는 방법과 공정성을 달성하는 방법을 설명하라.

6. 관리자가 종업원에게 권리부여하는 것이 어렵다고 생각하는 이유를 설명하라.

7. 좋은 직장을 가지기를 원하지만 이를 방해하는 몇 가지 상황을 열거하라. 당신에게 영향을 끼친 것이 무엇이며, 이를 극복하기 위해 당신이 해야 할 일들을 열거하라.

8. 타인을 위해 목표 설정하는 것과 당신 자신을 위해 목표를 설정하는 것과의 유사함과 차이점을 논의해보라. 목표 설정의 성공과 실패를 확인할 수 있는 시점은 언제인가?

9. 조직행동 수정이론에서 말하는 4가지 핵심 행동 결과에 대하여 설명하라.

10. 관리자(경영자)는 어떤 종류의 행동이 강화되고 어떤 행동이 낙담하는지를 식별해야 한다. 이를 식별하기 위해 필요한 관리원칙을 말하라.

11. 당신이 부당하게 대우 받았다고 느낀 시점을 말하고 그 이유를 설명하라.

12. 기대이론을 사용하여 성과와 결과를 연계하는 예를 들어보라.

13. ERG 이론과 마슬로우의 욕구 단계의 차이점을 설명하라.

14. 성과를 이룩하기 위해서는 외적 보상과 내적 보상을 마련해 주는 것이 중요하다. 외적 보상과 내적 보상의 핵심 특징을 간단히 설명하라.

15. 직무특성이론에 기초하여 당신이 수행하고자 하는 직무를 설계해보라.

16. 심리적 계약이 의미하는 바를 말하고, 이것이 노사관계에서 성공적으로 유지될 수 있게 하는 요소를 말하라.

11 Chapter 팀 관리

개요 및 학습목표

팀 중심의 사업경영으로 유명한 포드와 도요타의 팀은 고객에게 주문 제작 서비스 선택권을 제공하는 점이 독특하지만, 많은 면에서 '팀'이 일을 한다는 점에서 대부분의 작업팀과 유사하다고 할 수 있다. 욕구 혹은 기회를 인지하고, 수행해야 할 임무와 과업이 있으며, 타인의 기대를 충족해야 하고, 초기에 가끔 회의론에 직면하며, '집단 역학'과 맞붙어 싸워야 하기 때문에 그러한 '팀'이 만들어진다. 가끔 그들은 일을 하고 그리고 가끔 그들은 일을 하지 않는다. 이러한 팀이 가속도가 붙으면서 포드와 도요타에서 낙관론이 고조되었지만, 인터넷에서 팀의 불안전성이 폭로됨에 따라 사업 환경이 바뀌게 되었다. 팀은 엄청난 성공을 달성하거나, 여전히 투쟁하면서 작동 중이거나, 혹은 전적으로 실패할 수 있다. 팀 구성원들은 이러한 팀을 자신의 경력 도약대로 사용하거나 실패와 동일하게 생각할 것이다.

이 장의 목적은 당신의 작업 팀이 실패보다 오히려 성공을 보장하는 것을 돕는 데 있다. 포드와 도요타 팀과 다른 원인을 규명하는데 전력을 다하는 다른 팀들은 기업의 사업방식을 변화시키고 있다. 현재 거의 모든 기업은 제품과 서비스를 만들고 프로젝트를 관리하고 결정을 하는 데, 그리고 기업을 운영하는 데 팀을 활용한다. 텍사스 인스트루먼트(Texas Instruments)의 CEO는 "당신의 사업이 무엇이건 간에 이러한 팀들이 미래의 물결이다."라고 말하였다.

당신에게 이는 두 가지 중요한 점을 시사하고 있다. 첫째, 당신은 팀에서 작업해야 하며 아마도 팀을 관리해야 한다는 점이다. 둘째, 일을 할 수 있는 능력과 팀을 이끄는 능력은 당신의 고용주에게 가치 있는 일이며 당신의 경력에 중요하다는 점이다.

이 장을 학습한 후에 여러분은 팀이 당신 조직의 효과성에 어떻게 기여하는지를 알게 될 것이다. 새로운 팀 환경과 기존의 팀 환경과의 차이를 알게 될 것이다. 또한 팀과 그룹간의 차이점을 이해하게 될 것이며 그룹이 가끔 실패하는 이유를 알게 될 것이다. 특히 효과적인 팀을 구축하는 방법을 이해하고 다른 팀과의 관계를 관리하는 방법을 알게 될 것이다. 마지막으로 갈등을 관리하는 방법을 알게 될 것이다.

11.1 팀의 기여

팀에 기반한 작업 방법이 그렇게 흥미를 유발한다는 점은 그리 놀랄 만한 일이 아니다. 적절하게 사용하면 팀은 다음과 같은 점에서 굉장히 효과적이다. 팀 조직의 기여 사례를 예시하면 다음과 같다.

- 조직구조를 위한 구성요소: 인쇄기판 및 전자광학기구 제조업체인 Semco와 Kollmorgen사는 전적으로 팀 중심의 조직구조이다. 또한 일본에서 가장 잘 관리되는 회사인 Kyocera 기업도 팀에 기반한 구조이다.
- 생산성의 원동력: Shenandoah 생명보험 회사는 새로운 팀 조직을 운용한 결과 응용 및 고객 서비스 요청을 50%나 더 적은 인원으로 증가시킨 것으로 보고 있다.
- 품질의 원동력: Boeing 엔지니어링 팀은 초기 프로그램에서 발생한 설계 오류보다 훨씬 적게 새로운 여객기를 제작하였다. 그리고 Boeing사는 팀에 기반한 조직을 활용하여 새로운 상용기에 대한 비행 인증을 가장 빠르게 획득하였다.
- 비용 절감의 원동력: Honeywell 팀은 생산 기간을 단축한 후에 1100만불 이상을 절감하였으며 99%의 주문을 적시에 선적하였다.
- 속도의 원동력: 3M, Daimler Chrysler와 같은 많은 다른 기업들은 팀 조직을 사용하여 새로운 제품을 더 빨리 만들었다.
- 변화의 원동력: 일부 기업들은 고객 서비스 그룹의 창설을 통해 부분적으로 보다 기업가적으로 되었다. KPMG사는 팀 조직을 이용하여 미래 동향 및 시나리오를 연구하고 핵심 역량을 정의하고 조직적인 변화를 처리함으로써 전략 및 문화적 변화를 주도하였다.
- 혁신의 원동력: Ford사와 같은 자동차 산업계는 프로젝트 팀에 의존하여 혁신적인 신차를 개발하였다. 또한 3M사에서 작업 팀은 신제품의 수를 3배로 늘림으로써 한 사업부의 방향을 전환했다.

11.2 그룹의 이점

그러한 고성능 팀을 어떻게 개발하는가에 대해 논의하기 전에 그룹에 대해 간단히 살펴보기로 하자. 그룹은 유용하기 때문에 그룹이 만들어진다. 조직에서 그룹은 수많은 기능을 담당한다. 이러한 기능 몇 가지는 조직에 직접 이득을 주지만, 다른 기능들은 주로 그룹 구성원에게 이득을 준다.

조직은 개인이 가진 자원보다 더 큰 자원(기술, 재능, 정보, 에너지)을 가지므로 이득이다. 그러므로 조직들은 개인이 혼자서는 할 수 없는 과업을 수행할 수 있다. 조직들은 또한 더 많은 자원을 가지고 있어서, 그룹이 복잡한 작업을 수행할 수 있게 한다. 그룹은 의사결정을 도울 수 있다. 그룹 구성원들이 지식과 생각을 바꾸면 창조성과 혁신의 중요한 촉매제가 된다. 그룹은 또한 새로운 구성원의 사회화를 도우며, 개인의 행동을 통제하며, 조직의 성과, 혁신 및 변화를 용이하게 해준다.

그룹은 또한 그들 구성원들에게 많은 이득을 준다. 그룹은 유용한 학습기재에 매우 유용하다. 구성원들은 기업과 그들 자신에 대해 배우며, 신기술과 성과 전략을 획득한다. 그룹은 친화와 존경과 같은 중요한 개인적인 욕구를 만족시킬 수 있다. 다른 욕구들은 그룹 구성원들이 혼자 작업해서는 달성할 수 없었던 유형의 조직적 보상을 받을 때 충족된다.

그룹 구성원들은 서로 피드백을 제공할 수 있다. 성장과 개발에 대한 기회 식별, 훈련, 감독, 멘토로서 서로에게 피드백을 제공할 수 있다. 마케팅 대표는 신제품 개발 팀의 동료로부터 재무 모델링에 대해 배울 수 있다. 그룹으로 함께 작업하면서 얻는 경험, 강력한 팀 문제해결 능력 개발은 특정의 과업 기술 혹은 기능 전문지식에 중요한 보완재이다. 그리고 기술들은 새로운 지위로 이동할 수 있다.

11.3 새로운 팀 환경

그룹(group)과 팀(team)이라는 단어는 교차적으로 사용된다. 최신 경영자(관리자)는 종종 팀(team)이라는 단어가 상투적인 문구라는 점에서 팀들(teams)이라는 단어를 사용한다. 사람들은 팀에 대하여 얘기하지만 회의론자들은 진정한 팀워크를 인식하지 못한다. 따라서 그룹과 팀을 분명히 구별하여 사용하는 것이 유용하다. 작업 그룹(working group)은 동일한 분야에서 일하는 사람들의 집합이거나 과업을 수행하기 위하여 한데 모였지만 하나의 단위일 필요는 없으며, 현저한 성과 개선을 달성해야 하는 사람들의 집합이다. 진정한 팀은 서로를 신뢰하는 보완적인 기술을 가진 (보통 소수의)사람들로서, 그들 자신이 상호 책임을 지고 공통의 목적, 공통의 성과 목표, 공통의 방법 달성에 헌신하는 사람들로 이루어진다. 진정한 팀은 높은 성과를 성공적으로 달성하기 위해 함께 일하는 데 헌신한다.

조직들은 오랫동안 그룹을 사용해 왔지만 오늘날에는 상황이 다르다. 진정한 팀은 조직구조에 더 완전히 통합되고 있으며, 그들의 권한은 증가하고 있다. 관리자(경영자)는 팀이 경쟁우위를 제공할 수 있으며 조직의 성과를 더 많이 개선할 수 있다는 것을 이전보다 더 잘 이해하고 있다. 관리자(경영자)는 개별적인 부분의 합보다 전체가 훨씬 더 클 가능성을 알고 있다.

따라서 오늘날 팀은 많은 다른 방법으로 사용되며, 과거보다 훨씬 더 큰 영향을 끼치고 있다. 표 11.1은 전통적인 작업 환경과 오늘날 진정한 팀의 작업 방법과의 차이점 몇 가지를 강조하고 있다. 이상적으로, 팀 요원들은 훨씬 더 일에 관여하게 되며, 더 잘 훈련되고, 협력을 잘하여 생산하는 것뿐만 아니라 학습하는 것이 하나의 문화가 되었다.

표 11.1 새로운 팀 환경

전통적인 환경	팀 환경
관리자가 일을 결정하고 계획한다.	관리자와 팀 요원들이 공동으로 일을 결정하고 계획한다.
과업을 좁게 정의하였다.	과업은 광범위한 기술과 지식이 필요하다.
교차(주과업+다른 과업) 교육훈련을 비효율적으로 생각한다.	교차(주과업+다른 과업) 교육훈련이 규범이다.
대부분의 정보는 "관리 재산"이다.	대부분의 정보를 모든 계층에서 공유한다.
비관리자에 대한 훈련은 기술적인 차원에 초점을 맞춘다.	지속적인 학습에는 모두 대인, 행정, 기술 훈련이 필요하다.
위험 부담을 막고 처벌한다.	신중한 위험 부담을 격려하고 지원한다.
사람들이 단독으로 일을 한다.	사람들이 협력한다.
보상은 개인 성과에 기초한다.	보상은 개인의 성과와 팀 성과에 대한 기여도에 기초한다.
경영자가 "최상의 방법"을 결정한다.	모든 사람들이 지속적으로 방법과 절차를 개선하기 위해 노력한다.

1) 팀의 유형

당신의 조직에 수많은 그룹과 팀이 있을 수 있다. 일반적으로 팀은 4가지 주요 유형으로 나눌 수 있다.

작업팀(work team)은 생산, 조립, 판매 혹은 서비스를 제공하는 일을 하는 조직이다. 이러한 팀은 전형적으로 잘 정의되며 공식 조직구조의 분명한 부분으로 전일제, 안정된 회원으로 구성된다.

프로젝트 개발팀(project and development teams)은 장기 프로젝트를 작업하지만 과업이 일단 완료되면 해산하는 조직이다. 새 팀은 새로운 프로젝트에 맞게 만들어진다. 이들 팀은 연구 혹은 신제품 개발과 같은 특정한 과업에 배정되지만, 구성원들은 보통 전문지식과 판단에 기여한다.

평행팀(parallel teams)은 임시로 기업의 정규 과업 구조로부터 분리되어 운영되는 조직이다. 구성원들은 종종 다른 단위 혹은 과업으로부터 오며, 일반적으로 표준 구조에서는 하지 않는 일에 대하여 질문한다. 이들의 임무는 특정 문제에 대한 해법을 권고하는 것이다. 그러나 이들은 일반적으로 행동할 권한을 가지지 않는다. 평행팀의 예로는 발생한 특정한 문제를 연구하기 위해 만들어진 임시위원회 및 품질 혹은 안전팀이 포함된다.

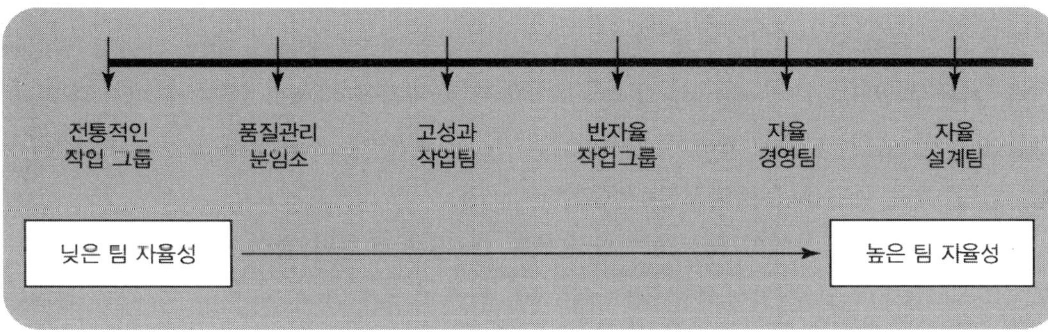

그림 11.1 팀 자율성에 따른 유형

경영팀(management teams)은 그들의 관할 하에 있는 하위 단위의 방향을 조정하고, 지휘하고, 하위 단위 간의 작업을 통합하는 조직이다. 경영팀은 계층적 계급에서 연유하는 권한에 기초하며, 사업 단위의 전반적인 성과에 책임을 진다. 경영자(관리자)는 공동팀을 이루는 다른 하위 단위에 책임을 지며, 전략적 방향을 수립하고 기업의 전반적인 성과를 관리하는 임원관리팀에 속하는 조직의 최상부에 위치한다.

2) 자율경영팀(self-managed teams)

오늘날 다른 이름을 가진 많은 다른 작업팀이 존재한다. 용어가 혼란스러울 수 있으며, 종종 실제 차이를 인식하지 못하고 교차하여 사용되고 있다. 그림 11.1은 얼마나 많은 자율성을 가지고 있느냐에 따라 다른 유형을 보여주고 있다. 왼쪽으로 갈수록 의사결정권이 적은 전통적인 팀이며, 오른쪽으로 갈수록 자율권이 많은 팀이다.

오늘날의 경향은 **자율경영팀**(self-managed teams)으로 직원이 그 부서에서 거의 대부분의 일을 하도록 훈련되며, 직속 감독자가 없으며, 일선 감독자가 이전에 내린 결정을 한다. 자율경영팀은 생산분야에서 가장 많이 찾아볼 수 있는 팀이다. 전통적으로 관리되는 팀에 비해 자율경영팀은 보다 더 생산적인 것으로 보이며, 낮은 비용으로 더 나은 고객 서비스를 제공하며, 높은 품질을 제공하며, 더 좋은 안전 기록을 가지고 있으며, 구성원들을 더 만족시킨다.

그림 11.1을 참조할 때 **전통적인 작업팀**(traditional work groups)은 관리 책임이 없다. 일선 관리자가 그것들을 계획, 조직, 충원, 지휘 및 통제를 하며, 다른 그룹들은 품질 통제 및 정비를 포함한 지원 활동을 제공한다. **품질관리 집단**(quality circles)은 다양한 생산팀으로부터 뽑은 자발적인 그룹으로 품질에 대하여 제안하지만 결정 혹은 실행할 권한은 없다. **반자율작업팀**(semiautonomous work groups)은 주요 생산 활동을 관리하고 수행할 결정을 하지만, 여전히 품질 통제 및 정비에 대해 외부 지원을 한다. **자율작업그룹**(autonomous work group) 혹은 자율경영팀은 과업의 전반적인 범위에 대한 결정을 통제하고 실행한다. 그들은 전체 제품 혹은 생산 공정의 전 부분에 대해 완전히 책임을 진다. **자율설계팀**(self-designing teams)은 이 모든 것들을 다하고 한 단계 더 나아간다. 그들은 또한 팀의 설계에 대하여 통제한다. 이들은 자신의 고용, 해고를 스스로 결정하고, 팀이 어떤 과업을 수행할지를 결정한다.

그림 11.1에서 왼쪽에서 오른쪽으로 갈수록 더 많은 직원이 참여하게 된다. 오른쪽으로 갈수록 참여하는 것은 사소한 것이 아니며, 단순히 조언만 하는 것이 아니다. 참여는 단지 제안이 아니라 행동과 영향을 포함하는 내용이다. 기업이 진정으로 자율경영지점에 도달한 팀을 도입하면 낮은 비용, 더 높은 수준의 팀 생산성, 품질 및 고객 만족을 얻을 수 있다. 종합팀, 반자율팀 및 자율팀은 조직의 재무 및 전체 성능을 개선한다고 알려져 있다. 이러한 결과는 다국적 기업들이 해외 시설에서 자율관리팀을 사용하는데 영감을 주었다. 예를 들어 Goodyear Tire&Rubber사는 유럽, 라틴 아메리카 및 아시아에서 자율관리 작업팀을 사용하였다. 이러한 기업들은 서로 다른 문화가 자율관리팀에 대응할 수 있는 다양한 방법을 배우고 있으며 문화적 가치에 따라 구현을 맞춤화하고 있다.

11.4 그룹이 팀이 되는 방법

경영자(관리자)로써 당신은 당신의 그룹이 효과적인 팀이 되기를 원한다. 이를 위해서 그룹이 어떻게 진정한 팀으로 되며, 때론 팀이 되는 데 실패하는 이유가 무엇인지 이해하는 것이 도움이 된다. 그룹은 기본적인 그룹 활동, 시간의 경과, 팀 개발활동을 통해 진정한 팀이 된다.

1) 그룹 활동

당신이 새로 만든 그룹의 대표라고 가정해 보자. 당신의 그룹을 고성능 팀으로 개발하려고 할 때 직면하는 문제가 무엇일까? 그룹을 성공적으로 개발하려면 다음을 포함하는 다양한 활동에 관여하게 된다.

- **형성**(forming): 수용할 수 있는 행동 유형에 대한 절차상의 원칙을 확립한다.
- **폭풍**(storming): 갈등이 일어나고 권력 또는 그에 상응하는 지위를 얻으려고 책략을 쓴다. 갈등, 긴장, 불일치는 팀에게 다양한 관점을 제공한다.
- **규범화**(norming): 공유 목표에 동의하고, 표준과 긴밀한 관계를 개발한다.
- **수행**(performing): 과업을 수행하는 데 그룹의 활력을 이용한다.

약화되는 그룹은 감소 단계로 이동하고, 임시 그룹은 중단 또는 종료 단계를 추가한다. 그룹 구성원들이 그들의 과업을 완료하거나 관심을 상실하거나 실패하여 해산할 때 그룹은 종료된다.

최근의 연구에서 **다국적 팀**(transnational teams)의 그룹 개발 활동이 조사되고 있다. 그러한 팀은 다문화적일 뿐만 아니라 지리적으로도 분산되어 있고 생리적으로 동떨어져 있으며, 기업의 목적에 상당한 영향력을 가진 고도로 복잡한 프로젝트를 작업한다는 점에서 다른 과업 팀과 다르다. 초기에 그러한 팀은 팀의 합법성을 구축하고, 팀의 임무를 기업 전략에 연결하고, 자원을 획득하는 망을 구축하고, 오래된 관행을 제거하고 실험을 용이하게 하는 옹호 기술(advocacy skills)을 사용하는 데 필요했다. 팀이 진화됨에 따라 그들은 외부 구성요소와 협력하고, 개인의 역할과 책임을 구분하고, 헌신을 구축하고, 구성원들의 기여 보상을 포함한 촉매 기술(catalytic skills)을 더 많이 사용한다. 궁극적으로, 성숙한 팀은 위업과 우수성을 강조하고, 조정하고, 문제를 해결하고, 경과(진도)와 결과를 측정하는 통합기술(integrative skills)을 적용한다.

2) 시간의 경과

팀 개발의 핵심 측면은 시간의 경과이다. 그룹은 중요한 시기를 거치거나 형성적 경험에 특히 개방적인 시기를 거친다. 첫 번째 중요한 시기는 규칙과 규범 및 역할이 수립되는 형성 단계이다. 처음 회합에서 영구한 선례를 남기는 규칙과 규범 및 역할이 수립된다. 두 번째 중요한 단계는 초기 만남과 프로젝트 마감일 사이의 중간점이다. 이 시점에서 그룹은 자신의 작업을 이해하는 데 필요한 충분한 경험을 가진다. 자원이 부족하게 되고 서둘러야 할 시기임을 이해하게 되며, 필요시 그 방법을 변경할 수 있는 시간이 충분히 남아있다.

처음 회합에서 그룹은 바라고자 하는 규범, 역할 및 효과성의 다른 결정요인을 설정한다. 두 번째 중요한 시기에 그룹은 외부 구성원과의 의사소통 수단을 갱신하거나 개방해야 한다. 그룹은 과업을 수행하는 방법을 개정하고, 고객과 소비자의 욕구를 충족한다는 것을 보장하기 위해 외부 환경으로부터 새로운 정보를 사용할 수 있다. 이러한 활동이 없으면 그룹은 초기부터 잘못된 방향으로 출발하게 되고, 구성원들은 적절한 방향으로 그들의 행동을 수정할 수 없게 된다.

3) 개발 순서: 그룹에서 팀으로

관리자 혹은 그룹 구성원으로서 당신은 다양한 시간에 모든 활동에 관여하기를 기대한다. 그러나 그룹이 언제나 성공적인 것은 아니다. 그들이 언제나 효과적이고 고성능 팀으로 전환되는 개발적인 활동에 관여하는 것은 아니다.

유용한 개발 순서를 그림 11.2에서 묘사하고 있다. 그림은 그룹의 리더십이 전통적인 감독에서 보다 참여적인 방법을 통해 진정한 팀 리더십으로 이동하는 다양한 활동을 보

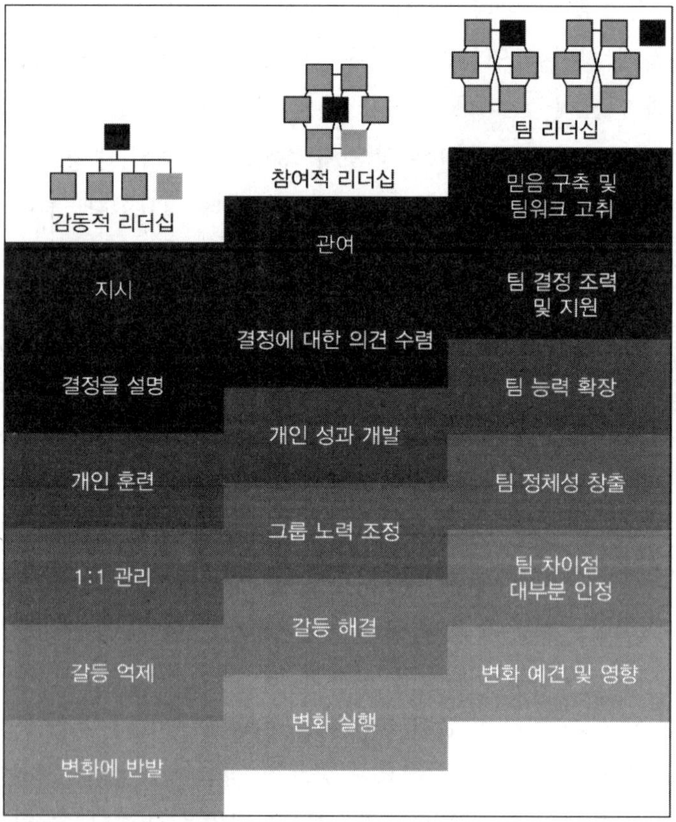

그림 11.2 단계적 팀 리더십 강화

여주고 있다.

이 모델에 관한 일련의 흐름을 이해하는 것이 중요하다. 그룹은 반드시 하나의 단계에서 다음 단계로 점진적으로 이행할 필요는 없다. 그들은 영구적으로 감독 수준에 머무를 수 있으며, 보다 더 많이 참여하게 되지만 결코 진정한 팀 리더십에 도달하지 못한다. 그러므로 그러한 차원에 대한 경과를 리더와 구성원이 자각하고 이러한 목적을 달성하는 데 진력을 다해야 한다. 그럼으로써 그룹은 그림과 같은 활동에 전력하여 이러한 목적을 달성하고 진정한 팀이 될 수 있다.

4) 그룹이 종종 실패하는 이유

팀 구축은 반드시 그러한 단계를 통해 순조롭게 진행되는 것은 아니며, 팀 요원들이 합심하여 노력할 때 결국은 능률적이고 최상의 성과를 발휘하는 팀이 된다. 결코 잘 풀리지 않는 일부 그룹은 관리자와 구성원을 좌절시켜 어려움이 이득보다 더 크게 된다.

고성능 팀을 구축하는 것은 용이하지 않다. 팀은 진정한 권리를 부여하여 팀 구성원들이 중요한 결정을 하도록 하지 않으면 팀의 효용성은 줄어든다. 팀이 모든 혁신적인 생각을 승인받게 되면 때로는 안전하고 전통적인 결정으로 되돌아가려고 한다. 따라서 경영층은 그들에게 약간의 자유를 주고 그들이 기여한 것에 대해 보상을 하여 진정으로 팀을 지원해야 한다. 전통적인 시스템에서 경영자에게 일부 통제 권한을 포기하라고 하는것은 매우 어려운 일이며, 그들은 장기적으로 강력하고 더 성과가 우수한 단위를 만들어냄으로써 통제력을 얻을 수 있다는 것을 깨달아야 한다.

팀에게 진정으로 권한을 부여해야 한다. 그들이 중요한 결정을 하는 것을 허락하지 않을 때 팀의 이득은 줄어든다. 다시 말하여 경영자가 그들이 중요한 책임을 갖도록 신뢰하지 않으면 팀의 이득은 감소한다. 팀이 모든 혁신적인 생각에 대해 결정을 할 수 있도록 경영자가 허락을 하지 않을 경우 그들은 안전하고 전통적인 결정을 내리는 것으로 되돌아갈 것이다. 따라서 경영자는 그들에게 약간의 자유와 그들의 기여에 대한 보상을 함으로써 팀을 진정으로 지원해야 한다.

실패는 팀을 성공적으로 만드는 것이 무엇인지, 해야 할 일이 무엇인지 모를 때 발생한다. 성공하려면 당신은 명쾌한 생각과 적절한 관행을 적용해야 한다.

11.5 효과적인 팀 구축

위에서 기술한 모든 고려사항이 효과적인 작업팀의 구성요소가 된다. 그러나 팀이 효과적이 되는 데 필요한 진정한 수단은 무엇인가? 경영자(관리자)가 진정으로 효과적인 팀을 설계하는 데 해야 할 일이 무엇인가? 팀 효과성은 3가지 기준으로 정의된다.

첫째, 팀의 생산 결과가 질적이고 양적인 표준을 충족하거나 초과해야 한다. 팀의 산출물은 팀의 제품 혹은 서비스를 수령하는 조직 내외부의 고객이 납득할 수 있어야 한다.

둘째, 팀 구성원은 그들의 사적인 욕구를 만족한다는 것을 인식해야 한다. 팀 요원들은 열정적이고 그들의 일에 큰 자부심과 만족감을 느껴야 한다.

셋째, 팀 구성원은 다시 함께 작업에 헌신할 준비가 되어 있어야 한다. 즉 그룹은 힘든 프로젝트를 완료한 후에 소진되거나 분해되지 않는다. 돌이켜보면서 그들은 팀 요원으로 참여했던 점을 기뻐한다. 다시 말하여 효과적인 팀들은 생존력을 유지하고 미래에 반복되는 성공에 대한 좋은 전망을 가지고 있다.

1) 성과 초점

효과적인 팀워크의 핵심 요소는 공통 목표에 전념해야 한다는 것이다. 최상의 팀은 관리에 의해 중요한 성과 도전이 주어진 팀이며, 그들의 목적에 대해 공동으로 이해하고 공감해야 한다. 구성원들은 그러한 일을 토론하고 합의해야 한다. 팀은 성과 전략을 평가할 규범을 개발해야 하며 필요 시 적절하게 변경할 수 있어야 한다. 명쾌하고 강력하고 동기부여되는 목적과 효과적인 성과 전략이 있을 때 사람들은 과외의 일을 달성할 기회가 되는 강력한 힘이 되도록 협력하게 된다.

최상의 팀들은 또한 그들의 목표를 달성하기 위해 어떻게 협력할 것인지에 대한 공통 이해를 개발시키기 위해 열심히 일한다. 그들은 과업과 역할을 어떻게 할당하고 어떻게 결정할 것인가와 같은 그러한 일들을 토의하고 동의한다. 팀은 성과 전략을 검토하기 위한 규범을 개발해야 하며 적절할 때 변경할 수 있어야 한다. 분명하고 강력하게 동기 부여될 수 있는 목적과 효과적인 성과 전략이 있어야만 사람들은 비상한 일을 성취할 수 있는 강력한 힘을 모을 수 있을 것이다.

팀의 일반적인 목적을 특정의 측정 가능한 성과 목표로 전환해야 한다. 성과는 다수의 개별 제품 대신에 집합적인 최종 제품으로 정의할 수 있다. 팀에 기반한 성과 목표는 팀 제품을 정의하고, 구별하고, 팀 내의 의사소통을 격려하고, 팀 구성원을 활성화시키고 동기를 부여한다. 또한 경과에 대한 피드백을 제공하고, 팀 성공에 대한 신호를 보내고, 팀이 결과에 분명하게 초점을 맞추는 것을 확실히 하는 데 도움을 준다. 최근의 연구 결과 목표는 어렵지만 그것을 달성하기 위한 강력한 동기를 가진 팀이 가장 높은 성과 수준을 달성한다는 것을 보여준다.

최상의 팀에 기반한 측정 체계는 팀 성과를 최상위 경영진에게 알려주며, 팀이 팀 자신의 과정을 이해하고 자신의 경과를 측정하는 데 도움이 된다. 이상적으로, 팀은 팀 자신의 측정 체계를 설계하는 데 있어 선도적인 역할을 하게 된다. 이것은 팀이 진정으로 권리를 부여받고 있는지를 보여주는 가장 큰 지표이다.

개인과 마찬가지로 팀은 그들 성과에 대한 피드백을 원한다. 고객으로부터의 피드백은 중요하다. 팀 제품에 대한 일부 고객은 조직의 내부에 있다. 팀은 그들을 만족시킬 책임이 있으며, 성과 피드백을 주거나 추구해야 한다. 가능하다면 팀은 직접 그들의 제품과 서비스를 최종 구매 결정하는 외부 고객과 상호작용해야 한다. 이것은 가장 정직하며, 가장 중요하며, 가장 유용한 모든 성과의 피드백이 될 것이다.

2) 팀워크 동기부여

가끔 개인들은 그룹의 구성원일 때 노력을 덜 기울이고 생산성이 떨어지는 결과를 초래한다. 개인이 그들의 기여가 중요하지 않다고 믿거나 다른 구성원들이 그들을 위해 일하게 될 때 또는 그들의 노력 부족이 탐지되지 않거나, 그들이 열심히 하지만 타인들은 열심히 하지 않는 경우에 그러한 사회적 태만(social loafing)이 발생한다. 반면에, 개인들은 그들이 혼자 작업할 때보다 그룹의 구성원일 때 더 열심히 일하게 된다. 이러한 **사회적 촉진 효과**(social facilitation effect)는 다른 사람들이 존재할 때 개인은 더 잘 동기부여되며, 다른 사람들이 그들에 대해 무엇을 생각하는지에 관심을 기울이며, 긍정적인 자아상을 유지하기를 원하기 때문에 발생한다.

그룹 구성원들이 서로에 대해서 잘 알고 관찰하고 소통하며, 분명한 성과 목표가 존재하고, 과업이 작업하는 사람들에게 의미가 있으며, 그들의 노력이 중요하며 타인들이 그들을 이용하지 않는다고 믿으며, 문화가 팀워크를 지원할 때 사회적 촉진 효과가 유지되고 사회적 태만을 피할 수 있다. 따라서 이상적으로 모든 사람들은 열심히 일해야 하며, 구체적인 방법으로 팀의 작업에 기여하고, 다른 팀 구성원들에게 책임을 진다는 것이 분명할 것이다. 책임감이 상호 헌신과 신뢰를 격려하다. 당신의 팀 동료를 믿고 그들이 당신을 믿는 것이 효과성의 궁극적인 핵심이 될 수 있다.

팀 과업을 동기 부여되도록 설계하면 팀 노력이 또한 만들어진다. 그들이 다양한 구성원 기술을 사용하고 높은 과업 다양성, 정체성, 중요성, 자율과 성과 피드백을 제공할 때 과업은 동기 부여된다.

궁극적으로 팀워크는 팀 성과를 보상과 연계할 때 가장 잘 동기 부여된다. 팀에 기반한 인센티브가 소규모 그룹과 소규모 기업에서 특히 강력하다. 팀 성과를 유효하게 측정할 수 있다면 그에 따라 팀에 기반한 보상을 줄 수 있게 된다. 개인 성과에 기초한 보상체계를 팀 성과에 기반한 보상체계로 전환하는 것은 용이하지 않다. 중요한 것은 사람들이 진정으로 상호의존적이지 않을 경우 보상체계가 적절하지 않을 수 있으므로 진정한 팀 목표를 달성하는 데 협력해야 한다. 종종 현존하는 개인 효능에 기반한 보상에 팀에 기반한 보상이 추가될 수 있다.

팀 성과를 유효하게 측정할 수 없다면 좋은 팀워크를 나타내는 원하는 행동, 활동 및 과정을 보상할 수 없다. 팀 내에서 개인은 활동 참여, 협동, 리더십, 기타 팀에 대한 기여도로 나타나는 팀워크에 기초하여 차등적으로 보상할 수 있다.

팀 구성원들이 차등적으로 보상을 받는다면 그러한 결정은 상관에게 맡기지 않는 것이 좋다. 그러한 것들은 동료 평가, 다중평가 체계를 통해 팀 스스로가 만들어야 한다. 유효한 보상 배당을 관찰하고, 이해하고, 실행하기에는 팀 구성원들이 더 좋은 위치에 있다. 마지막으로, 팀이 더 조직화될수록, 그리고 팀 방향이 완전하게 존재할수록 수입 배분과 다른 조직 전체의 인센티브를 통해 보다 더 유효하고 효과적으로 보상을 배분할 수 있게 된다.

3) 구성원의 기여

팀 구성원이 팀에게 효과적인 기여자가 되도록 팀 구성원을 선발하고 훈련해야 한다. 팀은 종종 새로운 구성원을 충원한다. 팀 구성원은 권리 부여 환경에서 그들이 얼마나 팀 성공에 기여할 수 있는가를 예측할 수 있도록 설계된 시험에 기초하여 선발해야 한다. 보통 이를 위해 사전에 서면 평가를 통해 지원자를 일정 배수로 축소하고, 면접을 통해 최종 인원을 선발하게 된다.

일부 기업은 컴퓨터 시스템을 이용한 네트워크와 데이터베이스를 결합하여 팀을 식별하고 올바른 사람을 구하기 위해 화상회의 시스템 등을 이용하여 선발한다. 일반적으로 팀에서 필요한 기술은 기술적 혹은 기능적 전문지식, 문제해결 능력과 의사결정 기술, 대인기술 등이다. 일부 관리자(경영자)와 팀은 일부 기술, 특히 기술적 및 기능적 기술을 과대평가하고 다른 기술은 과소평가하는 오류를 범하기도 한다. 팀 구성원들 사이에서 3가지 유형의 기술 모두가 표현되고 개발되는 것이 매우 중요하다.

4) 규범(표준)

규범(norms)은 사람들이 어떻게 생각하고 행동하는가에 대한 믿음을 공유하는 것이다. 조직의 관점에서 규범은 긍정적이거나 부정적이다. 일부 팀의 경우 모든 사람들이 열심히 일한다. 다른 그룹에서는 직원들이 관리에 반대하며 가능한 한 일을 적게 하려고 한다. 일부 그룹은 위험을 감수하는 규범을 개발하고, 다른 그룹은 보수적인 규범을 개발한다. 규범은 직원이 기업을 우호적으로 혹은 비판적으로 말할 수 있도록 허용되어야 한다. 팀 구성원들은 불량한 안전 관행, 의약품 및 알코올 남용, 직원 절도행위에 대하여 관심을 보일 수 있거나 그러한 이슈에 개의치 않을 수도 있다. 일부 기업에서는 건강을 고려한 금연이 임원에 대한 규범인 반면 담배를 피우는 것이 담배 제조기업의 규범이다. 일부 그룹에서는 서로가 불신하고 마음을 열지 않지만 신뢰와 갈등에 대한 열린 토론은 그룹 성과를 개선할 수 있다.

5) 역할

역할(role)은 개서로 다른 개인이 어떻게 행동해야 하는지에 대한 서로 다른 기대의 집합니다. 반면에 규범은 일반적으로 모든 팀 구성원에게 적용되며, 규범 구조 내에서 서로 다른 구성원에 대해 서로 다른 역할이 존재한다.

두 가지 중요한 일련의 역할을 수행해야 한다. **과업 전문가**(task specialist) 역할은 다른 구성원이 가지고 있는 것보다 더 진보된 특정한 직무 관련 기술과 능력을 가진 개인으로 채워진다. 이러한 직원들은 팀을 과업 달성으로 나아갈 수 있도록 한다. **팀 유지 전문가**(team maintenance specialist)는 팀의 조화를 개발하고 유지하는 개인으로 사기를 북돋우고, 지원을 하고, 유머를 제공하고, 다친 마음을 치유하는 등 일반적으로 구성원들의 복지에 관심을 갖는다.

이러한 역할 간의 유사함과 중요한 과업 성과와 그룹 유지 리더십 행동에 대하여 유의하기 바란다. 이러한 역할 일부는 다른 시기와 다른 환경에서는 다른 역할보다 중요하게 된다. 그러나 이러한 행동은 한 명 혹은 두 명의 리더에 의해서만 수행될 필요는 없다. 팀의 모든 구성원들은 항상 이러한 역할을 수행해야 한다. 시간이 경과하면 두 가지 유형의 역할은 효과적으로 기능하는 작업팀을 유지하기 위해 다른 개인에 의해 수행될 수 있다.

팀에 정식 리더가 있는 경우, 리더의 역할은 적절하고 의미 있는 팀의 목적, 목표 및 방법을 유지하고, 헌신과 자신감을 구축하고, 팀 구성원의 기술 수준을 강화하여 혼합하고, 외부 관계자와의 관계를 관리하고, 팀 성과에 장해가 되는 장애물을 제거하고, 팀과 팀 구성원들에 대한 기회를 만들고, 감리가 아닌 실제로 작업을 하는 것이다.

자율경영팀은 종종 코치(coach)라고 불리는 경영 지도자에게 보고한다. 진정한 자율경영팀의 경영 지도자는 팀의 진짜 구성원이 아니다. 여기서의 의사결정은 그룹 스스로 하기 때문이며, 경영 지도자의 상대적인 권력은 팀의 개방성과 자율성을 약화시킬 수 있기 때문이다. 그러므로 경영 지도자의 역할은 팀이 조직에서 팀의 역할을 이해하도록 도와주며 팀에게 자원으로서 행동하도록 하는 것이다. 경영 지도자는 팀 구성원이 그들 자신이 얻을 수 없는 정보, 자원 및 의견을 제공할 수 있다. 그리고 경영 지도자는 조직의 나머지 부분에서 팀을 옹호해야 한다.

6) 응집력

작업팀의 가장 중요한 특성은 응집력이다. **응집력**(cohesiveness)은 팀이 구성원들에게 얼마나 매력적이며, 구성원들이 팀에 남아있도록 얼마나 동기 부여되고, 구성원들이 서로에게 얼마나 영향을 끼치는가를 나타내는 정도를 말한다. 일반적으로 응집력은 팀이 얼마나 유대가 긴밀한가를 말한다.

❖ 응집력의 중요성

응집력은 두 가지 이유로 중요하다. 첫째로, 응집력은 구성원 만족에 기여한다. 응집력이 있는 팀에서 구성원들은 타인들과 잘 소통하고 잘 지낸다. 그들은 팀의 일원이라는 것에 대하여 좋은 감정을 느낀다. 그들의 과업이 불만족스럽거나 조직이 억압적이어도 구성원들은 그들의 동료 직원들과 즐기는 것으로부터 약간의 만족을 얻는다.

둘째로, 응집력은 성과에 중요한 영향을 끼친다. 최근의 연구결과에 의하면 품질과 생산성 모두에서 성과 개선은 대부분 응집력 있는 부서에서 발생하는 반면에, 팀 내에서의 갈등은 품질 혹은 생산성 개선을 저해하고 있다고 밝히고 있다. 일반적으로 응집력은 성과에 분명히 긍정적인 영향을 준다.

그러나 이러한 해석에 대한 예외도 있을 수 있다. 유대가 긴밀한 팀은 조직에 지장을 줄 수 있다. 조립라인에서 구성원들이 태업을 하면 상관을 화나게 하여 낮은 성과 표준을 시행하게 된다. 높은 응집력이 있을 때 양호한 성과 혹은 불량한 성과를 가져오는 것은 (1)과업 (2)그룹이 높거나 혹은 낮은 성과 표준을 가지고 있느냐에 따라 다르다.

❖ 과업

결정을 해야 하거나 문제를 해결하는 과업인 경우 응집력은 불량한 성과를 가져올 수 있다. 집단 사고(group think)는 긴밀한 유대가 있는 그룹에서 발생한다. 응집력이 없는 그룹에서 일어날 가능성이 많은 불일치는 좋은 결정을 가져올 수 있다. 좋은 결정을 하는 응집력 있는 그룹의 경우 건설적인 불일치에 대한 표준을 수립해야 한다. 이는 이사회의 수준까지 그룹에게 중요하며, 최고 경영팀에서는 회사의 재무성과를 개선하는 것으로 나타났다.

응집력은 성과를 고양할 수 있다. 특히 과업이 어떤 실질적인 결과를 만들어내는 경우에는 더욱 그러하다. 의사결정의 주요 과업이 아닌 일상적인 작업팀에서 성과에 대한 응집력의 영향은 긍정적일 수 있다. 그러나 그것은 그룹의 성과 표준에 따라 다르다.

❖ 성과 표준

그룹 구성원들이 그룹이 선호하는 방식으로 확실하게 행동하는 일부 그룹은 그렇지 않은 그룹에 비해 더 좋다. 응집력 있는 그룹은 응집력이 없는 그룹보다 표준 시행에서 더 효과적이다. 그러나 성과 표준이 높은지 혹은 낮은지에 대해서는 좀더 생각해봐야 한다.

그림 11.3에서 보는 바와 같이, 가장 높은 성과는 응집력 있는 팀이 높은 성과 표준을 가지고 있을 때 발생한다. 그러나 고도로 응집력 있는 팀이 낮은 성과 표준을 가지고 있으면 그룹은 최악의 성과를 얻게 되는데, 그럼에도 불구하고 그룹의 관점에서 본다면 불량한 성과 목표를 달성하는 데는 성공한 것이 된다. 높은 성과 표준을 가진 응집력이 없는 그룹은 기업의 관점에서 효과적일 수 있다. 그러나 구성원들이 더 응집력이 있으면 그들이 얻게 된 성과만큼 생산적이지는 않을 것이다. 낮은 성과 표준을 가진 응집력이 없는 그룹은 불량하게 일을 수행하지만, 그들은 낮은 성과 표준을 가진 응집력 있는 그룹보다 효과적으로 관리하면 일을 망치지는 않게 될 것이다.

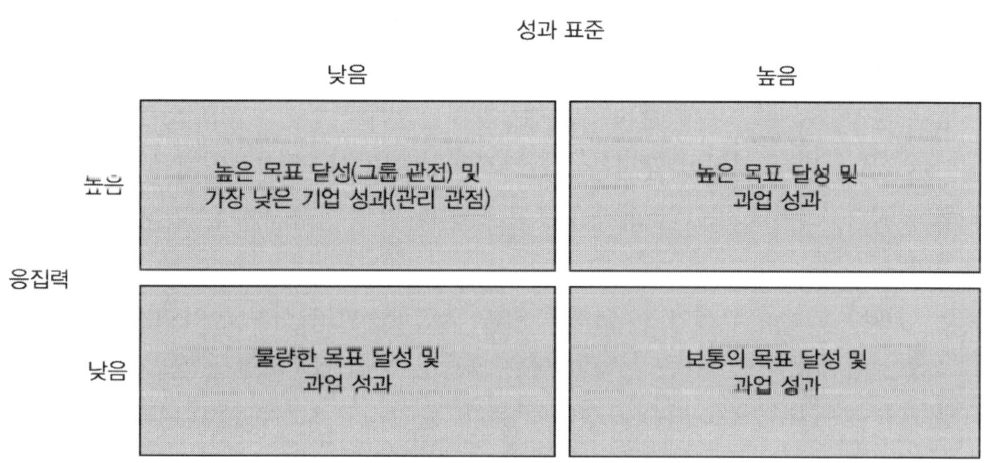

그림 11.3 응집력, 성과 표준 및 그룹 성과

7) 응집력과 높은 성과 표준 구축

그림 11.3에서 시사하는 바와 같이, 경영자(관리자)는 응집력 있고 높은 성과 표준을 가진 팀을 구축해야 한다. 다음과 같은 행동이 그러한 팀을 만드는 데 도움을 줄 수 있을 것이다.

1. 유사한 자세(태도), 가치 및 배경을 가진 구성원을 채용한다. 유사한 개인들은 서로 사이좋게 지낼 가능성이 높다. 하지만 팀 과업에 서로 다른 기술과 입력이 필요하면 그러지 않을 수 있다.
2. 높은 입사시험과 사회화 표준을 유지한다. 팀과 조직은 더 많은 명성을 얻기가 어렵다. 어려운 면접, 선발, 훈련 과정에서 생존한 개인은 그들의 업적에 자부심을 느끼고 팀에 대한 애착을 더 느끼게 된다.
3. 팀을 가능한 한 과업을 할 수 있는 수준의 소규모로 유지한다. 그룹이 클수록 구성원들은 덜 중요하다고 느낀다. 작은 팀들은 개인들을 큰 기여자처럼 느끼게 한다.
4. 팀 성공을 돕고, 그 성공을 홍보한다. 팀뿐만 아니라 개인에게도 권한을 부여할 수 있다. 성공을 촉진하는 목표지향적인 리더가 되어야 한다. 성공의 경험이 팀을 더 가깝게 만든다. 만약 당신이 당신 팀의 성공을 상급자에게 알리면 구성원들은 그들이 중요하고 명망있는 팀의 일원이라고 믿을 것이다.
5. 참여적인 리더가 되게 한다. 결정에 참여하게 되면 팀 구성원들은 서로 더 관련이 있게 되고 목표 달성을 위해 분투노력하게 된다. 상층부에서 너무 많이 독단적인 결정을 하게 되면 그룹을 경영진과 멀어지게 할 수 있다.
6. 외부로부터의 도전을 팀에게 제공한다. 타 그룹과 경쟁하게 되면 상대방을 제압하기 위해 팀 구성원들의 유대가 공고해진다. 사업과 과학 분야의 몇 몇 가장 위대한 팀은 경쟁에서 이기는데 전적으로 집중했다. 그러나 당신이 외부의 위협이 되지 말아야 한다. 팀 구성원이 당신을 상관으로서 좋아하지 않는다면 그들은 더 응집하게 될 것이다. 그러나 그들의 성과 표준은 당신과 함께 공유하지 않고 당신에게 대항할 것이다.
7. 팀 성과와 보상을 연계한다. 대부분 팀은 개인과 마찬가지로 동기 부여된다. 그들은 보상받는 일을 한다. 높은 성과의 팀은 그들이 받을만한 보상을 받으며 성과가 불량한 그룹은 상대적으로 적은 보상을 받는다. 순간적인 보상뿐만 아니라 좋은 일에 대한 인정도 강력한 동기부여 요소라는 점을 명심해야 한다. 팀 업적을 인정하고 축하해주어야 한다. 팀은 더 응집될 것이며 더 많은 보상을 받기 위해 더 잘 할 것이다. 성과 목표는 높아야 하며 조직은 동기 부여와 생산성이 높은 팀으로부터 이익을 얻

게 될 것이며, 팀 구성원들의 개별적인 욕구는 더 잘 충족될 것이다. 이상적으로, 조직 전반에 걸쳐 높은 성과를 거두는 팀의 일원으로 인정받는 것은 영광의 징표가 될 것이다.

그러나 강력한 응집력은 "선뜻 동의하는 것(우호성: agreeableness)"을 격려함으로서 역기능이 있을 수 있다는 점을 명심해야 한다. 문제해결과 의사결정을 위해 팀은 사적인 갈등이나 적대감 없이 문제에 대한 솔직한 의견 불일치를 포함하여 개방적이고 건설적인 분위기를 촉진하는 표준을 수립해야 한다. 따라서 팀은 집단사고를 피할 수 있어야 한다.

11.6 수평적인 관계 관리

팀은 외부와 단절된 상태에서 기능할 수 없다. 팀은 다른 팀과 상호 의존한다. 따라서 팀에 중요한 몇 가지 활동은 팀이 그룹의 외부 사람과 거래할 때 수반되는 활동이다.

1) 외부 관리

여러 가지 중요한 역할은 팀을 그들의 외부 환경 즉, 조직 내 · 외부의 다른 개인과 그룹과 연결한다. 팀 경계에 걸쳐있는 특정한 유형의 역할은 문지기로서, 과학 및 기타 분야의 현용 정보를 지속적으로 파악하고, 중요한 개발을 그룹에게 알려주는 역할을 하는 팀 구성원이다. 또한 그룹에게 유용한 정보는 기업 혹은 산업계 전반에 걸친 자원, 경향 및 정치적인 지원에 관한 정보를 포함한다.

팀의 전략은 팀의 내부에 초점을 맞춘 역할과 외부에 초점을 맞춘 역할을 혼합하고 시간이 경과함에 따라 혼합이 어떻게 변화하는지를 결정한다. 일반적인 전략은 통보, 과시, 탐색이다. **통보**(Informing) 전략은 성과 측응노 상태를 날성하기 위하여 내부 팀 과정에 먼저 집중하는 것을 말한다. 그리고 팀은 그 의도를 외부 사람에게 알려준다. **과시**(parading) 전략은 내부 팀 구축과 외부 기업 가시성을 달성하는 것을 동시에 강조하는 것을 말한다. **탐색**(probing) 전략은 팀 구성원이 외부 사람과 자주 접촉하여 그들의 욕구를 진단하고 해법을 실험하는 것을 말한다.

내부 및 외부의 전략적 초점에 대한 적절한 균형과 내부와 외부 역할 간의 적절한 균형은 팀이 외부에서 얼마나 많은 정보, 지원 및 자원을 필요로 하는가에 달려있다. 팀이 외부 사람에 대한 의존도가 높으면 탐색이 최상의 전략이다. 과시 전략은 팀이 중간 수준에서 수행하는 것이며, 통보 전략은 팀이 실패할 가능성이 있을 때 수행하는 전략이다. 팀은 그들이 의존하는 외부 그룹과 너무 고립되어 있다.

통보 혹은 과시 전략은 외부 그룹에 덜 의존적인 팀에 더 효과적이다. 그러나 미래의 가장 중요한 작업팀-TF팀, 신제품팀 및 전략 의사결정팀-은 급변하는 외부 환경에서 비구조화된 문제를 해결하는 역할을 하는데, 외부와 상호작용하는 것과 관련된 역할에서 효과적인 수행은 필수적일 것이다.

2) 수평적인 역할 관계

타 그룹과 팀의 경영자(관리자)와의 관계를 관리하는 것은 관리체계 전반에 걸쳐 적절한 조정을 보장하기 위해 동적으로 주고받는 것에 관여하는 것을 의미한다. 많은 경영자(관리자)에게 있어 이 과정은 종종 무질서한 난투극처럼 보인다. 이는 다른 유형의 수평적인 역할 관계를 식별하는 데 유용하며, 건설적인 관계를 구축하는 데 필요한 전략적인 방법이다.

다른 개인과 마찬가지로 다른 팀은 수행해야 할 역할이 있다. 팀이 그들의 역할을 수행함에 따라 여러 가지 구분되는 작업 관계 패턴이 개발된다.

1. 작업 흐름 관계: 재료가 한 그룹에서 다른 그룹으로 전달될 때 작업 흐름 관계가 출현한다. 일반적으로 그룹은 한 단위로부터 작업을 받고 이를 처리하고 공정의 다른 단위로 이를 송신한다. 그러면 당신의 그룹은 그 과정에서 일부 그룹보다 먼저 그리고 다른 그룹보다 나중에 올것이다.
2. 서비스 관계: 최상위 경영자(관리자)가 많은 수의 다른 단위가 접근해야 할 활동에 집중할 때 서비스 관계가 존재한다. 일반적인 예는 기술 서비스, 사서 및 사무직원이다. 그러한 단위는 다른 사람들의 요청에 서비스해야 한다.
3. 조언 관계: 문제가 있는 팀이 집중적인 전문가 지식을 요청할 때 조언 관계가 만들어진다. 예를 들어 인적자원 혹은 법무부서 조언 작업팀의 참모 요원이다.
4. 감사 관계: 명령 사슬에 직접적으로 있지 않은 사람이 다른 팀의 방법과 성능을 평가할 때 감사 관계가 발달된다. 재무사정관이 부기를 점검하고 기술 감사원이 작업 방법과 기술 품질을 점검한다.
5. 안정화 관계: 사실에 앞서 감사를 하는 것을 말한다. 다시 말하여 팀은 종종 타인으로부터 허락을 받아야 한다. 예를 들어 대량 구매의 경우 행동을 취하기 전에 허락을 받아야 한다.
6. 연락 관계: 팀 간의 중재자를 말한다. 경영자는 가끔 두 조직 단위간의 갈등을 중재해야 한다. 공공관계 사람, 판매 관리자, 구매 대행자 및 조직 경계를 가로질러 작

업을 하는 타인들은 조직과 외부 세계간의 소통을 유지하기 위해 중재자로서의 역할을 한다.

다른 단위와 각각의 작업 관계를 평가하여 팀은 누구와 접촉하고 언제, 어디서, 왜, 그리고 어떻게 해야 하는가를 더 잘 이해할 수 있다.

3) 그룹간의 갈등

조직 전반에 걸친 복잡한 상호의존성이 그룹과 팀 사이에서 갈등이 일어날 무한한 기회를 제공한다. 일부 갈등은 조직에 건설적이다. 그러나 계약의 다양성, 관할권과 책임의 모호성, 목표의 차이, 희귀 자원에 대한 그룹간의 경쟁 등과 같은 많은 것들은 파괴적인 갈등이 일어날 가능성을 유발한다.

긴장과 불안은 인종학적으로 다양한 팀, 조직의 다른 부서, 다양한 개성으로 이루어진 팀에서 일어날 가능성이 크다. 그러나 시간이 경과하고 소통을 함에 따라 다양한 그룹은 동종의 그룹보다 더 협력적이며 과업을 더 잘 수행한다. 다기능 팀이 더 많은 조직 분야와 더 많이 외부 소통에 관여한다는 사실로 미루어 볼 때 협력에 관한 표준이 성과를 개선할 수 있다.

4) 갈등 관리

팀은 불가피하게 갈등에 직면하며 이를 어떻게 관리하느냐가 중요하다. 갈등이 생산적이기 위해서는 관련된 사람들이 갈등으로부터 잃는 것보다 얻는 것이 더 많다는 믿음을 갖게 하는 것이다. 사람들은 (1)새로운 해법을 구현할 때 문제점이 해결되고 다시 나타날 가능성이 없다고 믿을 때 (2)작업 관계가 강화되고 사람들이 미래에 생산적으로 함께 일할 수 있다고 믿을 때 갈등으로부터 이익을 얻는다고 믿는다.

갈등을 어떻게 관리할 수 있을까? 인적자원관리와 갈등에 관한 최근의 연구결과는 우리에게 갈등 관리에 관한 몇 가지 통찰력을 제공하고 있다. 인적자원 관리자는 상상 가능한 모든 유형의 갈등을 관리한다. 연구에서 인적자원 관리자는 대부분의 논쟁을 성공적으로 해결하고 있다. 이러한 관리자는 전형적으로 4단계 전략을 사용한다. (1)그들은 사람들을 면접을 통해 조사하고(investigate) 더 많은 정보를 획득한다. (2)그들은 논쟁을 어떻게 해결할 것인가를 결정한다(decide). (3)그리고 그들은 그들의 결정과 이유를 설명하고 조치를 취한다(take action). (4)그리고 그들은 갈등과 해결책을 기록하고, 논쟁자와 그들의 상관을 다시 확인하여 결과를 감시하는 후속조치(follow up)를 취한다. 전반에 걸쳐 인적자원관리의 목적은 그들이 갈등을 이해하도록 철저히 알리고, 갈등을 해결하기 위해 조치를 취하고 적극적으로 노력하는 것이다. 인간적으로 객관적이고, 중립적이고, 불편부당하고, 유연하기 위해서는 상황에 따라 그들의 방법을 수정해야 한다.

여기서 보다 효과적인 갈등 해결 관리에 관한 몇 가지 다른 조언을 하면 역기능적인 갈등이 생기지 않도록 하고, 갈등은 사라질 것이라는 희망 혹은 가정을 하고, 갈등이 커지기 전에 이를 다루어야 한다. 갈등을 해결하려고 노력하고 최초의 노력이 효과가 없다면 다른 노력을 시도해야 한다. 절차적 정의에 대한 초기의 논의를 명심하기 바란다. 갈등을 다루는 데 어려움이 있을 경우 인적자원 전문가에게 도움을 요청할 수 있다.

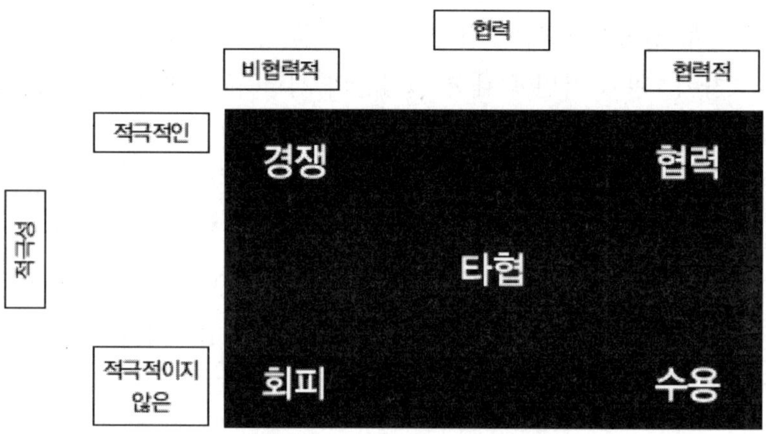

그림 11.4 갈등 관리 전략

5) 갈등의 대응 방식

갈등 관리는 각 나라의 문화적 표준에 따라 다르다. 그러나 문화는 차치하고라도, 팀 혹은 개인은 타인과의 갈등에서 사용할 수 있는 방법에 대한 여러 가지 선택권이 있다. 그림 11.4는 갈등을 다루는 이러한 사적인 유형을 보여주고 있다. 그림은 사람들이 얼마나 그들의 관심사를 만족시키기 위해 노력하는지, 그리고 그들이 다른 이해당사자들의 관심사를 만족시키는데 어느 정도 초점을 두는지에 따라 구별된다.

갈등에 대응하는 첫 번째 방법은 **회피**(avoidance)이다. 갈등이 발생했을 때 아무 것도 하지 않거나 불일치를 경시하여 문제를 무시하는 방법이다. 이 상황에서 사람들은 그들 자신 혹은 타인을 만족시키려는 그 어떠한 행동도 하지 않는다. 그들은 아무 것도 하지 않고 불일치를 경시하거나 하여 문제를 무시하거나 강조한다. 물론 이러한 방법으로는 문제를 해결할 수 없다.

수용(accommodation)은 타 부서를 대신하여 협력하지만 자신의 관심에 대해서는 적극적이지 않은 유형이다. **타협**(compromise)은 양 당사자의 관심에 중간 수준의 관심을 보이며, 매우 협력적이지도 매우 적극적이지도 않은 유형이다. **경쟁**(competing)은 고도로 경쟁적인 반응으로 자신의 목표에는 강하게 초점을 맞추고, 타인의 목표에는 거의 관심을 기울이지 않는 유형이다. 마지막으로 **협력**(collaboration)은 두 당사자 모두의 만족을 극대화하기 위해 협력과 적극성 모두를 강조한다.

각각의 시기에 각각의 다른 방법이 필요하다. 적극적인 동기부여를 증진시킬 경우에는 경쟁 방법이 건전할 수 있다. 사람들이 시간 압박을 받을 때 타협이 유용할 수 있다. 사람들이 잘못을 배우고 손실을 최소화할 때 수용이 유용하다. 이슈가 하찮거나 갈등을 해결하는 것이 타인의 책임일 때에는 회피가 유용할 수 있다.

그러나 갈등이 중요한 이슈와 관련될 때, 일련의 관심이 유효하고 중요할 때, 창조적인 해법이 필요할 때, 해법에 전력하는 것이 구현에 중요할 때에는 협력이 이상적인 해법이다. 중요한 기법은 **상위 목표**(superordinate goals)를 환기시키는 것이다. 상위 목표란 모든 팀이 분투노력하고 궁극적으로 개인 혹은 단위 우선권보다 우선해야 하는 상위 수준의 조직 목표를 말한다. 협력은 모든 집단의 생각과 관심사에 기초한 상호 만족스러운 해법에 도달하고, 작업 관계를 유지하고 강화하는 최상의 기회를 제공한다.

토의 문제 및 활동

1. 일부 사람들이 팀을 이루어 작업하는 생각에 반대하는 이유와 이를 다루는 방법을 설명하라.

2. 표 11.1을 참조하여 당신의 직무에 가장 적합한 환경이 어떤 것인지를 말하라. 표에 기술한 각 차원에 기초하여 당신의 직무를 평가하라.

3. 표 11.2에 기초하여 당신의 직무를 평가하라. 당신의 직무 환경을 특징짓는 리더십 단계는 어느 것인가?

4. 4가지 유형의 팀을 기술하고, 자율경영팀과 전통적인 작업팀의 특징을 비교하라.

5. "팀은 하나의 수단이지 목표가 아니다"는 말이 있다. 이 말이 의미하는 바를 말하라.

6. 당신이 친숙한 축구팀을 선정하여 그 팀의 효과성을 평가하고, 효과성의 수준에 기여하는 요소를 말하라.

7. 그룹이 효과적인 팀이 되기 위한 개발 활동을 기술하라.

8. 그룹이 종종 실패하는 이유와 효과적인 팀 건설에 필요한 효과성의 기준을 말하라.

9. 팀이 효과적이기 위해 팀 요원들이 수행해야 할 다양한 역할을 고려하고, 어떤 역할이 팀의 강점과 약점에 중요한 역할을 담당하며, 효과적인 팀 요원이 되기 위한 방법은 무엇인지 말하라.

10. 당신이 팀 리더일 경우 당신의 팀과 다른 팀과의 관계를 관리하는 방법을 말하라.

11. 응집력의 중요성, 응집력이 과업 및 성과 표준에 미치는 영향을 기술하라. 또한 응집력과 높은 성과표준을 달성하는 데 필요한 행동을 열거하라.

12. 자율경영팀의 일원으로 활동한 경험이 있는 경우 자율경영팀의 좋은 점을 말해보라. 많은 관리자가 이 생각을 반대하는 이유를 말하고, 자율경영팀에 대한 사람들의 호불호에 대한 이유를 생각하여 말해보라.

13. 갈등 관리를 위한 여러 방법을 말하고, 상황에 가장 적합한 갈등 관리방법에 대하여 설명하라.

14. 게임이론에서 죄수의 딜레마(prisoners' dilemma)라고 표현되는 상황이 존재한다. 이에 대한 예를 들고 이를 전략적 관점에서 설명하라.

12 Chapter 의사소통

개요 및 학습목표

두 가지 유형의 담론은 그룹이 팀이 되고 조직이 보다 효과적인 조직이 되도록 돕기 위해 함께 작동한다. **토론**(discussion)은 일종의 탁구시합과 같은 것으로, 그룹이 그의 관점을 수용한다는 측면에서 사람들은 논쟁에서 이기려고 노력한다. 토론은 공손할 수 있으며 유용하기도 하지만, 또한 다른 의도(반대 목적)로 작용할 수 있으며, 파괴적일 수 있다.

이와 대조적으로, **대화**(dialogue)는 한 사람의 이해를 넘어서는 목표를 가지고 있다. 이기는 것이 목적이 아니라 구성원들이 공통적이고, 심오한 이해에 도달하기 위하여 다양한 관점에서 복잡한 이슈를 탐구하는 것이다. 사람들 자신의 믿음에 대한 진실과 정직에 헌신하고, 진정으로 경청하고, 타인의 믿음에 대한 열린 마음을 갖는 것이 필요하다. 자유로운 아이디어 탐구는 사람들이 함께 생각하고 배우도록 돕는다.

모든 그룹과 조직은 토론과 대화 둘 다 해야 한다. 그러나 공통의 위험은 많은 토론과 논쟁에서 있지만 실제 대화 방식에서는 그리 많지 않다. 토론과 대화는 사람들이 소통하는 방법의 예이다. 효과적인 소통은 직무 성과와 관리 효과성에 대한 기본적인 측면이다. 이 장에서 우리는 중요한 의사소통 개념을 제시하고, 당신의 효과성을 증진시키는 데 필요한 몇 가지 실질적인 지침을 제공할 것이다. 우리는 대인 소통과 조직 소통을 논의할 것이다.

이 장을 학습한 후에 여러분은 쌍방향 소통의 중요한 이점을 알게 될 것이다. 다양한 소통 채널을 언제 그리고 어떻게 사용하는지를 알게 될 것이다. 또한 더 나은 정보 "발신자"와 "수신자"가 되는 방법을 알게 될 것이다. 특히 상향식, 하향식, 수평시 소통을 개선하는 방법을 이해할 수 있으며, 회사의 정보망을 다루는 방법을 이해할 수 있을 것이다. 마지막으로 무경계 조직의 이점과 특징을 알게 될 것이다.

12.1 대인관계 소통

의사소통(communication)은 한 집단의 정보와 의미를 공유된 부호를 사용하여 다른 집단에게 전달하는 것이다. 발신자(sender)가 수신자에게 정보를 전달하여 과정을 시작한다. 발신자는 그가 소통하고자 하는 의미(meaning)를 가지고 있으며, 의미를 부호로 암호화(encodes)한다. 그리고 발신자는 몇 가지 채널을 통해 메시지를 송신한다. 수신자(receiver)는 메시지를 복호화(decodes)하며, 발신자의 의미를 해석하려고(Interpret) 노력한다. 수신자는 발신자의 메시지에 응답하여 메시지를 암호화하여 발신자에게 피드백(feedback)을 제공한다.

소통과정은 종종 완벽한 이해를 차단하는 **소음**(noise)이나 시스템의 간섭에 의해 방해받는다. 소음은 정확한 소통을 간섭하는 모든 것(전화벨 소리, 다른 일에 대한 생각, 단순한 피로 혹은 스트레스)일 수 있다.

그림 12.1의 모델은 소통과정에 대한 이론적인 처리 이상을 보여주고 있다. 소통하는 핵심 방법이 실패할 수 있음을 지적하고 있다. 모델의 각 단계에서 실수가 이루어질 수 있다. 잠재적인 문제점을 경고하는 관리자는 보다 효과적인 소통을 하기 위하여 각 단계를 면밀하게 수행할 수 있어야 한다. 모델은 또한 일방 소통과 쌍방 소통의 차이점, 소통 곤란, 오해 및 다양한 소통 채널을 설명하는 데 유용하다.

1) 일방 소통과 쌍방 소통

일방 소통(one-way communication)에서는 그림 12.1의 모델의 상반부만 작동한다. 정보가 한 방향으로만 흐른다. 피드백 루프 없이 발신자에서 수신자로 흐른다. 경영자(관리자)는 응답을 요구하지도 않고 메모를 부하에게 보낸다. 상관이 전화로 명령을 내린다.

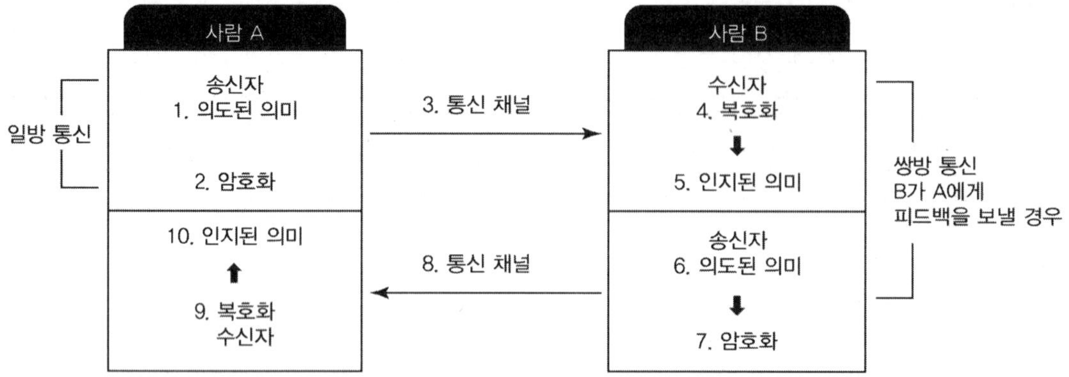

그림 12.1 의사소통 과정 모형

수신자가 발신자에게 응답을 할 때 그림 12.1 모델이 완료되어 **쌍방 소통**(two-way communication)이 발생한다. 진정한 쌍방 소통이란 수신자가 피드백을 제공할 뿐만 아니라, 발신자가 피드백을 수용하는 것을 의미한다. 이러한 건설적인 교환에서 정보는 한 사람에게서 다른 사람에게 전달되는 대신에 두 당사자 사이에서 공유된다.

일방 소통은 발신자가 더 빠르고 더 쉽기 때문에 훨씬 더 일반적이다. 바쁜 임원은 부하직원과 이슈를 토론하는 것보다 단순히 메모를 남기는 것이 용이하다는 것을 알게 된다. 또한 임원은 질문을 처리하지 않을 수도 있고, 동의하지 않는 누군가로부터 도전을 받을 필요도 없다.

쌍방 소통은 일방 소통보다 더 어려우며 시간이 많이 소모된다. 그러나 쌍방 소통이 더 정확하며 실수와 문제가 덜 발생한다. 수신자는 질문을 할 기회가 있으며, 관심을 공유하고 제안하거나 수정을 할 수 있으며, 그 결과 소통하고자 하는 것이 무엇이며, 그들이 정보로 무엇을 해야 할 것인가를 더 정밀하게 이해할 수 있다.

2) 소통 곤란

발신자의 의도된 메시지는 언제나 수신자에게 전달되지는 않는다. 소통 과정의 모든 단계에서 오류가 발생할 수 있다. 암호화 단계에서 단어를 잘못 사용할 수 있으며, 소수점을 잘못된 위치에 찍을 수 있다. 사실이 누락되고 모호한 어귀가 삽입될 수 있다. 전달 단계에서 메모를 어수선한 책상에서 잃어버릴 수 있으며, 모호한 문장으로 말할 수 있다.

수신자가 세밀하게 듣지 않거나 너무 빨리 읽을 때, 핵심을 간과할 때 복호화 문제가 발생한다. 물론 수신자가 메시지를 잘못 해석할 수 있다. 보다 일반적으로는 사람들의 인지 및 여과 과정이 잘못된 해석을 만들어낼 수 있다. **인지**(perception)는 정보를 수신하고 해석하는 과정이다. 이러한 과정은 완전히 주관적이어서 메시지는 편견에 사로잡혀 왜곡된 해석으로 바뀔 수 있다. 사람들은 종종 스스로의 관점을 공유한다고 가정하며, 기본적으로 타인의 관점보다 자신의 관점에 더 주의를 기울인다. 일반적으로 타인의 관점을 채택하는 것이 협력적으로 작업하는 데 기본이 된다. 보다 사적인 수준에서 타인의 관점을 수용할 수 있는 능력-고객 혹은 공급자의 관점을 진정으로 이해하는 것-은 당신의 성과에 대한 더 높은 평가로 이어질 수 있다.

여과(filtering)는 정보를 억제하거나, 무시하거나, 왜곡하는 과정이다. 예를 들어 발신자가 중요한 메시지를 인식하지 못하거나 다른 측면을 인식하지 않고 일부 측면만 인식하려고 시도할 때 정보를 여과한다. 수신자가 또한 정보를 여과한다. 그들은 중요한 메시지를 인식하는 것에 실패할 수 있다. 혹은 메시지의 일부 측면에만 참여하고 다른 것에는 참여하지 않으려고 한다. 여과와 주관적인 인지는 남자와 여자의 소통 스타일에 얼마나 차이가 나느냐는 소통 역학의 한 가지 흥미로운 측면에 스며들어 있다.

그러한 여과와 인지적 차이 때문에 당신은 상대방이 무엇을 의미한다고 추정할 수 없거나 당신이 의도한 바를 이해한다고 가정할 수 없다. 경영자(관리자)는 읽기 상호작용에 우수해야 할 필요가 있으며, 그들의 소통 스타일과 상호작용하는 사람에 대한 인지를 조정할 필요가 있다. 여과와 인지를 주관적으로 하는 인간의 경향이 효과적이지 않은 통신의 많는 부분과 보다 효과적인 소통 관행에 대한 필요성의 기저를 이루고 있다.

3) 혼합된 신호와 오해

지금까지 논의한 내용의 기저를 이루고 있는 공통된 맥락은 사람들의 인지가 소통 시도를 약화시킬 수 있다는 점이다. 사람들은 자신을 둘러싸고 있는 모든 일에 관심을 기울

표 12.1 다른 언어를 사용하는 사람과 효과적으로 통신하는 방법

언어적 행동
• 분명하고 느린 화법으로 말한다. • 동일한 개념을 설명할 때 다른 단어를 사용하여 각각의 중요한 생각을 반복적으로 말한다. • 중문, 장문을 피하고 간단한 문장을 사용한다. • 수동사를 피하고 능동사를 사용한다.
비언어적 행동
• 그림, 그래프, 도표와 같은 가능한 한 시각적으로 다시 말한다. • 단어의 뜻을 강조하기 위하여 적절한 표정과 몸짓을 사용한다. • 많은 주제를 가능한 한 시범을 보인다. • 자주 잠시 멈춘다. • 언어적 제시를 글로 쓴 요약문으로 배포한다.
정확한 해석
• 침묵하고 있을 때는 기다린다. • 불량한 문법 및 틀린 발음을 지능이 부족한 것으로 생각하지 않아야 한다. 이는 보통 원어를 사용하지 않는 징후이다. • 확신하지 못하면 차이점이 있다고 가정한다.
이해력
• 그들이 이해한다고 가정하지 말아야 한다. • 동료가 당신에게 그들이 이해한 내용을 반복하면 그들의 이해력을 확인하여 설명해준다.
설계
• 자주 중단하면 이해력이 고갈된 것이다. • 내용을 더 작은 단위로 나누어 제시한다. • 동일한 내용을 원주민에게 제시한 것보다 더 많은 시간을 할당하여 제시한다.
동기부여
• 본토 태생이 아닌 참여자가 말하는 것을 언어적으로 그리고 비언어적으로 격려하고 강화한다. • 미미하고 수동적인 참여자를 분명하게 찾는다. • 초보자를 당황시키지 않는다.

이지는 않는다. 그들은 의도된 메시지를 약화시킬 수 있는 혼합 신호를 부주의로 보낸다. 어떤 사람들은 다른 일을 하려고 하며, 동일한 일을 다른 방법으로도 해석한다. 이러한 모든 것들이 소통에 문제를 일으킨다.

문화가 다른 사람과 소통을 하면 이러한 문제는 확대된다. 다른 나라 사람들 사이에서 사업상 거래가 발생했을 때 소통 장애가 발생한다. 이러한 문화적 이슈의 중요성을 상기해야 한다. 표 12.1은 다른 언어를 사용하는 사람과 효과적으로 소통하는 데 필요한 제안을 제공하고 있다.

1. 발신자가 보낸 메시지를 수신자가 확실히 주의를 기울일 시간이 있을 때
2. 다른 부서의 준거체계를 생각하고 인지적 관점에서 메시지를 전달할 시간이 있을 때
3. 발신과 수신 모두 인지적 오류와 부적절한 신호를 최소화하기 위한 구체적인 단계를 취할 시간이 있을 때
4. 일관된 메시지를 보낼 시간이 있을 때

사람들이 얼마나 많은 문제점을 방지하고, 얼마나 더 효과적으로 소통할 수 있을까를 생각해보라. 당신은 당신의 메시지에 대해 사람들이 어떻게 잘못 해석할 수 있는지를 예측하고, 그들이 당신의 메시지를 얼마나 잘못 해석하는지에 관하여 생각해야 한다. 이렇게 함으로써 당신이 말하고자 하는 뜻이 무엇이며, 말하고 싶지 않은 것이 무엇인가에 도움을 준다. 당신이 "나는 X가 아니라 Y라고 말했다"라고 말할 때마다 오해의 소지가 있는 부분을 제거해 준다.

4) 말과 글로 전달하는 의사소통

의사소통은 말, 글, 전자적 매체를 이용하는 방법을 포함하여 다양한 채널을 통해 전달할 수 있다(그림 12.1의 3, 8 단계). 각 채널은 장, 단점이 있다.

말로 전달하는 의사소통(oral communication) 방식은 1대1 토론, 전화 통화, 정식 프레젠테이션 및 연설이 포함된다. 장점은 의사전달이 빠르고, 즉각적인 피드백이 이루어질 수 있다는 점이다. 질문을 할 수 있고 요점을 명백히 파악할 수 있다. 더 설득적이고 글로 전달하는 의사소통 방식보다 비용이 덜 든다. 그러나 말로 전달하는 의사소통 역시 단점을 가지고 있다. 어떤 결과나 합의에 이루지 못한 회합을 주관해 본 관리자(경영자)는 다 아는 바와 같이, 말로 전달하는 의사소통이 항상 시간을 절약하는 것은 아니다. 그와 같은 회합은 시간이나 비용적인 측면에서 볼 때 매우 비경제적이 될 수 있다. 우발적

이고, 생각이 신중하지 못하고, 기록이 영구적으로 남아있지 않게 된다.

글로 전달하는 의사소통(written communication)은 메모, 문서, 보고서, 컴퓨터 파일, 기타 서면 기록이 포함된다. 장점으로는 기록을 남기고, 참고를 할 수 있고, 법적 효과를 나타낼 수 있는 장점을 갖는다. 전해야 할 메시지를 신중하게 준비하여 그것을 많은 사람들에게 우편으로 보낼 수 있다. 또한 서면에 의한 의사소통은 방침이나 규정에 있어 획일성을 증진시킬 수 있으며, 경우에 따라서는 비용도 절감할 수 있다. 단점으로는 서류를 양산하게 하고, 즉각적인 피드백을 제공하지 못한다는 것이다. 결과적으로 그것은 메시지가 전달되었는지 또는 적절히 이해되었는지를 파악하는 데 오랜 시간이 걸리게 될 것이다.

당신은 이러한 것들을 잘 고려하여 말로 혹은 글로 전달하는 의사소통 방법을 결정해야 한다. 때론 회의 후에 확인 메모나 편지를 써서 상대방이 당신의 전화 통화에 대비하도록 하는 것과 같이 두 가지 채널을 사용할 수 있다.

5) 전자 매체를 이용한 의사소통

통신 채널의 중요한 범주는 전자 매체를 이용한 의사소통이다. 경영자(관리자)는 컴퓨터를 사용하여 정량적인 데이터를 수집하고 분배할 뿐만 아니라 전자적으로 타인과 소통한다. 전자 방식에서 소프트웨어가 공유 파일로 동시에 접근을 지원하고, 사람들이 그 견해를 공유하고 일을 집합적으로 수행할 수 있다. 전자 방식의 다른 수단으로는 통신회의(teleconferencing), 음성회의(audioconferencing), 화상회의(videoconferencing) 시스템 등이 있다.

❖ 전자 통신의 장, 단점

전자 통신의 장점은 많으며 극적이다. 기업 내에서 장점으로는 더 많은 정보를 공유할 수 있으며, 일상적인 메시지를 많은 사람들에게 전달하는 데 있어 속도와 효율성이 뛰어나며 도달 시간, 말하는 시간, 복사에 드는 시간을 줄일 수 있다. 또한 비용이 저렴하다.

단점으로는 복잡한 문제를 해결하기 어려우며, 대화자가 생각하거나 표현하고자 하는 미묘한 것 들을 잘 알 수 없다. 비록 조직에서는 그룹 의사결정에서 주로 컴퓨터 지원 통신을 사용하지만 1대1 대면 통신이 일반적으로 시간이 덜 소요되고 높은 품질의 결정을 할 수 있으며 구성원들이 더 만족한다. 많은 양의 정보를 교환할 필요가 없는 일상적인 메시지 전달에는 E-mail이 가장 적절하지만, 비밀 정보, 갈등 해결 혹은 타협과 같은 경우에는 적절하지 않다.

❖ 가상 사무공간

많은 기업에서는 인터넷 상에 열린 사무실을 개설하여 업무를 수행하고 있다. 관리 초점은 시간과 장소가 아닌 사람들이 무엇을 하는가에 기초하여 가상공간에서 일하는 모바일 사무공간을 가상 사무공간이라고 한다. 즉 **가상 사무공간**(virtual office)은 시간과 장소에 구애받지 않고 일할 수 있는 이동형 사무공간을 말한다. 초기에는 본사가 아닌 별도의 원격근무센터에서 인터넷 네트워크를 이용해 근무하는 고정형인 스마트 오피스(smart office)가 주를 이뤘지만, 최근에는 이동통신 기술을 기반으로 장소 제약 없이 언제 어디서나 업무를 볼 수 있는 이동형 오피스(mobile office)로 확산되고 있다.

❖ 전자 부하(electronic load) 관리

오늘날 전자 통신 매체는 필수적이며 사람들은 그것들 없이 어떻게 일했는지 궁금해 한다. 그와 동시에 엄청난 양의 통신을 대응하기 힘들게 되었다. 다행히도 몇 가지 경험 규칙을 통해 전자 통신에 도움을 줄 수 있다. 많은 사람들에게 전달되는 메시지의 경우 모두가 이해하는 매체를 사용한다. 하지만 여러 채널을 사용하는 것이 더 좋다. 메시지가 중요하다면 중요성을 분명히 하기 바란다. 행동을 요청받았을 경우에도 분명히 해야 한다. 전자 매체에 지나치게 의존하지 말아야 한다. 구식 1:1 대면 대화를 포함하여 다른 채널이 어떤 목적에서는 더 좋을 수 있다.

정보 과부하 문제의 경우 도전 과제는 일상에서 진정으로 중요한 것을 분리하는 것이다. 효과적인 관리자는 큰 사업 이슈에 대해 생각할 시간을 갖게 될 것이며, 긴급해 보이지만 하찮을 수 있는 모든 메시지에 응답하는 우를 범하지 않아야 한다. 여기서 중요한 점은 당신의 목표에 대해 전략적으로 생각하고 가장 중요한 것을 식별하는 것이며, 그러한 목표들에 대해 당신의 시간을 우선시하는 것이다. 물론 이는 말하기는 쉽지만 실행하기는 어렵다. 그렇지만 꼭 필요하고 도움이 된다. 그리고 당신 자신을 위해 당신을 식별하는데 필요한 가장 중요한 정보에 기반한 소프트웨어인 기술 솔루션을 적용하면 전자 정보의 수렁에 빠지는 것을 방지하는데 도움이 될 수 있다.

일부 기업에서는 전자 매체 남용의 단점을 인식하고 있다. 그들은 사람들이 불필요한 email을 많이 보내는 것을 금지하고 있다. email과 전화가 없이도 많은 기업, 개인 및 팀은 그들의 주요 과업을 수행한다. 그들은 종종 이것이 그날의 가장 생산적인 부분이라고 보고한다.

6) 통신망

개인이 수신하는 통신의 양은 의사결정 구조에서 일정 부분 그의 지위에 따라 다르다(그림 12.2 참조). 독립적이고 분권적인 의사결정자는 가장 적은 통신 욕구를 갖는다. 보다 중앙집권적인 의사결정자는 기업 내·외부의 다른 장소와 사람으로부터 더 많은 양의 관련 정보를 필요로 하고 수신한다. 일부 분권적인 의사결정자는 중앙집권적인 의사결정자보다 훨씬 더 많은 정보의 필요에 따라 상호 연결되어 있다. 그들은 독립적인 결정을 하지만, 그 결정은 전자 혹은 다른 통신망을 통해 가용한 원격 장소에서 얻은 방대한 양의 정보에 기초하여 결정을 한다. 그림 12.2에서 보는 바와 같이 분권적 의사결정자로 가는 모든 정보는 각 개인이 다른 사람과 자유롭게 의사소통을 할 수 있다. 모든 구성원들이 자유롭게 그들의 견해를 피력할 수 있다.

복잡한 통신망은 조직 간 협력을 고려할 때 훨씬 더 과장되게 표현할 수 있다(그림 12.3). 오늘날 기업은 보통 수많은 외부 통신망과 동시에 그리고 연속으로 통신한다. 동반자 관계를 둘러싼 전략적 결정뿐만 아니라 그들과 효과적으로 통신하고 협력할 수 있는 적절한 정보기술 하부구조에 더 많은 관심을 기울여야 한다.

통신망이 복잡할 수 있는 만큼 그것들을 단순화하기 위한 단계를 밟을 수 있다. 예를 들어 글로벌 고객-회계-관리 팀은 두 가지 기본 규칙을 수립할 수 있다: (1) 구성원이 고객과 회합을 할 때마다 구성원은 모든 팀 구성원에게 회합 결과를 보내야 한다. (2) 그들은 각 고객을 위해 팀의 주요 담당자를 지정했으며, 팀 내 다른 구성원 누구도 고객과 전략 혹은 정책을 토의하거나 결정할 권한이 없다. 고객이 계약을 체결했다면 팀 구성원은 고객에게 적절한 계약 담당자를 알려주어야 한다. 이런 단계들이 통신 채널을 단순화시키며 모순되고 혼란스러운 메시지를 크게 줄여준다.

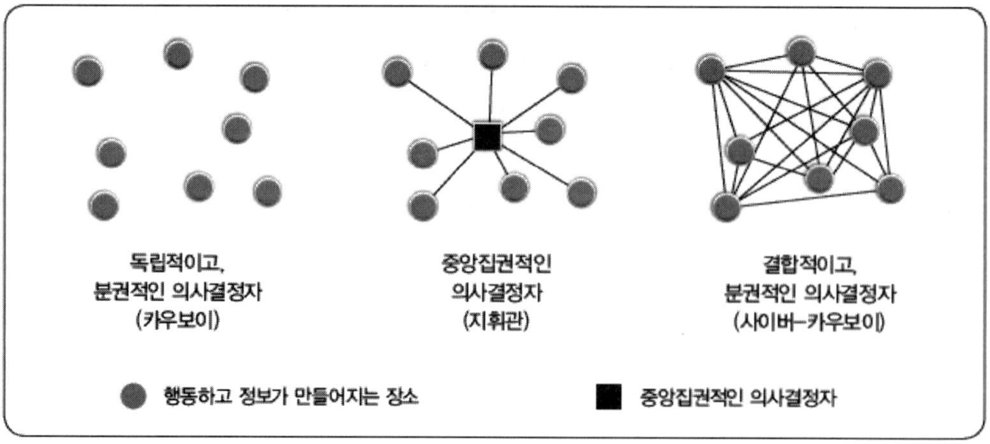

그림 12.2 3가지 통신망

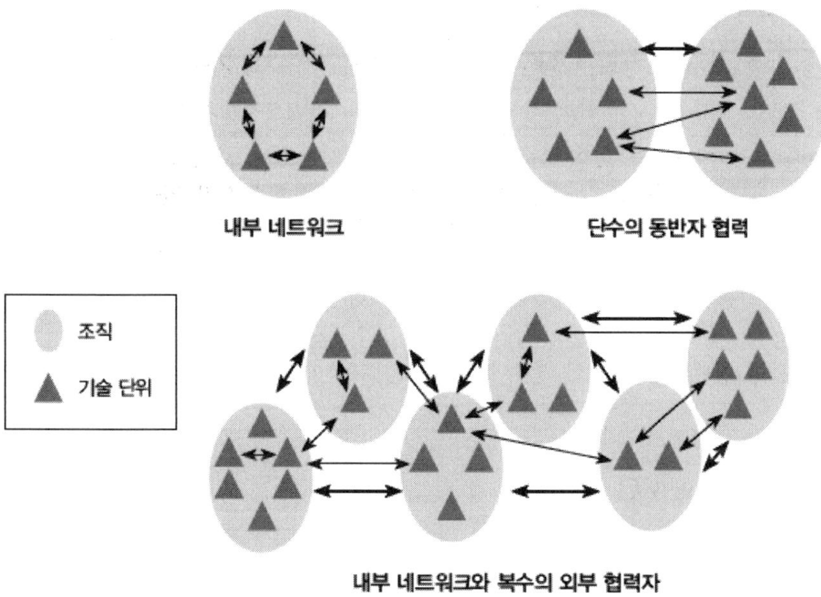

그림 12.3 기술 협력과 네트워크에서 복잡도의 수준

7) 매체 풍요도

일부 통신 채널은 다른 채널보다 더 많은 정보를 전달할 수 있다. 매체가 전달할 수 있는 정보의 양을 **매체 풍요도**(media richness)라고 한다. 매체가 정보나 단서를 수신자에게 더 많이 보낼수록 매체는 더 풍요롭다고 말한다. 가장 풍요로운 매체는 기술적이라기보다는 오히려 개인적이며, 빠른 피드백을 제공하고 많은 기술적인 언어로 다른 유형의 단서를 보낸다. 따라서 1대1 대면 통신이 말 뿐만 아니라 다양한 단서(음조, 얼굴 표정, 몸짓 언어, 기타 비언어적 신호 등)를 제공하기 때문에 가장 풍요로운 매체이다. 또한 1:1 대면 통신은 메모보다 더 기술적(묘사적)인 언어를 가능하게 한다. 또한 수신자가 일방향 소통에서 양방향 소통으로 전환하여 발신자에게 피드백을 제공하고 질문을 할 수 있는 기회를 더 많이 제공한다.

전화는 1대1 대면 통신보다 덜 풍요롭다. 전자 메일은 여전히 덜 풍요롭지만 메모가 가장 풍요롭지 않은 매체이다. 일반적으로, 당신은 풍요로운 매체를 이용해 어렵고 특이한 메시지를 보내야 하며, 간단하고 일상적인 메시지는 메모와 같이 덜 풍요로운 매체를 통해 전달해야 하며, 중요한 메시지는 다중 매체를 이용하여 보내야 한다. 또한 수신자가 선호하는 매체, 조직에서 선호하는 통신 스타일, 비용 등을 고려해야 한다. 표 12.2는 메시지와 청중에 기초하여 채널을 선택하는 몇 가지 상황을 보여주고 있다.

표 12.2 매체 선택에 관한 간단한 상황

상황 1: 중견 건설회사가 새로운 종업원 혜택 프로그램을 고지하려는 경우	
나쁜 선택: 메모	좋은 선택: 소그룹 회의
이유: 메모는 모호한 정보로 보일 수 있는 무엇인가를 설명하는 데 필요한 피드백을 제공하지 못한다. 더욱이 이러한 종업원들은 글을 읽고 쓸 줄 아는 능력에 문제가 있을 수 있다. 그룹 회의는 참여자가 복잡한 내용에 대해 보다 더 손쉽게 질의 응답한 후에 구두로 설명할 수 있다.	
상황 2: 관리자가 10명의 종업원과의 회의 시간을 확정하기를 원하는 경우	
나쁜 선택: 전화	좋은 선택: 음성 우편 혹은 email
이유: 이와 같이 간단한 메시지의 경우에는 소수의 사람이 일을 할 때 풍부한 매체를 사용할 필요가 없다	
상황 3: 중견 보험회사에서 다른 부서의 종업원에게 동일한 프로젝트 팀에서 일을 하도록 요청하는 프로그램에 대한 열정을 높인 경우	
나쁜 선택: email, 음성 우편	좋은 선택: 대면, 전화
이유: 설득이 필요한 상황에서 송신자는 목적에 대응하기 위하여 수신자에게 메시지를 빠르게 적용시킬 수 있어야 한다. 이는 email이나 음성 우편의 특징이 아니다. 대면 통신이 송신자에게 가장 큰 유연성을 제공한다. 전화가 차선책이다.	
상황 4: 지리적으로 멀리 분산된 엔지니어 그룹이 설계 아이디어를 서로 교환하기를 원하는 경우	
나쁜 선택: 원격 화상회의	좋은 선택: 팩스, 컴퓨터 화상회의
이유: 원격 화상회의는 현재의 상황과 엔지니어간의 개성 차이를 너무 강조하기 쉽다. 팩스나 컴퓨터 화상회의는 아이디어의 질이 상호작용의 중심적인 초점이 되도록 할 것이다. 더욱이 이러한 매체로 빠른 피드백이 여전히 가능하다	
상황 5: 지리적으로 멀리 분산된 1000명의 종업원에게 직접적이지만 다소 상세하게 그리고 갱신된 음성 우편 시스템의 버전을 기술하는 경우	
나쁜 선택: 뉴스레터	좋은 선택: 비디오테이프
이유: 종업원이 이미 갱신된 시스템의 이점에 설득되었다면 당신은 아마도 뉴스레터를 사용해도 된다. 그러나 비디오테이프는 시범이 필요한 정보를 도해적으로 나타낼 수 있으며, 절차에 대해 종업원을 교육할 수 있다.	

12.2 의사소통 기술 향상

최근에 고용주는 신입사원들의 불량한 의사소통 기술에 낙담하곤 한다. 의사소통을 효과적으로 할 수 있는 능력이 입증되면 구직자인 자신이 타인보다 매력적이고 분별력 있다는 것을 보여주는 것이다. 발신자와 수신자로서 자신의 의사소통 기술을 향상시킬 수 있도록 노력해야 한다.

1) 발신자 기술 향상

발신자는 설득력있는 프레젠테이션을 만들고, 글을 쓰고, 언어를 사용하고, 비언어적인 메시기를 보내는 그들의 기술을 향상시킬 수 있다. 관리자로서 당신은 종종 이슈의 다양성에 대해 당신의 사례를 기술해 달라고 요청받는다. 당신은 정보를 가지고 있을 수 있으며, 타인에게 의견을 제시할 수 있다. 전형적으로 당신의 목표는 당신의 생각을 '판매하는 것'이다. 다시 말해서, 리더로서 당신의 도전은 타인이 당신의 사적인 권고에 동의하도록 타인을 설득하는 것이다. 리더는 사람들이 '동행하도록' 설득력이 있어야 한다.

일부 조직에서는 당신이 어떻게 말하는가에 따라 당신이 말한 것 이상의 가치가 있을 수 있다. 당신은 당신의 프레젠테이션에서 말하는 스타일로 상대방을 즐겁게 하는 데 노력할 필요가 있다. 여기서 당신의 자세가 중요하다. 설득은 당신의 생각을 판매하는 것이며 타인들로 하여금 당신이 보는 것과 같도록 설득하는 것이다. 설득은 타인으로부터 배우는 과정이며 해법을 공유하기 위해 타협하는 것으로 생각하는 것이 더 건설적이다. 설득에는 신뢰성이 필요하다. 효과적인 설득은 타인과 감정적인 접점을 구하는 것이며, 상호 관심사를 충족하는 공통 기반을 구하는 것이다.

중요한 메시지를 전달할 때에는 중복해서 전달해야 한다. 중복(redundant)이란 당신의 관점을 다양한 관점으로 기술하고, 다른 청중에게 다른 시간에 전달해야 한다는 의미이다. 위대한 리더는 비전에 대해 추종자들에게 말할 모든 기회를 포착하고, 그의 추종자들이 메시지를 구매할 때까지 줄기차게 의사소통하여 그의 비전을 전달한다. 가장 강력하고, 설득적인 메시지는 간단하고, 유용하고, 이야기와 일화가 있어야 하며, 자신감에 차 있어야 하며, 타인의 감정을 불러일으킬 수 있도록 전달해야 한다, 신뢰성 있는 의사소통자는 말과 일관된 행동이 뒷받침되어야 한다.

효과적인 글쓰기는 정확한 철자, 구두법, 문법 이상이다. 무엇보다도 좋은 글은 명확하고 논리적인 사고가 필요하다. 당신이 메모와 보고서를 타인이 알아보기 쉽고, 관심을 갖게 하려면 명료성, 소식화, 판독성 및 간결성을 위해 노력해야 한다. 당신이 작성한 초안이 생각한 만큼 좋은 경우는 거의 없다. 시간을 가지고 이를 수정해야 한다. 당신의 메시지를 읽을 독자들을 고려해야 한다. 불필요한 단어나 문장, 단락을 삭제하고, 추상적인 관용구 대신에 구체적이고, 간결한 단어를 사용해야 한다. 단어 선택이 의사소통의 효과성을 고양하거나 간섭할 수 있다. 타인들과 다른 기능 분야나 전문지식에 대해 의사소통할 때 언어 장벽으로 인한 오해가 종종 발생할 수 있다. 글쓰기와 마찬가지로 간결성이 일반적으로 도움이 된다. 그러므로 말을 하거나 글을 쓰건 간에 수신자의 배경을 생각하고 그에 따라 당신의 언어를 조정해야 한다.

글로벌 팀은 구성원들이 언어, 문화, 지리적인 장벽으로 인해 소통에 어려움을 겪을 때 실패한다. 이질성이 처음에는 팀 기능에 해롭지만 그들이 상호작용하고 소통하는 방법을 개발할 때 팀은 공통 정체성을 개발하고 과업을 잘 수행할 수 있다. 상대방의 삶과 사업 거래 모두에서 상대방이 어떻게 생각하고, 느끼고, 행동하는 것에 대하여 더 많이 배우는 것이 중요하다.

사람들은 말하거나 쓰여진 신호 말고도 신호를 보내고 해석한다. 비언어적 메시지는 기술된 메시지를 지원하거나 악화시킨다. 종종 비언어적인 단서는 다른 신호보다 더 큰 영향을 미친다. 종업원의 눈, 관리자의 행동은 종종 관리자가 선택한 단어보다 더 영향력이 크다.

대화에서 당신은 온화함, 존경, 관심, 동등한 감정 및 기꺼이 경청하겠다는 마음과 같은 것을 나타내는 비언어적 신호를 하게 된다. 부정적인 비언어적 신호로 냉정함, 멸시, 관심 부족, 우월감 같은 것을 보여준다. 다음과 같은 제안은 여러분이 긍정적인 비언어적 신호를 보내는데 도움을 줄 수 있다.

첫째로, 시간을 적절히 사용한다. 종업원이 당신을 만나기를 기다리게 하지 않아야 한다. 그들과 회합할 때 충분한 시간을 할애하고 자주 소통하고 그들의 관심사에 흥미가 있다는 신호를 주어야 한다. 둘째로, 사무실 배치를 열린 소통이 되도록 해야 한다. 사람들의 분리를 피하는 좌석 배치는 따뜻하고 협력적인 분위기를 조성하는데 도움이 된다. 셋째로, 몸짓 언어를 상기하기 바란다. 연구 결과 얼굴 표정과 음조는 두 사람 간의 소통에서 90%에 해당할 수 있음을 보여준다. 몇몇 비언어적 신체 신호는 상대방에게 긍정적인 태도를 전달한다. 사람과 가까운 위치에 자리하고, 자주 손짓을 하고, 눈을 마주치고, 열린 자세로 미소를 짓는 것과 같은 신체 신호는 상대방이 긍정적으로 다가올 수 있게 해준다. 침묵은 흥미로운 비언어적 상황이다. 일본인들은 사람들을 더 잘 알 수 있게 된다고 믿으면서 오랜 침묵이 형성되도록 한다. 일본인들은 좋은 관계를 가진 두 사람이 서로의 생각을 알게 될 것이라고 믿는다. 단어를 사용해야 한다는 것은 이해의 부족을 의미한다. 이러한 예들은 고정관념이 아니라 사람들이 다른 스타일을 가지고 있다는 것을 기억하기 위해 그리고 의사소통의 정확성을 돕기 위해 사용하기 바란다.

2) 수신자 기술 개선

일단 당신이 말, 문자, 비문자적 메시지를 효과적으로 전송할 수 있으면 완전한 통신자로서 절반의 성공을 거둔 것이다. 그러나 당신은 또한 적절한 수신 능력을 개발해야 한다. 수신자는 양호한 청취, 판독, 관찰 기술을 개발해야 한다. 오늘날 요구되는 작업 환경에서 관리자는 양호한 청취 기술이 필요하다. 양호한 청취는 쉽고 자연스러운 것으로 가정하기 쉽지만, 사실은 어려우며 거의 일반적이지 않다.

반영(reflection)이라고 부르는 기본적인 기법이 관리자가 효과적으로 청취하는 데 도움을 준다. 반영은 한 사람이 다른 사람이 말하고 있다고 말하는 과정이다. 표12.3은 효과적인 청취 기법을 요약하고 있다. 청취는 사적인 접촉에서부터 시작된다. 관리자가 진정으로 청취하고 사람들이 무엇을 생각하고 있는가를 알기 위해서는 시간이 필요하다. 믿음을 개발하여야 한다. 타인으로부터 청취하고 배우는 것은 일상적인 과업에서보다 혁신에서 더 중요하다. 성공적인 변화와 혁신은 많은 대인 접촉으로부터 온다.

판독 실수는 비싼 대가를 치룰 수가 있다. 수신자는 중요한 메모, 문서 및 문장을 가능한 한 빨리 읽는 것도 중요하지만, 천천히 그리고 세밀하게 읽어 판독 실수가 없도록 해야 한다. 판독 속도와 이해력 기술을 증진할 수 있도록 노력해야 한다. 또한 당신의 판독 기술 향상에 구체적인 과업 기술이나 기술적인 전문지식에 한정하지 않아야 한다. 당신 작업에 도움이 되는 창의적인 생각은 다른 사업이나 산업에서 일어난 문제점에 관한 기사로부터 얻을 수도 있다는 점을 유념해야 한다. 효과적인 의사소통은 또한 비문자적인 의사소통을 관찰하고 해석할 수 있어야 한다. 일부 기업은 기업의 판매원들이 잠재 고객의 비문자적인 신호를 해석하는 훈련을 한다. 사람들은 또한 발신자가 믿을 수 있거나 기만적인가를 결정하기 위하여 비문자적인 신호를 복호화할 수 있어야 한다.

표 12.3 효과적인 청취 기법

1. 화자가 말하는 것 중에서 사용할 수 있는 것이 무엇인가? 자문하여 관심 분야를 찾는다.
2. 화자의 개성, 태도, 음성 등에 사로잡히지 말고 화자가 알고자 하는 것이 무엇인가를 배우려고 노력한다.
3. 화자의 메시지를 이해할 때까지 잠시 평가를 미룬다.
4. 모든 사실과 세목에 빠지지 말고 중심 아이디어에 초점을 맞추어 경청한다
5. 필기하는 데 필요한 여러 시스템 중에 화자의 스타일에 가장 적절한 시스템을 사용한다.
6. 창문을 닫고, 라디오를 끄고, 말하는 사람에게 다가가 큰 소리로 말한다. 창문을 바라보거나 신문을 보지 않는다.
7. 내용이 어려울 때 일부 사람들은 시선을 다른 곳으로 돌린다. 지적인 도전에 대응하는 방법을 개발한다.
8. 많은 사람들은 그들이 가장 깊게 확신을 하는 단어를 들을 때 크게 감동한다. 당신의 감정이 이해력을 방해하지 않도록 해야 한다.
9. 많은 사람들은 분당 125 단어의 속도로 말을 하지만 대부분은 그 4배를 생각한다는 사실을 염두에 두어 생각의 속도를 자본화하여야 한다.
10. 주의를 기울이는 것처럼 가식적으로 행동하지 말고 관심을 보여야 한다. 경청은 어려운 일이지만 그 혜택은 대가보다 더 크다.

중요하고 유용한 관찰원은 직접 운영에 대한 견해를 얻기 위해 사적으로 공장과 다른 장소를 방문하는 것으로부터 온다, 많은 기업 임원들은 현장 보고서에 크게 의존하며, 어떠한 일이 진행되는지를 관찰하기 위하여 먼 곳에 가지 않는다. 현장을 자주 방문하고, 면밀하게 관찰하면 경영자(관리자)가 현재의 운영, 미래의 전망 및 충분히 역량을 개척하는 방법을 심도 있게 이해하는 것을 개발하는 데 도움이 된다. 창의적인 기업에서 당신은 몸짓 언어를 읽을 수 있어야 한다.

물론 당신이 관찰한 것을 정확하게 해석해야 한다. 음성과 몸짓에서 풍기는 미묘한 차이도 해석할 수 있는 기술이 필요하다.

3) 효과적인 감독

많은 연구에서 양호하고 불량한 감독자의 의사소통 기술에 관하여 보고하고 있다. 높은 평가를 받고 있는 감독자는 여러 가지 핵심 특징을 나타내고 있다. 첫째, 그들은 더 유용한 정보를 주고 받는다. 예를 들어 그들은 변화가 임박했음을 미리 알려 주고, 정책과 규정 이면의 이유를 설명하고, 부하 직원들과 대화하는 것을 즐긴다. 둘째, 효과적인 감독자는 말하고 요구하는 대신에 질문하고 설득한다. 그러나 필요시 두 가지 스타일 모두를 사용할 수 있다. 셋째, 그들은 사람들의 감정과 욕구에 민감하다. 예를 들어 그들은 홍보보다는 사적으로 문책하는데 신중하다. 마지막으로 효과적인 감독자는 기꺼이 공감하는 청취자이다(willing, empathic listeners). 그들은 종업원의 모든 질문에 대해 이해로 대응하고, 불만과 제안을 공정하게 고려하고, 기꺼이 적절한 행동을 취한다.

따라서 효과적인 감독자는 비효과적인 경영자(관리자)보다 더 의사소통에 관심이 있다. 자신의 의사소통 기술(구두 건 문서건 간에)에 자신감이 없는 사람들은 의사소통 상황을 아예 피하려고 한다. 이러한 경향은 경영자(관리자)에게 치명적인 장애가 된다.

12.3 조직의 의사소통

숙달된 의사소통자가 되는 것은 좋은 관리자와 팀 리더가 되는 데 긴요하다. 그러나 의사소통은 또한 조직 전반에 걸쳐 관리되어야 한다. 일상생활에서 무한한 정보가 조직을 통해 전달된다. 조직의 의사소통은 조직이 공식조직과 비공식조직으로 나누어지듯이 공식 의사소통과 비공식 의사소통으로 나누어진다.

조직에서 의사소통은 여러 방향으로 흐른다. 그런데 공식 의사소통의 경로는 기본적으

로 권한, 책임, 의무로 짜여진 조직의 구조에 의하여 결정된다. 따라서 공식 의사소통은 크게

1. 수직적 의사소통
2. 수평적 의사소통
3. 대각적 의사소통

의 세 가지로 나눌 수 있다.

여기서 수직적 의사소통은 다시 그 방향에 따라 하향식 의사소통과 상향식 의사소통으로 나누어진다. 이들은 조직의 활동에 있어서 가장 중요한 의사소통 유형이다. 왜냐하면 조직의 구조, 권한, 리더십 등의 중요한 조직 변수들과 가장 깊은 관련이 있기 때문이다.

1) 하향식 의사소통

하향식 의사소통(downward communication)은 조직에서 높은 계층의 사람들로부터 낮은 계층의 사람들에게로 정보가 흐르는 것을 말한다. 상의하달 방식의 이러한 종류의 의사소통은 특히 권위주의적 분위기를 가진 조직에서 볼 수 있다. 의사소통의 형태로는 구두의 경우 명령, 지시, 연설, 회합, 전화 통화, 스피커 방송 등이 있으며, 서면인 경우에는 회보, 편지, 안내서, 팸플릿, 성명 및 규정 등이 있다. 관련정보를 제공하는 하향식 의사소통 방식은 회사와의 직원 정체성, 지원 태도 조직의 목표에 부합하는 의사결정을 강화한다.

사람들은 그들의 과업을 수행하는 데 필요한 정보를 받아야 하며, 조직의 충성스러운 구성원이 되어 남아있게 된다. 그러나 이들은 종종 적절한 정보가 부족하다. 첫 번째 문제가 **정보 과부하**(information overload)이다. 환경으로부터 유입된 정보가 너무 많아 개인이 이를 다룰 능력을 초과할 때를 말한다. 정보의 대부분은 매우 중요하지 않지만, 그 양이 많은 관련 정보를 상실하게 만든다. 정보의 과부하 시대임에도 불구하고 정보의 빈부격차가 결국 부의 격차가 되고 있다. 두 번째 문제는 관리자와 직원 간의 **개방성 부족**(lack of openness)이다. 관리자는 "무소식이 희소식이다"라고 믿게 된다. 일부 경영자(관리자)는 정보를 공유하면 유용함에도 불구하고 정보를 주지 않는다. 세 번째 문제는 **여과**(filtering)이다. 메시지를 한 사람에서 다른 사람으로 전달할 때 일부 정보가 누락된다. 메시지가 많은 사람을 통과할 때 각각의 전송은 추가적인 정보 손실을 야기할 수 있다. 메시지 가운데 그들에게 불리한 정보를 은폐시킨다. 메시지는 또한 그들 자신의 단어 혹은 해석을 추가하여 사람들을 왜곡시킬 수 있다.

여과는 조직에 심각한 문제를 야기한다. 메시지가 많은 조직 수준을 통해 하향식으로 전달되면 많은 정보가 상실된다. 그림 12.4의 데이터는 의도한 사람에게 도달한 정보의 양이 점차 줄어들어 수신자는 거의 유용한 정보를 얻을 수 없게 되는 것을 나타낸다. 권한 수준의 수가 적을수록 상실되거나 왜곡되는 정보는 적게 된다. 그러므로 회사는 계층의 수를 줄인다. 여러분은 이제 더 평탄한 조직이 다른 이점을 제공한다는 것을 알 수 있다. 즉 정보가 여러 계층을 통해 계단식으로 흐르기 때문에 여과로 인해 발생하는 문제가 줄어든다.

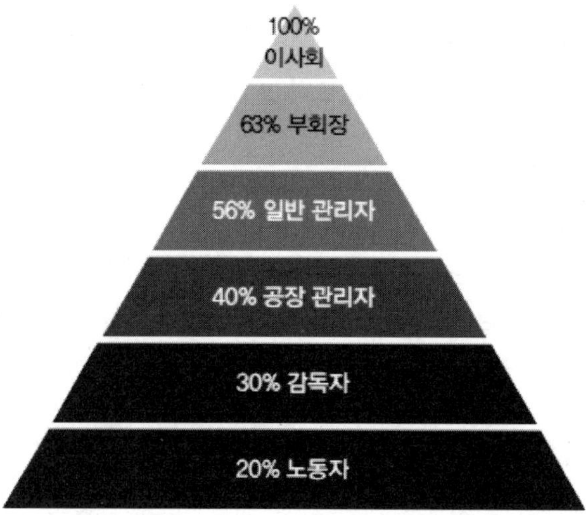

그림 12.4 하향식 의사소통에서 정보 손실

❖ 코칭

관리자가 구성원들의 직접적인 보고서에 성과 피드백을 제공할 때 가장 중요한 하향식 의사소통의 몇 가지가 발생한다. **코칭(coaching)**은 개인이 지닌 능력을 최대한 발휘하여 목표를 이룰 수 있도록 돕는 일을 가리키는 말이다. 개인의 목표를 성취할 수 있도록 자신감과 의욕을 고취시키고, 실력과 잠재력을 최대한 발휘할 수 있도록 돕는 일을 의미한다. '코칭(coaching)'이라는 용어는 커다란 사륜마차를 가리키는 '코치(coach)'로부터 비롯된 것으로, 사람을 목적지까지 운반한다는 의미에서 목표점에 다다를 수 있도록 인도한다는 의미로 변화하였다. 풍부한 경험과 지식으로 지표를 제시해주는 멘토링(mentoring)이나 지식을 전달해주는 티칭(teaching), 상담과 조언 역할을 하는 카운슬링(counseling)과 달리 코칭은 계약관계로 맺어지고, 개인의 변화와 발전을 지원하는 수평적이고 협력적인 파트너십에 중점을 둔다. 성취를 이루려는 개인과 적극적으로 소통하고, 동기부여와 믿음을 심어주며, 스스로 문제점을 찾아 해결할 수 있도록 도와주는 일이라고 할 수 있다.

코카콜라와 같은 회사는 경영진 개발 과정의 일환으로 코칭을 활용한다. 코칭을 잘하면 공동 문제 해결에 참여하는 헌신적인 두 사람 사이의 진정한 대화가 이루어진다. 따라서 그것은 불량한 성과를 강조하거나, 질책을 하거나 조언을 할 수 있는 기회 이상이다. 좋은 코칭은 문제, 사람, 상황에 대한 진정한 이해에 도달하는 것을 요구한다. 좋은 코치는 많은 질문을 하고, 잘 경청하고, 조언을 제공하고, 다른 사람들이 스스로 생각할 수 있도록 격려한다.

효과적인 코칭은 정직, 냉정, 지원하려는 마음이 필요하다. 궁극적이고 오래 지속되는 형태의 도움은 사람들이 철저히 생각하고 그들 자신의 문제를 해결하도록 돕는 것이다.

❖ 어려운 시기의 하향식 의사소통

적절한 하향식 의사소통은 어려운 시기에 특히 가치가 있을 수 있다. 기업 합병과 인수 시에 직원은 이러한 변화가 그들에게 어떠한 영향을 끼칠 것인가에 대해 걱정을 하게 된다. 이상적으로 그리고 윤리적으로도 최고경영자는 가능한 한 빨리 이러한 변화에 대하여 직원과 소통해야 한다. 그러나 일부에서는 조직 개편에 대해 너무 일찍 알려주면 직원들이 직장을 일찍 그만두게 할 수도 있다고 주장하며 그러한 방식에 반대한다. 최고경영자는 직원에게 해고, 전직, 승진 및 강등, 임금, 과업 및 이익 변동 등에 대하여 알려주어야 한다. 종업원들이 정확한 정보를 받으면 상황은 안정되고 정상 수준으로 종업원들의 자세가 개선된다. 충분한 의사소통은 불안한 기간에 종업원이 생존하는 데 도움을 줄 뿐만 아니라, 종업원에 대한 배려와 관심에 대한 징표로 작용하여 상징적인 가치로 작용한다. 그러한 의사소통이 없으면 직원들은 기업의 전략을 약화시킬 수 있을 만큼 인수합병에 부정적으로 반응하게 된다.

❖ 오픈북 경영

인원은 종종 그들의 뉴스레터, 참모회의, 회상회의, 기다 하향식 의사소통 수단을 자랑한다. 대부분 제공되는 정보는 기업 스포츠 팀, 생일, 새로운 복사기계 등에 관한 것들이다. 그러나 오늘날 보다 독특한 철학이 가속화되고 있다.

오픈북 경영(open-book management)는 이전에는 최고경영자만을 위한 조직의 중요한 정보를 조직의 모든 수준의 직원과 공유하는 관행이다. 이러한 관행은 많은 경영자들이 그러한 정보를 그들 자신만이 갖기를 선호하였기 때문에 많은 논란이 있었다. 경영결과에 대한 공유로써 기업의 경영전략 실행의 최대 효과를 얻기 위해서는 모든 종업원을 목표 방향으로 일제히 향하게 하는 조직운영기법으로 기능해야 하며, 종업원들에게 경영자와 똑같은 정보를 제공하고 생산업무와 관련한 권한을 부여함으로써 경영자처럼 생각

표 12.4 오픈북 경영 원칙

1. 사업 경영을 종업원들이 이길 수 있는 방향으로 전환한다.
2. 기업의 주요 정보를 공개하고 재무 및 운영 정보를 종업원과 공유한다.
3. 회사의 재무 제표를 이해하도록 종업원을 교육시킨다.
4. 종업원의 작업이 재무결과에 어떤 영향을 미치는지를 보여준다.
5. 비재무지표를 재무 결과에 연계한다.
6. 우선순위 분야와 종업원에 대한 권리부여가 개선되는 것을 목표로 한다.
7. 결과를 공동으로 검토하고 종업원이 책임을 공유한다.
8. 결과를 게시하고 성공을 축하한다.
9. 재무결과에 따른 종업원 기여에 기초하여 상여금을 분배한다.
10. 회사의 소유권을 종업원과 공유한다

하고 행동하도록 해야 한다. 오픈 북 경영의 기본 단계는 (1)정보를 제공한다, (2)기본적인 재무와 사업의 기본을 가르친다, (3)그들이 알고 있는 것이 무엇인가에 기초하여 결정을 할 수 있는 권리를 부여한다, (4)모든 사람들이 기업의 성공(및 위험)을 직접 확실히 공유하는 것을 포함한다가 포함된다. 표 12.4에서 오픈 관리 원칙에 대하여 보다 상세히 제공하고 있다.

이는 전통적인 closed-book 경영 방법과는 완전히 다르다. 오픈북 경영 방법은 사람들이 다른 방법으로 어떻게 기여할 수 있는가? 신기술을 어떻게 배울 수 있는가? 성과를 개선하기 위해 어떻게 더 열심히 할 수 있는가? 등을 이해할 수 있도록 동기 부여한다. 그러면 당신은 의사소통의 동기부여에 대한 잠재적인 영향을 알 수 있는데, 이는 사람들이 자신과 모든 사람들이 사업 결과에 관심을 갖는 이유가 왜 중요한 지를 이해하도록 도울 수 있다. 이는 사람들이 다양한 방식으로 기여할 수 있는 방법을 찾고, 새로운 기술을 배우고, 성과를 개선하기 위해 더 열심히 일하고 그리고 더 현명하게 일 할 수 있도록 동기를 부여할 수 있다.

2) 상향식 의사소통

상향식 의사소통(upward communication)은 조직의 계층에서 낮은 수준에서 높은 수준으로 정보가 흐르는 것을 말한다. 효과적인 조직은 하향식 의사소통을 필요로 하는 것만큼 상향식 의사소통을 필요로 한다. 여러 가지 이유로 적절한 상향식 의사소통이 중요하다. 첫째, 경영자(관리자)는 기업의 상황을 파악한다. 경영진은 부하 종업원의 업무, 성과, 문제, 계획, 태도 및 생각을 정확하게 파악할 수 있다. 둘째, 종업원은 상부와 의사소통할 기회를 얻는다. 사람들은 그들의 좌절감 중 일부를 해소하고, 기업에 대한 더 강한 참여의식을 달성하고, 사기를 높일 수 있다. 셋째, 효과적인 상향식 의사소통은 좋은 경청이 호혜적 관계가 되어 하향식 소통을 용이하게 한다.

그러나 효과적인 상향식 의사소통을 이루기가 용이하지 않다. 즉, 상향식 의사소통은 위로 올라갈수록 관리자들이 정보를 제 나름대로 여과시키고 특히 직속상사에게 불리한 것은 전달하려고 하지 않기 때문에 방해를 받게 되어 중요한 정보가 누락되며 왜곡되는 경우가 많다. 이러한 여러 이유로 인해 경영자는 중요한 문제를 알지 못할 수 있다. 그렇지만 객관적인 정보의 전달은 통제를 위해 필수적이다. 상위 계층의 관리자(경영자)들은 특히 생산실적, 마케팅정보, 재무회계 자료, 종업원들의 요구사항 등에 대해 구체적으로 보고를 받아야 한다.

❖ 상향식 의사소통 관리

일반적인 관료제 조직이나 전통적 조직의 경우, 상명하복의 위계적 의사소통이 중시되고 경영자(관리자)는 지시하고, 하급자는 실행하는 명령과 복종만이 강요된다. 이러한 상황에서는 조직 구성원의 동기부여가 어렵고 상사의 결정에 대한 검증이 난해하며, 노동의 비인간화 등 각종 부작용이 발생하기 쉽다. 이런 이유로 최근 상향식 의사소통이 주목을 받고 있으며, 하의상달을 통한 다양한 의견 및 발전방안 등을 조직의 목표달성에 적극 도입하는 경향이 높아졌다.

밑에서부터 유용한 정보를 만드는 데는 두 가지 일이 필요하다. 첫째, 경영자(관리자)는 상향식 의사소통을 용이하게 해야 한다. 예를 들어, 그들은 개방 정책을 가지고 이를 사용하는 사람들을 격려해야 하며, 직원들과 식사나 차를 마시면서 사람들의 특정한 질문을 조사하고 생산성 제안에 관한 프로그램을 도입해야 한다. 이러한 메커니즘은 상향식 의사소통을 용이하게 할 가능성을 어느 정도 담보한다. 그러나 경영자(관리자)는 또한 유효한 정보를 제공하도록 사람들에게 동기부여를 해야 한다. 유용한 상향식 의사소통은 강화해야 하며 처벌하지 않아야 한다. 문제점에 대하여 경영자(관리자)에게 말하는 사람을 무시하지 않아야 한다. 고지된 개방 정책은 진정으로 개방된 것이어야 한다. 또한 사람들은 그들이 감독자를 믿고 그들이 부정적인 정보를 전달했을 때 관리자가 원한을 품지 않는다는 것을 알아야 한다.

상향식 의사소통을 개선하는 데 관심이 있는 경영자(관리자)는 직원의 조언을 구할 수 있어야 하며, 공장을 비정기적으로 방문하고 직원의 제안에 대하여 진정으로 생각하고 반응하며, 직원에 의해 영감을 얻은 새로운 생각과 관행에 대한 간추린 생각을 배포해야 한다. 예를 들어 많은 경영진은 MBWA를 실천하고 있다. **MBWA(management by wandering around)**는 United Airlines의 Ed Carlson이 만든 용어로 사무실에서 나와 현장을 돌아다니면서 비정규적으로 직원들과 이야기하는 것을 말한다.

상향식 의사소통을 증진할 수 있는 몇 가지 방안을 제시하면 다음과 같다.

1. 핫라인(Hot-line) 설치

상급자가 하급자에게 문호를 개방하는 것은 구호뿐인 경우가 많으므로, 이러한 문제를 보완하기 위해서 전화 또는 우편, 통신 등을 통해 최상층부와 직접적인 연락을 취할 수 있는 핫라인의 설치가 필요하다.

2. 조직 구성원의 의견조사(employee surveys)

라인에 의한 방법이 아닌 참모진에 의해 조직 구성원들에게 설문지법 등을 통한 의견을 모으는 방법이다. 이러한 과정을 통해 가치 있는 정보는 상층부에 보고하여 적극 활용하는 것이 좋다.

3. 고충처리제도(grievance procedure)

구성원들이 직속상급자를 경유하지 않고도 자신들의 불평이나 불만을 토로할 수 있는 방법이다. 이러한 방법으로 구성원들의 조직에 대한 불만이나 어려운 점을 사전에 해결할 수 있는 장점이 있으나, 싫어하는 인물에 대한 감정적인 이용 등은 필터링해야 하는 단점도 있다.

4. 제안제도(suggestion system)

제안제도란 구성원들의 제안을 활성화하기 위하여 기업의 곳곳에 제안함을 설치하여 조직에 도움이 되는 제안에 대해서는 포상을 하는 제도이다. 효용성이 높은 제안에 대해서는 내재적 · 외부적 보상 등을 통해 제안을 활성화시키고, 종업원들의 동기부여를 자극할 수 있는 방법이 강구되어야 한다.

5. 옴부즈맨 제도(ombudsman)

옴부즈맨이란 원래 행정기관으로부터의 부당한 대우 및 인권침해에 대한 민원조사관을 말하는 것으로, 조직 내에서 옴부즈맨 제도는 구성원들의 불만이나 고충을 처리해 주는 사람을 두는 제도이다. 현재는 노동조합에서도 이 역할을 많이 담당하고 있다.

6. 청년중역회의 제도(CFM : Council of Future Managers)

젊은 사원들의 참신한 아이디어나 건설적 제안을 발굴해 기업의 경영에 반영하는 한편, 실무직원의 의견을 여과 없이 경영층에 전달하는 시스템을 말한다. 이러한 제도는 상향식 의사소통의 기반을 조성하고, 그들에게 여러 분야에 대하여 경험과 지식을 습득시켜 궁극적으로 경영자적 자질을 갖춘 인재를 양성하는 목적도 있다.

7. 매트릭스 미팅(matrix meeting)

상사와 평사원 간, 상사와 여직원 간 등 조직구성원 간 비율을 맞추어 모임을 갖는 방법을 말한다. 이는 하급자의 의견을 조직의 상위층에 전달하여 해결책을 강구함으로써 하급자들의 불평불만을 해소시키고, 근로의욕의 향상 및 조직의 활성화를 도모하고 구성원들 간의 긴밀도를 향상시키는 인간관계 관리기법 중 하나이다.

8. 캔 미팅(can meeting)

부서장을 포함한 일정한 구성원들이 수시로 일상의 업무장소를 떠나 모든 업무활동과 단절된 장소에서 캔맥주를 마시면서 정해진 경영과제에 대해 격의 없이 자유롭게 토론하는 제도이다. 이 제도는 하의상달을 통해 조직의 관료화 및 경직화를 예방하고, 목표에 대한 일체감을 조성하는 등의 효과가 있으며 소식에서 발생할 수 있는 많은 갈등요인들을 해소할 수 있다는 장점이 있다.

9. 조정 집단 설치(monitoring groups)

부서 내의 의사소통을 감시 · 통제하는 조정 집단을 두어 상향식 의사결정이 누락 · 왜곡되는 것을 방지하거나 과다한 정보에 관한 우선순위를 결정하는 것과 같은 조정업무를 맡길 수 있다.

10. 역할 모델링(role modeling)

역할 모델링은 주로 상사가 모범적인 역할행동을 보여줌으로써 조직구성원들이 그 행동을 모델로 하여 따라할 수 있도록 하는 것으로, 이는 구성원들 간의 역할을 모델화함으로써 역할 모호성이나 역할 갈등 등을 제거할 수 있다.

3) 수평식 의사소통

수평식 의사소통은 조직의 계층 수준이 같은 구성원들 사이에 또는 부서들 사이에서 이루어지는 의사소통을 말한다. 조직단위 내에서의 수평식 의사소통은 구성원들 사이의 상호작용을 통하여 이루어지는데, 비공식 의사소통의 성격을 띠게 되고, 조직 단위 간에 이루어지는 수평식 의사소통은 부서들 사이에서 정보를 교환하는 것으로서 공식적 의사소통의 성격을 띠게 된다.

특히 오늘날 부서들 사이에서 이루어지는 수평식 의사소통이 매우 중요시 되고 있다. 그 이유는 수평식 의사소통을 통하여 여러 조직의 기능들이 조정, 통합될 수 있기 때문이다. 특히 복잡한 환경에서 한 단위의 의사결정이 다른 단위의 의사결정에 영향을 끼치기 때문에 정보를 수평으로 공유해야 한다. 효율적인 수평식 의사소통은 이해관계자들을 조정하는 갈등관리의 수단으로써 이용될 수 있다. 이 모든 요소들이 사기와 효과성에 기여한다.

GE는 경쟁력 있는 무기로써 생산적인 수평식 의사소통을 어떻게 사용하는 가에 대한 좋은 예를 보여주었다. GE 사업들은 완전히 독립적으로 운영될 수 있지만 각각이 다른 부서를 지원해야 한다. 그들은 그들 간의 기술적인 자원, 인원, 정보, 생각 및 재화를 전달한다. GE는 각 부서와 CEO 간에 용이한 접근을 통해 이와 같은 높은 수준의 의사소통과 협력을 달성한다. 개방적인 문화, 정직, 믿음, 상호 의무, 정기적인 회합을 통해 최고경영층과 각 부서원들이 정보와 생각을 공유한다. 동일한 유형의 일을 낮은 수준과 같이 수행한다. 조직적 의사소통은 정형성과 다르다. 공식 의사소통은 정보 전달이 공식적이다. 이들은 상향식, 하향식, 혹은 수평식일 수 있으며, 종종 일부 과업을 수행하는 데 필요하고 미리 계획된다.

4) 비공식 의사소통

조직 의사소통은 형식이 다르다. **공식 의사소통**(formal communications)은 공식적이며, 조직이 승인한 사건의 정보 전달이다. 이들은 상향, 하향 혹은 수평으로 이동할 수 있으며, 종종 몇 가지 과업을 수행하는 데 필요하고 미리 준비된다.

비공식 의사소통(informal communications)은 더 비공식적이다. **비공식 의사소통망**(grapevine)은 사람들이 조직을 해석하고, 관리층(경영층)의 공식 메시지를 종업원의 언어로 변환하고, 공식 체계가 말하지 않은 정보를 전달하는 사회적인 네트워크이다. 그러나 비공식 의사소통망은 관련이 없거나 오류투성이의 가십이나 풍문이 확산되고 운영에 해로울 때 파괴적일 수 있다. 개인 기술과 조직적 의사소통을 개선하기 위한 대부분의 제안은 전형적으로 공식 의사소통을 개선하는 데 적용할 수 있다. 그러나 이들은 또한 비공식 의사소통을 개선하는 데 도움을 줄 수 있다. 비공식 의사소통을 효과적으로 관리하는 데 추가적인 고려사항을 적용해야 한다. 풍문은 수많은 주제를 처음부터 다시 시작하게 한다. 풍문은 사람들의 믿음, 기업에 대한 믿음, 기업과 직원 간의 믿음을 파괴할 수 있다. 그러므로 관리자는 비공식 의사소통망과 함께 작업할 필요가 있다.

비공식 의사소통망은 여러 가지 방법으로 관리할 수 있다. 개인적인 기술과 조직 소통을 개선하기 위한 대부분의 제안은 공식 의사소통을 통해 적용해야 한다. 상부로 소통하기 위해 문서로 기술하고, 말하고, 촉진하고, 보강한다. 또한 그들은 비공식 소통을 개선할 수 있다. 추가적인 고려사항을 비공식 소통을 관리하는데 효과적으로 적용할 수 있다.

첫째, 관리자가 감당할 수 없는 얘기를 들었을 때 사실과 그들의 견해를 듣기 위해 관련된 핵심 인사들과 이야기를 해야 한다. 둘째, 사실을 제공하여 불확실성을 없애고, 열린 의사소통 체계를 수립하고 오랜 시간에 걸쳐 믿음을 가지고 작업하는 등 풍문이 일어나는 것을 방지해야 한다. 셋째, 풍문이 돌면 풍문을 무시하거나 거부하여 풍문을 중화시켜야 한다.

5) 무경계 조직 구축

오늘날 많은 임원들과 경영학자들은 모든 방향에서 정보가 조직적으로 긴요하도록 자유롭게 접근하는 것을 조직의 필수사항으로 간주한다. GE의 잭 웰치(Jack Welch)는 이러한 생각에 대해 **무경계화(boundarylessness)**라는 개념으로 설명했다. **무경계화(장벽 제거) 조직(boundaryless organization)**은 정보 흐름에 장벽이 없는 조직을 말한다. 사람, 과업, 과정, 장소를 분리하는 경계 대신에 생각, 정보, 결정 및 조치가 그들이 가장 원하는 곳으로 움직인다. 이는 무한한 의사소통과 정보의 무작위적인 무질서를 시사하는 것이 아니다. 무경계화 조직은 조직이 분리된 부분보다 전체로서 훨씬 잘 기능하도록 가용한 정보가 필요할 때마다 신속하고 용이하게 움직이는 것을 의미한다. 다른 조직 수준, 다른 단위와 부서, 조직과 조직 외부의 이해관계자 간 그리고 지역 간의 경계를 허물어야 한다. 무경계 조직은 효과적인 경쟁과 새로운 구조적 대안 개발의 일환이라는 측면에서 주목된다.

무경계 조직 구축으로 유명한 GE의 기업개선 프로그램은 여러 계층 수준에서 사업 구성원을 위한 일련의 회의이다. 주어진 주(week)에 20,000명이 넘는 직원이 참여할 뿐만 아니라 프로그램에는 외부 경계를 허물기 위해 고객과 공급업체도 참여하여 성과를 높였다. GE는 경계를 허물기 위해 많은 기술을 사용하였다. 전 세계의 모범사례를 배우기 위해 다른 업계의 경쟁업체와 회사를 가차 없이 벤치마킹하였다. GE는 기술과 제조와 같은 물리적으로 서로 다른 기능을 함께 제공한다. 여러 단위에서 서비스를 공유하고 물리적 위치를 고객과 공유하기도 한다.

우리는 앞에서 열린 대화의 중요성에 대해서 말하였다. 무경계 조직은 의도적으로 경계를 뛰어 넘어 대화를 만들고 장벽을 침투할 수 있는 투과성 막으로 바꾼다. GE 사람들의 표현대로 조직의 다른 부분에서 온 사람들이 “말하는 방법”을 배울 필요가 있다. 그들은 또한 “걷는 방법”도 배워야 한다. 즉 대화가 필수적이지만 그에 상응하는 조치가 뒤따라야 한다.

토의 문제 및 활동

1. 쌍방향 의사소통 과정 모형을 기술하고 쌍방향 통신의 중요한 장점을 말하라.

2. 피해야 할 의사소통 문제를 열거하라.

3. 다양한 의사소통 채널을 사용하는 시기와 방법을 말하라.

4. 더 좋은 정보 발신자와 수신자가 되는 방법을 설명하라.

5. 상향식, 하향식, 수평식 의사소통 방식의 개선 방안을 말해보라.

6. 잘못된 의사전달의 문제에 직면했을 경우 그 문제의 원인이 무엇이라고 생각하는가? 이 문제를 좀 더 잘 다루려면 어떻게 해야 하는가?

7. 당신이 가지고 있는 정보 혹은 의견을 타인에게 전달하지 않은 경우 그 이유가 무엇이었는가? 또 이는 올바른 일인가? 당신이 부정적이거나 다른 정보를 전달한 이유는 무엇인가?

8. 토론과 대화의 차이에 대하여 논하라. 토론을 건설적인 대화로 전환하는 방법은 무엇인가?

9. 말, 글, 전자매체를 이용하는 의사소통 방법의 장·단점을 비교하라.

10. 매체 풍요도를 정의하고 각 채널의 풍요도를 비교하여 설명하라.

11. 조직이 의사소통 방법 및 특징을 기술하고, 각 방법에서 소통을 증진하는 몇 가지 방안을 제시하라.

12. 잭 웰치가 말한 "무경계 조직"이 의미하는 바와 이를 달성할 수 있는 방안을 제시하라.

13. 가상 사무공간 관리와 오픈북 관리가 지향하는 관리 핵심을 설명하라.

14. 비문자 의사소통(nonverbal communication) 방법을 열거하고 이들 방법이 당신의 행동에 미치는 여향을 기술하라.

PART

05

통제화

제5부에서는 조직과 조직 구성원이 수행하는 작업을 통제하고 변경하는 방법을 배우게 된다.

제13장은 의도된 활동이 수행되고 목표가 달성되도록 보장하는 기법뿐만 아니라 문화와 관련된 이슈를 포함한 관리 통제를 기술한다. 통제 체계는 직원들이 기업의 목표를 달성하도록 유도하고 개성적인 행동을 제거하기 위해 설계된다. 기본적인 관료적 통제체계를 설계하는 방법을 알게 될 것이다. 성과 표준을 설정하고, 성과를 측정하고, 성과와 표준을 비교하고, 수정조치를 취하여 불리한 편차를 제거하는 4단계로 이루어진다. 통제 기구로 예산을 사용하는 목적을 논의한다. 예산은 피드포워드, 동시 및 피드백 제어의 이점을 결합한다. 재무비율 및 기타 재무통제를 해석하는 방법을 논의한다. 효과적인 통제 체계를 구현하는 절차와 조직이 시장 통제 메커니즘을 사용하는 다양한 방법을 논의한다. 권한 부여 조직에서 집단 통제에 접근할 수 있는 방법을 이해하게 될 것이다.

제14장, 15장은 변화와 갱신에 초점을 맞춘다. 제14장은 새로운 기술에 대한 전략적 접근방식과 혁신을 위한 문화 창조를 포함하는 기술과 혁신을 논의한다. 신기술 개발과 관련된 절차를 논의한다. 새로운 기술의 등장을 촉진하는 힘에는 (1) 기술의 필요성, (2) 필수적인 과학 지식, (3) 이 지식의 기술적인 호환성, (4) 개발에 자금을 대는 자본 자원, (5) 구성요소를 하나로 결합하기 위한 기업가적인 통찰력과 주도권(이니셔티브)가 포함된다. 경쟁우위를 위해 기술을 관리하는 방법을 논의한다. 적절한 기술 전략을 결정하는 것은 조직의 경쟁 요건을 지원하는 기술의 정도에 따라 다르다. 벤치마킹(benchmarking), 기술 스캐닝(technology scanning) 등 기술 욕구를 평가하는 방법을 논의한다. 신기술은 획득하거나 개발할 수 있다. 신기술의 연원과 그것들을 획득하는 최상의 전략을 알게 될 것이다. 사람들이 기술을 관리하는데 어떤 역할을 하는지와 성공적인 개발 프로젝트의 핵심 특성을 논의한다. 만족스러운 이익을 달성하는 개발 프로젝트를 위해 조직은 핵심역량을 구축하고, 무엇을 달성할 것인지에 대한 비전을 유도하고, 헌신하는 팀이 있어야 하며, 지속적인 개선을 위한 철학을 고취하고, 모든 팀과 부서에 걸쳐 통합되고 조정된 노력을 조성해야 한다.

제15장은 변화 관리를 통해 세계 최고가 되는 현대 경영진의 당면 과제를 검토한다. 이 장에서 우리는 이러한 도전의 본질과 관리자가 이를 어떻게 다룰 것인지에 대해 논의한다. 앞 장에서 배운 몇 가지 주제들은 변화 과정에서 중심적인 역할을 수행한다. 제15장은 또한 그것들에 대한 이해가 당신의 관리 경력에 어떤 도움이 될지를 상기시켜 줄 것이다. 최상이 되기 위해서는 최상의 그리고 최신의 지식과 생각을 적용하여 어느 곳에서나 가장 높은 수준의 표준으로 운영할 수 있는 능력을 가져야 한다. 변화를 효과적으로 관리하는 방법과 성공적인 미래를 창조하는 방법을 논의한다. 불확실한 미래를 대비하려면 사전예방적인 조치가 필요하다. 반응적이기보다는 사전 예방적이어야 하며, 예지력을 작동하고, 지속적인 학습과 장점을 창조하고 미래를 창조해야 한다. 당신은 당신의 경력과 개인적인 개발을 능동적으로 관리하고, 능동적인 리더와 평생 학습자가 됨으로써 당신 자신의 미래를 주도적으로 형성할 수 있다.

13 Chapter 관리 통제

개요 및 학습목표

통제는 관리의 샴쌍둥이(conjoined twin) 중의 하나이다. 다른 쌍둥이는 계획이다. 경영자(관리자)가 계획과 전략을 수립하면 계획이 실행되도록 보장해야 하기 때문에 몇 가지 통제 수단이 필요하다. 이는 다른 사람들이 해야 할 일을 하고 부적절한 일을 하지 않도록 하는 것을 말한다. 계획이 적절하게 수행되지 않으면 관리자는 문제를 수정하기 위해 조치를 취해야 한다. 이것이 경영(관리)의 주요한 통제 기능이다. 창조성을 보장하고, 품질을 고양하고, 비용을 절감하기 위해 경영자(관리자)는 그들 조직에서 일어나는 것을 통제하는 방법을 생각해 내야 한다.

당연히 효과적인 계획은 통제를 용이하게 하며, 통제는 계획을 용이하게 해준다. 계획은 미래를 위한 골격을 설계하는 것이며, 이러한 맥락에서 통제에 대한 청사진을 제시해 준다. 결과적으로, 통제체계는 자원을 할당하여 활용하고, 그렇게 함으로써 계획 과정을 용이하게 해준다. 오늘날의 복잡한 조직 환경에서 두 기능은 조직의 모든 부서에서 더욱 더 중요해짐과 동시에 실현하기가 더 어렵게 되었다. 오늘날 경영자(관리자)는 그들 책임 몇 가지만 언급하면 조직의 사람, 재고, 품질, 그리고 비용을 통제해야 한다.

이 장을 학습한 후에 여러분은 기업이 종업원 통제 체계를 개발하는 이유를 알게 될 것이다. 기본적인 관료적 통제체계를 설계하는 방법을 알게 될 것이다. 또한 통제 기구로 예산을 사용하는 목적을 이해하고, 재무비율 및 기타 재무 통제를 해석하는 방법을 알게 될 것이다. 효과적인 통제 체계를 구현하는 절차와 조직이 시장 통제 메커니즘을 사용하는 다양한 방법을 알게 될 것이다. 특히 권한 부여 조직에서 집단 통제에 접근할 수 있는 방법을 이해하게 될 것이다.

13.1 통제 체계

통제(control)는 전형적으로 조직의 목표를 달성하기 위해 개인의 활동을 지시하는 모든 과정으로 정의된다. 일부 경영자(관리자)는 이를 인정하고 싶어 하지 않지만, 통제 문제(통제 결여 혹은 잘못된 통제의 유형)는 빈번히 조직에 돌이킬 수 없는 피해를 입힌다(표 13.1). 비효과적인 통제체계는 예를 들어 자동차 회사의 경우 종업원의 절도에서부터 타이어 트레드의 벗겨짐 문제, 지역의 연료가격 상승에 이르기까지 다양한 문제를 야기한다. 단순히 시간 낭비만 하는 종업원으로 인해 고용주들은 일 년에 수 천억원을 낭비할 수 있다.

경영자(관리자)는 조직적 통제를 달성하기 위하여 관료적 통제, 시장 통제, 집단 통제의 3가지 광범위한 전략을 적용할 수 있어야 한다고 윌리엄 오우치(William Ouchi) 교수는 말하고 있다. **관료적 통제**(bureaucratic control)는 성과를 유도하기 위해 규칙, 규정 및 공식 권한을 사용한다. 여기에는 행동과 결과를 규제하기 위하여 예산, 통계 보고, 성능 평가와 같은 것들이 포함된다.

시장 통제(market control)는 조직에서 활동을 규제하기 위해 가격 메커니즘을 사용하는 것이 포함된다. 사업 단위를 그러한 메커니즘을 이용하여 자원(서비스 혹은 제품)을 거래하고, 이익 중심점으로 간주할 수 있다. 이러한 단위를 운영하는 관리자(경영자)는 이익과 손실에 기초하여 평가할 수 있다. 두 통제 방식과 달리 **집단 통제**(clan control)는 조직과 개인의 이해관계가 자연스럽게 상충한다고 가정하지 않는다. 그 대신에 집단 통제는 종업원들이 조직의 규범, 가치, 기대치, 목표를 공유하고 그에 따라 행동한다는 생

표 13.1 통제불능 회사의 리더십 징후

• 잘못된 자신감: 그들이 하는 일은 모두가 옳고 실수를 하지 않는다.
• 책임 굴절: 그들이 어려움에 처해있다는 것을 인정한다면 모든 책임은 그들에게 있다고 비난한다.
• 회피: 커다란 회사 전반의 이슈와 씨름하는 것보다 다루기 쉬운 "바쁘기만 하고 별로 쓸모없는 일"을 수행한다.
• 과거에 집착: 우리는 언제나 그 방식대로 해왔다고 말하며 현재의 관행을 정당화한다.
• 맹목적인 낙관: 나쁜 수치를 믿지 않으려고 하며, 모든 일이 저절로 해결될 것이라고 믿는다.
• 불량한 예 설정: 타인이 예상하는 것과 같은 엄격한 표준에 부응하는 대신에 지나치게 자기자신에게 특전을 주는 예를 설정한다.
• 고립: 다른 사람들은 CEO에게 아무런 경고 신호를 주지 않거나 CEO에게 맞서서 사태가 위험하게 통제를 벗어났다고 설득한다.

각에 기초하고 있다. 조직의 구성원이 공통의 가치와 목표를 가지고 있으며 서로를 믿을 때 공식 통제는 덜 필요할 수 있다. 집단 통제는 많은 대인 과정에 기초하고 있다.

표 13.2는 관료적, 시장 및 집단 통제의 주요한 특징을 요약하고 있다. 이러한 골격을 이 장 전반에 걸친 논의에 대한 기초로 사용할 것이다.

표 13.2 통제의 특징

시스템 통제	특징 및 요건
관료적 통제	성과를 유지하기 위해 공식 규칙, 규정, 표준 및 공식 권한을 사용한다. 과업이 분명하고 작업자가 독립적일 때 작업이 가장 잘 된다.
시장 통제	조직에서 활동을 규제하기 위해 가격 메커니즘(가격, 경쟁, 이윤센터, 교환 관계)을 사용하는 것이 포함된다. 유형의 결과를 확인하고 시장이 당사자 간에 설정될 때 작업이 가장 잘 된다.
집단 통제	규범, 가치, 공유된 목표, 그룹 요원의 믿음에 기초한 통제이다. 과업을 수행하는 "유일한 방법"이 존재하지 않으며, 종업원에게 결정을 하는 권리를 부여할 때 작업이 가장 잘 된다.

13.2 관료적 통제체계

관료적(혹은 공식) 통제체계는 계획된 성과 경과를 측정하도록 설계되었으며, 필요할 때 그 성과가 경영자(관리자)의 목적과 일치하는 것을 보장하기 위해 교정 수단을 적용한다. 통제체계는 계획된 활동으로부터 얻은 결과에서 중요한 편차 혹은 불일치를 탐지하고 수정한다.

1) 통제 주기

그림 13.1은 (1)성과 표준의 설정 (2)성과 측정 (3)표준 대 성과 비교 및 편차 결정 (4)교정 활동 수행이라는 전형적인 4단계 통제체계를 보여주고 있다:

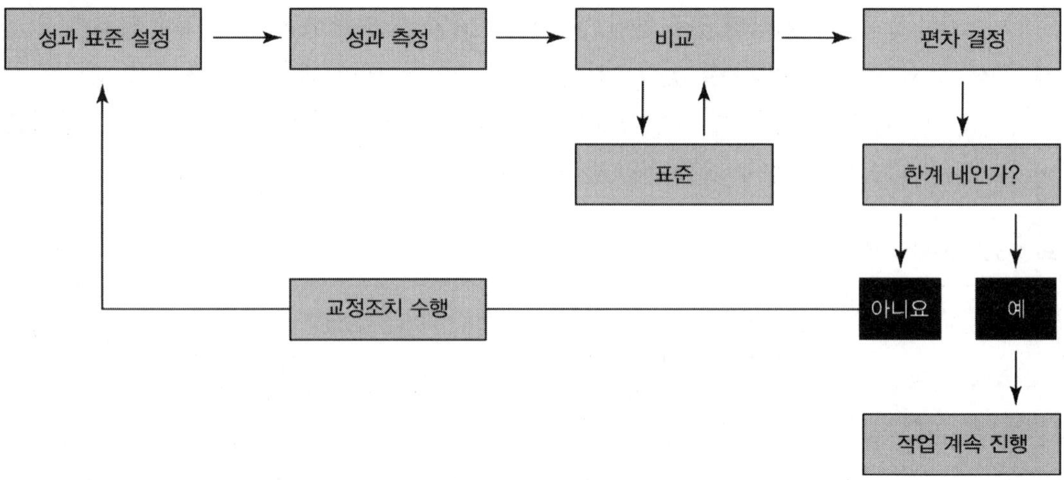

그림 13.1 통제 과정

❖ 1단계: 성과 표준 설정

모든 조직은 수익성, 혁신, 구성원 만족과 같은 목적을 가지고 있다. **표준**(standard)은 주어진 목적(목표)에 대한 기대 성과의 정도를 말한다. 표준은 원하는 성과 수준을 설정하고, 성과 동기를 부여하여, 실제 성과를 평가하는 기준이 되는 목표이다. 표준이 사람들에게 동기를 부여하여 높은 성과를 올릴 때 통제체계는 가장 효과적이다. 실제의 목표가 어긋나더라도 높은 성과를 이룩할 수 있도록 조금은 어렵지만 결국에는 달성될 수 있는 표준이 설정되어야 한다. 최종 결과에 대한 표준의 설정은 통제과정의 설계에서 중요한 부분이다. 표준을 설정하지 않으면 경영자(관리자)는 작은 변동에도 지나친 행동을 하거나 편차가 심각할 때에도 반응을 보이지 않는다.

표준은 모든 활동(재무 활동, 운영 활동, 법적인 규정 준수 등)에 대해 설정할 수 있다. 예를 들어 종업원의 동기부여에 대한 목표 설정은 구체적이고, 측정가능한 성과 표준을 중심으로 설정할 수 있다. 그러한 표준은 도전적이어야 하며, 전형적으로 과거의 성과보다 향상되는 것을 목표로 해야 한다. 전형적으로 성과 표준은 직무 요건에서 유래한다. 예를 들어 10% 시장 점유율 증가, 20% 비용 절감과 24시간 이내에 고객 고충 응답이 포함될 수 있다. 그러나 성과 표준은 어느 일개인에게만 적용하지 않아야 한다. 성과 표준은 종종 인간과 시스템 성과의 통합을 반영한다.

성과 표준은 (1)양 (2)질 (3)사용 시간 (4)비용 관점에서 설정할 수 있다. 예를 들어, 생산 활동에는 산출물의 양(양), 결함(질), 완성 제품의 가동시간 가용도(사용 시간), 원재료와 노무비 지출 비용(비용)이 포함된다. 성과에 관한 많은 중요한 측면은 적절한 공급 및 제품 가용도, 서비스 질, 배달 속도 등과 같은 동일한 표준으로 측정할 수 있다.

한 가지 주의할 점은 성과 목표와 표준을 설정하는 데 있어 불리한 점은 그것들이 통제 체계의 다른 요소들에 의해 지원되지 않을 수 있다는 점이다. 체제의 각 요소가 중요하며 각 요소는 다른 요소들에 의존한다. 그렇지 않으면 체제는 균형을 잃을 수가 있다. 다른 요소를 잘 검토해야 한다.

❖ 2단계: 성과 측정

통제 과정의 두 번째 단계는 성과 수준을 측정하는 것이다. 예를 들어, 생산 단위, 결근일, 서류철, 배포된 표본, 매출액을 계산할 수 있다. 성과 데이터는 보통 문서 보고서, 구두 보고서 및 개인 관찰로부터 얻는다.

문서 보고서(written reports)는 컴퓨터 출력물을 포함한다. 컴퓨터의 성능 증가와 비용 감소 덕분으로 크고 작은 기업 모두에서 거대한 양의 성과 데이터를 수집할 수 있다.

구두 보고서(oral reports)의 한 가지 공통적인 예는 판매원이 업적, 문제점, 혹은 그날의 고객의 반응을 보고하기 위해 매 사업일 가까이에 그의 직속 관리자를 만날 때 발생한다. 경영자(관리자)는 추가적인 정보에 대해 질문하거나 오해를 해소시킬 수 있다. 필요한 경우에 잠정적인 교정 조치를 논의 중에 생각해 낼 수 있다.

개인 관찰(personal observation)은 활동 지역에 가서 무슨 일이 발생했는지를 관찰하는 것을 의미한다. 경영자(관리자)는 작업 방법, 종업원의 비언어적 신호, 일반적인 동작을 관찰할 수 있다. 개인 관찰은 무엇이 이루어지고 있는지에 대한 즉각적인 그림을 제공하지만 몇 가지 단점이 있다. 개인 관찰은 정확한 정량적인 데이터를 제공하지 않으며, 정보가 보통 주관적이고 일반적이다. 또한 종업원은 불신 혹은 자신감 결여로 개인 관찰을 오해할 수 있다. 그럼에도 불구하고, 많은 경영자(관리자)는 직접 관찰을 대체할 좋은 방법이 없다고 믿고 있다. 개인 접촉은 리더십의 시계(가시성)와 상향 의사소통을 증진시킨다. 또한 문서 및 구두 보고서를 보완하기 위해 성과에 대한 가치 있는 정보를 제공한다.

❖ 3단계: 성과와 표준 비교

통제 과정의 3단계는 성과를 표준과 비교하는 것이다. 이 과정에서 경영자(관리자)는 성과를 평가한다. 표준과 비교적 작은 편차가 있는 일부 활동은 수용되는 반면에 다른 활동은 상당히 편차가 심각하다. 그러므로 통제 작업을 수행하는 경영자(관리자)는 결과를 면밀하게 분석하고 평가해야 한다.

관리적 **예외의 원칙**(principle of exception)은 예외 또는 기대 결과 또는 표준으로부터 상당한 편차에 집중함으로써 통제가 강화된다고 기술하고 있다. 성과를 표준과 비교할 때 관리자(경영자)는 예외에 주의를 기울일 필요가 있다. 예를 들어, 조립라인에서 생산된 성분의 품질을 통제할 때 라인 밖으로 1000개 중에 5개가 떨어지면 이러한 5개의 성분은 예외이며 더 조사해야 한다.

예외의 원칙에 따라 예외 사례만 교정 작업이 필요하다. 관리자는 기대 결과와 같거나 거의 근접한 성과는 관심을 가지지 말아야 한다. 이 원칙은 통제에서 중요하다. 경영자(관리자)가 예외의 원칙을 적용하면 시간과 노력을 많이 절감할 수 있다.

❖ 4단계: 교정 조치 수행

통제 과정의 마지막 단계는 현저한 편차를 교정하는 조치를 취하는 것이다. 이 단계는 초기에 계획한 결과를 달성하기 위해 필요한 경우 운영을 조정할 수 있도록 보장한다. 현저한 편차가 발견되면 경영자(관리자)는 즉각적이고 강력한 조치를 취해야 한다. 효과적인 통제는 불필요한 지연, 변명 혹은 예외를 용납하지 않는다.

교정 조치에 대한 대안 방법은 상위 수준의 경영자가 아니라 문제가 있는 곳의 운영자에 의해 수행되어야 한다. 컴퓨터 제어 생산 기술에서 전문가 통제와 작업자(운영자) 통제의 두 가지 유형의 통제가 실행가능하다. 전문가 통제(specialist control)에서 CNC기계 조작자들은 기능불능에 대해 공학 전문가에게 알려야 한다. 이와 같이 전통적인 분업으로 전문가가 교정조치를 수행한다. 여러 기술을 가지고 있는 운영자(작업자) 통제로 문제가 발생할 때 그들 고유의 문제를 바로잡을 수 있다. 편차를 발생한 곳 가까이에서 통제할 수 있으므로 이 전략은 더 효율적일 뿐만 아니라 직무를 더 충실히 한 덕택에 작업자(운영자)에게 더 이익을 준다.

적절한 교정 조치는 문제의 본질에 따라 다르다. 교정 조치는 절차 혹은 방법의 변경, 징계 처분, 생산 부품의 정확도 확인 혹은 주요 조직 수정이 포함된다. 혹은 교정 조치는 단순히 종업원 훈련에 대한 저렴한 투자일 수 있다. 주요 품질 및 생산 문제의 근원은 기술 그룹에 의한 미세한 제도 오류에서 추적되었다. 한 가지 해법은 기사를 교정 강좌에 보내는 것으로 매우 간단하다.

2) 관료적 통제 방법

세 가지 관료적 통제 방법은 피드포워드, 동시 및 피드백 통제 방법이다. **피드포워드 통제**(feedforward control)는 작업이 시작되기 전에 수행하는 통제 방법으로 계획된 활동을 적절히 수행하는 것을 보장하도록 설계된 정책, 절차, 및 규칙이 포함된다. 피드포워드 통제의 목적은 문제가 발생하기 전에 문제를 방지하고자 하는 것이다. 결과를 기다려 이들을 목표와 비교하는 대신에 관리자는 사전에 활동을 제한하여 통제를 할 수 있다. 기업은 경영자(관리자)에게 결정을 할 때 명확한 윤리적이고 법률적인 지침을 고수하라고 지시할 수 있다. 또한 공식 규칙과 절차로 문제가 발생하기 전에 사람들의 행동을 규정할 수 있다. 예컨대 원재료를 검사하고, 종업원을 적절히 선발하여 훈련하는 것이 포함된다.

계획을 수행할 때 일어나는 **동시 통제**(concurrent control)는 통제체계의 핵심이다. 정보 기술의 진보로 강력한 동시통제가 가능하게 되었다. 전산화된 체계로 경영자(관리자)는 그들 기업에서 가장 먼 곳에 있는 곳의 데이터를 즉시 접속할 수 있게 되었다. 예를 들어 관리자는 지속적인 성과 흐름에 기초하여 예산을 지속적으로 업데이트할 수 있다. 동시 통제에는 문제가 발생할 때 지휘, 감시 및 미세조정이 포함된다.

피드백 통제(feedback control)는 문제가 발생한 후에 수용할 만한 표준으로부터 편차를 수정하기 위해 결과에 대한 정보를 사용하는 것에 초점을 맞춘다. 피드백 통제는 성과 데이터를 수집하고 분석하여 그 결과를 수정하도록 누군가에게 되돌려주는 것을 의미한다.

감독자가 행동을 감시할 때 그들은 동시 통제를 수행하는 것이다. 그들이 부적절한 성과를 지적하고 수정할 때 그들은 피드백을 통제 수단으로 사용한다.

시기 선택이 피드백 제어의 중요한 측면이다. 긴 시간 지연이 종종 성과와 피드백 사이에서 발생한다. 예컨대 실제 지출을 4분기 예산과 비교하거나 성과의 몇 가지 측면을 연초에 계획한 추정치와 비교하는 것이 포함된다. 성과에 대한 피드백이 시의적절하지 않으면 관리자는 문제점을 재빨리 식별하여 제거할 수 없으므로 더 심각한 피해를 방지할 수 없다.

조립 라인의 컴퓨터 제어 로봇과 같이 일부 피드백 과정은 실시간(동시)으로 통제된다. 그러한 기구는 감지 기구가 있어 그들의 기능을 수행할 때 정확한 위치에 있는지를 지속적으로 결정할 수 있다. 그렇지 못하면 자체진단이 통제 기구가 즉각적인 수정을 하게 된다.

3) 경영감사

수년에 걸쳐, 경영감사는 사회적 책임에서 회계 통제에 이르기까지 조직 내의 다양한 시스템의 효과성과 효율성을 평가하는 수단으로 개발되었다. 경영감사는 내부감사 혹은 외부감사일 수 있다. 관리자(경영자)는 다른 기업의 외부 감사와 자기 기업의 내부 감사를 수행한다. 몇 가지 동일한 도구와 방법이 내부 및 외부 감사에서 사용된다.

경영감사(management audits)는 경영비판과 경영지도를 목적으로 하는 경영자를 위한 감사로 경제감사라고도 한다. 경영자가 기업의 경영활동을 합리적으로 관리 통제하여 경영의 경제성을 증진하기 위한 수단으로 이용된다. 경영감사의 대상은 대단히 넓으며 회계 및 재무활동의 감사 외에 경영활동의 비판이나 경영관리의 지도도 포함된다. 구체적으로는 경영조직이나 제도의 감사, 경제활동의 적법성이나 타당성의 검토, 경제성 및 기업에 대한 합목적성의 지도, 경영정책이나 자금계획 등에 대한 비판, 경영 결함의 지적과 그 제거 또는 개선에 관한 조언과 권고 등이다.

외부감사(external audits)는 한 조직이 다른 조직을 평가할 때 발생한다. 전형적으로 외부 감사 주체는 CPA 기업이 조직의 재무 감사를 수행하는 것이다. 그러나 어떤 기업도 자신의 전략적 의사결정 목적으로 경쟁 기업 혹은 다른 기업의 외부 감사를 수행할 수 있다. 이러한 유형의 분석에는 (1)타 조직의 M&A 가능성 조사 (2)주요 공급원으로 사용할 기업의 건전성 조사 (3)조직을 조사하여 더 좋은 경쟁우위를 유지하거나 개척하기 위해 경쟁업체의 강 · 약점 발견 등이 포함된다. 공개적으로 사용할 수 있는 데이터가 이러한 평가에서 상용된다.

외부감사는 예금 및 대출 스캔들을 발견하고 조사하는 피드백 통제에서 사용된다. 또한 외부감사는 문제점이 발생하는 것을 방지할 수 있으므로 예비 통제에 유용하다. 기업이 인수 후보에 대한 적절하고, 정확한 정보를 수집하면 가장 적절한 기업을 인수할 가능성이 더 높으며 불건전한 인수를 피할 가능성이 더 높다.

내부감사(internal audits)는 (1)기업이 수행한 일이 무엇인가? (2)재화 혹은 서비스 고객 혹은 다른 수혜자가 수행한 것이 무엇인가를 평가한다. 기업은 재무 건전성, 생산 효율, 판매 효과성, 인적자원 개발, 공공관계, 시민적 책임성과 같은 수많은 요소를 평가할 수 있다. 감사는 기업의 과거, 현재, 그리고 미래를 평가한다.

경영감사를 수행하려면 원하는 자격요건 목록을 작성하고 각 자격요건에 첨부하여 가중치를 매겨야 한다. 경영감사를 통해 적발된 가장 바람직하지 않은 관행은 불필요한 작업의 수행, 작업 중복, 불량한 재고통제, 장비와 기계의 비경제적인 사용, 필요 이상으로 비용이 많이 드는 절차, 낭비되는 자원 등이 포함된다.

4) 예산통제

예산통제는 가장 널리 인식되고 가장 일반적으로 사용되는 관리 통제 방법 중의 하나이다. 예산통제는 적용 관점에 따라 피드포워드 통제, 동시 통제, 피드백 통제와 연결되어 있다. **예산통제**(budgetary control)는 기업이 설정한 목표이익을 달성하기 위하여 기업 전체의 입장에서 장래의 일정기간에 걸친 예산을 편성하고, 이를 바탕으로 하여 경영활동을 종합적으로 통제하는 경영관리 수단이다. 이 경우의 예산이란 장래의 일정기간에 관한 각 부분의 활동을 조정하여 이를 구체적 · 화폐적으로 나타내고, 기업 전체의 이익목표와 각 부문 활동의 달성목표를 명시하는 종합적이고 구체적인 집행계획을 의미한다.

예산통제의 특성은 이러한 예산을 편성하고 이를 수단으로 하여 경영활동 전반을 계수에 의하여 종합적으로 관리하는 방법이라고 할 수 있다. 제1차 세계대전 후 불황에 직면한 미국의 산업계가 처음으로 채용한 대응책으로서, 지금은 세계 각국에서 계수관리의 대표적인 수단으로 널리 채용하고 있다.

예산통제의 기본적 기능을 살펴보면, (1)예산을 편성하는 계획기능 (2)예산의 작성 · 실시를 통하여 부문 상호간의 조정을 도모하는 조정기능 (3)예산과 실적과의 차이를 분석함으로써 각 부문 활동의 효율을 판정하고, 적절한 개선조치와 부문 관리자의 책임을 명시하며, 업적의 판정 · 평가 등을 실시하는 통제기능 등을 들 수 있다.

표 13.3 판매 지출 예산의 예

	1월		2월		3월	
	기대치	실제지출	기대치	실제	기대치	실제
판매 예산	$1,200,000		$1,350,000		$1,400,000	
지출 예산						
일반 간접비	310,000		310,000		310,000	
판매비	242,000		275,000		288,000	
생산비	327,000		430,500		456,800	
연구비	118,400		118,400		115,000	
사무비	90,000		91,200		91,500	
광고비	32,500		27,000		25,800	
추정 총 수익	80,100		97,900		112,900	

기업의 예산은 그 기업의 달성목표이자 평가기준이기 때문에 경영활동의 여러 조건에 알맞은 탄력적 운용이 필요하다. 이 점이 바로 국가예산과 기본적으로 다른 차이점이다.

예산 통제는 여러 단계를 거친다. **기대치 설정**(establishing expectancies)은 회사의 전반적인 계획과 판매 추정치로 시작하여 예산 승인과 공고로 종료된다. 그리고 **예산 운영**(budgetary operation) 단계에서는 어떤 성과를 달성하였는지를 파악하고 그 결과를 기대치와 비교하는 것을 다룬다. 마지막 단계는 모든 통제 과정과 마찬가지로 필요시 수정 조치를 취하는 것이 포함된다.

비록 관행은 크게 다르지만 최고 경영진은 종종 예산을 편성하고 사용하는 수석 조정관의 역할을 한다. 보통 재무담당관, 통제관 혹은 수석 회계 책임자가 이러한 의무가 있다. 이들은 이해 상충을 해소하고, 필요시 조정을 권고하고, 예산 절차에 대한 공식적인 제재를 하는 것보다 세부 사항에 더 신경을 써야 한다.

❖ 예산의 종류

많은 유형의 예산이 존재한다(표 13.3). 보다 일반적인 몇 가지 유형의 예산은 다음과 같다.

- 판매예산(sales budget)
- 생산예산(production budget)
- 가격산출예산(cost production budget)
- 현금수지예산(cash budget)
- 종합예산(master budget)

회계 기록을 주기적으로 검사해야 한다. **회계감사(accounting audits)**는 회계담당자가 작성한 회계기록을 제3자가 검사하는 것을 말한다. 주로 회계기록이나 서류가 적정하게 작성되어 있는가 하는 허위 부정의 유무를 조사하는 것이다. 회계 기록이 정확하고 진실하며 일반적으로 인정되는 회계 관행을 준수함으로써 건전하고 전반적인 통제 목적을 위해 신뢰할 수 있는 기반이 존재한다는 확신을 갖게 된다.

미국 회계학회는 회계감사란 "기업의 경제적 행위와 사건에 대한 피감사인의 주장이 이미 제정되어 있는 회계기준과의 합치정도를 판단하여 그 결과를 이해관계자에게 전달하기 위하여 객관적이고 합리적으로 증거를 수집하고 평가하는 조직적 · 논리적 · 체계적 과정"이라고 정의하고 있다.

❖ 활동기준 원가계산(activity-based costing)

전통적인 원가회계 방법은 경직된 계층적 조직의 시대에 뒤떨어진 방법을 기반으로 하기 때문에 오늘날 사업 환경에서 부적절할 수 있다고 인식되고 있다. 그러므로 오늘날에는 사업 과정에 걸쳐 비용을 할당하는 활동기준 원가계산 방법이 사용되고 있다. **활동기준 원가계산(activity-based costing: ABC)** 방법은 활동의 흐름을 식별하고, 종업원이 특정 활동에 헌신한 시간에 따라 비용을 특정 사업 공정에 할당하도록 설계된 원가계산 방법이다. 활동기준 원가계산(ABC)은 기존의 전통적인 원가계산 방식의 문제점을 개선하기 위해 도입된 새로운 원가계산 방법이다. ABC는 제조 간접비를 소비하는 활동(activity)이라는 개념을 설정하고 이러한 여러 활동들에 따라 제조 간접비를 배분하고 각 제품별로 활동소비량에 따라 제조 간접비를 배분함으로써 기존의 전통적인 원가계산 방식에 비해 좀 더 합리적인 원가배분을 목적으로 하는 원가계산 방식이다.

고객에게 주어지는 제품과 서비스에 대한 활동을 통해 조직의 자원 비용을 부과하는 방식으로, 보통 제품과 고객의 비용과 이익을 이해하는 도구로 쓰인다. 가격을 매기고,

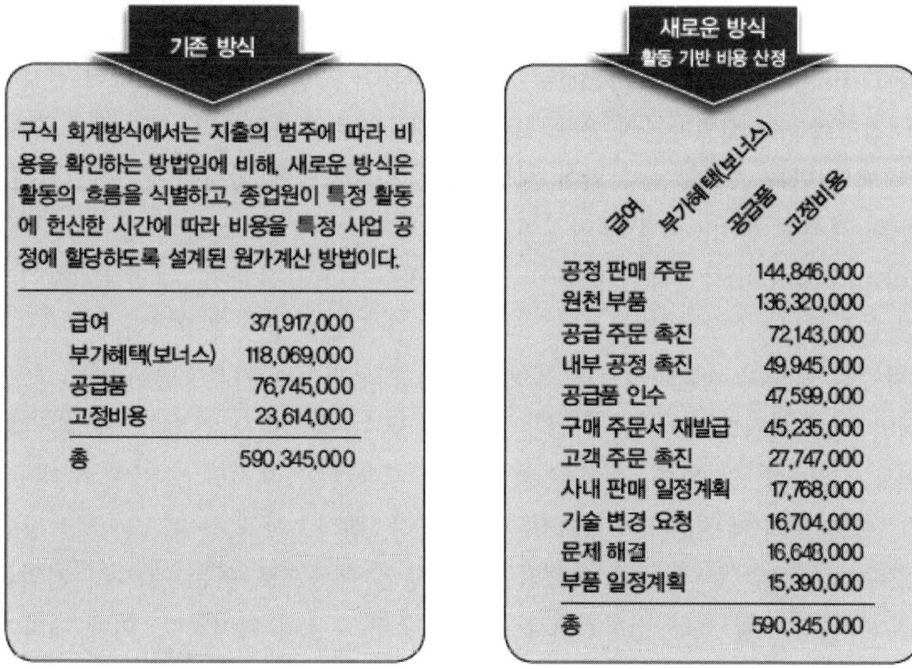

그림 13.2 전통적 회계방식과 활동기준예산(ABC) 체계의 기본 절차

하청하고, 인증하고, 처리 개선을 측정하는 등의 전략적인 결정을 지원하는 데 사용된다.

ABC는 조직이 고객 욕구를 만족하기 위해 많은 다른 작업을 수행하지만 관련 활동을 수행하는 사람들의 집합이라는 전제로 시작된다. **활동기준 원가계산(activity-based costing: ABC)** 방법은 활동의 흐름을 식별하고, 종업원이 특정 활동에 헌신한 시간에 따라 비용을 특정 사업 공정에 할당하도록 설계된 원가계산 방법이다. 기본 작업 절차는 그림 13.2에서 보는 바와 같다. 첫째, 종업원은 그들의 기본 활동(basic activity)을 정의하기 위해 매일 그들이 하는 일이 무엇인지를 분해한다. 둘째, 관리자는 전통적인 회계방식으로 계산한 총지출을 살펴보고, 각 활동에 소요되는 시간에 따라 총합계를 활동에 배분한다. 그림 13.2에서 보는 바와 같이 전통적인 방법과 ABC 방법 모두 동일한 최종 결과에 도달한다. 그러나 ABC 방법은 비용을 사업 공정에 할당하기 때문에 제품과 서비스에 산입한 비용이 얼마인지를 더 정확하게 알 수 있다. 아마도 ABC의 정확도보다 더 중요한 것은 시스템이 낭비된 활동이 어디에서 발생하고 그들이 고객에게 제공한 이익에 비해 너무 많은 비용이 소요된 활동이 무엇인지 아는가를 강조하는 것이다. 이러한 유형의 정보를 제공하므로 ABC는 사업 공정을 합리화하는 가치 있는 방법이 되고 있다.

5) 재무관리

재무관리(financial management)는 기업이 자본의 조달과 운용을 위하여 실시하는 시책이다. 경영활동을 개별자본의 운동으로 본다면, 이것은 자본조달 → 고용 · 구매 → 제조 → 판매의 반복 순환활동이 되어 재무활동은 자본조달에 한정된다. 그러나 자본조달은 운용을 전제로 하며, 조달된 자본이 설비 · 원재료 · 기계 · 노동력 등에 가치를 화체(transubstantiation)하면서 변형되어 생산에 공헌한다고 본다면, 경영활동을 자본이라는 관점에서 통일적으로 이해하며 그 합리성을 검토하는 일이 필요하다.

경영활동을 자본의 전환과정으로 이해한다면, 재무관리는 자본조달이라는 고유영역뿐만 아니라 전체 활동의 눈에 띄지 않는 부분을 자본운용으로서 간접적으로 관리하는 데까지 이르지 않으면 안 된다. 전자를 좁은 뜻의 재무관리, 후자를 넓은 뜻의 재무관리라고 한다. 좁은 뜻의 재무관리는 필요자본량의 산정, 주식 · 사채 등의 자본조달 방법의 선택, 현금수지나 보관 등에 관한 집행적 재무활동을 대상으로 하는 것으로, 기업금융론, 경영재무론 등의 이름 아래 전통적으로 연구의 주된 내용이 되어왔다. 이에 대하여 넓은 뜻의 재무관리는 이익관리 · 예산관리 · 원가관리 · 경영분석 등을 주된 내용으로 하는 계수관리나 관리회계를 가리키며, 최근에는 투자이론도 중시하게 되었다. 이와 같은 연구를 주로 하는 것이 고유의 '재무관리론'이다.

재무관리의 주요 관리원칙에는 자본유지의 원칙, 자본증식의 원칙, 안전성의 원칙, 유동성의 원칙 등이 있다. 자본유지는 소극적 하한선을 제시하는 원칙인데, 이는 다시 명목자본유지와 실체자본유지로 나누어지며, 후자가 지배적이다. 자본증식은 적극면을 나타내는 원칙인데, 그 집약적 표현은 자본이익률에서 구해진다. 자본이익률은 매출액이익률과 자본회전율의 상승적(相乘積)으로 자본증식을 위해서는 매출액이익률의 상승(예를 들면 코스트다운)과 자본회전율의 향상(예를 들면 불량재고의 배제)이 추구되어야 한다.

안전성의 원칙은 차입자본이나 타인자본의 변제에 있어서 문제가 되는 것으로, 조달원천과 운용형태의 상호관련을 적절히 할 필요가 있다. 단기차입자금으로 설비를 조달하는 것과 같은 자본운용은 안전성에 역행하는 것이 된다. 유동성이란 기업의 지불능력으로, 경영분석에서의 유동비율이나 당좌비율은 이 점을 단적으로 나타낸다. 자본증식을 위한 수익성 향상과 유동성 유지와는 반드시 병행하는 것은 아니며, 때로는 상반된 결과를 초래하므로 재무계획에서 양자를 조정해야 한다.

재무관리에도 다른 관리에서와 마찬가지로 재무계획 · 재무조직 · 재무통제의 세 분야가 있다.

재무계획은 이익계획과 자본구조계획(자금계획)으로 대별된다. 이익계획은 다시 수익계획과 비용계획으로 나누어지며, 예산의 형식으로 부문책임과 결합되어 견적손익계산서로서 회계적으로 표시된다. 자본구조계획은 고정자본 구조계획(설비자본 구조계획)과 운전자본 구조계획(현금수지계획 · 현금수지예산)으로 나누어지며, 견적대차대조표로서 회계적으로 표시된다.

재무조직의 중심과제는 재무관리조직이며, 그 전형은 컨트롤러 제도(controllership)에 있다. 재무통제는 경영분석 · 경영비교 · 예산차이 분석에 의하여 전개되는데, 그 집약적 지표는 자본이익률이다.

6) 재무통제

예산에 부가하여, 사업은 일반적으로 재무통제라는 다른 제표(statement)를 통상적으로 사용한다. 두 가지 재무제표(입출금내역서)는 대차대조표(balance sheet)와 손익계산서(profit and loss statement)이다.

❖ 대차대조표

대차대조표(balance sheet)는 일정 시점에서의 기업의 재정상태를 일람할 수 있게 나타낸 것으로, 손익계산서와 함께 재무제표의 중심을 이루는 것이다. 대차대조표는 (1)자산 (2)부채 (3)주주 지분의 3가지 요소로 항목화되어 있다. 3가지 요소의 관계는 자산=부채+주주 지분과 같다. 표 13.4는 대차대조표의 예를 보여주고 있다.

일반적으로 그 시점에서의 모든 자산을 차변에, 그리고 모든 부채 및 자본을 대변에 기재하는 데서 대차대조표라는 말이 생겼다. 작성 시점은 대부분 결산 시이지만 개업, 폐업, 합병 때에도 작성된다.

대차대조표의 작성방법은 대별하여 두 가지가 있다. 하나는 개별요소마다 실지 재고조사를 하여 그 결과를 집적하여 작성하는 방법으로 실지재고조사법 또는 재산목록법이라고 한다. 다른 하나는 회계기록에 의하여 유도적으로 작성하는 방법으로 유도법이라고 한다. 실지재고조사법의 경우는 회계장부 등을 반드시 필요로 하지 않으며, 자산은 어디까지나 현금화될 가치 있는 것에 한정되고, 또한 부채도 법적 관점에 의한 부채에 한하게 된다. 단적으로 말하여 실지재고조사법은 기업의 해체가치계산(解體價值計算)을 하는 것으로, 현재 보유하고 있는 재산을 모두 환금하면 어떻게 될 것인가를 나타내는 것이다. 이러한 식의 대차대조표는 폐업 · 합병 등의 특수한 경우에 작성된다. 일반적으로 결산 시에 작성되는 것은 유도법에 의한 것으로, 기간 중 거래금액에서 유도된 모든 계정의 기말 잔고금액을 대조하여 표시한 것이며, 장기적 시야에서 기업활동의 효율을 정밀하게 측정하기 위하여 이연자산, 충당금 등 유도법 특유의 계정과목이 표시되어 있다. 다만 유도법 대차대조표에 기재되어 있는 자산가액은 취득원가로 계상되어 있으므로 당해자산의 현재 시장가치를 나타내고 있는 것은 아니라는 점에 주의하여야 한다.

표 13.4 대차대조표

회계연도 말 기준 대차 대조표		
항목	당기	전기
자산		
유동 자산		
현금	46,200	41,920
재정증권	25,040	3,076
원자재 재고품	82,560	45,876
공정재고 및 완제품	68,059	100,181
총 유동 자산	221,859	191,053
감가상각 전 총기타자산	120,300	53,782
누적 감가상각 및 할부상환	6,800	6,400
총 자산	335,359	241,435
부채 및 주주 지분		
유동 부채		
미지급금	48,800	63,240
급여 및 보험료	5,500	5,900
수수료 및 기타 증가액	9,320	5,136
근로 소득세	18,630	6,077
장기부채의 유동분할 불입금	8,500	3,863
총 유동 부채	90,750	
장기 부채		
장기대출이자(연9%,2002~2015)	20,000	2,3500
1차년도 담보(5%)	41,000	
지급어음(9%)		27,500
총 장기 부채	61,000	51,000
주주 지분		
보통주	75,780	53,046
자본 잉여금	99,269	55,740
이익 잉여금	8,560	7,353
총 부채 및 주주 지분	335,359	241,435

대차대조표의 표시방식에도 손익계산서와 마찬가지로 보고식과 계정식이 있다. 예를 들어, 보고식은 당기말 이익의 표시도 전기이월 이익과 당기이익을 구분하여 명기하게 되어, 기재내용의 파악이 용이하다는 장점이 있는 반면에 지면이 많이 필요하므로 신문 공고 등에는 계정식이 쓰일 경우가 많다. 한국에서는 양쪽을 다 사용한다(기업회계기준 3, 4조).

대차대조표에 기재하는 자산이나 부채의 배열방법에는 유동성 배열법과 고정성 배열법이 있다. 유동성 배열법은 유동적인 것부터 고정적인 것까지 차례로 배열하는 것으로, 자산은 현금 · 예금 등 환금성이 빠른 것부터, 또 부채는 지급기일 도래가 빠른 계정과목부터 순차로 배열하고 마지막에 자본의 제 항목을 기재한다. 고정성 배열법은 이와 반대되는 방법이다. 한국의 기업회계기준에는 유동성 배열법에 의하도록 규정하고 있다.

❖ 손익계산서

손익계산서(profit and loss statement)는 한 회계기간 동안에 발생한 비용항목과 수익항목을 기재하여 당해 기간의 순이익 혹은 순손해를 표시하는 재무표이다.

손익계산서에는 한 회계기간 중에 발생 또는 실현한 모든 손익항목을 기재하는 포괄주

표 13.5 손익계산서

회계연도 말 기준 손익 계산서 비교			
항목	전기	당기	증감
수입			
순 판매액	2,732	2,776	44
투자 배당금	5	5	0
기타	18	17	−1
총 수입	2,755	2,798	43
지출			
매출원가	1,854	1,849	5
영업비 및 경상비	402	362	40
지급이자	25	27	−2
기타	20	13	7
총 지출	2,301	2,251	50
세전 수익	444	547	103
세금	47	121	74
순 수익	397	426	29

의 손익계산서와 경상적이고 기간적인 손익항목만을 기재하는 당기업적주의 손익계산서가 있다. 원칙적으로 수익과 비용이 한 회계기간을 단위로 하여 측정되므로 그 차액인 이익도 기간적인 것으로 간주된다. 따라서 이익이란 일반적으로 한 회계기간 중의 총수익에서 총비용을 감한 기간 순이익을 뜻한다.

이를 공식으로 나타내면 다음과 같다.

- 순매출액−매출원가=매출 총이익
- 매출 총이익−일반 관리비 및 판매비=영업이익
- 영업이익+영업외 수입=당기 총이익
- 당기 총이익−영업외 비용=당기 순이익

손익계산서는 기업의 경영성과를 밝히기 위하여 일정기간 내에 발생한 모든 수익과 비용을 대비시켜 당해 기간의 순이익을 계산 · 확정하는 보고서이다. 기업회계기준 및 상장법인 등의 재무제표에 관한 규칙 등에서 손익계산서는 기업의 경영성과를 명확히 표시하기 위하여 그 회계기간에 속하는 모든 수익과 이에 대응하는 모든 비용을 기재하여 경상손익을 표시하고, 이에 특별손익에 속하는 항목을 가감한 다음, 법인세 · 방위세 · 주민세 등을 차감하여 당기순이익을 표시하여야 한다는 내용 등을 규정하고 있다.

손익계산서에 기재되는 계정과목은 수익이나 비용을 발생하게 한 이유 · 원인을 나타내는 것으로서, 매출액 · 수입이자 등은 기업의 가치를 증가시킨 원인이며, 반대로 매입비 · 급료 · 잡비 등은 기업의 가치를 감소시킨 원인이다. 이같이 손익계산서에서는 수익과 비용의 과목을 대응 · 비교시켜 손익을 표시하므로, 그 기능은 순 손익액을 명백히 할 뿐만 아니라 손익발생의 과정을 분석적으로 추적할 수 있도록 하여 영업의 수행과정까지 알려준다.

따라서 손익계산서는 기업의 목적달성 정도를 측정하는 기준이며 경영정책의 수립과 방향 설정에 있어 가장 중요한 자료가 된다. 양식에는 계정식과 보고식이 있는데, 기업회계기준에서는 보고식을 원칙으로 하고 있다. 계정식은 총계정원장의 차변과 대변을 그대로 옮겨놓은 형식으로, 총비용과 총수익의 대조에 편리한 방식이나, 일반의 이해관계자가 이해하기 쉽고 편리한 형식을 채용하기 위해 보고식을 택하고 있다.

표 13.5는 2년 연속의 비교적인 손익계산서를 보여주고 있다. 이 예에서 기업의 운영수익은 증가하였으며, 비용 또한 증가하였지만 낮은 비율로 증가하여 높은 순이익을 가져왔다. 일부 관리자는 임시적인 손익계산서를 작성하여 이를 목표로 사용하고 있다. 그리고 이러한 목표 혹은 표준에 대하여 성과를 측정하고 있다. 비교적인 이러한 유형의 대조표로부터 경영자(관리자)는 애로 분야를 식별하여 이를 수정한다.

전체 기업과 사업다각화 기업과 그 사업부서의 경우 손익을 통제하는 방법이 가장 일반적으로 사용된다. 그러나 부서 관리자가 수입과 비용을 모두 통제하는 분권조직에서와 같이 부서가 통제하는 경우에 손익계산서는 각 부서에 맞게 사용된다. 각 부서의 산출을 측정하고, 간접비를 포함한 비용을 각 부서의 운영에 맡긴다. 예상 순이익은 부서 성과를 측정하는 표준이 된다.

❖ 재무비율

기업의 전반적인 성과를 확인하는 효과적인 방법은 핵심 재무비율을 사용하는 것이다. 이러한 비율은 기업 운영에서 가능한 장점과 약점을 나타내는 데 도움을 준다. 핵심 비율은 손익계산서와 대차대조표의 선택된 항목으로부터 계산한다.

재무비율(financial ratio)은 대차대조표나 손익계산서의 수치를 이용해 계산한 비율로 기업경영 분석의 도구가 된다. 이것은 정태비율과 동태비율로 나뉜다. 정태비율은 정태적인 재정 상태를 나타내는 대차대조표의 각 항목 상호간의 비율이며 주로 경영의 안전도를 본다. 동태비율은 동태적인 수지상황을 나타내는 손익계산서의 매출액과 대차대조표의 항목과의 비율로 기업의 경영능력 내지 경영활동의 성과를 나타낸다. 주요한 것은 다음과 같다.

1. 정태비율=유동비율, 당좌비율, 자산구성비율, 부채비율, 고정비율
2. 동태비율=재고자산회전율(상품회전율), 수취채권회전율, 자본회전율, 고정자산회전율, 매출이익률, 평균납입자본금이익률.

3가지 부류의 재무비율인 유동성 비율, 레버리지 비율, 수익성 비율에 대하여 간단히 살펴보기로 하자.

❖ 유동성 비율

유동성 비율(liquidity ratio)은 기업이 단기에 상환해야 하는 부채에 대한 변제능력을 평가하는 재무비율을 의미한다. 유동성 비율의 지표로는 **유동비율**(current ratio)과 **당좌비율**(quick ratio)이 있는데, 유동비율은 유동부채에 대해서 유동자산이 차지하는 비율을 나타내며, 유동자산을 유동부채로 나누어 계산한다. 당좌비율은 유동자산에서 재고자산을 차감한 후에 그 값을 유동부채로 나누어 계산하는데, 유동비율보다 기업의 단기채무 지급능력을 더욱 엄격하게 평가하기 때문에 당좌비율을 **산성시험 비율**(acid test ratio)이라고도 한다.

❖ 레버리지 비율

레버리지 비율(leverage ratio)은 기업이 타인자본에 의존하고 있는 정도와 타인자본이 기업에 미치는 영향을 측정하는 모든 비율이다. 유동성 비율과 함께 재무위험을 측정하는 비율이며, 부채성 비율이라고도 한다. 그러나 유동성 비율은 단기 채권자의 재무위험을 측정함에 반해 레버리지 비율은 장기 채권자의 재무위험을 측정하는 경우가 일반적이다. 레버리지 비율은 세 가지 의미를 갖는데 (1)채권자의 입장에서 볼 때 소유자가 제공하는 자본은 채권에 대한 안전도를 나타낸다. 소유자가 총 자본의 일부만을 제공한 경우에는 기업의 위험을 채권자가 부담하게 된다. (2)타인자본으로 자금을 조달함으로써 소유자는 일정한 투자만으로 기업을 지배할 수 있는 이점을 갖는다. (3)타인자본 의존도가 높은 기업일수록 경기상황에 따라 세후 순이익의 변동 폭이 확대되는 레버리지 효과에 의해 투자위험이 증대된다. 따라서 극단적으로 높은 레버리지 비율은 도산의 원인이 될 수 있다.

❖ 수익성 비율

수익성 비율(profitability ratio)은 일정한 기간에 있어서의 기업활동의 최종적인 성과 즉, 손익의 상태를 측정하고 그 성과의 원인을 분석, 평가하는 수익성 분석을 행함으로써 재무제표의 내부 및 외부 이용자들은 보다 합리적인 의사결정을 할 수 있다. 수익성 비율을 산정하는 데 사용하는 자본은 기초와 기말잔액의 평균치가 된다. 수익성 비율로는 매출액순이익률, 총자본경상이익률, 자기자본경상이익률, 자기자본순이익률, 주당순이익 등이 있다.

❖ 재무비율의 사용

비록 이러한 비율이 성과 표준과 지표를 제공하지만 재무비율에 대한 배타적인 의존은 부정적인 결과를 가져올 수 있다. 첫째, 비율은 보통 월, 분기, 연간의 압축된 투자기간(time horizon)으로 표현되므로 이들은 종종 장기 전략적인 책무를 훼손시키면서 단기적인 이익에 초점을 맞추는 **근시안적인 경영**(management myopia)을 하게 된다. 장기적인 성과 목표를 사용하는 통제체제가 근시안적인 경영을 줄일 수 있으며 미래에 더 관심을 기울일 수 있다.

두 번째 부정적인 결과는 이들 비율이 다른 중요한 고려사항을 부차적인 위치로 격하시킨다는 점이다. 연구개발, 관리개발, 점진적인 인적자원 관행 및 기타 고려사항이 충분히 관심을 받지 않을 수 있다. 그러므로 재무비율의 사용은 다른 통제 척도로 보충해야 한다. 조직은 관리자가 시장 점유율, 인정되는 특허의 수, 신제품 판매, 인적자원 개발, 다른 성과 지표에 책임을 물을 수 있도록 해야 한다.

7) 관료적 통제의 약점

지금까지 우리는 기계적 관점에서 통제에 대하여 살펴보았다. 그러나 조직은 엄격하게 기계적이지 않다. 조직은 사람으로 구성되어 있다. 통제체계는 사람들의 행동을 구속하고, 그들의 미래 행동을 예측하는 데 사용되는 데 반해 사람들은 통제체계 설계자의 선상에 자동적으로 떨어지는 기계가 아니다. 사실 통제체계는 기능장애를 일으키는 행동을 초래할 수 있다. 통제체계는 사람들이 통제체계에 어떻게 반응하는지에 대한 고려 없이는 효과를 거둘 수 없다. 종업원의 행동을 효과적으로 관리하기 위해 관리자는 경직된 관료적 행동, 전술적 행동, 저항이라는 통제에 대한 3가지 유형의 잠재적인 반응을 고려해야 한다.

❖ 경직된 관료적 행동

통제체계가 규칙을 지켜(상부의 지시를 따라) 문제를 회피하라고 할 때 경직된 관료적 행동이 발생한다. 불행하게도, 그러한 체계는 종종 불량한 고객 서비스를 가져오고, 전체 조직이 더디게 행동하게 된다.

일부 경영자(관리자)는 관료적 통제가 내포하고 있는 부정적인 의미로 인해 이 용어를 사용하지 않는 경우가 있다. 그러나 통제체계 자체가 문제가 아니라, 체계가 더 이상 사업을 운영하는 도구로 볼 수 없는데도 경직된 행동을 강요하는 규칙(명령)일 때 문제가 발생한다는 점에 유의해야 한다.

❖ 전술적인 행동

종업원이 “체계를 억제하는 것”을 목적으로 하는 전술에 관여할 때 통제체계는 비효과적이 된다. 가장 일반적인 유형의 전술적 행동은 정보를 조작하거나 잘못된 성과 데이터를 보고하는 것이다. 사람들은 수행한 것과 수행할 수 있는 것의 두 가지 유형의 유효하지 않은 데이터를 생산할 수 있다. 과거에 대한 잘못된 보고는 누군가가 잘못된 내용을 식별하기가 용이하므로 덜 일반적이다. 보다 일반적으로 사람들은 미래에 대한 그들의 예측이나 요청을 위조한다. 예산 추정치를 제시하라는 요청을 받았을 때 종업원은 필요한 것보다 더 많이 요구한다. 반면에 그들은 가끔 낮은 추정치가 그들이 예산 혹은 프로젝트 승인을 얻는데 도움이 된다고 판단될 경우에는 비현실적으로 낮은 추정치를 제출한다. 관리자가 비현실적으로 낮은 성과 표준을 협상하여 부하 직원들이 이를 충족하는데 거의 어려움을 겪지 않을 때 유사한 전술이 나타난다. 이러한 경우에 사람들은 그들 부서 혹은 기업의 전반적인 성과보다 오히려 그들 자신의 성과에만 관심을 기울이게 된다.

❖ 통제에 저항

사람들은 종종 통제체계에 저항한다. 이는 여러 가지 이유로 발생한다. 첫째, 포괄적인 통제체계는 성과 데이터의 정확도를 증가시키고, 종업원들이 그들의 행동에 대해 더 많은 책임을 지도록 한다. 통제체계가 오류를 규명하지 못하면 사람들의 직무 보안과 상태를 위협하고 사람들의 자율을 감소시킨다.

둘째, 통제체계는 전문지식과 권력 구조를 바꿀 수 있다. 예를 들어, 관리정보체계가 관리자 이전에 원가, 구매 및 생산 결정을 할 수 있다. 따라서 개인은 전문지식, 권한, 의사결정 권한을 상실하는 것을 두려워한다.

셋째, 통제체계는 조직의 사회구조를 바꿀 수 있다. 통제체계는 경쟁을 유발하고 사회적 그룹과의 교류를 방해한다. 사람들은 이전에는 편안하고 협력적인 관계를 유지했던 사람들과 궁극적으로 경쟁하게 된다. 사람들의 사회적 욕구가 그렇게 중요하므로 그들은 사회적 욕구 만족을 감소시키는 통제체계에 저항하게 된다.

넷째, 통제체계는 사생활의 침해로 보일 수 있어 소송을 하게 되고, 사기가 저하될 수 있다.

8) 효과적인 통제체계 설계

효과적인 통제체계는 잠재적인 이익을 극대화하고 기능장애를 일으키는 행동을 최소화해야 한다. 이를 달성하기 위해 경영진은 (1)유효한 성과 표준에 기초하고 (2)종업원에게 적절한 정보를 전달하고 (3)종업원이 수용할 수 있고 (4)여러 방법을 사용하고 (5)권리부여와 통제와의 관계를 인식하는 통제체계를 설계할 필요가 있다.

또한 모든 경영자(관리자)는 수행되는 활동들이 계획과 일치하는지를 확인하는 데 도움이 되는 효과적인 통제체계를 갖기를 원한다. 경영자(관리자)들이 사용하는 대부분의 통제체계는 그들이 이행하고자 하는 특정 과업이나 사람에게 적합하게 설계되어야 한다. 특히 통제체계는 각 개별 상황의 제약요인에 적합하도록 설계되어야 한다. 진실로 통제가 그 기능을 효과적으로 발휘하려면 각 개별 상황의 제약요인에 특별히 맞추어져야 한다. 즉, 통제는 (1)계획과 직책에 맞추는 통제 (2)개별 관리자의 개성에 맞추는 통제 (3)전략적 요소에서 예외만을 다루는 통제가 되도록 설계되어야 한다.

이상과 같이 통제체계는 각 개별적인 상황의 제약요인에 적합하도록 설계되어야 효율적이며, 그러한 효율적인 통제체계는 (1)통제의 객관성 (2)통제의 탄력성 (3)통제의 경제성 (4)조직 분위기와 적합성 (5)시정 행위를 촉진하게 되는 특징을 갖게 된다.

❖ 유효한 성과 표준 설정

효과적인 통제체계는 유효하고 정확한 성과 표준에 기초하여야 한다. 가장 효과적인 표준은 정량적인 용어로 표시되며, 이들은 주관적이라기 보다 객관적이다. 또한 척도는 손쉽게 태업을 하거나 날조할 수 없어야 한다. 더욱이 체계는 성과의 모든 중요한 측면을 통합해야 한다. 측정되지 않는 행동은 무시한다. 그러나 경영진은 또한 과잉 통제나 종업원의 저항을 초래하는 너무 많은 조치로부터 또 다른 문제를 방어해야 한다. 참을성 있게 잘 통제하기 위해서 경영자(관리자)는 몇 가지 핵심 분야에 관심을 집중하는 한편 다른 분야에서의 '만족스러운' 성과 표준을 설정해야 한다. 혹은 간단한 우선순위를 설정할 수 있다. 예를 들어 구매 중개인은 품질, 가용도, 가격, 재고 수준의 순서로 목표를 충족할 수 있다. 마지막으로, 관리자(경영자)는 공차 범위를 설정할 수 있다. 예를 들어 재무 예산에서 낙관치, 기대치 및 최소 수준을 지정하는 경우가 있다.

많은 기업의 예산은 원가 전략만을 설정한다. 이는 경영자(관리자)가 지출을 통제하지만 수익은 무시하게 되는 결과가 된다. 어떤 기업에서는 원가보다 이윤이 핵심 척도이다. 시장 점유율을 증가시킬 예상치 못한 기회가 발생하면 관리자는 그 이후에 그들이 필요한 것을 지출할 수 있다.

이 원칙은 또한 성과의 비재무적 측면에도 적용할 수 있다. 예를 들어 채용부서는 신입사원 한 명당 얼마의 돈을 쓰느냐로 측정하곤 했다. 이제는 그 신입사원들이 이후에 얼마나 잘 해내느냐에 따라 측정된다.

❖ 적절한 정보 제공

경영층은 통제의 중요성과 본질에 대해 종업원과 의사소통해야 한다. 그러면 사람들은 그들 성과에 대해 피드백하게 된다. 피드백은 사람들을 동기부여시키고, 성과 표준과 그들 성과와의 편차를 수정할 수 있는 정보를 제공한다. 사람들에게 자신이 교정 조치를 하라고 하면 자기 통제를 격려하게 되고, 외부 감독의 필요성을 감소시키게 된다. 정보는 가능한 한 접근 가능해야 하며, 특히 신속하고 빈번하게 결정을 해야 할 경우에는 더욱더 그러하다.

일반적으로 경영자(관리자)는 다음과 같은 질문의 관점에서 정보체계를 평가할 수 있도록 통제체계를 설계해야 한다.

1. 정보체계는 사람들이 그들이 필요한 결정을 하는 데 관련된 정보를 제공하는가?
2. 정보체계는 조직 전반에 걸친 의사결정자에게 정확한 양의 정보를 제공하는가?
3. 정보체계는 조직의 각 부서에 조직의 다른, 관련 부서가 잘 기능하고 있는지에 대한 충분한 정보를 제공하는가?

❖ 종업원의 수용도 보장

종업원이 체계를 받아들이면 통제체계에 덜 저항하게 되며 기능장애를 덜 일으키게 된다. 종업원은 유용한 성과 표준이지만 과잉 통제되지 않는 체계를 더 잘 수용한다. 종업원은 표준이 달성될 가능성이 있다고 믿을 때 더 수용적이다. 통제체계는 부정적인 행동만을 통제하는 것에 초점을 맞추기보다는 오히려 긍정적인 행동을 강조해야 한다.

합리적인 표준을 설정하여 종업원이 통제체계를 수용하게 하는 가장 좋은 방법은 참여적으로 표준을 설정하는 것이다. 의사결정에 참여하는 것은 사람들의 이해와 수락을 보장하며, 더 좋은 결정을 하게 된다. 종업원이 그들의 과업에 직접적으로 영향을 주는 통제체계 결정에 참여하게 되면 통제체계에 대한 저항을 극복하고 체계의 수락을 촉진하게 된다.

❖ 다양한 방법 사용

다양한 통제가 필요하다. 통제체계는 일반적으로 재무 성과 목표와 비재무 성과 목표 모두를 포함해야 하며, 예비, 동시 및 피드백 제어의 측면을 통합해야 한다.

13.3 시장 및 집단 통제

비록 통제의 개념이 항상 조직의 중심 특징이었지만, 그 사용의 기저를 이루고 있는 원칙과 철학이 변화하고 있다. 과거에 통제는 관료적(및 시장) 메커니즘에 거의 배타적으로 초점을 맞추었다. 요약하여 경영자(관리자)는 과업을 나누고 단순화하여 작업을 통제하였다.

비록 공식 관료적 통제체계가 조직에서 가장 많이 사용되고 있지만, 이들이 가장 효과적인 것은 아니다. 시장 통제와 집단 통제가 성과를 규제하는 데 더 유연한 방법일 수 있다.

1) 시장 통제

관료적 통제와 대조적으로 시장 통제는 성과를 규제하는 데 경제력과 그에 수반되는 가격 메커니즘을 사용하는 것을 의미한다. 개인, 부서, 혹은 사업 단위의 결과가 다른 사람에게 가치가 있으면 그 결과를 교환하기 위해 가격을 절충할 수 있다. 이러한 거래를 하는 시장이 설정되면 두 가지 효과가 발생한다.

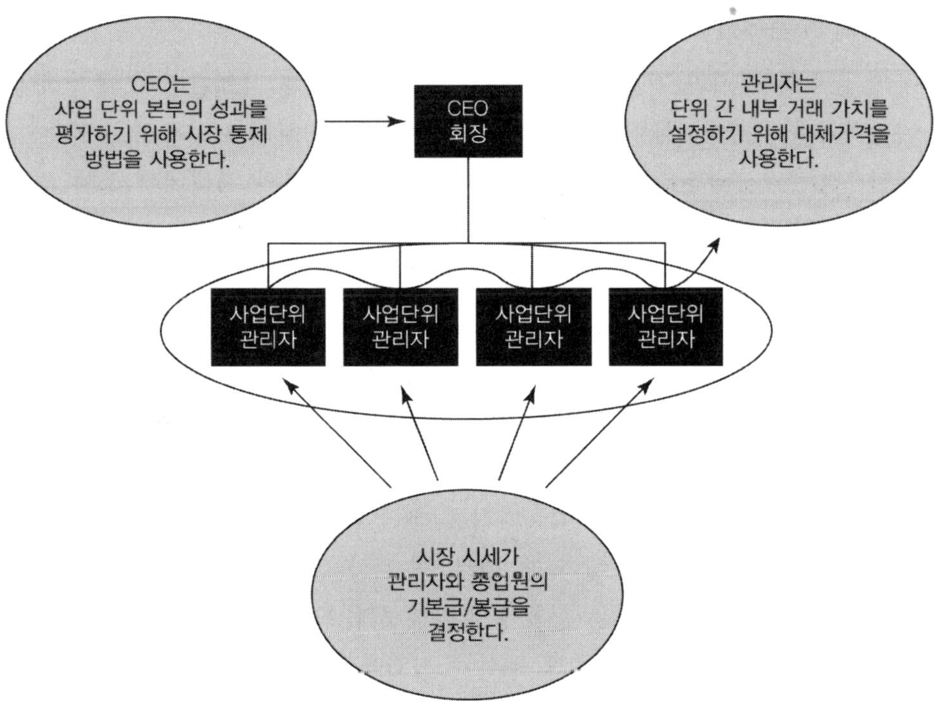

그림 13.3 시장 통제의 예

- 가격이 제품 혹은 서비스 가치의 지표가 된다.
- 가격 경쟁력이 생산성과 성과를 통제하는 효과가 된다.

시장 통제의 기저를 이루는 기본 원칙은 기업 수준, 사업 단위(부서) 수준 및 개인 수준에서 작동할 수 있다. 그림 13.3은 조직에서 사용되는 몇 가지 다른 시장 통제 방법을 보여주고 있다.

❖ 기업 수준에서 시장통제

대규모, 다각화 기업에서 시장통제는 종종 독립 사업 단위를 규제하는 데 사용된다. 특히 지주기업으로 작용하는 거대 복합기업의 경우 사업 단위는 전형적으로 다른 단위와 경쟁하는 이익센터로 취급된다. 최고경영자는 사업 단위 관리자에게 최소한의 관료적 통제를 하고, 성과를 측정하는 데 손익 데이터를 사용할 수 있다. 한편 의사결정과 권력이 사업 단위에 분산되는 경우 시장통제는 사업 단위 성과를 기업 목표와 일치시키는 것을 보장한다.

이러한 방식으로 시장통제 메커니즘의 사용은 경제척도가 조직의 완전한 가치를 적절하게 반영하지 못한다고 주장하는 사람들로부터 비판을 받고 있다. 종업원은 종종 다양한 회사가 시장통제에 따라 반복적으로 구매와 판매를 하기 때문에 고통을 받는다.

❖ 사업단위 수준에서 시장통제

시장통제는 또한 부서와 기능 간의 교환을 규제하기 위해 사업단위 내에서 사용할 수 있다. 이전가격은 조직이 내부 거래를 위해 시장력을 반영하려고 사용하는 한 가지 방법이다. **이전가격**(transfer price)은 특수 관계에 있는 조직간의 거래에서 조세 경감 등의 목적으로, 조직의 한 단위가 조직 내의 다른 조직에게 제품 혹은 서비스에 대해 설정하는 가격을 조작하는 것을 말한다. 예를 들어, 자동차 생산에서 최종 조립을 위해 후속 사업단위로 선적하기 전에 구성부품과 하부 조립부품에게 이전가격을 매길 수 있다. 이상적으로, 이전가격은 수령 사업 단위가 시장에서 제품 혹은 서비스에게 지불해야 할 가격을 반영한다.

조직이 외부 동종 사업체에게 제품과 서비스의 외주 생산을 할 선택권이 많아짐에 따라 그러한 대체가격과 같은 시장통제는 가격을 내리고 품질을 올리는 자연적인 인센티브를 제공하게 된다. 인적자원부서에 의해 내부적으로 훈련과 개발 활동을 수행하거나 컨설팅 기업에게 외주를 주어서 하는 상황을 생각해보자. 인적자원부서가 합리적인 비용으로 양질의 훈련을 제공하지 못하면 그 부서는 기업에서 존재해야 할 이유가 없을 수 있다. IBM, 코닝(Corning)과 같은 조직에서는 가격과 성과를 관리하기 위해 그들의 인적자원 기능을 엄격하게 시장통제하고 있다.

❖ 개인 수준에서 시장통제

시장통제는 또한 개인수준에서 사용할 수 있다. 예를 들어, 조직이 임금에 영향을 주는 특수한 기술에 대해 수요와 공급을 통하여 종업원을 선발하려고 하는 상황에서, 종업원은 임금을 제대로 받기를 기대할 수 있으며, 조직은 임금을 시세에 맞추어 지불할 가능성이 높다. 보다 가치 있는 기술을 가진 종업원은 높은 임금을 받으려고 한다. 물론 임금이 시장 시세를 언제나 반영하는 것은 아니다. 종종 그들은 내부 자원 고려에 기초하고 있다. 그러나 시장 시세는 종종 기업에 대한 가치가 있는 종업원의 잠재력을 반영하는 최상의 지표이다.

그와 같은 시장에 기반한 통제는 종업원에게 그들의 기술을 고양시키고 종종 기업에게 가치가 있는 잠재력을 제공하는 자연스러운 인센티브를 제공한다는 점에서 중요하다. 개인이 고용된 후에도 시장에 기반한 임금은 높은 경제적인 가치를 가진 사람이 조직에서 더 높은 지위에 더 빨리 승진할 수 있다는 점에서 통제로써 중요하다.

시장통제는 종종 주요 기업의 CEO를 관리하기 위해 이사회에 의해 사용된다. 역설적으로 CEO는 기업의 모든 사람들을 통제하는 것으로 보이지만, 사실 CEO는 이사회에 대해 책임을 지며, 이사회는 CEO가 이사회의 이해관계에 맞도록 행동하도록 보장하는 방법을 고안해야 한다.

2) 집단 통제: 권리부여 및 문화의 역할

점차 경영자(관리자)는 관료적 통제와 시장 메커니즘에 기초한 통제체계가 오늘날의 종업원을 지휘하는 데 불충분하다는 것을 알게 되었다. 이에 대한 여러 가지 이유가 있지만 대체로 다음과 같은 세 가지 이유로 종업원을 만족스럽게 통제하는 것이 어렵다는 것을 알게 되었다.

- 종업원의 직무가 바뀌었다: 과업의 본질이 진화하였다. 컴퓨터로 작업하는 종업원은 그들의 직무를 훨씬 더 가변적으로 할 수 있으며, 그들 과업의 상당 부분이 지적이고 보이지 않는 무형의 작업이 되었다. 이로 인해 과업을 수행하는 유일한 최상의 방법은 없으며, 과업을 프로그램하거나 표준화하는 것이 매우 어렵게 되었다. 그와 같은 추론과 문제 해법과 같은 행동을 감독하는 것이 거의 불가능해졌으므로 근접 감시가 또한 비현실적이 되었다.
- 관리의 본질이 바뀌었다: 경영자(관리자)의 역할이 또한 진화하였다. 경영자(관리자)가 종업원이 하는 직무에 대하여 더 잘 아는 경우에는 기존의 통제 방법을 사용할 수 있었다. 그러나 오늘날에는 종업원이 그 누구보다도 그들의 과업에 대해 더 잘 알고 있다. 우리는 이를 손을 움직여 직접 해보는 작업에서 지식 작업으로 전환하였다고 말하고 있다. 매우 낮은 수준에서 조직의 실제 전문지식이 존재할 때 위계적 통제는 비실용적이 된다.
- 고용관계가 바뀌었다: 작업에 대한 사회적 계약이 재조정되고 있다. 오늘날 더 많은 종업원들은 그들의 작업에 완전히 관여하기를 원하며, 의사결정에 참여하기를 원하며, 독특한 문제에 대한 해법을 고안하고자 하며, 도전적이고 관련된 과제를 받으려고 하고 있다. 그들은 그들의 두뇌를 사용하기를 원한다.

이러한 세 가지 이유로 **권리부여**(empowerment)의 개념이 조직에서 더 일반화되고 있다. 관리자(경영자)는 종업원들에게 더 많은 권리를 부여하여 의사결정을 하도록 하고, 그들이 기업의 최상의 이익에 맞게 행동한다고 믿게 해야 한다. **집단통제**(clan control)는 상호 존중하는 관계를 구축하고, 개인의 행동에 각 개인이 책임을 지는 것을 격려하는 것을 포함하며, 문화 통제라고도 한다. 종업원은 가치를 인도하는 골격 내에서 작업하며, 그들은 좋은 판단을 사용하기를 기대한다. 모든 상황에서 좋은 판단을 사용해야 한다. 또한 권리부여 조직은 상관을 즐겁게 하는 것이 아니라 고객을 만족시켜야 한다. 변화와 불확실성을 다루는 데 있어 실수는 피할 수 없는 부산물이라는 점을 명심하여, 이를 학습의 기회로 삼아야 한다. 팀 구성원들이 함께 학습해야 한다. 표 13.6은 권리부여 환경에서 관리하는 데 중요한 일련의 지침을 보여주고 있다.

표 13.6 권리부여 환경에서 관리 통제 지침

1. 사업을 운영하는 곳에 통제를 한다. 계층구조, 엄중한 감독 및 견제와 균형의 계층이 빠르게 사라지고 자율안내 팀으로 대체된다.
2. 이슈와 문제에 대한 사후 통제 대신에 "실시간" 통제를 사용한다.
3. 불신 대신에 신뢰를 구축하기 위해 관리 통제의 기저를 이루는 가정을 재구축한다.
4. 동료 규범에 기초한 통제로 이행한다.
5. 책임과 팀워크를 강화하기 위해 인센티브 시스템을 재구축한다.

❖ 통제에서 문화의 역할 이해

조직문화는 집단통제의 기초이다. **조직문화**(organization culture)는 기업의 구성원이 공유하는 조직과 조직의 목표와 관행에 대한 일련의 중요한 가정이다. 조직에서 무엇이 중요한지에 대한 공유된 가치 체계이며, 조직을 위해 어떻게 작업하는 것이 좋은가에 대한 믿음이다. 이러한 방식으로 기업의 문화는 직무에 대한 사람들의 행동을 조직하고 지휘하는 골격을 제공한다. 이것이 통제의 핵심이다.

문화는 강하거나 약할 수 있다. 강한 문화는 사람들이 어떻게 생각하고 행동하는지에 커다란 영향을 미칠 수 있다. 강한 문화는 사람들이 기업의 목표, 우선순위 및 관행을 이해하는 문화이다. 행동을 격려하고 용이하게 하는 것이 적절하면 강한 문화는 조직에 실제로 장점일 수 있다. 사우스웨스트 항공(Southwest Airlines), 월트 디즈니(Walt Disney)와 같이 고객 서비스에 매우 헌신하는 것을 격려하는 이러한 기업의 종업원은 그들이 행동하는 것을 알려주는 규칙서(규정집)가 필요하지 않다. 그들의 행동은 기업의 문화에 기초하고 있다.

그러나 강한 문화는 기업의 적절한 변화 노력에 격렬하게 방해하는 나쁜 행동을 조장할 수 있다. 예를 들어, 균일성과 일치성과 같이 오랫동안 순기능을 해왔던 내용들이 오늘날 보다 역동적이고 유연한 조직을 형성하는 데 어울리지 않을 수 있다. 오늘날의 조직문화는 창의성, 혁신, 진보적인 생각에 초점을 맞춰야 한다. 강한 문화와 대조적으로 약한 문화는 다른 사람들이 각기 다른 가치를 가지므로 기업의 목표에 혼란을 가져오며, 결정을 유도할 원칙이 하루하루 분명하지 않다는 특징을 갖는다. 그러한 문화는 혼란, 갈등 그리고 불량한 성과를 조장한다. 대부분의 경영자(관리자)는 기업을 더 효과적으로 만드는 목표와 유용한 행동을 격려하고 지원하는 강한 문화를 만들기를 원한다.

❖ 문화 진단

기업의 문화를 이해하고자 한다면 기업에서 작업하는 방법과 그 방법이 종업원에게 잘 맞는 방법인가를 생각해야 한다. 그리고 또한 기업에서 사용하고 있는 집단문화에 기초한 작업 방법이 유용한가에 대해 진단해야 한다. 다양한 것들이 문화에 대한 유용한 단서를 제공할 것이다.

- 기업의 임무 기술과 공식적인 목표가 출발점이 된다. 그러나 공식적인 기술이 진정으로 기업이 수행하는 사업을 잘 반영하고 있는지에 대해 생각할 필요가 있다.
- 사업 관행을 관찰해야 한다. 기업이 어떻게 문제점에 대응하고, 전략적인 결정을 하고, 최고경영층이 종업원과 고객에 대하여 진정으로 가치를 두고 있는 것이 무엇인가를 살펴봐야 한다.
- 기호, 의식, 격식이 문화에 대한 추가적인 단서를 제공한다. 예를 들어 상태 기호는 계층구조가 얼마나 엄격하고 상, 하 수준간의 관계에 대한 본질에 대한 느낌을 제공한다.
- 기업의 문화에 대해 많은 정보를 전달하는 사람에 관한 이야기가 있다. 모든 기업에는 기업의 중요한 가치를 전달하는 중요한 과거 결정과 행동에 대한 신화, 전설, 진정한 이야기를 가지고 있다. 이야기는 종종 기업의 영웅을 반영하고 있다.

일반적으로 문화에서 강조하는 것이 유연성인가 혹은 통제인가, 초점을 맞추는 것이 조직의 내부인가 혹은 외부인가에 따라서 범주화할 수 있다. 이러한 두 가지 차원을 나란히 하여 4가지 유형의 조직문화로 분류할 수 있다(그림 13.4).

- **그룹 문화**: 내부지향적이고 유연하다. 친화와 관련한 가치와 규범에 기초하고 있다. 조직 구성원은 신뢰, 전통, 장기적 의무에서 나오는 조직 지침의 흐름을 준수한다. 그것은 구성원 개발을 강조하고 의사결정에 참여하는 것을 소중하게 생각하는 경향이 있다.
- **위계 문화**: 내부지향적이며 통제와 안정성에 더 초점을 맞춘다. 관료제와 관련한 가치와 규범을 갖는다. 이는 안정성을 중시하며 역할이 공식적으로 시작되고 규칙과 절차를 통해 시행될 때 개인이 조직의 명령을 준수할 것이라고 가정한다.
- **합리적인 문화**: 외부 지향적이고 통제에 초점을 맞춘다. 이 문화의 주요한 목적은 생산성, 계획 및 효율이다. 조직의 구성원들은 원하는 조직 목적을 가져오는 성과가 보답을 받아야 한다는 신념에 의해 동기 부여된다.
- **혁신적(adhocracy) 문화**: 융통성, 혁신성이 높은 임기응변적 문화이다. 이 문화는 성장, 자원 획득, 혁신에 대한 변화를 강조한다. 조직의 구성원들은 과업의 중요성과 이념 공세에 동기 부여된다. 리더는 기업가적이고 위험을 무릅쓰는 사람이다. 다른 구성원들 역시 이러한 특징을 가지고 있다.

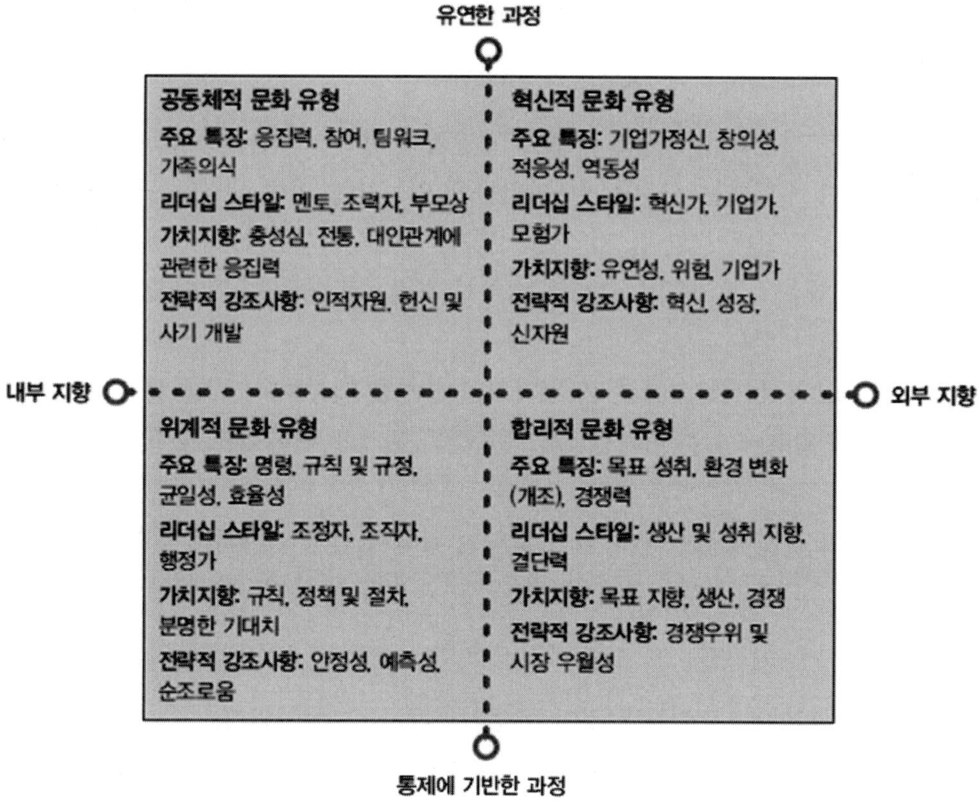

그림 13.4 문화에 대한 경쟁 가치 모형

❖ 집단통제를 강화하기 위한 문화 관리

오늘날 대부분의 기업들은 품질을 개선하고, 고객의 방향을 수용하고, 경쟁력을 갖추기 위해 필요한 방향으로 움직이는 것이 매우 중요하므로 뿌리 깊은 문화적 변화를 필요로 한다는 것을 인식하고 있다.

최고경영층은 문화를 관리하기 위해 여러 가지 방법을 사용하고 있다. 첫째, 기업 리더십으로 조직의 구성원을 격려하는 회사의 고상한 이상과 비전을 옹호해야 한다. 둘째, 임원은 일상적인 일들의 사소한 부분까지 관심을 기울여야 한다. CEO는 비전에 대하여 얘기할 뿐만 아니라 날마다 이를 구현해야 한다. 이렇게 함으로써 CEO를 종업원들이 믿게 되어 궁극적으로 비전을 향한 조직의 진전이 지속되는 결과를 가져오게 된다.

여기서 중요한 것은 어려운 선택을 해야 하는 진실의 순간이다. 최고 경영진이 품질을 강조하는 문화를 과시하다 조립된 제품 묶음에 사용되는 부품에 결함이 있다고 상상해보자. 품질을 추구하여 비싼 비용을 들여 부품을 교체할 것인지 시간과 비용을 절감하기 위해 결함 부품을 선적할 것인지 여부는 품질 지향 문화를 강화하거나 파괴하는데 큰 도움이 될 것이다.

또한 CEO와 임원들은 새로운 가치의 전형적인 예가 되는 사람을 격려하고 보상해야 한다. 문화를 관리하는 데 있어 또 다른 핵심 요소는 새로운 기업 가치에 기초하여 채용하고, 신입자에 대한 사회화를 실시하고, 승진시키는 것이다. 이러한 방법으로 새로운 문화가 조직에 스며들어야 한다. 새로운 문화를 구축하는 것은 많은 시간이 걸리는 일이지만, 임원들은 전통적인 가치를 가진 장기적인 문화에서 미래에 필요한 경쟁 가치를 구현하는 문화로 대체하는 데 수년이 걸린다는 사실을 알고 지속적으로 노력해야 한다.

집단문화에 대한 탄성과 시간 투자는 '양날의 검'이다. 집단문화를 개발하는 데 오랜 시간이 걸리며, 이를 바꾸는 데에는 더 많은 시간이 걸린다. 집단문화는 조직의 대격변기에 조직의 안정성과 방향을 알려준다. 경영자(관리자)들이 새로운 문화(새로운 형태의 집단문화)를 수립하기를 원한다면 종업원들이 오래된 가치를 잊어버리고 새로운 가치를 포용할 수 있도록 그들을 도와주어야 한다.

토의 문제 및 활동

1. 회사의 통제를 벗어나는 리더십의 징후에 관한 예를 들고, 회사가 종업원의 통제체계를 개발하는 이유를 설명하라.

2. 기본적인 관료제 통제체계를 설계하는 방법을 설명하고, 관료적 통제의 약점을 기술하라.

3. 통제기구로서 예산을 사용하는 목적을 설명해보라.

4. 대차대조표 및 손익계산서와 같은 재무제표를 해석하는 방법을 예를 들어 설명하라.

5. 3가지 수준의 재무비율을 정의하고 이들을 사용하는 데 있어 고려해야 할 사항을 기술하라.

6. 효과적인 통제체계를 실행하는 절차를 기술하고, 효율적인 통제체계의 특징을 열거하여라.

7. 조직에서 사용되는 몇 가지 수준의 시장통제 메커니즘의 차이점을 말하라.

8. 집단통제를 조직에서의 권위부여 및 문화의 역할 관점에서 설명하라.

9. 조직이 몇 가지 형태의 통제 형태를 사용하지 않는 예를 들어보라. 이 경우 어떤 일이 발생하는가?

10. 리더십과 통제의 차이, 계획과 통제의 차이 및 구조와 통제의 차이를 설명하라.

11. 관료적 통제체계에서 통제 과정의 4가지 단계에서 가장 중요하다고 생각되는 단계는 어느 단계인가?

12. 관료적 통제에 대한 찬반양론에 대하여 논하라.

13. 통제 기구로서 조직 문화는 얼마나 효과적인가? 조직 문화의 강점과 한계를 말하고, 관리자가 집단문화에 가장 많이 의존하는 시기에 대해 설명하라.

14. 권리부여가 통제 상실을 의미하는가? 이에 대한 당신의 견해를 발표하라.

15. 경영감사의 목적과 두 가지 경영감사 방법에 대하여 기술하라.

14 Chapter 기술 및 혁신 관리

개요 및 학습목표

기술혁신은 복잡성과 변화속도에 위축되지 않고 경제사회 구조를 변화시키고 있다. 확실히 기술혁신은 기업의 경쟁우위에서 중요하다. 얼마 전만 해도 계획하고 개발하는 데 몇 년이 걸렸고, 신제품을 표준화하고 대량생산하여 광범위한 판매 및 증진 활동을 통해 시장에 진출했다. 이러한 제품의 판매 수명은 수십 년으로 측정되었으며, 생산 과정은 그러한 표준화된 제품만을 만드는데 전용 장비를 사용했고 규모의 경제를 통해 비용 절감을 달성했다. 그러나 오늘날의 고객들은 종종 아직 설계되지 않은 제품을 요구한다. 제품 개발은 이제 혁신적인 제품을 소개하기 위해 첫 번째가 되는 경주가 되고 있다. 제품의 수명이 한 달도 되지 않아 기술적으로 훨씬 더 정교한 다른 제품으로 빠르게 대체되고 있다.

오늘날의 기술을 관리하기 위해서 경영자(관리자)는 기술이 어떻게 출현하여 개발되고, 조직이 경쟁하는 방식에 어떠한 영향을 미치고, 사람들이 어떻게 작업 하는가를 이해해야 한다. 이 장에서는 기술이 조직의 경쟁력에 어떠한 영향을 끼치며, 기술을 조직의 경쟁 전략에 어떻게 통합하는지에 대해 논의한다. 그리고 조직의 기술적 욕구와 이러한 욕구를 충족할 수 있는 수단을 평가한다.

이 장을 학습한 후에 여러분은 신기술 개발과 관련된 절차를 알게 될 것이다. 생애주기를 통해 기술이 진화되는 방법을 알게 될 것이다. 또한 경쟁우위를 위해 기술을 관리하는 방법을 이해하고 기술 욕구를 평가하는 방법을 알게 될 것이다. 신기술의 연원과 그것들을 획득하는 최상의 전략을 알게 될 것이다. 특히 사람들이 기술을 관리하는데 어떤 역할을 하는지와 성공적인 개발 프로젝트의 핵심 특성을 알게 될 것이다.

14.1 기술과 혁신

기술(technology)은 자원을 제품으로 변환하는 데 사용되는 방법, 과정, 체계 및 기술이다. 보다 더 광범위하게 말하여, 기술은 과학의 상용화이며 과학 지식을 신제품, 과정 혹은 서비스에 체계적으로 적용하는 것으로 생각할 수 있다. 이러한 의미에서 기술은 모든 제품, 서비스, 상용 혹은 생산된 절차에 내장되어 있다.

과업을 완수하기 위해 더 좋은 제품, 과정 혹은 절차를 찾는다면 우리는 이를 혁신이라고 한다. **혁신**(innovation)은 기술의 변화로, 이전의 작업 방식에서 벗어나는 것이다. 혁신의 두 가지 기본적인 유형은 제품 및 공정 혁신이다. 공정 혁신(process innovation)은 결과물을 생산하는 방법에 영향을 주는 변화이다. 적시생산방식(JIT), 대량 맞춤화 및 동시공학과 같은 유연생산 관행과 같은 이러한 혁신이 제품을 생산하고 분배하는 방법을 바꿨다. 반면에, 제품 혁신(product innovation)은 실제 결과물(제품 및 서비스) 자체의 변화이다.

기술이 출현하고, 발전하고 대체되는 방식에는 정의 가능하고 예측 가능한 패턴이 존재한다. 중요한 힘들이 모여 신기술을 창출하고 그 기술은 잘 정의된 새생주기 패턴을 따른다. 기술 개발을 주도하는 힘과 그들이 따르는 패턴을 이해하는 것은 경영자(관리자)가 기술을 더 효과적으로 예측하고, 감시하고, 관리하는 데 도움이 될 수 있다.

첫째, 기술에 대한 욕구 혹은 수요가 있어야 한다. 이러한 욕구가 과정을 주도하지 않는다면 기술 혁신이 일어날 이유가 없다.

둘째, 욕구를 충족시키는 것이 이론적으로 가능해야 하며, 그렇게 하기 위한 지식은 기본과학에서 구할 수 있어야 한다.

셋째, 공학 및 경제적 관점에서 과학 지식을 관행으로 변환할 수 있어야 한다. 이론적으로는 할 수 있지만 경제적으로 실제적이지 않으면 기술의 출현을 기대할 수 없다.

넷째, 재원, 숙련된 노동력, 시간, 공간 및 기타 자원들이 가용 기술을 개발하는 데 필요하다.

마지막으로, 모든 필요한 요소를 식별하고 결합하기 위해 기업가적인 진취성(결단력)이 필요하다.

1) 기술 생애주기

기술혁신은 전형적으로 **기술 생애주기**(technology life cycle)라고 부르는 비교적 예측 가능한 패턴을 따른다. 그림 14.1은 그 패턴을 나타내고 있다. 주기는 욕구의 인지와 적

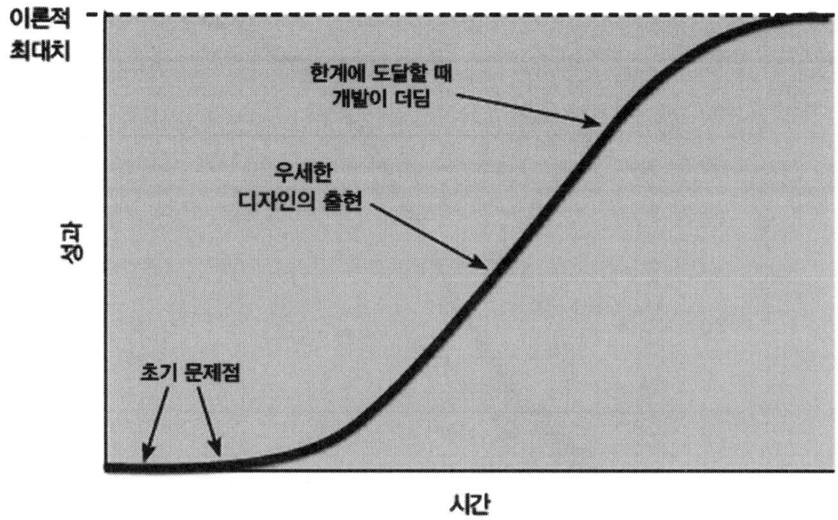

그림 14.1 기술 생애주기

용 과학 또는 지식을 통해 그 욕구를 충족할 수 있는 수단(방법)의 자각으로부터 시작된다. 지식과 생각을 결합하고 개발하여 결국 새로운 기술 혁신이 이루어진다. 경쟁업체들이 소비자의 욕구를 충족하기 위해 제품 설계와 운용 특성에 대해 대단히 많은 실험을 하기 때문에 이러한 형성기에 초기 진전은 더딜 수 있다. 여기서 제품 혁신율이 가장 높을 수 있다.

일단 초기 문제점을 해결하고 우세한 설계가 출현하면 기술을 개선하기 위한 공정 혁신으로 더 많은 개선이 이루어진다. 이 시점에 기업은 공정 효율성과 기격 경쟁력을 추구하여 이득을 얻을 수 있다. 자동차 산업을 예를 들면 기업은 제품 표준을 설정하고, 생산성 향상을 위한 대량 생산과 수직적 통합화의 이점을 활용하기 시작한다. 이러한 공정 혁신은 생산 비용을 낮추고 자동차 가격을 소비자 예산과 일치시키는데 중요한 역할을 했다.

궁극적으로 새로운 기술은 성과 능력과 사용 확산 모두에서 상한치에 도달한다. 빌진이 더디게 되고 비용이 증가하며 시장이 포화되기 시작한다. 기술은 일정 기간 동안에 성숙단계에 머무르거나 우월한 성능과 경제적인 이득을 가져다주는 다른 기술에 의해 빠르게 대체된다. 생애주기의 진화는 철과 철강 제조기술의 경우처럼 수십년 또는 수배 년이 걸릴 수 있다. 기술 진화의 극적인 예는 시각 장애인을 위한 공간 청각 장치에서 찾을 수 있다.

기술 생애주기는 많은 개별 제품 생애주기로 구성될 수 있다. 이들 제품 각각은 이전의 제품들에 비해 점진적으로 개선된다. 이러한 방식으로 기술 발전은 종종 완전히 새로운

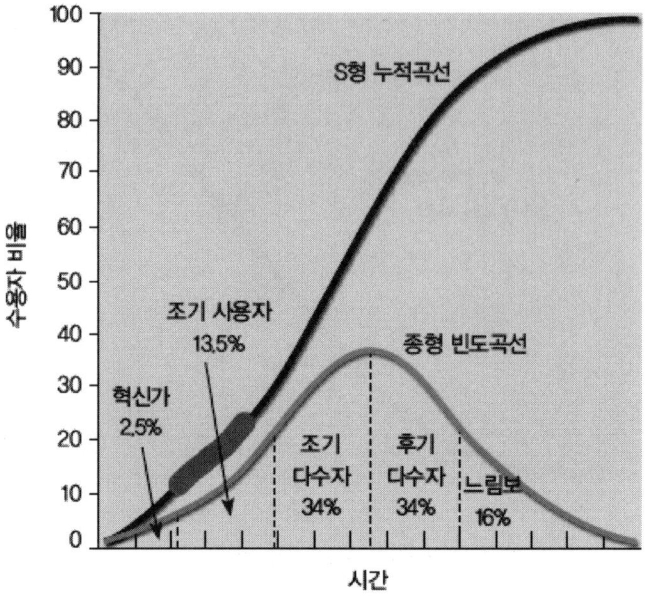

그림 14.2 신기술 사용 확산 패턴

기술을 대표하는 중요한 혁신들을 수반하며, 수많은 소규모의 점진적인 혁신들이 이어진다. 계속 진행 중인 기술 개발은 그 기술을 사용하여 얻는 이익을 증대시키고 기술을 더 쉽게 사용할 수 있게 해주며 더 잘 적용할 수 있게 해준다. 이 과정에서 기술의 사용이 새로운 수용자들에게로 확대된다.

2) 기술혁신의 확산

신기술 사용의 확산(전파)은 시간이 지남에 따라 그림 14.2에서 보는 바와 같이 S자 모양의 패턴을 따른다. 신기술 수용자는 크게 다섯 가지 그룹으로 나눌 수 있다. 첫 번째 그룹은 약 2.5%의 혁신가로 구성된다. 전형적으로 혁신가는 모험심이 강하지만 약간 고집불통인 경우도 있다. 두 번째 그룹은 약 13.5%의 조기 사용자(early adopters)이다. 이 그룹은 존중 받는 여론을 선도하는 구성원이 포함되어 있기 때문에 신기술의 성공에서 중요하다. 조기 사용자는 종종 다른 사람들이 리더십, 아이디어 및 최신 기술 정보를 찾는 사람 혹은 조직이다. 세 번째 그룹은 34%의 조기 다수자(early majority)이다. 이들은 종종 공동체 혹은 기업계의 중요한 구성원이지만 리더는 아니다. 이들은 새로운 것을 사용하기로 결정하는 것에 더 신중하고 시간이 오래 걸린다. 네 번째 그룹은 34%의 후기 다수자(late majority)이다. 그들은 기술 변화와 혁신에 보다 회의적이며, 종종 경제적 필요성이나 사회적인 압력이 증가할 때에만 채택한다. 마지막 그룹은 16%의 혁신과 변화를 지극히 의심하는 느림보(laggards)이다. 종종 그들은 매우 보수적이다.

혁신 확산 속도는 크게 다섯 가지 요인에 좌우되는데, 다음과 같은 경우에 혁신이 빠르게 확산된다.

1. 이전보다 장점이 많을 때
2. 현존하는 시스템, 절차, 하부구조 및 사고방식과 호환될 때
3. 이전보다 덜 복잡할 때
4. 현저한 비용 혹은 노력 없이 쉽게 시도하거나 시험할 수 있을 때
5. 쉽게 관찰되고 복사할 수 있을 때

이러한 기술적인 고려사항을 명심하여 설계하면 그들의 성공에 결정적인 차이를 가져올 수 있다.

14.2 경쟁 환경에서 기술혁신

기술 생애주기와 확산 패턴은 기술 변화가 자연적으로 혹은 자동적으로 발생한다는 것을 시사하지만 그 반대일 수도 있다. 변화는 조직에서 쉽지도 않고 자연적이지 않을 수도 있다. 그러므로 기술과 혁신에 대한 결정은 매우 전략적이고 체계적인 방법으로 접근할 필요가 있다.

기업이 시장에서 사용할 수 있는 두 가지 전략은 저비용 전략과 차별화 전략이다. 저비용(low-cost) 전략으로 기업은 타 경쟁기업에 비해 더 낮은 비용으로 인한 이익을 유지할 수 있었다. 차별화(differentiation) 전략으로 고객이 프리미엄(할증) 가격을 기꺼이 지불할 수 있는 독특한 제품 혹은 서비스를 가짐으로써 이익을 얻을 수 있었다. 기술혁신은 이러한 전략을 모두 지원할 수 있다. 개혁적인 저비용 제품을 설계하고 필요한 작업을 수행하는 데 필요한 저 비용 방법을 개발하여 비용 이익을 확보하는데 사용할 수 있다. 또는 구매자의 가치를 증진시키는, 따라서 프리미엄 가격을 부과하는 개혁적인 독특한 제품 혹은 서비스로 차별화를 지원할 수 있다.

일부 경우에, 새로운 기술이 산업 내의 경쟁 규칙을 완전히 바꿀 수 있다. 기술적 기회에 비효과적으로 대응하는 선도 기업은 흔들리는 반면에, 신흥 기업이 유력한 경쟁자로 출현한다. 마이크로소프트(MS)와 인텔이 IBM이 제공하는 기회로부터 성장한 것은 잘 알려진 얘기이다.

그러나 산업은 갑자기 변화되지 않는다. 전형적으로 새로운 기술 영향에 대한 신호는

앞서 가시화되므로, 기업과 사람들에게는 대응할 시간이 남아있다. 예컨대 통신산업 거의 대부분의 경쟁업자들은 셀룰러 기술의 잠재적인 가치를 잘 알고 있었다. 때론 핵심 이슈는 신기술의 채택여부에 대한 고민이 아니라, 언제 채택하고 이 변화를 조직의 작업 관행과 전략에 어떻게 통합하는가이다.

1) 기술 리더십

"시간은 힘이다."라는 속담이 많은 것에 적용된다. 이 속담은 신기술 개발과 개척에도 적용된다. 제록스, 휴렛팩커드와 같은 산업계 선두주자들이 신기술의 초기 개발과 적용을 통해 경쟁적인 위치를 유지하고 있다. 그러나 기술 리더십은 비용과 위험이 따르므로 모든 조직에서 가장 좋은 방법은 아니다(표 14.1).

❖ 기술 리더십의 장점

혁신가와 기술 리더십을 매력적으로 만드는 것은 높은 이득과 **선점자 우위**(first-mover advantage)의 잠재력이다. 선점자 우위란 신제품이나 새로운 서비스를 가지고 시장에 제일 먼저 진입하는 기업이 얻는 혜택(경쟁우위)을 말한다. 기술 리더십이 경쟁업자에 비해 조직의 효율성을 증진시키면 비용 우위를 획득할 수 있다. 조직은 경쟁업자보다 더 큰 이익을 거두거나 낮은 가격으로 고객을 더 매료시키기 위해 장점을 사용할 수 있다. 마찬가지로 기업이 신기술로 제일 먼저 시장에 진입하면 경쟁업자가 없기 때문에 프리미엄(할증) 가격을 청구할 수 있다. 높은 가격과 더 큰 이익은 신기술을 개발하는 데 드는 비용을 지불할 수 있다.

이와 같은 기술 리더의 일회용 장점을 지속가능한 장점으로 전환할 수 있다. 선두 유지 가능성은 경쟁업자의 기술 복제능력과 경쟁업자를 추월할 수 있을 만큼 충분히 빨리 선두를 구축할 수 있는 능력에 좌우된다. 이는 여러 가지 방법으로 할 수 있다. 혁신가의 명성이 계속 진행 중인 장점을 만들 수 있으며, 심지어 기업의 다른 제품에 파급되는 효과를 거둘 수 있다. 경쟁업자는 제품을 복제할 수는 있어도 명성을 복제할 수는 없다. 특허와 다른 산업 장벽은 경쟁업자를 봉쇄하고 리더십을 유지하는 데 사용할 수 있다.

선점자는 또한 최상의 시장 틈새를 점유하여 경쟁업자를 사전에 제압할 수 있다. 반복 고객에 대한 높은 전환비용을 설정할 수 있다면 이러한 위치는 경쟁업자가 차지할 수 없다.

기술 리더십은 현저한 학습 우위를 제공할 수 있다. 경쟁자는 신기술을 복제하거나 채택할 수 있지만, 기술 리더에 의한 계속 진행 중인 학습은 모방하기 어려운 작은 개선을 만들어 냄으로서 기업이 선두를 유지할 수 있다. 많은 일본 기업들은 카이젠(kaizen) 프로그램을 통해 만든 여러 가지 작고 점진적인 개선을 통해 그들 제품과 공정의 품질을 지속적으로 갱신하고 있다. 이러한 모든 작은 개선들은 집합적으로 경쟁업자가 쉽게 복제할 수 없기 때문에 현저한 우위를 제공할 수 있다.

표 14.1 기술 리더십의 장 · 단점

장점	단점
선점자 우위	위험이 큼
경쟁이 거의 없음	기술 개발 비용이 큼
효율성이 큼	시장 개발 및 고객 교육 비용이 큼
이윤 폭이 큼	인프라구조 비용이 큼
지속가능한 우위	학습 및 결함 제거 비용이 큼
혁신에 대한 명성	현존 제품의 매출 감소
진입장벽 설정	
최상의 틈새시장 점유	
학습 기회	

❖ 기술 리더십의 단점

그러나 신기술을 제일 먼저 개발하거나 채택하는 것이 반드시 즉각적인 우위와 높은 이익을 가져다주는 것은 아니다. 그러한 잠재력이 존재할 수는 있지만, 추종자에게는 부담할 필요가 없는 높은 비용과 위험이 기술 리더십에 부과된다. 따라서 리더는 추종자보다 더 많은 비용이 들 수 있다. 이러한 비용에는 신기술에 익숙하지 않은 구매자에 대한 교육, 기술을 지원하는 하부구조 건설, 기술의 완전한 잠재력을 달성할 수 있는 보완 제품 개발 비용 등이 포함되며, 또한 정기적인 승인이 필요하다. 한편 추종자는 시장에 제일 먼저 진입한 자보다 이익을 덜 얻게 되지만, 특허 기간이 소멸된 후에는 이 기술의 일부분에 대해 복제할 수 있다.

선구자는 다른 위험을 수반한다. 원재료와 장비가 새롭거나 독특한 규격이면 합리적인 가격으로 즉시 공급되지 않을 수도 있다. 혹은 기술이 완전히 개발되지 않아 아직 문제를 해결하지 못할 수도 있다. 더불어 기술에 대해 입증되지 않은 시장은 수요 불확실성을 야기한다. 마지막으로, 신기술은 현존하는 구조 혹은 사업에 역효과를 줄 수 있다. 이는 신제품 도입으로 자사의 현용 제품의 매출 감소를 가져올 수 있으며 현존하는 투자를 폐기시킬 수 있다.

2) 기술 팔로어십

모든 조직이 동등하게 기술 리더로 준비될 수 없으며, 리더십이 각 조직에 동등하게 이익을 줄 수 없다. 기술 리더를 선택하는가 혹은 기술 추종자를 선택하는가에 대한 대부분의 차이점은 어떻게 경쟁해야 하는가에 대한 기업의 위치, 기술 사용을 통해 얻는 이득, 조직의 특징에 좌우된다.

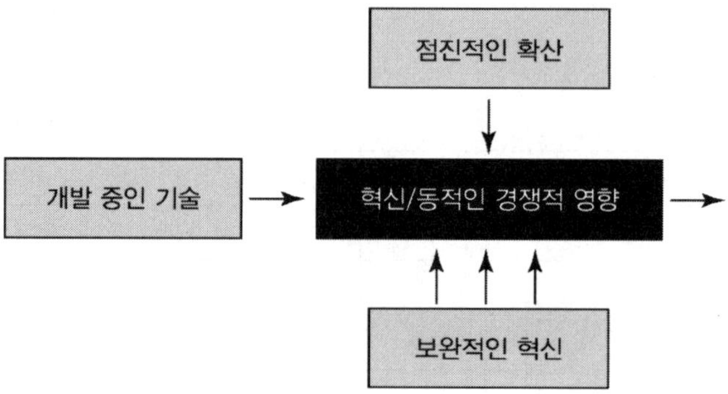

그림 14.3 기술의 경쟁적 충격에 대한 동적인 힘

흥미롭게도 기술 팔로어십(followship) 또한 낮은 원가와 차별화 전략 모두를 지원하는 데 사용할 수 있다. 추종자가 리더의 경험을 배우면 기술 리더십의 비용과 위험을 피할 수 있다. PC 제조업자들은 이러한 유형의 팔로어십 전략으로 성공하였다. 팔로어십은 또한 차별화 전략을 지원할 수 있다. 리더로부터 배워 추종자는 구매자의 욕구에 더 잘 들어맞게 제품 혹은 전달 체계를 채택할 수 있다.

채택 시기는 신기술의 잠재적인 이득뿐만 아니라 조직의 전략 욕구와 기술 기량에 좌우된다. 기술은 기술의 최종 단계로 모습을 드러내지 않는다. 오히려 기술은 시간이 경과되면서 개발된다(그림 14.3).

개발은 기술을 사용하기 더 쉽게 해주며, 여러 가지 전략에 더 잘 적용할 수 있다. 동시에 주력 기술을 더 유용하게 만드는 보완 제품과 기술(complementary product and technologies)을 개발하고 도입할 수 있다. 예를 들어, 소프트웨어와 프린터 기술은 전통적으로 컴퓨터 하드웨어 기술에 뒤떨어져 하드웨어 기술혁신의 유용성을 제한한다.

이러한 보완 제품과 기술은 기술의 점진적인 확산(gradual diffusion)과 결합되어 기술로부터 변화하는 경쟁적 영향을 형성한다. 조직이 기술혁신을 채택하는 적절한 시기는 기술로 전환되는 비용과 위험이 이득을 넘어설 때이다. 이 시점은 조직마다 다르며, 대개 기업의 특징과 전략에 좌우된다.

14.3 기술 욕구 평가

21세기 초에 미국의 주요 철강기업은 타국 생산업체에 비해 현저한 가격 불이익으로 고통을 받았다. 그렇게 높은 비용은 주로 노후화된 공장과 진부한 장비로 인한 불량한 생산성에 기인하였다. 유럽과 일본의 경쟁업자들은 새로운 생산성 향상 공정기술을 채택하였다. 미국 기업들이 정확하게 평가하고 이러한 기술을 적절한 시기에 채택하였다면 산업체 노동자의 엄청난 해고는 피할 수 있었을 것이다.

조직의 기술 욕구 평가에는 산업계에 미치는 외부 동향뿐만 아니라 현용 기술을 측정하는 것도 포함된다.

1) 현용 기술 측정

조직이 기술혁신을 개발하고 개척하는 전략을 고안하기 전에 조직은 그들이 가지고 있는 현용 기술 기반에 대한 명백한 이해를 습득해야 한다. **기술 감사(technology audit)**는 조직이 의존하는 핵심기술을 명료화하는 과정이다. 신기술의 가장 중요한 차원은 경쟁가치이다. 경쟁 가치를 측정하는 한 가지 방법은 기술을 신흥기술, 선도기술, 핵심기술, 기반기술로 분류하는 것이다.

- **신흥기술(emerging technologies)**: 개발 중인 기술로 인증되지 않은 기술이다. 그러나 먼 장래에 경쟁 규칙을 현저히 바꿀 수 있다.
- **선도기술(pacing technologies)**: 기술의 가치가 완전히 입증되지는 않았지만, 현저한 장점을 제공하여 경쟁 규칙을 바꿀 가능성이 있다.
- **핵심기술(key technologies)**: 효과적으로 입증되었지만, 이들 역시 모든 사람들이 이 기술을 사용하지 않기 때문에 전략적인 우위를 제공한다. 이들 기술에 대한 지식과 전파는 제한저이며, 일부 선점자 이득을 지속적으로 제공한다.
- **기반기술(base technologies)**: 산업에 공통적인 기술로 모든 사람들이 운영할 수 있도록 그것들이 있어야 한다. 따라서 기반기술은 경쟁우위를 거의 제공하지 않는다.

기술은 이러한 범주를 통해 빠르게 진화할 수 있다. 예를 들어, 워드프로세싱 기술은 1970년대 후반에는 신흥기술이었지만, 1980년대 조반 들어 선도기술에서 지속적인 개선과 보다 강력한 컴퓨터 칩으로 인해 핵심기술이 되었다.

1980년대 후반 들어 기반기술로 간주되며 현재는 모든 사무실과 가정에서 일상적인 활동으로 간주될 정도로 광범위하게 사용되고 있다.

2) 외부 기술 추세 평가

임의의 계획에서와 마찬가지로 기술에 대한 결정은 내부 역량(강, 약점)과 외부 기회와 위협이 균형을 이루어야 한다. 기술이 산업 내에서 어떻게 변하는가를 더 잘 이해하는 데 사용하는 여러 가지 기법이 존재한다.

❖ 벤치마킹

벤치마킹은 조직의 관행과 기술을 다른 기업의 것과 비교하는 과정이다. 경쟁업자에 대한 기술을 벤치마킹할 수 있는 능력은 산업마다 다르다. 당연히도 경쟁업자는 그들의 비밀을 공유하는 것을 꺼리는데, 일반적으로 벤치마킹을 위한 정보 교환은 매우 가치 있는 것으로 입증되었다.

다른 나라의 잠재적인 경쟁업자를 벤치마킹하는 것이 중요하다. 쉽게 수입하여 사용할 수 있는 현저한 우위를 갖는 선도기술과 핵심기술이 있다. 또한 해외 기업이 직접적인 경쟁 관계가 아니면서 두 기업이 이익을 위해 정보를 교환하는 것을 갈망하는 경우에는 그들의 기술을 더 기꺼이 공유할 수 있다.

❖ 스캐닝

벤치마킹은 현재 이루어지고 있는 과업이 무엇인가에 초점을 맞추는 반면에, 스캐닝(scanning)은 무엇을 할 수 있으며, 개발되고 있는 과업이 무엇인가에 초점을 맞춘다. 다시 말하여, 벤치마킹은 핵심기술 그리고 아마도 일부 선도기술을 검사하는 반면에, 스캐닝은 선도기술과 신흥기술을 찾아낸다. 그러한 기술들은 지금 막 도입되었고 여전히 개발 중에 있다.

스캐닝은 전형적으로 수많은 전술을 포함하는데, 이들 전술 중의 많은 내용은 벤치마킹에서 사용한 것과 동일하다. 그러나 스캐닝은 산업의 신기술 원천을 식별하고 감시하는 것을 더 강조한다. 스캐닝이 수행되는 정도는 조직이 운영하고자 하는 최첨단 기술에 얼마나 근접하는가에 크게 좌우된다.

14.4 기술혁신에 관한 결정 기준

일단 조직이 현재의 기술적 위치를 분석하는 철저한 과업을 수행한 후에는 미래에 신흥 기술을 개발하고 개척하기 위해 어떻게 나아갈 것인가에 대한 결정에 착수할 수 있다. 기술혁신에 관한 결정은 많은 상호 관련된 요소들과 균형을 이루어야 한다. 기술에 대한 가장 효과적인 방법은 조직의 전략적 욕구를 지원하는 기술의 잠재력뿐만 아니라 기술을 성공적으로 개척할 수 있는 조직의 기량과 역량에 좌우된다. 조직의 경쟁 전략, 신기술을 다루는 종업원의 기술적인 능력, 기업 운영을 위한 기술의 적합성, 신기술을 채택함에 따른 위험과 모호성을 다룰 수 있는 기업의 능력 모두가 개발 기술의 동력과 시의적절하게 부합되어야 한다. 이는 개발할 기술을 기다린다는 것을 의미하지는 않는다. 종종 기술 욕구와 일치되도록 조직의 전략과 역량을 변경할 필요가 있다. 새로운 사람을 충원하고, 현재의 종업원을 훈련시키고, 내부 정책과 절차를 변경하고, 전략을 변경하는 것이 포함된다.

1) 예상되는 시장 수용성

기술혁신에 관한 전략을 개발하는 데 있어 강조해야 할 제일의 고려사항은 시장의 잠재력이다. 많은 경우에 혁신은 신제품과 서비스에 대한 외부 수요에 자극을 받는다. 시장 수용성을 평가할 때 임원은 두 가지 결정을 할 필요가 있다. 단기적으로는 신기술의 가치를 시현하는 즉각적인 적용이 있어야 한다. 장기적으로는 기술이 시장 욕구를 충족할 입증된 수단임을 보여주는 일련의 적용이 필요하다. 예컨대 음악 저장매체에 있어서 CD가 우세하였지만 MP3 같은 기술로 이전되면서 시장에서 덜 매력적이게 되는 결과를 초래할 수 있다. LP, 카세트테이프, 8트랙은 실제로 오늘날에는 거의 존재하지 않는다.

2) 기술 타당성

시장 수용성에 더하여 조직은 기술혁신의 타당성을 고려해야 한다. 비전은 오랫동안 실현되지 않고 머물 수 있다. 기술적인 장애물은 진보의 장애물로 나타날 수 있다. 인텔과 같은 기업은 새롭고 빠른 컴퓨터 칩을 개발하는 데 지속적인 장애물에 직면하였다. 1971년에 인텔이 최초의 마이크로프로세서를 시상에 내놓은 이래로 마이크로칩의 계산 능력은 엄청난 신선이 이루어졌다. 그러나 마이크로프로세서 기술의 선구자는 기술력과 자본력에 의해 제약을 받았다. 기술적으로 타당성이 있어도 기업이 이를 수행하는 데 필요한 막대한 투자를 할 여력이 있어야 한다. 많은 산업 분야의 잠재적으로 가치 있는 혁신들은 현재 이용 가능한 기술의 기술적인 한계로 인해 지연되고 있다.

3) 경제적 실현 가능성

기술 타당성과 밀접한 관련이 있는 것은 경제적 실현 가능성이다. 기업이 기술적인 혁신을 할 수 있는 것과는 별개로 임원은 그 일을 수행함으로써 나타나는 양호한 재무적인 인센티브가 있는가를 고려해야 한다. 경제적 실현 가능성에 관한 이슈는 기술 채택 시기와 관련된다. 조기 수용자는 선점자 우위를 가질 수 있지만, 이 전략 방법과 관련되는 비용이 존재한다. 약학, 화학, 소프트웨어와 같은 특정한 기술혁신에 소요되는 개발 비용은 상당히 높을 수 있다. 특허와 저작권(판권)이 종종 기술혁신에 투자하는 비용을 만회하는 데 도움을 줄 수 있다. 그러한 보호조치가 없다면 연구개발에 소요되는 투자는 적절하지 않을 수 있다.

4) 예상되는 역량 개발

조직은 핵심역량에 기초하여 그들의 전략을 구축해야 한다. 이러한 조언은 기술과 혁신 전략에도 적용된다. 연구 개발에서 핵심역량이 신기술혁신을 가져온다. 대조적으로, 기술에 기반하지 않은 기업은 생존하기 위하여 새로운 역량을 개발해야 한다. 특정 기술은 막대한 시장 적응성을 가질 수 있지만, 기업은 그들의 기술 전략을 실행하는 데 필요한 내부 역량을 갖거나 개발해야 한다는 것이다. 혁신을 실현하는 데 필요한 기술이 없다면 아무리 전도유망한 기술 진보도 비참한 결과를 초래한다.

5) 조직 적합성

기술혁신에 관한 결정에서 강조해야 할 마지막 이슈는 조직의 문화, 관리자의 관심사, 이해관계자의 기대이다. 3M과 소니(Sony) 같은 기업은 훨씬 외부 지향적이고, 기회주의적인 문화를 가진 순향적인 '기술 지향(technology-push)' 혁신가이다. 임원은 기술적 전문지식을 개발하고 개척하는 데 상당한 우선권을 부여하였으며, 의사결정자는 미래에 대한 과감한 직관적 비전을 가지고 있었다.

전형적으로 경쟁적으로 공세적이며 선점자 우위의 기술 전략을 분명히 표현하는 기술 챔피언이 존재한다. 많은 경우에 임원은 실패할 가능성보다 행동을 취하지 않아서 드는 기회비용에 대하여 더 많은 관심을 갖는다.

반면에 롤스로이스(Rols Royce) 같은 수비적인 기업(defender)은 혁신에 대한 보다 신중한 자세를 취하는 경향이 있다. 그들의 전략은 그들의 현용 기술을 대체하는 것보다 보완기술을 통해 그들의 역량을 심화하는 데 더 초점을 맞춘다. 전략 결정은 면밀한 분석과 경험에 기초할 가능성이 높다. 마쯔시다(Matsushita) 같은 하이브리드 분석기업(analyzer)은 신 분야에 대응하기 전에 굳건한 수요를 타인들에게 보여주려고 한다. 이러한 유형의 기업은 그들의 강점을 기술혁신을 통해서 보다 마케팅과 생산에서 더 우월한 지위를 차지하려는 조기 추종자 전략을 채택하려고 한다.

모든 기업은 신기술을 다루는 데 다른 역량을 가지고 있다. 조기 사용자는 후기 사용자와 다른 특징을 가지고 있다. 신기술을 조기 사용하는 기업은 규모가 더 크고, 더 수익성이 있으며, 더 전문적이다. 그러므로 그들은 조기 사용과 관련한 위험을 흡수할 경제적인 위치에 있는 한편, 그 우위로부터 더 많은 수익을 얻는다. 더하여, 조기 사용과 관련한 사람들은 고도로 교육을 받아서 비현실적인 일을 다루는 능력이 더 많고 불확실성에 더 효과적으로 대응할 수 있는 강력한 문제해결 능력을 가지고 있다. 따라서 조기 사용자는 아직 완전히 개발되지 않은 기술의 어려움과 불확실성을 더 효과적으로 관리할 수 있다.

표 14.2에서 보는 바와 같이, 이러한 다섯 가지 고려사항 모두가 기술혁신에 관한 결정에 공동으로 영향을 끼친다. 다섯 가지 가운데 하나만 소홀해도 전도양양한 프로젝트가 궤도를 벗어날 수 있다.

표 14.2 기술혁신에 관한 체제 결정

고려사항	예
시장 수용성: (장, 단기) 기술에 대한 외적 수요 평가	휴내폰, MP3, HDTV, PDAs
기술 실행가능성: 진보를 가로막는 기술 장벽 평가	심해 원유 탐사, PC 마이크로프로세서의 물리적인 크기
경제적 실현가능성: 비용 고려사항 검토 및 이익 예측	태양광 융합, 자동차 연료 전지, 미사일 방어 체계
역량 개발: 현재 역량이 충분한가를 결정	병원의 정보 기술, 카메라 디지털 기술
조직 적절성: 문화와 관리 체계의 적합성 평가	창의성과 혁신에 초점을 맞춘 철강회사

14.5 신기술 대외구매 및 획득

신기술을 개발하는 것은 연구개발 실험실에서 작업하는 과학자와 제품 개발자의 비전을 상기시킬 수 있다. 그러나 신기술은 공급자, 제조업자, 사용자, 타 산업, 대학, 정부, 해외 기업을 포함하는 많은 다른 원천으로부터 나온다. 각 산업은 모든 혁신 원천을 탐구하는 한편 보통 신기술의 대부분은 특정한 원천을 가지고 있다. 예를 들어, 제한된 규모의 농업운영으로 인해 농업 혁신은 보통 제조업자, 공급자, 정부 농촌지도소의 순회교육으로부터 나온다. 씨앗 생산업자가 새로운 씨앗을 개발하고 시장에 출시한다. 화학제품 생산자는 살충제와 제초제를 개선한다. 장비 제조업자는 개선된 영농 장비를 설계한다. 대학은 새로운 영농 기법을 개발하고 농업 연구원은 그것들의 용도를 전파한다.

그러나 많은 산업체에서 신기술의 주요한 원천은 기술을 사용하는 조직이다. 예를 들어, 과학 혁신의 3/4 이상이 개선된 과학 도구(계기)를 사용한 사용자가 개발하여 특허를 받거나 제조업자나 공급자에게 판매한다.

기본적으로 신기술을 어떻게 획득하느냐에 대한 질문은 **자가 제조냐 혹은 구입할 것이냐에 대한 의사결정이다**(make-or-buy decision). 다시 말하여, 조직이 기술을 스스로 개발하거나 외부 원천으로부터 구매하여 획득하느냐이다. 그러나 그 결정은 간단하지 않다. 많은 대안이 있으며 각각은 장단점이 있다. 몇 가지 보다 일반적인 선택권을 살펴보면 다음과 같다.

1) 내부 개발

기업 내에서 신기술을 개발(internal development)하면 기술 전매권을 유지할 수 있는 장점이 있다. 이는 경쟁업자에 비해 중요한 장점이다.

2) 구매

이미 사용되고 있는 제품 혹은 공정에 관한 대부분의 기술은 공개적으로 구매(purchase)할 수 있다. 예를 들어, 정교한 정보처리장비가 필요한 은행은 기술 자체를 개발할 필요가 없다. 제조업자 혹은 공급자로부터 간단히 기술을 구매할 수 있다. 대부분의 상황에서 이는 신기술을 획득하는 가장 간단하면서 쉽고 비용효과가 높은 방법이다.

3) 계약 개발

그 기술이 이용할 수 없고 기업이 기술을 내부적으로 개발할 자원이나 시간이 없으면 외부 원천으로부터 개발하는 계약(contracted development)을 선택할 수 있다. 가능한 계약자는 타 기업, 독립연구실험실, 대학 혹은 정부기관일 수 있다.

4) 면허 생산

제품의 일부로 쉽게 구매할 수 없는 특정 기술은 수수료를 지급하고 판매허가(licencing)를 받을 수 있다. 스마트 폰에 장착되는 이동통신 기술의 원천 기술을 보유한 기업에서 기술 수수료를 지불하고 탑재하여 판매허가를 받을 수 있다.

5) 기술 무역

기술 무역(technology trading)은 신기술에 접근하는 또 다른 방법이다. 역설적으로, 이와 같은 전략은 경쟁기업 간에 종종 사용된다. 일부 경우에 이러한 활동은 경쟁기업의 종업원을 교육하는 것까지 확대된다. 모든 산업체가 기술 공유를 흔쾌히 받아들이지는 않지만, 진보된 기술을 독립적으로 개발하는 데 비용이 너무 많이 들기 때문에 기술 무역이 점차 일반화되고 있다.

6) 공동 연구 및 합작 투자

공동 연구(research partnership)는 공동으로 특정의 신기술을 개발하도록 설계된 방법이다. 전형적으로 각 구성원들은 성공적인 신기술 개발에 필요한 다른 기술과 자원을 가지고 동업자로 들어간다. 효과적인 조합은 확실히 자리를 잡은 기업과 신규 기업 간의 조합이다. 합작투자(joint ventures)는 공동 연구와 대부분 유사하지만 더 영구적이며, 결과가 전적으로 새로운 기업으로 귀결된다.

7) 기술 소유권 획득

기업이 필요한 기술은 부족하지만 그 기술의 전매 소유권을 획득하기를 원할 경우 한 가지 선택권은 기술을 가진 기업을 구매(인수)하는 것이다. 이러한 거래는 전체 기업을 완전히 구매하는 것으로부터 기술에 접근하여 획득하는 데 충분한 최소한의 관심 기업을 구매하는 것까지 다양하다.

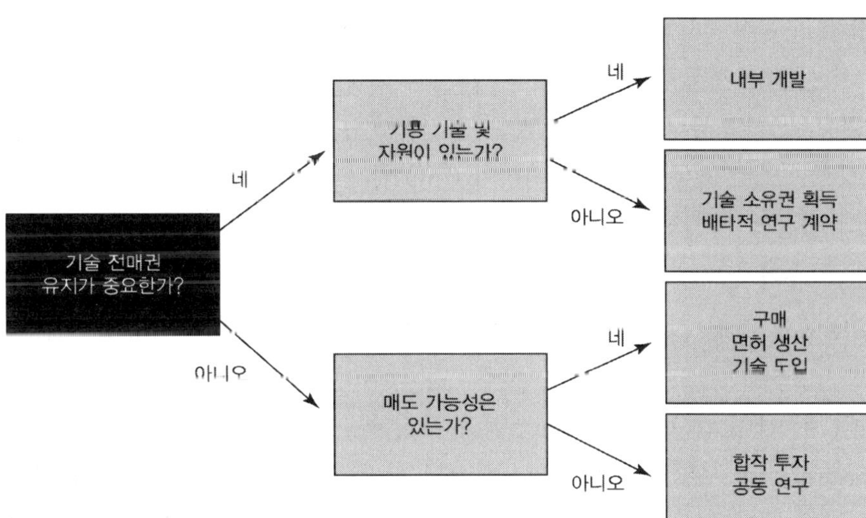

그림 14.4 기술 획득 선택권

이러한 대안 중 어느 것을 선택하느냐 하는 것은 다음과 같은 기본적인 질문을 통해 단순화할 수 있다.

1. 기술 전매권(proprietary)을 유지하는 것이 경쟁우위적인 관점에서 중요한가(그리고 가능한가)?
2. 내부 개발에 필요한 시간, 기술 및 자원이 있는가?
3. 기업 밖에서 기술을 쉽게 사용할 수 있는가?

그림 14.4에서 보는 바와 같이, 이러한 질문에 대한 답변을 통해 경영자(관리자)에게 가장 적절한 기술 획득 선택권을 인도한다.

14.6 기술 및 관리 역할

조직에서 기술은 전통적으로 연구개발부서 부회장의 책임이다. 이러한 임원은 직접 기업과 연구개발부서 실험실에 대하여 책임을 진다. 전형적으로 그들의 직무는 기능 지향적이다. 최근 들어 점차 기업들은 **CTO(최고기술책임자)**라는 지위를 만들어 운영하고 있다.

최고기술책임자(경영자)는 기업의 기술개발 전체를 담당하는 총괄책임자로서 기업 활동 중에서 기술을 효과적으로 획득 · 관리 · 활용하기 위한 모든 경영지원 활동을 총괄하는 책임자이다. 기술경영은 보통 연구 · 개발 · 제품개발 등의 경영활동 중에서 생산관리나 마케팅과 구분하여 쓰는 말이다. 기술경영은 구매 · 회계 · 노사관계와는 독립적으로 활동하며 핵심역량 제고로 평가한다. 기업의 최고경영자를 CEO라고 하고, 이들 최고기술경영자를 CTO라고 한다. 미국의 많은 기업들에서는 금융시장에서의 자금조달이 핵심적인 기업 활동으로 재무담당 최고경영자(CFO)가 CEO가 되는 것이 통례였다.

시장에서 상품의 차별화로 경쟁하였던 일본기업에서는 대부분 기술책임자가 최고경영자가 되는 경우가 많다. 한국에서는 기업의 주요 자금원이 정부의 정책자금이었으므로 기업의 경영권을 가진 사람 중심으로 운영되어 왔고 기술경영은 경영의 지원활동에 그쳤다.

21세기의 두 가지 큰 변화는 금융개혁과 시장개방이다. 금융개혁을 통하여 기업은 자금을 시장에서 직접 조달하게 되었고, 개방된 시장에서는 기업의 독자적인 기술이 없으면 경쟁우위를 차지하기 힘들다. 특정기업에 대한 정책적 보호가 없는 자유시장에서 기업은 경쟁을 하기 위하여 독자적인 핵심경쟁력을 구축하여야 한다. 따라서 기업경영은 핵심역량을 구축하는 기술경영이 중심이 된다. 효율적인 기술의 획득 · 관리 · 활용이 바로 기업의 경쟁우위가 된다.

기술경영의 첫 번째 패러다임 변화는 기술경영이 단순히 기술을 관리한다는 차원에서 기업경영의 핵심이 기술이라는 차원으로 확대되면서 기술경영과 기업경영이 복합되었다. 첨단기술 벤처비즈니스의 최고경영자는 기술경영을 할 수 있는 사람만이 자격이 있다.

두 번째는 R&D의 e-business화이다. 기업의 R&D 활동이 기업 내부 종업원들이 자신들에게 내재된 지식을 보편타당성 있는 원리에 따라 지식을 구현화하고 이를 컴퓨터 네트워크를 통하여 서로 공유하는 활동으로 변하였다.

세 번째는 고객 개개인에 맞추는 맞춤 상품의 유행이다. 정보기술의 발전에 따른 인터넷의 파급으로 기업과 고객 간에 쌍방향 통신이 가능해짐에 따라 고객 개개인의 기호에 따라 상품을 변형하는 것도 가능해졌고 동시에 상품의 정보 비중을 크게 높이는 것도 가능해졌다.

네 번째는 기술경영의 학습조직 도입이다. 종업원 개개인의 창의성을 최대한 발휘할 수 있도록 하는 조직은 기술경영에서 뿐만 아니라 기업 전반의 운영조직으로 도입되어야 하지만, 특히 창의적인 발상이 기업 경쟁력과 직결되는 시대의 새로운 조류이다.

다섯 번째는 해결책의 아웃소싱이다. 기업의 핵심역량이 아닌 문제의 해결책은 외부로부터 도입하는 것이 경제적이고 효과적이다. 아웃소싱 능력도 기업의 경쟁력이다.

기업환경의 변화로는 세계화를 통한 개방된 시장에서의 경쟁 환경과 정보통신 기술의 급속한 파급으로 대량 정보의 신속한 유통으로 발생하는 경쟁 환경을 전제로 하였다. 기술경영은 더 이상 기업의 독립적인 경영활동으로 간주할 수 없다.

신기술 개발에서 중요한 역할을 하는 다른 사람들이 있다. **기업가**(entrepreneur)는 시도되지 않은 기술을 탐구하고, 새로운 제품을 발명하고, 구식 제품을 생산하는 새로운 방법을 찾는 데 노력하는 사람이다. 기업가는 전체 산업의 경쟁 구조가 변화할 새로운 가능성을 열어놓고 있다. 신기술을 개발하고 획득하는 데 있어 핵심 역할을 하는 사람들은 **기술혁신가**(technical innovator), **제품 챔피언**(product champion), **경영진 챔피언**(executive champion)이다.

기술혁신가는 신기술을 개발하거나 기술을 설치하고 작동하는 데 핵심 기술을 가진 사람이다. 기술혁신가는 필수 기술적 기량을 가져야 하지만 관리 기술을 가지고 있지 않아도 된다. 이는 제품 챔피언의 역할이다. 제품 챔피언은 조직 전반에 걸쳐 아이디어를 증진시키고, 아이디어를 지원하고 수용하도록 노력하는 사람이다. 제품 챔피언은 상위 수준의 경영자(관리자)일 수 있지만 필요한 변화를 독립적으로 수행하는 데 힘과 재무적인 자원이 부족할 경우에는 혁신을 지원할 권한을 가진 사람을 납득시켜야 한다. 다시 말하여 제품 챔피언은 후원을 받아야 한다. 후원은 경영진 챔피언으로부터 나온다. 경영진 챔피언은 신기술을 지원하고 혁신에 대해 제품 챔피언을 보호하는 사람이다. 이러한 지원과 보호가 없으면 제품 챔피언, 나아가 신기술은 성공할 수 없다. 혁신을 개발하는 데 필요한 자원을 사용할 수 없으며 챔피언을 보호하지 않으면 지속적으로 변화를 촉진할 수 없다.

14.7 혁신을 위한 조직화

혁신을 위한 조직화에는 사람들의 창의적인 에너지를 촉발시키고, 시장 욕구를 적절한 방법으로 충족할 수 있도록 그 결과를 통제하는 것이 필요하다.

1) 창의성 촉발

세계적으로 성장한 기업들의 특성을 보면 경영 혁신을 성공적으로 이루었다는 공통점을 가지고 있다. 기술혁신뿐만 아니라 공정, 사업 모델 등 모든 활동에 걸쳐 혁신을 성공적으로 이끌어냈기 때문에 세계적으로 존경받으면서 기업 이윤의 극대화를 이끌어냈다. 3M, 도요타, 마이크로소프트 등은 대표적인 글로벌 혁신 기업(The World's Most Innovative Companies)이다.

혁신의 유형은 크게 세 가지로 분류할 수 있다. 기술혁신을 기반으로 하는 '**제품 혁신**', 운영 효율성을 제고하는 '**공정 혁신**', 사업방식의 근본적인 변화를 가져오는 '**사업 모델 혁신**'이 바로 그것이다.

많은 사람들은 혁신이라고 하면 기술 우위를 활용한 제품 혁신이나 원가 절감을 통한 공정 혁신을 떠올린다. 기업 간 기술 격차가 컸던 과거에는 기술 혁신이 곧 제품 혁신과 공정 혁신으로 연결되어 그 자체가 차별화 포인트였다. 게다가 제품을 만들기만 하면 팔리던 공급자 우위의 시장이었기 때문에 기술의 차이는 곧 시장 지배력의 차이로 이어졌다. 하지만, 기업 간 기술 격차가 줄어들고 소비자 우위의 시장으로 변화하면서 기술혁신만으로는 과거의 성공을 보장할 수 없게 되었다. 최근 글로벌 혁신 기업의 대표적인 특징은 전방위적인 혁신에 성공하고 있다는 점이다. 경영전략과 혁신 분야의 대가인 다트머스 경영대학의 고빈다라잔(Vijay Govindarajan) 교수도 "혁신이 반드시 기술과 관련되는 것은 아니다. 혁신에는 여러 유형이 존재한다."라고 말한 바 있다. 글로벌 혁신기업으로 성장하기 위해선 경쟁사보다 빠른 신제품 출시나 좀 더 싼 제품만으로는 부족하다. 사업 방식의 근본을 바꾸고 고객이 열광할 수 있는 제품을 출시할 수 있는 사업 모델의 근본적인 혁신이 필요하다. 그렇다면 지속적인 성장을 일궈내는 글로벌 혁신 기업들은 사업 모델을 혁신하기 위해 어떤 노력을 하는가? 글로벌 혁신 기업의 특징으로부터 배울 수 있는 교훈은 무엇인가?

❖ 기술 집착증에서 벗어나야 한다.

'iPod'을 앞세워 화려하게 부활한 애플. '애플Ⅱ'의 개발로 PC 시대를 열었던 애플은 과거에도 혁신의 대명사였다. 하지만 당시 애플은 기술을 맹신한 나머지 소비자의 편의성을 고려하지 않았을 뿐만 아니라, 부품 및 소프트웨어 공급자들에 대한 폐쇄적인 정책으로 일관했다. 결과적으로 애플은 IBM에 PC 시장의 주도권을 내주고 고작 10% 내외의 시장점유율에 만족해야 했다. 'iPod'의 성공이 높게 평가받고 있는 것은 애플이 기존의 기술 집착증에서 벗어나 시장지향적인 혁신에 성공했다는 점이다. 'iPod'이나 'iTunes'가 대단한 기술을 바탕으로 애플의 부활을 이끌었다고 평가하는 사람은 많지 않다. 애플 'iPod'의 성공 원인이 차별화된 디자인 및 소비자의 사용 편의성 제고를 통한 제품 혁신에 있었기 때문이다. 게다가 애플은 단순히 제품 혁신에만 머무르지 않았다. 새로운 형태의 온라인 음악 판매 채널인 'iTunes'의 도입을 통해 사업 모델을 혁신하는 데 성공했다. 이처럼 애플의 부활은 기술에 대한 맹목적인 집착을 버리고 소비자로 시선을 돌린 결과였다.

❖ 부분이 아닌 전체를 혁신해야 한다.

최고의 생산성과 원가 경쟁력을 자랑하는 도요타는 'JIT', 'TPS' 등 수많은 최상의 관행을 만들어내며 혁신의 대명사로 불려왔다. 하지만, 마이클 포터는 운영 효율성은 근본적인 전략이 아니라고 주장하며 도요타를 비롯한 일본 기업들의 혁신 방식을 비판한 바 있다. 포터는 운영 효율성은 근본적인 차별화 포인트가 될 수 없으며 시간이 지날수록 다기업의 모방으로 그 격차가 줄어들어 수익이 감소할 것이라고 전망했다. 포터의 예상은 대부분 들어맞았다. 운영 효율성에 초점을 맞추었던 많은 일본 기업들의 실적이 악화되었기 때문이다. 그러나 도요타는 예외였다. 도요타는 포터의 지적을 비웃기라도 하듯 매년 1조원 이상의 비용을 절감하며 미국의 Top 3 자동차 업체인 GM, 포드, 크라이슬러 3사의 순이익을 모두 합한 금액보다도 더 많은 순이익을 창출하고 있다.

도요타는 2005년, 가치혁신 전략을 발표하고 제조 중심의 공정 혁신에서 벗어나 하이브리드 자동차 개발 등을 통해 신시장 창출에 적극 나서고 있다. 공정 혁신 역시 단순히 생산 과정에서 비용을 절감하는 차원이 아닌 전체 사업 시스템 자체를 개선하는 방향으로 바뀌어가고 있다. 제품 개발부터 디자인, 제조, 마케팅까지 가치사슬 전반을 업그레이드함으로써 성장과 수익의 두 마리 토끼를 다 잡겠다는 포석이다. 운영효율성으로 대표되던 도요타의 혁신 방식이 미래 사업 육성 및 사업 시스템 개선으로 이동하고 있는 것이다.

❖ 외부 네트워크를 활용하여야 한다.

세계 최고의 소비재 기업인 P&G는 'C&D(Connect & Development)'라고 불리는 외부 네트워크를 활용한 개방형 R&D 모델로 상품화 기간을 단축하여 신제품 개발에 성공하고 있다. P&G는 사내 인력 외에 **'기술사업가(Technology Entrepreneurs)'**로 불리는 70여명의 C&D 전문 인력을 두고 있다. C&D 네트워크의 전문 인력들은 공급자 및 발명가, 과학자 등으로 구성되어 신제품 개발에 필요한 아이디어와 기술을 제공하고 있다. 2004년, P&G는 '프링글스 프린트'를 출시해 소위 대박을 터뜨렸다. '프링글스 프린트'는 감자 칩 위에 간단한 유머와 상식을 새겨 넣는 기발한 아이디어를 통해 북미 시장에서 선풍적인 인기를 끌고 있다. 음식을 통해 메시지와 정보를 전달하는 새로운 개념이 소비자들로부터 좋은 평가를 받은 것이다. '프링글스 프린트'의 성공은 신제품 아이디어 및 기술을 제공하는 외부 네트워크의 도움으로 가능한 것이었다. '프링글스 프린트'는 C&D 네트워크의 성과물로 과거 2년이 넘게 걸리던 제품 개발 기간이 1년으로 단축되었다. 또한 북미 시장의 프링글스 사업은 두 자릿수 성장을 기록하였다. P&G는 내부 R&D를 통해 신제품을 개발하던 방식에서 벗어나 외부 네트워크를 적극 활용, C&D를 통한 제품 개발 비중을 2000년 15%선에서 향후 50% 수준까지 확대할 계획이다.

❖ 제품이 아닌 문화를 팔아야 한다.

최근 미국 증권가에서는 글로벌 커피 체인점 브랜드인 스타벅스가 맥도널드를 제치고 5년 안에 식품 프랜차이즈 분야 세계 1위에 올라설 것이라는 전망이 나왔다. 스타벅스는 현재 세계적으로 1만여 개의 매장을 갖고 있는 데 반해 맥도널드는 3만여 개에 가까운 매장을 보유하고 있다. 따라서 5년 안에 스타벅스가 매장 수에서 맥도널드를 압도할 것이라는 주장은 성급해 보일 수도 있다. 하지만 1992년 스타벅스의 매장 수가 불과 200여 개에 불과했다는 사실을 고려한다면 그리 과장된 전망이 아니다. 현재 스타벅스 매장은 중국에서만 200여개가 넘는다. 이러한 스타벅스의 고성장 비결은 무엇일까?

하워드 슐츠 스타벅스 회장은 커피를 단순한 일용품으로 보지 않았다. 그는 커피를 하나의 문화로 인식했다. 따라서 스타벅스는 소비자들 마음속에 단순히 커피를 파는 곳이 아닌 '제3의 문화 공간(3rd Place)'으로 자리 잡았다. 그 결과 스타벅스는 커피뿐만 아니라 다양한 파트너들과의 제휴를 통해 음악, 영화 등 각종 문화상품을 마케팅하고 있다. 스타벅스 자체가 하나의 문화 아이콘으로 자리 잡은 것이다. 이처럼 스타벅스의 성공 비결은 '제품 브랜드'를 넘어 '라이프스타일 브랜드'라는 새로운 영역을 개척한 데 있다.

❖ 구성원들의 창의력을 자극하여야 한다.

'15%' 룰로 유명한 3M은 근무시간의 15%를 새로운 아이디어 및 제품 개발에 사용한다. 하지만 2000년에 새로운 CEO로 취임한 GE 출신의 짐 맥너니가 보기에 3M은 많은 약점을 가지고 있었다. 조직이 세분화되어 규모의 경제를 추구할 수 없었고, 성과 평가와 책임 소재가 체계화되지 않아 나눠먹기식으로 보상이 돌아가고 있었다. 짐 맥너니는 3M의 가장 큰 장점인 혁신 문화를 강화하는 데 초점을 맞췄다. 따라서 기존 방식의 파괴보다는 혁신의 체질화에 중점을 두었고, 그 일환으로 3M의 '가속(Acceleration)' 프로젝트가 시작되었다.

'3M 가속(Acceleration)' 프로젝트의 핵심은 구성원들의 창의력을 극대화하여 신제품 개발 공정을 가속화하는 것이었다. 당시 3M의 새로운 아이디어 중에서 실제 신제품 개발로 이어지는 아이디어는 10%가 채 되지 않았다. 이에 맥너니는 먼저 개발자가 명확한 인센티브를 가질 수 있도록 보상 시스템을 재설계하였다. 그리고 1년 안에 새로운 아이디어의 수를 2배로 늘리고, 실제로 출시되는 신제품의 수를 3배로 늘린다는 구체적인 목표를 제시했다. 게다가 분산된 조직에 동일한 기준으로 할당되던 자원 배분 방식에서 탈피하여 시장 기회를 기준으로 자원 배분을 재조정하였다. 그 결과 높은 시장 기회를 가지고 있던 의료 부문에 보다 많은 연구개발 자원이 할당되었고, 의료 부문의 매출과 수익을 5% 이상 제고할 수 있었다. 전사적으로는 신제품 개발 주기가 과거보다 1년 이상 앞당겨졌고, 매출은 10% 이상 향상되었다.

❖ 내부 장애물부터 제거해야 한다.

앞서 혁신 기업의 성공 비결에 대해 살펴보았지만, 혁신은 내부 장애물을 제거하는 것에서 출발한다. 기존의 사업 방식 및 조직구조 하에서 본질적인 변화를 기대하기 어렵기 때문이다.

대부분의 기업들에서 혁신에 실패하는 근본 원인은 기존의 게임 규칙과 경쟁 구도의 틀 안에서 시장을 바라본다는 것이다. 기존의 사업 방식을 고수하게 되면 신사업 및 신제품 개발 속도가 느려질 수밖에 없다. 당연히 시장 변화 속도에 뒤쳐지게 되며, 새로운 시장을 창출하는 것은 더욱 요원한 일이 된다. 따라서 과거의 성공 방식을 부정하는 노력이 필요하다. 자체적인 변화가 어렵다면 신사업 개발 조직을 신설하여 기존 조직과 거리를 두거나 M&A를 통해 변화에 필요한 역량을 외부에서 수혈할 수도 있다. 사업이 커지면서 세분화된 조직구조 역시 혁신을 방해하기 쉽다. 기업의 조직구조가 개별 사업의 성과를 극대화하는 데 초점이 맞추어져 있으면 근본적인 변화를 가져오기 어렵기 때문이다.

표 14.3 혁신 문화에 관한 3M의 규칙

• 혁신을 위한 목표를 설정한다: 회사 결정에 따라 5년 이하의 신제품으로부터 25~30%의 연간 매출액을 창출해야 한다
• 연구 개발에 전념한다: 3M은 R&D 투자비율이 타 회사의 약 2배이다
• 사내 기업가정신을 고취한다: 근무시간의 15%를 회사가 자신에게 요구한 책임 이외의 연구 활동에 할애할 수 있다.
• 방해하지 않고 조력한다: 부서는 작지만 많은 독립성을 가지며 항상 정보 및 기술 자원에 접근할 수 있도록 허용한다. 좋은 아이디어를 가진 연구자에게는 그들의 생각이 신제품으로 개발될 수 있도록 자금을 지원한다.
• 고객에 초점을 맞춘다: 최상의 품질과 가치로 고객을 만족시키는 것에 초점을 맞춘다.
• 실패를 감내한다: 종업원의 아이디어가 실패해도 다른 혁신적인 아이디어를 여전히 격려한다.

❖ 고객에 대한 이해가 우선되어야 한다.

혁신의 궁극적인 목적은 새로운 시장의 창출이다. 그것이 기존 시장에서 다른 기업의 고객을 뺏어오는 것이든, 아니면 근본적으로 새로운 시장, 경쟁이 없는 블루오션을 만드는 것이든 마찬가지다. 새로운 시장의 창출은 고객에 대한 깊은 이해로부터 출발한다. 고객이 원하는 제품과 서비스를 고민하다 보면 자연스럽게 새로운 아이디어와 사업 기회를 발굴할 수 있다. 말로만 고객을 외치고 있는 것은 아닌지 고객을 잘못 이해하고 있는 것은 아닌지 자신을 둘러볼 시점이다

특히 3M에서의 실패에 관대하며 창의적인 기업가정신을 독려하는 문화는 혁신을 위한 또 다른 힘이 되고 있다. 3M은 혁신을 조성하는 것을 돕기 위해 표 14.3에서 열거한 간단한 일련의 법칙을 사용한다. 이러한 법칙은 다른 기업에서도 따라 하고 있지만 3M은 이를 처음 시작하였을 뿐 아니라 진정한 조직문화로 뿌리내렸기 때문에 혁신에 성공할 수 있었다.

2) 관료제 타파

관료제는 구조와 운영이 고도의 성문화된 법규에 의해 지배되는 조직이다. 그 핵심은 '직책'의 위계인데, 다시 말하여 엄밀하게 정의된 기능적 역할과 전일근무의 봉급생활자에 의해 구성된다. 규칙은 어떤 한 직무와 다른 직무와의 관계를 말하는데, 규칙이 어떤 주어진 직책의 업무를 지휘하고 조직으로 하여금 직원을 충원하는 일과 그 후에 승진 등을 규제하게 한다. 이러한 양식으로 창조된 조직은 개인이 직원을 채용하는 것과는 크게 구별되는데, 이는 완전히 예측 가능한 방식으로 움직여야 한다. 관료제적 구조 배후의 논리는 매듭이 분명하고 편견에 치우치지 않으며 비인격적으로 운영하는 것이다. 공식화를

하게 되면, 사물에 의한 관리가 개인에 의한 지배를 대체한다. '완벽한' 관료제에 관한 한 그곳에는 사람이란 없다. 잘해야 '사례(case)'가 있을 뿐이다.

베버(Weber)가 주장한 관료제적 조직이 합리성의 정점이라는 주장은 일견 타당한 반면에 수단의 목표화, 형식주의, 무사안일주의 등 많은 역기능적인 요소도 내재되어 있다. 특히 급변하는 산업기술 환경에 적절히 대응하지 못하고, 복합적인 문제에 대해 조정과 협조가 여러운 점 등 구조적 요인의 상호영향을 통하여 조직의 운영에서 역기능이 발생하고 있다.

관료제는 혁신의 적이다. 관료제가 정연함과 효율을 얻는 데 유용하지만 혁신성과 정반대로 작용할 수 있다. 급격히 다른 기술을 개발하려면 사상과 행동에서 제약을 받지 않는 보다 유연한 유기체적 구조가 필요하다. 그러나 그러한 구조는 혼란스러우며 정상 운영에 지장을 줄 수 있다. 따라서 기업들은 종종 특수 임시 프로젝트 구조를 만들어 운영하고 있다. 이러한 부서는 'skunkworks', 'greenhouse', 'reserves' 등과 같은 다양한 이름으로 불리고 있다.

관리체계는 혁신을 용이하게 할 수 있다. **복합기능팀**(cross-functional teams)이 문제를 해결하고 혁신적인 해법을 만들어낸다. 이러한 평면적 구조(flat structure)는 협동과 창의성을 북돋우는 환경을 조성하는 데 도움을 준다. 팀은 미래의 관심사와 기회뿐만 아니라 현재의 이슈와 문제점에도 초점을 맞춘다. 덧붙여 팀은 혁신을 만들어내기 위하여 현존하는 아이디어와 통합할 수 있도록 지식을 조직에 끌어들이기 위하여 외부 동반자와 함께 작업한다. 시종일관 팀은 평등주의, 정보 공유, 외부 생각에 대한 개방성, 위험에 대한 긍정적인 사고방식의 가치에 의해 지지되고 있다. 덜 관료적인 "학습 실험실"을 만들기 위해 기능과 부서 간의 전통적인 경계를 파괴하는 것이 목적이다.

3) 개발 프로젝트 실행

기술과 경영을 관리하는 강력한 도구는 **개발 프로젝트**(development project)이다. 개발 프로젝트는 기술 진보를 통해 새로운 제품 혹은 공정을 만들기 위한 조직의 노력에 초점을 맞춘다. 개발 프로젝트는 기업이 비용과 속도 모두에서 전례 없는 이익을 달성할 수 있게 해준다. 일반적으로, 개발 프로젝트는 4가지 분류로 나눌 수 있다.

1. **연구 혹은 선행 개발 프로젝트**(Research or advanced development project): 특정 프로젝트에 적용하기 위한 새로운 과학 발명을 위한 프로젝트
2. **혁신적인(돌파형) 개발 프로젝트**(breakthrough development project): 1세대 제품 혹은 공정 창출을 위한 프로젝트

3. **플랜폼 개발 프로젝트**(planform development project): 후속 프로젝트의 전체 세트 구성을 위한 프로젝트
4. **파생 개발 프로젝트**(derivative development project): 범위가 좁고, 현존 제품 혹은 공정의 점진적인 개선을 위한 프로젝트

이와 같은 개발 프로젝트는 전형적으로 전체 개념 혹은 생각에 대해 함께 작업하는 특수 복합기능팀을 특징으로 하고 있다. 대부분의 복합기능팀과 마찬가지로, 그 성공은 공동의 비전을 추구하기 위해 개인들이 함께 얼마나 잘 작업하느냐에 달려있다. 그리고 개발 프로젝트의 경우 팀은 고객과 공급업자와 빈번히 상호작용을 해야 한다. 긴급함과 전략적인 중요성으로 인해 대부분의 개발 프로젝트는 극심한 시간과 재무적인 압박하에서 수행되므로 혁신에 대한 기업의 능력을 실시간으로 시험하는 것을 나타낸다.

경영자(관리자)는 개발 프로젝트가 많은 이익을 준다는 점을 인식해야 한다. 새로운 제품 혹은 공정을 만드는 데 유용할 뿐만 아니라, 종종 미래에 시도할 수 있는 기술과 지식을 개척하는 데 유용하다. 다시 말하여, 개발 프로젝트에서 자주 도출하는 기업의 역량은 경쟁우위의 원천으로 전환될 수 있다. 따라서 **조직 학습**(organizational learning)은 프로젝트의 성공을 평가하는 데 동일하게 중요한 기준이 되었다.

개발 프로젝트가 완전한 이익을 달성하기 위해서는 핵심역량을 구축해야 한다. 그들은 무엇을 달성해야 하고, 왜 달성해야 하는가에 대한 비전을 유도해주고, 팀에 헌신해야 하며, 지속 개선에 대한 철학을 고취해야 하며, 모든 단위에 걸쳐 통합적이고 조화로운 노력을 만들어내야 한다.

4) 기술, 직무 설계 및 인적자원

신기술을 채택하려면 전형적으로 직무 설계 방식을 변경해야 한다. 기술 운영을 최대화하기 위해 때로는 사람을 기술의 수요에 맞추도록 과업 방식을 재정의한다. 그러나 이는 인간 부문을 무시했기 때문에 종종 전체 생산성을 최대화하는 데 실패한다. 사회적 관계와 과업의 인간적인 측면이 고통을 겪게 되어 전체 생산성을 떨어뜨린다.

사회-기술 체계(socio-technical systems)는 신기술의 작업을 최적화하기 위해 과업을 재설계하는 한편 종업원의 대인관계와 작업의 다른 인간적인 측면을 보호해주는 직무 설계 방법이다. 사회-기술 체계는 체계이론을 사용하여 사회체계와 기술체계의 상호관계를 고려할 것을 강조하는 조직관리의 접근방식을 말한다. 이 개념은 태비스탁(Tavistock) 인간관계연구소에서 제기되었는데, 그것은 조직이론의 일반이론을 수렴하려는 전통적 접근방식과 기술적 기준에만 따른 행동준칙 모두에 대해 비판하는 것이다.

사회-기술 체계는 최상의 한 가지 방법에 대해 의문을 가지고 선택의 가능성을 강조한다. 기술은 결정적인 것이 아니라 제한적인 힘을 가지고 있다고 본다. 그리하여 대안적인 기술적, 사회적 체계를 고려하도록 요구한다. 기술적 효율성과 인간적 만족 사이의 최적의 일이 조직의 과제인 것이다. 그러나 조직 상층부도 찬성하고 최하층 고용자도 공감하는 조직설계는 아직 성공하지 못하고 있다.

경영자(관리자)는 신기술을 어떻게 적용할 것인가에 대하여 여러 가지 선택에 직면한다. 기술을 노동자의 과업과 책임을 제한하는 데 사용함으로써 노동력을 단순화하여 노동자를 기술의 노예로 전락시킬 수 있다. 그 대안으로 관리자(경영자)는 기술을 숙달시키기 위해 노동자를 선발하고 훈련시켜 위업을 달성하고 노동자의 삶의 질을 개선할 수 있다. 효과적으로 잘 관리할 때 기술은 조직의 경쟁력을 개선할 수 있도록 작업자에게 권한을 부여할 수 있다.

그러나 경영자(관리자)는 직무를 어떻게 설계하고 종업원을 어떻게 관리할 것인가에 대해 결정을 하는 것과 같이 또한 신기술 도입을 보완하는 다른 인적자원체계를 고려할 필요가 있다. 예를 들어 표 14.4는 고등 생산 기술의 실행을 용이하게 하기 위하여 보상체계를 어떻게 바꿀 것인가에 대한 것을 보여주고 있다.

현대적인 배경에서 볼 때 그룹 인센티브, 급여 및 기술에 기반한 급여체계의 사용은 지식 작업에 필요한 집합적인 노력, 전문성, 권한 부여 및 유연성을 보강하는 데 도움을 준다. 기업의 임금체계가 신기술과 일치하지 않으면 이는 작업을 변화시킬 필요가 있는 보상 행동이 아니다. 기존의 열악한 보상체계는 실제로 신기술에서 필요한 것과 역행되는 구식 행동을 강화하게 된다.

전체적으로 볼 때 이러한 생각들은 기술과 혁신과 관련된 전략적이고 조직적인 이슈를 관리하는데 있어 일련의 지침을 제공한다. 다음 장에서 우리는 조직이 역동적인 시장에 적응하기 위해 어떻게 스스로를 재편할 수 있는지에 초점을 맞추어 이 논의를 확장할 것이다. 변화와 조직 학습을 관리하는 것은 세계 수준의 조직이 되는데 필요한 핵심적인 요소이다.

표 14.4 전통적인 기업과 고급 제조기업의 보상 관행 비교

보상 관행의 유형	전통적인 공장	고급 제조 공장
성과에 기초한 보상	개인 인센티브에 초점	그룹 인센티브
직무에 기초한 보상	시간당 임금 사용	종업원의 기여도에 기초한 급여 사용
사람에 기초한 보상	체계 내의 불확실성을 줄이기 위해 연공임금 보상 경험에 기초	기술에 기반한 급여는 지속적인 학습과 동적 환경의 유연성 증가로 인한 부가가치를 보상

토의 문제 및 활동

1. 회사의 경쟁우위에서 기술혁신의 중요성과 기술이 조직 경쟁력에 끼치는 영향을 설명하라.

2. 새로운 기술이 출현하고, 개발되고, 대체되는 방법에는 정의가능하고 예측 가능한 패턴이 존재한다. 신기술 개발과 관련한 과정을 설명해보라.

3. 생애주기를 통해 기술이 진화하는 과정을 설명하라.

4. 기술과 혁신에 대한 결정은 매우 전략적이고 체계적인 방법으로 접근할 필요가 있다. 경쟁우위를 확보하기 위해 회사가 시장에서 사용할 수 있는 두 가지 전략을 설명하라.

5. 조직의 기술 욕구를 평가하는 것은 산업에 영향을 끼치는 외부 기술 추세뿐만 아니라 현용 기술을 측정하는 것이 포함된다. 기술욕구를 평가하는 방법에 대해 설명하라.

6. 신기술의 근원을 말하고, 이들을 획득하기 위한 최상의 전략에 대해 설명하라.

7. 기술을 관리하는 데 있어 사람은 어떠한 역할을 수행하는가?

8. 혁신을 위한 조직화에는 사람, 시장 욕구 및 결과의 통제가 필요하다. 혁신적인 조직을 개발하기 위한 방법을 설명하라.

9. 성공적인 개발 프로젝트의 핵심 특징에 대해 설명하라.

10. 기술 혁신의 확산속도를 좌우하는 요인을 들어보라.

11. 기술 리더십과 기술 팔로어 십의 장 · 단점을 비교하라.

12. 회사에서 기술 리더십보다 기술 팔로어십을 선택하는 이유를 설명하라. 혁신이 빠르게 발생할 때 기술 리더십과 기술 팔로어 십 중 어떤 전략을 추구해야 하는가?

13. 기술 혁신에 대한 결정은 많은 상호 관련된 요소들의 균형을 이루어야 한다. 이들 요소에 대해 설명하라.

14. 혁신 문화와 관련하여 3M의 규칙을 설명하라.

15. 베이컨(Francis Bacon)은 "현명한 사람은 자신이 찾은 것보다 더 많은 기회를 만들게 된다"고 하였다. 이 말을 기술혁신 및 경쟁우위와 관련하여 설명해보라.

16. 기술혁신의 예를 들고, 그러한 기술 이면의 과학의 상용화를 유도하는 힘이 무엇인가를 설명하여라.

17. 신기술을 개발하고 획득하는 데 있어 핵심 역할을 하는 사람들을 기술 혁신가, 제품 챔피언, 경영진 챔피언이라고 한다. 이런 역할을 동일한 개인이 수행할 수 있는가?

18. 코로나 창궐 등으로 야기된 비대면 상황의 새로운 경제 환경이 운영 관리를 어떻게 변화시켰는가? 그 결과 운영 과정의 주요 입력은 무엇인가?

15 Chapter | 변화 창조 및 관리

개요 및 학습목표

많은 사회 변혁 주도자와 경영자들은 모두 변화를 창조하는 것이 해결해야 할 어려움이며 도전과제라고 말하고 있다. 세계 최상급의 기업이 되고 미래의 경쟁우위를 달성하기 위해서 변화를 창조하는 것은 어려움이자 도전이며, 지속적인 개선을 위해 필요하다. 미국의 유명한 전기기술자이자 사업가인 Charles Kettering은 변화의 어려움에 대해 "세상은 변화를 싫어하지만 그것만이 발전을 가져왔다. 나의 관심은 미래에 있다. 왜냐하면 나는 그곳에서 여생을 보낼 것이기 때문이다"라고 말한 바 있다.

변화는 끊임없이 그리고 예측할 수 없이 일어난다. 경쟁우위가 무엇이건 간에 당신은 특정한 시기의 특수한 환경에 좌우되지만 환경은 바뀐다. 경제적인 환경이 바뀌고 있다. 경쟁자가 도처에서 출현하고, 시장이 나타나고 사라진다. 조직의 도전 과제는 단지 혁신적인 새로운 제품을 만드는 것이 아니다. 혁신적인 문화와 지속가능한 사업을 구축하는 것과의 균형을 맞추는 것이다. 그리고 개인의 경우 변화에 대응할 수 있는 능력은 그들의 직무 성과와 그들이 받는 보상과 관련된다.

이 장을 학습한 후에 여러분은 세계 최고 기업이 되기 위해 무엇이 필요한지를 알게 될 것이다. 또한 변화를 효과적으로 관리하는 방법을 이해하게 될 것이다. 특히 성공적인 미래를 창조하는 방법을 알게 될 것이다.

15.1 세계 최상급 기업이 되는 길

오늘날 경영자(관리자)는 그들의 조직이 최상급이 되기를 원한다. 몇몇 사람들에게는 최상급의 기업이 되려고 노력하는 것은 웅대하여 불가능하고 불필요한 목표인 것처럼 보인다. 그러나 이는 매우 경쟁적인 오늘날 비즈니스 세계에서 생존하고 성공하기 위해서 중요한 목표이다.

최상급이 되기 위해서는 최상의 그리고 최신의 지식과 생각을 적용하여 어느 곳에서나 가장 높은 수준의 표준으로 운영할 수 있는 능력을 가져야 한다. 따라서 최상급이 되는 것은 단지 개선만을 의미하지는 않는다. 당신이 무엇을 하든 세계에서 가장 최고가 되는 것을 말한다. 어떤 사람들은 대부분의 회사가 세계적인 수준이 되려면 품질을 100-1000배 높이고, 비용을 30-50% 절감시키고, 생산성을 2-4배 높이고, 주문배송시간을 5-10배 단축하고, 신제품 개발 시간을 30-60% 단축시켜야 한다고 추정한다. 그리고 당신의 회사는 이러한 극적인 개선을 깨닫는다 하더라도, 여전히 더 나아져야 할 것이다.

세계 최상급의 기업은 높은 가치의 제품을 만들고 장기적인 안목으로 최고의 이익을 얻는다. 그들은 과거의 진부한 방법, 체계 및 문화를 허물어뜨리고 보다 효과적이고 경쟁적인 조직의 전략, 구조, 공정 및 인적자원의 관리를 적용한다. 그 결과 조직은 전 세계적인 기반에서 성공적으로 경쟁할 수 있다.

1) 지속가능하고 위대한 미래

James Collins & Jerry Porras와 같은 학자는 지속적으로 위대한 회사의 본질적인 특성을 연구하였다. 소니, 포드, 아메리칸 익스프레스, 디즈니, 3M, 시티코프(Citicorp)와 같은 반세기 이상 지속적으로 위대함을 달성하고 유지한 유수의 기업들은 깊게 신뢰하며 일관성 있게 표현해 온 강력한 핵심 가치가 있다는 것을 알았다. 그들은 목표에 의해 움직이고 있다. 점진적인 개선이나 여느 때와 같은 사업 목표가 아니라 신축성 있는 목표로 움직이고 있다. 그들은 적응력, 실험, 시행착오, 기업가적인 사고 및 신속한 행동을 통한 발전을 향해 끊임없이 변화하고 있다. 그리고 그들은 경쟁자를 이기려고 하지 않고 그들 자신을 이기는 것에 초점을 두고 있다. 그들은 "우리가 오늘 했던 것보다 더 좋은 내일이 될 수 있도록 우리 자신을 어떻게 개선해야 하는가?"를 지속적으로 질문하고 있다.

그러면서도 행동과 변화 이면에 핵심 가치와 비전을 변함없이 유지하고 있다. 표 15.1은 여러 기업이 지속적으로 유지하고 있는 핵심 가치를 나타내고 있다. 가치가 모두 같지 않다는 점에 유의해야 한다. 사실 일관적으로 성공을 예견하는 일련의 공통 가치는 없다. 그 대신에 중요한 요소로 위대한 기업은 핵심 가치를 가지고 있으며, 그 가치와 의미를 알고 있으며, 매년 그 가치에 따라 살아가고 있다는 점이다.

표 15.1 지속적인 기업의 핵심 가치

3M	혁신, 절대 진실성, 개인 주도권 및 사적 성장 존중, 정직한 실패에 대한 관용, 제품 품질과 신뢰성
American Express	용감무쌍한 고객 서비스, 전 세계적인 서비스 신뢰도, 개인 주도권 격려
Sony	정열, 헌신, 열정으로 작업, 린 경영, 종업원 개인의 능력과 창의성 존중, 선구자 정신
Wal-Mart	고객에게 가치를 제공하는 것이 우리의 존재 이유, 물살을 거슬러 헤엄치는 도전정신, 종업원과 동반자 관계 구축, 항상 높은 목표 추구
Boeing	제품 안전 및 품질, 진실성 및 윤리적 사업, 거대한 도전 및 위험에 대적
Walt Disney	일관성과 세목에 광적인 집중, 창의성, 꿈, 상상을 통한 지속 발전, 디즈니의 "마력" 이미지의 광적인 통제 및 보존

2) '혹은(or)'의 횡포

많은 기업과 개인은 『성공하는 기업들의 8가지 습관(Built to last)』의 저자 콜린스(Collins)와 포라스(Porras)가 명명한 "**Or의 횡포(tyranny of the or)**"라는 전염병을 앓고 있다. 이것은 사건이 A 혹은 B여야 하며, 둘 다 될 수 없다는 믿음을 말한다. 이들은 저서에서 "당신은 변화 혹은 안정을 선택해야 한다.", "보수적이거나 과감해야 한다.", "통제와 일관성을 유지하거나 창조적인 자유를 누려야 한다," "실용적이어야 하거나 이상적이어야 한다"등과 같은 많은 일반적인 예를 제공하고 있다. 하나의 목표만 달성할 수 있고 다른 목표는 달성할 수 없다는 그러한 신념은 때로는 유효하지 않으며 확실히 제약적이다.

3) '그리고(and)'의 천재성

'or(혹은)'의 횡포와 대조적으로 **'and(그리고)'의 천재성(genius of the and)**은 다수의 목표를 동시에 추구할 수 있는 능력을 말한다. 우리는 앞에서 "모든 관리 기능을 수행한다.", "냉철한 사업 논리와 윤리를 조화시킨다."지휘와 권한 부여"와 같은 다수의 경쟁 가치를 고객에게 전달하는 것의 중요성에 대하여 서술하였다. Collins와 Porras는 그들은 저서에서 이와 같은 'and(그리고)'의 천재성을 다음과 같이 열거하고 있다.

- 이윤을 초월한 목적과 실용적인 이윤 추구
- 비교적 고정된 핵심 가치와 왕성한 변화와 움직임
- 핵심 가치를 견지하는 보수주의와 담대한 사업 행보
- 명확한 비전 및 방향과 실험
- 유연한 목표와 점진적인 진전
- 가치와 운영의 자유에 기초한 통제
- 장기적인 사고와 투자 그리고 단기적인 결과에 대한 수요
- 예지력 있고 미래지향적인 사고와 일상적이고 실제적인 실행

여러분은 본 교재를 통해 이 모든 것들을 학습하였으며 마음 속이나 행동에서 이러한 모든 것들을 놓쳐서는 안 된다. 이 모두를 달성하기 위해서는 지속적이고 효과적인 변화 관리가 필요하다.

15.2 변화 관리

모든 경영자(관리자)는 변화를 어떻게 효과적으로 관리할 수 있는가에 대한 명확한 이해가 필요하다. 조직 변화는 다음과 같을 때 효과적으로 관리된다.

1. 조직은 현재의 상태에서 변화 후에 존재할 어떤 계획된 미래의 상태로 움직인다.
2. 미래 상태로 조직을 기능화(직능화)한다는 것은 기대를 충족한다는 것으로, 계획대로 작업을 바꾼다는 뜻이다.
3. 전환은 조직에 과도한 비용을 쓰지 않고 달성된다.
4. 전환은 조직 구성원 개인에게 과도한 비용을 쓰지 않고 달성된다.

사람은 성공적인 변화의 핵심이다. 조직이 위대해지기 위해서 혹은 생존하기 위해서는 사람들이 조직의 운명에 대하여 주의를 기울여야 하며, 그들이 조직에 어떻게 기여할 수 있는지를 알아야 한다. 그러나 전형적으로 리더십은 최상층부의 몇 명의 사람만의 책임이다. 변화의 부담을 떠맡는 사람은 너무 적다. 깊이 관심을 갖고 혁신적인 기여를 하는 사람은 수가 너무 적다. 조직 전반에 걸쳐 사람들은 커다란 관심을 가져야 할 필요가 있으며, 전체로서 사업 전반을 돕는 데 능동적인 역할을 해야 한다. 그들은 그들이 차이를 만들 수 있다고 믿어야 한다. 그들은 변화를 가져올 수 있다는 것을 믿어야 한다. 그리고 그들은 그들 부서와 가까운 동료가 아닌 전체 조직과 동질감을 가져야 한다.

이와 같이 중요한 자세와 감정은 신생기업이나 소규모 조직에서는 흔한 일이 아니다. 그들은 너무 자주 성장과 시간이 경과하는 것을 망각하고 있다. 규모 있는 전통적인 기업에서는 성장과 생존을 위해 변화해야 한다는 생각을 가진 사람들이 너무 드물다. 개인의 창의력과 책임감을 영구적으로 다시 불러일으킬 필요가 있다. 조직 전반에 걸쳐 사람들의 행동에서 진정한 변화가 있어야 한다. 핵심 과제는 새로운 사업 도전에 직면하여 사람들이 지속적으로 변화하도록 완전히 동기 부여하는 것이다.

1) 변화에 사람을 동기부여시킴

사람들은 변화하도록 동기 부여 받아야 한다. 그러나 사람들은 때로는 변화에 저항한다. 많은 사람들은 최고의 상태를 열망하기보다는 평범함에 안주하려고 한다. 그들은 최고가 되기 위해 열심히 노력을 경주해야 한다는 생각에 저항한다. 세계 수준의 성과 수치는 말도 안된다. 나는 그것을 믿을 수 없으며 그것은 불가능하다. 혹은 우리는 세계적인 수준의 기업처럼 세계 수준이 될 수 없다. 우리는 돈도 직원도 없다와 같이 말하며 변화에 저항한다.

그러한 반응에 대응하기 위해서는 긍정적인 변화를 성공적으로 실행해야 한다. 사람들이 종종 변화에 저항하는 이유를 이해하는 것이 중요하다. 그림 15.1은 저항에 대한 공통적인 이유를 보여주고 있다. 몇 가지 이유는 일반적으로 대부분의 변화 노력에서 발생한다. 다른 이유는 특별한 변화의 특정한 성질과 관련된다.

❖ 변화에 저항하는 일반적인 이유

변화의 실제 내용에 무관하게 변화에 저항하는 여러 가지 이유가 있다.

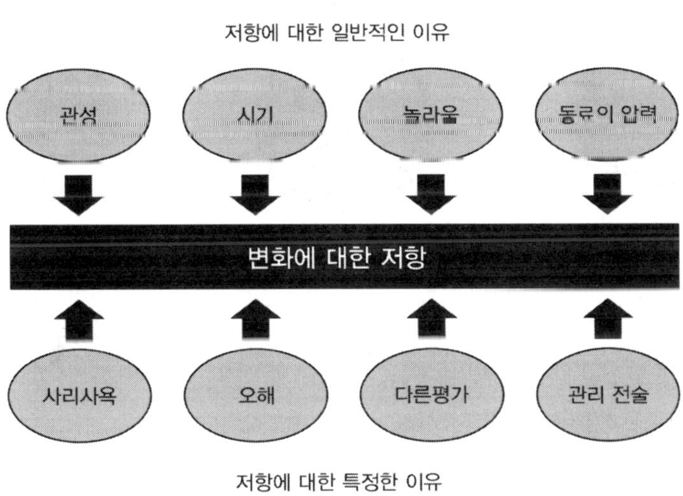

그림 15.1 변화에 저항하는 이유

- **관성**(inertia): 보통 사람들은 현재의 상황을 흩뜨리는 것을 원치 않는다.
- **시기**(timing): 사람들은 종종 시기가 안 좋다며 변화에 저항한다.
- **놀라움**(surprise): 시기와 수용성이 한 가지 핵심 측면이다. 예기치 않은 변화가 갑작스레 오면 놀라움에 거의 반사적으로 저항한다.
- **동료의 압력**(peer pressure): 종종 작업 팀이 새로운 계획에 저항한다. 응집력이 높고 비관리적인 규범을 가진 그룹의 경우 동료들로부터 받는 압력으로 심지어 타당한 변화임에도 개인들은 저항한다.

❖ 변화에 저항하는 특정한 이유

변화에 저항하는 다른 이유는 제안된 변화의 특정한 성질에서 발생한다.

- **사리사욕**(self-interest): 대부분의 사람들은 자신의 최상의 이익보다 조직의 최상의 이익에 관심을 덜 갖기 때문에 변화에 저항한다.
- **오해**(misunderstanding): 경영자는 모든 사람들에게 변화가 이익을 줄 것이라고 말해도 사람들은 그것을 완전히 믿지 못하기 때문에 변화에 저항한다.
- **다른 평가**(different assesement): 종업원은 경영자가 받는 것과 다른 정보를 받았을 때 변화에 저항한다. 고위 경영진 내에서도 일부 임원들은 다른 임원보다 더 많은 정보를 알고 있는 경우가 있다. 이러한 불일치로 인해 사람들은 제안된 변화에 대해 다른 평가를 하게 된다.
- **관리 전술**(management tactics): 경영층에서는 변화를 시도하려고 하지만 종업원의 헌신을 이끌어내는 데 실패할 수 있다. 혹은 변화를 성공시키기 위해 필요한 자원, 지식, 리더십의 제공에 실패할 수 있다.

그림 15.2 변화 실행 모형

종업원의 평가가 경영층의 평가보다 더 정확할 수 있다는 점을 인식하는 것이 중요하다. 경영층은 그렇게 생각하지 않는다 하더라도 종업원들은 변화가 효과가 없다는 것을 알고 있을 수도 있다. 일반적으로 변화에 대한 저항을 극복할 수 있다고 자신하는 경우라도 경영층은 훨씬 더 개방적인 자세로 제기된 변화에 대한 철저한 평가의 중요성을 실제로 표현해야 한다.

❖ 저항 관리를 위한 일반 모형

그림 15.2는 종종 사람을 변화시키도록 동기 부여하는 데 필요한 3가지 기본 단계(해빙, 변화를 도입하기 위한 행동, 재결빙) 모형을 보여주고 있다. **해빙(unfreezing)** 단계에서 경영자(관리자)는 현재의 관행이 더 이상 적절하지 않으며, 기업은 다른 방식으로 현재의 상황을 해결해야 한다는 것을 인식해야 한다. 사람들은 과거의 몇 가지 사고방식, 감정과 행동이 더 이상 쓸모없다는 것을 인식해야 한다. 이를 위한 효과적인 방법은 경쟁업자의 성과와 비교하여 과거 방식의 부정적인 결과에 대해 사람들과 의사소통해야 한다. 경영자는 종업원과 비용, 품질, 이윤에 대해 공유할 수 있어야 한다. 그러나 책임을 종업원에게 직접 전가함으로써 사람들의 방어를 야기하지 않도록 주의해야 한다.

해빙에 중요한 기여요소는 성과 격차를 인식하는 것이다. **성과 격차(performance gap)**는 실제 성과와 원하는 성과 간의 차이를 말한다. 격차는 전형적으로 불량한 성과를 시사한다. 이러한 상황은 경영층의 관심을 유발하여 경영층으로 하여금 일을 정확히 하려고 하는 변화를 유도한다.

또 다른 매우 중요한 성과 격차의 형태가 존재할 수 있는데, 현재의 성과는 양호하지만 더 좋은 성과를 얻을 수 있다고 인식할 때 발생한다. 따라서 이때의 격차는 이룬 성과와 할 수 있는 성과와의 차이이다. 이는 기업가가 기회를 잡을 수 있는 경우로 기업이 경쟁우위를 획득하기 위하여 전략적 기동에 관여하는 경우이다. 한편 많은 노력들은 처음에는 부정적으로 시작된다. 강점과 잠재력을 식별하는 것은 매우 가치 있는 일이며, 그러한 긍정적인 관점으로부터 새로운 작동 모드를 개발할 수 있다.

변화를 위한 추동력으로 성과 격차를 전체로서의 조직에 적용할 수 있다. 또한 이를 부서, 그룹, 개인에게 적용할 수 있다. 부서 혹은 작업 그룹이 기업의 다른 그룹만큼 잘 수행되지 않거나, 개발의 기회를 발견하면 그 부서는 변화에 동기 부여된다. 유사하게, 개인이 부정적인 성과 피드백을 받거나, 개인적 도약의 기회를 발견하면 그러한 상황에서 해빙이 시작되는데, 사람들은 그러한 격차가 존재하지 않을 때보다도 더 많이 동기 부여될 수 있다.

변화를 도입하기 위해 **움직이는(moving)** 단계는 기업이 나아갈 비전을 수립하는 것에서 부터 시작된다. 비전은 전략적, 구조적, 문화적, 개인적 변화를 통해 실현될 수 있다. 전략적인 생각은 이 책의 전반에 걸쳐 논의하였다. 구조에서 변화는 사업부제, 매트릭스, 혹은 일부 다른 적절한 구조 형태로 이동한다는 것을 의미한다. 문화적인 변화는 효과적인 리더십을 통해 제도화된다. 개인적인 변화는 새로운 사람이 기업에 참여할 때 바뀌며, 조직 전반에 걸친 사람들이 미래에 대한 리더의 비전을 수용할 때 일어난다.

마지막으로 **재결빙(refreezing)**은 변화를 지원하는 새로운 행동을 강화하는 것을 말한다. 변화가 기업 전반에 걸쳐 확산되고 안정화되어야 한다. 재결빙은 변화를 지원하는 통제 체계를 실행하고, 필요시에 수정조치를 하여 행동과 성과를 강화하는 것이 포함된다. 경영층은 올바른 방향으로 이동하는 모든 증거를 일관성 있게 지원하고 보상해야 한다.

오늘날 조직에서 재결빙은 과거의 방식과 같이 고착화된 새로운 행동이 만들어지고 나서 항상 최상의 세 번째 단계로서 기능하는 것은 아니다. 이상적인 새로운 문화는 지속적으로 변화하는 문화이다. 재결빙은 중요한 핵심 가치를 유지하는 행동을 영구적으로 설치할 때 적절하다. 그러나 재결빙은 사업 환경이 지속적으로 변할 때 재대로 기능하지 않는 새로운 경직성을 만들지 않아야 한다. 재결빙되어야 하는 행동은 적응성, 유연성, 실험, 결과 평가 및 지속적인 개선을 지속적으로 촉진하는 것이어야 한다. 다시 말하여 핵심 가치, 역량, 전략적 임무는 유지해야 하지만 특정의 관리 관행과 절차는 반드시 그럴 필요가 없다.

표 15.2 변화 저항을 관리하는 방법

방법	일반적으로 사용되는 상황	장점	단점
교육 및 소통	정보 부족 혹은 부정확한 정보 및 분석이 존재하는 경우	일단 설득되면 종업원은 종종 변화 실행을 돕게 된다.	많은 사람이 관여되는 경우에는 시간이 많이 소요될 수 있다.
참여 및 관여	개시자가 변화를 설계하는데 필요한 정보를 모두 가지고 있지 않은 경우	참여자가 변화 실행에 전념하게 된다. 그들이 가진 관련 정보를 변화 계획에 통합할 수 있다.	참여자가 부적절한 변화를 설계하는 경우 시간이 많이 소요된다.
조력 및 지원	조정의 문제로 종업원이 저항하는 경우	문제를 조정하는 것만큼 작업을 잘할 다른 방법은 없다.	시간이 많이 소요되며 비용이 많이 들 수 있으며, 여전히 실패할 수 있다.
타협 및 보상	일부 그룹(개인)이 변화로 분명하게 손해를 볼 수 있으며, 그 그룹이 저항할 수 있는 상당한 힘이 있는 경우	종종 주요 저항을 회피하는 데 비교적 쉬운 방법이다.	준수하도록 타협하기 위해 타인을 경계하는 경우에 많은 경우에 비용이 너무 많이 들 수 있다.
조작 및 협동	다른 전술이 작동되지 않거나 너무 비용이 많이 드는 경우	문제에 저항하는 데 비교적 빠르고 저렴한 해법이다.	종업원들이 조작되었다고 느끼면 나중에 문제가 될 수 있다.
명시적이고 함축적인 강요	속도가 긴요하고, 변화 개시자가 상당한 힘이 있는 경우	속도감 있게 임의의 저항을 극복할 수 있다.	개시자에 대한 종업원들의 분노가 남아있으면 위험할 수 있다.

❖ 협력을 요청하는 구체적인 방법

당신은 사람들이 변화하도록 지휘해야 하지만, 장기적인 성공을 위한 핵심은 다른 방법을 사용하는 것이다. 진정한 지원을 개발하는 것이 프로그램을 앞세워 추진하는 것보다 더 좋다. 특히 경영층은 사람들이 변화하도록 어떻게 동기 부여해야 하는가? 대부분의 경영자(관리자)는 변화의 시기에 사람에게 영향을 줄 수 있는 다양한 방법을 과소평가한다. 저항을 관리하고 협력을 요청하는 여러 가지 효과적인 방법이 표 15.2에 열거되어 있다.

1. **교육 및 의사소통**: 경영자(관리자)는 변화가 발생하기 전에 다가오는 변화에 대하여 사람들에게 교육해야 한다. 변화의 본질뿐만 아니라 그 당위에 대해서도 의사소통해야 한다. 이 과정은 1:1 토론, 그룹에 대한 프레젠테이션 혹은 보고서 및 메모가 포함된다.
2. **참여 및 관여**: 변화에는 반영과 대화가 필요하다. 변화에 영향을 받는 사람들의 말을 경청하는 것이 중요하다. 그들이 변화 설계 및 구현에 관여해야 한다. 조직 전반에 걸친 주요한 변화 과정에 조직의 최고경영층에서 최하위층까지 참여를 확대할 수 있다. 실현가능한 한 경영층은 조직 전반에 걸쳐 사람들의 조언을 적용해야 한다.
3. **조력 및 지원**: 경영층은 종업원이 가능한 한 용이하게 변화할 수 있게 해야 하며, 그들의 노력을 지원해야 한다. 조력에는 변화를 수행하고 새로운 환경하에서 그들의 과업을 수행하는 데 필요한 훈련과 다른 자원을 제공하는 것이 포함된다.
4. **협상과 보상**: 필요할 경우 경영층은 변화에 협력하는 것에 대해 구체적인 인센티브를 제공할 수 있어야 한다. 상여금, 임금, 인정, 직무 할당과 같은 보상을 검토하고 변화의 방향을 보강하기 위해 재구축해야 한다.
5. **조작과 협동**: 종종 경영자(관리자)는 변화를 구현하기 위해 더욱 더 미묘하고 은밀한 선술을 사용한다. 이러한 조작의 한 가지 형태는 변화 과정에서 저항하는 개인을 새 이사로 선출(co-optation)하여 바람직한 역할을 줌으로서 저항하는 그룹의 리더를 변화에 참여하도록 끌어들인다. 예컨대 경영층은 조합의 리더를 이사회의 구성원으로 초대하거나 외부 조직의 핵심 구성원을 기업의 이사회에 참여하도록 요청한다. 변화에 관여하게 된 사람으로서 그는 조직에 덜 저항하게 된다.
6. **명시적이고 함축적인 강압(강요)**: 일부 경영자(관리자)는 변화에 저항하는 사람에게 벌을 가하거나 벌을 주겠다고 위협한다. 이 방법으로 경영자(관리자)는 사람들을 그들이 원하는 방향으로 순응하도록 압력을 행사한다. 예컨대 상관이 부하 직원에게 변화에 참여하도록 끌어들이기 위해 해고로 위협하거나 승진을 거부하며 매력적이

지 않은 과업을 할당한다. 가끔 당신은 강압적으로 말한다. "게임이 바뀌고 있으며, 당신은 새로운 규칙으로 혹은 다른 곳에서 게임을 할 필요가 있다."

각 방법은 각기 다른 상황에서 유용한 많은 다른 상황 관리 방법처럼 장 · 단점이 있다. 표 15.2는 변화에 대한 저항을 관리하는 데 있어서의 장, 단점 및 이러한 방법의 적절한 환경을 요약하고 있다. 표에서 시사하는 바와 같이 경영자(관리자)는 환경에 무관하게 한두 가지의 일반적인 방법만을 사용해서는 안 된다. 효과적인 변화 경영자(관리자)는 다양한 방법에 익숙해야 하며 상황에 따라 그것들을 어떻게 적용하는지를 알아야 한다.

과정 전반에 걸쳐 변화를 선도하는 사람은 안정성을 구축할 필요가 있다. 변화, 혼란, 불확실성의 한가운데에서 사람들은 그들을 이끌어 줄 정신적인 지주를 필요로 한다. 이는 조직의 가치와 임무와 같은 몇 가지 일들을 항상 그리고 가시적으로 유지해야 한다는 뜻이다. 덧붙여 전략적인 원칙이 변화의 시기에 중요한 지주가 될 수 있다. 전략적인 원칙은 핵심 사람들의 시계(視界)를 유지시키고, 핵심 과제와 프로젝트를 지속시키고, 어떤 조직 구성요소가 변화하지 않으려고 하는지를 알려주는 데 도움을 줄 수 있다. 그러한 지주는 근심을 줄여주고 저항을 극복하는 데 도움을 줄 수 있다.

2) 여러 변화를 조화시킴

조직을 성공적으로 변화시키는 특효약이나 한 번에 해결하는 방법은 없다. 한 방으로는 도전 목표를 명중시킬 수 없다. 보통 동시에 관심을 가져야 하는 많은 이슈가 필요하며 하나의 작은 변화도 우세한 문화에 의해 흡수되고 사라진다. **전체 조직 변화**(total organization change)는 여러 정책, 관행 및 절차를 여러 단위와 수준에 도입하고 유지하는 것을 의미한다. 그러한 변화가 조직의 모든 사람들의 생각과 행동에 영향을 끼쳐 조직의 문화와 성공을 고취시키며 오랜 시간에 걸쳐 유지될 수 있다.

연구 결과에 따르면 일반적으로 기업에서는 한 번에 다섯 가지 주요한 변화 노력을 진행하는 것으로 보고되고 있다. 변화 관리를 위한 가장 공통적인 변화 프로그램에는 지속 개선, TQM, 시간 기반 경쟁, 학습조직 창조, 팀 기반 조직, 네트워크 조직, 핵심역량, 전략적 동맹 등이 있다. 문제는 이러한 노력들이 보통 동시에 이루어지지만 조정이 되지 않고 있다는 점이다. 일들이 뒤범벅되고 사람들은 초점을 상실한다. 그 결과 사람들은 혼란스러워하고, 좌절감을 느끼고, 사기가 저하되고, 동기부여가 저하 된다.

기업은 늘 새로운 변화를 추구하기 때문에, 많은 사람들은 변화의 방법에 있어서 그들 기업의 성향에 맞는 방법을 도입하는 것에 대해 불평을 표출한다. 즉, 종업원들은 종종 기업이 최근의 시류나 유행에 편승한 변화를 시도하는 것처럼 보게 된다. 이러한 유행에 따르는 변화의 시도가 많을수록 사람들은 냉소적이 되어 성공적인 변화에의 헌신을 더 어렵게 만든다.

이러한 맥락에서 유행을 피하는 것이 이로울 수 있다. 변화 계획이 지나가는 유행에 지나지 않는다면 사람들이 그들은 에너지와 시간을 투자할 이유가 없다. 변화를 시작하기 전에 경영자(관리자)는 이 방법이 진정으로 결과에 차이를 가져올 수 있을까? 이 방법이 종업원에게 사업 성공에 더 충분히 관여할 수 있도록 정보, 지식, 힘 및 보상을 주는 데 도움이 될 수 있을까? 사람들이 그들 과업 전반에 걸쳐 가치를 부가하는 데 도움을 주는 방법일까? 등에 대하여 질문해야 한다.

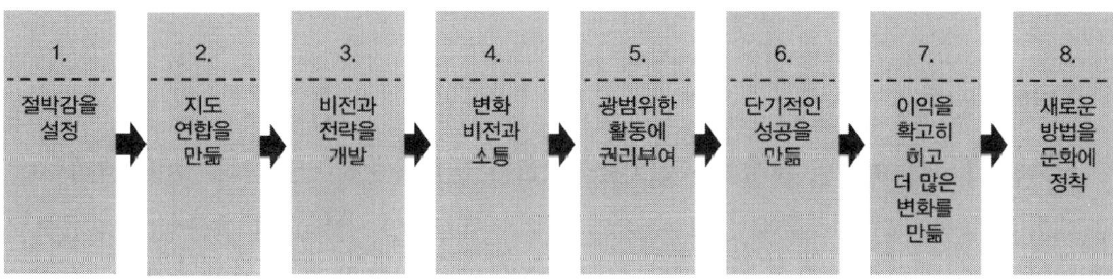

그림 15.3 변화 선도

그림 15.4 무사안일의 원천(현실에 안주하는 이유)

경영자(관리자)는 또한 단편적 사실에서 어떤 결론을 도출(connect the dots) 할 필요가 있다. 즉, 사람들이 보고 이해하고 원인을 찾을 수 있도록 일관성 있는 큰 그림에 여러 가지 노력을 통합해야 한다. 각각의 변화 프로그램과 그 프로그램의 목표를 이해하고, 프로그램 간의 유사성과 차이점을 식별하여 결과가 추구하는 방향과 최우선 목표가 일치하지 않는 프로그램을 폐기하는 등 단편적 사실에서 어떤 결론을 도출할 수 있다. 가장 중요한 일은 여러 가지 프로그램의 공통 주제(공통 근거, 목적 및 방법)와 관련하여 모든 사람들과 의사소통해야 한다. 그들에게 다양한 부분이 전략적 큰 그림과 어떻게 들어맞으며, 변화가 어떻게 기업과 기업 구성원들의 체질을 개선시키는지 보여주어야 한다. 이러한 일들을 철저하고 정직하게, 그리고 자주 의사소통해야 한다.

3) 변화 선도

성공적으로 변화하려면 경영자(관리자)는 변화를 능동적으로 이끌어야 한다. 변화 선도의 핵심 활동은 그림 15.3에서 보는 바와 같다. 성공적인 지도자의 유용한 첫걸음으로 **절박감**(sense of urgency)을 설정해야 한다. 이를 위해 시장의 현재 실상과 압력 및 경쟁 분야를 평가하고, 위기와 기회를 식별하여 그것들에 대해 솔직해야 한다. 많은 대형 기업들은 어느 정도 성장에 안주하기 때문에 이것은 매우 중요한 요소이다. 그림 15.4는 기업들이 현실에 안주하는 몇 가지 공통 이유를 보여주고 있다. 현실에 안주하지 않고 절박감을 만들어내기 위해 경영자(관리자)는 경쟁업자와 비교한 약점에 대해 솔직하게 말할 수 있어야 하며 데이터로 그 진술을 뒷받침해야 한다. 다른 전술에는 신축성 있는 목표를 설정하고, 종업원으로 하여금 불만족스런 고객과 이해관계자를 만나도록 하고, 가벼운 화재 위험 관리와 같은 차원을 넘어 모든 종업원에게 우려스러운 정보를 알려주고, 존재하고 가능하지만 조직이 지금까지 추구하지 못한 미래의 기회에 대해 모든 사람들에게 강조하는 것 등이 포함된다.

궁극적으로 절박감은 사업이 변화해야 하는 이유를 설득하여 추진된다. 시장에서의 생존, 경쟁 및 승리가 설득이다. 그들은 변화에 대한 방향감과 변화를 제공한다. 변화는 취미나 사치 혹은 하면 좋은 것이 아니라 사업의 필수 조건이 되어야 한다.

지도 연합을 결성한다(create a guiding coalition). 변화를 이끌 수 있도록 충분한 힘을 가진 그룹으로 결합해야 한다. 충분하게 강력한 연합이 만들어지지 않으면 변화 노력은 실패한다. 주요한 조직 변화는 팀으로 작업하는 최고 경영층의 리더십이 필요하다. 그러나 시간이 경과하면서 지원이 점점 외부와 조직 전반에 걸쳐 밑으로 확대되어야 한다. 중간 관리자와 감독자가 필수적이다. 모든 수준의 그룹은 변화 노력을 결합하는 접착제이며, 변화에 대해 의사소통하는 매개체이며, 새로운 행동을 일어나게 하는 수단이다.

비전과 전략을 개발한다(developing a vision and strategy). 비전과 전략을 개발하면 변화 노력을 이끌게 된다. 이 과정은 변화를 실행한 후의 이상적이며 예측 가능한 상황을 결정하는 것을 의미한다. 주요 조직 변화 시기에는 혼란이 일반적이므로 미래 상태에 대한 가장 명쾌하고 가능한 이미지를 개발하고 모든 사람에게 전달해야 한다. 이러한 이미지 혹은 비전이 기대를 명료화하여 풍문을 떨쳐버리고, 사람들의 에너지를 동원할 수 있는 목표 혹은 지침이 된다. 미래의 청사진이 어떻게 변화되어 발생하고, 변화를 실행해야 하는 이유와 변화로 사람들이 어떻게 영향을 받는지를 의사소통해야 한다. 비전을 설득하는 힘은 변화의 가장 중요한 측면이므로 과소평가하거나 소극적으로 활용하지 않아야 한다.

변화 비전을 전달한다(communicating the change vision). 모든 가능한 채널과 기회를 활용하여 비전과 그에 필요한 새로운 행동을 말하고 강화해야 한다.

광범위한 행동에 권리를 부여한다(empowering broad-based action)는 것은 성공에 장애가 되는 시스템과 구조를 제거한다는 의미이다. 위험 부담과 실험을 격려하고 정보, 지식, 권한, 보상을 제공하여 사람들에게 권리를 부여한다.

단기적인 성공(승리)을 거둔다(generate short-term wins). 비전의 궁극적이고 원대한 실현을 기다리지 말아야 한다. 당신은 결과를 필요로 한다. 작은 성공이 누적되면 격리된 계획에서 사업의 통합된 부분으로 전환할 수 있다. 작은 성공을 계획하고 만드는 것은 진전이 이루어지고 있다는 것을 모든 사람들에게 보여주는 것이다. 성공을 가능하게 하는 사람들을 인정하고 보상해야 한다. 그렇게 하는 것을 보여줌으로써 긍정적인 메시지가 조직 전체에 만연하게 된다.

이익을 통합하고 더 많은 변화를 창출해야 한다(consolidate gains and produce more change). 이전 성공으로부터 얻은 신용을 바탕으로 비전을 지지하는 방법으로 일을 변화시킨다. 비전을 더 발전시킬 사람을 충원하고 승진시키고 개발한다. 새로운 프로젝트와 변화 중개인으로 조직과 당신의 변화 노력에 활기를 불어넣어야 한다.

마지막으로 **문화에 새로운 방식을 적용해야 한다**(anchor new approaches in the culture). 긍정적인 결과를 강조하고, 새로운 행동과 개선된 결과 간의 연결을 의사소통하고, 새로운 변화 중개인과 지도자를 지속적으로 개발해야 한다. 지속적으로 변화에 대해 당신과 공동으로 책임을 지는 사람을 증가시켜야 한다.

15.3 미래 설계

대부분의 변화는 반응을 보인다. 변화시키는 가장 좋은 방법은 순향적(상황을 앞서서 주도해야)이어야 한다. **반응적 변화**(reactive change)는 문제가 발생한 후에 압력에 대응한다는 의미로서 또한 추종자를 의미한다. **순향적 변화**(proactive change)는 불확실한 미래를 예상하고 준비한다는 의미이다. 이는 리더로서 당신이 원하는 미래를 창조한다는 것을 시사한다.

미래를 향한 여정에서 운전자, 승객, 로드킬(road kill)이 존재한다. 미래를 향하는 도로에서 누가 바람막이이며, 누가 골칫거리가 될 것인가를 생각해보자. 두말할 나위 없이 운전자가 되는 것이 가장 좋다. 당신은 어떻게 운전자가 되겠는가? 반응적이기보다 순향적이어야 한다. 예지력을 작동하고, 지속적으로 학습하며, 장점을 만들고, 미래를 창조해야 한다.

1) 예지력 작동

현재만을 생각하거나 미래의 불확실성에 빠져있다면, 미래는 단지 주사위를 한번 굴리는 것과 같다. 미래에 대한 어젠다(의제)를 설정하고 추구하기 위해 당신이 가진 모든 것을 동원하여 예지력을 작동하는 것이 훨씬 좋다. 그렇게 함으로써 미래를 마음 속에 그려야 한다.

당신과 당신의 상사가 미래에 성공하기 위하여 해야 할 필요가 있는 것이 무엇인가를 알면 당신은 아마도 약간은 겸손하게 될 것이다. 확실한 미래를 아는 것은 불가능하다. 그럼에도 불구하고 반응적이고 패배주의적인 생각을 가질 필요는 없다. 예지력은 고도로 순향적(예방적)일 수 있으며, 극도로 까다로우면서도 중요한 역량이다. 경영자(관리자)는 고객이 미래에 원하는 것이 무엇이며, 그들에게 전달해야 할 제품이 무엇인지를 정확하게 알 수 없다는 점을 인식해야 한다. 그러나 그들은 전달해야 할 능력을 가지거나 획득할 수 있다는 것을 알 수 있다. 따라서 핵심역량을 식별하고 구축하는 것이 초점이며, 당신의 기업이 미래에 성공할 수 있는 활동을 지속적으로 개선해야 한다.

2) 지속적인 학습

지속적인 학습이 재생 가능한 경쟁우위의 중요한 경로이다. 지속적으로 학습하기 위해서 기업(그리고 당신)은 ①새로운 능력을 학습해야 할 명쾌하고 전략적인 목표와 ②항상 실험에 헌신하는 자세가 있어야 한다.

기업과 개인이 최상위 수준의 우수함을 추구하기 위해서는 지속적으로 개선해야 한다. 지속적인 개선은 일본의 도요타 자동차 기업의 전설적인 인물이 만든 개념이다. 새롭고 높은 품질의 제품을 개발하기 위해서 더 빠르고 더 효율적이며 저렴한 방법으로 모든 방향에서 더 좋게 끈질기게 노력하는 것을 말한다. 도요타는 저가의 무결점 자동차를 성공적으로 만들기 위한 품질 표준을 설정하였다.

지속적인 개선 환경에서 모든 사람들은 탐구, 발견 및 행동에 관여해야 하며, 무엇이 효과적인가를 끊임없이 따지고 헤아려 조정하고 개선해야 한다. 그림 15.5는 이러한 학습 주기를 정교하게 나타내고 있다. 이러한 철학을 바탕으로 적절한 방법에 의해 기업은 이 모든 것-저비용, 고품질, 유연성, 응답성, 속도와 혁신-을 이룰 수 있다. 이 과정은 또한 훨씬 더 개인적인 수준의 학습으로 이어져 개인의 성장과 발전을 기할 수 있다.

실험이란 지속적인 개선의 정신으로 새로운 일을 시도하고, 연구 및 장기 개발 프로젝트에 투자하고, 위험을 격려하고, 실패를 두려워하지 않는 것을 말한다. 3M, J&J와 같은 기업은 **'자기 진부화(self-obsolescence)'**를 실천한다. 즉, 이들 기업들은 그들 고유의 제품을 계획적으로 진부화시키려고 노력한다. 제품이 조만간 진부화되기 때문에 경쟁업

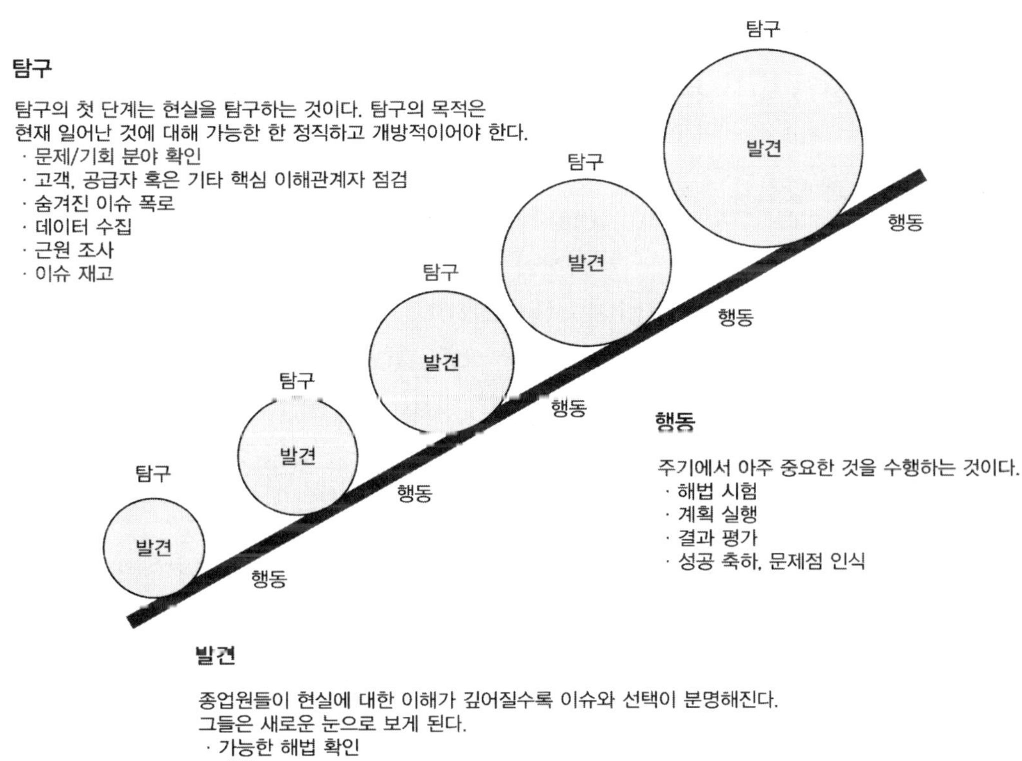

그림 15.5 학습 주기: 탐구, 개발, 행동

체의 제품보다 그들 자신의 제품으로 이를 대체하는 것이 더 낫기 때문이다.

마찬가지로 소니와 미쯔비시 같은 기업은 그들 제품에 대해 체계적인 포기(유기) 전략을 사용한다. 그들은 신제품을 도입할 때 스스로 제품을 폐기할 '만료일'을 설정한다. 따라서 그들은 신제품 도입의 마감 일자를 정하고 개발에 착수한다. 그들의 목적은 한 제품을 단계적으로 폐지할 수 있도록 점진적으로 개선된 제품, 파생제품, 완전히 새로운 혁신 제품의 3가지 제품을 만드는 것이다.

3) 장점 창출

순향적인 변화의 궁극적인 형태인 새로운 시장의 개척이나 산업의 변환은 미래와 경쟁하고 따라서 새로운 기회를 만들고 지배하는 노력에서 창출된다. 기업을 환경에 맞추기보다 환경을 기업에 맞게 변화시켜야 한다. 기존의 장점을 고수하는 대신에 새로운 장점을 창출해야 한다. 기존 시장에 머무르지 않고 새로운 시장을 개척해야 한다. 고정 자산에 투자하는 대신에 발전/신생 기회에 투자해야 한다.

당신은 장점을 만들 필요가 있다. 도전은 현재의 경쟁 분야에서 당신의 위치를 유지하는 것이 아니라, 새로운 경쟁 분야를 창출하고, 당신의 산업을 변화시키고 다른 사람들이 생각하지 않은 미래를 상상하는 것이다. 장점을 만드는 것은 기구를 축소하고 조직을 재충전하여 쫓아가는 것보다 낫다. 기껏해야 시간을 버는 재구축으로는 세계 최상위의 우수 기업이 될 수 없다.

그러므로 당신과 당신의 기업은

- 가장 친숙한 경로 혹은 가장 큰 기회의 경로를 따라가야 한다.
- 좋은 벤치마커나 개척자가 되어야 한다.
- 발군의 제품을 전 세계적으로 출시할 시간에 초점을 맞추어야 한다.
- 제품 리더뿐만 아니라 핵심역량의 리더가 되어야 한다.
- 단기 재무 수익보다는 실제적이고 장기적인 영향을 줄 수 있어야 한다.
- 과거가 아닌 미래를 보아야 한다.
- 실행 가능성뿐만 아니라 애로사항과 가치 있는 것이 무엇인가를 봐야 한다.
- 변화해야 할 것이 무엇이며, 변하지 않아야 할 것이 무엇인가를 생각해야 한다.
- 문제를 해결하고 전적으로 새로운 기회를 만들어야 한다.

4) 미래 창조

기업은 불확실한 미래와의 경쟁에 대비하여 다른 전략을 구사할 필요가 있다. **적응자**

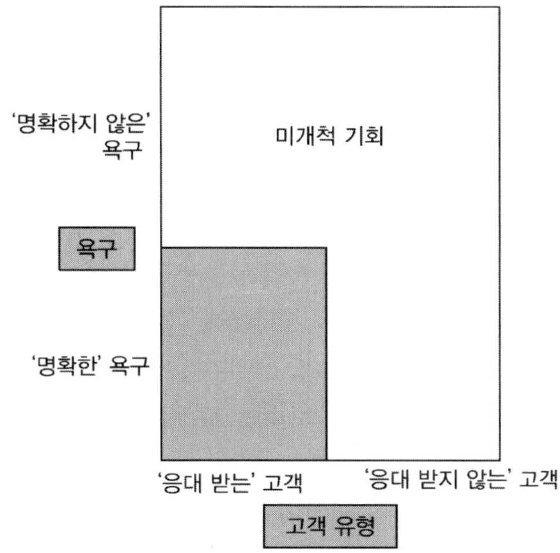

그림 15.6 광대한 시장 개척 기회

(adapter)는 현재의 산업 구조 내에서 주어지는 대로 미래를 개선하는 사람이다. 이들은 경쟁할 장소를 찾는다. 이러한 자세는 표준 전략적 분석을 수행하고 주어진 환경 내에서 어떻게 경쟁할 것인가를 선택하는 방식으로 대부분의 기업에서 채택한다.

반면에 **성형자**(shaper)는 그들 산업 구조를 바꾸려 하고, 고유의 설계로 미래의 경쟁우위를 창출한다. 경쟁자를 앞지르기 위해서는 미래를 창조해야 한다. 미래를 창조하는 것은 나약해서는 안 되는 거액의 투자(모험)가 필요하다.

그림 15.6은 새로운 시장을 개척할 대단히 많은 기회를 예시하고 있다. 명확한 욕구는 고객이 알고 있다고 적극적으로 표현하고 만족하려고 노력하는 욕구를 말한다. 명확하지 않은 욕구는 고객이 경험해보지 않은 잠재적인 욕구이다. 응대를 받는 고객은 당신의 기업이 현재 판매하고 있는 고객이다. 응대를 받지 않는 고객은 미개척 시장이다. 사업은 늘 그렇듯이 하단 왼쪽 사분원에 집중한다. 게임을 재창조하는 리더는 다른 3/4분원에서 새로운 기회를 창조하려고 노력하는 사람이다.

기업은 따분한 연장자들이 이전에 놓쳤을 수 있는 사업 기회를 찾는 데 젊은 관리자를 활용해야 한다.

5) 자신의 미래 창조

당신이 조직의 리더이고 당신의 조직이 전통적인 방식으로 운영되고 있다면 당신은 혁신을 창조하는 것을 핵심 목적으로 해야 한다. 즉 당신의 회사가 현대의 공룡이 되기 전에 유전공학적으로 리엔지니어링해야 한다. 혁신의 목표가 무엇인가? 당신은 혁신을 이끌지 못할 수도 있다. 아마도 당신은 성공적인 직업과 좋은 삶을 원할 것이다. 그러나 당신은 경쟁이 치열해지고 빠르게 변화하는 경쟁 환경을 다룰 수 있어야 한다. 당신 자신이 원하는 미래를 창조하려면 높은 개인적 표준을 설정해야 한다. 현실에 안주하지 말아야 한다. 지금 좋은 것이 당신 혹은 당신 기업의 종업원에게 반드시 충분히 좋은 것이라고 가정하지 않아야 한다. 세계 규범보다 경쟁력이 떨어지는 기업 혹은 산업을 피하려고 노력해야 한다.

표 15.3은 당신 기업의 종업원과 당신 자신에게 지속적으로 가치를 부가하는 방법을 생각하는 데 도움을 준다. 의식적으로 그리고 능동적으로 자신을 경영해야 한다. 시장에서 통용될 수 있는 기술을 개발하고, 지속적으로 더 개발해야 한다. 개인적인 성장, 개발 및 학습 기회에 기초하여 직업을 선택해야 한다. 당신이 나아갈 수 있는 위치를 살펴보고 훈련과 실험과 혁신을 위한 기회를 제공하는 환경을 찾아야 한다. 자신의 강점과 약점, 참된 관심사와 윤리 표준을 평가해야 한다.

덧붙여 당신 조직에 필수불가결한 사람이 되어야 한다. 당신의 직업에 행복해하고 열정적이어야 한다. 위대한 과업에 헌신해야 하지만 한 회사에 맹목적으로 충성하지는 말아야 한다. 필요시 이직할 준비를 해야 한다. 당신의 직업을 장기적으로 편안한 틈새시장으로 보지 말고 당신이 무엇을 할 수 있는지를 증명하고 당신이 할 수 있는 것을 확장할 수 있는 기회로 보아야 한다.

표 15.3 가치부여 방법

당신의 직무기술을 넘어서야 한다.
• 프로젝트에 자발적으로 참여한다.
• 문제점을 확인한다.
• 해법을 주도한다
다른 아이디어를 찾고 아이디어와 조언을 공유한다.
당신의 의견을 제공하고 타인의 의견을 존중한다.
당신의 기술 목록을 몇 달에 한 번씩 확인한다
매주 새로운 것을 배운다.
기여할 새로운 방법을 발견한다
능동적인 생각과 신중한 행동을 한다.
당신이 알고 믿는 것에 기초하여 모험을 한다.
인식하고, 연구 조사하고, 기회를 추구한다.
자신을 차별화한다.

당신의 미래를 위해 평생 학습에 전력해야 한다. 평생 학습에는 새로운 도전을 기꺼이 찾고 성공과 실패를 정직하게 반영하는 것이 포함된다. 때로는 평생 학습에 위기가 찾아오기도 하고 안락한 영역을 벗어나기도 한다. 성공과 실패의 이면의 이유를 정직하게 평가해야 하며, 타인의 정보와 의견을 구하고 경청하고 새로운 생각에 열린 마음을 가져야 한다.

유럽 최고의 경영서적 중의 하나인 "미래에 기대어(leaning into the future)"라는 책의 제목은 선도(leading)라는 단어와 학습(learning)이라는 단어의 조합으로부터 유래하였다. **선도(leading)**와 **학습(learning)**이라는 두 가지 관점은 서로 다르게 보일 수 있지만, 보완적인 방식으로 추구할 때 이들은 강력하게 작용할 수 있다. 그림 15.7은 선도와

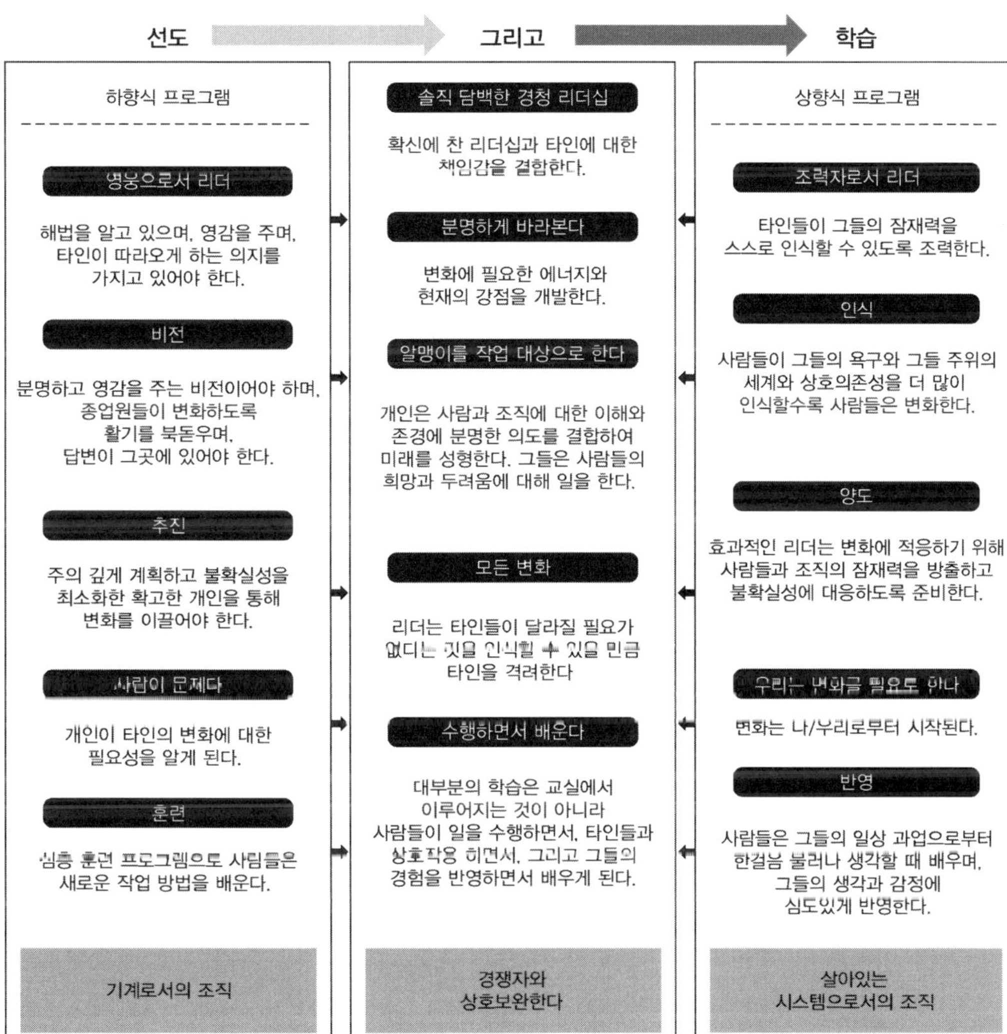

그림 15.7 선도와 학습의 상승효과

학습을 결합할 때 얻어지는 상승효과를 보여주고 있다. 미래의 성공은 미래를 창조하고 세계에 적응할 때 올 것이다. 당신이 변하고자 하는 것이 무엇이며 타인의 관점에 대응하는 것에 대하여 명확히 해야 한다. 열정적으로 당신의 비전을 추구하고 현실을 이해하는 것이 선도와 학습이다. 이것은 이 장의 앞부분에서 학습한 중요한 개념의 또 다른 예이다. 당신 자신과 조직을 위해 "그리고(and)의 천재성"을 인식하고 살아야 한다.

토의 문제 및 활동

1. 미래의 경쟁우위를 달성하기 위해서 변화를 만드는 것은 어려움이자 도전이지만 지속적으로 개선하기 위해 필요하다. 혁신적인 문화와 지속가능한 사업 구축의 균형을 맞추기 위해 필요한 당신의 능력을 개발하고 제시하라.

2. 조직에서 최상급이 된다는 의미를 당신이 처한 현재의 관점에서 해석해보라.

3. 과도한 비용 손실 없이 변화를 효과적으로 대응하는 방안을 말하라.

4. 성공적인 미래를 창조하기 위한 방안을 제시하라.

5. 지속적으로 위대함을 달성하고 유지하고 있는 유수의 회사들이 깊게 신뢰하고 일관성 있게 표현하며 걸어 온 강력한 핵심 가치를 예를 들어 설명하라.

6. 성공적인 변화의 핵심은 사람으로 조직이 생존하기 위해 필요한 인적자원관리 방안을 제시하라.

7. 변화에 저항하는 일반적인 이유와 구체적인 이유를 들고, 저항관리를 위한 모형을 설명하라.

8. 장기적인 성공의 핵심은 관리자가 지휘하는 것보다 협력을 요청하는 것이다. 저항을 관리하고 협력을 요청하는 여러 가지 효과적인 방법을 설명하라.

9. 성공적으로 변화하려면 경영자(관리자)가 변화를 능동적으로 이끌어야 한다. 변화 선도의 핵심 활동을 열거하라.

10. 당신이 원하는 미래를 창조하기 위해서는 순향적인 변화를 이끌어야 한다. 불확실한 미래를 예상하고 준비하기 위해 당신이 수행해야 할 활동을 기술하라.

11. 당신의 생애에 "지속적인 개선"의 개념을 적용하여 지속적인 학습자가 되는 구체적인 계획을 개발해보라.

12. 특정의 정보에 기초하여 전반적인 변화 계획 및 실행 과정을 개발하여 발표하라.

13. 미래에 대한 선도와 학습의 상승효과를 기술하라.

14. 회사가 불확실한 미래와 경쟁하는 것에 대비하여 구사하는 두 가지 전략(적응자, 성형자)을 비교 설명하라.

15. 당신이 친숙한 사업을 고려하여 회사가 성장 전략을 추구할 수 있도록 몇 가지 방안을 제시해보라

16. "미래를 창조하다"는 의미를 당신 자신에게 적용하여 설명해보라. 또한 당신에게 진정으로 이 개념이 적용될 수 있도록 하기 위한 몇 가지 구체적인 생각을 개발하여라.

PART

06

시스템 개발 및 관리

제6부는 시스템 설계 및 개발 과정, 프로젝트 관리 과정 등을 중심으로 시스템 개발 및 관리에 필요한 제반 절차를 다룬다.

시스템을 개발하는 엔지니어는 그들 과업의 결과물에 영향을 주는 수많은 시스템 환경 요소를 고려해야 한다. 이러한 요소들(혹은 설계 요소)는 균형을 갖춘 시스템 해법에 도달하게 하는 절충과정에서 고려한다. 설계 및 개발 과정은 과업을 수행하기 위한 과정과 적절한 기술을 가진 사람들의 결합이다. 과정은 제품 생애주기의 모든 단계에 적용할 수 있다. 보다 더 중요한 것은 생애주기의 모든 단계를 방법의 초기 단계에서 고려해야 한다는 점이다.

제16장은 항공기 시스템 개발 사례를 중심으로 시스템 설계 및 개발 과정을 논의한다. 소비자 요건으로부터 실행을 통해 성공적인 시스템을 개발하기 위해서는 사람들이 그들의 기술과 경험을 일관된 방법으로 적용할 수 있는 학술적인 방법이 필요하다. 특히 제품의 생애주기 동안에 초기 개념 설계 및 개발 그리고 소비자 현장에서 운영하는 것을 망라하여 수많은 단계를 통해 움직인다는 것을 인식하는 것이 중요하다. 또한 수많은 하드웨어와 소프트웨어를 중요한 일을 수행하는 전체 시스템으로 통합하기 위해서는 시스템의 설계와 구현을 위한 방법이 학술적이고 구조적이어야 한다는 점이다. 이러한 구조적인 방법은 공학 혹은 문제 해법의 '관습과 관행'에 내재된 그 무엇이다. 과정으로의 공식화는 지속적인 개선이 되도록 반복적으로 적용할 수 있다는 뜻이다. 이 장에서는 시스템 엔지니어링 방법론에 기초하여 항공기 설계 개발에 필요한 개념, 정의, 설계, 제조, 시험 및 운영의 제 단계를 논의한다. 각 단계의 핵심 공학과정 및 공학 기술을 논의한다.

제17장은 항공기 시스템의 설계 및 개발 관리에 관한 이슈를 다룬다. 과정이 정확하게 작동하려면 조직이 시행하는 몇 가지 학문영역이 있어야 한다. 이 장에서는 올바른 제품이 되는데 절대적으로 필요한 몇 가지 과정을 검토한다. 좋은 시스템 엔지니어는 언제나 다른 사람의 경험으로부터 배울 준비가 되어 있어야 한다. 경험으로부터 배우는 것은 지식과 경험을 공유할 수 있게 해주는 강력한 도구이며, 종종 관련 당사자들에게 상호 이익을 가져다준다.

제18장은 프로젝트 관리 과정을 다룬다. PMBOK Guide에서 정의한 5단계의 핵심 프로젝트 관리과정을 검토한다. 착수, 기획, 실행, 감시 및 통제, 종료 단계는 상호 의존성을 가지며 각 프로젝트에서 동일한 순서로 수행되고, 독립적인 적용 영역 또는 산업 분야를 가지고 있다. 각 과정 그룹에서 이루어지는 관리 과정을 정의하고 관련 입/출력 요소를 검토한다.

16 Chapter 시스템 설계 및 개발 과정 - 항공기 시스템 개발 사례를 중심으로

개요 및 학습목표

항공기가 주어진 과업을 성공적으로 수행하기 위해서는 소비자 욕구를 통합된 시스템 해법으로 설계하고 개발하여야 한다. 소비자 요건으로부터 실행을 통해 그러한 시스템을 개발하기 위해서는 사람들이 그들의 기술과 경험을 일관된 방법으로 적용할 수 있는 학술적인 방법이 필요하다. 제품의 생애주기 동안에 초기 개념 설계 및 개발 그리고 소비자 현장에서 운영하는 것을 망라하여 수많은 단계를 통해 움직인다는 것을 인식하는 것이 중요하다. 항공기의 경우 이러한 전체 생애주기는 일반적으로 약 25년으로, 생애 중반에 갱신하고 개량하면 50년을 초과할 수 있으며, 실제로 일부 항공기는 오늘날 가동 중이다.

불가피하게 그와 같이 연장된 생애주기에서 기술 흐름, 퇴화, 변경 요건, 다른 기술의 적용, 과정 및 변화하는 입법 행위 등에 관한 이슈가 존재한다. 이러한 모든 측면들을 관리하기 위해서는 설계하고 개발하는 학술적인 방법이 필요하다. 이 장에서는 관련 공학 분야의 최상의 관행을 살펴보고 생애주기 과정을 기술할 것이다.

이와 같이 연장된 생애주기를 통해 관련된 사람들의 일련의 기술 또한 변하게 된다. 처음에 기술은 운영 요건을 이해하고 그들 요건을 충족하는 개념을 개발하는 것이다. 개념을 건고한 제품으로 변환하려면 엔지니어는 동력 발생, 비행 제어장치, 레이더, 조종실 표시장치와 같은 수많은 영역의 지식이 필요하다. 이 장에서는 예제 제품의 생애주기를 기술하고, 그 생애주기에서 엔지니어의 역할에 대해 기술한다.

이 장을 학습한 후에 여러분은 시스템 엔지니어링의 정의와 정의가 시사하는 바가 무엇이며, 정의에서 내재된 내용을 구현하는 방법이 학술적이고 구조적이어야 한다는 의미를 이해하여야 한다. 또한 제품 생애주기 각 단계 내에서 산출물이 필요한 품질을 보증하기 위해 따라야 할 공학과정, 공학기술을 이해하여야 한다. 특히 전체 생애주기 과업에서 프로젝트의 일관성을 유지하기 위해 실행하는 활동을 알아야 한다.

16.1 정의

시스템 엔지니어링 분야에서 얻은 몇 가지 중요한 교훈과 훌륭한 관행이 존재한다. 수립된 공학 과정에서 상당히 공통적인 수많은 원리와 관행이 존재한다. 시스템 엔지니어링은 그 역사가 산업 설계 관행과 깊은 연관을 가지고 있으므로 새로운 학문은 아니다. 그러므로 이 분야에서 좋은 관행으로 주목을 받고 있는 몇 가지 정의를 사용할 것이다.

시스템에 대한 수많은 정의가 있듯이 시스템 엔지니어링에 대한 많은 정의가 존재한다. INCOSE(국제시스템엔지니어링협회)에서는 다음과 같이 시스템 엔지니어링을 정의하고 있다.

"**시스템 엔지니어링**은 성공적인 시스템을 실현하기 위한 다학제적인 방법이며 수단이다. 시스템 엔지니어링은 개발 주기 초기에 소비자의 욕구와 필요한 기능성을 정의하고, 요건을 기록하고, 설계 합성과 설계 입증을 처리하는 한편 완전한 문제를 고려하는 것에 초점을 맞춘다."

- 운영
- 성능
- 시험
- 제조
- 가격 및 일정
- 훈련 및 지원
- 폐기

시스템 엔지니어링은 모든 학문분야와 전문가 그룹을 개념-제품-운영으로 이어지는 구조적 개발 과정을 이루는 팀 노력으로 통합한다.

미 국방성(DOD)은 다음과 같이 시스템 엔지니어링을 정의하고 있다.

"시스템 엔지니어링은 하드웨어와 소프트웨어뿐만 아니라 다른 시스템 생애주기 요소를 포함하여 전체 시스템을 설계하고 개발하는 것과 관련된다. 시스템 엔지니어링 과정은 시스템 제품과 과정을 동시에 정의하고, 개발하고, 통합하는 구조적이고, 학술적이고, 기록적인 기술적 노력이다. 시스템 엔지니어링은 다학제적 팀워크를 사용하여 종합적으로 통합한 제품과 과정 개발 노력의 일환으로서 가장 효과적으로 구현한다."

미국항공우주국(NASA)은 다음과 같이 시스템 엔지니어링을 정의하고 있다.

시스템의 설계, 생산, 운영을 위한 강건한 방법으로 다음과 같은 내용을 추가하고 있다.

1. 목표를 식별하고 자격을 부여한다.
2. 대안적 시스템 설계 개념을 창조한다.
3. 설계 성능을 절충한다.
4. 최상의 설계를 선택하고 구현한다.
5. 설계가 적절하게 만들어지고 통합되었는지를 입증한다.
6. 시스템이 기술한 목표를 얼마나 잘 충족하는지를 확인하기 위해 구현 후 검토를 실시한다.

이러한 정의에서 나타난 핵심 사항은 시스템의 설계 및 개발에 참여하는 엔지니어에게 다음과 같은 과정이 필요하다는 점이다.

- 제품 혹은 시스템의 전체 생애주기를 포함한다.
- 광범위한 범위의 이해 집단 혹은 이해관계자의 관심과 요구를 고려할 필요가 있다.
- 다학제적 과정의 광범위한 주제와 영역을 망라한다.
- 시스템 해법에 영향을 주는 프로젝트와 설계 요소를 고려한다.
- 반복적이고 일관된 방법으로 복잡성에 대한 이해와 관리가 필요하다.

이러한 정의에서 내재된 내용은 수많은 하드웨어와 소프트웨어를 중요한 일을 수행하는 전체 시스템으로 통합하기 위해서 시스템의 설계와 구현을 위한 방법이 학술적이고, 구조적이어야 한다는 점이다. 이러한 구조적인 방법은 공학 혹은 문제 해법의 '관습과 관행'에 내재된 그 무엇이다. 과정으로의 공식화는 지속적인 개선이 되도록 반복적으로 적용할 수 있다는 뜻이다.

시스템을 개발하는 엔지니어는 그들 과업의 결과물에 영향을 주는 시스템 환경의 수많은 요소를 고려해야 한다. 이러한 요소들(혹은 설계 요소)는 균형을 갖춘 시스템 해법에 도달하게 하는 절충과정에서 고려한다.

설계 및 개발 과정은 과업을 수행하기 위한 과정과 적절한 기술을 가진 사람들의 결합이다. 과정은 제품 생애주기의 모든 단계에 적용할 수 있다. 보다 더 중요한 것은 생애주기의 모든 단계를 방법의 초기 단계에서 고려해야 한다는 점이다. 다시 말하여, 전체 생애주기 방법을 취해야 한다. 사람은 시스템의 개발자이건 사용자이건 간에 과정의 필수 부분이다. 사람 관련 이슈를 생애주기 전반에 걸쳐 고려해야 한다.

16.2 제품 생애주기

그림 16.1은 개념으로부터 제품의 사용 수명 마지막의 폐기에 이르기까지 전형적인 항공기 제품 생애주기를 보여주고 있다.

개별 제품의 생애주기는 이와 다를 수 있지만, 시스템에 기반한 제품의 설계와 구현에서의 공학 역할을 설명하는데는 충분히 좋은 모델이다. 생애주기는 소비자가 사용하는 구매(조달) 생애주기와 유사하다.

생애주기 각 단계 내에서 각 단계의 산출물이 필요한 품질을 보장하기 위해 따라야 할 공학과정이 존재한다. 이 과정 혹은 공학 활동의 순서는 직관적인 공학 과정의 정형화된 표현이다. 대부분의 시스템 엔지니어링 조직은 반복성과 높은 품질의 작업을 보장하기 위해 기록되고 사용되는 하나의 과정을 채택하고, 또한 다른 부서에서 작업하는 엔지니어가 동일한 과정을 사용하는 것을 보장한다. 개별 조직은 그들 고유의 특정 과정과 과정

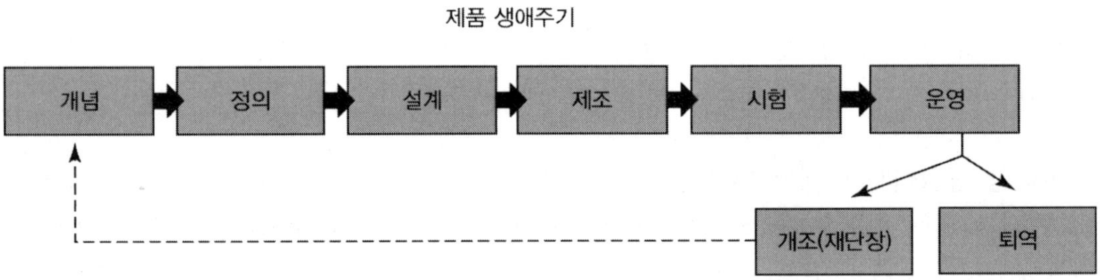

그림 16.1 전형적인 항공기 제품 생애주기

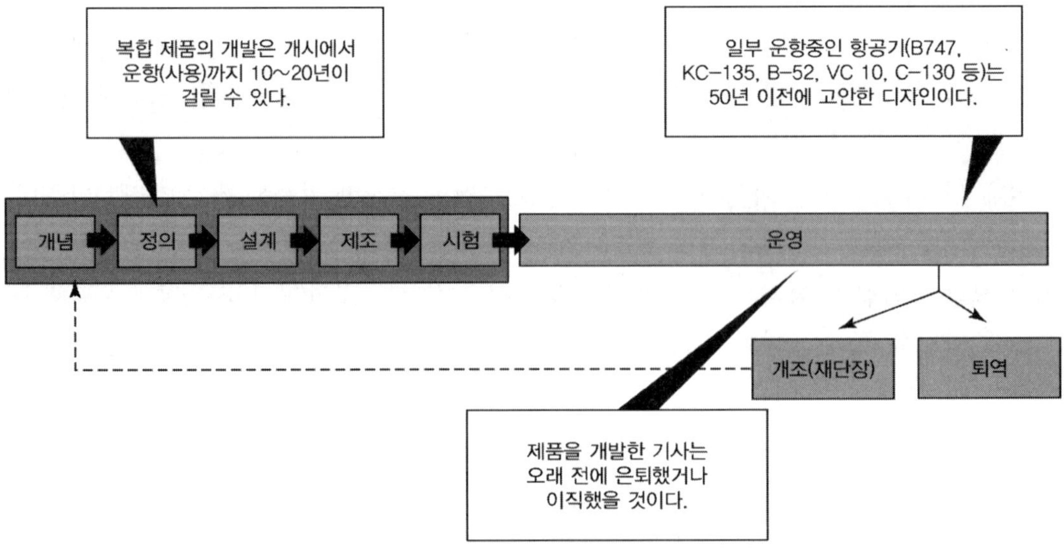

그림 16.2 생애주기 기간의 몇 가지 예

을 사용하는 방법과 그 사용을 관리하는 방법을 개발한다. 따라서 다음의 기술에서 공정에 대한 기준은 일반적이거나 하나의 예를 제공하는 것이라는 점을 이해하기 바란다.

실제로 생애주기의 단계는 반드시 엄격하게 순차적일 필요는 없다는 점에 유의하는 것이 중요하다. 종종 여러 단계에서 작업이 중첩되고 동시적이다. 이러한 이유로 명쾌하게 이해되는 인터페이스에 따라 작업 경과를 보장하기 위해 모든 집단 사이에서 좋은 의사소통의 존재와 이에 대한 이해가 설계 과정에서 일어나는 오류나 오해를 피하는 데 필수적이다. 오류를 뒤늦게 탐지함으로 인해 따르는 비용의 증가에 대해 이어서 살펴보자.

동시성은 별개로 하더라도, 그림 16.1에서 제시한 모델은 함축하여 보여주는 생애주기의 각 단계는 동일한 기간인 것처럼 잘못 인식될 수 있으나 실제로 이와 같은 사례는 없다. 그림 16.2는 보다 현실적인 상황을 보여주고 있는데, 현대 항공기에서 직면하는 전형적인 생애주기 단계의 기간에 대한 몇 가지 사례를 보여주고 있다.

그림 16.2는 복잡하고 많은 제품에 대한 개발 프로젝트들이 개념에서 출발하여 운영(실사용)에 진입할 때까지 10~20년이 걸릴 수 있다는 것을 보여주고 있다. 또한 일단 운영한 후에 많은 종류가 적절하게 생각되었던 기간을 넘어서 여전히 운영되고 있는 것을 보여주고 있다. 원래 설계 연한인 50년을 초과하여 운영(실사용) 중인 유형이 존재하며, 가끔은 동일한 기능이지만 원래의 역할을 수정하여 새로운 과업을 수행하기도 한다. 예컨대 많은 상용기를 화물 운송용으로 수정하고, 일부 상용기는 군용기 역할로 수정한다.

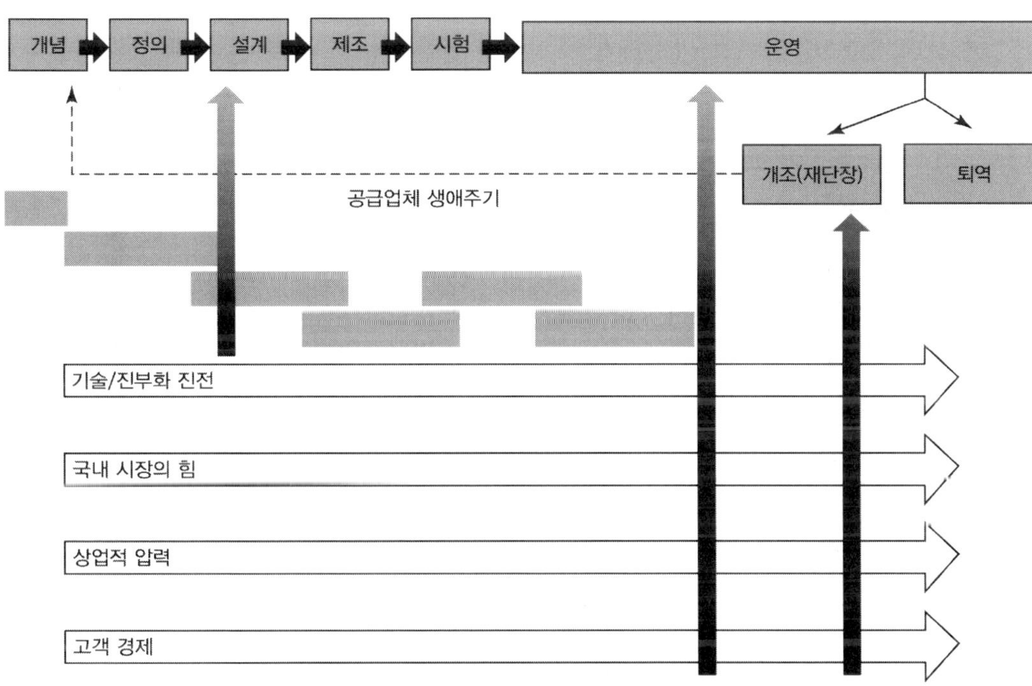

그림 16.3 생애주기에 대한 몇 가지 외적인 영향

그러한 시간은 애초에 설계에 관여한 엔지니어의 작업 수명을 넘어서는 것이다.

그림 16.3은 이와 같이 연장된 생애주기에 대한 몇 가지 외적인 영향을 보여주고 있다. 이들 대부분은 공급자와 소비자의 우선순위가 그렇게 긴 시간에 걸쳐 변화하는 요구사항으로서의 사업 압력으로부터 발생한다.

이 그림에서 주목해야 할 가장 중요한 사항은 공급자 장비의 생애주기가 항공기 생애주기보다 짧다는 점이다. 공급자는 다수의 고객을 가지고 있으며, 경쟁에 대한 요구와 그들 제품을 지속적으로 개발할 필요성에 의해 움직인다. 또한 공급자는 그들의 제품을 보다 더 매력적으로 구현하기 위해서 신기술을 채용한다. 이는 항공기 생애주기 초기에 의사결정이 이루어지면 진부화된 제품을 선정할 수 있는 반면에 생애주기 후반까지 결정이 지연되면 프로그램 지연으로 이어질 수 있다는 뜻이다. 따라서 진부화의 존재가 운영 단계에 영향을 주게 되므로 진부화는 이제 개발 생애주기의 초기 단계에서 위협이 된다.

고객 욕구를 충족하지 못하고 실패한 제품의 예는 많이 존재한다. 좋은 공학 과정에 대한 도전에는 실패가 발생하지 않는 것을 보장해야 하고, 생애주기의 각 단계에서 그 오류와 오해가 탐지되고 제거되는 것을 보장해야 한다. 이는 수많은 고객이 있고 오류를 수정하는 데 드는 비용을 각각의 조직이 부담하는 협력 작업에서 특히 중요하다. 오류를 수정하는 데 드는 비용은 그림 16.4에서 보는 바와 같이 제품의 성숙도와 밀접한 관련이 있다. 초기 생애주기 제품은 '소프트(soft)'하여 아이디어, 체계, 메모, 개략적인 계산으로도 변경이 용이하다. 생애주기가 발달되면 제품은 '하드(hard)'하게 되는데, 이는 보다 물리적(축척 모델 혹은 원형)으로 발전하거나 정보를 공유하는 사람 혹은 이해관계자의 수가

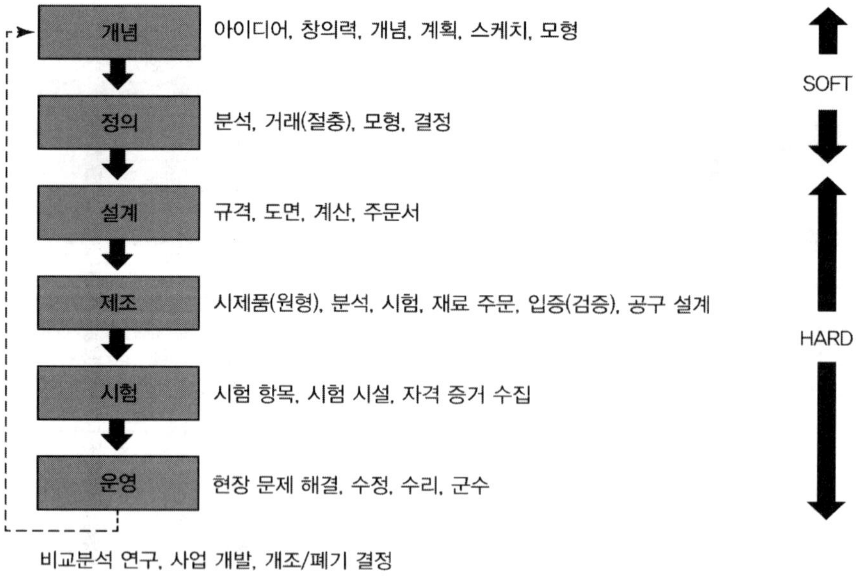

그림 16.4 생애주기에서 시스템 개발을 하는 방법

증가하기 때문이다. 공유된 정보에 대한 의존도가 증가한다는 것은 정보 데이터베이스가 바뀌면 설계 작업을 더 많이 반복해야 한다는 뜻이다. 이러한 이유로 정보 출처에 관한 형상 관리를 수행할 필요가 있다.

생애주기에서 발견되는 오류의 수정 과정을 그림 16.5에서 보여주고 있다. 이는 제품이 서류상의 개념 단계에서 시작하여 소수의 사용자가 있을 때까지는 수정 비용이 상대적으로 적지만, 다수가 사용 중인 제품을 변경하기 위해서는 회수와 소비자에 대한 서비스 유지의 필요성 때문에 비용이 확대되는 것을 보여주고 있다. 신용과 평판의 손실에 따른 숨겨진 비용, 특히 소비자의 제품 서비스 기간이 지나는 동안에 수입 혹은 성능의 손실에 따른 숨겨진 비용이 존재한다.

일부 연구에서는 사용 중인 제품에서 발견된 오류를 수정하는 비용이 생애주기 초기에 발견된 오류를 수정하는 비용보다 100배나 더 크다는 것을 보여주었다.

크고 복잡한 제품에서 오류 확신을 강조하는 메커니즘이 최근의 프로그램을 통해 성공적으로 사용되고 있다. 이는 위험 관리와 성숙도 관리의 결합을 의미하는 것으로, 한편으로는 기술 적용에 대한 위험을 검토하여 인지된 불확실성을 프로그램을 통해 처리하고, 다른 한편으로는 설계의 성숙도를 측정하는 것이다. 주 계약자, 공급자, 소비자를 대표하는 독립 전문가와 관리자가 한 팀이 되어 검토하는 공동 포럼을 통해 정식의 생애주기 검토뿐만 아니라 각 과정의 단계가 완료되기 전에 검토를 해야 한다.

각 생애주기 단계에서 결과물을 생산하기 위해서는 작업을 하는 여러 부서가 필요하다. 이러한 결과물은 보고서, 도면, 시험 데이터, 재무 정보 혹은 하드웨어 또는 조직의 다른 부서에서 필요로 하는 항목일 수 있다. 과업에는 적용할 전반적인 공학 과정에 대한

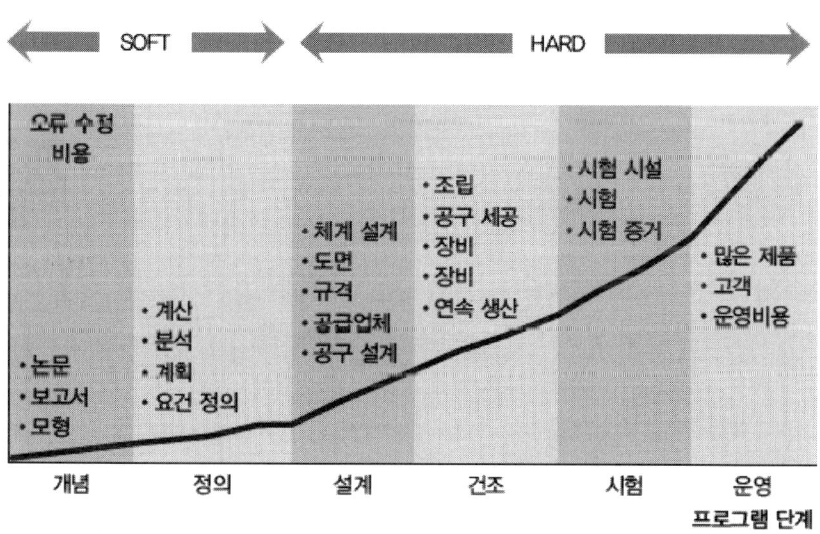

그림 16.5 생애주기에서 오류를 수정하는데 드는 상대비용

이해가 필요하며, 각 단계(하위 과정) 내에서 수행해야 할 작업, 필요한 결과물과 인도 일정이 필요하다. 이 과업을 이행하기 위해서는 기술의 융합이 필요하며, 공학(기술)팀은 서로 다른 기술을 가지고 함께 작업하는 사람들로 구성된다. 팀에서의 기술 융합은 과정 전반에 걸쳐 바뀌게 된다. 초기의 일련의 기술은 요건과 개괄적인 개념 해법에 대한 이해에 기초하여야 하는데, 이는 개별 시스템 설계를 개발하기 위한 수많은 특정의 공학영역을 망라하는 기술로 전개된다. 그 후 대량생산하고 고객에게 양도하기 전에 이러한 설계를 하드웨어와 소프트웨어 해법으로 바꿔 그것들을 간단히 시험한 후 점진적으로 전체를 조합할 수 있는 능력으로 전개된다. 이로써 개별 기술에 대한 교육뿐만 아니라 다른 팀 구성원이 가지고 있는 기술의 이해를 촉진하여 현저한 효율을 얻을 수 있다.

예컨대 구매와 법률 과정을 이해하는 엔지니어는 법규 또는 산업규격에 대한 편집이나 협상 과정에서 이 지식을 사용할 수 있게 된다. 마찬가지로 구매와 계약 직원은 공급자와 계약 관련 이슈에서 다루어지는 세밀한 공학 과정을 이해하게 된다.

16.3 개념 단계

그림 16.6은 생애주기의 개념 단계와 관련된 핵심 공학 활동을 예시하고 있다. 일부 프로젝트에서 고객 요구사항은 간단히 기술할 수 있지만, 개념 연구는 보다 확실한 이해와 수많은 잠재적 해법의 생성을 위해 기업의 모든 자원을 사용한다. 이들 해법의 일부는 절충 과정에서 폐기되어 몇 가지로 추려지고 최종적으로 선호하는 한 가지의 해법이 남게 되는데, 이 해법을 검토하여 고객에게 제공한다.

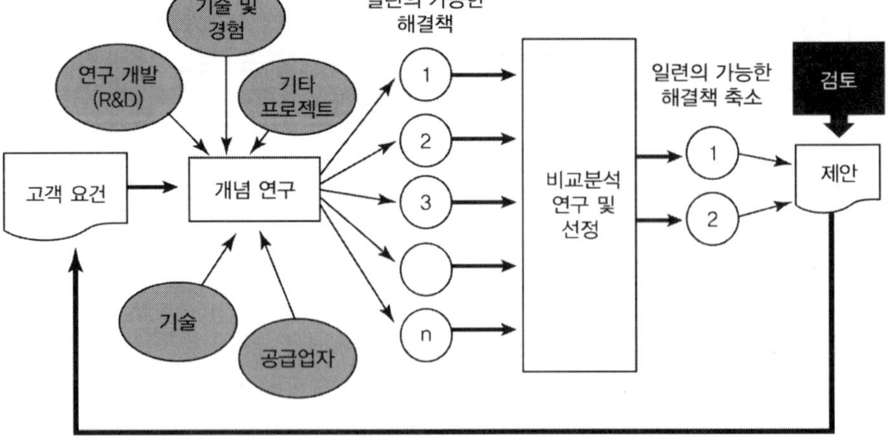

그림 16.6 개념 단계 과정

1) 공학 과정

개념 단계는 고객의 요구사항에 대해 개략적으로 이해하고, 그러한 요구사항에 대처하기 위해 해법에 대한 개념 모델을 완성하는 단계이다. 고객은 지속적으로 자신의 현재의 자산을 검토하고 미래의 요건을 충족하기 위해 스스로의 효과성을 결정한다. 새로운 군용 시스템에 대한 필요성은 국가 혹은 세계 정치 환경의 변화 혹은 국방 정책의 변화를 필요로 하는 급변히는 위협의 인지로부터 발생할 수 있다. 새로운 상용 시스템에 대한 필요성은 사업 또는 여가 여행자 수요로 인한 국가와 국제 여행 패턴의 변화로 발생할 수 있다.

고객 요건은 해당 목적을 위해 해법을 특별히 개발하거나, 현재의 연구와 개발을 기초로 해법을 채택할 수 있도록 산업계를 이용할 수 있어야 한다. 이는 산업계가 요건을 논의하여 이해하고, 고객과 산업계 공급자에게 상호 이익을 제공하고, 시장 요건을 완전히 준수하는 해법이나 반대하는 해법 그리고 동조하는 해법을 제공하는 의미를 이해하는 이상적인 기회이다. 모든 연구 개발은 고객이 주도하거나 모든 고객 기금으로 하는 것도 아니다. 산업계는 진보적인 전략의 일환으로서 이론적인 연구를 자체 기금으로 식별하고 수행하게 된다. 이는 현재 프로젝트를 지원하거나 제안된 혁신적인 해법에 대한 위험을 감소시키는 데 사용될 수 있다. 이러한 연구는 또한 흥미롭지만 비현실적인 연구와 관련된 비 프로젝트일 수 있다.

이 단계에서 전형적인 고려사항은 다음과 같다.

- 필요한 시스템의 1차 역할과 기능을 설정하고 이해하여야 한다.
- 다음과 같은 원하는 성능과 시장 요소를 설정하고 이해하여야 한다.
  - 항속거리
  - 항속시간
  - 경로 혹은 임무
  - 기술 기준선
  - 운영 역할
  - 승객 수
  - 무기의 중량, 수, 유형
  - 가용도와 운항관리 신뢰도
  - 역할을 수행하거나 경로를 만족시킬 수 있는 비행단의 크기
  - 가용 구매 예산
  - 운영비용 및 생애비용

- 공유성 혹은 모델 범위
- 시장 크기 및 수출 가능성
- 고객 취향

- 요건이 수용가능한 상업적 혹은 기술적 위험 내에서 충족할 수 있는 신용을 설정한다.
- 제조가능한 해에 대한 이해의 개발. 이는 예비 시스템 구조를 포함하여 제안한 항공기 형태, 내부 및 외부 형상을 유도하게 된다.

이 단계의 핵심 기능은 개념 팀의 임의적인 처리로 모든 수단을 사용하여 아이디어를 생성하는 것이다. 린(lean) 제품 개발에서 사용되는 아이디어 생성 과정의 예를 그림 16.7에서 보여주고 있다. 이는 그림 16.6의 해법을 생성하는 것과 유사한 과정으로 절충과 고려 중인 후보자로부터 공급자를 선정하는 과정으로 다음 단계의 산출물을 만들어내야 한다. 폐기된 아이디어는 다음 팀을 위해 기록하는 것이 중요하며, 하나의 자원으로서 과정의 이 단계를 다시 논의할 필요가 있다.

이 단계의 결과는 보통 보고서, 도면, 수학적 모델 혹은 팸플릿의 형태이다. 고객은 새로운 정보를 통합하거나 식별된 위험을 고려하여 고객의 초기 요건을 순화시키기 위해 이것들을 사용할 수 있다. 단계의 명칭이 시사하는 바와 같이, 결과물은 개념 설계이며 제안된 시스템이 최적이거나 제조될 수 있다는 것을 보증하지는 않는다. 의도한 결과물은 고객과 산업계에 보다 더 상세한 정의 단계로 이동하는 것을 합동으로 동의하는데 충

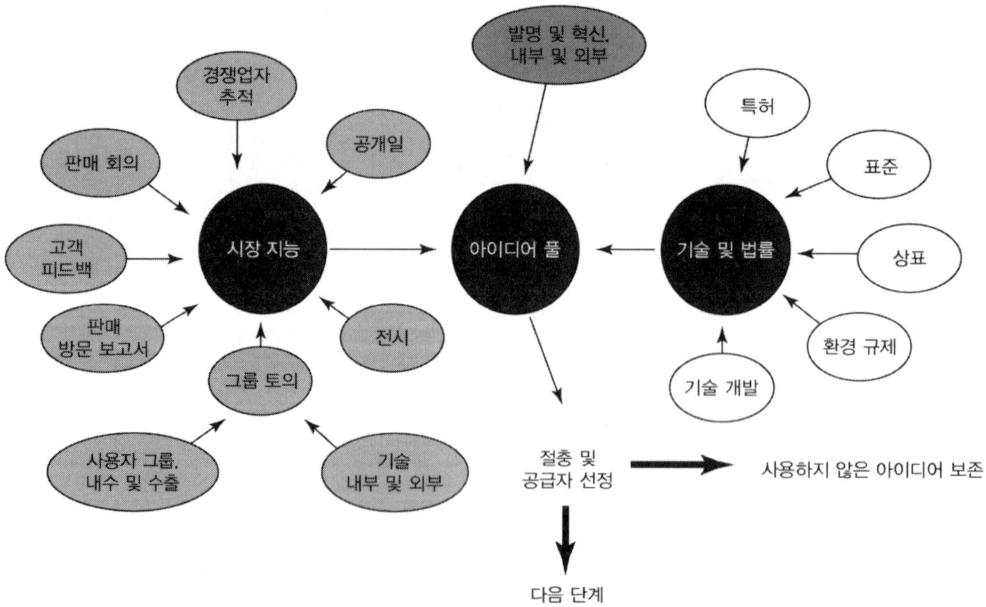

그림 16.7 아이디어 생성 과정의 예

분하다. 사실 결과물은 비용이익분석을 사용하여 만든 선택안의 수많은 잠재적인 해법일 수 있다. 극단적인 경우에는 경쟁을 하기 위해 원형을 만들고 비행한다.

이 단계는 요건이 수용가능한 상업적 또는 기술적 위험의 경계 내에서 충족될 수 있다는 자신감을 확립하는 것에 초점을 맞춘다. 성숙 기술의 기준선 수립은 RFI(정보요청서)의 도움으로 제일 먼저 내달라는 요청을 받고 있다. 이 과정은 가능한 판매자에게 그들의 기술적이고 다른 역량을 수립하도록 해주며, 플랫폼 통합자가 경쟁 판매자의 상대적인 강점을 검토하고 수량화하는 기회를 나타낸다. 또한 그가 프로그램의 이점에 대해 이전에 알지 못한 성숙기술을 포착할 수 있다.

2) 공학 기술

이 단계에서 핵심 기술은 고객의 요건을 충족할 수 있는 선택권과 해법을 가시화할 수 있는 능력과 관련된다. 전형적인 기술 분야는 다음과 같다.

- **요건에 대한 이해**: 고객의 정보와 사업 정보를 사용하여 하나의 해법으로서 고객의 요구가 무엇이며 성능, 비용, 일정 제한사항을 충족할 수 있게 수립된 유도된 사업 전략으로서 이를 어떻게 표현하는가를 결정한다.
- **연구 및 개발**: 새로운 개념, 과정, 혹은 기술을 조사하고 현재 혹은 미래의 프로젝트에 추가한다. 핵심 기술은 어떤 것을 추구하고, 특정의 영역에 R&D를 언제 유도하여 적용할 것인가와 같이 사업에 이익을 주는 해법을 제공하는 활동에 초점을 맞춘다.
- **개념적 사고**: 개괄적인 요건 기술로부터 축약 개념으로 분석하고, 그것들을 현실적인 해법으로 점진적으로 개발한다.
- **제안서 작성**: 명쾌하고 간결한 형태로 해법을 작성할 수 있는 능력으로, 때로 제한된 단어나 페이지 분량에 대한 항목을 충족한다. 이는 해법을 구현하는 데 필요한 비용과 시간에 대한 정의뿐만 아니라 기술적인 해법도 포함된다.
- **모델링**: 성능, 생존 가능성, 중량, 비용 등 이해를 도와주는 측면을 보여주기 위해 개략적인 개념을 모델이나 시뮬레이션으로 가시화할 수 있는 능력과 비교 혹은 다른 개념에 대한 건전한 기초를 제공할 수 있는 능력이다. 모델은 해법의 물리적인 축적 모델, CAD 모델 혹은 휴대용 컴퓨터상의 수학적 모델일 수 있다

16.4 정의 단계

그림 16.8은 생애주기의 정의 단계와 관련한 핵심 공학활동을 예시하고 있다. 이 단계는 완벽한 최종 설계에 대한 실용성을 검토하기 위해, 개념을 검토하고 개발하는 투입 기준선으로 볼 수 있다. 개념은 설계 단계에 반영하기 위해 최근에 만들어진 제품을 정의하는 일련의 문서로 확정된다.

1) 공학 과정

고객은 일반적으로 요건을 확정하기 위해 개념 단계에서 수집한 모든 정보를 통합한다. 이는 때로는 규격, 또는 RFP(제안요구서)에 관한 이슈로 귀결된다. 이를 통해 산업체는 공학적, 과학기술적, 상업적 위험을 고려한 설계의 완료에 대한 타당성을 검토하고, 일련의 생산 해법으로 전환하기 위한 개념을 굳건하게 정의할 수 있다. 이 단계에서 전형적인 고려사항은

- 개념을 굳건한 해법 정의로 개발하는 것
- 시스템 구조와 시스템 형상을 개발하는 것
- 어떤 장비, 구성부품 및 재료를 사용할 수 있으며, 혹은 최근에 만들어진 설계를 지원하는 데 필요한 것이 무엇인가를 확정하기 위해 공급자 기준을 재평가하는 것
- 물리적 특성 및 설치 특성과 인터페이스 요건을 정의하는 것
- 개별 시스템의 모델을 개발하는 것
- 다음과 같은 핵심 시스템 성능 척도를 정량화하는 것
  - 질량(중량)
  - 체적
  - 성장 능력
  - 범위/내구한도(항속거리/항속시간)
- 위험을 식별하고 완화 계획을 도입하는 것
- 적절한 기술을 선택하고 입증하는 것

등이다.

이 과정의 단계에서는 요건을 기록하고 변화 추적성을 수립하는 데 필요한 엄중한 방법론을 시작하는 것이 필요하다. 요건을 모호하지 않게 기술하고 설계 해법을 기록하는 요건 관리 도구가 존재한다. 이러한 도구와 관련하여 UML이나 SysML과 같은 도구를 사용하여 설계를 모델링하는 것을 시작할 수 있다. 이러한 도구는 설계를 기록하고 가치 있는 투입요소가 자격 부여 단계가 되도록 해준다.

이 단계의 산출물은 보통 개별 시스템의 거동에 대한 일련의 수학적 모델링 및 운영 성능 모델, 타당성 연구 보고서, 성능 추정의 형태이다. 이는 개념 단계 모델로부터 개발한 3차원 컴퓨터 모델 형태이거나 나무와 금속으로 만든 물리적 모델뿐만 아니라 실험 모델로 보완된다. 일부 환경에서는 고객이 원형(시제품)으로 나아가기를 원할 수 있으며, 재원이 허락하면 두 가지 원형을 개발하여 최상의 해법을 확정하기 위해 두 경쟁업체를 경쟁에 참여하라고 요청할 수 있다. 이 방법은 매우 큰 규모의 생산 계약에서 적절하다.

이러한 예는 미국의 Joint Strike Fighter 프로그램에서 볼 수 있다. 두 항공 회사가 원형(시제품)을 만들어 비행 시험으로 그 성능과 능력을 보여주고, 고객이 단일 해법을 선택하였다.

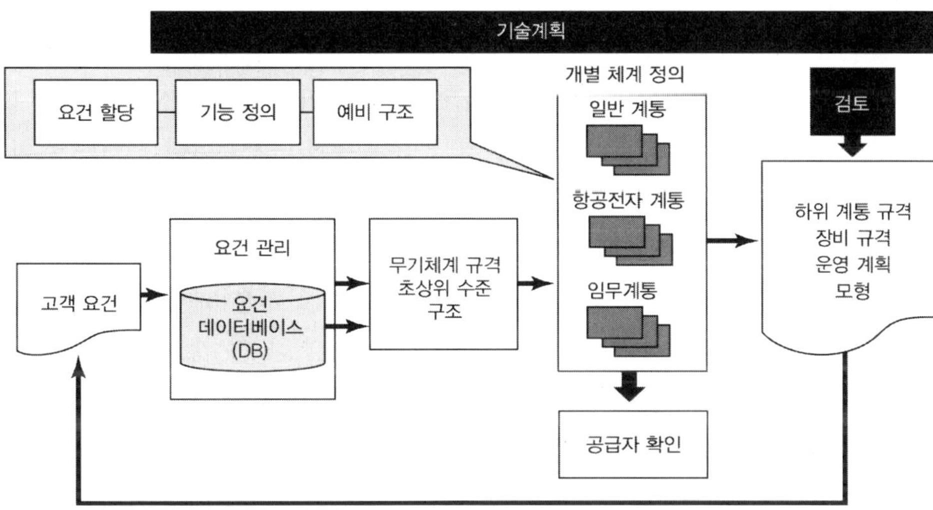

그림 16.8 정의 단계 과정

2) 공학 기술

이 단계에서 핵심 기술은 고객의 요건을 만족하기 위해 개념적 해법을 하나로 정의된 제품으로 변환할 수 있는 능력과 관련된다. 전형적인 기술 분야는 다음과 같다.

- **요건 관리**: 설계 단계 간의 추적성 관리를 포함하여 시스템 요건을 포착하고, 조작하고, 관리한다. 이는 종종 많은 양의 데이터를 관리하고 요건과 다양한 설계와 시험 단계를 수행하는 것을 추적할 수 있는 데이터 기반 도구를 사용하는 것과 관련된다. 요건에 대한 '최상위 수준'의 관점을 획득하고 고객의 요구를 점진적으로 좀 더 상세하게 이해하도록 구축하기 위해 요건을 프로젝트 팀과 공급자로 흘러내리는 기술이 존재한다. 이러한 분석은 고객 요구를 만족시키는 완전한 해법을 어떻게 구성하는가에 대해 더 잘 이해할 수 있도록 해준다.

- **과정(공정) 능력**: 필요한 설계 도구 개발과 적절한 훈련 내용의 개발 등의 조정이 포함된다. 과정 지원에는 시스템 설계 검토(SDR) 도구의 역할 수행, 과정 질의 해결, 업무지원센터 제공 등이 포함된다.
- **설계 과정 기술**: 다양한 공학 원리에 대한 인지된 과정을 개발하고, 전개하고, 통제하기 위해서는 지원 도구를 사용하고 인터페이스를 정의해야 한다. 프로젝트 생애주기 전반에 걸쳐 일관된 방법으로 통제 과정을 고수해야 한다. 다국적 동반자 관계에서와 같이 팀이 지리적으로 분산되어 있는 경우에 이는 특히 중요하다.
- **체계 종합**: 복잡한 시스템을 체계화하고 분할하려면 보통 하위 시스템 간의 인터페이스의 복잡성을 최소화하는 한편 최종 제품이 고객 요건을 충족한다는 것을 보장하기 위하여 '전체 시스템'을 유지해야 한다.
- **시스템 구조 설계**: 요건을 충족하고 구조 요소로 기능을 할당하기 위해 설계 구조를 건조한다. 이는 보통 기능의 위치와 데이터 흐름을 나타내는 시스템의 단일 블록선도로부터 시작한다. 일단 동의한 후에 이 구조는 세세한 품목들이 늘어나는 것을 보여주도록 개발할 수 있다.
- **거동(행동) 설계 공학**: 시스템 거동(행동) 관점에서 요건을 분석하고 잠재적인 해를 식별하여 가장 비용 효과가 높은 해를 선택한다. 요건 혹은 해에 대한 표현은 여러 가지 형태일 수 있다. 이러한 표현에는 기능, 상태, 전이 및 객체 지향이 포함된다.
- **시스템 안전공학**: 항공기 시스템과 관련된 인증 요건과 안전 책무를 강조하는 그러한 시스템공학 측면이다. 안전공학은 위험의 식별, 위험의 검토, 안전 요건의 정의, 설계 및 구현의 안전 검토, 안전 사례의 생산, 안전 관리를 고려한 시스템 설계 과정의 분석과 검토를 포함한다. 안전공학은 고려중인 분야에서의 최상의 관행에 추가하여 표준, 계약 및 법률 요건과의 친밀도가 필요하다. 가동 중인 항공기 거동에 관한 지식과 실질적인 위험을 조성하고 기록해야 한다.
- **성능 분석**: 성능 관점에서 시스템의 거동을 분석하고, 전체 시스템이 해야 할 일이 무엇이며 설정해야 할 수치적인 목표가 무엇인가를 이해하여야 한다. 핵심 기술은 모델링해야 할 대상 시스템의 비율을 판단하는 것과 가장 비용 효과가 높은 방법으로 필요한 분석 결과를 얻을 수 있는 수단이다. 여기에는 성능 배분, 특성화, 통계 분석, 일정 분석 등이 있다. 또 다른 핵심 기술은 개별 시스템을 모델링할 수 있는 도구를 선택하여 사용하고 완전한 해법을 나타내기 위해 이들 모델을 결합하는 것이다.
- **임무 분석**: 임무 요건을 분석하여 임무 유형과 단계, 임무 시간과 가용성 목표를 정의한다. 임무는 비행 전 브리핑에서 비행 후 브리핑까지 특정한 운영 유형으로 정의한다. 즉, 군용기의 전투 임무 혹은 상용기의 정기 항로 비행으로 정의한다.

- **인적요소 및 조종석/비행갑판 통합**: 인간과 시스템의 성공적인 통합을 보장하기 위해 시스템의 인적요소 이슈를 식별하여 잠재적인 해법을 식별하여 관리하고 실행한다.
- **모델링 및 시뮬레이션 공학**: 시스템의 가장 중요한 특징을 결정하고 가장 비용 효과가 높은 방법으로 그러한 특징을 모사하기 위해 설계 요건과 해법을 분석한다.
- **신뢰성공학**: 제품의 수용할 만한 신뢰성과 '고장 허용'을 보증하고 보여주기 위해 설계와 요건을 분석하여 기법, 방법 및 기술을 적용한다. 신뢰성공학은 규격을 통해 공급자 기술로 흘러 내려가야 한다. 가용성 목표 대 입수 가능한 기술 성능의 분석, 안전 설계 요건에 대한 절충, 지원, 예비 유지, 시험성 요건 분석, 획득한 신뢰도의 허용할 만한 수준을 확립하기 위한 제품 분석(FMECA 등과 같은), 고장 허용 메커니즘(방어 프로그래밍), '믿을 수 있는' 소프트웨어 개발과 검토 등의 기법이 포함된다.
- **정비공학**: 비용 효과가 높은 제품의 정비성을 보장하기 위해 설계 및 요건을 분석하여 기법, 방법 및 기술을 적용한다. 이는 종종 실질적인 정비활동 지식이 있는 퇴역한 사람이나 항공사 직원에 의해 제공된다. 공구, 접근 요건 및 지상 장비에 대한 지식이 바람직하다.
- **시험성공학**: 모든 수준에서 제품을 시험하고 고장진단을 만족하게 수행할 수 있는 능력을 보장하기 위해 설계 및 요건을 분석하고 기법, 방법 및 기술을 적용한다. 시험성 요건분석, 자체진단 시험, 비행 전 시험, 건조시험, 정비성 시험과 장비교체 후 시험 등이 포함된다.
- **추정, 측정 및 평가지표 개발**: 설계, 시험 및 제조에 필요한 작업과 제품을 식별하기 위해 과정, 과업분해구조(WBS), 제품분해구조(PBS)를 사용한다. 이는 과업을 완료하는 데 드는 비용을 추정할 수 있다. 실제 활동비용, 지원과정 개선, 위험을 프로그램하고 통화량 변동에 대한 비용 민감도를 이해하기 위해 적절한 평가지표를 식별하고, 포착하고, 분석한다. 이는 종종 프로젝트 관리 과업에서 볼 수 있다.
- **비용공학 설계**: 비용 요건을 충족하기 위해 시스템 설계 사양과 비용과의 관계, 설계 사양의 선택과의 관계를 식별한다. 이는 독립변수로서 목표비용관리(CAIV)로 알려져 있다.
- **위험 분석 및 관리**: 성공적인 프로젝트의 완료를 위태롭게 할 주요 관심사나 불확실성 분야가 어디에 있는지를 결정하기 위해 개념과 설계를 분석한다. 이는 기술, 공급자의 장기적인 안전 보안, 성능 추정, 참신함 등의 측면이 포함된다. 식별된 각각의 위험을 어떻게 제거하고 완화하기 위해 얼마만큼의 비용을 남겨놓을 것인지에 대한 결정을 보여주기 위해 완화계획을 준비해야 한다.

- **규격 및 조달**: 시스템, 하위 시스템, 장비를 매수하기 위한 식별, 규격 및 기술적인 조달을 말한다. 이는 또한 이들 제품과 제품의 상호작용하는 분야와 이들의 통합을 관리하고, 하드웨어에서 소프트웨어 관련 요건/구성부품(처리장치, 보드 구조 등)의 정의가 포함된다.
- **무기/폭발물 안전, 생존 및 법률적 통제**: 차량, 승무원 정비요원에 대한 위험을 방지하기 위하여 폭발물과 발광탄 기구의 취급 및 운반을 보장하기 위한 설계의 정밀한 조사를 말한다.
- **신호 측정**: 청각, 광학 및 전자기 신호 최적화를 위한 시스템 설계의 분석 및 관리를 말한다. 이는 군용기 설계자에게 특히 중요하다. 항공기가 탐지되고 비항공기 무기 체계에 의해 표적이 될 위험성을 감소시킨다.
- **보안공학**: 보안 데이터와 정보의 취급 및 이동과 관련된 건전성을 보장하기 위한 기법의 식별 및 개발을 말한다. 암호화 기법, 대혼란 교정 기법의 개발 등이 포함된다.
- **설계 입증(자격부여 및 인증)**: 설계 입증을 달성하기 위해 증명해야 할 요건/설계 속성, 전개 방법의 식별로, 이것이 가장 비용 효과가 높은 방법으로 성공적으로 달성될 수 있다는 것을 보장하기 위한 활동의 관리와 구현이다. 합목적성과 사용의 안전을 입증하기 위해 증거를 축적하고 분석하여 통합하고 검토한다.
- **형상관리**: 형상/변화관리 위원회와 과정의 관리, 변화의 설계 형상, 통제 및 인가의 관리를 말한다.
- **품질관리/성능전개관리**: 국지 프로젝트/사업 분야에 대한 품질관리 시스템/사업 관리 시스템(QMS/BMS)을 생산하고 유지한다. 성능 개선 사업의 가능성을 적시에 보장하고 인식하여 매끄럽게 전개한다. 일치성의 내부 감사 및 보장(및 외부 감사에 대한 지원), 성능 관련 개선 요구와 관심사에 대한 비합치성과 식별을 해결한다.
- **프로젝트/사업 관리**: 성능 일정표와 획득가치관리(기성고 관리)의 운영에 대한 계획, 네트워크/일정 준비, 정의이다.

16.5 설계 단계

그림 16.9는 생애주기의 이 단계와 관련된 핵심 공학 활동을 예시하고 있다. 설계 단계는 제조를 하기 위해 투입하는 요소인 상세설계와 이를 수행하기 전에 검토하는 예비설계로 나뉜다. 예비설계 검토일지라도 최대 80%까지 제품 가격의 결정이 이루어진다는 점을 주목하는 것이 중요하다.

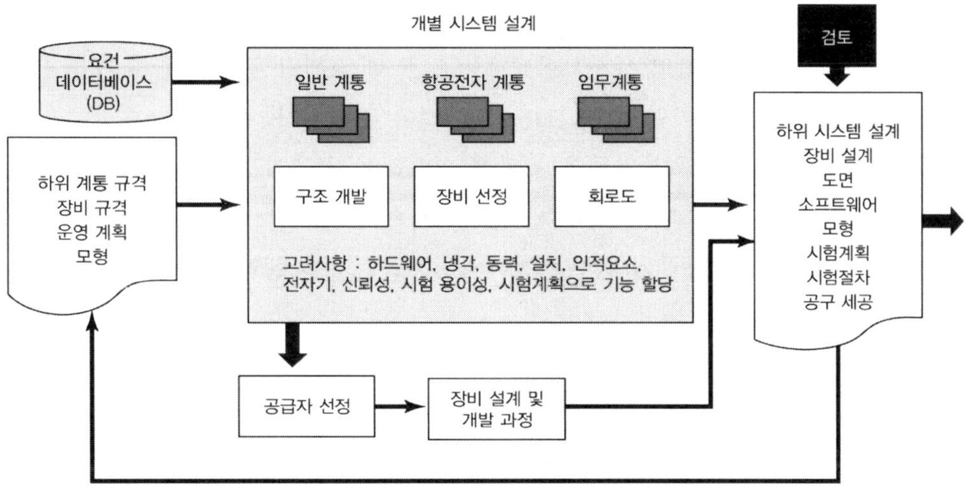

그림 16.9 설계 단계 과정

1) 공학 과정

정의 단계의 결과물이 성공적이고 결정이 더 진행되면 산업체는 설계 단계에 착수한다. 설계는 정의 단계 구조와 체제를 만들고 그것들을 제조할 수 있도록 표준으로 순화한다.

기체의 상세설계는 구조가 공기역학적으로 건전하고, 적절한 강도를 가지고 있으며, 승무원, 승객, 연료와 시스템을 운송할 수 있는 것을 보장해야 한다. 상세설계의 일환으로서 항공기와 항공 장비의 설계에 적용할 위임된 규칙과 규정에 관심을 가져야 한다. 설계도면을 만드는 데 3차원 솔리드 모델링 도구가 사용된다.

블록선도 구조도면을 벗어나 상세 배선도면으로 시스템이 개발된다. 구매장비와 구성부품의 공급자가 선정되면 과정의 고유한 부분이 되어 그들은 항공기와 시스템에 사용할 수 있는 장비를 설계하기 시작한다. 사실 오늘날 항공기에서 찾아볼 수 있는 많은 복합적인 통합 시스템의 완전한 인증 설계를 달성하기 위해서는 플랫폼 통합자와 공급자로 구성되는 통합설계팀 혹은 통합제품팀(IPT)이 필수적이다.

2) 공학 기술

정의 단계에서 필요한 모든 기술이 설계 단계에서 필요하다. 이는 이 단계가 제조할 수 있는 해법으로 확장된 것으로 볼 수 있기 때문이다. 추가적인 기술은 다음과 같다.

- **소프트웨어 설계**: 예비설계와 상세설계에 ODD(객체 지향 설계)와 같은 소프트웨어 설계 기술을 적용한다. 소프트웨어 설계는 또한 요건공학, 구조설계, 성능분석 신뢰성, 정비성, 시험성공학, 안전 등과 같은 소프트웨어 관련 다른 기술 요소를 포함한다.

- **물리설계**: 물리적인 제품과 그 제품의 물리적인 통합 의존도의 분석, 정의, 규격이다. 요건의 분석과 규격의 생산, 인터페이스 통제 요건과 공학설계 요건의 생산, 디자인의 만족스러운 설치와 환경 조건의 분석이 포함된다.
- **공급자 관리**: RFP에 대한 그들의 응답에 기초하여 공급자 선정이 요구된다. 그들은 모든 프로젝트 경과와 결정에 대해 정보를 지속적으로 받으며, 공급자 정보가 조정되고 프로젝트 팀에 공급된다는 관점에서 각 공급자를 관리할 필요가 있다.

16.6 제조 단계

그림 16.10은 생애주기의 이 단계와 관련된 핵심 공학활동을 예시하고 있다.

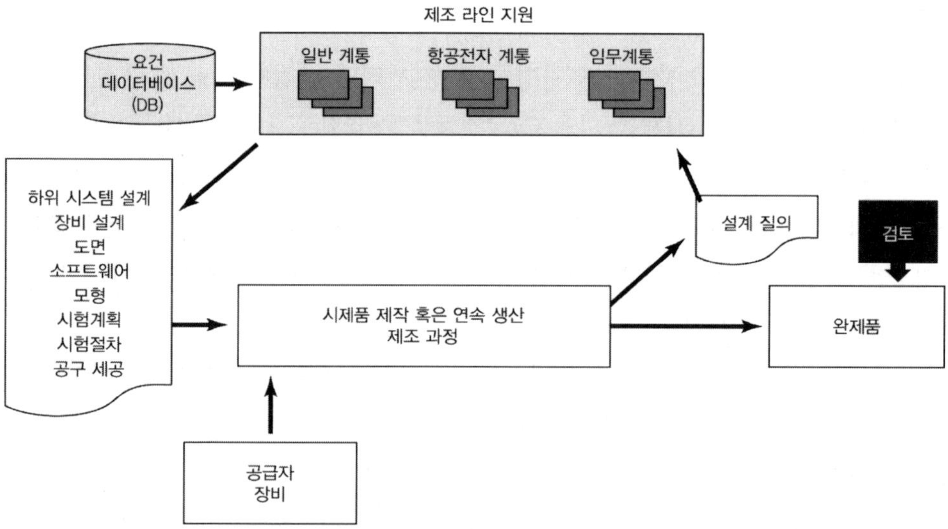

그림 16.10 제조 단계 과정

1) 공학 과정

항공기는 설계로 만들어진 도면과 데이터로 제조된다. 이는 파이프(관), 와이어링 하니스(wiring harness: 배선 뭉치)와 장비를 설치하는 것은 물론, 상세한 하위 조립부품을 제작하고, 그것들을 점진적으로 완전한 기체로 제조하거나 최종 조립하는 것 등이 포함된다. 실제로 해법을 얻을 수 없거나 양적인 생산 관점에서 경제적인 방법으로 생산할 수 없다는 질문에 답변을 주기 위해 이 단계에서 주요 시스템공학이 지원된다. 제조 초기 단계에서 즉각적이고 효과적인 답변은 대량 생산에서 나타나는 오류 가능성을 줄일 수 있다.

2) 공학 기술

이 단계에서 핵심 기술은 문제점 해결을 위하여 설계 오류를 발견하여 수정하고, 해법을 설계에 통합하는 것을 보장하도록 제조과정에 지원을 제공하는 것과 관련된다. 전형적인 기술분야는 다음과 같다.

- **제조 문제점에 답변할 수 있는 설계 지식과 능력**
- **변경관리와 형상관리에 대한 지식**
- **하드웨어/소프트웨어 통합**- 그들의 목표 하드웨어 환경/장비에 탑재된 소프트웨어 통합과 자격부여
- **제조 시험과 구술 시험 절차 방법을 개발할 수 있는 능력**

16.7 시험 단계

그림 16.11은 생애주기의 이 단계와 관련된 핵심 공학활동을 예시하고 있다.

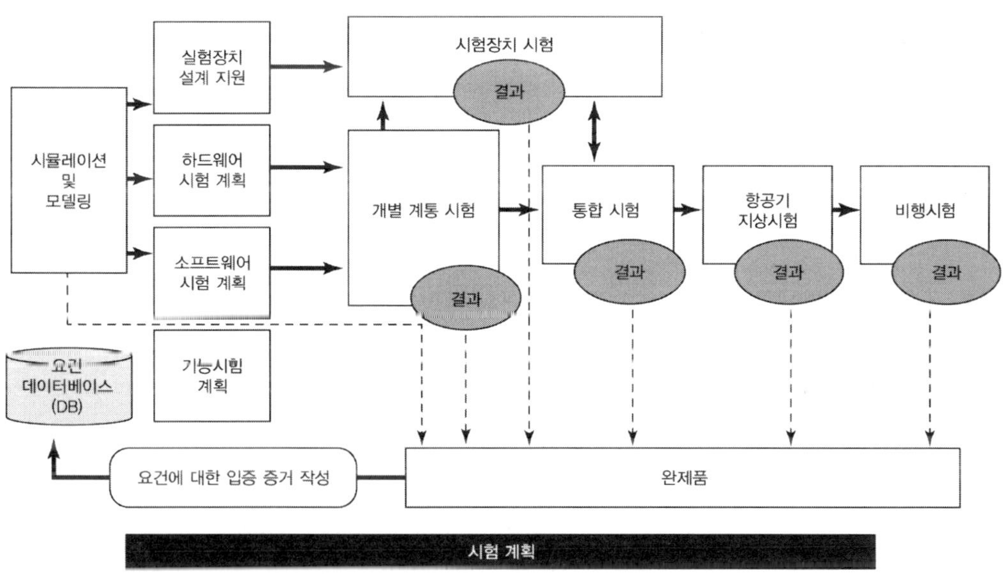

그림 16.11 시험 단계 과정

1) 공학 과정

항공기와 항공기 구성품은 그것들의 합목적성을 입증하기 위한 엄격한 시험 프로그램

이 필요하다. 이 프로그램은 장비, 구성품, 하위 조립부품 그리고 궁극적으로 전체 항공기의 시험과 점진적인 통합이 포함된다. 장비의 성능과 작동을 입증하기 위해 지상에서의 시스템에 대한 기능시험과 비행시험이 지정된다. 시험 프로그램과 관련 설계분석의 결론과 문서화가 항공기 혹은 장비의 인증으로 이어진다.

2) 공학 기술

이 단계에서 핵심 기술은 문제를 해결하고 시험 경과를 유지하는 능력과 관련되며, 앞서와 같은 설계 시의 오류를 해결하고 설계 데이터 세트를 갱신해야 한다. 전형적인 기술 분야는 다음과 같다.

- **시험 시설 설계**: 시험 범위를 완료하기 위해 시험 요건을 분석하고 필요한 시설을 검사하고 눈금을 조정한다. 이는 설계 및 개별 시험 장치의 위치와 이들의 위치가 적절하고 안전하게 건설되었는지를 의미한다.
- **시험 준비**: 시험 규격, 방법과 성공/실패 기준과 절차, 시험 측정 기법, 하드웨어, 소프트웨어, 하위 시스템, 시스템 및 전체 항공기 시험에 필요한 시험 장비 및 계측법의 사용을 정의한다.
- **시험 실시**: 시험/평가 활동을 수행하고 정당성을 입증하기 위해 시험 결과를 기록하고 분석한다. 자격부여를 위한 증거를 제공한다.

16.8 운영 단계

그림 16.12는 생애주기의 이 단계와 관련된 핵심 공학활동을 예시하고 있다.

1) 공학 과정

이 단계에서 고객은 날마다 항공기를 운영한다. 일어나는 결함 혹은 고장을 제조업자가 분석할 수 있도록 정식 결함 보고 과정을 이용하여 항공기 성능을 감시한다. 이를 통해 임의의 구성품 고장, 운영자의 조작 오류 혹은 설계 오류와 같은 고장의 원인을 알 수 있다. 항공기 제조업자와 공급자는 계약으로 결정된 것과 같이 항공기 운영 중에 일어나는 문제의 속성과 조정에 참여하기를 기대하고 있다.

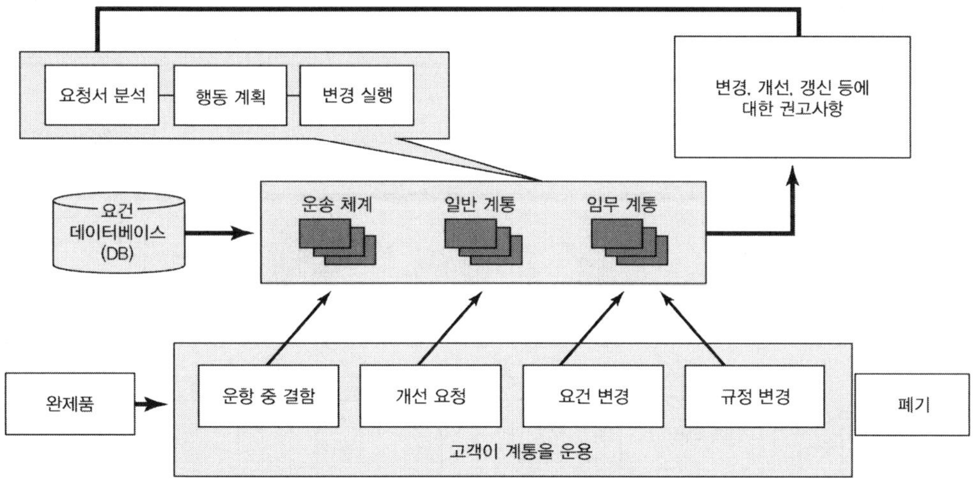

그림 16.12 운영 단계 과정

2) 공학 기술

이 단계에서 핵심 기술은 고객과 고객 회사의 운영을 지원하는 것과 관련된다. 예리한 고객은 항공기 가동 휴지기간을 최소화하기를 원하기 때문에 이에 초점을 맞추어 신속하게 문제를 해결할 수 있는 능력이 필요하다. 전형적인 기술분야는 다음과 같다.

- 요청이 있으면 운영 단계를 지원할 수 있는 모든 시스템 엔지니어링 기술이 필요하다. 운영자는 보통 운영 중에 발생하는 문제점을 보고하고 조정 활동을 제공할 수 있도록 질문 보고서 시스템을 운영한다.
- 시험부서가 개별 시스템과 통합 시스템에 대한 회귀분석 시험을 수행할 수 있도록 시험 요건을 구술할 수 있는 능력이 필요하다.

16.9 폐기 및 퇴역 단계

그림 16.13은 생애주기의 이 단계와 관련된 핵심 공학활동을 예시하고 있다.

1) 공학 과정

항공기 기대 수명의 말기에 항공기의 미래에 대한 결정이 이루어진다. 생애의 끝은 수용할 수 없는 높은 운영비용, 수용할 수 없는 환경 고려사항(소음, 공해 등), 혹은 공급자 시험 장치에 의해 결정된 기계적 혹은 구조적 구성품의 예견된 고장에 의해 결정된다. 군

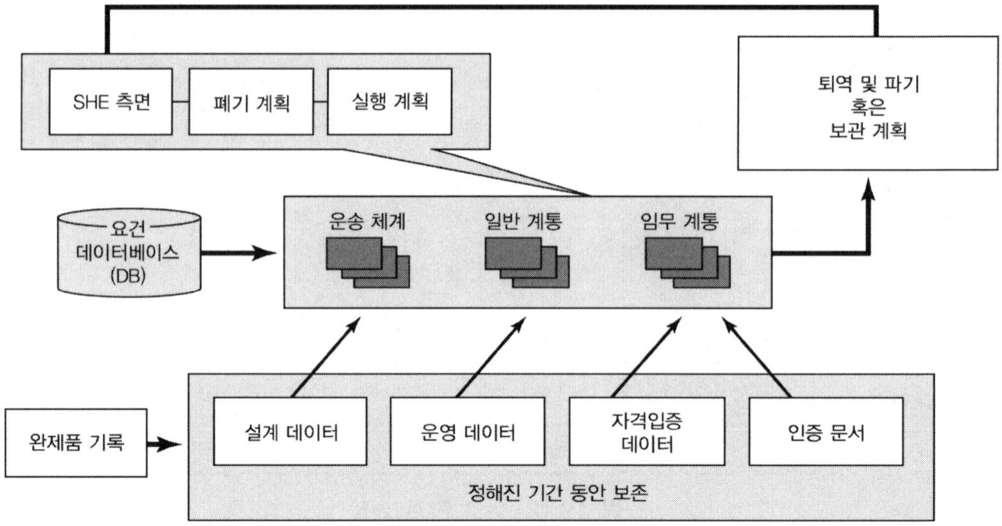

그림 16.13 퇴역 단계 과정

용기 분야에서 항공기 유형의 퇴역에 대한 결정은 정치적인 편의에 의해 이루어진다. 항공기 운영을 지속하는 것이 불가능한 경우에는 폐기해야 한다. 박물관에 전시하거나 군사기지에 전시하거나 항공기 애호가가 개인적으로 소장하기 위해 구매한다. 항공기가 여전히 약간의 잔류수명이 남아있거나 상업적으로 운영할 수 있는 수명이 남아 있는 경우에는 재단장(개조)할 수 있다. 이와 같은 후자의 활동을 **중년 갱신**이라고 하며 때로는 상용기를 재급유기와 같은 군용기 응용으로 역할을 변환하여 사용할 수 있다. 일부 상용기는 그들의 유용한 승객 운송 역할을 마친 후에 화물기 역할로 변환되어 사용되고 있다. 이러한 변환의 예는 군용기 작전에 맞게 대대적인 재설계가 필요하다.

여기서 핵심 과정 요소는 항공기가 퇴역하여 법률과 권고 요건에 따라 항공기를 안전하게 이동하고, 격납하고, 혹은 해체하는 것을 보장하기 위해 고객을 지원하는 계획을 개발하는 것이다.

2) 공학 기술

- 안전한 격납을 위해 구성품을 식별하도록 고객을 도와주어야 한다.
- 잠재적으로 위험한 구성품과 소비재(연료, 오일, 그리스, 냉매 등)를 폐기하는 데 필요한 요건을 이해하여야 한다.
- 프로젝트 기록문서에 결정을 기록해야 한다.
- 설계 및 자격부여에 관한 모든 설계 기관의 기록으로 관련 규정에 정의된 기간에 맞게 안전한 격납을 하도록 기록하는 것을 보장해야 한다.

16.10 재단장(개조) 단계

그림 16.14는 생애주기의 이 단계와 관련된 핵심 공학활동을 예시하고 있다. 항공기 생애 중에 재단장(개조)이 필요한 단계가 존재한다. 이는 항공기가 원래의 역할을 할 수 없을 정도로 쇠퇴했거나 그 역할을 변경하기 위해 고객에게 판매하였을 때 발생한다. 그 한 가지 예는 상용기 기체를 군용기의 공중 급유 역할로 변환한 경우이다.

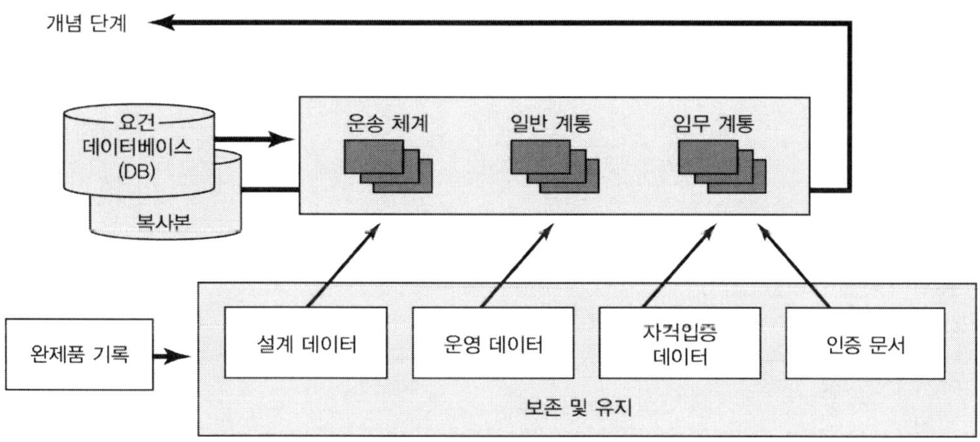

그림 16.14 재단장(개조) 단계 과정

1) 공학 과정

- 프로젝트 기록문서에 결정을 기록한다.
- 설계 및 자격부여에 관한 모든 설계 기관의 기록으로 재단장(개조) 시에 항공기가 지속적으로 사용되는 것을 지원하기 위해 기간에 맞게 안전하게 격납하도록 기록하는 것을 보장해야 한다.
- 재단장(개조) 설계를 하기 위해 기존의 유형 기록은 개념 단계로 되돌아간다.

2) 공학 기술

- 개념 단계와 유사한 기술이 필요하다. 개조 혹은 변환을 위한 선택권을 결정할 때 열린 마음으로 필요한 다른 역할을 고려해야 하기 때문이다.

16.11 전체 생애주기 과업

위에서 기술한 특정한 영역의 공학 과업에 부가하여 생애주기 전반에 걸쳐 다른 공학 과정이 지속적으로 발생한다. 이러한 과업의 일부는 과정 전반에 걸쳐 통제를 하는 것이며, 다른 과업은 일관된 방법으로 특정한 원리를 영역에 적용하는 것이다. 이는 모든 영역의 엔지니어가 개별 기술을 실행할 때 표준과 과정에 충실히 하는 것을 보장하는 중요한 통합 활동이다. 공학 과업이 국제적인 동반자 관계로 확장되는 최신 과업에서 그러한 통합은 프로젝트의 일관성을 위해 매우 중요하다. 이러한 활동의 예는 다음과 같다.

- 공학관리
- 프로젝트관리
- 형상관리
- 요건관리
- 위험관리
- 자격부여 및 인증
- 안전
- 신뢰성
- 정비성
- 시험성
- 인적요소
- 전자기학
- 시스템 보안

토의 문제 및 활동

1. 그림 16.1은 전형적인 항공기 제품 생애주기를 보여주고 있다. 당신이 친숙한 제품의 생애주기를 만들어 그림 16.1에서 보여준 예와 비교하고, 그 차이점을 분석하여 설명하라.

2. 그림 16.5는 생애주기의 각 단계에서 오류를 수정하는 데 소요되는 비용을 보여주고 있다. 비용 척도를 왼쪽에 나타내어 각 단계에서 소요되는 상대비용의 논리적 근거를 말하라.

3. 그림 16.3은 특정한 항공기 해법의 타당성을 수립하기 위해 사용되는 생애주기에 대한 몇 가지 외적인 영향(성능 매개변수)을 보여주고 있다. 그림에서 주목해야 할 주요한 사항을 설명하라. 또한 당신이 (1) 개인 소유자, (2) 국지 사업용 항공기 사업자, (3) 다국적 항공기 임대 사업자로서 모터사이클 혹은 자동차를 구매하려고 한다고 가정하여 올바른 종류의 차량을 구매하는 결정에 영향을 주는 이러한 시나리오에 맞게 성능 매개변수 목록을 작성하라. 그리고 이러한 목록의 차이점과 당신의 결정에 영향을 미친 점에 대하여 설명하라.

4. 문제 3에서 적용한 동일한 시나리오를 사용하여 구매한 차량의 사용주기 끝까지 최상으로 다루기 위해서는 어떻게 해야 할 것인지를 결정하라.

5. 그림 16.6의 개념 단계와 관련된 핵심 공학활동과 공학기술을 설명하라.

6. 그림 16.8의 정의 단계와 관련된 핵심 공학활동과 공학기술을 설명하라.

7. 그림 16.9의 설계 단계와 관련된 핵심 공학활동과 공학기술을 설명하라.

8. 그림 16.10의 제조 단계와 관련된 핵심 공학활동과 공학기술을 설명하라.

9. 그림 16.11의 시험 단계와 관련된 핵심 공학활동과 공학기술을 설명하라.

10. 그림 16.12의 운영 단계와 관련된 핵심 공학활동과 공학기술을 설명하라.

11. 그림 16.13의 퇴역 단계와 관련된 핵심 공학활동과 공학기술을 설명하라.

12. 그림 16.14의 개조 단계와 관련된 핵심 공학활동과 공학기술을 설명하라.

13. 전체 생애주기 과업에서 프로젝트의 일관성을 유지하기 위해 실행하는 활동을 열거하라.

14. 시스템 엔지니어링을 정의하고 이 정의가 시사하는 바를 말해보라.

17 Chapter 시스템 설계 및 개발 관리

개요 및 학습목표

항공기 시스템의 설계와 개발은 고객, 주계약자와 공급자를 포함하는 조직의 집합에서 발생한다. 과정이 정확하게 작동하기 위해서는 조직이 시행하는 몇 가지 지식체계(학문영역)이 있어야 한다. 이 장에서는 전문적이지는 않지만 올바른 기술적인 제품이 되는 데 절대적으로 필요한 몇 가지 과정을 검토한다. 좋은 시스템 엔지니어는 언제나 다른 사람의 경험으로부터 배울 준비가 되어 있어야 한다. 이 장에서는 시스템 엔지니어링의 실질적인 세계에 대한 통찰력을 제공해 줄 것이다.

경험으로부터 배우는 것은 지식과 경험을 공유할 수 있게 해주는 강력한 도구이며, 종종 관련 당사자들에게 상호 이익을 가져다준다. 이를 명심하여 지식을 가진 타인을 찾기 위해 지속적으로 배우고 개선해야 한다.

이 장을 학습한 후에 여러분은 경험으로부터 배우는 것이 시스템 설계 및 개발에서 시사하는 바가 무엇인지를 이해하여야 한다. 항공기 시스템 프로젝트 관련 이해관계자를 열거하고 그들의 책임과 영향력에 따라 분류하여 관리하는 방법을 알아야 한다. 또한 조직적인 의사소통의 두 가지 측면을 설명하고 의사소통 매체, 불량한 소통으로 인해 소요되는 비용과 교훈에 대해 설명할 수 있어야 한다. 설계 과정에서 비평의 필요성, 비평의 4가지 유형, 비평과 관련된 행동을 기술할 수 있어야 한다. 특히 복잡한 항공기 시스템의 공급지 베이스를 이해하고 제품 생애주기 전반에 걸쳐 공급자를 참여하게 하는 방법을 이해하고, 복잡도를 다루는 능력 부족으로 일어날 수 있는 고장의 예를 설명할 수 있어야 한다. 출현속성을 정의하고 시스템의 정규적인 특성과 구별되는 출현속성과 관련된 몇 가지 요소에 대해 설명할 수 있어야 한다.

17.1 이해관계자

1) 이해관계자 식별

경험으로부터 배우고, 동료 집단으로부터 배우고, 경쟁자로부터 배우고, 다른 사람의 장·단점으로부터 배우는 것은 배움에 대한 실용적인 방법이다. 몇 가지 연구결과를 통해 배움을 팀에 도입하는 정형적인 방법이 좋은 결과를 낳을 수 있음을 보여주었다. 그림 17.1은 경험 모델로부터 배우는 것을 보여주고 있다. 이 모델은 경험으로부터 배우는 것은 지식 관리를 하는 것과는 다르다는 것을 보여주고 있다. 명시적인 지식은 수집할 수 있는 데 비해 축적된 가공 지식은 경험과 행운, 통찰력, 판단 등과 같은 다른 요소의 결과이다. 새로운 지식의 창조는 데이터베이스로부터 정보를 추출하는 것이라기 보다는 오히려 공유된 경험의 결과이다.

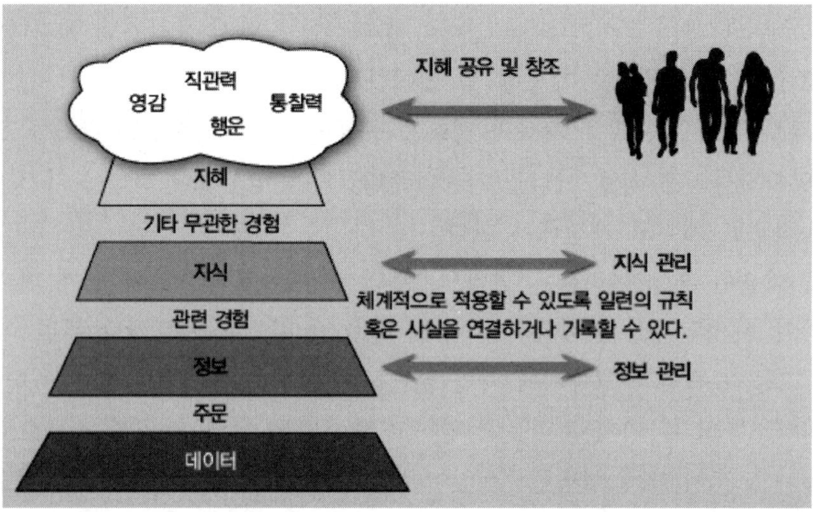

그림 17.1 경험 모델로부터 배움

시스템에 관련된 모든 이해관계자에게 시스템 개발 진도에 대한 정보를 알려주는 것을 보장하기 위해 모든 관련 부서 혹은 이해관계자를 식별하는 것이 대단히 중요하다. 그림 17.2는 전형적인 정보 경로를 가지고 있는 프로젝트의 내부와 외부 이해관계자를 보여주고 있다. 각각의 이해관계자는 그들이 구별되어 있다는 것을 잘 이해하고 있어야 한다. 이는 의사소통에 있어서의 각자의 역할과 요구를 인정해야 한다는 것을 분명히 해주는 것이다. 또한 이해관계자는 프로젝트의 성공을 확실히 하는 데 있어서 각자의 책임을 이해하도록 해준다. 신뢰 분위기가 구축되도록 이해관계자 공동체를 정확하게 관리하는 것이 프로젝트와 모든 관련 부서에 이익이 된다. 이해관계자 공동체는 고정된 실체로 간주하지 말아야 하며, 제품 생애주기 단계에 따라 새로운 이해관계자가 공동체에 합류하거나 떠날 수 있어야 한다.

이해관계자를 식별하는 것뿐만 아니라 의사소통의 본질에 대해서 이해하는 것이 중요하다. 대부분의 경우 의사소통은 쌍방향이며 직접적이다. 그러나 의사소통이 직접적이지 않은 것이 적절한 경우가 있다. 그림 17.2에서 프로젝트 주계약자와 공급자 간의 의사소통은 언제나 주계약자에 의해 실시되어야 한다. 주공급자와 그의 공급자 간에 긴장감이 관찰되는 환경에서 계약 관련 이슈가 발생하는 것을 피하기 위해 직접적으로 개입하고 싶은 유혹을 뿌리쳐야 한디.

이해관계자 모두는 프로젝트의 진도와 그들 모두에게 영향을 주는 핵심 결정에 관련되어 있으며, 상호 의사소통을 보장하기 위한 정규적인 회합이나 직접적인 의사소통을 통해 관리해야 한다. 좋은 이해관계자 관리는 프로그램을 순조롭게 하는 데 크게 도움이 된다.

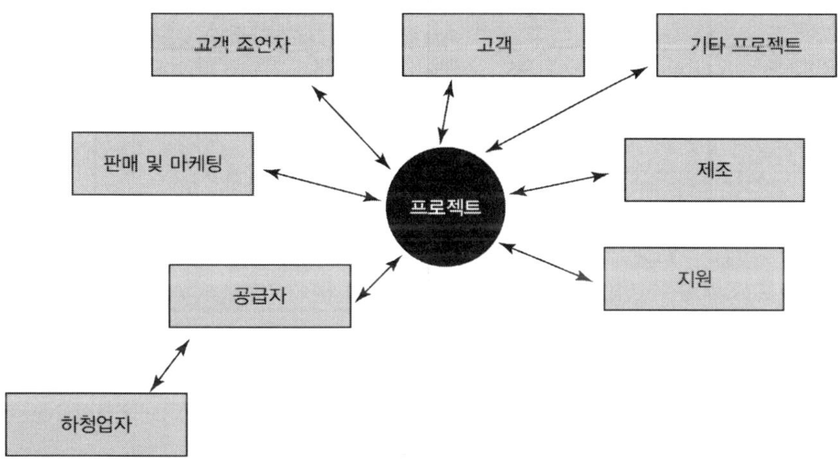

그림 17.2 이해관계자의 예

2) 이해관계자의 분류

이해관계자를 정확하게 관리하기 위해서는 이해관계자를 분류하는 것이 유용하다. 그림 17.3은 간단한 4박스 모델에서 이해관계자를 어떻게 분류하는가를 예시하고 있다. 이 모델에는 이해관계자의 상대적인 중요도를 나타내는 4박스가 존재한다. 여기서 타원형은 개별 이해관계자를 나타낸다.

박스 A는 결정과 행동에 대한 실질적인 힘을 갖고 있는 중요한 이해관계자이다. 이 범주에는 고객과 고객의 조력자, 인증당국, 감항성(airworthiness) 부서와 공급자를 포함하며, 프로젝트와 프로젝트 경과에 대해 가장 적절한 견해를 준다. 따라서 이 범주의 이해관계자들을 긴밀하게 관리할 필요가 있다. 박스 B는 프로젝트를 엄중히 지키지만 프로젝트 결정과 기술적인 것에 대해 권한이 더 적은 이해관계자를 포함하고 있다. 이러한 이해관계자의 예로 마케팅 관계자, 운영자, 정비사 등이 포함된다.

박스 C는 공급자와 일반 재료 및 비품, IT 제공자 등을 포함하여 낮은 관심도와 낮은 권한을 가진 이해관계자를 포함한다. 그들은 그들이 관여한 프로젝트의 여러 가지 중의 하나이기 때문에 프로젝트에 영향을 주는 힘을 가지고는 있지만 거의 관심이 없는 이해관계자를 포함한다. 여기에는 공공관계(홍보활동) 부서, 언론, 일반 대중, 지역 정치인 등이 포함된다. 박스 D는 프로젝트의 주변에 있지만 필요시 지원을 제공하기 위해 의존하는 이해관계자가 포함된다.

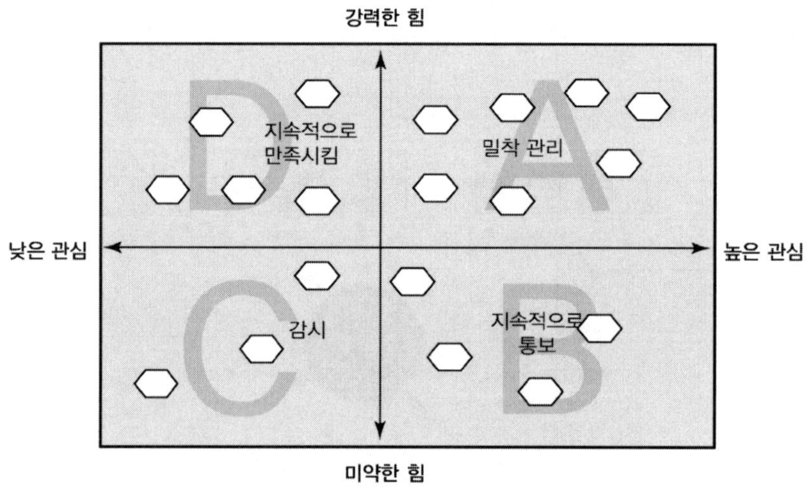

그림 17.3 이해관계자의 분류

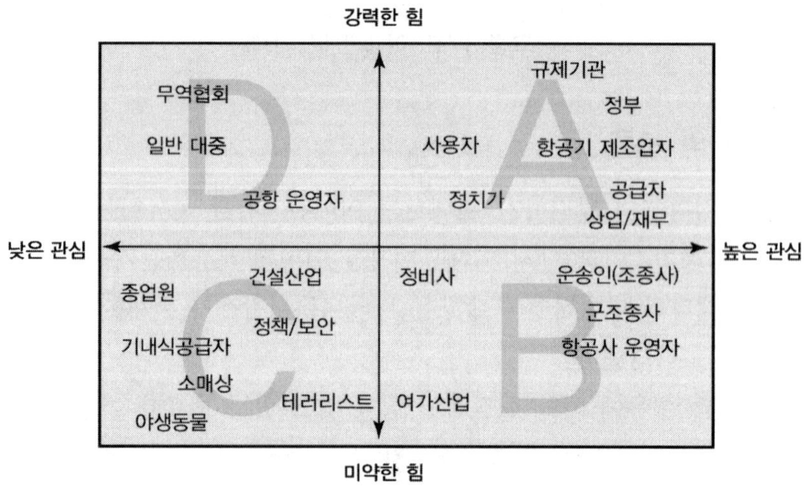

그림 17.4 항공 시스템의 이해관계자 분류

이 모델은 이해관계자를 관리하는 데 필요한 좋은 출발점이지만, 불변의 모델로 간주하지 않아야 한다. 프로젝트 생애주기의 다른 단계에서 이해관계자의 역할은 변할 수 있으며 모델은 각 단계에서 재평가되어야 한다. 이해를 돕기 위해 항공기 시스템에서의 이해관계자의 예를 그림 17.4에서 보여주고 있다.

17.2 의사소통

조직을 순조롭게 운영하기 위해서는 소통할 필요가 있다. 조직은 공동체와 같다. 조직은 요구를 설정하고, 경계를 정의하고, 기본 이해(지식)를 확립하고, 다른 조직과 접촉하고, 사업을 수행하기 위해서 효과적인 의사소통을 유지할 필요가 있다. 그러한 의사소통은 조직 내부의 모든 수준 사이에서 발생할 뿐만 아니라, 조직과 외부 세계 간에도 쌍방향 소통이 존재해야 한다. 이상적으로, 모든 경우에서 의사소통은

- 명쾌하고
- 모호하지 않으며
- 간결해야 하고
- 정확하고
- 권위가 있으며
- 추적할 수 있어야 한다.

조직은 사람으로 이루어지며, 사람은 그들의 자연어 기술로 소통한다. 사람이 언어를 사용하는 방법은 중요하다.

모든 사람들은 그들의 언어를 이해할 필요가 있다. 모호함과 불명확함에 대한 관점은 매우 가치 있는 주의이다. 산업계는 비용에 대한 영향이나 불량한 고객으로 인지할 만한 오해를 용인할 여유가 없다. 역설적으로 내부자 간의 의사소통의 경우에는 은어를 사용하는 것이 명확하고, 간결하고, 정확한 소통을 제공할 수 있다. 최근의 조직들에서는 은어로 말하려고 하는 경향이 있는데, 그들은 조직 내에서 명확하고, 간결하고, 정확한 전달을 위하여 은어를 사용한다. 한편 은어는 외부 조직에게는 즉각적이고 명확하지 않을 수 있다. 최근 들어 증가하고 있는 것처럼 머릿글자만을 따서 하는 의사소통은 언어의 불명확성을 확대시킨다.

조직을 구성하고 있는 모든 부서는 서로 소통한다. 의사소통은 쌍방향으로 다양한 수단으로 소통하며 상호 이해를 보장하는 데 중요하다. 의사소통은 청취로 보완된다. 능동

적인 청취 기술은 시스템 엔지니어에게 매우 중요하다. 의사소통을 격려하고, 능동적으로 반응하며, 요약하여 이해를 확인하는 것이 핵심 기술이다.

외부 세계와 소통하지 않는 조직은 없다. 외부 세계에는 지역사회에서 조직과 공존하는 단체뿐만 아니라 고객과 공급자가 포함된다. 외부 단체와의 소통은 서신에서부터 정보요청서, 계약 문서에 이르기까지 내부 소통보다 더 정형적이다. 오늘날 e-mail이 정식 문자의 엄격한 정형성을 대신하고 있다.

1) 의사소통의 본질

조직적인 의사소통은 형식적이고 영구적인 기록의 한 면과 덜 형식적이고 기록이 필요하지 않을 수 있는 다른 면의 두 가지 측면을 가지고 있다. 각각의 소통 방법은 메시지의 수령인에게 다른 영향을 주며, 다른 시기에 맞게 지속되는 영향을 만들어낸다.

아래에서 열거한 메커니즘은 영구적이고 지속적인 영향으로 남게 됨으로 잘 분류하여 보관하여야 한다.

- 신문 기사
- 서신, 메모, 팩스
- e-mail
- 보고서
- 카탈로그
- 녹음
- 서적
- 계약서
- 회의록

반면에, 다음과 같은 목록은 과도적이거나 순간적인 이미지로 남지만 그것들도 수첩에 기록하거나 후속 메모로 유지한다.

- 전화
- 담화 - 대면
- 담화 - 전화
- 소책자
- 포스터 및 광고물
- 프레젠테이션

• 텍스트 메시지

영구직으로 남길 이미지는 문서에 의한 의사소통으로 전달하고 향후 참소를 위해 보관할 수 있다. TR(Transient Image) 기법이 광고 혹은 영향력을 행사하는 사람에 의해 활용된다. 이를 활용한 극단적인 표현은 TV 광고 및 정치와 관련된 효과적인 어구를 사용하는 식역하 광고(subliminal advertisement: 사람의 잠재의식에 남도록 되풀이해서 하는 광고)이다.

이들 각각의 방법들은 다른 영향을 가지며 의사소통자에 의해 다르게 사용된다.

2) 조직 의사소통 매체의 예

의사소통에서 일시적인 혹은 비영구적인 방법을 사용하는 예로는 전화, 회합 및 제시가 포함된다. 그러나 이들 각각은 직접 대화와 동일한 방법으로 '계약'하는 것을 시사하고 있다. 회합은 종종 몇분이 걸리지만, 회합에서 결정을 하여 합의한 것을 지키고, 행동으로 완료하기를 기대한다는 점을 명심해야 한다. 보다 더 영구적인 의사소통 방법은 문서 기록이나, 갈수록 전자 전송 메시지가 증가하고 있다.

다음은 엔지니어가 그들이 작업하는 과정에서 사용하는 기록 유형의 몇 가지 예를 열거하고 있다. 이러한 문서들은 프로젝트의 모든 이해관계자들이 정연하고 손쉽게 검색할 수 있도록 유지되어야 할 필요가 있다. 또한 문서 기록은 고객 요건의 일부이며 제품의 사용을 중단한 이후에도 일정 기간 동안 유지되어야 한다. 이와 같은 문서는 데이터 요건 목록(DRL)의 내용을 이루며 결재방식(지급계획)의 일부일 수 있다.

- 소책자(제품 설명서)
- 전단
- 계획
- 규격(시방서)
- 계약
- 도면
- 작업 기술서
- 기술 보고서
- 재무제표
- 기밀정보 협정서
- 팀 동의서

이러한 문서들은 일반적으로 다음과 같은 정보를 포함하여 첫 페이지에 서문을 써야 한다.

- 제목
- 번호
- 발간일
- 발간/개정 번호
- 변경 기록
- 창작자 서명 혹은 확인
- 승인 서명 혹은 확인
- 허가 서명 혹은 확인

공식 문서는 문서를 적극적으로 확인하고 문서의 변경을 추적할 수 있도록 형상 관리하게 된다. 이는 문서의 내용에 대해 공통 합의를 수립하는 데 중요하며, 특히 수행해야 할 작업(소비할 비용의 허가)의 기초로 사용되는 경우에는 특히 그러하다. 이러한 규율은 오해가 없도록 확실히 하기 위하여 비공식적 교환일지라도 가치를 갖는다. 이는 파일 표제, 문서의 표제어, 혹은 각주에 번호를 붙이거나 수정하여 시행되어야 한다.

표제, 일자, 번호, 인가 기록의 상세한 행정 세목뿐만 아니라 문서와 문서 내용의 진실성을 제공하기 위해 서명을 획득하는 것이 중요하다. 이는 거래의 모든 당사자에게 이득

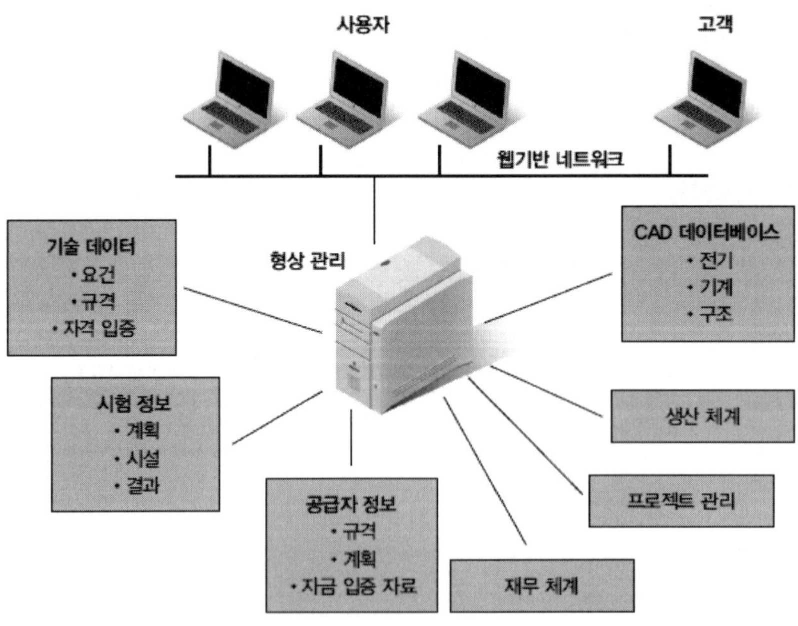

그림 17.5 디지털 데이터 관리 시스템의 예

으로 작용할 수 있다. 문서 서명권자의 신분, 서명 권한을 주는 것이 설계 승인 과정의 중요한 부분이다.

그림 17.5는 모든 사용자를 상호 연결하여 시스템에 등록된 모든 정보에 형상관리 구조를 부과하는 집적 디지털 데이터 관리 시스템의 예를 보여주고 있다. 이 시스템에 들어가지 않고도 e-mail을 전송할 수 있으므로 형상관리 도구를 우회할 수 있다는 점을 유의해야 한다.

3) 불량한 의사소통 비용

불량한 의사소통은 비용이 많이 든다. 원인은 여러 가지이지만 보통 생산시간의 손실이나 제품에 하자가 생기는 결과를 가져온다. 그러나 문서 수령인에 대한 영향을 과소평가하지 말아야 한다. 기업이 불량하다는 인식이 조성될 가능성이 있을 뿐만 아니라 이러한 인식(자각)은 문서 기안자에게도 적용될 수 있다. 이를 바로 잡는 데 비용이 언제나 많이 들지만, 프로젝트가 개념단계에서 고객이 사용하는 단계로 이동함에 따라 상당히 많이 증가하며 이를 예시하면 그림 17.6과 같다.

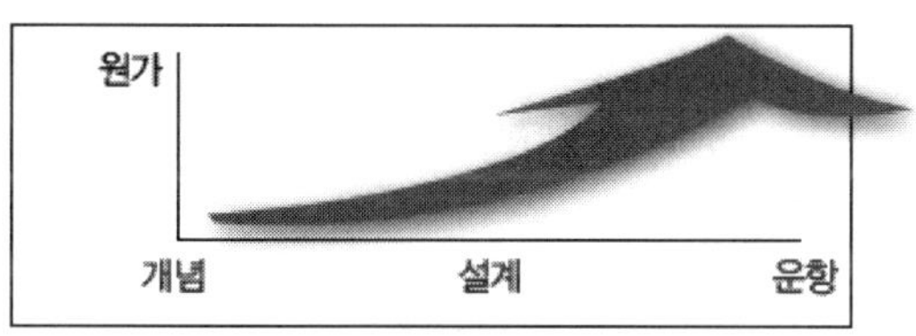

그림 17.6 불량한 의사소통 비용

4) 교훈

불량한 의사소통에 대한 전통적인 예와 관련하여 그림 17.7과 그림 17.8에 말과 문서로 의사소통하는 경우의 장·단점을 그림으로 표현하였다.

문서상으로 하는 의사소통의 단점으로

- 문서를 수정하거나 명확히 해달라는 요청에 응답하는 데 시간이 소비된다.
- (명확화에 대한 확인 또는 질문 등)문서를 이해하는 데 더 많은 시간이 필요하다.
- 지시를 곧바로 수행하지 않는다.
- 문서에 대한 이해가 부족할 경우 제품의 품질 불량으로 이어져 재작업이나 수정에 비용이 많이 든다.

등을 들 수 있다.

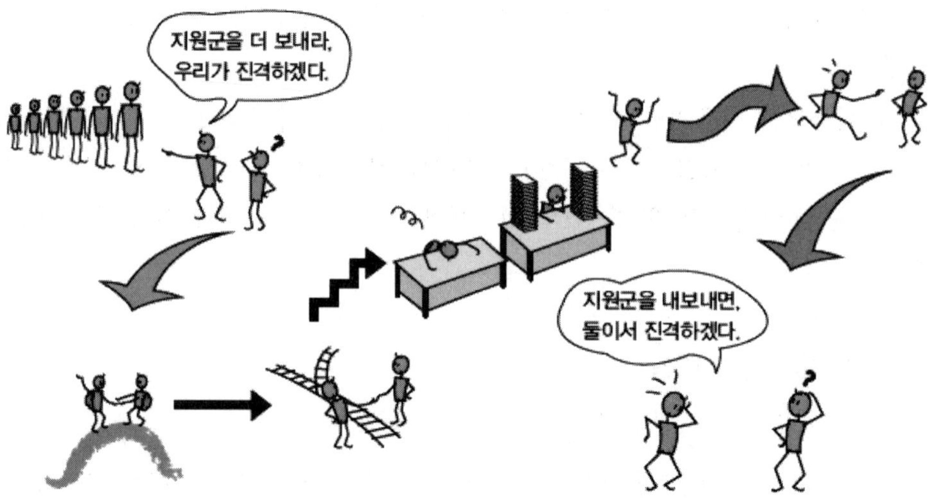

그림 17.7 말로 의사소통하는 경우의 약점

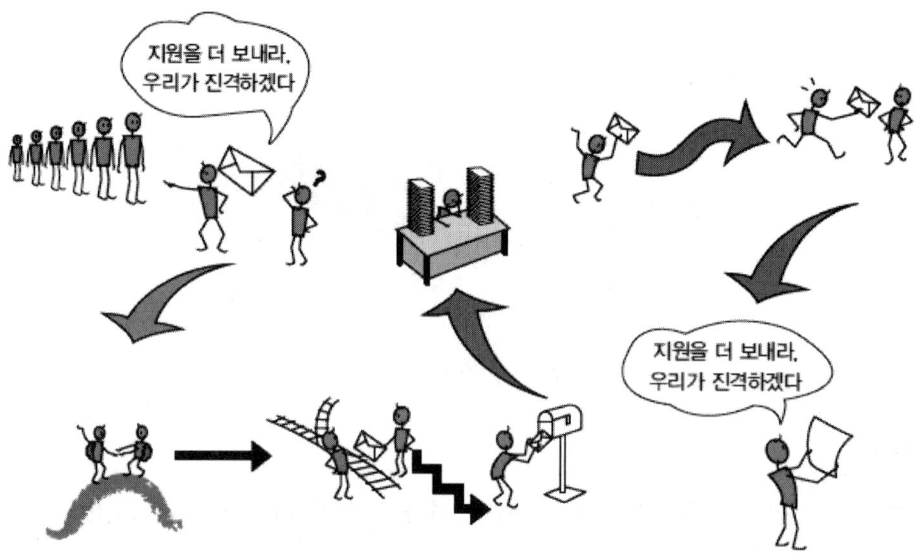

그림 17.8 문서로 의사소통하는 경우의 장점

많은 단계를 통해 말로 메시지를 전달하려면 다음과 같은 기술들이 필요하다.

- 명확하게 메시지를 설명해야 한다.
- 받은 메시지를 명확하게 이해하여야 한다.
- 메시지를 잘 기억해야 한다.
- 집중하는 데 방해되는 것을 피해야 한다.

메시지를 전달하는 각 단계에서 즉각적으로 확인하는 방법은 전송자에게 다시 피드백하는 것 외에는 없다. 이 경우에 메시지는 전달하는 각 단계에서 달라져서는 안 되며, 정확히 인지할 수 있는 신호를 더해서 신뢰성과 권위를 줄 수 있다.

17.3 비평(비판) 교환

비평(비판)을 주고받는 것은 자기비평이건 공적인 감리건 간에 창조적인 과정의 중요한 측면이다. 작품을 대중에게 보여주는 예술가(음악가, 작가 등)는 동료나 폭넓은 대중들에게 비평을 요청한다. 작품은 작가 자신에 의해 세련된 자기비평이 작성되지만, 대중의 비평과 검증을 받기 위해 타인에게 노출되어야 한다.

비평은 또한 시스템 엔지니어링의 중요한 측면이다. 진정한 비평은 건강한 공학활동이거나 설계활동이다. 자기비평이 설계 과정에서 핵심적인 단계이지만 공학활동과 제품에 대한 외부의 객관적인 검토를 대신할 수는 없다. 자발적인 비평을 하는 사람들도 많다. 모든 사람들은 자신이 이상적으로 비평을 할 자격이 있다고 생각한다.

1) 설계 과정에서 비평(비판)의 필요성

시스템 엔지니어링은 정의되고 수용된 과정에 따라 수행된다. 이러한 과정은 종종 MIL-STD-1521B, MIL-STD-499, DO 15288과 같은 산업체 혹은 국가 표준에 따라 정의된다. 이러한 표준화 과정은 입찰 검토, 예비설계 검토, 상세설계 검토, 시험 준비도 검토 등과 같은 성숙도에 대한 특정한 지점의 검토를 포함한다. 검토는 다른 작업자(동료 검토), 상위 관리층(관리 검토), 특정 분야의 전문가, 프로젝트와 기술적이나 사업적으로 연관이 없는 타 프로그램의 작업자들이 수행할 수 있다.

검토의 유형이 무엇이건 간에 검토의 주요 목적은 검토한 내용이 목적에 부합되거나 품질을 개선하는 것을 입증할 의도로 비평을 받는 것이다. 검토는 또한 조직이 제품을 구입하고 실행 가능성, 위험성, 사업 가능성을 이해할 수 있게 해준다.

검토할 공학 제품은 초기제품 입증(FAV) 검도나 재무 및 위험 분석의 경우 도면, 문서, 관리계획, 시험계획 및 결과물, 하드웨어 등이다. 검토는 자료를 제시하거나 서류 또는 간단한 양식으로 재료나 제품을 연구하여 수행된다.

2) 비평(비판)의 본질

비평은 때로는 부정적인 활동으로 인식되기도 하지만 비평을 다루는 방식에 따라 각기 다른 영향을 미친다. 비평의 4가지 유형을 살펴보면 다음과 같다.

- **파괴적인 비평**: 별다른 설명 없이 짧고 뜬금없는 언급은 파괴적인 비평으로 검토 내용의 개선에 대한 정보를 제공하지 않는다.
- **과소평가 혹은 비하적인 비평**: 과소평가하는 비평 또한 개선에 도움이 되지 않는다.
- **애매한 비평**: 애매한 비평은 검토 내용의 품질 개선에 도움이 되지 않는다.
- **건설적인 비평**: 건설적인 비평은 개선에 관한 정보를 제공하고, 그 개선을 위한 지속적인 토의를 가능하게 한다.

3) 비평(비판)과 관련된 행동

검토 팀은 그들의 검토 결과를 문서로 준비할 시간이 거의 없다. 그들은 언제나 일정 마감 요구에 대한 압박을 받고 있으며, 특히 응찰 팀은 그들 고객의 마감일을 충족시켜야 한다.

그러므로 검토 팀의 사기가 검토로 손상되지 않아야 하며, 검토 결과를 고려하여 최대한의 효율성을 가지고 필요한 변경을 가능하게 하여 그 내용을 발간한다. 비평의 수행 방식에 따라 개인이나 팀 행동에 영향을 줄 수 있다. 비평을 수행하는 사람들은 일반적으로 우려, 불안정, 위협, 불만, 개인적 공격에 대한 두려움 등 방어적인 행동을 나타낸다. 이러한 행동은 검토 과정에서 강화되어 사람들의 자신감을 훼손시키고 잠재적으로 검토 결과를 약화시킬 수 있다.

반면에 심사 받는 팀은 또한 비평을 수용하는 방법을 이해해야 한다. 파괴적인 언급을 거르고 가능하다면 감정 이면의 실제를 얻기 위해 비평을 분석한다. 그들은 비평에 위엄 있게 대처하고 심사받은 내용을 적용하여 개선 계획과 앞으로 나아갈 계획을 수립하여 최대한의 이익을 얻을 수 있어야 한다.

비평가는 또한 행동 변화에 좌우될 수 있다. 비평을 하는 사람은 종종 그들 자신의 경험이나 편견에 따라 내용을 해석하려는 경향이 있으며 공세적, 우월적 혹은 부정적인 욕구를 갖는다. 사람들은 종종 검토 받는 팀에 대해 우월감을 갖는다.

비평에 접근하는 가장 건설적인 방법은 팀이 최상의 제품 생산을 목표로 하고 있는 사업팀의 일환으로서 행동하는 것이다. 비평가는 객관적이면서 또한 건설적이어야 하며, 잘못을 찾는 것이 아니라 실수 혹은 기술적 불확실성을 식별하는 것으로 개선을 위한 권고사항을 제공해야 한다. 최신 대규모 프로젝트에서 팀의 크기, 복잡도 및 지리적 분산으로 인해 검토 과정이 중요하게 되었다. 검토 과정은 이슈와 경과를 토의하기 위해 사람들이 함께 모일 기회이며, 프로젝트와 무관한 견해와 경험을 소개하는 기회이다.

4) 결론

시스템 엔지니어링은 제품 생애주기 전반에 걸쳐 결과물을 만들어내기 위해 수많은 개인과 팀이 수행하는 창조적인 과정이다. 모든 이해관계자는 결과물의 과정, 내용 및 표준을 인식하는 것을 보장하기 위해 이러한 결과물을 검토하는 것이 중요하다. 잘 정의되고 강건한 검토 과정이 건전한 품질 제품을 수립하는 데 중요하다. 이 검토 과정에 관련된 모든 집단은 학제적인 방법으로 검토를 수행하여 사업을 더 좋게 하도록 행동해야 한다.

검토 및 분석의 형식에 있어서 건설적인 비평은 공학과 사업 판단의 적용 및 비평을 주고받는 것에 긍정적으로 접근하는 것이 가장 중요하다.

17.4 공급자 관계

복잡한 항공기 제품의 실질적인 부분은 주계약자 조직 밖의 공급자로부터 구매한다. 이러한 구매는 계약가의 80%를 넘으며 재료, 하드웨어, 소프트웨어 제품(장비) 혹은 서비스의 형태를 취한다. 일반적으로 전문가 기업을 포함하는 산업체 공급자 베이스는 한 가지 이상의 분야에 지원을 제공하는데, 이러한 공급자가 프로젝트에서 핵심 이해관계자이다.

공급자 베이스를 이해하고 제품 생애주기 전반에 걸쳐 공급자를 참여하게 하는 방법을 이해하는 것이 공급자와 건전한 관계를 수립하는 데 있어 핵심 요소이다. 그림 17.9는 제품 생애주기에 걸쳐 공급자와의 관계가 어떻게 변하는지를 보여주고 있다.

비공식적인 관계는 시장에 적용할 수 있는 제품 범위를 이해하고 최근의 개발 동향을 살펴보는 것에 기초하는 관계이다. 이러한 활동은 무역 문헌 연구, 박람회 참여, 공동 연구 참여, 적성성 검토나 연구 논문 준비 등으로 시장에서의 인식을 제고시켜 준다. 이러한 관계는 두 집단의 정보 접근을 가능하게 하고, 계약이나 지적소유권에 대한 제약 없이 제품 개발에 대해 건설적으로 소통할 수 있도록 해준다.

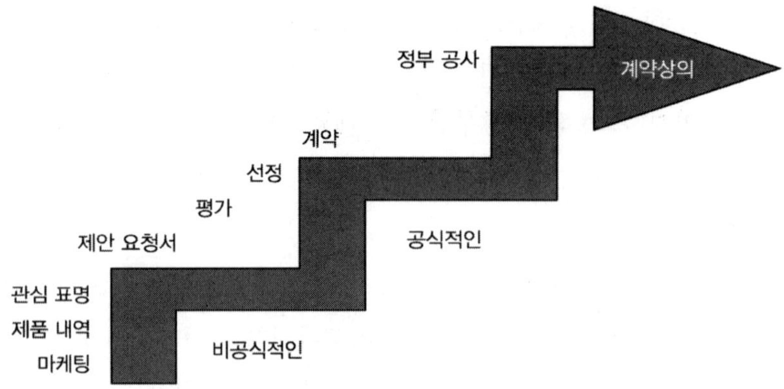

그림 17.9 공급자와의 관계 변화의 본질

보다 공식적인 활동의 지원이 필요할 때 공식적인 관계를 맺고, 다수의 공급자로 하여금 주계약자에게 정보의 공급을 요청할 수 있다. 공급자는 정확하고 적절한 정보를 제공하고, 주계약자는 각 공급자의 정보를 비밀로 다루는 약정을 한다. 정보는 상업 응찰자의 기본을 이루며, 두 당사자의 기밀정보 협정서의 주제가 된다. 공식적 관계의 본질은 정보의 소유가 기록되고, 다른 집단에 대해 정보를 보호하며, 지적소유권의 위반이 인지되는 경우 형사상 책임을 질 수도 있다는 것을 의미한다. 이 관계는 때로는 모든 관계 집단이 서명하는 기밀유지협약서(NDA)로 공식화된다.

요청한 정보를 경쟁 입찰 과정에 사용하는 경우 다수 공급자의 기술적으로 프로그램화된 가격 정보를 공식적으로 검토하여 경쟁 입찰을 위한 판단 자료로 삼는다. 이 정보는 사업에 참여할 공급자를 선택하는 데 사용된다. 이러한 환경에서는 선정 과정에서의 편견을 피하기 위해 개별 공급자와의 모든 의사소통이 극도로 제한된다.

선정 이후에 계약 체결로 관계가 다시 바뀌게 된다. 공급자는 계약의 대상인 제품이나 서비스의 제공에 대한 계약의 항목과 조건에 책임을 진다. 이는 계약 이외의 작업은 추가작업, 따라서 추가비용을 부담해야 한다는 의미이다.

이와 같이 관계하는 전 기간에 걸쳐 주계약자와 공급자가 상호간의 상업적 지위를 존중하고 프로젝트의 성공을 위해 공동으로 작업하는 것이 중요하다. 요건의 면밀한 관리를 위한 시스템 엔지니어링 방법과 이해관계자와의 열린 관계가 중요하다.

17.5 공학적 판단

판단이라 함은 중요한 분간을 할 수 있으며 균형적 관점을 달성할 수 있는 기능으로 정의할 수 있다. 공학적 판단은 공학적인 상황에서 이를 달성할 수 있는 능력으로, 많은 공학적인 의사결정 과정에 투입되는 매우 유용하고 실용적인 능력을 말한다.

이는 유용한 경험으로부터 배워 중요한 지혜를 가진 사람에게서 관찰되는 특성의 유형이다. 공학적 판단은 학습하거나 측정할 수 없는, 수많은 프로젝트의 수행 과정을 통한 오랜 기간의 경험으로부터 획득한 특성이다. 그러나 누구나 매우 소유하고 싶은 중요한 특성이다. 공학적 판단은 자신이 확고한 결정은 하지 않지만 다른 사람들의 결정적 판단을 도와주는 역할을 통해 어떻게 결론에 도달하는지를 이해하여 얻을 수 있다. 또한 사람들이 지식을 어떻게 적용하는지를 관찰하여 얻을 수 있으며, 사람들이 다른 이해관계자에게 그들의 견해를 어떻게 적용하는지를 이해하여 얻을 수 있다.

공학적 판단은 시스템 엔지니어가 그의 과업을 수행하고 건전한 시스템 엔지니어링을 만들어내는 데 도움을 준다.

17.6 복잡도

예컨대 항공기 시스템은 항상 복잡하고 요구가 많은 과업을 수행하도록 설계된다. 항공기 환경에 포함되어 있는 시스템은 또한 복잡도가 증가한다. 이러한 것들에는 가동 지원 시스템, 승무원 및 지상 요원 훈련 시스템, 공항관리 시스템, 공항 보안 시스템 등이 포함된다. 시스템 엔지니어링 과업은 그러한 모든 시스템들이 고객 만족을 이끌어내기 위해 통합적인 관점을 요구한다.

시스템이 더 복잡해질수록 요소 간의 상호관계는 요소 자신보다도 훨씬 더 빨리 증가한다. 오늘날 복잡도의 증가는 일반적으로 설계자와 엔지니어가 직면하는 가장 어려운 문제의 핵심으로 인정되고 있다. 복잡도에 관한 몇 가지 연구 관찰은 복잡도가 공학에 현저한 영향을 줄 수 있다는 것을 보여주었다.

복잡도에 대한 관찰은 토목, 항공우주, 해양, 생명공학, 통신과 같은 대형 규모의 프로젝트에서 적절하며, 복잡도를 다루는 능력의 부족으로 인해 일어나는 부분 또는 전체 고장의 많은 예가 이를 잘 보여준다. 이러한 고장은 다음과 같은 현상으로 나타난다.

- 일정과 비용 초과
- 성능 미달
- 불량한 가용도
- 느린 작동
- 인간/기계 인터페이스 관련 이슈

이러한 기준의 한 가지 이상을 나타내는 대규모 시스템은 고객 인식의 불량으로 이어지게 된다. 특히, 대형 공공부문 프로젝트의 경우 각종 매체들에 의해 부정적인 논평으로 비난받을 개연성이 많다.

복잡도를 이해하는 것은 요건의 복잡도를 이해하는 것에서부터 시작된다. 이해관계자와의 건전한 의사소통뿐만 아니라, 다른 환경에서의 설계 요소에 대한 면밀한 분석을 하는 전체론적인 시스템 방법이 복잡도의 이해를 돕는다. 생애주기의 모든 단계에 대해 검토를 하는 아래로 흘러내리는 요건의 면밀한 관리가 실행될 필요가 있다. 기능 할당을 분명하게 정의하고 기능적, 물리적, 데이터 인터페이스뿐만 아니라 요건과 출현 속성을 조화시키는 엄격한 방법을 유지하는 것이 좋은 관행이다.

17.7 출현 속성

출현 속성은 예상하지 못한 시스템의 특징을 말한다. **출현 속성**(emergent properties)은 시스템의 성능을 발전시키기 때문에 바람직할 수도 있고, 시스템의 성능을 감소시키기 때문에 바람직하지 않을 수도 있다. 출현 속성을 예상하지 못하는 이유는 이들이 기능의 조합으로 인해 발생하거나, 때로는 시스템 내의 물리적인 상호작용으로 인해 발생하기 때문이다. 시스템의 기능이 보다 복잡하고 상호의존적일수록 전체 작업으로 통합될 때, 시스템이 결합된 결과에 대한 정확한 산출물을 예상하기가 더 어려워진다.

그림 17.10은 시스템의 정규적인 특성과 구별되는 출현 속성에 대한 몇 가지 요소를 보여주고 있다. 일반적으로 사람들은 대부분의 요소들이 시스템에 선형적인 영향을 주고, 도표에서 보이는 통제 가능한 변수가 분산되고 선형적이며, 보통 단수형의 자족적인 영향이 존재한다고 예상한다. 예를 들어 질량(중량)을 더 추가하면 시스템 거동은 추가한 질량(중량)에 정비례하여 더 무거워진다. 구성부품의 체적 증가를 직접적으로 측정할 수 있다고 예상한다. 이러한 실행 결과는 예측이 분명하여 일반적으로 생애주기의 초기 단계에서 감시 · 통제된다.

출현 속성은 영향이 비선형적이고 다변량(multi-variate)일 때 발생한다. 조합된 영향의 충격이 개별 영향의 합보다 더 크다. 그림 17.10에 보인 예는 설비에 커다란 영향을 주는 시스템 간의 전자기 간섭, 결합 면에서 결합 저항 혹은 부식의 편차, 송신 동력과 전기적 소음의 변화 등이 포함된다. 스트레스를 받으면 승무원의 작업부하가 늘어나 사고 발생 가능성을 증가시킬 수 있는 인적요소도 마찬가지 요소이다. 상호운용성 이슈는 각기 다른 운영자로 하여금 항공기를 동일하게 작동할 수 없게 하는 요소가 있을 때 발생한다. 각기 다른 예비품, 연료, 무선 주파수, 통신규약이 이러한 상황을 야기하는 요소들이다.

출현 속성은 일정과 비용 성능에 영향을 준다. 예측 불가능한 본질로 인해 그 영향은 생애주기의 후반에 이를 때까지 미치게 된다. 앞서 살펴본 바와 같이, 재작업과 변경에 비용과 시간이 많이 소모되기 때문에 결코 바람직하지 않다. 생애주기 초기에 출현 속성의 근원을 예견하고 식별하는 것이 중요하다. 대규모 복합 시스템에서 이는 도전적인 과제이지만 생애주기의 후기 단계의 작업과 일정에 대한 영향을 줄이는 데 중요하다.

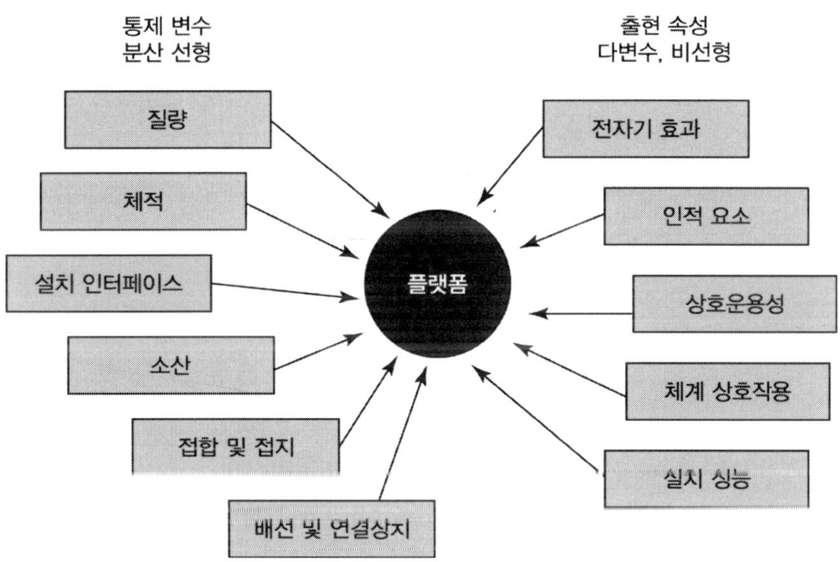

그림 17.10 통제되고, 통제되지 않는 상호작용의 예

토의 문제 및 활동

1. 그림 17.1은 경험 모델로부터 배우는 시스템 엔지니어링의 실질적인 세계를 보여주고 있다. 이 모델이 지식 관리와 다른 점에 대해 설명하라.

2. 그림 17.4는 항공기 시스템 설계 및 개발에 관련된 다양한 부류의 이해관계자를 보여주고 있다. 각 박스에서 보여주고 있는 이해관계자들의 상대적인 중요도를 설명하라.

3. 조직적인 의사소통이 가지고 있는 두 가지 측면을 설명하라.

4. 조직 의사소통에 사용되는 매체를 열거하고 각 특징을 말해보라.

5. 그림 17.5는 모든 사용자를 상호 연결하여 시스템에 등록된 모든 정보에 형상관리 구조를 부과하는 디지털 데이터 관리 시스템을 보여주고 있다. 이들 각 요소를 구체적으로 설명하라.

6. 불량한 의사소통으로 인해 소요되는 비용과 교훈에 대하여 설명하라.

7. 설계과정에서 비평의 필요성과 비평과 관련된 행동을 요약하라.

8. 그림 17.9는 제품 생애주기에 걸쳐 공급자와의 관계가 어떻게 변하는지를 보여주고 있다. 이에 대하여 설명하라.

9. 항공기 시스템의 복잡도와 요소 간의 상호 관계에 대하여 설명하라.

10. 출현속성을 정의하고, 그림 17.10에서 보여주는 시스템의 정규적인 특성과 구별되는 출현속성과 관련되는 몇 가지 요소에 대하여 설명하라.

18 Chapter 프로젝트 관리 과정

개요 및 학습목표

프로젝트 관리 기술은 많은 과정으로 이루어진다. 이 과정을 간단히 정의하면 다음과 같다.

- 착수 단계: 기존 프로젝트의 새 단계 또는 새 프로젝드를 정의하고, 승인을 받아 시작하는 단계(프로젝트를 시작하도록 승인을 얻는 단계)
- 기획 단계: 프로젝트의 범위를 설정하여 목표를 구체화하고, 프로젝트의 목표를 달성하기 위한 일련의 활동을 계획하는 단계(프로젝트가 강조하는 사업 요구를 달성하기 위해 계획을 수립하는 단계)
- 실행 단계: 프로젝트 사양에 맞게 프로젝트 관리계획서에 정의된 작업을 완료하는 과정에서 수행되는 단계(프로젝트에 할당된 사람과 다른 자원을 조정하는 단계)
- 감시 및 통제 단계: 프로젝트의 진행과 성과를 추적, 검토 및 조절하거나 계획 변경이 필요한 영역을 식별하거나 해당 변경을 착수하는 데 필요한 모든 단계(진행사항을 감시하고 측정하여 수정 활동이 적시에 일어날 수 있도록 프로젝트 목표 달성을 보장하는 단계)
- 종료 단계: 전체 관리 과정 그룹의 모든 활동을 종결하는 과정으로, 수행되어 온 프로젝트나 단계를 공식적으로 종료하는 단계(최종 결과(산출물)를 수락하여 정연하게 프로젝트 종료를 유도하여 프로젝트의 완료를 공식화하는 단계)

이 장을 학습한 후에 여러분은 프로젝트 관리과정 각 단계를 간단히 정의할 수 있어야 한다. 프로젝트 관리과정의 각 단계별 입출력 요소와 과정 각 단계의 상호관계를 이해해야 한다. 프로젝트 착수 단계의 과정 그룹별 수행활동을 기술할 수 있어야 한다. 프로젝트 기획 단계의 과정 그룹별 수행활동을 기술할 수 있어야 한다. 프로젝트 실행 단계의 과정 그룹별 수행활동을 기술할 수 있어야 한다. 프로젝트 감시 및 통제 단계의 과정 그룹별 수행활동을 기술할 수 있어야 한다.

18.1 프로젝트 관리 과정 그룹의 상호작용

PMBOK Guide의 PMI의 정의에 의하면 그림 18.1과 같은 5단계의 핵심 프로젝트 관리 과정이 존재한다.

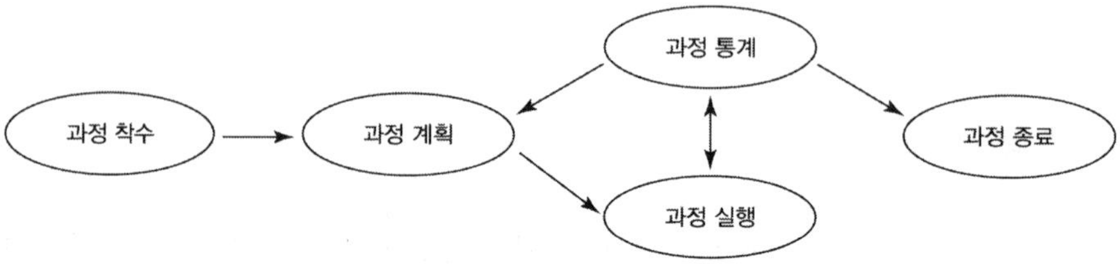

그림 18.1 PMBOK 프로젝트 관리 과정

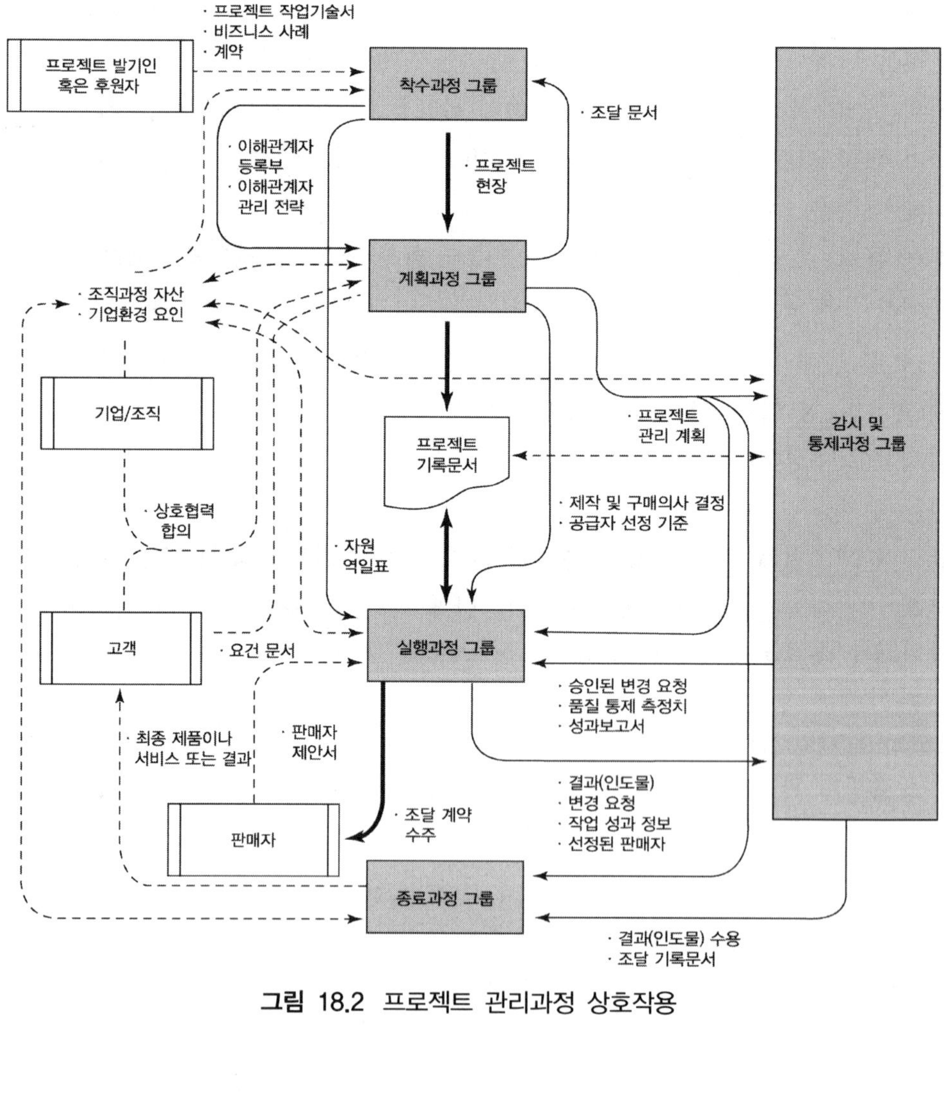

그림 18.2 프로젝트 관리과정 상호작용

이들 5단계 관리 과정 그룹은 상호 의존성을 가지며 각 프로젝트에서 동일한 순서로 수행되고, 독립적인 적용 영역 또는 산업 분야를 가지고 있다. 각 과정 그룹 및 그 구성 과정은 대개 프로젝트가 완료되기까지 반복적으로 수행된다. 구성 과정은 과정 그룹 내에서 그리고 과정 그룹 간에 상호작용을 한다. 이러한 상호작용은 프로젝트에 따라 달라지며, 특정 순서로 수행되기도 하고 그렇지 않을 수도 있다.

그림 18.2의 과정 흐름도는 과정 그룹과 특정 이해관계자 사이의 기본적인 흐름 및 상호작용을 간략히 보여준다. 과정 그룹은 각각의 투입물과 산출물로 연결된 프로젝트 관리 과정들을 포함한다. 이때 한 과정의 결과물이나 성과는 다른 과정의 투입물이 된다. 과정 그룹은 프로젝트 단계가 아니다. 대규모 또는 복잡한 프로젝트는 타당성 조사, 개념 개발, 설계, 시제품(원형) 제작, 건설, 시험 등의 개별적인 단계나 하위 프로젝트들로 나뉘며, 일반적으로 모든 과정 그룹은 각 단계 또는 하위 프로젝트에서 반복된다.

18.2 착수 단계 관리

1) 착수 단계

착수 단계는 프로젝트 또는 단계의 시작을 승인 받아서 기존 프로젝트의 새 단계 또는 새 프로젝트를 정의하기 위해 수행하는 과정들로 구성된다. 착수 과정 내에서 초기 범위가 정의되고, 초기 자원이 충당된다. 프로젝트의 전체 결과에 영향을 미치는 내 · 외부 이해관계자가 식별된다. 그리고 아직 임명되지 않았다면 프로젝트 관리자(PM)도 선정된다. 모든 정보는 프로젝트 헌장과 이해관계자 등록부에 기록된다. 프로젝트 헌장이 승인되면 프로젝트가 공식적으로 승인된다. 프로젝트 관리 팀에서 프로젝트 헌장을 작성하는 일을 지원할 수는 있지만 승인하고 자금을 조성하는 일은 프로젝트 범위 밖에서 처리된다.

착수 과정 그룹의 일환으로 대규모 또는 복잡한 프로젝트를 여러 개별 단계로 세분하기도 한다. 이러한 프로젝트의 경우, 후속 단계에서 착수 과정을 수행하면서 최초 프로젝트 헌장 개발 및 이해관계자 식별 과정 동안에 수행한 결정을 확인한다. 각 단계를 시작할 때 착수 과정을 호출하면 프로젝트로 처리하려고 했던 사업상 요구사항에 프로젝트의 초점을 유지하는 데 도움이 된다. 성공 기준을 검증하고 프로젝트 이해관계자의 영향과 목표를 검토한다. 그런 다음에 프로젝트의 지속, 지연 또는 중단 여부를 결정한다.

착수 과정에서 고객과 그 밖의 이해관계자를 참여시키면 대개 공동 소유 확률, 인도물(결과) 인수율, 고객 및 기타 이해관계자의 만족도가 일반적으로 향상된다.

착수 과정이 프로젝트의 통제 범위 밖의 조직, 프로그램 또는 포트폴리오 과정에 의해 수행될 수 있다. 예컨대 프로젝트를 시작하기에 앞서 광범위한 조직 이니셔티브의 일환으로 상위 단계의 요구사항을 문서로 기록해야 하는 경우가 이에 해당한다. 새로운 일의 타당성은 대안 검토 과정을 통해 확인할 수 있다. 특정 프로젝트가 요구사항을 충족하는데 최선의 대안이 되는 이유를 포함하여 프로젝트 목표를 명확히 설정한다. 이러한 결정을 기록한 문서에는 조직의 투자 분석에 유용한 초기 프로젝트 범위기술서, 인도물(결과), 프로젝트 기간, 자원 예측치도 포함될 수 있다. 착수 과정의 일환으로 후속 프로젝트 활동에 조직의 자원을 적용할 권한이 프로젝트 관리자(PM)에게 부여된다.

착수 과정 그룹에서 프로젝트 관리 과정은 다음과 같다.

2) 착수 과정 그룹

1. 프로젝트 헌장 개발

프로젝트 헌장 개발(develop project charter) 과정은 프로젝트 또는 단계를 공식적으로 승인하는 문서를 작성하고, 이해관계자의 요구와 기대치를 충족하기 위한 초기 요구사항을 문서화하는 과정이다. 여러 단계 프로젝트에서는 이 과정을 통해 이전에 프로젝트 헌장 개발을 반복하는 과정에서 내려진 결정을 확인하거나 보완한다.

과정 수행의 입/출력 요소는 다음과 같다.

입력: 계약서, 프로젝트 작업기술서, 기업 환경 요소, 조직 프로세스 자산

출력: 프로젝트 헌장

2. 이해관계자 식별

이해관계자 식별(identify stakeholders) 과정은 프로젝트의 영향을 받는 모든 사람과 또는 조직을 식별하여 각각의 이해 사항, 관여도, 프로젝트의 성공에 미치는 영향력에 관한 정보를 문서화하는 과정이다.

과정 수행의 입/출력 요소는 다음과 같다.

입력: 프로젝트 헌장, 구매계약서

출력: 이해관계자 명부(요건 문서, 품질관리 계획, 위험 명부)

3. 예비 프로젝트 범위 명세서

이는 프로젝트 착수 과정에 대한 다른 입력요소와 함께 프로젝트 헌장을 사용하여 프로젝트의 예비 고급 수준의 정의를 작성하는데 필요한 과정이다. 이 과정은 프로

젝트와 결과물 요건, 제품 요건, 프로젝트의 경계, 수락 방법 및 고수준의 범위 통제를 다루며 문서화한다. 다단계 프로젝트의 경우 이 과정은 각 단계에 대한 프로젝트 범위를 검증하거나 개선한다.

과정 수행의 입/출력 요소는 다음과 같다.

입력: 프로젝트 헌장, 프로젝트 작업지시서, 기업 환경 요소, 조직 프로세스 자산

출력: 예비 프로젝트 범위 명세서

18.3 기획 단계 관리

1) 기획 단계

기획 단계는 노력의 전체 범위를 설정하고, 목표를 정의하고 개정하며, 확정된 목표를 달성하기 위해 필요한 일련의 활동을 개발하는 과정들로 구성된다. 기획 과정을 통해 프로젝트를 수행하는 데 사용할 프로젝트 관리 계획서 및 프로젝트 문서를 개발한다. 프로젝트 관리의 다차원적 특성은 추가 분석이 필요한 반복된 피드백 루프를 생성한다. 프로젝트 정보나 특성이 점점 더 수집되고 파악됨에 따라 추가 기획이 필요할 수도 있다. 전체 프로젝트 생애주기 동안 중대한 변경이 발생하면 하나 이상의 기획 과정을 재고해야 하며, 경우에 따라 착수 과정도 일부 재고해야 할 수도 있다. 이와 같이 프로젝트 관리 계획서를 점진적으로 구체화하는 과정을 '**연동 기획**(Rolling Wave Planning)'이라고도 하는데, 기획과 문서화 작업이 반복적이며 지속적인 과정임을 의미한다.

기획 과정 그룹의 산출물로 작성된 프로젝트 관리 계획서와 프로젝트 문서들은 범위, 시간, 원가, 품질, 의사소통, 위험 및 조달의 모든 측면을 다룬다. 프로젝트 진행 과정에서 변경 승인으로 인한 갱신은 프로젝트 관리 계획서 및 프로젝트 문서의 일부에 상당한 영향을 미칠 수 있다. 이러한 문서의 갱신은 정의된 프로젝트 범위를 충족시키기 위한 일정, 원가, 자원 요구사항 측면의 정확성을 높여준다.

프로젝트 팀은 프로젝트를 기획하고 프로젝트 관리 계획서 및 프로젝트 문서를 개발할 때 모든 관련 이해관계자의 참여를 유도해야 한다. 피드백과 파징 개정을 무한히 지속할 수는 없으므로 조직에서 설정한 절차에서 초기 기획 노력을 끝낼 시점을 명시한다. 이러한 절차는 프로젝트가 수행되는 환경의 영향은 물론 프로젝트의 성격, 확정된 프로젝트 경계, 적정한 감시 및 통제 활동에 영향을 주게 된다.

기획 과정 그룹 내 과정 간 다른 상호작용은 프로젝트의 성격에 따라 좌우된다. 예를

들어, 중요한 기획을 수행한 후에도 위험을 전혀 또는 거의 식별할 수 없는 프로젝트가 일부 있다. 위험이 초반에 파악했던 것보다 훨씬 심각한 상황이 발생할 경우에 프로젝트 팀에서 원가 및 일정 목표를 보다 공격적으로 조정할 필요성을 인식하게 된다. 이러한 반복 작업의 결과는 프로젝트 관리 계획서 또는 프로젝트 문서에 갱신 수록된다.

기획 과정 그룹에는 다음과 같은 프로젝트 관리 과정이 포함된다.

2) 기획 과정 그룹

1. 프로젝트 관리 계획서 개발

프로젝트 관리 계획서 개발(develop project management plan)은 모든 보조 계획을 정의하고 준비하고 통합하는 데 필요한 조치를 문서화하는 과정이다. 프로젝트 관리 계획서는 프로젝트를 기획, 실행, 감시 및 통제, 종료하는 방법에 관한 기본적인 정보를 제공한다.

과정 수행의 입/출력 요소는 다음과 같다.

입력: 예비 프로젝트 범위 명세서, 프로젝트 관리 과정, 기업 환경 요소, 조직 프로세스 자산

출력: 프로젝트 관리 계획서

2. 범위 계획

범위 계획(planning scope)는 프로젝트의 범위를 정의하고, 검증하고, 통제하는 방법을 문서화하고 작업분류체계를 생성하고 정의하는 방법인 프로젝트 범위 관리 계획서를 작성하는데 필요한 과정이다.

과정 수행의 입/출력 요소는 다음과 같다.

입력: 기업 환경 요소, 조직 프로세스 자산, 프로젝트 헌장, 예비 프로젝트 범위 명세서, 프로젝트 관리 계획서

출력: 프로젝트 범위 관리 계획서

3. 범위 정의

범위 정의(define scope)는 프로젝트와 제품에 대한 상세한 설명을 개발하는 과정이다.

과정 수행의 입/출력 요소는 다음과 같다.

입력: 조직 프로세스 자산, 프로젝트 헌장, 예비 프로젝트 범위 명세서, 프로젝트 범위 관리 계획서, 승인된 변경 요청서

출력: 프로젝트 범위 명세서, 변경 요청서, 프로젝트 범위 관리 계획서(업데이트)

4. 작업분류체계(WBS) 작성

작업분류체계(WBS) 작성(create WBS)은 프로젝트 인도물과 프로젝트 작업을 관리하기 편리한 작은 요소들로 세분하는 과정이다.

과정 수행의 입/출력 요소는 다음과 같다.

입력: 조직 프로세스 자산, 프로젝트 범위 명세서, 프로젝트 범위 관리 계획서, 승인된 변경 요청서

출력: 프로젝트 범위 명세서(업데이트), 작업분류체계, WBS 사전, 범위 기준선, 프로젝트 범위 관리 계획서(업데이트), 변경 요청서

5. 활동 정의

활동 정의(define activities)는 프로젝트 인도물을 생성하기 위해 수행하는 특정 활동들을 식별하는 과정이다.

과정 수행의 입/출력 요소는 다음과 같다.

입력: 기업 환경 요소, 조직 프로세스 자산, 프로젝트 범위 명세서, 승인된 변경 요청서

출력: 활동 목록, 활동 속성, 일정표 목록, 변경 요청서

6. 활동순서 배열

활동순서 배열(sequence activities) 과정은 프로젝트 활동 사이의 관계를 식별하여 문서화하는 과정이다.

과정 수행의 입/출력 요소는 다음과 같다.

입력: 프로젝트 범위 명세서, 활동 목록, 활동 속성, 일정표 목록, 승인된 변경 요청서

출력: 프로젝트 일정 네트워크 선도, 활동 목록(업데이트), 활동 속성(업데이트), 변경 요청서

7. 활동자원 추정

활동자원 추정(estimate activity resources)은 각 활동을 수행하는 데 필요한 재료, 사람, 장비 또는 공급품의 종류와 수량을 추정하는 과정이다.

과정 수행의 입/출력 요소는 다음과 같다.

입력: 기업 환경 요소, 조직 프로세스 자산, 활동 목록, 활동 속성, 자원 가용도, 프로젝트 관리 계획서

출력: 활동 자원 요건, 활동 속성(업데이트), 자원분류체계(RBS), 자원 이력(업데이트), 변경 요청서

8. 활동기간 산정

활동기간 산정(estimate activity duration)은 산정된 자원으로 개별 활동을 완료하는 데 필요한 총 작업 기간 수를 대략적으로 추정하는 과정이다.

과정 수행의 입/출력 요소는 다음과 같다.

입력: 기업 환경 요소, 조직 프로세스 자산, 활동 목록, 활동 속성, 활동 자원 요건, 자원 이력, 프로젝트 관리 계획서(위험 명부, 활동비용 추정)

출력: 활동 기간 산정, 활동 속성(업데이트)

9. 일정 개발

일정 개발(develop schedule)은 활동 순서, 기간, 자원 요구사항 및 일정 제약사항을 분석하여 프로젝트 일정을 수립하는 과정이다.

과정 수행의 입/출력 요소는 다음과 같다.

입력: 조직 프로세스 자산, 프로젝트 범위 명세서, 활동 목록, 활동 속성, 프로젝트 일정 네트워크 선도, 활동 자원 요건, 자원 이력, 활동 기간 산정, 프로젝트 관리 계획서(위험 명부)

출력: 프로젝트 일정, 일정 모형 데이터, 일정 기준선, 자원 요건(업데이트), 활동 속성(업데이트), 프로젝트 이력(업데이트), 프로젝트 관리 계획서(업데이트: 일정 관리 계획서(업데이트))

10. 비용 추정

비용 추정(estimate costs)은 프로젝트 활동을 완료하는 데 필요한 금전적 자원의 근사치를 추정하는 과정이다.

과정 수행의 입/출력 요소는 다음과 같다.

입력: 기업 환경 요소, 조직 프로세스 자산, 프로젝트 범위 명세서, 작업분류체계, WBS 사전, 프로젝트 관리 계획서(일정 관리 계획서, 충원 관리 계획서, 위험 명부)

출력: 활동비용 추정, 활동비용 추정 지원 세부사항, 변경 요청서, 비용 관리 계획서(업데이트)

11. 예산 결정

예산 결정(determine budget)은 개별 활동 또는 작업 패키지별로 산정된 원가를 합산하여 승인된 원가 기준선을 설정하는 과정이다.

과정 수행의 입/출력 요소는 다음과 같다.

입력: 프로젝트 범위 명세서, 작업분류체계, WBS 사전, 활동비용 산정 지원 세부사항, 프로젝트 일정, 자원 이력, 계약서, 비용 관리 계획서

출력: 비용 기준선, 프로젝트 기금 요건, 비용 관리 계획서(업데이트), 변경 요청서

12. 품질 계획수립

품질 계획수립(plan quality)은 프로젝트 및 제품에 대한 품질 요구사항 및 표준을 확인하고, 프로젝드가 실제로 어떻게 이것을 준수할지 문서화하는 과정이다.

과정 수행의 입/출력 요소는 다음과 같다.

입력: 기업 환경 요소, 조직 프로세스 자산, 프로젝트 범위 명세서, 프로젝트 관리 계획서

출력: 품질 관리 계획서, 품질 지표, 품질 체크리스트, 과정 개선 계획서, 품질 기준선, 프로젝트 관리 계획서(업데이트)

13. 인적 자원 계획 수립

인적 자원 계획서 개발(plan human resource)은 프로젝트 역할, 책임사항, 필요한 기량, 보고 관계를 식별하여 문서화하고 직원 관리 계획서를 작성하는 과정이다

과정 수행의 입/출력 요소는 다음과 같다.

입력: 기업 환경 요소, 조직 프로세스 자산, 프로젝드 관리 계획서(활동 자원 요건)

출력: 역할 및 책임, 프로젝트 조직도, 충원 관리 계획서

14. 의사소통 계획수립

의사소통 계획수립(plan communications)은 프로젝트 이해관계자의 정보 요구사항을 결정하고 의사소통 방식을 정의하는 과정이다.

과정 수행의 입/출력 요소는 다음과 같다.

입력: 기업 환경 요소, 조직 프로세스 자산, 프로젝트 범위 명세서, 프로젝트 관리

계획서(제약요소, 가정)

출력: 의사소통 관리 계획서

15. 위험 관리 계획수립

위험 관리 계획수립(plan risk management)은 프로젝트에 대한 위험 관리 활동을 수행하는 방법을 정의하는 과정이다.

과정 수행의 입/출력 요소는 다음과 같다.

입력: 기업 환경 요소, 조직 프로세스 자산, 프로젝트 범위 명세서, 프로젝트 관리 계획서

출력: 위험 관리 계획서

16. 위험 식별

위험 식별(identify risks)은 프로젝트에 영향을 미칠 수 있는 위험을 식별하고 위험별 특성을 문서화하는 과정이다.

과정 수행의 입/출력 요소는 다음과 같다.

입력: 기업 환경 요소, 조직 프로세스 자산, 프로젝트 범위 명세서, 위험 관리 계획서, 프로젝트 관리 계획서

출력: 위험 명부

17. 정성적 위험 분석 수행

정성적 위험 분석 수행(perform qualitative risk analysis)은 위험의 발생 확률과 영향력을 검토하고 결합함으로써 추가적인 분석이나 조치를 위하여 위험의 우선순위를 지정하는 과정이다

과정 수행의 입/출력 요소는 다음과 같다.

입력: 기업 환경 요소, 조직 프로세스 자산, 위험 관리 계획서, 위험 명부

출력: 위험 명부(업데이트)

18. 정량적 위험 분석 수행

정량적 위험 분석 수행(perform quantitative risk analysis)은 확인된 위험이 전체 프로젝트 목표에 미치는 영향을 수치로 분석하는 과정이다.

과정 수행의 입/출력 요소는 다음과 같다.

입력: 조직 프로세스 자산, 프로젝트 범위 명세서, 위험 관리 계획서, 위험 명부,

프로젝트 관리 계획서(프로젝트 일정 관리 계획서, 프로젝트 비용 관리 계획서)

출력: 위험 명부(업데이트)

19. 위험 대응 계획 수립

위험 대응 계획 수립(plan risk responses)은 프로젝트 목표에 대한 기회를 증대시키고 부정적인 요인을 완화시킬 수 있도록 선택 가능한 대안과 조치를 개발하는 과정이다.

과정 수행의 입/출력 요소는 다음과 같다.

입력: 위험 관리 계획서, 위험 명부

출력: 위험 명부(업데이트), 프로젝트 관리 계획서(업데이트), 위험 관련 계약서

20. 조달 계획 수립

조달 계획 수립(plan procurements)은 구매 혹은 획득 물품을 결정하고 일정과 방법을 결정하는 과정이다.

과정 수행의 입/출력 요소는 다음과 같다.

입력: 기업 환경 요소, 조직 프로세스 자산, 프로젝트 범위 명세서, 과업분류체계, WBS 사전, 프로젝트 관리 계획서(위험 명부, 위험 관련 계약서, 자원 요건, 프로젝트 일정, 활동비용 산정, 비용 기준선)

출력: 조달 관리 계획서, 계약 작업 명세서, 생산 혹은 구매 결정서, 변경 요청서

21. 계약 계획

계약 계획(plan contracting)은 제품, 서비스 및 결과물 요건을 문서화하고 잠재적 판매자를 식별하는 과정이다.

과정 수행의 입/출력 요소는 다음과 같다.

입력: 조달 관리 계획서, 계약 작업 명세서, 생산 혹은 구매 결정서, 프로젝트 관리 계획서(위험 명부, 위험 관련 계약서, 자원 요건, 프로젝트 일정, 활동비용 산정, 비용 기준선)

출력: 조달 문서, 평가 기준, 계약 작업 명세서(업데이트)

18.4 실행 단계 관리

1) 실행 단계

실행 단계는 프로젝트 사양을 충족하기 위해서 프로젝트 관리계획서에서 정의된 작업을 완료하는 과정에서 수행되는 과정들로 구성된다. 프로젝트 관리 계획서에 따라 프로젝트 활동을 통합하고 수행하는 과정뿐만 아니라, 인력과 자원을 조정하는 과정들이 실행 과정 그룹에 포함된다.

프로젝트를 실행하는 동안 계획을 수정하고 기준선을 재설정해야 하는 수도 있다. 여기에는 예정된 활동 기간 변경, 자원 생산성 및 가용성 변동 및 예상치 못한 위험이 수반되기도 한다. 이러한 변동성이 프로젝트 관리 계획서나 프로젝트 문서에 영향을 미칠 수 있고, 적절한 프로젝트 관리 대응을 마련해야 하거나 대응책에 대한 상세한 분석이 필요한 경우도 생긴다. 이러한 분석 결과 변경 요청이 제기되고 이것이 승인될 경우에는 프로젝트 관리 계획서 또는 기타 프로젝트 문서를 수정하고, 새로운 기준선을 설정해야 하는 상황이 초래될 수도 있다. 프로젝트 예산의 막대한 부분이 실행 과정 그룹을 수행하는 데 소요된다.

실행 과정 그룹에는 다음과 같은 프로젝트 관리 과정이 포함된다.

2) 실행 과정 그룹

1. 프로젝트 실행 지시 및 관리

   프로젝트 실행 지시 및 관리(direct and manage project execution)는 프로젝트의 목표를 달성하기 위해 프로젝트 관리 계획서에서 정의된 작업을 수행하는 과정이다. 과정 수행의 입/출력 요소는 다음과 같다.

   입력: 프로젝트 관리 계획서, 시정조치 승인서, 예방조치 승인서, 변경 요청 승인서, 결함 수리 승인서, 결함 수리 검증서, 행정 종료 절차서

   출력: 결과물, 변경 요청서, 변경 요청 실행서, 수정조치 실행서, 예방조치 실행서, 결함 수리 실행서, 작업 성과 정보

2. 품질 보증 수행

   품질 보증 수행(perform quality assurance)은 품질의 요구사항과 품질 통제의 측정 결과를 감시하면서, 해당하는 품질 표준과 운영상 정의를 사용하고 있는지 확인하는 과정이다.

과정 수행의 입/출력 요소는 다음과 같다.

입력: 품질 관리 계획서, 품질 지표, 과정 개선 계획서, 작업 성과 정보, 변경 요청 승인서, 품질 관리 측정서, 변경 요청 실행서, 수정조치 실행서, 결함 수리 실행서, 예방조치 실행서

출력: 변경 요청서, 수정조치 권고서, 조직 프로세스 자산(업데이트), 프로젝트 관리 계획서(업데이트)

3. 프로젝트 팀 확보

프로젝트 팀 확보(acquire project team)는 가용 인적 자원을 확인하여 프로젝트 과정을 완료하는 데 필요한 팀을 구성하는 과정이다.

과정 수행의 입/출력 요소는 다음과 같다.

입력: 기업 환경 요소, 조직 프로세스 자산, 역할 및 책임, 프로젝트 조직도, 충원 관리 계획서

출력: 프로젝트 인력 배치서, 자원 가용도, 인력 관리 계획서(업데이트)

4. 프로젝트 팀 개발

프로젝트 팀 개발(develop project team)은 프로젝트 성과를 향상시키기 위해 팀원들의 역량과 팀원 간 협력, 전반적인 팀 분위기를 개선하는 과정이다.

과정 수행의 입/출력 요소는 다음과 같다.

입력: 프로젝트 인력 배치서, 인력 관리 계획서, 자원 가용도

출력: 팀 성과 평가서

5. 정보 배포

정보 배포(distribute information)는 프로젝트 이해관계자에게 계획된 대로 시기적절하게 관련 정보를 제공하는 과정이다.

과정 수행의 입/출력 요소는 다음과 같다.

입력: 의사소통 관리 계획서

출력: 조직 프로세스 자산(업데이트), 변경 요청서

6. 판매자 대응 요청

판매자 대응 요청(request seller responses)은 정보, 견적서, 입찰서, 제안서에 필요한 과정이다.

과정 수행의 입/출력 요소는 다음과 같다.

입력: 조직 프로세스 자산, 조달 관리 계획서, 조달 문서

출력: 적격 판매자 목록, 조달 문서 패키지, 제안서

7. 판매자 선정

판매자 선정(select sellers)은 제안서를 검토하고 잠재적 판매자를 선정하고 판매자와 서면 계약을 협상하는데 필요한 과정이다.

과정 수행의 입/출력 요소는 다음과 같다.

입력: 조직 프로세스 자산, 조달 관리 계획서, 평가 기준, 조달 문서 패키지, 제안서, 적격 판매자 목록, 프로젝트 관리 계획서(위험 명부, 위험 관련 계약서)

출력: 판매자 선정, 계약서, 계약 관리 계획서, 자원 가용도, 조달 관리 계약서(업데이트), 변경 요청서

18.5 감시 및 통제 단계 관리

1) 감시 및 통제 단계

감시 및 통제 단계는 프로젝트의 진행과 성과를 추적하여 검토 및 조절하고, 계획 변경이 필요한 영역을 식별하여 해당 변경을 착수하는 데 필요한 과정들로 구성된다. 이 과정 그룹의 주요 장점은 프로젝트 성과를 정기적으로 꾸준하게 관찰하고 측정하여 프로젝트 관리 계획서로부터 차이를 식별한다는 점이다. 감시 및 통제 과정 그룹에는 다음과 같은 활동도 포함된다.

- 변경 통제, 가능한 문제에 대비하여 예방 조치 권유
- 프로젝트 활동을 지속적으로 감시하여 프로젝트 관리 계획서 및 프로젝트 성과 기준선을 준수하는지 확인
- 통합 변경 통제를 피할 수 있는 요인을 조정하여 승인된 변경만을 구현하도록 조치

이와 같은 지속적인 감시 활동을 통해 프로젝트 팀은 프로젝트의 상태를 파악하고 긴밀한 주의를 요하는 영역을 식별할 수 있다. 감시 및 통제 과정 그룹은 과정 그룹 내에서 수행되는 작업만 감시하고 통제하는 것이 아니라 프로젝트 전반의 노력도 감시하고 통제한다. 여러 단계로 구성되는 프로젝트에서는 감시 및 통제 과정 그룹에서 프로젝트 관리

계획서에 따라 프로젝트를 진행하기 위해 필요한 시정 또는 예방 조치를 구현할 수 있도록 프로젝트 단계를 통합한다. 검토 결과로 프로젝트 관리 계획서에 대한 갱신이 제안되어 승인을 받기도 한다. 예를 들어 활동 종료일을 넘긴 경우, 현재의 직원배정 계획과 시간외 근무 비중을 조정하거나 예산과 일정 목표들을 절충할 수 있다.

감시 및 통제 과정 그룹에는 다음과 같은 프로젝트 관리 과정이 포함된다.

2) 감시 및 통제 과정 그룹

1. 프로젝트 작업 감시 및 통제

프로젝트 작업 감시 및 통제(monitor and control project work)는 프로젝트 관리 계획서에 정의된 성과 목표를 달성하기 위해 프로젝트 진행을 추적하여 검토하고, 조정하는 과정이다. 상태 보고, 진행 측정, 예측 활동이 감시 과정에 포함된다. 성과 보고서는 범위, 일정, 원가, 자원, 품질, 위험과 관련하여 프로젝트 성과에 대한 정보를 제공한다. 이러한 정보는 다른 과정의 투입물로 사용될 수 있다.

과정 수행의 입/출력 요소는 다음과 같다.

입력: 프로젝트 관리 계획서, 작업 성과 정보, 변경 요청 거부서

출력: 시정조치 권고서, 예방조치 권고서, 예측, 결함 수리 권고서, 변경 요청서

2. 통합 변경 통제 수행

통합 변경 통제 수행(perform integrated change control)은 모든 변경 요청을 검토하고, 변경사항을 승인하고, 결과물, 조직 과정 자산, 프로젝트 문서, 프로젝트 관리 계획서에 대한 변경을 관리하는 과정이다.

과정 수행의 입/출력 요소는 다음과 같다.

입력: 프로젝트 관리 계획서, 변경 요청서, 작업 성과 정보, 예방조치 권고서, 시정조치 권고서, 결함 수리 권고서, 결과물

출력: 변경 요청 승인서, 변경 요청 거부서, 프로젝트 관리 계획서(업데이트), 프로젝트 범위 명세서(업데이트), 시정조치 승인서, 예방조치 승인서, 결함 수리 승인서, 결함 수리 검증서, 결과물

3. 범위 검증

범위 검증(verify scope)은 완료된 프로젝트 인도물의 인수를 공식화하는 과정이다.

과정 수행의 입/출력 요소는 다음과 같다.

입력: 프로젝트 범위 명세서, WBS 사전, 프로젝트 범위 관리 계획서, 결과물

출력: 결과물 승인서, 변경 요청서, 시정조치 권고서

4. 범위 통제

범위 통제(control scope)는 프로젝트의 프로젝트 및 제품 범위의 상태를 감시하고 범위 기준선에 대한 변경을 관리하는 과정이다.

과정 수행의 입/출력 요소는 다음과 같다.

입력: 프로젝트 범위 명세서, 작업분류체계, WBS 사전, 프로젝트 범위 관리 계획서, 성과 보고서, 변경 요청 승인서, 작업 성과 정보

출력: 프로젝트 범위 명세서(업데이트), 작업분류체계(업데이트), WBS 사전(업데이트), 범위 기준선(업데이트), 변경 요청서, 시정조치 권고서, 조직 프로세스 자산(업데이트), 프로젝트 관리 계획서(업데이트)

5. 일정 통제

일정 통제(control schedule)는 프로젝트의 상태를 감시하여 프로젝트의 진행을 업데이트하고 일정 기준선에 대한 변경을 관리하는 과정이다.

과정 수행의 입/출력 요소는 다음과 같다.

입력: 일정 관리 계획서, 일정 기준선, 성과 보고서, 변경 요청 승인서

출력: 일정 모형 데이터(업데이트), 일정 기준선(업데이트), 성과 척도, 변경 요청서, 시정조치 권고서, 조직 프로세스 자산(업데이트), 활동 목록(업데이트), 활동 속성(업데이트), 프로젝트 관리 계획서(업데이트)

6. 원가 통제

원가 통제(control cost)는 기준선에 대한 프로젝트의 상태를 감시하여 프로젝트 예산을 업데이트하고 원가 변경을 관리하는 과정이다.

과정 수행의 입/출력 요소는 다음과 같다.

입력: 비용 기준선, 프로젝트 기금 요건, 성과 보고서, 작업 성과 정보, 변경 요청 승인서, 프로젝트 관리 계획서

출력: 원가 산정(업데이트), 원가 기준선(업데이트), 성과 척도, 완료 예측, 변경 요청서, 시정조치 권고서, 조직 프로세스 자산(업데이트), 프로젝트 관리 계획서(업데이트)

7. 품질 관리 수행

품질 관리 수행(perform quality control)은 특정 프로젝트 결과를 모니터링하여 관련 품질 표준을 준수하는지 확인하고 불만족스러운 성능의 원인을 제거하는 방법을 파악하여 필요한 변경 권고안을 제시하는 과정이다.

과정 수행의 입/출력 요소는 다음과 같다.

입력: 품질 관리 계획서, 품질 지표, 품질 체크리스트, 조직 프로세스 자산, 작업 성과 정보, 변경 요청 승인서, 결과물

출력: 품질 통제 척도, 결함 수정 검증서, 품질 기준선(업데이트), 시정조치 권고서, 예방조치 권고서, 변경 요청서, 결함 수리 권고서, 조직 프로세스 자산(업데이트), 결과물 검증, 프로젝트 관리 계획서(업데이트)

8. 프로젝트 팀 관리

프로젝트 팀 관리(manage project team)는 프로젝트 성과를 최적화하기 위하여 팀원의 성과를 추적하여 피드백을 제공하며, 이슈를 해결하고 변경을 관리하는 과정이다.

과정 수행의 입/출력 요소는 다음과 같다.

입력: 조직 프로세스 자산, 프로젝트 인력 배치서, 역할 및 책임, 프로젝트 조직도, 인력 관리 계획서, 팀 성과 평가서, 작업 성과 정보, 성과 보고서

출력: 변경 요청서, 시정조치 권고서, 예방조치 권고서, 조직 프로세스 자산(업데이트), 프로젝트 관리 계획서(업데이트)

9. 성과 보고

성과 보고(report performance)는 상태 보고, 진행 측정, 예측치 등의 성과 정보를 수집하고 배포하는 과정이다.

과정 수행의 입/출력 요소는 다음과 같다.

입력: 작업 성과 정보, 성과 척도, 완료 예측, 품질 관리 척도, 프로젝트 관리 계획서(성과 척도 기준선), 변경 요청 승인서, 결과물

출력: 성과 보고서, 예측, 변경 요청서, 시정조치 권고서, 조직 프로세스 자산(업데이트)

10. 이해관계자 기대사항 관리

이해관계자 기대사항 관리(manage stakeholder expectations)는 이해관계자들과 의사소통 및 협력을 통해 이해관계자의 요구사항을 충족시키고 발생하는 이슈를

처리하는 과정이다.

과정 수행의 입/출력 요소는 다음과 같다.

입력: 의사소통 관리 계획서, 조직 프로세스 자산

출력: 이슈 해결, 변경 요청 승인서, 시정조치 승인서, 조직 프로세스 자산(업데이트), 프로젝트 관리계획서(업데이트)

11. 위험 감시 및 통제

위험 감시 및 통제(monitor and control risk)는 프로젝트 전반에서 위험 대응 계획을 구현하고, 식별된 위험을 추적하고, 잔존 위험을 감시하고, 새로운 위험을 식별하고, 위험 처리를 검토하는 과정이다.

과정 수행의 입/출력 요소는 다음과 같다.

입력: 위험 관리 계획서, 위험 명부, 변경 승인 요청서, 작업 성과 정보, 성과 보고서

출력: 위험 명부(업데이트), 변경 요청서, 시정조치 권고서, 예방조치 권고서, 조직 프로세스 자산(업데이트), 프로젝트 관리 계획서(업데이트)

12. 계약 관리

계약 관리(administer contract)는 구매자와 판매자 간의 계약과 관계를 관리하고 판매자가 어떻게 수행하고 있는지 혹은 수행했는지를 검토하고 문서화하고, 필요한 경우 프로젝트 외부 구매자와의 계약 관계를 관리하는데 필요한 과정이다.

과정 수행의 입/출력 요소는 다음과 같다.

입력: 계약서, 계약 관리 계획서, 판매자 선정, 성과 보고서, 변경 요청 승인서, 작업 성과 정보

출력: 계약 문서, 변경 요청서, 시정조치 권고서, 조직 프로세스 자산(업데이트), 프로젝트 관리 계획서(업데이트: 조달 관리 계획서, 계약 관리 계획서)

18.6 종료 단계 관리

1) 종료 단계

종료 단계는 프로젝트, 단계 또는 계약상 의무를 공식적으로 종료하기 위해 전체 프로젝트 관리 과정 그룹에 속한 모든 활동을 종결하는 과정에서 수행되는 과정들로 구성된다. 완료 시점에서 과정 그룹은 프로젝트나 프로젝트 단계를 적절히 종료하기 위하여 모든 과정 그룹에 정의된 과정이 완료되었는지 검증하고, 프로젝트 또는 프로젝트 단계가 완료됨을 공식적으로 확정한다. 프로젝트 또는 단계를 종료할 때 다음과 같은 활동이 수행될 수 있다.

- 고객 또는 후원자의 인수 수락
- 프로젝트 또는 단계 종료 후 검토 수행
- 과정 조정으로 영향을 받은 결과 기록
- 습득한 교훈을 문서로 정리
- 적절한 업데이트를 조직 과정 자산에 적용
- 모든 관련 프로젝트 문서를 자료로 활용할 수 있도록 프로젝트 관리 정보시스템(Project Management Information System, PMIS)에 보관
- 조달 종료

종료 과정 그룹에는 다음과 같은 프로젝트 관리 과정이 포함된다.

2) 종료 과정 그룹

1. 프로젝트 또는 단계 종료

   프로젝트 또는 단계 종료(close project or phase)는 프로젝트나 단계를 공식적으로 완료하기 위해 전체 프로젝트 관리 과정 그룹에 속한 모든 활동을 종결하는 과정이다.

   과정 수행의 입/출력 요소는 다음과 같다.

   입력: 프로젝트 관리 계획서, 계약 문서, 기업 환경 요소, 조직 프로세스 자산, 작업 성과 정보, 결과물

   출력: 종료 절차 집행, 종료 절차 계약, 최종 제품, 서비스 혹은 결과물, 조직 프로세스 자산(업데이트)

2. 계약 종료

계약 종료(close contract)는 프로젝트 또는 프로젝트 단계에 적용할 수 있는 각 계약을 종료하고 미해결 항목을 해결하고 각 계약을 완료하고 정산하는데 필요한 과정이다.

과정 수행의 입/출력 요소는 다음과 같다.

입력; 조달 관리 계획서, 계약 관리 계획서, 계약 문서, 계약 종료 절차

출력: 계약 종료, 조직 프로세스 자산(업데이트)

토의 문제 및 활동

1. 그림 18.1은 PMBOK 프로젝트 관리 과정을 보여주고 있다. PMI에서 정의한 프로젝트 관리 과정의 각 단계를 간단히 정의하라.

2. 그림 18.2는 프로젝트 관리 과정 간의 상호작용을 보여주고 있다. 이에 대하여 설명하라.

3. 착수단계 관리를 착수단계와 착수과정 그룹으로 구분하여 수행활동을 간단히 설명하라.

4. 기획단계 관리를 기획단계와 기획과정 그룹으로 구분하여 수행활동을 간단히 설명하라.

5. 실행단계 관리를 실행단계와 실행과정 그룹으로 구분하여 수행활동을 간단히 설명하라.

6. 감시 및 통제 단계 관리를 감시 및 통제 단계와 감시 및 통제 과정 그룹으로 구분하여 수행활동을 간단히 설명하라.

7. 종료단계 관리를 종료단계와 종료과정 그룹으로 구분하여 수행활동을 간단히 설명하라.

8. 항공기 시스템 설계 및 개발 과정에 프로젝트 관리 과정을 적용하여 각 과정의 수행활동을 기술하라.

PART

07

위험 관리

경험을 통해 우리는 프로젝트를 관리함에 있어 위험 관리가 중요함을 알 수 있다. 관리되지 않거나 완화되지 않은 위험은 프로젝트 실패의 중요 원인 중의 하나이다. 계획을 세우면 성공하는 경우가 더 많다. 그러나 위험이 완화되지 않으면 제대로 계획되고 잘 관리되는 프로젝트에 혼란과 실패를 초래할 수 있다. 제7부에서는 프로젝트 생애주기 전반에 걸쳐 성공적 완수를 위한 위험 관리의 기본 과정에 초점을 둔다. 실무 프로젝트 관리자를 위한 실용적이고, 검증된 사전 예방적 관리 기법과 프로젝트 이해관계자를 위한 위험 관리 인식을 제공한다.

제19장은 프로젝트 위험 관리에 대한 개요를 제시한다. 프로젝트 관리 과정으로서의 위험관리에 대해 설명한다. 위험관리도 프로젝트 관리와 마찬가지로 착수, 계획, 실행, 통제 및 종료로 구성되며, 일련의 과정을 개략적으로 제시한다.

제20장은 프로젝트 착수과정을 논의한다. 프로젝트 착수과정은 프로젝트에서 가장 중요한 단계이다. 또한 착수단계는 초기 위험과 실현가능성 평가를 수행하는 완벽한 장소와 시간이다. PMI PMBOK Guide에서는 위험 관리 계획을 위한 적절한 장소로 계획단계를 식별한다. 그럼에도 불구하고 초기에 위험을 고려할수록 위험을 성공적으로 더 잘 경감시킬 수 있다.

제21장은 위험 관리 계획을 논의한다. 신중하고 명확한 계획 수립은 나머지 위험 관리 과정의 성공 확률을 높일 수 있다. 위험 관리 계획 과정은 위험 관리의 수준, 유형 및 가시성이 조직에서의 프로젝트 중요성과 위험에 모두 적합한지 확인하는데 중요하다.

제22장은 위험 관리의 실행단계를 논의한다. 프로젝트 실행단계에서 최상의 관행은 계획단계에서 수립한 프로젝트 목표를 충족하는지를 확실히 하기 위해 프로젝트 결과를 검토하는 것이다. 마찬가지로 이것들이 적절히 작동하는지를 확실히 하기 위해 관리 과정을 주기적으로 감사해야 한다.

제23장은 위험 관리의 통제단계를 논의한다. PMBOK 지침서에서 정의한 바와 같이 지속적인 위험 관리는 프로젝트 통제과정의 일환이다. 지속적인 위험 관리는 위험계획에서 중요하다. 이는 일어날 수 있는 위험에 대해 계획하는 것이며, 이전에 식별된 위험과 가정이 실패 가능성에 추가된다는 것을 확실히 하는 것이다.

제24장은 위험 관리의 종료 단계를 논의한다. 프로젝트 종료 단계에서 프로젝트 팀, 고객 이해관계자 및 후원자에게 임무 완료 보고를 하는 것이 표준 관행이다. 이러한 보고는 프로젝트 성공과 교훈을 평가하는데 있어 기본을 제공한다. 이러한 교훈으로 기업의 프로젝트 관리 과정은 지속적인 개선을 할 수 있다.

제25장은 프로그램 위험 감사를 논의한다. 프로그램 위험 감사의 목적은 프로젝트 프로그램의 위험과 이슈 및 문제점을 완화 시키기 위해 전사적 관점의 계획, 준비, 실행을 검토하고 평가하는 것이다. 프로그램 위험 감사는 조직 및 일반 관리 이슈에 집중한다.

19 Chapter 프로젝트 위험 관리 개요

개요 및 학습목표

프로젝트 위험 관리는 프로젝트에 대한 위험을 관리하기 위해 기획, 식별, 분석하여 대응 기획을 수립하고 감시 및 통제를 수행하는 과정들을 포함한다. 프로젝트 위험 관리의 목표는 프로젝트에서 긍정적인 사건의 확률과 영향을 증가시키고 부정적인 사건의 확률과 영향을 감소시키는 것이다.

프로젝트 위험 관리 과정들은 서로 간에는 물론이고 나머지 프로젝트 관리 지식 영역의 과정들과도 상호작용 한다. 프로젝트의 필요성에 따라 각 과정에는 한 명 이상의 인원이 참여할 수 있다. 각 과정은 모든 프로젝트에서 한 번 이상 발생하고 프로젝트가 여러 단계로 나뉜 경우에는 하나 이상의 프로젝트 단계에서 발생한다.

프로젝트 위험은 항상 미래의 상황이며 모든 프로젝트에 존재하는 불확실성에서 비롯된다. 알려진 위험은 분석된 위험이다. 이러한 위험에 대해서는 대응책을 계획할 수 있다. 알려지지 않은 특정 위험은 사전 대응적 방법으로 관리할 수 없으므로 프로젝트 팀에서 비상계획(contingency plan)을 세워야 한다. 이미 발생한 프로젝트 위험은 이슈로도 간주할 수 있다.

성공적으로 프로젝트를 마치려면 프로젝트 전반에 걸쳐 지속적이고 사전 대응적 방식으로 위험을 관리해야 한다. 프로젝트 생애주기 동안에 위험을 적극적으로 식별하고 효과적인 위험 관리를 수행하기 위해 조직의 모든 계층에서 신중한 선택을 해야 한다.

이 장을 학습한 후에 여러분은 프로젝트 관리 과정으로서의 위험 관리의 목적을 이해하여야 한다. 위험 관리 과정 각 단계의 과정, 위험의 범주, 핵심 성공 요인 및 결과를 알 수 있어야 한다. 또한 프로젝트 위험 관리 과정의 문서화에 대해 설명할 수 있어야 한다. 특히 프로젝트 위험 관리를 범위, 일정, 원가, 품질관리적인 측면과 연계하여 설명할 수 있어야 한다.

19.1 위험 관리 과정 개요

프로젝트 관리기술은 여러 과정으로 구성된다. PMBOK Guide에서 정의한 바와 같이 과정 착수, 계획, 실행, 통제 및 종료 과정으로 이루어진다. 이들 과정을 간략히 요약하면 프로젝트 착수 과정은 프로젝트 시작을 위한 약속을 획득하는 과정이다. 계획 과정은 프로젝트가 다루는 사업 욕구를 달성하기 위해 계획을 수립하는 과정이다. 실행 과정은 프로젝트에 할당된 인원과 기타 자원을 조정하는 과정이다. 통제 과정은 진행상황을 모니터링하고 측정하여 프로젝트 목표 달성을 확실히 함으로써 교정 조치가 적시에 수행될 수 있도록 하는 과정이다. 종료 단계는 최종 결과물을 수락하여 프로젝트 완료를 공식화함으로써 정연한 프로젝트 종료로 이어지게 하는 과정이다.

프로젝트 관리 과정의 제 단계와 유사하게 프로젝트 위험 관리는 프로젝트에 대한 위험의 관리 기획, 식별, 분석, 대응 기획, 감시 및 통제를 수행하는 과정을 포함한다. 프로젝트 위험 관리의 목표는 프로젝트에서 긍정적인 사건의 확률과 영향을 증가시키고 부정적인 사건의 확률과 영향을 감소시키는 것이다.

프로젝트 위험은 항상 미래의 상황이다. 위험이 발생할 경우에 하나 이상의 프로젝트 목표에 영향을 미치는 불확실한 사건 또는 상황이다. 프로젝트 목표에는 범위, 일정, 원가 및 품질이 포함될 수 있다. 위험은 한 가지 이상의 원인이 있을 수 있으며, 발생할 경우 한 가지 이상에 영향을 미치게 된다. 원인은 부정적 결과 또는 긍정적인 결과를 유발할 수 있는 요구사항, 가정, 제약 또는 상황이 포함된다.

위험을 어떻게 관리하는가를 살펴보기 전에 용어에 대한 정의에 동의해야 한다. 프로젝트 관리 관점에서 **위험(risk)**은 프로젝트의 계획된 실행을 위협하는 잠재적인 사건 혹은 환경으로 정의된다. 이 정의는 위험이라는 단어에 대해 완전히 부정적인 문맥(조건, 상황)의 정의이다. 한편 PMI에서는 프로젝트에 대한 긍정적인 기회(영향)도 내포하고 있다. 그러나 순향적인(사전 대응적인: proactive) 위험관리 철학을 개발하기 위해서는 위험의 부정적인 측면에 집중하는 것이 가장 중요하다.

각 프로젝트 관리 과정에는 그림 19.1에서 보는 바와 같이 상응하는 위험 관리 과정이 있다. 공통 기준 준거 틀을 설정하기 위해서 위험관리 과정을 다음과 같이 간단히 정의한다.

❖ 착수: 프로젝트 기회 평가(사정)

시도(작업)를 계속 진행할 것인가 중지할 것인가를 결정하기 위해 기회와 대비(대조)되는 위험을 정의하기 위하여 프로젝트 기회에 대한 높은 수준의 요건을 검사한다.

❖ 계획: 위험 관리 계획

위험을 식별하고 위험의 영향을 최소화하기 위해 완화 전략과 비상계획을 개발한다.

❖ 실행: 프로젝트 위험 감사

프로젝트에 할당된 인원과 기타 자원을 조정하여 프로젝트 관리 과정의 효과성을 검사한다.

❖ 통제: 지속적인 위험 관리

위험 완화 전략과 비상계획의 실행을 촉진시키기 위해 식별된 프로젝트 위험을 감시한다.

❖ 종료: 위험 지식 이전

프로젝트 위험의 완화에서 배운 교훈을 수집(포착)하여 향후 프로젝트에서 사용한다.

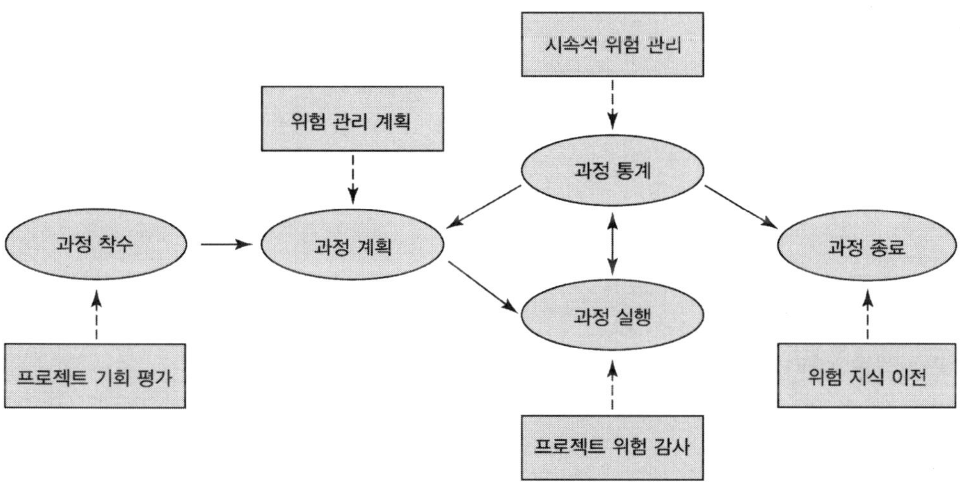

그림 19.1 위험 관리 과정

19.2 프로젝트 기회 평가

앞에서 정의한 바와 같이, 프로젝트 기회 평가에서는 시도(작업)를 계속 진행할 것인가 중지할 것인가를 결정하기 위해 기회와 대조되는 위험을 정의하기 위해 프로젝트 기회에 관한 높은 수준의 요건을 검사한다. 한편 컨설팅 조직과 하청계약자가 특히 중요한데, 이 과정에서 그들 자신의 프로젝트를 수행하는 기업 내에서 적용 가능성을 더욱 더 많이 찾아낸다. 아무도 무궁무진한 자원을 가지고 있지 않다. 그러므로 그것들을 '올바른' 프로젝트에 적용하는 것이 중요하다. 실행가능성 연구, 투자회수율 분석 및 다른 전략 외에도 기회 평가는 의사결정 과정에 대한 추가적인 통찰력을 제공한다.

1) 과정

기회 평가 과정은 5단계로 구성된다.

1. 기회 평가자 배정
2. 위험과 기회 식별
3. 위험과 기회 평가
4. 기회 평가 배포
5. 실행 여부 결정

2) 위험의 범주

기회 평가 과정은 9가지 평가 범주의 위험을 살펴본다.

- 고객 관련
- 계약
- 프로젝트 요건
- 사업 관행 전문지식
- 프로젝트 관리
- 작업 산정
- 프로젝트 제약요소
- 제품의 복잡도와 규모
- 계약자

3) 결과

기회 평가 결과는 관리를 위한 의사결정 통찰력이 포함된 보고서이다. 각 범주의 위험 평가에는 잠재적인 위험을 기록하고 간단히 상(높음)-중(중간)-하(낮음) 등급으로 위험 등급을 매긴다. 마찬가지로, 평가는 각 범주에 대한 잠재적인 기회(이익)를 문서화한다.

19.3 위험 관리 계획

프로젝트를 진행하기로 결정한 다음에는 상세한 프로젝트 계획이 시작된다. 이 과정에서 프로젝트에 대한 잠재적인 위험을 평가하고 완화시켜야 한다. 위험 관리 계획은 위험을 식별하고 위험의 충격(영향)을 최소화하기 위해 완화 전략과 비상계획을 개발하는 것이다. 위험 관리 계획에는 기업과 관련된 모든 자원(프로젝트 관리자, 프로젝트 팀, 이해당사자, 기술지원 요원 등)이 포함된다.

프로젝트 위험은 식별 가능한 위험과 다루기 힘든 가정의 두 종류가 있다.

- **식별 가능한 위험**: 계약 활동을 수행하는 동안이나 계획 활동 시에 식별된 위험이다. 대부분 이러한 위험은 프로젝트와 관련된 모든 사람들이 쉽게 바로 알 수 있다.
- **다루기 힘든 가정**: 감시되지 않는 프로젝트 가정은 지속적으로 유효함(다당함)을 보장해야 한다. 가정이 유효성을 유지하지 못하면 위험이 된다.

1) 과정

위험 계획은 위험 계획 팀을 구성한 후에 위험을 식별하고 가정 관리를 시작하는 두 가지 과정 단계가 필요하다.

이러한 단계는

1. 위험 관리 계획 팀 구성
2. 식별 가능한 위험 계획 설계
   ① 위험의 식별
   ② 위험의 범주화
   ③ 위험의 우선순위 결정
   ④ 위험 완화 전략 개발
   ⑤ 위험 비상계획 수립
3. 가정 감시 계획 착수
   ① 가정 식별
   ② 가정 유효성(타당성) 검증
   ③ 가정 감시 지표 설정

2) 위험 분류

위험 관리 계획에 대한 일관성 있는 방법을 도입하기 위해서는 위험 분류 계획이 필요하며, 수많은 계획이 가능하다. 기업은 위험 관리에 있어 성숙해짐에 따라 고유의 틀을 개발해야 한다.

다음과 같은 내용이 유용한 출발점이다.

1. 위험 분류
   ① 위험 범위/변경 관리
   ② 운용 위험
   ③ 재무 위험
   ④ 프로젝트 관리 위험
   ⑤ 전략적 위험
   ⑥ 기술적 위험
   ⑦ 잘못된 가정
2. 위험 평가 요소
   ① 위험의 심각도
   ② 위험 확률
   ③ 위험 기간
3. 위험 완화 전략
   ① 위험 수용
   ② 위험 회피
   ③ 위험 방어
   ④ 위험 조사
   ⑤ 위험 유보
   ⑥ 위험 이전

위험을 분류할 때에는 지나칠 정도로 엄격하고 일관된 체계를 고수해야 한다. 그러나 위험과 관련된 지식을 이전하는 것이 기업의 우선순위이고 또 그렇게 해야 하는 경우에는, 위험 계획 과정 중에 위험을 분류하는 것이 분류를 재조정(개조)하려고 노력하는 것보다 훨씬 더 간단하다.

3) 결과

이 과정의 결과는 프로젝트의 실행/통제 과정에서 관리해야 할 위험 관리 우선순위를 설정하는 것이다. 위험의 영향이 높거나 확률이 높은 경우에는 실제 프로젝트 계획과 예산에서 완화 전략에 필요한 비용과 시간을 반영해야 한다. 위험 관리 계획 결과는

- 프로젝트 위험 작업지
- 프로젝트 가정 작업지
- 프로젝트 계획에 포함된 위험 관리 완화 전략

이 포함된다.

19.4 프로젝트 위험 감사

프로젝트 실행 단계의 전반에 걸쳐 프로젝트가 일반적으로 건전하다는 것을 보증하는 것이 중요하다. 주기적인 **프로젝트 위험 감사**는 프로젝트 관리 과정의 효과성을 평가하여 이를 달성하는 것이다. 위험 감사는 가능한 한 객관적인 프로젝트 관리 전문가에 의해 수행되어야 한다. 이해관계자가 프로젝트를 매우 중요하다고 판단할 경우에는 외부 위험 감사관을 활용해야 한다.

1) 과정

프로젝트 감사 과정은 8단계로 분류할 수 있다.

1. 면접자(프로젝트 팀, 프로젝트 매니저, 이해관계자) 식별
2. 증거 수집
3. 면접 일정 잡기
4. 면접 실시
5. 증거 분석
6. 결과 준비
7. 권고사항 준비
8. 보고서 준비

초기 위험 감사는 5~20일에 걸쳐 20~70시간이 소요되게 계획한다. 후속 위험 감사는

초기 감사 권고사항과 핵심 성공요인(CSF)의 증거 요건에 대해 지속적으로 순응하는가를 입증하는 것에 초점을 맞추기 때문에 시간이 덜 소요된다.

2) 핵심 성공요인

산업체의 최상의 프로젝트 관리 과정에 프로젝트가 부응하는가를 감사하기 위해 10가지 핵심 성공요인이 사용된다. 감사관은 또한 프로젝트 계획에 대한 경과(진척도)와 성공적인 완료를 예측하는 데 필요한 요인을 검사한다. 10가지 핵심 성공요인은 다음과 같다.

1. **조직**: 프로젝트가 적절하게 조직되었는가?
2. **위험 관리**: 프로젝트 위험을 식별하고, 적절히 관리하고 있는가?
3. **계획**: 프로젝트가 적절히 계획되었는가?
4. **이정표**: 프로젝트 이정표가 일정을 충족하는가?
5. **감시 및 통제**: 프로젝트 상태가 적절히 감시되고 통제되는가?
6. **범위 변경 통제**: 프로젝트 범위가 적절히 통제되는가?
7. **자원**: 프로젝트가 적절히 자원을 제공받고 있는가?
8. **기능 시험**: 적절한 기능 수락 시험 과정과 계획이 준비되어 있는가?
9. **성능 및 성과 시험**: 적절한 성능과 성과 수락 시험 과정과 계획이 준비되어 있는가?
10. **훈련**: 적합하고도 시기적절한 훈련을 할 수 있는가?

3) 결과

위험 감사의 결과 자료는 프로젝트 관리자와 이해관계자에게 위험 감사 결과와 권장되는 시정조치를 알리는 데 사용된다. 개별 결과는 다음과 같다.

- 위험 감사 요약
- 위험 감사 작업지
- 면접 일지
- 기록 일지

19.5 지속적인 위험 관리

프로젝트의 통제 단계에서 프로젝트 관리자는 계획 단계 과정 중에 개발된 위험 관리 계획을 사용하여 지속적으로 위험을 감시해야 한다. 한편 프로젝트 팀요원은 위험 및 가정 유발 측정기준을 모니터링해야 할 책임이 있으며, 프로젝트 관리자는 진행 중인 위험을 관리할 책임이 있다.

1) 과정

위험 관리를 지속적으로 수행하는 데 필요한 세 가지 기본 과정이 존재한다.

1. **식별된 위험 감시**: 위험 관리 계획 과정 중에 수립된 위험 완화 전략과 비상계획 유발요인을 감시한나.
   ① 위험 유발요인을 감시한다.
   ② 위험 관리 전략을 적용한다.
   ③ 위험 관리 비상계획을 적용한다.
2. **식별된 가정 감시**: 위험 관리 계획 과정 중에 수립된 가정 입증 방법을 감시한다.
   ① 가정 입증 유발요인을 감시한다.
   ② 위험 관리 계획 과정을 적용한다.
3. **새로운 위험 식별**: 프로젝트 실행 중에 직면한 새로운 위험이나 가정을 다루기 위해 수립된 위험 관리 계획 과정을 적용한다.

또한 위험에 기반한 이슈를 해결하고 프로젝트 범위, 자원 혹은 일정을 관리하기 위해 이슈와 범위 변화 관리 과정을 적용해야 한다.

2) 결과

지속적인 위험 관리는 수립된 위험 관리 계획을 실행하고, 새로이 발견된 위험과 가정을 확인하는 것이다. 지속적인 위험 관리의 효과를 적절히 문서화하고 의사소통하기 위해 다음과 같은 결과가 필요하다.

1. 위험 관리 보고서
2. 갱신된 위험 관리 계획

19.6 위험 지식 이전

프로젝트의 종결 단계는 프로젝트를 평가하여 얻은 교훈을 기록하고, 무엇이 잘 수행되었으며, 다음에 무엇을 개선해야 하는가를 기록하는 것이다. 기록은 위험과 관련하여 특히 중요하다. 위험 관리 계획 과정은 경험에 기초한 위험 평가의 중요성을 강조한다. 한편 산업체 기반 및 일반적인 프로젝트 위험 목록은 관련이 있을 수 있으며, 기업에게 가장 중요한 목록은 직면한 위험과 위험을 완화시키는 데 유익한 요소가 무엇인가로 구성된다. 그러므로 프로젝트 종료는 위험관리의 성공을 검토하고 문서화 하는 것이 중요하다.

1) 과정

위험 지식 이전 자료를 만드는 데 여러 단계가 포함된다.

1. 위험 관리 성공 혹은 실패를 평가한다.
2. 위험 관리 성공 혹은 실패를 기록한다.
3. 위험 관리 성공 혹은 실패 목록을 작성하고 파일을 보관한다.

2) 결과

위험 지식 이전 과정의 주요한 결과는 실행된 위험 관리 계획의 성공 혹은 실패에 대한 요약이다. 한편 위험 및 가정 관리 작업지에 대한 간단한 문서나 전자 보고서가 이 용도(목적)로 사용되며, 검색 자료에 관한 보고서가 보다 더 접근 가능하고 유용한 자원이다. 이 장에서는 정보를 저장하는 데 필요한 간단한 데이터베이스 체계를 요약한다.

19.7 프로그램 위험 감사

기업이 외부에 초점을 맞추고 직능 부서(네트워크)를 중심으로 통합할 때 상호 관련된 프로젝트의 프로그램은 표준이 된다. 이러한 노력을 적절히 관리하려면 보다 높은 수준의 관리가 필요하며, 이를 '**프로그램 관리**'라고 한다. 개별 프로젝트와 마찬가지로 프로그램은 곤란에 직면할 수 있다. 그러므로 프로그램의 지속적인 건전성을 검토하기 위해서는 일관된 과정이 바람직하다.

주기적인 프로그램 위험 감사는 조직적인 의사소통과 관리 과정의 효과성을 평가하여 실행한다. 또한 객관적인 프로젝트 관리 전문가에 의해 수행되어야 하는데, 이해관계자가 프로그램이 기업의 성공에 중요하다고 판단하는 경우 외부 위험 감사관을 활용해야 한다.

1) 과정

프로젝트 위험 감사 과정과 유사하게, 프로그램 위험 감사 과정은 8단계로 분류할 수 있다.

1. 면접 대상자(프로젝트 팀, 프로젝트 관리자, 이해관계자) 식별
2. 증거 수집
3. 면접 일정잡기
4. 면접 실시
5. 증거 분석
6. 결과 준비
7. 권고사항 준비
8. 보고서 준비

초기 위험 감사는 10~30일 동안에 60~120시간이 소요되도록 계획한다. 후속 위험 감사는 초기 감사 권고사항과 핵심 성공요인(CSF)의 증거 요건에 대해 지속적으로 순응하는가를 입증하는 것에 초점을 맞추기 때문에 시간이 덜 소요된다.

2) 핵심 성공요인

산업체 최상의 프로그램 관리 과정에 프로그램이 부응하는지를 감사하기 위해 10가지 핵심 성공요인이 사용된다. 감사관은 또한 프로그램 계획에 대한 경과(진척도)와 성공적인 완료를 예측하는 데 필요한 요인을 검사한다. 10가지 핵심 성공요인은 다음과 같다.

1. **조직**: 기업은 프로그램 목표와 목적에 맞게 조직되었으며 기업 규모에 맞게 조정되었는가?
2. **계획**: 기업은 그 프로그램에 맞게 적절히 계획되었는가?
3. **재원**: 충분한 재원(거시수준 평가)이 확보되었는가?
4. **경영**: 기업은 프로그램과 프로젝트에 대한 명쾌한 방향을 제시하고 있는가?
5. **조정**: 기업은 프로그램 노력을 조정하는가?

6. **의사소통**: 기업은 프로그램과 프로젝트와 효과적으로 소통하는가?
7. **직원**: 기업은 프로그램과 프로젝트에 충분한(거시 수준 평가) 수의 프로그램과 기술 직원을 투입했는가?
8. **통제**: 기업은 프로그램과 프로젝트를 통제하는가?
9. **위험 평가**: 기업은 프로그램 이슈와 위험을 잘 알고 있는가?
10. **개선책 강구**: 기업은 도움이 필요한 때가 언제인가를 인식하고 능동적으로 개선책을 추구하고 있는가?

3) 결과

위험 감사의 결과는 프로그램 관리자와 이해관계자에게 위험 결과와 권장되는 시정조치를 알리는 데 사용된다. 개별 결과는 다음과 같다.

- 위험 감사 요약
- 위험 감사 작업지
- 면접 일지
- 기록 일지

이 책에서는 프로젝트 위험 경감을 위한 일관된 체계와 순향적인(사전 대응적인) 방법을 제공한다. PMBOK에서 정의한 위험 관리 과정을 보완하고 확장하였다. 따라서 이 책은 PMI에서 규정한 프로젝트의 생애주기를 따르므로 프로젝트 관리의 실제 상황이나 훈련 환경에서 다른 프로젝트 생애주기 기준과 함께 사용할 수 있다.

기법과 내용은 각각 다른 독자들에게 다른 관점을 제공한다.

- 프로젝트 관리 초보자는 프로젝트 위험 관리의 기본에 익숙할 수 있다.
- 숙달된(전문) 프로젝트 관리자는 전통적인 위험 관리 개념을 확장할 수 있다.
- 프로젝트 이해관계자와 후원자는 건전한 프로젝트 위험 관리 실행의 실용성, 필연성과 가치를 시현할 수 있다.

토의 문제 및 활동

1. 그림 19.1은 위험관리 과정을 나타낸 것이다. 프로젝트 위험관리 과정을 간단히 설명하라

2. 프로젝트 기회 평가 과정, 위험의 부류 및 결과를 요약하라.

3. 위험관리 계획의 과정, 위험 분류 및 결과를 요약하라.

4. 프로젝트 위험 감사 과정, 핵심 성공요인, 결과를 요약하라.

5. 지속적인 위험관리 과정과 결과를 요약하라.

6. 위험 지식 이전 과정과 결과를 요약하라

7. 프로그램 위험 감사 과정, 핵심 성공요인, 결과를 요약하라.

8. 프로젝트 위험 관리 과정의 문서화에 대하여 설명해보라.

9. 프로젝트 위험 관리를 범위, 일정, 원가, 품질 관리적인 측면과 연계하여 설명하라.

10. 위험은 프로젝트를 구성하는 단계부터 존재한다고 할 수 있다. 프로젝트 성공을 위해 사전 대응적(순향적인)인 위험 관리 계획을 수립하는 데 필요한 투입물에 대해 설명하라

20 Chapter 착수: 프로젝트 기회 평가

개요 및 학습목표

프로젝트 착수 단계는 프로젝트에서 가장 중요한 단계이다. 착수 단계에서 이해관계자 후원자의 기대치를 설정한다. 경험을 통해 명쾌하게 기대치를 설정하지 않으면 프로젝트는 실패할 확률이 높다. 기대치는 프로젝트 범위, 대안 해법, 예비 계획, 결과 한정, 임시적인 고려사항, 제안서 생성, 이해관계자의 제안서 수락과 관련된다. 이러한 것들이 준비되어 있으면 대부분의 프로젝트 관리자는 프로젝트가 상세 계획으로 바로 나아갈 수 있을 것으로 가정한다.

기업(컨설팅기업)의 경우 초기에 프로젝트의 실행가능성과 위험 평가를 하는 또 다른 이유가 있다. 이는 프로젝트를 계속하여 실행할지 여부를 결정하기 위해서이다. 오늘날 상당한 규모의 프로젝트를 무한한 시간과 자원을 투자하여 수행하는 기업은 거의 없다. 이해관계자는 '고정 가격'의 계약을 원한다. 이해관계자가 원하는 것이 무엇이건 간에 그들은 얻게 될 것이다. 그러므로 컨설팅 기업은 전망 있는 프로젝트를 분석하고, 프로젝트에 입찰할지 여부를 결정하기 위해 충분한 정보의 제공을 관리하기 위한 일관된 방법이 필요하다.

또한 기업은 '올바른(정당한)' 프로젝트를 선정하기 위하여 그들의 제한된 자금, 요원, 다른 자원을 기업의 전략적인 우선순위와 어떻게 가장 잘 조정하는가를 이해하려고 기업 자체를 동일한 요구를 갖는 프로젝트 조직으로 구성한다.

두 가지 경우 모두 전망이 있는 프로젝트를 일관되게 검사하고, 심도 있게 제안을 개발하는 데 필요한 '**기회비용**'의 지출을 결정하기 위한 방법이 필요하다. 이 장에서 제시한 방법은 이 요구를 충족한다. 그러나 이 방법은 실행가능성 연구, 투자회수율 비용편익분석 혹은 시제품 개발을 완전히 대신할 수는 없다.

이 장을 학습한 후에 여러분은 프로젝트 기회 평가의 목적을 이해하여야 한다. 또한 프로젝트 기회 평가 과정의 5단계를 이해할 수 있어야 한다. 특히 9가지 위험 요소/기회 요소 기회 평가 관리 규칙을 설명할 수 있어야 한다.

20.1 프로젝트 기회 평가 실행

착수 단계는 초기 위험과 실현가능성 평가를 수행하는 완벽한 장소와 시간이다(그림 20.1). PMI PMBOK Guide에서는 위험 관리 계획을 위한 적절한 장소로 계획 단계를 식별한다. 그럼에도 불구하고 초기에 위험을 고려하면 할수록 위험을 성공적으로 더 잘 경감시킬 수 있다.

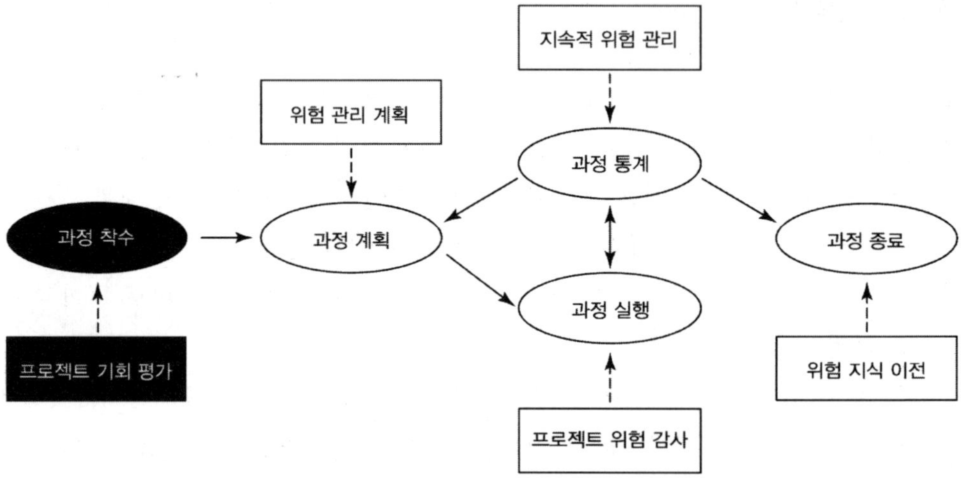

그림 20.1 과정 및 프로젝트 기회 평가 착수

프로젝트 기회 평가는 상대적인 프로젝트 위험과 기회를 신속하게 분석하는 데 필요한 기법이다. 이 정보로부터 제안서를 완료하여 제출하고, 프로젝트를 계획하여 실행하는 데 필요한 '기회비용' 부담에 대한 가치 있는 통찰력을 얻을 수 있다. 그림 20.2는 기회 평가 과정(절차)의 5단계를 예시하고 있다.

1) 참가자

만약에 가능하다면 프로젝트 기회 평가를 수행하는 사람은 프로젝트 결과에 이해관계가 없어야 한다. 아무리 객관적이라고 생각해도 결과에 이해관계가 있을 경우에는 편견을 갖게 된다. 이는 인간 본성이지 잘못이 아니다. 그러므로 평가(사정)는 판매자, 전도양양한 프로젝트 관리자, 전도양양한 팀 구성원 혹은 이해관계자가 수행하지 않아야 한다. 기회 사정관은 표 20.1에서 보는 바와 같이 평가를 구성하기 위해 많은 분야에서 선발해야 한다.

프로젝트가 기업 내부적인 것이라면 이러한 사람들은 이해관계자, 후원자, 하부구조

기술지원 직원 및 프로젝트 결과에 관심이 있는 다른 사람들이 포함된다. 역으로, 프로젝트가 제안된 프로젝트 팀 기업의 외부에 있는 경우(즉, 계약 프로젝트 기회인 경우) 이해관계자에 대한 접근은 상당히 제한적일 수 있다. 사실 접근은 RFP 문서, 공개토론회 공급자 회의, RFP 조정자에게 문서로 제출한 질문으로 제한된다. 이 경우에는 목표 기회 평가를 수행하는 것이 훨씬 더 중요하다.

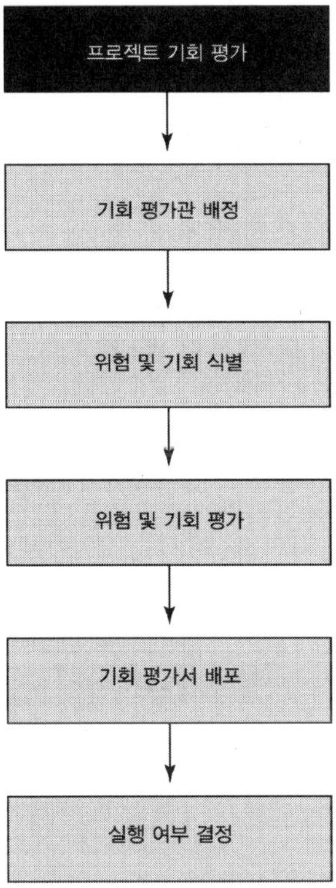

그림 20.2 기회 평가 과정 단계

표 20.1 기회 평가 참가자

참가자	관련 활동
기회 평가관	• 기회 평가 계획 및 수행 • 면접 수행, 고객 후원자와 이해관계자들이 있는 경우 • 증거(RFP), 실행가능성 연구, 기술 환경 등 분석 • 결과 및 권고사항 준비 • 기회평가보고서 제출
프로젝트 관리자	• 프로젝트 팀, 후원자 및 이해관계자와 접촉기회 조정 • 위험/기회 면접 참가 • 평가관에 대한 증거 수집
판매/회계 이사 (가능하다면)	• 위험/기회 면접 과정 참가
주제 전문가	• 위험/기회 면접 과정 참가 • 예비 작업 노력 추정 준비
고객 후원자	• 위험/기회 면접 과정 참가(가능하다면)
고객 이해관계자	• 위험/기회 면접 과정 참가(가능하다면)

표 20.2 기회 평가 일정표

과업	소요시간	경과시간(일)
기회평가관 배정	~1	$\frac{1}{2}$-1
위험 및 기회 확인	1 - 4	$\frac{1}{2}$-3
위험 및 기회 평가	1 - 4	$\frac{1}{2}$-1
기회 평가서 배포	1 - 4	$\frac{1}{2}$-1
실행 유무 결정	1 - 4	$\frac{1}{2}$-1
총계	5 - 20시간	~2 - 7일

2) 일정표

기회 평가 과정(절차)은 제안한 개발과 상세한 프로젝트 계획을 진행할지 여부를 결정하는 것을 도와주는 것이 목적이므로 신속해야 한다는 것을 의미한다. 한편 필요한 정보를 수집하는 데 수일이 걸릴 수도 있으나, 지식이 있는 평가관은 5~20시간으로 평가를 완료할 수 있다. 평가는 9가지 위험/기회 요소에 기초한다. 표 20.2는 전형적인 기회 평가에 소요되는 노력과 시간을 요약하였다.

3) 단계

기회 평가 과정(절차)은 5단계로 구성된다(그림 20.2). 배정된 기회 평가관은 모든 활동을 수행하고 관리 실행 여부에 대한 권고를 준비해야 한다.

1. **기회 평가관 배정**: 관리자는 기회 평가관의 지위를 부여한다. 이 사람은 가능한 한 객관적이고 사심이 없어야 한다. 즉, 평가관은 평가 결과에 관심을 갖지 말아야 한다. 또한 평가관은 여러 학문지식에 대한 경험이 있어야 한다.

   - 프로젝트 관리
   - 위험 평가
   - 기회 목적을 충족하는 데 필요한 결과 및 활동

2. **위험 및 기회 식별**: 평가관은 요건을 추구하고 적절한 이해관계자를 면접하고 다른 관련 문서를 검토하여 9가지 평가 위험/기회 요소에서 잠재적인 위험과 기회를 식별한다.

3. **위험 및 기회 평가**: 잠재적인 위험과 기회를 식별한 후에 평가관은 이를 평가해 기회 평가 작업지에 결과를 기록하고 객관적인 평가를 도와주기 위해 각 지침에 대해 '낮은' 위험을 할당하는 의무 요건에 관한 지침을 수립한다.

4. **기회 평가서 배포**: 평가관은 프로젝트 노력에 자원 할당을 검토하고 승인하는 데 책임이 있는 기업 관리자에게 완료한 기회 평가(서)를 배포한다. 한편 평가관은 실행 여부에 관한 권고를 하고, 관리자는 프로젝트에 자원을 할당하는 최종적인 권한과 책임을 진다.

5. **실행여부 결정**: 관리자는 프로젝트가 기회의 목표를 충족하기 위한 제안과 계획을 개발하는 데 추가적인 자원을 소비할 것인가에 대해 가부를 결정한다. 이는 프로젝트를 수행하는 데 있어 최종 승인은 아니다. 단지 프로젝트 원가를 정확하게 추정하는 데 필요한 기회비용을 지출하는 것에 대한 승인이다.

4) 결과

기회 평가를 완료한 작업지가 기본 결과물이다(그림 20.3). 작업지에는 각 평가 요소에 대한 위험과 기회에 대한 기술과 등급(상, 중, 하)이 포함되어 있다. 작업지에는 또한 평가관의 프로젝트 진행 여부에 대한 전반적인 권고가 포함된다.

위험 부류	위험 등급	위험 내용	기회 내용
1. 고객관련 위험			
2. 계약 위험			
3. 요건 위험			
4. 프로젝트 팀 경험 위험			
5. 프로젝트 관리 위험			
6. 작업 추정 위험			
7. 프로젝트 제약요소 위험			
8. 복잡도와 산출물 규모 위험			
9. 계약자 위험			
권고사항			

그림 20.3 기회 평가 작업지

20.2 프로젝트 기회 평가 및 소규모 프로젝트

본질상 소규모 프로젝트는 대형 프로젝트보다 위험이 적다. 따라서 공식 프로젝트 기회 평가를 계획하고 수행하는 것에 아주 많은 비용이 들지 않는다. 그러나 "소형" 프로젝트의 정의에 주의를 기울여야 한다. 각 조직은 완전하고 공식 프로젝트 위험 평가가 필요하지 않은 소형 프로젝트를 정의하는 것을 도와주는 분류화 체계를 수립하고 있다. 몇 가지 예를 들어보자.

1. 달러 가치: 연간 7억 달러 규모의 수익 컨설팅 회사에 600억 달러 고정 가격 프로젝트는 위험 관점에서 중요하지 않을 수 있다. 역으로, 2인 화사의 경우에 600억 달러 프로젝트는 성공과 긍정적인 대차대조표에 중요할 수 있다.
2. 프로젝트 기간: 3개월 기간은 겉으로 보기에는 짧아 보일 수 있다. 그러나 20명이 참여하는 경우 거의 모든 사람의 기준으로 볼 때 3개월은 결코 짧지 않을 것이다.

이 메시지는 모든 프로젝트를 면밀하게 검토하고 프로젝트 성공을 확실히 하기 위해 어떤 프로젝트 관리 과정과 실행이 필요한가를 결정해야 한다는 점이다. 프로젝트 위험 관리는 비록 그것이 자주 행해지는 것은 아닐지라도 표준 프로젝트 관리 과정(절차)이라는 점을 명심해야 한다.

많은 경우에 프로젝트를 수행할지를 결정하는 것은 뻔한 결론처럼 보인다. 즉, 누군가가 요구를 결정하고 자금을 대고 프로젝트 착수 권한을 갖는다. 이는 소형 프로젝트에서 매우 분명한 것처럼 보인다. 그럼에도 불구하고 기회 평가는 한 시간 이내로 완료해야 한다. 아무 것도 없는 경우에 기회 평가의 결과는 위험 식별과 반응 계획의 출발점이 된다.

20.3 위험/기회 요소 기회 평가

그림 20.3에서 본 바와 같이 평가관이 직접 하(낮음), 중(중간), 상(높음) 척도로 평가하는 9가지 위험요소/기회요소가 존재한다.

- **하(낮음)**: 프로젝트에 위협이 거의 없는 경우이다. 위험이 구체화될 것 같지 않다. 구체화된다고 하여도 프로젝트에 대한 충격(영향)이 상대적으로 적다.
- **중(중간)**: 프로젝트가 결과로 인하여 상당한 손상을 입을 가능성이 상당한 경우이다.
- **상(높음)**: 프로젝트가 심각한 영향을 입을 가능성이 있는 경우이다.

각 위험 요소에서 '낮은' 등급을 할당하기 위해 만족해야 할 조건에 대해 평가관을 안내하는 규칙(즉, 특수 환경)이 있다. 또한 평가관은 각 요소에 대해 인지한 위험과 기회를 기록할 필요가 있다.

1) 고객 관련 위험

세 가지 고객 관련 위험이 존재한다.

1. 고객이 프로젝트에 대한 의무를 충족시키는 것에 효율적이거나 효과적이지 않거나, 또는 완선하지 않다.
2. 사용자가 요건과 시험에 영향을 주는 지식이 충분하지 않다.
3. 사용자가 프로젝트의 결과에 대해 비현실적인 기대를 하고 있다.

위험을 관리하는 규칙은 다음과 같다.

- 평가관은 고객이 강력하고 시기적절한 의사결정 과정을 수행하지 않는 한 '낮은' 등급을 매기지 않을 수 있다.
- 평가관은 고객 프로젝트 관리자와 핵심 고객 의사결정권자가 그들의 역할에 합당한

경험이 있는 한 '낮은' 등급을 매기지 않을 수 있다.

- 평가관은 사업 관행과 고객 사이에서 자료 본질에 대해 과거에 어려움이나 불량한 의사소통에 대한 기록이 있는 경우에는 '낮은' 등급을 매기지 않을 수 있다.
- 평가관은 고객 팀 구성원의 기량이나 고객에 의해 제공되는 성분의 품질에 의심할 이유가 있는 경우에는 '낮은' 등급을 매기지 않을 수 있다.
- 평가관은 적절한 사용자를 식별하는 데 있어 알려진 어려움이 있는 경우에는 '낮은' 등급을 매기지 않을 수 있다.

2) 계약 위험

계약 위험은 잠재적인 계약을 충족하는 데 불합리하게 비용이 많이 드는 항목 혹은 조건에 대해 사업 관행이 져야 할 의무에 대한 조항이 포함된다. 이러한 항목들은 성능 불이행, 계약 종료 불이행, 보증기간 지연이 포함된다.

위험을 관리하는 규칙은 다음과 같다.

- 평가관은 고객이 프로젝트 책임을 충족하지 않는 경우에 위험이 있는 시나리오에서 적절한 안도를 줄 경우에만 '낮은' 등급을 매길 수 있다.
- 평가관은 계약에서 결과가 계약에 부응하는 것을 입증하기 위해 명백하고 합리적인 과정을 제공할 경우에만 이 위험에 대해 '낮은' 등급을 매길 수 있다. 최소한 고객은 결과를 수용할 수 없는 이유를 기술해야 하고, 계약서에는 고객이 특정한 기간 내에 그러한 문서를 제공하지 않을 경우에는 자동으로 수락하는 것을 포함해야 한다.

3) 요건 위험

이는 요건 분석으로 프로젝트 결과가 완전히 정의되었다고 자신하는 시점에 도달하지 않는 위험이다.

위험을 관리하는 규칙은 다음과 같다.

- 평가관은 초기 요건 수집 기간이 종료된 후에 요건을 현저히 변경할 위협이 있는 알려진 이슈나 사건이 있을 때에는 '낮은' 등급을 매기지 않을 수 있다.

4) 제안된 프로젝트 팀 경험 위험

이는 제안된 프로젝트 팀이 주요 결과를 기획하고 실행할 경험이 있는 구성원이 부족한 경우의 위험이다.

위험을 관리하는 규칙은 다음과 같다.

- 평가관은 프로젝트 팀 구성원이 중요한 최종 결과를 이전에 수행하지 않은 경우에는 이 위험을 '낮은' 등급으로 매기지 않을 수 있다.
- 평가관은 특정 종업원 이름이 계약서에 포함될 경우에는 이 위험을 '낮은' 등급으로 매기지 않을 수 있다.
- 평가관은 종업원이 식별되지 않은 특정 기술이 필요할 경우에는 이 위험을 '낮은' 등급으로 매기지 않을 수 있다.
- 평가관은 의도한 프로젝트 팀 직원의 40% 이상이 의도된 프로젝트 결과와 관련한 경험이 1년 이하인 경우에는 이 위험을 '낮은' 등급으로 매기지 않을 수 있다.

5) 프로젝트 관리 위험

의도된(대상으로 삼은) 프로젝트 관리자가 적절한 경험과 훈련이 부족한 위험이다.

위험을 관리하는 규칙은 다음과 같다.

- 평가관은 배정된 프로젝트 관리자가 상당한 프로젝트 관리 경험이 있을 것으로 타당한 기대를 하지 않는 한 이 위험을 '낮은' 등급으로 매기지 않을 수 있다.
- 배정된 프로젝트 관리자는 또한 충분한 주제 경험을 가져야 하며, 변화 통제와 이슈 추적 절차를 사용할 때 요건 수집 방법, 프로젝트 계획 기술 및 경험 혹은 훈련에 익숙해야 한다.

6) 과업 추정(산정) 위험

과업 노력을 불량하게 추정하는 위험이다.

위험을 관리하는 규칙은 다음과 같다.

- 평가관은 산정관이 낮거나 비관적인 과업 추정을 하도록 상당한 압력이 존재하는 경우에는 이 위험을 '높은' 등급으로 매겨야 한다.
- 평가관은 산정관이 이 프로젝트에서 요청되는 과업을 추정하는 데 경험이 없을 경우

에는 이 위험에 '낮은' 등급을 매기지 않을 수 있다.

7) 프로젝트 제약요소 위험

설계, 실행 혹은 작업 환경이 더 많은 지출을 유도하고 긴 일정이나 결과의 품질이 저하되는 흔하지 않은 제약요소의 위험이 존재한다.

위험을 관리하는 규칙은 다음과 같다.

- 평가관은 제안이 계약자에 의해 참조될 때 이 위험을 '낮은' 등급으로 매기지 않을 수 있다.

8) 결과의 복잡도와 규모에 의한 위험

필요한 결과물이 난이도가 증가하고 지연되고 비용이 초과되는 그러한 복잡도와 규모인 위험이 존재한다.

위험을 관리하는 규칙은 다음과 같다.

- 평가관은 제안된 프로젝트가 시험해 보지 않은 기술이나 최첨단 기술인 경우에는 이 위험을 '낮은' 등급으로 매기지 않을 수 있다.

9) 계약자 위험

제안된 프로젝트 팀이 프로젝트의 성공, 규칙 혹은 절차에 충분히 헌신하지 않는 제3자 계약자의 성능에 잠재적으로 책임이 있는 경우의 위험이다.

위험을 관리하는 규칙은 다음과 같다.

- 평가관은 프로젝트에 실제로 참여하는 계약자가 있는 경우에는 이 위험을 '낮은' 등급으로 매기지 않을 수 있다.

공식 기회 평가 절차는 많은 기업에게 새로울 수 있다. 그러나 조직이 프로젝트 지향적으로 이동함에 따라 조직은 신속하게 반응해야 한다. 따라서 기업 자원 할당이 중요하다. 기회 평가 과정은 기업에게 올바른 프로젝트를 선정하는 데 보다 일관되고 개선된 절차를 제공할 수 있다.

평가의 결과는 매우 높은 수준의 위험과 기회 평가라는 점을 명심해야 한다. 실행 여부에 대한 평가관의 권고는 프로젝트를 선정하는 데 필요한 자금을 모으는 유일한 요소이다. 부정적인 권고는 철칙이 아니다. 단지 의사결정권자를 도와주는 또 하나의 정보일 뿐이다. 높은 위험 기회평가를 하게 되는 경우 평가 결과는 위험 관리 계획 절차에 반영되는 또 하나의 정보가 된다.

토의 문제 및 활동

1. 프로젝트 기회 평가 참가자 및 관련 활동에 대해 요약하라.

2. 프로젝트 기회 평가 일정표, 단계 및 결과를 요약하라.

3. 소규모 프로젝트의 프로젝트 기회 평가에 대하여 설명하라.

4. 위험/기회 요소 기회 평가에서 고객 관련 위험에 대하여 설명하라.

5. 위험/기회 요소 기회 평가에서 계약 관련 위험에 대하여 설명하라.

6. 위험/기회 요소 기회 평가에서 프로젝트 팀 경험 관련 위험에 대하여 설명하라.

7. 위험/기회 요소 기회 평가에서 프로젝트 관리 관련 위험에 대하여 설명하라.

8. 위험/기회 요소 기회 평가에서 결과의 복잡도와 규모에 의한 위험에 대하여 설명하라.

9. 위험/기회 요소 기회 평가에서 계약자 관련 위험에 대하여 설명하라.

10. 위험/기회 요소 기회 평가에서 과업 추정 관련 위험에 대하여 설명하라.

21 Chapter 위험 관리 계획

개요 및 학습목표

위험은 모든 프로젝트에서 불가피하게 존재한다. 그것들을 피할 방법이 없다. 그러므로 프로젝트의 위험을 관리하고 그 영향을 최소화할 계획을 수립해야 한다. 신중하고 명확한 계획 수립은 나머지 위험 관리 과정의 성공 확률을 높일 수 있다. 위험 관리 계획 과정은 위험 관리의 수준, 유형 및 가시성이 조직에서의 프로젝트 중요성 및 위험에 모두 적합한지 확인하는 데 중요하다. 또한 위험 관리 계획은 위험 관리 활동에 충분한 자원과 시간을 투입하고 위험 평가와 관련하여 합의된 기준을 설정하기 위해서도 중요하다.

이 장을 학습한 후에 여러분은 위험 관리 계획의 목적, 계획 과정 및 위험 관리 계획 절차를 이해하여야 한다. 위험 관리 계획 실행의 제 단계를 알아야 한다. 식별할 수 있는 위험과 가정 관리에 대한 계획을 비교 설명할 수 있어야 한다. 쉽게 알 수 있는 위험의 정의와 계획 기법을 이해할 수 있어야 한다. 또한 위험 분류별 완화 전략과 비상계획을 알아야 하며, 위험의 심각도와 위험 확률을 정량화할 수 있어야 한다. 특히 가정을 정의하고 가정을 식별하는 기법을 설명할 수 있어야 하며, 성공적인 기업/프로그램 위험 관리를 위한 방안을 제안할 수 있어야 한다.

21.1 위험 관리 계획 실행

위험 대응 계획은 그림 21.1에서 보는 바와 같이 프로젝트 계획 과정 중에 발생한다.

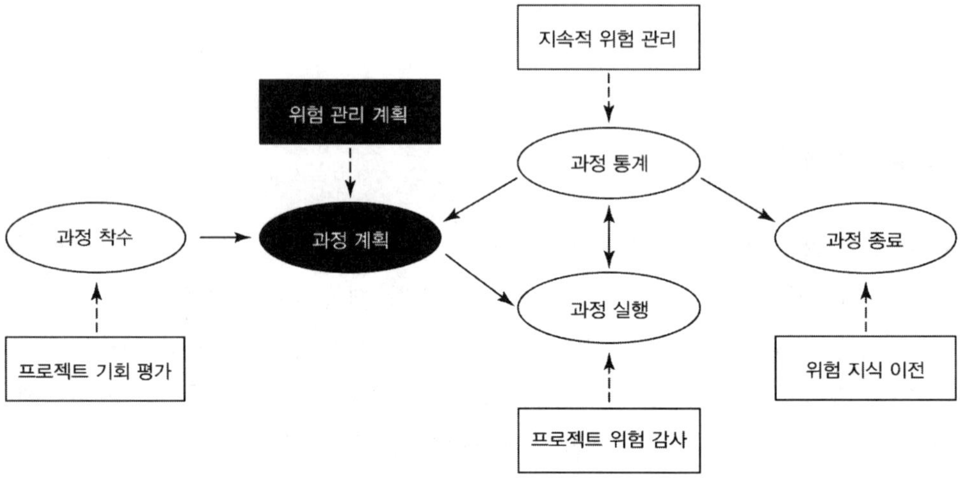

그림 21.1 계획 과정 및 위험 관리 계획

위험 관리 계획은 식별할 수 있는 위험과 통제 불가능한 가정의 두 가지 유형의 위험을 다룬다. 식별할 수 있는 위험은 계획 및 업무 계약 활동 시에 인지할 수 있다. 대부분의 경우 그들은 잘 보이며, 적어도 프로젝트와 관련 있는 사람이라면 누가 봐도 알 수 있다. 식별할 수 있는 위험과 대조적으로, 통제 불가능한 가정은 보이지도 않고, 알 수도 없으며, 가장 위험할 수 있다.

두 가지 유형의 위험을 계획하는 것은 간단한 과정(절차)이다. 위험을 식별하고 그것들을 어떻게 다뤄야 할 것인가를 계획해야 한다. 완벽하게 하기 위해서는 그것들이 계획되지 않은 위험으로 이어지지 않도록 확실히 하기 위해 프로젝트 가정을 분석할 필요가 있다.

1) 참가자

프로젝트 관리자는 보통 위험 관리를 담당한다. 그들은 외부와 단절된 상태에서 아무것도 할 수 없다. 프로젝트 관리자, 프로젝트 팀, 고객 이해관계자, 후원자, 주제 전문가 등 프로젝트에 관련된 모든 사람들을 위험 관리 계획에 반영해야 한다. 표 21.1은 위험 관리 계획 참가자와 관련 내용들이다.

2) 일정표

위험 관리 계획의 폭과 깊이는 프로젝트의 범위와 프로젝트에 내재된 위험에 좌우된다. 계획하는 프로젝트의 유형이 기업에게 새로운 경우에는 그 범위가 크게 되므로 위험 관리 계획에 상당한 시간이 필요하다. 역으로, 프로젝트 유형을 잘 이해하고 과거에 성공한 경험이 있으면 위험 계획은 거의 시간이 필요하지 않다. 그러나 위험 계획은 만만찮은 일로서 프로젝트의 크기와 무관하게 가볍게 다룰 수 있다. 대부분의 프로젝트에서 활동, 적절한 노력 시간, 경과 시간을 요약하면 표 21.2와 같다.

표 21.1 위험 관리 계획 참가자

참가자	관련 활동
프로젝트 관리자	• 프로젝트 팀, 이해관계자 및 기타 주제 전문가와 접촉기회 조정 • 위험 계획 활동 조력 • 위험 관리 계획 준비 및 문서화
프로젝트 팀(외부 판매인 혹은 하청업자)	• 위험 계획 과정 참여
주제 전문가	• 위험 계획 과정 참여
후원자	• 위험 계획 과정 참여
이해관계자	• 위험 계획 과정 참여

표 21.2 위험 관리 계획 일정표

과업	소요시간	경과시간(일)
위험 관리 계획 팀 구성	1 - 4	〉-1
위험 확인	1 - 4	〉-1
위험 분류	1 - 4	〉-1
위험 우선순위 결정	1 4	〉 1
위험 완화전략 개발	1 - 8	〉-1
위험 비상계획 수립	1 - 4	〉-1
가정 확인	1 - 4	〉-1
가정 타당성 입증	1 - 4	〉-1
가정 모니터링 지표 설정	1 - 4	〉-1
총계	9 - 40 시간	~2 - 9 일

3) 단계

위험 관리 계획을 통해 위험 계획과 가정 계획의 두 가지 병렬 경로가 존재한다(그림 21.2). 과정의 처음 단계는 위험 관리 계획 팀을 구성하는 것이다. 팀을 구성한 후에 식별할 수 있는 위험 계획을 위한 5단계와, 가정 관리 계획을 세우는 유사한 3단계 과정이 있다.

❖ 위험 관리 계획 팀 구성

많은 경우에 프로젝트 관리자는 위험 관리 계획에 책임을 진다. 그러나 이러한 일 자체가 위험이다. 프로젝트 관리자가 모든 위험을 효과적으로 식별하고 다룰 수 있다고 가정하는 사람은 아무도 없다. 위험을 줄이고 더 광범위한 위험 관리 계획을 확실히 하기 위해 여러 개인에게 위험 관리 계획의 책임을 분산시킨다. 또한 예산으로 위험 완화 전략과 비상계획을 적절히 설명하기 위해 이해관계자와 후원자를 위험 관리 계획에 포함시킨다. 계획 시에 프로젝트 관리자, 팀, 적절한 후원자와 이해관계자로 위험 관리 계획 팀을 구성한다.

이 팀은 프로젝트에 대한 위험을 식별하고 분류하여 우선순위를 정한다. 이 정보를 사용하여 팀은 위험을 관리하기 위한 위험 완화 전략과 비상계획을 개발하고 사용한다.

❖ 식별 가능한 위험에 대한 계획

① **위험 식별**: 위험 식별은 체험적인 과정이다. 가장 효과적인 두 가지 기법은 경험과 브레인스토밍이다. 어떤 기법을 사용하건 간에 위험 관리 팀은 위험을 식별하고 그것들을 기록하기 시작한다.

② **위험 분류**: 잠재적인 위험을 식별한 후에 다음 단계는 나중에 우선순위를 매기기 위해 그것들을 분류하는 것이다. 분류하는 것은 나중에 분석하고 위험 계획 노력을 하는 데 매우 유용하다. 각 기업들은 그들 고유의 체계를 수립(설정)해야 하며, 이 절에서는 7가지 유용한 위험 부류를 정의한다.

③ **위험 우선순위 정하기**: 분류화 다음에는 위험의 심각도와 확률에 따라 위험에 대한 우선순위를 정하는 것이 필요하다. 이와 같은 2차원적인 우선순위를 정하는 방법은 위험 기간과 더불어 위험 완화 전략과 비상계획에 필요한 매개변수를 제공한다.

④ **위험 완화 전략 개발**: 이제 위험을 최소화하기 위한 완화 전략을 개발하고 기록한다. 충분히 심각하거나, 일어날 가능성이 있거나, 위험에 가까우면 그것들에 필요한 계획과 자원을 기본 프로젝트 계획에 포함하여 예산과 다른 자원을 배정해야 한다. 프로젝트 실행 시에 비상 예산과 면밀한 감시로 덜 심각하고 일어날 가능성이 있는 위험을 강조한다.

⑤ **위험 비상계획 수립**: 위험 충격을 최소화하는 위험 완화 전략이 필요하지만, 이들은 가끔 불충분하다. 즉, 위험 완화 전략 자체는 실패할 수 있다. 그러므로 가장 높은 충격과 일어날 가능성이 높은 위험의 경우에는 이 시점에서 비상 완화 전략을 감시하고 실패를 수정하기 위해 비상계획을 개발해야 한다.

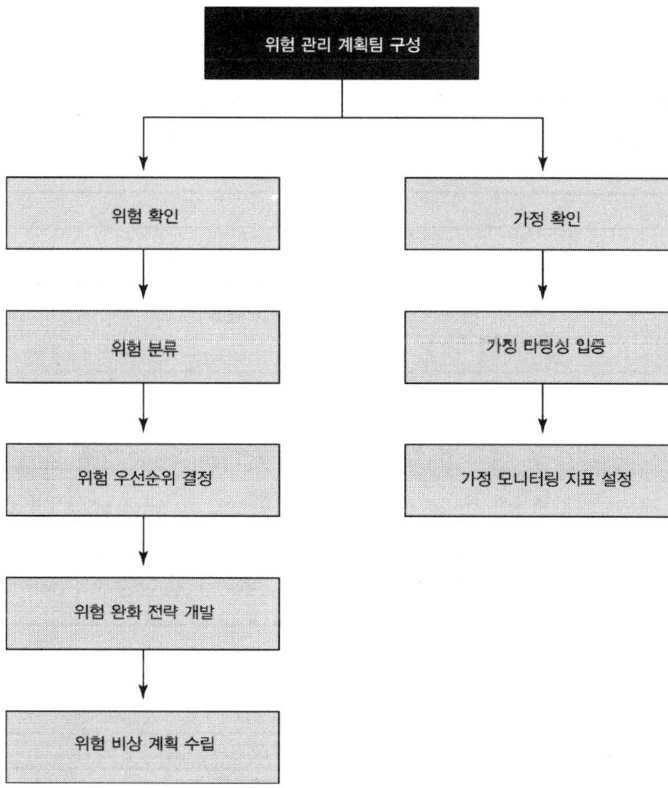

그림 21.2 위험 관리 계획 단계

❖ 가정 관리를 위한 계획

많은 가정은 프로젝트 계획 단계에서 만들어진다. 불행히도 실패한 가정은 잘 관리하지 않으면 위험이 된다.

① **가정 식별**: 프로젝트 계획은 가정에 의존한다. 가정은 위험 관리 계획 팀이 나중에 참고하고 입증하기 위해 기록이 필요하다.

② **가정 타당성 입증**: 모든 프로젝트 계획 가정이 타당한가를 입증해야 한다. 타당하지 않은 가정은 새로운 프로젝트 위험으로 관리한다.

③ **가정 감시 기준 수립**: 각각의 높은 충격의 프로젝트 가정에 대한 감시 기준을 수립한다. 이를 통해 지속적으로 가정의 유효성을 보장하기 위해 프로젝트 실행 중에 감시를 수행할 수 있다.

4) 결과

위험 관리 계획은 위험을 완화하고 모든 가정이 위험이 되지 않는다는 것을 보장하기 위해 전략과 비상계획을 문서화하는 여러 가지 결과물을 생산한다. 위험 관리 계획 결과는 또한 위험 계획 노력에 의해 요구되는 활동과 결과를 삽입하여 기본 프로젝트 계획을 변경한다. 기본 결과는 다음과 같다.

프로젝트 위험 작업지			
프로젝트 정보			
식별번호:		관리자:	
고객:			
제목:			
위험 정의			
식별번호:		정의 날짜:	
제목:			
내용 기술:			
책임자:			
근본적인 전제			
분류:	심각도:	확률:	기간:
모니터링 지표:			
위험완화전략 정의			
전략 유형:			
전략 제목:			
전략:			
실행일자:			
성공 지표:			
추정원가:		실제원가:	
측정: 성공 □ 실패 □		측정일:	
위험완화 비상계획 정의			
비상계획 제목:			
비상계획:			
시발점:			
추정원가:		실제원가:	
실행일자:			
측정: 성공 □ 실패 □		측정일:	
성공/실패 내용 기술:			

그림 21.3 위험 작업지

프로젝트 가정 작업지	
프로젝트 정보	
식별번호:	관리자:
제목:	
가정 정의	
식별번호:	정의 일자:
제목:	
내용 기술:	
책임자:	
분류:	
가정 확인자:	확인일자:
가정 측정	
성공 지표:	
측정: 성공 □ 실패 □	
성공/실패 내용 기술:	
잠재적인 완화전략 정의	
전략	
위험정보로 변환	
시발점:	
위험 식별번호:	
위험 제목:	
실행일자:	

그림 21.4 가정 작업지

1. **프로젝트 위험 작업지**: 위험과 이것들을 분류하여 위험 완화 전략과 비상계획을 수립하여 문서화 한다. 위험 작업지에 대한 예는 그림 21.3과 같다.
2. **위험 가정 작업지**: 지속적인 유효성을 보장하기 위해 가정을 기록하고 감시하는 방법을 문서화 한다. 위험 가정 작업지에 대한 예는 그림 21.4와 같다.
3. **프로젝트 계획 갱신**: 위험의 높은 심각도와 확률과 위험 완화 전략을 설명하기 위해 기본 프로젝트 계획에 추가되는 활동과 결과를 문서화 한다.

21.2 쉽게 인식 가능한 위험의 정의와 계획 기법

누구나 쉽게 인식 가능한 위험은 계획 및 계약 활동 중에 식별할 수 있다. 대부분 그것들은 잘 보이며, 적어도 프로젝트와 관련이 있는 사람이라면 누가 봐도 알 수 있다. 전형적인 예로는 신기술, 재무 자원 제약요소, 인적 자원 제한 사항, 사업 과정에 대한 변화 등이다. 역사적으로 완화 전략은 이러한 종류의 위험을 다루는 데 필요했다.

불행히도 완화 전략은 그들 자신의 위험을 초래할 수 있다. 예를 들어, 프로젝트가 신기술(technology) 도입이 필요한 경우에는 프로젝트 계획에 위험 완화 전략으로서 훈련이 포함될 수 있다. 그러나 훈련은 신기술(기량: skill)을 획득하는 데 필요하다. 즉, 단기간에 기술 이전과 능란함을 보장하기 위해서 경험이 있는 전문가의 지도, 상담 혹은 준비 가용도가 종종 필요하다. 그러므로 필요할 경우 현장 전문가 혹은 상담사를 위한 비상계획을 포함하는 것을 조언한다.

위험을 식별하고, 위험 완화 계획을 개발하고 실행해야 한다. 더욱이 높은 위험인 경우에는 비상계획을 포함해야 한다. 이 시기에 비상 활동을 상세하게 계획할 필요는 없다. 그러나 적절한 기구(일련의 경고 신호와 같은)에 기초하여 무엇을 계획해야 하는가를 아는 것이 중요하다. 새로운 기술 위험 사례가 지속되고, 예상 생산성 척도가 충족되지 않을 경우에는 전문가를 이용해야 한다.

위험 완화 전략과 비상계획을 개발하고 실행하는 데 시간, 돈 및 자원이 소요된다. 프로젝트에서 위험을 모두 나타내고 비상계획을 모두 세우는 것은 드물다. 또한 프로젝트 후원자는 종종 상세한 완화 계획을 세우는 데 시간(돈)을 소비하는 것을 원하지 않는다. 따라서 각각의 식별된 완화 전략과 비상계획에 상세히 비용을 견적하는 대신에 전체를 계획하는 비율로 전반적인 비상계획 예산을 수립하는 것이 더 적절하다. 산업체는 경험상 위험을 식별하고 추적하는 데 5% 비상 예산을 배정할 것을 제안하고 있다. 예상하지 않은 위험을 다루는데 5%의 위험 완화 비상 예산을 추가하는 것은 신중을 기해야 한다.

1) 위험 식별 기법

위험을 적절하게 관리하려면 제일 먼저 그것들을 찾아내야 한다. 이를 달성하기 위한 두 가지 일반적인 기법은 경험에 기초한 위험 평가와 브레인스토밍에 기초한 위험 평가 방법이다.

❖ 경험에 기초한 위험 평가

성공적인 프로젝트 관리자의 증거는 경험을 통해 배우는 능력이다. 과거 프로젝트에서 직면한 경감되지 않는 위험에 대한 충격을 프로젝트 관리자의 머릿속에 영원히 각인을 시켜야 한다. 최상의 관행에 기반한 위험 관리는 위험 지식기반을 구축하여 이 정보의 가용도를 보장해야 한다.

위험 관리 계획 팀은 위험 지식 기반을 사용하여 목록화한 위험을 검사하고 그것들의 프로젝트에 적용가능성을 평가(사정)한다. 가능하다면, 팀은 그것들을 목록으로 만들고 우선순위를 정하기 위해 프로젝트 위험 목록에 추가한다.

❖ 브레인스토밍에 기초한 위험 평가

고객 이해관계자, 프로젝트 팀 구성원, 하부구조 직원으로 구성된 촉진된 브레인스토밍 회의가 위험과 위험 완화 전략과 비상계획을 정의하는 데 사용되는 주요한 기법이다. 이 절차는 위험을 하나의 행으로 정의하고, 완화 전략을 2행에, 잠재적인 비상계획을 3행에 정의하여 조직이 완화되지 않는 위험에 노출될 때 결정하는 것을 쉽게 해준다. 이러한 형태의 촉진 회의를 '**역장분석**(force field analysis)'이라고 한다.

표 21.3은 이 기법에 대한 최소한의 예를 보여주고 있다. 예에서 보는 바와 같이 브레인스토밍 회의로 다수의 위험에 대한 완화 전략이나 비상계획을 식별할 수 있다.

표 21.3 위험 대 전략 및 비상계획 분석의 예

위험	완화전략	비상계획
가용한 프로젝트 관리 기술 결여	• 유경험 프로젝트 관리자 충원	• 프로젝트 사업소 설립 및 프로젝트 관리자 보좌 직원 배정
	• 프로젝트 관리 훈련 제공	• 프로젝트 관리 멘토 및 코치 제공
프로그래밍에 관한 숙련된 자원 결여	• 직원 훈련	• 숙련 멘토 및 코치 제공
	• 숙련된 직원 충원	• 부족 기술 보완 계약
	• 전략 목적에 맞추어 조정하기 위해 숙련된 직원 노력의 우선순위를 재결정	• 숙련된 직원 추가 충원
산출물 간격이 너무 길다	• 중간 단계(이정표)를 만듬	• 산출물의 중요성을 검토한다. 산출물이 가치가 있으면 계속 진행한다. 산출물이 일정 시간 동안 지연되면 이들은 프로젝트의 일부분이 되어서는 안 된다.
최첨단, 부담이 큰 기술 노력	• 일련의 기술 시제품을 만들어 "실행 여부 입증"	• 기술 구조의 복잡도를 줄인다. • 프로젝트의 일시적인 범위(기간 등)를 증가시킨다.

2) 위험 분류

실제로 모든 위험을 다룰 시간, 돈 혹은 자원이 없으므로 관리는 완화 및 비상 전략 계획을 개발하고 실행할 위험을 선택해야 한다. 그러므로 위험을 분류하고 우선순위를 정하는 객관적인 방법을 개발하는 것이 중요하다. 성공이 입증된 한 가지 방법은 다음과 같은 네 가지 요소에 따라 각 위험을 검토하고 분류하는 것이다.

1. 위험의 범주
2. 프로젝트 일정의 성공적인 완료에 대한 심각도 혹은 영향
3. 확률 혹은 발생 가능성
4. 기간

❖ 위험 범주

앞에서 정의한 위험 범주는 위험을 분류하는 조직 지식 베이스에 포함하는 한 가지 방법이다. 한편 모든 조직은 특수 요구에 기초한 그들 고유의 위험 분류방법이 있으며, 다음과 같은 7가지 위험 분류방법이 유용하다.

- **범위/변화 관리 위험**: 프로젝트 범위를 잘 정의하지 않거나 프로젝트 실행 중에 변경되는 위험이다.
- **운용 위험**: 프로젝트 실패가 기업의 운용에 영향을 주는 위험이다.
- **재무 위험**: 프로젝트 실패가 기업의 재정 자원에 부정적인 영향을 주거나 프로젝트를 성공적으로 완료하기 위해 충분한 재정 자원을 사용할 수 없게 될 위험이다.
- **프로젝트 관리 위험**: 불량한 프로젝트 관리로 프로젝트 성공에 부정적인 영향을 주는 위험이다.
- **전략 위험**: 프로젝트 실패가 기업 전략에 부정적인 영향을 주는 위험이다.
- **기술 위험**: 프로젝트가 새로운 첨단 기술에 의존하여 프로젝트 성공에 부정적인 영향을 주거나 제안한 기술이 불충분하여 프로젝트 팀 경험에 부정적인 영향을 주는 위험이다.
- **실패한 가정**: 유효하지 않은 가정으로 프로젝트 성공에 부정적인 영향을 주는 위험이다.

조직 내에서 특정한 위험 범주는 프로젝트 실패에 높은 위험을 나타낸다. 예를 들어, 일부 조직은 새로운 기술을 도입한 실질적인 경험을 가지고 있다. 그러므로 기술 위험을 어떻게 다뤄야 할 것인가를 이해하고 있다. 반면에 신기술을 도입하지 않은 다른 조직은 프로젝트를 수행할 때 일정기간 주의를 기울여야 한다.

위험 분류 자체는 위험 요인의 등급을 매기는데 사용되는 심각도/확률을 수정하는 데 할당된 가중계수라고 할 수 있다. 그러한 가중계수는 전반적인 프로젝트 위험을 정량화하는 경우에는 유용하지만, 적절한 위험 완화 전략과 비상계획을 대체할 수 없다.

❖ 위험 심각도

위험의 심각도는 위험이 명백한 경우 프로젝트와 사업에 대한 영향과 관련되며, 객관적인 평가로 등급을 매겨야 한다. 보다 복잡한 수치적인 심각도 등급 체계를 정의할 수 있지만 다음과 같이 정의되는 간단한 높음-중간-낮음의 척도를 사용할 수 있다.

- **상(높음)**: 완화를 하지 않는 경우 프로젝트 목표가 위험에 빠진다.
- **중(중간)**: 완화를 하지 않는 경우 결과/이정표가 위험하다.
- **하(낮음)**: 현재 위험한 결과/이정표가 없지만 이슈가 위험하고 적극적인 완화가 필요한 후보이다.

❖ 위험 확률

위험 확률은 종종 자원과 기술 가용도에 대한 잘못된 가정이나 타이밍과 동기화 이슈로 나타낸다. 위험 심각도와 같이 간단한 상(높음)-중(중간)-하(낮음)의 척도가 보통 객관적인 평가에서 충분하다.

- 상(높음): 안화와 감시를 하지 않는 경우 프로젝트 결과/이정표 완료는 프로젝트의 주경로를 방해한다.
- 중(중간): 완화와 감시를 하지 않는 경우 결과/이정표 완료는 프로젝트 주경로로 진입하게 된다.
- 하(낮음): 지연이 과도해지지 않으면 프로젝트 결과/이정표가 없다. 그러므로 위험을 기록하고 감시해야 한다.

❖ 위험 기간

위험 발생이 예상되는 기간을 분석한다. 분명히 위험이 더 빨리 발생 할수록 계획을 더 상세하게 수립해야 한다. 분석목적상 다음 3점 척도가 유용하다.

- **상(높음)**: 앞으로 2주 이내에
- **중(중간)**: 현재일로부터 2주~2달 사이
- **하(낮음)**: 현재일로부터 2달 이상

이러한 값들은 단지 제안이며 각 기업과 각 프로젝트마다 조정할 필요가 있다. 그것들은 위험이 발생하거나 위험 발생 가능성이 사라질 때까지 시간이 경과함에 따라 조정할 필요가 있다.

21.3 위험 완화 전략 및 비상계획 평가 및 계획

위험 심각도와 확률 요소를 결합하면 위험 심각도 대 확률 행렬이 된다(표 21.4). 이는 위험 완화 전략과 비상계획을 준비할 시기를 정의하는 데 도움을 줄 수 있다. 예를 들어, 높은 심각도와 낮은 확률의 위험은 2등급의 심각도/확률이 되며, 완전히 개발된 완화 전략과 개략적인 비상계획이 필요하다.

보다 상세하고 정교한 지표가 많은 기업에서 사용되고 있으며, 많은 프로젝트 관리 소프트웨어 지원 도구에 포함되어 있다. 그러나 이와 같은 최소한의 수준의 복잡도를 가지고도 상당한 결과를 얻을 수 있다. 위험 심각도와 위험 확률을 정량화할 뿐만 아니라 다른 객관적인 위험 척도를 고려해야 한다. 가능하다면 비용, 일정, 결과 품질의 정도를 검사하고 정량화해야 한다.

나타낸 바와 같이 표 21.4는 위험의 우선순위를 정하는 데 있어 객관적인 출발점이 된다.

1. 높은 심각도나 확률로 상세히 모든 위험을 검사한다(즉, SPR 등급 2 혹은 3). 위험 완화 전략을 개발하고 이를 프로젝트 계획과 예산에 반영한다.
2. 심각도와 확률 요인이 모두 높으면(즉, SPR 3) 예산이 반영된 상세한 비상계획을 개발한다.
3. 한 요인만 높으면(SPR 2) 유발요인을 사용하여 비상 전략을 요약하고, 유발요인이 활성화될 때까지 상세한 계획을 세우는 것을 유보하는 것이 적절하다.
4. 적어도 중간의 심각도나 확률인 분야(SPR 1)에서는 위험 완화 전략을 개발한다. 그리고 감시한 결과 프로젝트를 하는 동안에 위험이 증가하면 상세한 비상계획을 준비한다.
5. 낮은 심각도와 확률(SPR 1)인 그러한 위험을 감시할 수 있는 지표를 설정한다. 그러한 위험을 프로젝트 가정으로 취급하고 그것들을 동일한 방법으로 다룬다(가정 정의 및 관리 기법 참조).
6. 이 시점에서 위험 기간을 면밀히 고려한다. 또한 위험 충격을 최소화하고 완화를 위한 적절한 시간이 되도록 프로젝트 실행의 통제 단계 시에 기간을 면밀히 감시하는 것을 확실히 한다.

표 21.4 위험 심각도 대 확률 계수 행렬

<table>
<tr><td>상</td><td>2</td><td>2</td><td>3</td></tr>
<tr><td>중</td><td>1</td><td>1</td><td>2</td></tr>
<tr><td>하</td><td>0</td><td>1</td><td>2</td></tr>
<tr><td rowspan="2">심각도 계수</td><td>상</td><td>중</td><td>하</td></tr>
<tr><td colspan="3">확률 계수</td></tr>
<tr><td colspan="4">심각도/확률 계수 등급 (SPR)
3 완화전략 및 상세 비상계획
2 완화전략 및 개략 비상계획
1 완화전략
0 프로젝트 가정으로 간주</td></tr>
</table>

1) 위험 완화 부류

또 다른 유용한 위험 정량화는 완화 전략이다. 위험 완화 전략을 범주화하면 향후 참조를 위한 또 다른 위험 지표가 된다. 다음은 6가지 유용한 완화 전략 범주이다.

1. **위험 수용**; 위험이 발생하면 이를 해결한다. 결과가 제한될 때 사용된다.
2. **위험 회피**: 특정한 위협을 제거하거나 방법을 거부한다. 위험이 너무 크고 이를 해결할 수 있는 수단(방법)이 없기 때문이다.
3. **위험 방지**; 위험을 완화하기 위해 보험과 중복(반복 조치)을 사용한다.
4. **위험 자료조사**: 더 많은 정보를 얻는다. 용량 시험과 처리량 증가와 마찬가지로 시제품을 만드는 것이 전형적인 자료조사 전략이다,
5. **위험 유보**: 예상되는 위험 영향에 대처하기 위해 프로젝트 일정과 예산에 비상적인 상황을 만든다,
6. **위험 이전**: 그룹이 필요한 권한이나 통제를 가질 때 위험을 다른 그룹으로 이전한다.

위험에 대한 완화 및 비상 전략을 개발한 후에 프로젝트 관리자와 배정된 책임자는 프로젝트 실행 중에 지속적인 감시와 위험 상태 평가를 제공할 책임을 진다. 효과적인 감시를 하기 위해서는 완화 전략에 대한 성공적인 척도가 필요하고 적용된 비상계획을 식별하고 추적할 때 식별되는 사건을 자동으로 실행시켜야 한다. 또한 프로젝트 관리자, 팀 구성원, 이해당사자는 프로젝트 생애주기 동안에 새로운 위험에 대비해야 한다.

2) 위험 문서화

그림 21.3은 위험, 그것들의 기저를 이루는 가정, 완화 전략 및 비상계획을 기록할 수 있는 양식이다. 이를 데이터베이스 양식으로 변환하면 위험 관리 데이터를 수집하는 훨씬 더 자동화된 방법이 될 수 있으며, 보고 및 관리를 위한 손쉬운 도구가 된다.

완전한 위험 작업지에 대한 대안이 스프레드시트이다(그림 21.5). 이 방법은 많은 정보를 수집할 수는 없지만 범위, 결과 및 작업 노력을 잘 이해할 수 있는 소형 프로젝트에는 충분하다.

그림 21.5 위험 스프레드시트

3) 개별 프로젝트 위험 종합(집계)

개별 위험을 더하고 평균 위험을 계산하고 위험을 프로젝트에 전체로서 할당하는 것이 논리적인 것처럼 보인다. 낮은 위험 항목을 포함하지 않는 한 이는 안전한 추정이 된다. 그러나 경험상 높은 위험 항목이 전체 프로젝트 위험에 더 크게 기여하며, 따라서 높은 가중치를 부여하는 것이 필요하다.

높은 심각도/위험 계수 등급을 매기는 데 더 큰 가중치를 부여하므로 다음 공식이 더 적절하다. 여기서 SPR은 개별 n 위험 심각도/확률 계수 등급이다.

$$\text{전체 프로젝트 위험} = \sqrt{\frac{\sum_{1}^{n}(\mathrm{SPR}i)^2}{n}}$$

예시를 위해 표 21.5는 10가지 식별된 위험을 갖는 프로젝트를 보여주고 있다. 간단한 위험 평균은 SPR이 2.10이다.

전체 프로젝트 위험 공식을 다음과 같이 계산할 수 있다. 직관 및 경험과 일치하는 이 공식은 단순 평균을 계산한 결과보다 더 높은 심각도/확률 계수 등급이 된다.

$$\sqrt{\frac{(3^2 \times 4 + 2^2 \times 3 + 1^2 \times 3}{10}} = \sqrt{\frac{51}{10}} = 2.3$$

프로젝트 위험을 합하는 또 다른 척도는 각 SPR 수준에서 위험의 수이다. 예를 들어, 표 21.4에서 표본 프로젝트의 10가지 위험을 식별해보니 SPR 3이 4, SPR 2가 3, SPR 1이 3이다. 이는 위험의 40%가 심각도와 확률 모두에서 높고, 위험의 30%는 적어도 하나의 위험 요인에서 높다는 것을 나타낸다. 다시 말하여, 묘사한 프로젝트는 잠재적으로 매우 위험하다.

또한 심각도/확률 계수 등급은 프로젝트 생애주기 동안에 바뀔 수 있다. 개별 위험 SPR 변화를 포착하여 SPR 전체에서의 변화 방향을 계산할 수 있다(단순 평균을 구하거나 혹은 전체 프로젝트 위험 공식을 사용하여). 전체 SPR이 증가하는 것은 프로젝트가 곤경에 빠지고 있으며, 실패를 피하기 위해서는 즉각적인 관심이 필요하다는 조기경보이다.

숫자와 통계학에 대한 이러한 모든 논의를 주의해야 한다. 통계학으로 위험을 관리할 수 없으며, 사람과 활동으로 위험을 관리해야 한다. 비록 숫자는 객관성을 나타내는 것 같지만 전체 프로젝트 위험을 기계적으로 계산하는 것에 의존하는 것은 주의해야 한다. 프로젝트 위험을 다루는 가장 중요한 방법은 위험 완화 전략과 적절한 비상계획을 수립하고 위험을 관리하는 것이다.

표 21.5 전체 프로젝트 위험 계산 예

위험	1	2	3	4	5	6	7	8	9	10	단순 평균	전체 프로젝트 위험식
SPR	3	3	3	3	2	2	2	1	1	1	2.2	2.3

21.4 가정 정의 및 계획 기법

식별 가능한 위험과 대조적으로 통제 불가능한 가정은 위험으로 보이지도 않고, 명백하지도 않으며, 가장 위험할 수 있다. 그것들은 조직문화에 의해 도입되며, 프로젝트 환경에 자신도 모르게 존재할 때 부정확한 인식과 비현실적인 낙관을 조성하게 된다.

가정은 모든 프로젝트에서 주어진다. 모든 프로젝트 관리 부류와 방법은 가정을 기록하고 고객 혹은 다른 사람들에 의해 확인해야 한다고 설명하고 있다. 그러나 프로젝트에서 그들의 가정을 관리하는가? 전형적으로 가정이 부정확하다고 입증되거나 환경에서 변화가 이를 무효화하면 반동적이거나 도와달라고 소란을 피우는 행동이 지배적이다.

당신이 할 수 있는 최선의 방법은 존재하지 않는다. 당신은 위험에서와 마찬가지로 가정을 관리해야 한다. 놀라움을 피하기 위하여 프로젝트에 대한 가정을 기록하고, 변화되는 환경이 가정을 무효로 만들지 않고 그것들을 위험으로 변환되는 것을 명확히 하기 위해 감시해야 한다. 모든 가정을 정의하고 기록하고, 지속적인 정확도로 시험하기 위해 행렬을 정의한다. 가정과 이를 감시하기 위한 척도를 수립하고 상황이 변할 때 순향적(사전대응적)으로 개발된 비상계획을 자동으로 실행시키는 것을 확실히 해야 한다.

근본적인 가정을 검사하여 적절한 지표를 정의하고, 시정조치를 요약하여, 가정이 위험이며 관리해야 한다는 것을 인식하여 프로젝트를 진행할 수 있다.

1) 가정 식별 기법

프로젝트 가정은 세 가지 출처에서 도출된다.

- 이전 프로젝트 관리 경험에서 노출
- 브레인스토밍
- 낮은 심각도와 낮은 확률의 식별된 위험

❖ 경험에 기반한 가정 식별 기법

이전의 프로젝트 경험이 프로젝트 관리자에게 위험을 식별하고 계획을 제공하는 것과 같이, 이전 경험이 조직 내에서 유효하고 다양한 유형의 프로젝트를 통해 가정에 대한 지식을 제공한다. 예를 들어, 경험에 비추어볼 때 새로운 기술 구현 노력이 25%의 비용 대비 요소를 가져야 하거나 후원자 가용도가 프로젝트 과정 중에 급격하게 변경될 수 있다고 가정을 할 수 있다. 적절히 기록되면 이것들은 합리적인 가정이다. 그러나 그것들은 감시해야 하고 지속적인 정당화를 위해 추적해야 한다.

❖ 브레인스토밍에 기반한 가정 식별 기법

위험 식별에서 기술한 것과 동일한 브레인스토밍법을 사용하여 가정을 식별하고, 지속적인 적용을 감시하기 위한 지표를 정의하고, 잠재적인 완화 전략을 검사할 수 있다. 표 21.6은 몇 가지 전형적인 가정, 가능한 모니터링 지표와 완화 전략의 예를 보여주고 있다.

표 21.6 가정 식별 및 분석의 예

가정	모니터링 지표	완화 전략
프로젝트 헌장에서 정의한 요건으로 프로젝트 범위를 확정한다	프로젝트 변경 요청으로 규정된 예산, 자원 혹은 일정이 5% 이내로 변경된다.	추가적인 변경 요청 기각
		예산, 자원 및 일정 재타협
프로젝트 팀은 사업 분야에 충분한 경험을 가지고 있다	이정표 결과가 일정에 대해 만들어지고 품질 지표를 충족한다.	추가 직원 훈련 제공 멘토링 제공
프로젝트 후원자를 이슈/변경 요청 해결에 바로 투입할 수 있다.	이슈/변경 요청이 2일 이내로 해결된다.	프로젝트 지연
		경영간부 후원자 혹은 운영위원회를 통해 후원자 가용도 재확인
		이슈/변경 해결 책임성 변경

❖ 낮은 위험을 가정으로 변환하는 가정 식별 기법

낮은 확률과 낮은 심각도의 위험에 대한 모니터링 지표를 설정하는 것을 강조하는 위험 완화 전략과 비상계획 평가와 계획 활동을 수립해야 한다. 일단 이것이 이루어지면 이러한 위험은 가정으로 재분류하고 그에 따라 추적해야 한다.

2) 가정 평가

가정을 기록하고 모니터링 지표와 잠재적인 완화 전략을 식별하고 난 후에 프로젝트 관리자와 책임자는 주기적으로 지표를 시험하고 환경적인 변화가 발생하지 않았다는 것을 명확히 해야 한다. 환경이 가정을 위험으로 바꾸는 경우 수립된 위험 관리 과정을 적용해야 한다.

그림 21.4는 가정과 그것들의 모니터링 척도, 잠재적인 완화 전략과 실제 프로젝트 위험으로 잠재적을 변하는 것을 기록하는 데 필요한 양식을 나타내고 있다.

21.5 기업/프로그램 위험 관리

프로젝트 위험 관리를 수립하는 것에 부가하여, 기업 수준 혹은 프로그램 수준의 위험 관리 과정(절차)을 수립하는 것을 고려해야 한다. 여러 주요 개발 프로젝트가 조직 전반에 걸쳐 동시에 발생하는 것이 보통이다. 더욱이 이러한 프로젝트는 보통 유사한 위험에 직면한다. 프로젝트 위험을 평가하는 것은 프로젝트 위험을 요약하고 모든 프로젝트에 걸쳐 위험의 조직적인 영향을 검사하는 간단하고 기계적인 절차가 되고 있다.

복수의 프로젝트에서 유사한 높은 위험(즉 SPR 2 혹은 3)을 식별하는 경우, 전체로서 조직에 대한 그것들의 영향이 매우 높으면 내부 프로젝트의 의존도는 낮다. 따라서 복수의 중간 수준의 프로젝트 위험(즉 SPR 1)은 개별 프로젝트에서 반드시 가장 높은 관심사는 아니지만 조직에 보다 더 큰 위험을 나타낸다.

예를 들어, 복수의 프로젝트에서 유사한 신기술을 동시에 조직에 도입하는 경우 각 프로젝트는 프로젝트 팀의 기술과 위험을 회피하는 사고방식에 따라 높거나 중간으로 등급을 매길 수 있다. 공급자 시장이 신기술의 단순함을 성공적으로 과장했기(부풀렸기) 때문에 위험도가 있다면 고객은 단지 중간-낮은 수준의 위험으로 생각하거나 믿게 된다. 이러한 대부분의 신기술 노력이 어려움에 직면할 것이라는 것을 상상하는 것은 확실히 쉬운 일이며, 프로젝트 리더는 위험 완화 전략과 비상계획을 실행하게 된다.

전사적 관점에서 위험 완화 전략으로 개별 프로젝트 위험을 검토하면 확실히 명쾌한 전망을 얻게 된다. 또한 조직은 하나의 단위로 작용하게 된다. 예를 들어, 신기술의 한계와 유용성을 수립하기 위해 신기술을 평가하는 시범 사업은 바람직하며, 임의의 종속 프로젝트를 진행하기 전에 실행해야 한다. 이는 교훈을 활용하고 개별 프로젝트 위험 완화 및 잠재적인 고장에 대한 값비싼 영향을 피하는 것이 확실히 유리하다.

성공적인 프로젝트 위험 관리는 프로젝트 성공 가능성을 크게 높여 준다. 프로젝트 위험과 가정을 식별하고, 그것들을 기록하고, 전체 프로젝트 계획에 포함하여 진행하는 것은 정당한 활동일 뿐만 아니라 필요한 활동이다. 프로젝트 종료 시에 프로젝트 위험과 가정 경험을 조직의 프로젝트 관리 지식 보고서에 통합한다. 향후 프로젝트에서 이 지식베이스는 위험을 식별하고 분석하는 출발점으로 작용할 수 있다. 신참 및 경험 있는 프로젝트 관리자는 그들의 걱정과 부담을 경감시키고 프로젝트의 성공 가능성을 증가시키는 데 이러한 과거의 실제 경험을 활용할 수 있다.

토의 문제 및 활동

1. 위험 관리 계획 참가자 및 관련 활동을 요약하라.

2. 위험 관리 계획 단계를 그림으로 나타내라.

3. 프로젝트 위험 관리 계획 단계, 결과를 요약하라

4. 쉽게 알 수 있는 위험을 정의하고 위험 식별기법에 대해 설명하라.

5. 위험을 분류하고 그에 따른 완화 전략 및 비상 계획을 작성하라.

6. 6가지 위험 완화 전략의 범주를 말해보라.

7. 전체 프로젝트의 위험을 종합하는 식을 개발하고 예를 들어 이에 대하여 설명하라.

8. 가정 식별 기법은 크게 3가지 방법으로부터 도출할 수 있다. 가정 식별 및 분석의 예를 들어보라.

9. 기업/프로그램 위험관리에 대하여 설명하라.

10. 프로젝트 위험관리와 프로젝트 성공과의 관계를 간단히 설명하라.

Chapter 22 실행: 프로젝트 위험 감사

개요 및 학습목표

프로젝트 실행 단계에서 최상의 관행은 계획 단계에서 수립한 프로젝트 목표를 충족하는지를 확실히 하기 위해 프로젝트 결과를 검토하는 것이다. 마찬가지로, 그것들이 적절히 작동하는지를 확실히 하기 위해 관리 과정을 주기적으로 감사해야 한다. 모든 프로젝트는 변화하는 환경 속에서 사람, 과정 및 계획을 융합해야 하므로 가장 꼼꼼하게 계획하고 관리한 프로젝트도 곤경에 처할 수 있다. 그러므로 프로젝트의 한시적인 건전성을 감시하고 확실히 하는 것이 프로젝트 성공에 중요하다.

프로젝트 관리자는 결과 품질을 측정하기 위한 계획 수립 계획의 필요성에 익숙해야 한다. 프로젝트 관리 과정이 준비가 되어있지 않거나 제대로 기능하지 않기 때문에 결과 품질은 그럼에도 불구하고 고통을 받는다. 프로젝트 위험 감사는 이러한 과정을 검사하여 프로젝트 관리 과정이 성공을 방해하지 않는다는 것을 보장하기 위해 결과와 권고를 통해 프로젝트 관리자에게 방법을 제공한다. 프로젝트 위험 감사는 그러므로 프로젝트의 품질 계획의 일환이어야 한다.

이 장에서는 프로젝트 위험 감사를 수행하는 데 필요한 입증되고 효과적인 기법을 요약한다. 가장 효과적이기 위해서 감사는 객관적이어야 한다. 따라서 감사는 결과에 사적인 이해관계가 없는 외부의 제3자가 가장 잘 수행한다. 이것이 가능하지 않다면 이 기법을 자율감사에 적용할 수 있다.

이 장에서 요약한 위험 감사 기법은 PMBOK Guide에서 요약한 프로젝트 관리 수칙에 따른다. 또한 그것들은 소프트웨어공학회의 CMM 모델의 레벨 2와 3 조직의 핵심 과정을 고려한다. 이러한 특징 기법은 정보 및 건설 프로젝트 뿐만 아니라 다양한 부문에 적용될 수 있도록 수정, 확장되어 다른 프로젝트 환경에 손쉽게 적용할 수 있다. 일부 위험 감사 질문은 소프트웨어 개발 프로젝트와 관련이 있지만 다른 프로젝트 유형에 맞게 쉽게 수정할 수 있다.

이 장을 학습한 후에 여러분은 프로젝트 위험 감사(실행)의 목적을 이해하여야 한다. 프로젝트 위험 감사를 수행하는 데 필요한 입증되고 효과적인 기법의 여러 절차를 이해하고 실행할 수 있어야 한다. 또한 초기 프로젝트 위험 감사에 소요되는 주요 활동과 각 과업별 소요시간을 알아야 한다. 특히 프로젝트 위험 감사 과정의 효과성을 평가하는데 사용되는 10가지 주요 성공 요인과 요소별 주요 성공요인 등급(기준선)과 프로젝트 위험 감사 핵심 성공요인별 내용, 기준과 수용문서를 알아야 한다.

22.1 프로젝트 위험 감사 실행

그림 22.1은 PMBOK Guide에서 정의한 프로젝트 관리 과정 내에서의 프로젝트 위험 감사 과정의 위치를 보여주고 있다.

내부적으로 수행하거나 독립 검증 및 입증 과정의 일환으로 수행하건 간에, 프로젝트 위험 감사는 가능한 한 객관적이고 전문적으로 수행해야 한다. 감사의 목적은 프로젝트 팀이나 관리를 비난하는 것이 아니라 위험을 식별하고 완화시키는 것이다. 시간과 주어진 예산 내에서 프로젝트를 성공적으로 종료하는 데 모든 사람의 장점을 활용하고 이해관계자의 요건을 만족해야 한다. 감사를 시작하기 전에 프로젝트 팀과 기타 이해관계자의 협력과 정확한 정보를 보장하기 위해 위험 감사 후원자의 명확한 진술이 필요하다.

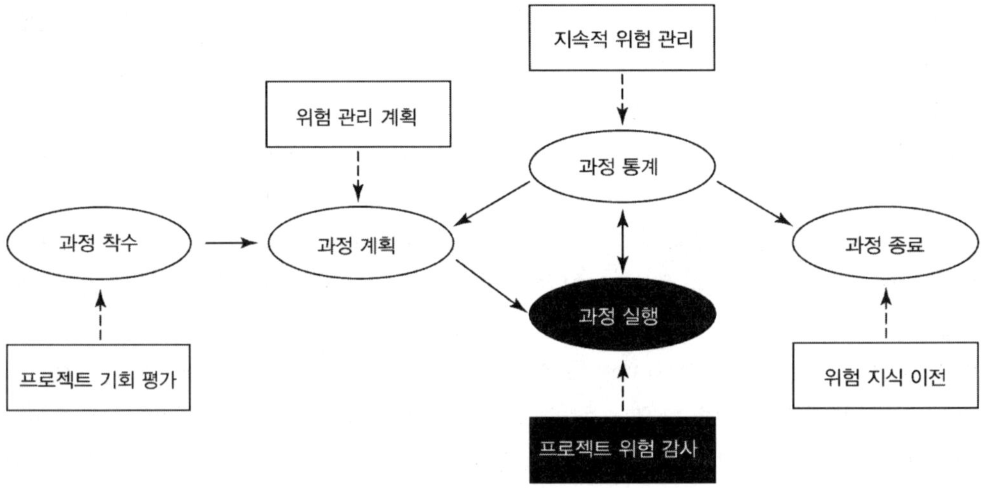

그림 22.1 실행 과정 및 위험 감사

1) 참가자

프로젝트 위험 감사는 프로젝트와 관련된 모든 사람을 포함한다. 프로젝트 관리자가 프로젝트를 논의하는 것은 필요하지만 충분하지는 않다. 분명히 프로젝트 관리자는 중심 인물이지만 전체 프로젝트 팀의 투입요소이며, 특히 이해 관계자가 중요하다. 표 22.1은 프로젝트 위험 감사 참가자를 요약하였다.

객관적이기 위해 프로젝트 위험 감사관은 불편부당해야 한다. 즉, 프로젝트의 결과에 이해관계가 없어야 한다. 신뢰할 수 없는 출처의 감사 결과는 프로젝트 팀의 윤리성에 심각한 손상을 줄 수 있고, 프로젝트의 결과에 원치 않는 의심을 줄 수 있으므로 또한 신뢰성이 필요하다. 대형 조직에서는 프로그램/프로젝트 관리국의 요원이 이 역할을 담당하지만 조직적인 신뢰와 지원이 있을 경우에만 가능하다. 감사가 최상의 관행 감사 표준을 충족할 필요가 있을 경우에는 외부 위험 관리 상담사를 보유하고 있어야 한다.

소규모 프로젝트로서 프로젝트의 위험 감사를 수행한다. 감사를 하기 위해서는 임의의 프로젝트에서 하는 것과 동일한 엄격함과 형식이 뒤따라야 한다. 이해관계자의 경우에는 위험 감사 헌장을 정의하고 승인한다. 위험 감사 헌장은 다음과 같은 내용이 포함되어야 한다.

- 위험 감사 후원자와 기타 이해관계자를 식별한다.
- 위험 감사 범위와 목표를 지정한다.
- 참가자의 역할, 책임 및 명단을 기입한다.
- 위험 감사 계획과 일정을 요약한다.

감사 과정은 프로젝트 관리 과정과 10가지 주요 성공요인(CSFs)을 통해 프로젝트 상태를 검사한다.

표 22.1 프로젝트 위험 감사 참가자

참가자	관련 활동
프로젝트 위험 감사 후원자	• 프로젝트 위험 감사 범위 설정 • 프로젝트 팀과 이해관계자 협력 보장
감사관	• 프로젝트 위험 감사 계획 및 수행 • 면접 수행 • 증거 분석 • 결과 및 권고사항 준비 • 최종 감사보고서 제시
프로젝트 관리자	• 프로젝트 팀 및 이해관계자와의 접촉 기회 조정 • 면접 참여 • 증거 제시
프로젝트 팀(외부 판매인 또는 하청업자 포함)	• 면접 과정 참여 • 증거 제시
후원자	• 면접 과정 참여
이해관계자	• 면접 과정 참여

2) 일정표

초기 프로젝트 감사에는 대략 1~4주에 걸쳐 20~70시간의 노력이 필요하다. 추가 위험 감사에는 수립된 기준선이 있으며, 위험 감사 전에 발견된 위험을 완화하기 위한 공개 권고에 초점을 맞추므로 짧은 기간이 필요하다. 전형적인 과업목록과 일정을 제시하면

표 22.2와 같고, 이러한 과업의 네트워크 선도를 제시하면 그림 22.2와 같다.

노력과 경과 시간의 편차는 여러 요인에 좌우된다.

- 필요한 기록의 수준
- 현존하는 프로젝트 기록의 조직
- 면접할 프로젝트 팀과 후원자의 가용도

또한 위험 감사 결과가 일반적으로 승인된 감사 관행을 통과할 필요가 있을 경우에는 높은 노력과 경과 시간 추정은 표준이어야 한다.

위험 감사는 프로젝트 계획의 일환으로 포함되어야 한다. 프로젝트 후원자는 프로젝트 품질 계획이 프로젝트 계획에 포함되어 있을 경우에 주기적인 감사에 비용을 지원하는데 주저하지 말아야 한다.

표 22.2 프로젝트 위험 감사 일정표

과업	소요시간	경과시간(일)
면접 대상자 확인(프로젝트 후원자, 주요 이해관계자 및 프로젝트 요원)	1 - 3	-2
위험 감사 면접 일정 계획	1 - 3	-2
위험 감사 증거 수집	4 - 8	-2
위험 감사 면접 수행	2 - 8	-4
프로젝트 문서 및 면접 메모 분석	4 - 16	1 - 3
결과 준비	4 - 16	1 - 3
프로젝트 위험 완화에 관한 권고사항 준비	2 - 8	-2
위험 감사 보고서 프레젠테이션 준비	2 - 8	-2
총계	20 - 70 시간	5 - 20 일

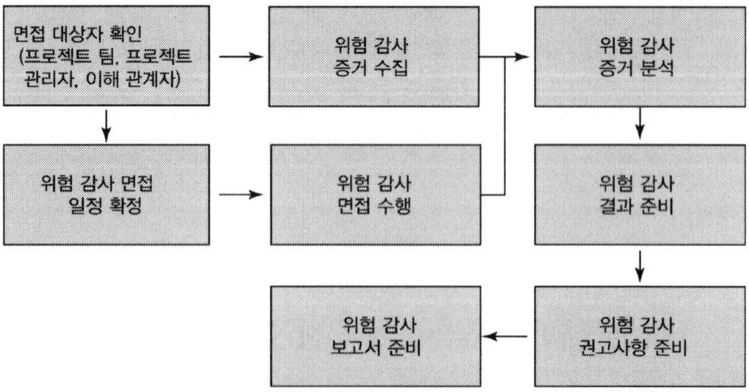

그림 22.2 프로젝트 위험 감사 과정 단계

3) 단계

표 22.2와 그림 22.2에서 본 바와 같이 프로젝트 위험 감사관은 프로젝트 위험감사의 8가지 주요 활동을 수행한다.

❖ 면접 대상자 확인

이는 위험 감사관의 첫 번째 과업이다. 프로젝트 관리자와 함께 작업하는 경우 감사관은 프로젝트가 어떻게 전개되는지를 가장 잘 기술할 수 있는 2~4인을 식별해야 한다. 프로젝트 후원자는 프로젝트의 전반적인 성공을 판단하는 사람이다. 위험 감사관은 또한 다른 영향력 있는 이해관계자와 프로젝트 팀의 선임 요원을 찾는다.

❖ 면접 일정잡기

면접 일정은 가능한 한 빨리 잡는다. 각 면접는 30분~1시간 걸린다.

❖ 위험 감사 면접 수행

그림 22.3과 같은 감사 작업지를 사용하여 면접 질문지를 만들고 결과를 기록한다. 당신의 면접 메모는 참조 증거의 원천이므로 면접 대상자들과 당신이 기록한 것과 일치하는지를 확인한다. 메모를 다시 읽어주거나 위험 감사보고서를 발간하기 전에 면접 대상자에게 복사본을 제공한다. 면접 대상자의 증거는 '관대한(불충분한)' 증거이며, 낮은 위험 등급을 옹호하는 데는 충분하지 않다는 점을 유의해야 한다.

프로젝트 위험 감사 도구			
회사:	프로젝트:		
중요 성공요인/하위 요인	결과/권고사항	등급	증거 참고
1. 프로젝트는 적절하게 조직되었다.			
1.1 경영진 의사결정자로 이루어진 프로젝트 운영위원회가 제대로 작동하는가?	결과:		
	권고사항:		
1.2 실업계의 경영간부 후원자가 지명되었는가?	결과:		
	권고사항:		
1.3 프로젝트 관리 역할 및 책임, 명령과 책임 계통이 정의되고 합의되었는가?	결과:		
	권고사항:		

그림 22.3 위험 감사 작업지 초록

❖ 위험 감사 증거 수집

프로젝트 기록의 지원 증거를 획득한다. 위험 감사 도구의 각 CSF 질문은 낮은 위험을 적절히 시현하는 데 필요한 기록 증거의 유형을 지정한다(표 22.5–표22.14). 전형적인 증거에는 프로젝트 계획과 일정, 상태 보고, 회의록, 직원 분석 및 예산 변동 보고서, 시험 결과 및 결함 보고서가 포함된다.

❖ 위험 감사 증거 분석

프로젝트에 어떤 위험 수준이 적절한가를 결정하기 위해 면접 결과, 수집된 증거의 내용을 분석한다.

❖ 위험 감사 결과 준비

결과와 관련 증거 기준을 기록한다(면접과 '명백한' 증거).

❖ 위험 감사 권고 준비

중간 혹은 높은 위험으로 등급을 매긴 주요 및 부차적인 각 CSF에 대해 위험을 줄이기 위한 권고를 준비한다. 일부 조직에서 권고내용 없이 감사 '결과'만 요청할 경우에는 위험 감사관은 그대로 수행한다. 그러나 성공적인 감사를 수행하는 데 필요한 프로젝트 관리 경험은 프로젝트 위험 감사관을 프로젝트 관리 과정 개선 권고를 제시할 수 있는 우월한 위치에 배치한다.

❖ 위험 감사보고서 준비

최종 위험 감사보고서를 준비하고 이를 위험 감사 후원자에게 전달한다. 또한 프로젝트 관리자는 감사에 대응하고 권고를 실행할 책임이 있으므로 복사본을 받는다.

4) 결과

위험 감사 작업지(그림 22.3)는 프로젝트 위험 감사 과정의 주요 결과물이다. 그러나 이들의 배포에 각별히 주의를 기울여야 한다. 작업지는 면접과 기록 증거 모두의 기준이다. 민감한 정치적인 환경에서 면접 증거는 비밀로 분류하여 유지할 필요가 있다. 프로젝트 위험 감사의 기획 과정에서 작업지 배포와 기밀정보협정서를 수립하고 따라야 한다. 위험에 기반한 정보를 식별하는 사정관의 능력은 종종 면접 대상자에 대한 사정관의 기밀 신뢰도에 의존한다. 면접 대상자가 노출에 위협을 받는다고 느끼면 그 사람은 솔직하지 않을 수 있으며, 위험을 숨길 가능성이 있게 된다.

위험 감사 작업지에 부가하여 위험 사정 과정 시에 수많은 다른 지원 문서가 생산된다.

- **면접 일지(기록)**: 위험 사정 작업지에 기준이 되는 면접 통제 번호, 면접 일자, 면접 대상자의 이름 및 직위, 면접관의 이름이 포함된다.
- **기록 일지**: 위험 감사 작업지에 기준이 되는 기록 통제 번호, 간략한 기록 내용, 면접 대상자의 이름, 검토 일자가 포함된다.
- **사정 요약지**: 하위 CSF 수준의 감사 내용의 10가지 CSF에 대한 결과, 평가 등급,

권고사항을 요약한다.

전통적인 감사 시나리오에서 감사관은 결과만을 제시한다. 이는 감사 후원자의 재량임에 분명하다. 그러나 프로젝트 위험 사정관의 핵심 특징 중의 하나는 성공적으로 프로젝트를 완료한 그들의 경험이다. 그러므로 사정 후원자에게 개선과 위험 감소에 대한 권고사항을 제시하도록 권장해야 한다.

22.2 프로젝트 위험 감사 및 소규모 프로젝트

프로젝트가 소규모일지라도 적절히 위험을 피해야 하며, 전문적인 프로젝트 관리자는 10가지 주요 성공요인에서 요약한 관리 과정을 다룰 것이다. 프로젝트 관리자의 자기 평가 혹은 후원자 요청 검토의 경우 다음과 같은 주요 성공요인을 다뤄야 한다.

1) 위험 관리(CSF #2)

2.4 진행 중인 위험 식별, 평가 및 관리 과정이 준비가 되어 있으며 효과적으로 작동되는가?

2.5 실패한 가정이 위험이 되지 않도록 보장하기 위해 프로젝트 가정이 입증되고 적절한 감시 척도가 시행되고 있는가?

2) 계획(CSF #3)

3.2 결정 의존성을 포함하여 식별된 과업 가운데 의존성은 있는가?

3.3 자원(예산), 생산성 가정 및 의존성에 기초한 합리적인 일정이 수립되어 있는가?

3.5 진도를 추적하고 정규적으로 갱신하는 데 사용되는 프로젝트 계획이 있는가?

3.8 프로젝트 이해관계자에 의해 프로젝트 계획이 검토되고, 승인되고 서명되고 있는가?

3) 추진일정(이정표)(CSF #4)–하위 CSF 4.2 및 4.3

4.2 주요 프로젝트 추진일정을 지금까지 충족하고 있는가?

4.3 완료일을 이행하기 전에 프로젝트를 완료하는 데 충분한 시간이 있는가?

4) 감시 및 통제(CSF #5)–하위 5.2 및 5.3

5.2 문제점이나 일정 불이행을 조기에 탐지하는 것을 확실히 하기 위해 충분히 상세하고, 빈번하게 프로젝트 현황 및 활동을 감시 보고하고 있는가?
5.3 프로젝트 예산을 적절히 추적하여 보고하고 있는가?

5) 자원(CSF #7)–하위 7.2 및 7.5

7.2 적절한 활동 수준에서 각 작업 패키지의 노력 수준이 추정되고 있으며 합리적인가?
7.5 프로젝트는 필요한 활동을 수행하는 데 충분한 예산을 가지고 있는가?

이러한 4가지 CSF의 질문을 해결함으로써 소규모 프로젝트 건전성을 신속하게 추정할 수 있다. 그러나 이러한 추정이 높은 위험이라는 것을 나타내면 위험을 최소화하기 위해 공식 결과와 권고사항을 포함한 완전한 프로젝트 위험 사정을 수행하는 것이 바람직하다

22.3 프로젝트 위험 감사 평가

프로젝트 위험 감사 과정의 중심은 프로젝트의 성공에 필수적인 관리, 계획, 자원 및 기타 과정의 효과성을 평가하는 데 사용되는 일련의 10가지 CSF이다. 10가지 주요 성공요인은 다음과 같다.

1. **조직**: 프로젝트가 적절히 조직되었다.
2. **위험 관리**: 프로젝트 위험을 식별하고 적절히 관리한다.
3. **계획**: 프로젝트가 적절히 계획되었다.
4. **추진일정(이정표)**: 프로젝트 추진 일정이 일정표에 부응한다.
5. **감시 및 통제**: 프로젝트 현황이 적절히 감시되고 적절히 통제된다.
6. **범위 변경 통제**: 프로젝트 범위가 적절히 통제된다.
7. **자원**: 프로젝트를 위한 자원이 적절히 제공된다.
8. **기능 시험**: 적절한 기능 수락 시험 과정과 계획이 구비되어 있다.
9. **성능 및 성과 시험**: 적절한 성능과 성과 수락 시험 과정과 계획이 구비되어 있다.
10. **훈련**: 적당하고 시기적절한 훈련이 유효하다.

각 주요 성공요인을 하위 CSF로 분류하고, 상세한 평가 질문지와 평가 기준을 제공한다. 프로젝트 유형과 환경에 따라 각 중요 성공요인을 정의하는 하위 요소에는 수정 혹은 확장이 필요할 수 있다. 상(높은), 중(중간), 하(낮은) 위험의 간단한 3수준체계를 사용하여 평가 등급을 할당(부여)한다. 평가를 위해 다음과 같은 등급 정의를 적용한다.

- **상(높음)**–평가 기준과 기록이 해결되지 않으며, 분실되거나 혹은 실질적으로 불완전하다.
- **중(중간)**–평가 기준과 기록이 실질적으로 완전하지만 보다 더 상세함이 필요하다.
- **하(낮음)**–평가 기준과 기록이 완전히 해결된다.

면접 메모나 다른 기록을 지원하기 위해 적절한 기준이 있는 하위 CSF에 대한 결과를 기록한다. 하위 CSF를 분석한 후에 전체 평가 등급을 부여(할당)한다. 비교적 온건한 위험 사정을 제공하기 위해 각 주요 핵심 성공요인 등급에 대해 다음과 같은 기준선(표 22.3)을 사용한다.

- 하위 CSF의 1/3 이상이 높은 위험이면 CSF를 높은 위험으로 등급을 매긴다.
- 하위 CSF의 1/2 이상이 낮은 위험이고 높은 위험 등급이 없으면 CSF를 낮은 등급의 위험으로 등급을 부여(할당)한다.
- 기타 다른 조합인 경우에는 중간 수준의 위험으로 등급을 매긴다.

프로젝트 과정 실패가 비참한 결과인 극단적인 상황에서는 등급 평가 시에 보다 온건

표 22.3 개별 프로젝트 위험 감사 CSF 등급 평가

주요 성공요인	주요 성공요인 등급			
	# 하위–CSFs	하	중	상
조직	3	$0 \leq x < 2$	$0 < x < 1$	$x \geq 1$
위험 관리	5	$0 \leq x < 3$	$1 \leq x < 3$	$x \geq 2$
계획	8	$0 \leq x < 4$	$1 \leq x < 4$	$x \geq 2$
이정표(단계)	3	$0 \leq x < 2$	$0 < x < 1$	$x \geq 1$
모니터링 및 통제	4	$0 < x < 2$	$1 \leq x < 2$	$x \geq 1$
변경 통제 범위	3	$0 < x < 2$	$0 < x < 1$	$x \geq 1$
자원	5	$0 \leq x < 3$	$1 \leq x < 3$	$x \geq 2$
기능시험	5	$0 \leq x < 3$	$1 \leq x < 3$	$x \geq 2$
성능 및 성과 시험	6	$0 \leq x < 3$	$1 \leq x < 3$	$x \geq 2$
훈련	4	$0 \leq x < 2$	$0 < x < 1$	$x \geq 1$

한 방법이 타당하다. 즉, 적어도 하나의 하위 CSF가 높은 위험으로 평가되면 CSF는 높은 위험이다. 적어도 하나의 하위 CSF가 높은 위험의 하위 CSF가 없는 중간 수준의 위험으로 평가되면 CSF는 중간 수준의 위험이다. 마지막으로, 모든 하위 CSF가 낮은 위험일 경우에는 CSF가 낮은 위험으로 평가할 수 있다.

주요 핵심 성공요인에 대한 등급을 설정함은 물론 각각의 높거나 중간 수준 위험의 하위 CSF에 대해 위험을 줄이기 위한 활동을 하기 위한 권고사항을 생성해야 한다. 전체 프로젝트 위험에 등급을 매기는 데 유사한 전략을 사용한다(표 22.4 참조). 4가지 이상의 CSF가 높은 위험이면 전체 등급은 높은 위험이다. 6가지 이상 등급이 낮고 높은 등급이 없으면 전체 등급은 낮은 위험이다. 다른 조합은 중간 수준의 위험으로 등급을 매긴다. 이해관계자에게 제시하는 최종 위험 감사보고서에서 위험 감사 등급을 낮게 완화하기 위한 활동으로 높고, 중간 수준의 위험에 대한 권고사항을 제안한다.

이 기법은 약간의 훈련이 필요하며 프로젝트 특정 지식은 필요하지 않다. 전형적인 초기 위험 감사는 필요한 면접를 받는 사람의 가용도, 프로젝트 기록의 상태, 기준 기록과 보조 증거의 필요한 수준에 따라 20~70시간의 노력으로 완료할 수 있다. 추가 위험 감사에는 높고 중간 수준의 주요 성공요인이 평가의 초점이 되는 열린 권고사항이므로 시간이 덜 소요된다.

표 22.4 전체 CSF 등급

개인별 CSF 등급			
하	중	상	전체 등급
≥ 6	–	0	하
–	≥ 5	≤ 3	중
–	–	≥ 4	상
–	N/I		

복수의 프로젝트인 프로그램이 위험 사정의 범위이면 각 감사를 검토하기 위한 감사 감독(oversight) 기능을 확립하는 것이 적절하다. 감독 기능은 다음과 같은 것을 보장한다.

- 적절한 실사가 각 사정에 적용된다.
- 동일한 위험 감사 평균을 따른다.
- 적절한 증거가 결과와 등급을 지원한다.
- 사정 결과는 믿을 만하다.

많은 조직에서 이는 프로젝트 혹은 프로그램 관리사무소(PMO) 범위 내에 속한다.

이 기법은 수치적인 등급 체계라기보다 오히려 위험 사정의 '정확성'에 집중한다. 결과물과 권고사항이 기법의 핵심이다. 즉, 위험 수준을 식별하고, 제시할 때에는 굵은 글씨로 표시하고(높은=붉은색, 중간=황색, 낮음=녹색과 같이), 위험을 줄이고 성공을 더 확실히 보장하기 위해 주요한 값이 권고 수정 활동에 있어야 한다.

기술한 바와 같이 결과물에 대한 보조 증거를 제공한다. 특히 면접 메모와 실제 기록을 제공한다. 증거를 평가할 때 객관적인 것이 핵심이다. 재무 사정과 같이 사정관의 감(feeling)과 인상(impression)은 중요하지 않다. 결과물은 기준 증거로부터 수집한 것을 요약한 것으로 나타낸다. 감사 작업지에 증거 기준을 기록한다(그림 22.3 참조).

22.4 프로젝트 위험 감사 핵심 성공요인

다음은 CSF와 이들의 하위 CSF 평가 질문지에 대한 기술이다. 표 22.5~표 22.14에서 평가 질문지와 평가 기준 혹은 각각의 CSF에 대한 완료 입증을 위한 수용할 만한 기록에 대해 상세한 내용을 제시하였다.

1) 조직(CSF #1)

이 요소는 프로젝트 조직의 깊이와 폭을 평가하고 프로젝트 조직구조가 전술적이고 전략적인 프로젝트 이슈를 다룰 수 있는가를 결정하기 위해 조직 내에서 프로젝트를 수행하는 것을 평가한다. 적당한 후원자와 관리 감독이 없는 프로젝트는 많은 문제점, 특히 이슈와 변경 요청 해결에서 문제점을 초래한다. 또한 명쾌하게 정의된 프로젝트 역할과 책임감의 결여는 혼란을 일으키고 보는 의사결정 과정에 결정적인 영향을 준다. 기록된 프로젝트 조직 헌장, 역할 및 책임감 행렬, 프로젝트 헌장 정의 및 이 CSF에 대한 프로젝트와 후원자 모임의 기록을 검토해야 한다.

2) 위험 관리(CSF #2)

이 CSF는 높은 확률이나 높은 영향을 주는 위험에 대한 위험 식별, 완화 전략, 비상계획을 평가한다. 이 CSF는 또한 높은 영향을 주는 가정의 지속적인 입증을 평가한다. 순향적인(사전 대응적인) 위험 완화가 프로젝트의 성공 가능성의 핵심이다. 문서화를 지원하기 위한 프로젝트 위험 관리 계획을 검토한다.

표 22.5 조직 주요 성공요인

CSF	요인	기존/수용 문서
1	프로젝트는 적절하게 조직되었다.	
1.1	경영진 의사결정자로 이루어진 프로젝트 운영위원회가 제대로 작동하는가?	• 프로젝트 조직도 • 프로젝트 헌장 • 회의록
1.2	실업계의 경영진 후원자는 지명되었는가?	• 프로젝트 조직도 • 프로젝트 헌장 • 회의록
1.3	프로젝트 관리 역할 및 책임, 명령 및 책임 계통이 정의되고, 할당되고, 합의되었는가?	• 자원 배정 행렬 • 프로젝트 조직도 • 프로젝트 헌장 • 회의록

표 22.6 위험 관리 주요 성공요인

CSF	요인	기존/수용 문서
2	프로젝트 위험을 확인하고 적절하게 관리하고 있다.	
2.1	프로젝트 위험을 확인하고 가능성과 영향에 따라 분류하고 있는가?	• 위험을 기록하고 가능성과 영향에 따라 분류한다.
2.2	적절한 모니터링 지표가 준비되어 있어 위험 완화전략은 적절한가?	• 위험 완화전략을 개발하고, 기록하고, 실행한다. • 완화전략의 효과성을 모니터하기 위하여 적절한 지표가 준비되어 있다
2.3	높은 확률 혹은 높은 영향의 위험인 경우에 위험완화 전략이 실패할 경우에 대비한 비상계획을 개발하였는가?	• 위험완화 전략이 실패할 경우에 대비하여 높은 확률과 높은 영향의 위험인 경우의 비상계획을 개발하고 기록한다.
2.4	진행 중인 위험 확인, 평가, 및 관리 과정이 제대로 준비되어 있으며, 효과적으로 작동되고 있는가?	• 회의록 • 현황보고서
2.5	실패한 가정이 위험이 되지 않도록 하기 위하여 가정을 확인하고, 적절한 모니터링 척도가 준비되어 있는가?	• 프로젝트 가정을 기록한다. • 지속적으로 가정의 타당성을 모니터하기 위해 적절한 지표를 설정한다.

표 22.7 계획 주요 성공요인

CSF	요인	기존/수용 문서
3	프로젝트는 적절하게 계획되었다.	
3.1	과업분해 구조 혹은 프로젝트 계획에서 모든 과업이 적절히 확인되었는가?	주요 과업 분류에는 • 프로젝트 관리 • 요건분석, 설계 및 기록(문서화) • 산출물 제조 및 시험 • 시험환경 준비 • 인터페이스 시험 • 실행 이 포함된다.
3.2	결정 의존성을 포함하여 과업 간의 의존성이 확인되었는가?	• 주경로 도표 혹은 네트워크 선도 • 의존도 목록
3.3	일정이 수립되었으며, 일정은 자원(예산), 생산성 가정, 및 의존도에 기초하여 합리적인가?	• Gantt 차트 • 일정 • 시간표 • 일정표
3.4	계획은 경과를 모니터하기에 충분히 분명하고 상세한가?	문서는 프로젝트 관리자가 항상 프로젝트 경과를 알 수 있고, 일정이 영향을 받을 때를 알 수 있도록 충분히 상세해야 한다.
3.5	프로젝트 계획은 경과를 추적하는 데 사용되며, 정규적으로 갱신되고 있는가?	• 프로젝트 계획 갱신 • 계획과 실제를 추적할 수 있는 현황보고서
3.6	외적인 프로젝트 의존도가 계획에서 확인되는가?	• 주경로 도표 • 의존도 목록
3.7	중간 및 주요 이정표(단계)가 적절히 정의되었는가?	중간 및 주요 이정표(단계) 확인
3.8	프로젝트 이해관계자가 프로젝트 계획을 검토하고, 승인하고, 서명하였는가?	프로젝트 계획 승인

3) 계획(CSF #3)

이 CSF는 프로젝트 계획, 범위 정의, 일정, 외부 의존성 식별의 폭과 깊이를 측정한다. 적절하게 상세화되고 관리되는 계획은 성공적인 프로젝트 관리의 절대 요건이다. 그러므로 계획을 면밀하게 살펴야 한다. 비록 프로젝트 관리 계획 및 추적 도구(MS Project, Primavera, Scitor PS7)와 같은 도구를 사용하여 보조 증거를 가장 잘 평가할 수 있지만, 그러한 도구는 필요하지 않다. 계획 CSF를 평가하는 것은 계획의 성분을 검토하는 것이다. 그것들을 어떻게 기록하고 수행하느냐가 아니다.

4) 추진일정(이정표)(CSF #4)

이 CSF는 중간 일정의 완료와 주요 프로젝트 추진일정과 전체 프로젝트 완료에 대한 그것들의 영향을 평가하는 것이다. 추진일정 완료가 진척도의 진정한 척도이며, 프로젝트 미래에 대한 믿을 만한 예측요소이다.

과업과 활동 완료에 의해 단순히 프로젝트 경과를 측정하는 것에 유의해야 한다. 한편 중요하지만 개별 과업 완료는 종종 '획득가치'가 거의 없는 것을 나타낸다. 프로젝트 계획 시에 수립된 일정 추진은 이해관계자 관점에서 구체적인 일정에 대한 척도를 나타낸다. 예를 들어, 소프트웨어 개발 프로젝트에서 개별 모듈의 완료는 실행된 하위 시스템만큼 적절하지 않다. 마찬가지로, 건설 프로젝트에서 200만개의 벽돌을 제때에 쌓는 것은 하청업자에게는 중요하지만 구조가 작동되지 않을 경우에 건설업자에게는 경과를 나타내지 않을 수 있다. 핵심은 프로젝트 계획이 이해관계자 관점에서 경과를 측정하는 추진일정(이정표)를 정의해야 한다는 점이다.

5) 감시 및 통제(CSF #5)

이 CSF의 평가는 과업 완료와 예산 배정에 대한 프로젝트 현황 보고서 경과를 검토하는 것이다. 적절한 감시와 통제를 통해서만 프로젝트 관리자와 후원자가 현황을 이해하고, 프로젝트 불이행을 강조하고, 수정활동을 기대할 수 있다.

6) 범위 변경 통제(CSF #6)

범위 변경 통제는 이슈, 변경 요청, 형상 관리 과정의 실행과 준수 여부를 평가한다. 비효과적인 범위 변경 통제는 프로젝트 지연과 예산 초과의 중요한 원인 중의 하나이다.

7) 자원(CSF #7)

이 CSF는 3가지 자원 요소를 평가한다.

- 할당된(배정된) 일련의 직원(개발 및 정비)의 능력과 기술의 평가
- 지원 도구 및 시설의 평가
- 예산 혹은 재무 자원의 평가

필요한 자원의 가용도가 프로젝트 계획의 정당성 기준이라고 할 수 있다. 프로젝트를 예정대로 진행할 때 자원을 사용할 수 없을 경우에는 실패 가능성이 높으며, 그렇지 않을 경우에는 위험으로 간주하고 완화시켜야 한다.

표 22.8 이정표 주요 성공요인

CSF	요인	기존/수용 문서
4	프로젝트 이정표가 일정을 충족하고 있다.	
4.1	프로젝트 중간 이정표가 지금까지 충족되고 있다. 그렇지 않을 경우: • 지연 사유가 무엇인가? • 더 지연될 가능성이 있는가? • 향후 지연을 완화시킬 방안은 무엇인가? • 지연이 주요 이정표에 영향을 주는가?	• 현황보고서에서 중간 이정표가 계획한 대로 수행되는 것을 보여주고 있다. • 주경로 계산, 일정 수정, 이슈 문서 및 일지, 완화전략
4.2	프로젝트 주요 이정표가 지금까지 충족되고 있다. 그렇지 않을 경우: • 지연 사유는 무엇인가? • 더 지연될 가능성이 있는가? • 최종 완료일에 영향을 주겠는가? • 향후 지연을 완할시킬 방안은 무엇인가?	• 현황보고서에서 주 이정표 완료가 계획대로 수행되는 것을 보여주고 있다. • 주경로 계산, 일정 수정, 이슈 문서 및 일지, 완화전략
4.3	완료일 전까지 프로젝트를 완료하는 데 충분한 시간(적절한 여유)이 있는가?	향후 예측하지 못한 일정 지연을 조정하는 데 충분한 여유를 갖는 프로젝트 일정 문서

표 22.9 감시 및 통제 주요 성공요인

CSF	요인	기존/수용 문서
5	프로젝트가 적절히 감시되고 적절하게 통제되고 있다.	
5.1	프로젝트가 적절하고 적시에 실행되고, 사업 후원자의 주목을 받고 있는가?	• 현황 회의 및 보고서 • 적시 의사결정 증거
5.2	문제점과 일정 불이행을 조기 탐지하는 것을 보장하기 위해 프로젝트 상태와 활동이 충분히 상세하고 자주 감시되고 보고되고 있는가?	• 추정 대비 실제 추적 시간 • 일정 및 추정 대 완성률(%) • 완료된 실행 단위 항목 • 프로젝트 회의 및 경과보고서 기록 • 일정 편차 • 일정 성과지수(기성고 계산)
5.3	프로젝트 예산이 적절히 추적되고 보고되는가?	• 예산 정보 스프레드시트 • 예산 현황보고서(후원자용) • 추정 대비 실제 추적 예산 • 완료 대비 실제 비용 • 원가차액 • 기성고계산에 의한 원가 성과지수
5.4	프로젝트 외적 의존도에는 현황 보고가 포함되는가?	• 현황 회의 및 보고서 • 프로젝트 회의 및 경과보고서 기록

표 22.10 범위 변경 통제 주요 성공요인

CSF	요인	기존/수용 문서
6	프로젝트 범위가 적절히 통제되고 있다.	
6.1	이슈를 시의적절한 방법으로 적절히 확인하고, 확대하여, 해결하고 있는가?	• 이슈 일지 • 회의록 • 현황보고서 • 변경요청서 • 변경 영향분석
6.2	변경 요청이 효과적으로 인식되고, 그 영향을 분석하고, 프로젝트 범위에 포함하기 전에 승인되고 있는가?	• 변경통제 일지 • 승인된 변경요청서 • 승인된 변경을 반영하는 수정된 프로젝트 계획 기준선
6.3	적절한 형상관리 관행이 준비되어 있으며, 준수하고 있는가?	• 형상관리 정책 및 절차 • 실행 버전 증거 • 형상현황 회계

8) 기능 시험(CSF #8)

기능 시험 CSF는 현재의 운용 요구사항에 대한 시스템의 기능적 능력의 평가를 제공한다. 불완전한 기능 시험은 성공적인 실행에 지극히 불리하다. 프로젝트 생애에 운용 및 환경 요건이 바뀌면 기능 시험에 참가하는 자체 사업 사용자와 그들의 관리가 의무적이다. 요건 변경으로 인해 범위 변경이 일어날 수 있는 한편 완전한 기능 시험만이 기능을 요건에 대응하는 것을 보장할 수 있다.

9) 성능 및 성과 시험(CSF #9)

이 요인은 시스템이 운용 요구사항에 대한 성능과 성과에 대한 평가를 제공한다. 기능성이 요건을 강조할지라도 인도된 시스템이 실제의 하중을 유지하지 못하고 확장성 요건을 확대하지 못할 경우에는 이해관계자의 관점에서는 실행이 성공하지 못할 수 있다고 생각할 수 있다. 기능성에서와 같이 성능과 성과 특성에서 요건 변화는 범위 변경의 원인이 될 수 있다.

10) 훈련(CSF #10)

훈련 CSF는 행정, 지원 및 사용자 직원에 대한 훈련(교육) 계획과 내용(자료, 사정, 상황)에 대한 평가를 제공한다. 역사적으로 훈련은 프로젝트가 어려움에 직면할 때 희생된

표 22.11 자원 주요 성공요인

CSF	요인	기존/수용 문서
7	프로젝트는 적절히 자원을 제공받고 있다.	
7.1	적절한 활동 수준에서 각 작업 패키지의 노력 수준이 추정되고 있으며, 추정이 합리적인가?	• 프로젝트 소프트웨어에서 자원 평준화 • 각 자원에 대한 시간 배정(일 혹은 주) 총계에 관한 스프레드시트 • 발견물에 관한 우발계획의 증거
7.2	프로젝트 실행을 완료하도록 적절한 인적자원이 사용되고 배정되었는가?	• 특정 작업 패키지에 할당된 적절한 기술과 지식 에 관한 증거 • 필요시 관련 사업 직원 및 운영 직원 • 외부 자원 배정
7.3	진행 중인 과업의 유지와 증진을 위해 적절한 보조 인적자원이 사용되고 배정되었는가?	• 특정 작업 패키지에 할당된 적절한 기술과 지식 에 관한 증거 • 필요시 관련 사업 직원 및 운영 직원 • 외부 자원 배정
7.4	적절한 도구와 다른 필요 시설이 사용되고, 효과적으로 활용하였는가?	• 성능 추정, 도구, 요건 및 확인 기록 • 실제 사용 도구 • 적절한 지침서 절차 • 적절한 지원 시설 사용
7.5	프로젝트는 필요한 활동을 수행하는데 필요한 충분한 예산을 가지고 있는가?	• 철저한 평가 및 적절한 활동에서 유래하는 합리적인 추정에 기초한 예산 문서

최초의 결과물 중의 하나이다. 그러나 역사는 또한 적절한 교육훈련 없이는 성공적인 실행이 기껏해야 의심스럽다는(문제가 있다는) 것을 보여주었다.

당연히 프로젝트 위험 감사에 대한 초기 반응은 엇갈리고 종종 부정적이다. 비난, 손가락질 또는 변명은 고 수준과 중간 수준 위험 등급에 대한 일반적인 초기 반응이다. 그러나 실행가능성은 상처받은 사존심이 진정된 후에 자리를 잡는다. 프로젝트 관리자는 위험 사정이 객관적이고 개인에 대한 공격이나 비난이 아니라는 것을 인식한다. 감사 권고사항에 대응함으로써 프로젝트 관리자는 위험이 완화되고 예상 완료 목표를 충족할 가능성이 훨씬 더 많다는 것을 알게 된다.

더욱이 프로젝트 후원자에 대한 반응은 한결같이 긍정적이다. 비록 그들은 잠재적인 위험에 대해 듣는 것을 좋아하지 않을 수 있지만, 너무 늦기 전에 교정조치를 취할 수 있었기에 그들은 노력을 평가한다. 위험 사정을 활용하고 사정 결과에 대한 공개적인 토의를 하는 것은 기업의 위험에 대한 열린 의사소통 분위기를 더욱 촉진시킨다. 또한 위험 사정 과정은 프로젝트 후원자와 다른 이해관계자 모두에게 그들이 프로젝트 성공에 중요한 역할을 한다는 것을 보여준다. 이러한 현실은 보통 사용자 관련성을 증가시키고 프로젝트 진행에 수반되는 긍정적인 영향을 주게 된다.

부가적인 혜택으로, 많은 기업들은 10가지 주요 성공요소의 내용을 그들의 프로젝트 관리 방식에 통합하기 시작했다. 이는 일반적으로 기술적인 프로젝트 조직보다는 오히려 프로젝트 이해관계자와 관리의 요청 또는 수요라는 점에서 놀라울 일이 아니다. 이 프로젝트 감사 기법은 소프트웨어공학회의 CMS 모델에서 정의한 정식 프로젝트 관리 개선 과정은 아니지만 조직을 올바른 방향으로 나아가는데 도움이 될 수 있다.

표 22.12 기능시험 주요 성공요인

CSF	요인	기존/수용 문서
8	적절한 기능 판정시험 절차와 계획이 구비되어 있다.	
8.1	최근에 약정한 기능 규격이 현재 운용 욕구와 부합되는가?	기능 규격 일치 혹은 불일치를 입증하는 문서
8.2	업무 이용자와 경영진이 기능 판정시험 범위와 표준 수립에 관여하고 있는가?	• 회의록 • 면접
8.3	기능 판정시험 절차가 적절하며, 결과를 감시하고 추적하고 있는가?	• 시험 계획 • 시험 대본 • 적절한 사업 규칙 시험을 보장하는 사업 직원의 관여 • 판정 기준 • 다양한 단계의 시험 완료를 추적한 결과의 확인 • 독립적인 시험 및 검증 결과 • 고정 및 재시험 추적
8.4	기능 체계 인터페이스 시험계획을 개발하고, 준수하고, 추적하고 있는가?	• 시험 계획 • 시험 대본 • 적절한 사업 규칙 시험을 보장하는 사업 직원의 관여 • 판정 기준 • 다양한 단계의 시험 완료를 추적한 결과의 확인 • 독립적인 시험 및 검증 결과 • 고정 및 재시험 추적
8.5	포괄적인 양단간 기능 판정시험을 수행하거나 계획하고 있는가?(소프트웨어, 하드웨어, 전기통신 부품 시험 포함)	• 시험 계획 • 시험 결과

표 22.13 성능 및 성과 시험 주요 성공요인

CSF	요인	기존/수용 문서
9	적절한 성능 및 성과 판정 시험 절차와 계획이 구비되어 있다.	
9.1	최근에 약정한 성능 및 성과 규격이 현재 운용 욕구와 부합되는가? 그럴 경우: • 약정 및 헌용 운영 욕구를 결정하는데 어떠한 예측 방법을 사용하였는가? • 이 방법이 "최상의 관행" 예측 방법인가?	성능 및 성과 규격 일치 혹은 불일치를 입증하는 문서
9.2	업무 이용자와 경영진이 성과 및 성능 판정시험 범위와 표준 수립에 관여하고 있는가?	• 회의록 • 면접
9.3	성능 및 성과 판정시험 절차가 적절하며, 결과를 감시하고 추적하는가?	• 시험 계획 • 시험 대본 • 적절한 사업 규칙 시험을 보장하는 사업 직원의 관여 • 판정 기준 • 다양한 단계의 시험 완료를 추적한 결과의 확인 • 독립적인 시험 및 검증 결과 • 고정 및 재시험 추적
9.4	성능 및 성과 체계 인터페이스 시험 계획을 개발하고, 준수하고, 추적하는가?	• 시험 계획 • 시험 대본 • 적절한 사업 규칙 시험을 보장하는 사업 직원의 관여 • 판정 기준 • 다양한 단계의 시험 완료를 추적한 결과의 확인 • 독립적인 시험 및 검증 결과 • 고정 및 재시험 추적
9.5	포괄적인 양단 간 성능 및 성과 판정시험을 수행하거나 계획하고 있는가?(소프트웨어, 하드웨어, 전기통신 부품 시험 포함)	• 시험 계획 • 시험 결과
9.6	적용에 영향을 줄 수 있는 하부구조 조건(컴퓨터 하드웨어 수준에 이르기까지)을 고려하고, 시험하고, 해결하고 있는가?	• 하부구조 의존도 목록 • 체계의 양단 간 시험 • 기타 문서

표 22.14 훈련 주요 성공요인

CSF	요인	기존/수용 문서
10	타당하고 시의적절한 훈련을 하고 있다.	
10.1	행정 및 지원 직원에 대한 타당한 훈련 자료를 사용하고 있는가?	훈련 자료 충분함에 관해 행정 및 지원 직원이 훈련 자료 검토
10.2	행정 및 지원 직원 훈련이 적절하게 계획되고 일정이 짜여져 있는가?	훈련 계획 훈련 일정 프로젝트 기본계획의 훈련 부분
10.3	체계 사용자에게 적절한 훈련 자료가 사용되고 있는가?	훈련 자료 충분함에 관해 체계 사용자가 훈련 자료 검토
10.4	체계 사용자 훈련이 적절하게 계획되고 일정이 짜여져 있는가?	훈련 계획 훈련 일정

토의 문제 및 활동

1. 프로젝트 위험 감사 참가자 및 관련 활동을 요약하라.
2. 프로젝트 위험 감사 과정 단계를 그림으로 나타내라.
3. 프로젝트 위험 감사 일정표를 작성하라.
4. 프로젝트 위험 감사 단계, 결과를 요약하라.
5. 소규모 프로젝트 위험 감사에 대하여 설명하라.
6. 프로젝트 위험 감사 10가지 주요 성공요인의 기준선을 설명하라.
7. 10가지 주요 성공요인 중 조직의 주요 성공요인에 대한 내용, 기준/수용문서를 요약하라.
8. 10가지 주요 성공요인 중 계획의 주요 성공요인에 대한 내용, 기준/수용문서를 요약하라.
9. 10가지 주요 성공요인 중 감시 및 통제의 주요 성공요인에 대한 내용, 기준/수용문서를 요약하라.
10. 10가지 주요 성공요인 중 자원의 주요 성공요인에 대한 내용, 기준/수용문서를 요약하라.
11. 10가지 주요 성공요인 중 성능 및 성과 시험의 주요 성공요인에 대한 내용, 기준/수용문서를 요약하라.
12. 10가지 주요 성공요인 중 훈련의 주요 성공요인에 대한 내용, 기준/수용문서를 요약하라.

23 Chapter 통제: 지속적인 위험 관리

개요 및 학습목표

지속적인 위험 관리는 위험 계획에서 중요하다. 일어날 수 있는 위험에 대해 계획하는 것과 이전에 식별된 위험과 가정이 실패할 가능성을 야기하지 않도록 하는 것은 별개의 문제이다.

지속적인 위험 관리절차 과정에는 세 가지 기본 경로가 있으며, 모두 위험의 영향을 관리하기 위한 이슈와 변경 관리 과정에 대한 호소로 귀결된다.

이 장을 학습한 후에 여러분은 지속적인 위험 관리(통제)의 목적을 이해하여야 한다. 지속적인 위험 관리 참가자 및 관련 활동을 알아야 한다. 또한 지속적인 위험 관리 수행 단계별 활동 내용과 결과를 기술할 수 있어야 한다. 대규모 프로젝트와 소규모 프로젝트에서 수행하는 지속적인 위험 관리 실행 활동을 비교 설명할 수 있어야 한다. 특히 지속적인 위험 관리 계획을 수립하는데 필요한 기업 환경요인을 열거하고 과업별 일정표를 작성하기 어려운 이유를 설명할 수 있어야 한다.

23.1 지속적인 위험 관리 수행

PMBOK 지침서에서 정의한 바와 같이 지속적인 위험 관리는 프로젝트 통제과정의 일환이다(그림 23.1 참조).

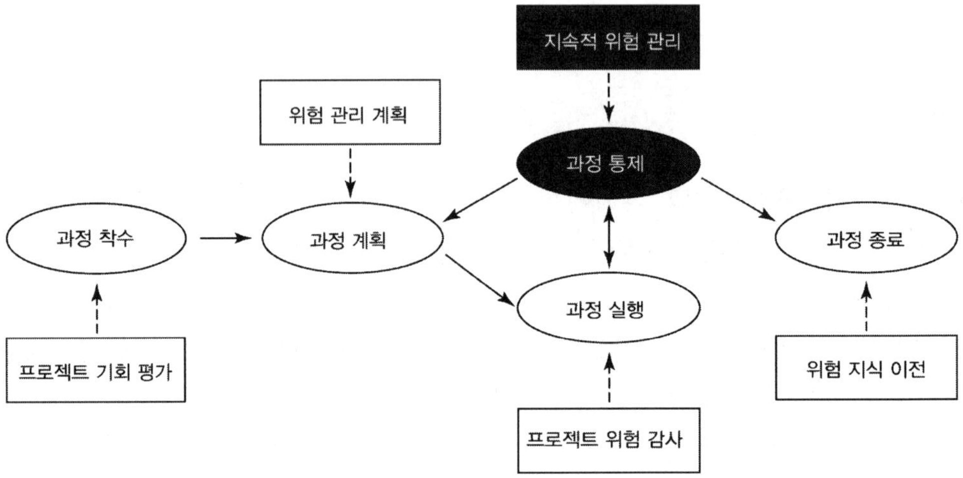

그림 23.1 통제 과정 및 지속적인 위험 관리

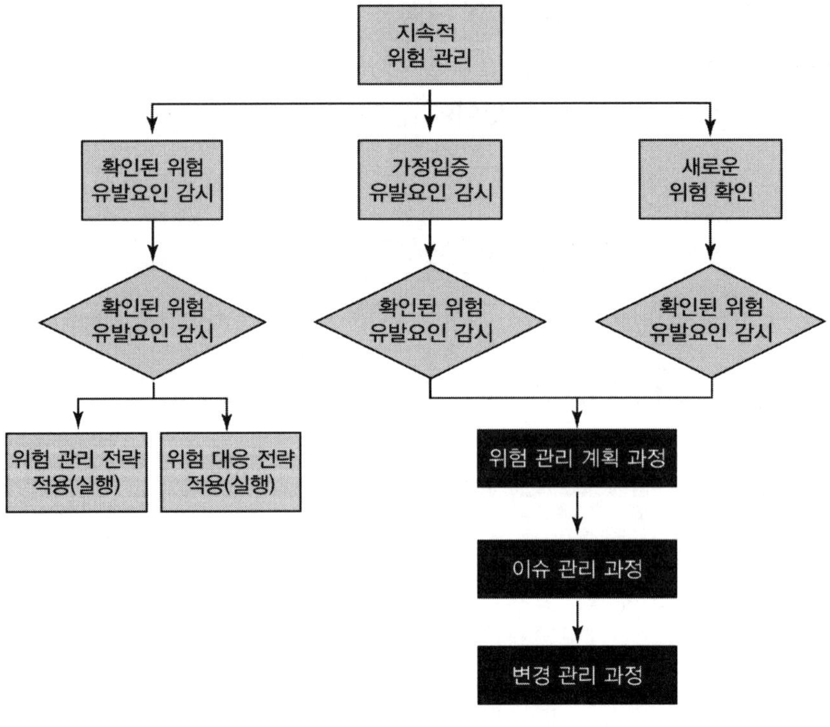

그림 23.2 지속적인 위험 관리 과정 단계

지속적인 위험 관리는 프로젝트 팀, 고객 후원자 및 기타 고객 이해관계자의 도움을 받아 수행해야 하는 프로젝트 관리자의 책임이다. 그림 23.2는 지속적인 위험 관리에 대한 절차를 요약하고 있다. 그림 23.2에서 보는 바와 같이 이전에 식별된 위험, 이전에 식별된 가정, 새로이 식별된 위험을 다루는 3단계 병렬 경로가 존재한다. 다른 통제 과정과 같이 위험 관리는 프로젝트 실행 전반에 걸쳐 지속된다.

1) 참가자

프로젝트 관리자는 지속적인 위험 관리에 대해 궁극적인 책임을 진다. 프로젝트 관리자는 프로젝트 팀 구성원, 후원자 및 이해관계자의 자원이 필요하다(표 23.1 참조).

표 23.1 지속적인 위험 관리 참가자

참가자	관련 활동
프로젝트 관리자	• 프로젝트 팀, 이해관계자, 후원자 조정 • 위험 및 가정 모니터링 조력 • 위험 및 가정 이슈 해결 및 변경 관리 지휘
프로젝트 팀(외부 판매인 혹은 하청업자 포함)	• 위험 및 가정 시발점 모니터링 참여 • 새로운 위험 확인 지원 • 위험 및 가정 이슈 해결 참여
후원자	• 위험 및 가정 이슈 해결 참여 • 위험 및 가정 변경 관리 참여
이해관계자	• 위험 및 가정 이슈 해결 참여

2) 일정표

지속적인 위험 관리는 진행 승인 과업이므로 따라야 할 활동에 기반한 일정표가 없다. 오히려 반복적으로 수행해야 할 일련의 활동이다. 프로젝트 관리자는 위험과 가정 감시 활동을 위험 관리 계획 과정 중에 프로젝트 팀의 다양한 개인에게 위임할 수 있다.

3) 단계

지속적인 위험 관리 과정에서 3단계 병렬 경로(그림 23.2)는 위험과 가정의 자동 실행을 지속적으로 감시하여 계획 단계에서 개발된 위험 관리 계획이 수행되는 것을 보장한다. 과정은 또한 새로운 위험 식별을 설명한다.

❖ 식별된 위험 유발자 감시

프로젝트 관리자나 다른 지정된 개인이 위험이 발생하거나 실행한 위험 완화 전략이 실패했는지를 결정하기 위해 각각의 식별된 위험을 추적한다.

① **위험 관리 전략을 적용한다**: 이전에 식별된 위험이 발생하면 계획된 위험 완화 전략을 실행할 시기이다. 낮은 영향(충격)과 낮은 심각도의 위험인 경우 위험 완화를 위한 상세한 계획과 예산배정 방안을 포함해야 한다.

② **위험 비상계획을 적용한다**: 실행된 위험 완화 전략이 실패할 경우에는 비상계획을 실행할 시기이다. 위험 관리 계획에서 사용할 비상계획이 없으면 상세한 계획을 세워야 한다.

❖ 가정 입증 유발요인 감시

프로젝트 관리자나 배정된 개인은 지속적으로 위험 관리 계획 중에 설정한 가정 입증 지표를 지속적으로 점검해야 한다. 가정이 유효하지 않게 되면 가정은 이제 자격을 제대로 갖춘 위험이 되므로 상세한 계획이 필요하다.

❖ 새로운 위험 식별

위험 관리 계획에서 사용한 동일한 기법을 사용하여 프로젝트 관리자, 프로젝트 팀 및 고객 이해당사자는 지속적으로 프로젝트 환경이 프로젝트 결과물 범위, 자원 혹은 일정에 영향을 줄 수 있는 사건인지 환경인지를 검토해야 한다. 그러한 사건이 발생하면 수립된 위험 관리 계획 절차를 수행해야 한다.

❖ 위험 관리 계획 절차 수행

제20장 위험 관리 계획 참조

❖ 이슈 관리 절차 수행

위험 혹은 가정 감시 지표가 나타나거나 새로운 위험이 식별될 때마다 프로젝트에서 수립된 이슈 관리 절차에 대해 논쟁을 하게 된다. 이는 영향을 받는 모든 개인에게 통보하고 이슈를 해결하기 위해 정보를 제공하는 것을 확실히 하기 위해 필요하다.

❖ 변경 관리 절차 수행

이전에 수립된 계획, 예산 및 자원을 사용할 수 없을 경우에는 프로젝트 계획에서 위험 관리 이슈 해결 방안을 변경할 필요성이 있게 된다. 프로젝트 관리자는 합의된 변경 관리 계획으로 이슈 해결에 대한 영향을 다루는 것을 확실히 하고 프로젝트 범위, 자원 및 일정에 대한 변경 승인을 확실히 해야 한다. 일반적인 위험 비상 예산을 사용할 수 있을지라도 변경 관리 절차를 통해 승인이 필요한 재원을 배정(할당)하는 것을 승인해야 한다.

4) 결과

지속적인 위험 관리로 두 가지 결과가 만들어진다. 대부분 이들은 현존하는 위험 관리 전략과 비상계획을 갱신하는 것이다. 실패한 가정이나 새로이 식별된 위험인 경우에는 새로운 위험 관리 전략과 비상계획을 개발해야 한다. 또한 지속적인 위험 관리로 이슈와 변경 관리 절차에 대한 투입물이 만들어지므로 이는 결국 프로젝트 계획을 변경해야 한다.

두 가지 지속적인 위험 관리 결과는 다음과 같다.

❖ 위험 관리 보고서

프로젝트 계획 단계에서 개발한 의사소통 계획에서 지정한 바와 같이 프로젝트 관리자는 위험 관리의 현황, 프로젝트 범위, 자원 및 일정에 대한 영향을 보고한다. 프로젝트의 복잡도에 따라 이는 별개의 보고서이거나 주기적인 프로젝트 현황 보고서의 한 부문으로 포함될 수 있다.

❖ 위험 관리 계획 갱신

프로젝트 관리자는 지속적인 위험 관리 활동을 위험 관리 계획에 포함하는 것을 확실히 해야 한다. 이러한 활동에 프로젝트 범위 변경이 필요하면 그것들은 프로젝트 고객 후원자가 승인한 갱신된 프로젝트 계획 기준선에 포함해야 한다. 위험에 기반한 변경이 비상 예산과 자원에 포함될지라도 모든 참가자가 그것들을 알도록 하기 위해 기준선 프로젝트 계획을 갱신해야 한다.

지속적인 위험 관리는 특정의 기법이나 지식을 필요로 하지 않는다. 프로젝트 관리자는 변경된 프로젝트 환경 조건과 다른 요인들이 완화되지 않는 위험을 초래하지 않는냐는 것을 확실히 해야 할 책임이 있다. 사전 계획은 성공에 역점을 두어야 한다. 위험 관리 계획을 더 많이 생각하고 더 많은 시간을 소비하면 할수록 지속적인 위험 관리는 힘들이지 않고 성공할 가능성이 더 많아진다

23.2 지속적인 위험 관리와 소규모 프로젝트

프로젝트 계획 단계에서 범위, 결과물, 노력 추정치가 잘 알려진 소규모 프로젝트에서도 위험 식별 및 대응 계획에 거의 또는 전혀 주의를 기울이지 않을 경우 프로젝트는 실패 시나리오에 쉽게 빠질 수 있다. 그러므로 소규모 프로젝트도 지속적인 위험 관리에 특별히 주의해야 한다. 즉, 프로젝트 관리자는 항상 지속적으로 살펴보고 프로젝트에서 새로운 위험을 지속적으로 검토해야 한다. 위험 계획을 회피하거나 최소화한 이유는 범위, 결과물, 작업 노력을 잘 이해하고 있다는 가정 때문이므로 프로젝트 관리자는 그것들에 집중해야 한다.

소규모 프로젝트에서는 종종 프로젝트 팀의 영웅적인 노력에 의해 성공적으로 완료될 수 있으나, 이는 장기간 팀의 응집력과 사기를 구축하는 데 바람직한 방법이 아니다. 변화하는 환경과 출현하는 위험을 면밀히 추적하고, 프로젝트 종료 활동으로 발생하는 위험을 기록하고 이를 완화시키기 위해 해야 할 일이 무엇인가를 확실히 해야 한다. 철저하게 위험을 식별하는 것에 실패했거나 완화 전략 계획이 프로젝트 결과에 악영향을 끼치거나 자원을 초과 배정했다면 경험으로부터 배우고 이를 반복하지 않아야 한다. 후원자는 위험 관리 절차에 완전히 동의하지 않을 수 있지만, 실패는 처벌하게 된다.

토의 문제 및 활동

1. 프로젝트 통제 과정의 일환인 지속적인 위험 관리의 의의를 설명하라.

2. 지속적인 위험관리 과정의 단계를 그림으로 나타내라.

3. 지속적인 위험관리 참가자 및 관련 활동을 요약하라.

4. 지속적인 위험관리의 3단계 병렬경로를 요약하라.

5. 지속적인 위험관리를 통해 얻어진 결과를 말하라.

6. 대규모 프로젝트와 소규모 프로젝트의 지속적인 위험관리를 비교 설명하라.

7. 위험 관리 계획 갱신의 의의 및 방법에 대하여 설명하라.

8. 이슈 관리 및 변경 관리 절차에 대하여 설명하라.

9. 지속적인 위험관리 수행을 위한 과업별 일정표를 작성하기 어려운 이유를 설명하라.

10. 지속적인 위험관리 계획을 수립하는 데 필요한 기업 환경 요인을 열거하라.

24 Chapter | 종료: 위험 지식 이전

개요 및 학습목표

프로젝트 종료 단계에서 프로젝트 팀, 고객 이해관계자 및 후원자에게 임무 완료 보고(디브리핑)를 하는 것이 표준 관행이다. 이러한 디브리핑은 프로젝트 성공과 교훈을 평가하는 데 있어 기본을 제공한다. 이러한 교훈으로 기업의 프로젝트 관리 과정은 지속적으로 개선할 수 있다.

위험 관리의 성공 혹은 실패는 이러한 디브리핑과 평가에서 특히 중요하다. 21장의 위험 관리 계획에서 기술한 바와 같이, 경험에 기반한 위험 평가가 절차의 중요한 요소이다. 위험을 수반한 실제 경험이 개별 프로젝트 관리자에게 지울 수 없는 흔적이 되므로 외상을 경험하지 않고 이러한 지식의 가치를 얻는다는 것은 타 프로젝트 관리자에게 매우 유용한 일이다.

이 장을 학습한 후에 여러분은 위험 지식 이전 과정 단계의 목적을 이해하여야 한다. 위험 지식 이전을 수행하는 참가자와 관련 활동을 알아야 한다. 위험 지식 이전 종료 단계별 활동 내용과 결과를 기술할 수 있어야 한다. 대규모 프로젝트와 소규모 프로젝트에서 수행하는 지속적인 위험 지식 이전 활동을 비교 설명할 수 있어야 한다. 또한 지속적인 위험 관리 계획을 수립하는데 필요한 기업 환경요인을 열거하고 과업별 일정표를 작성하기 어려운 이유를 설명할 수 있어야 한다. 특히 위험 지식 앤티티 관계(ER) 선도를 설명할 수 있어야 하며, 위험 지식 베이스에 사용되는 프로젝트 도표를 생성할 수 있어야 한다. 위험 지식 베이스에 사용되는 완화전략 도표, 비상계획 도표, 확률 도표, 기간 도표, 심각도 도표, 전략 도표를 생성할 수 있어야 한다.

24.1 위험 지식 이전의 실행

그림 24.1은 PMBOK 지침서에서 정의한 과정에서 위험 지식 이전에 대한 위치를 예시하고 있다.

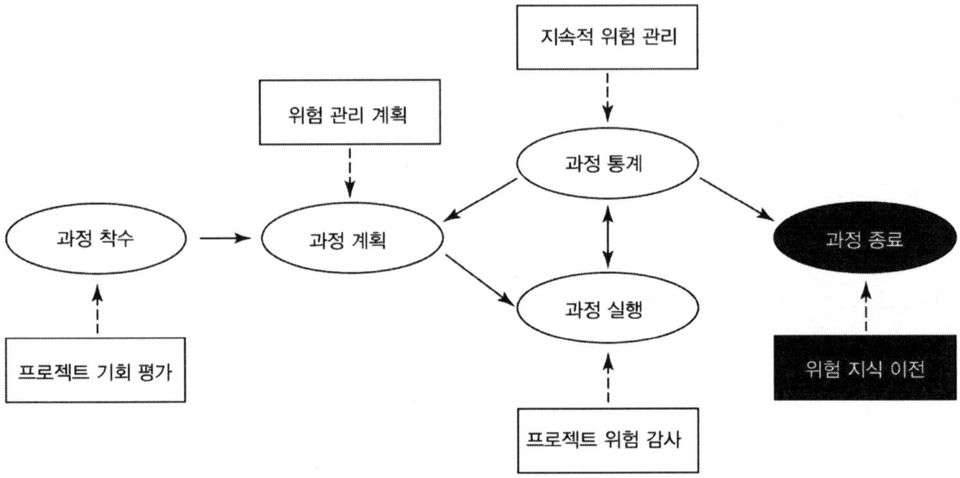

그림 24.1 종료 과정 및 위험 지식 이전

프로젝트 관리 최상의 관행은 공식 프로젝트 종료 단계가 프로젝트 계획의 일환이기를 요구하고 있다. 프로젝트가 탁월한 성공을 거두었고 관련된 모든 것들을 다음 프로젝트로 이전하기를 원한다 하더라도 무엇이 잘되고, 개선할 수 있는 것이 무엇인가를 평가하는 것은 매우 유용하다. 프로젝트 관리자는 프로젝트 종료 계획을 확실히 실행할 책임이 있다.

1) 참가자

종료 디브리핑과 평가에 참여하는 프로젝트와 관련된 모든 사람들을 요약하면 표 24.1과 같다.

2) 일정표

위험 완화의 성공 혹은 실패에 관한 디브리핑과 평가는 단기 활동으로 최종 프로젝트 결과물 수락과 동시에 수행해야 한다. 위험 관리 계획이 프로젝트 실행 단계에서 유지되었다면 과정은 간단하다. 일반적인 프로젝트 평가 중에 수행하는 것이 적절하며 오랜 시간이 걸리지 않는다.

표 24.1 위험 지식 이전 참가자

참가자	관련 활동
프로젝트 관리자	• 프로젝트 팀, 이해관계자 및 후원자와의 접촉기회 조정 • 위험 성공/실패 디브리핑 및 평가에 관한 조력 • 위험 완화전략 대안 및 비상계획에 관한 위험 성공/실패 및 권고사항에 관한 문서 • 위험 성공/실패 정보 공문서
프로젝트 팀(외부 판매인 혹은 하청업자 포함)	• 위험 완화 성공/실패 및 향후 개선을 위한 권고사항에 관한 조언 제공
후원자	• 위험 완화 성공/실패 및 향후 개선을 위한 권고사항에 관한 조언 제공
이해관계자	• 위험 완화 성공/실패 및 향후 개선을 위한 권고사항에 관한 조언 제공

3) 단계

위험 지식 이전 과정 단계는 그림 24.2와 같다. 그림 24.2에서 예시한 바와 같이 위험 지식 이전 과정에는 4단계가 있다. 향후 위험 식별과 완화를 위한 기본을 제공하기 위해 위험 관리 계획의 성공 혹은 실패를 결정하는 것에 초점을 두어야 한다. 프로젝트 관리자는 위험 지식 이전 과정을 선도해야 한다.

그림 24.2 위험 지식 이전 과정 단계

❖ 디브리핑 프로젝트 참가자

세 가지 분명한 관점을 프로젝트 평가, 특히 위험 평가에 적용할 수 있다. 세 가지 관점은 고객 후원자, 고객 이해관계자, 프로젝트 팀의 관점이다. 세 그룹 모두를 동시에 면접하는 것은 가능하지만, 정치적인 고려로 인해 말하는 것을 주저하는 것을 피하기 위해 뚜렷이 구별되는 면접 시간으로 그들을 분리하는 것이 좋다.

간단한 세션과 마찬가지로 프로젝트 관리자는 디브리핑 참가자를 위한 질문 목록을 준비해야 하고, 가장 생산적으로 시간을 활용하기 위해 디브리핑 하기 전에 그들과 공유해야 한다. 몇 가지 가능한 질문은 다음과 같다.

- 위험 관리 계획의 전반적인 등급을 어떻게 생각하십니까? 그 이유는 무엇입니까?
- 향후 위험 완화를 위해 생각하고 계신 다른 의견이 있으시다면 말씀해주세요?
- 실패한 위험 관리 전략일 경우 향후에 강조해야 할 권고사항은 무엇입니까?
- 실패한 비상계획일 경우 향후에 강조해야 할 권고사항은 무엇입니까?
- 나중에 무효로 판명된 가정은 향후에 위험으로 분류되어야 합니까?

디브리핑 참가자의 통제 범위 내에 있는 실패한 위험 완화에 대해 특히 주의해야 한다.

❖ 위험 관리 성공/실패 평가

프로젝트 참가자의 디브리핑 면접에 따라 프로젝트 관리자는 위험 관리에 관한 관찰을 평가해야 한다. 이 평가는 정량적인 요소와 정성적인 요소 모두를 포함해야 한다.

일반적으로 정량적인 관찰은 분명하다. 그것들은 기준선 프로젝트 계획 범위, 자원 및 일정에 대한 편차와 직접 관련이 있기 때문이다. 프로젝트가 프로젝트 변경 관리 절차를 사용할 경우 위험 완화 전략과 비상계획을 프로젝트 계획에 반영하여야 하며, 직접 측정할 수 있다.

프로젝트 참가자의 정성적인 투입요소가 중요하며, 프로젝트 관리자가 고객과 프로젝트 작업을 반복적으로 수행할 것이 예상될 경우에는 특히 중요하다. 고객 후원자와 이해관계자는 향후 작업의 가능성을 결정하는 것을 돕기 위해 성공 혹은 실패를 자각해야 한다. 프로젝트 통제 범위를 벗어난 환경이 프로젝트 성공에 영향을 끼치더라도 위험에 대해 믿을 수 있고 전문적으로 다룰 수 있는 고객의 인식이 중요하다.

❖ 위험 관리 성공/실패 문서화

프로젝트 관리자는 프로젝트 디브리핑 세션을 하는 동안 수집한 정보를 반영하기 위해 위험 관리 계획 문서를 갱신해야 한다(그림 20.3 참조). 자동화된 보고서가 가능하다면 또한 그것에 정보를 반영해야 한다.

❖ 위험 관리 성공/실패 파일 보관

갱신된 위험 관리 계획 문서는 영구적인 기록(문서)의 일부가 된다. 자동화된 기업 위험 보고서가 가능하다면 그것들을 또한 그곳에 반영해야 한다.

4) 결과

언급한 바와 같이, 위험 지식 이전 과정의 결과물은 위험 관리 계획의 성공 혹은 실패를 반영하는 일련의 갱신된 문서이다. 이것들은 모든 프로젝트 관리자와 공유해야 하며,

향후 프로젝트 위험 관리 계획에 사용해야 한다. 위험 지식베이스와 메타베이스 부문에서 자동화된 위험 관리 보고서에 대하여 살펴보기로 하자.

24.2 위험 지식 이전 및 소규모 프로젝트

프로젝트 계획 및 실행 단계에 철저한 위험 관리 절차가 포함되어 있지 않은 경우 종료 단계에 위험 지식 이전을 포함시키는 것은 거의 의미가 없어 보일 수 있다. 위험의 영향을 피할 수 있는 프로젝트는 거의 없다. 위험 계획이 구비되어 있지 않으면 위험 대응은 임시방편이며 반작용을 일으킨다. 이러한 일이 발생하면 향후에 그러한 실수를 피할 수 있도록 대응을 기록하는 것이 중요하다. 영웅적인 노력으로 실패를 피할 수 있다면 이 지식을 공유하고 향후에 실수를 반복하는 것을 피해야 한다. 프로젝트 관리자는 지식을 공유하여 대응적인 위험 응답을 유도하는 실패한 가정을 결코 잊지 말아야 한다. 당신은 다른 사람들이 그들 자신의 실수로부터 배울 필요가 없도록 도울 수 있다.

24.3 위험 지식베이스와 메타데이터

위험 경험 지식을 저장하고 이에 접근하는 가장 편리한 방법은 공유 가능한 데이터베이스에 저장되는 자동화 보고서를 구축하는 것이다. 그림 24.3은 개념적인 **ER 선도(실체 관련도)**이다. 간단히 말해서 실체 관련도는 우리가 알고자 하는 정보(앤티티)와 상호 관계되는 그것들을 어떻게 예시하는가를 나타낸다. 정보 모델링 그룹은 수많은 모델링 기법과 그들 각각의 선도 규약에 관해 정밀한 정의를 하는데 예시목적상 몇 가지 정의는 다음과 같다.

- 박스는 우리가 정의하고자 하는 정보에 관한 사람, 장소, 사물 혹은 개념의 정보인 앤티티를 나타낸다. 예를 들어, 고객과 프로젝트가 앤티티다.
- 앤티티를 연결하는 선들은(그림 24.3 참조) 두 앤티티 간의 관계이다. 관계 각 단의 선의 수는 관계의 상수를 결정한다. 관계는 쌍방향이다. 예를 들어, 고객은 0개 이상의 프로젝트를 후원한다. 프로젝트는 유일한 고객에 의해 후원을 받는다.

도움이 되려면 선도는 공통 언어에서 의미가 있어야 하며, 사업과 기술 전문가가 똑같이 이해할 수 있어야 한다. 이 맥락에서 그림 24.3은 위험 지식베이스를 다음과 같이 정의한다.

1. 고객 후원자 0, 1, 그 이상의 프로젝트. 프로젝트는 언제나 한 후원자에 의해 후원을 받는다.
2. 프로젝트는 언제나 하나 이상의 위험이 있다. 위험은 언제나 하나의 프로젝트와 관련이 있다.
3. 위험은 한 부류로 분류된다. 부류는 다수의 위험을 분류한다.
4. 위험은 하나의 확률로 할당된다. 확률은 다수의 위험에 할당될 수 있다.
5. 위험은 하나의 심각도를 보여준다. 심각도는 다수의 위험에 의해 나타날 수 있다.
6. 위험은 하나의 기간에 놓여있다. 동일한 기간이 많은 위험에 놓일 수 있다.
7. 위험은 0개 이상의 완화 전략으로 줄어든다. 완화 전략은 하나의 위험을 줄인다.
8. 위험은 전략에 연결된다. 전략은 많은 위험에 연결된다.
9. 완화 전략은 0개 이상의 비상계획에 포함되어 있다. 비상계획은 하나의 완화 전략에 포함된다.

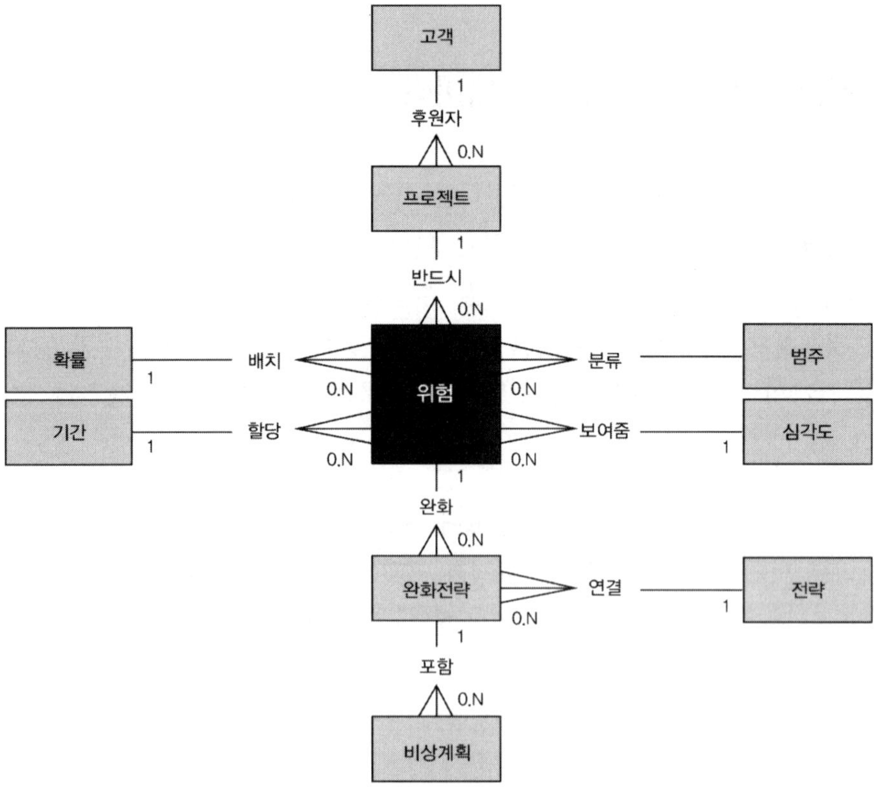

그림 24.3 위험 지식 앤티티 관계(ER) 선도

1) 위험 지식베이스 구조

그림 24.3의 개념적, 논리적 모델로부터, 그리고 마이크로소프트 액세스와 같은 데이터베이스 관리 시스템을 사용하여 위험 지식베이스를 저장(보관)할 물리적인 데이터베이스 보고서를 구성할 수 있다. 그림 24.4는 MS Acess 2000으로 구성된 데이터베이스의 구조를 보여주고 있다. 앤티티와 앤티티 실행 데이터베이스 표에 관한 속성은 제21장에서 정의한 위험 관리 작업지로부터 유래한다(그림 21.3 참조).

2) 위험 지식베이스 도표

그림 24.4에서 보는 것과 같이 표본 위험 지식베이스 데이터베이스에 10가지 기본 도표가 있다. 각 기업은 내용을 검토하고 필요한 추가적인 속성을 결정해야 한다. 예를 들어, 고객 도표에는 독특한 식별자와 고객 이름만이 포함된다. 확실히 더 많은 정보가 필요하다. 그림 24.4에서 예시한 바와 같은 위험 지식베이스 데이터베이스 구조에 있는 각 도표의 메타데이터를 설명하면 다음과 같다.

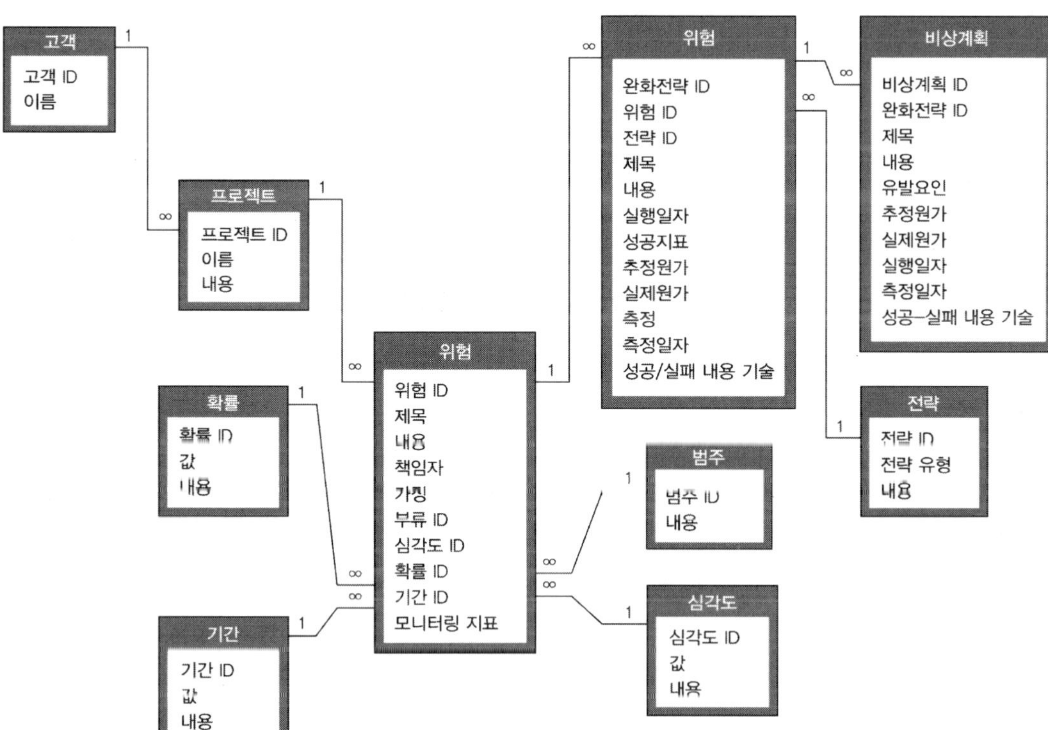

그림 24.4 위험 지식 데이터베이스 구조

❖ 고객

고객 도표에는 프로젝트 후원자에게 필요한 정보가 들어있다. 그림 24.5는 두 개의 속성만을 정의하고 있다.

Customer

필드 이름	데이터 형식	설명
고객 ID	일련 번호	고객에게 할당한 ID
이름	텍스트	고객 이름

그림 24.5 고객 도표

❖ 프로젝트

프로젝트 도표는 프로젝트 정의 정보가 들어있다. 그림 24.6은 도표의 부문(속성 혹은 행), 데이터 유형을 보여주고 있다.

Project

필드 이름	데이터 형식	설명
프로젝트 ID	일련 번호	프로젝트에 할당된 ID
고객 ID	숫자	고객과 연결되는 외부 핵심 요소
이름	텍스트	프로젝트 이름
설명	메모	프로젝트에 대한 설명

그림 24.6 프로젝트 도표

❖ 위험

위험 도표는 위험 지식베이스 보고서의 핵심 도표이다. 위험 도표는 위험의 특성과 프로젝트에 대한 잠재적인 영향을 정의한다. 그림 24.7은 위험 도표 구조의 정의가 들어있다.

Risk

필드 이름	데이터 형식	설명
위험 ID	일련 번호	프로젝트에 할당된 ID
프로젝트 ID	숫자	프로젝트와 연결되는 외부 핵심 요소
제목	텍스트	위험에 대한 개요
책임자	메모	위험에 대한 상세한 설명
기본 가정	텍스트	위험에 책임이 있는 사람의 이름
범주 ID	텍스트	위험의 기초가 되는 기본 가정
심각도 ID	숫자	위험 범주와 연결되는 외부 핵심 요소
설명	숫자	심각도와 연결되는 외부 핵심 요소
확률 ID	숫자	확률과 연결되는 외부 핵심 요소
기간 ID	숫자	기간과 연결되는 외부 핵심 요소
모니터링 기준	메모	위험에 사용할 모니터링 기준 설명

그림 24.7 위험 도표

❖ 완화 전략

완화 전략 도표에는 프로젝트가 특정한 위험을 완화하는데 사용할 전략에 관한 정보가 들어있다. 보통 유일한 완화 전략이 하나의 위험에 대해 정의되지만, 심각도, 확률, 기간에 따라 다수의 전략을 정의하는 데 신중해야 한다. 그림 24.8은 완화 전략 도표의 구조를 예시하고 있다.

Mitigation Strategy

필드 이름	데이터 형식	설 명
완화 전략 ID	일련 번호	완화 전략에 할당된 ID
위험 ID	숫자	프로젝트 위험과 연결되는 외부 핵심 요소
전략 ID	숫자	위험 완화 전략 유형과 연결되는 외부 핵심 요소
제목	메모	위험 완화 전략의 제목
설명	메모	위험 완화 전략에 대한 설명
실행일	날짜/시간	위험 완화 전략 실행일자
성공 기준	메모	완화 전략의 성공/실패 모니터에 사용할 기준 설명
추정 비용	통화	위험 완화 전략 구현 추정 비용
실제 비용	통화	위험 완화 전략 구현 실제 비용
기준	예/아니오	위험 완화 전략의 성공 여부에 대한 답변
측정일	날짜/시간	위험 완화 전략의 성공/실패 측정일자
성공/실패 설명	메모	위험 완화 전략의 성공/실패 기준 설명

그림 24.8 완화 전략 도표

❖ 비상계획

높은 심각도와 확률을 갖는 위험의 경우 완화 전략이 실패할 경우에 영향을 주기 위해 위험 비상계획을 정의하는 것이 중요하다. 그림 24.9는 그러한 도표의 내용을 요약하고 있다.

Contingency Plan

필드 이름	데이터 형식	설 명
비상 계획 ID	일련 번호	위험 비상 계획에 할당된 ID
완화 전략 ID	숫자	위험 완화 전략과 연결되는 외부 핵심 요소
제목	텍스트	위험 비상 계획 제목
설명	메모	위험 비상 계획에 대한 설명
유발요인	메모	위험 비상 계획의 실행을 촉발할 조건 설명
추정 비용	통화	위험 비상 계획 구현 추정 비용
실제 비용	통화	위험 비상 계획 구현 실제 비용
실행일	날짜/시간	위험 비상 계획 구현 일자
기준	예/아니오	위험 비상 계획의 성공 여/부
측정일	날짜/시간	위험 비상 계획의 성공/실패 측정 일자
성공/실패 설명	메모	위험 비상 계획 전략의 성공/실패 기준 설명

그림 24.9 비상계획 도표

❖ 확률

확률 도표는 위험 발생 확률을 나타내고 있다. 20장에서 기술한 바와 같이, 위험 확률은 수치 척도(예를 들어 1~10)로 정의된다. 각 기업은 고유의 과정을 정할 필요가 있으므로 프로젝트 관리자는 위험을 완화하기 위해 수치와 통계학에 지나치게 의존하지 않도록 주의해야 한다. 단순히 낮은(값=1), 중간(값=2), 높은(값=3) 확률로 할당하는 것이 순향적인(사전 대응적인) 위험 관리에는 충분하다. 이는 적절한 감시 유발요인이 있는 적절한 위험 완화 전략과 비상계획을 설계하는데 중점을 두기 때문이다. 그림 24.10에 그러한 확률 도표가 들어있다.

Probability

필드 이름	데이터 형식	설명
확률 ID	일련 번호	위험 확률에 할당된 ID
확률	텍스트	위험 확률 이름
측정값	숫자	위험 확률 측정값
설명	텍스트	위험 확률 기준에 대한 설명

그림 24.10 확률 도표

❖ 기간

기간 도표는 특정한 위험이 발생할 수 있는 시기를 보여준다. 기간은 끊임없이 변화하는 위험이다. 낮은 기간 위험이 시간이 경과함에 따라 높은 기간 위험으로 바뀐다. 그러므로 위험을 시간에 민감하도록 조정자를 감시하는 것을 보장하는 것이 특히 중요하다. 그림 24.11은 기간 도표에 관한 특징을 예시하고 있다.

Timeframe

필드 이름	데이터 형식	설명
기간 ID	일련 번호	위험 기간에 할당된 ID
기간	텍스트	위험 기간 이름
측정값	숫자	위험 기간의 수치값
설명	텍스트	위험 기간에 대한 설명

그림 24.11 기간 도표

❖ 범주

위험 범주 도표는 위험 부류 분류표에 관한 정보가 들어있다. 21장에서 그러한 7가지 범주를 정의하였다. 각 기업은 이러한 범주를 검토하고 그들 기업 환경에 맞게 수정해야 한다. 위험 범주는 향후 경험에 기초한 위험 식별을 위한 편리한 분류 체계를 제공한다. 그림 24.12는 위험 범주 도표의 속성을 요약하고 있다.

Category

필드 이름	데이터 형식	설명
위험 범주 ID	일련 번호	위험 범주에 할당된 ID
위험 범주	텍스트	위험 범주 이름
설명	텍스트	위험 범주에 대한 설명

그림 24.12 범주 도표

❖ 심각도

위험 심각도표(그림 24.13)는 위험이 발생하고 완화되지 않는 위험의 영향에 대해 예상되는 심각도에 관한 정보가 들어있다. 확률과 마찬가지로 확률 값의 범위는 적절한 완화 전략과 감시 유발 요인이 설정되었는지를 확실히 하는 것보다 덜 중요하다.

Severity

필드 이름	데이터 형식	설명
심각도 ID	일련 번호	위험 심각도에 할당된 ID
심각도	텍스트	위험 심각도 이름
측정값	숫자	위험 심각도의 수치값
설명	텍스트	위험 심각도에 대한 설명

그림 24.13 심각도 도표

❖ 전략

전략 도표는 사용할 위험 완하 전략의 유형에 관한 정보를 저장하는 수단을 제공한다. 이는 향후 경험에 기초한 위험 식별 및 완화 전략을 개선하기 위한 정보의 또 다른 중요한 측면이다. 그림 24.14는 전략 도표의 구조를 예시하고 있다.

위험 관리 계획의 성공 혹은 실패에 관한 정보를 구성하는 방법이 무엇이건 간에 향후 위험 관리 계획 활동을 위한 정보를 제공하는 것이 가장 중요하다. 프로젝트에 상존하는 위험을 적절히 완화시키지 못하여 프로젝트 관리자의 경력에 흠이 생기는 경우가 많이 있다.

Severity

필드 이름	데이터 형식	설명
전략 ID	일련 번호	위험 완화 전략 유형에 할당된 ID
전략 유형	텍스트	위험 완화 전략 유형
설명	텍스트	위험 완화 전략에 대한 설명

그림 24.14 전략 도표

토의 문제 및 활동

1. 프로젝트 위험 지식 이전 참가자 및 관련 활동을 요약하라.

2. 프로젝트 지식 이전 단계, 결과를 요약하라.

3. 소규모 프로젝트의 지식 이전을 대규모 프로젝트와 비교 설명하라.

4. 위험 경험 지식을 활용하기 위한 위험 지식 베이스에 대하여 설명하라.

5. 위험 지식 베이스에 사용되는 프로젝트 도표를 생성하라.

6. 위험 지식 베이스에 사용되는 완화 전략 도표를 생성하라.

7. 위험 지식 베이스에 사용되는 비상계획 도표를 생성하라.

8. 위험 지식 베이스에 사용되는 확률 도표를 생성하라.

9. 위험 지식 베이스에 사용되는 기간 도표를 생성하라.

10. 위험 지식 베이스에 사용되는 심각도 도표를 생성하라.

11. 위험 지식 베이스에 사용되는 전략 도표를 생성하라.

25 Chapter 프로그램 위험 감사

개요 및 학습목표

프로그램 위험 감사의 목적은 상호 관련된 프로젝트의 프로그램과 해당 이슈 및 문제점의 위험을 완화시키기 위해 전사적 관점의 계획, 준비, 실행을 검토하고 평가하는 것이다. 프로그램 감사의 범위는 기업 수준이다. 전체 프로젝트 과정에 관한 높은 수준의 질문이 포함되지만, 상세한 프로젝트 수준에서의 평가는 아니다. 프로젝트 수준의 감사는 각 프로젝트의 실행 단계 전반에 걸쳐 발생한다.

프로그램 위험 감사는 다음의 네 가지 목적을 갖는다.

- 전사적 관점의 프로그램 현황을 수립한다.
- 전사적 프로그램 위험을 식별한다.
- 위험 완화 개선을 위한 권고사항을 제공한다.
- 프로그램의 잠재적인 실패에 대한 영향을 최소화한다.

프로그램 위험 감사에 사용되는 기법은 제22장의 프로젝트 위험 감사에서 사용한 기법과 유사하다. 주요 차이점은 감사의 주안점이다. 프로그램 위험 감사는 조직 및 일반 관리 이슈에 집중한다.

상호 연관된 프로젝트의 프로그램 다기능 특성으로 인해 프로그램의 실패는 기업에게 심대한 결과를 가져온다. 단일 프로젝트가 실패하면 그 결과 영역은 보통 기업의 한 기능 분야에 한정된다. 이러한 영향은 심각할 수 있지만 일반적으로 방지할 수 있으며 기업 전체 성공에 영향을 주지 않는다. 그러나 프로그램이 실패하면 기업 제품과 서비스에 대한 기업의 전체 능력에 심각하고도 결정적인 영향을 끼친다. 프로그램 실패의 궁극적인 결과는 기업 실패가 될 수 있다. 그러므로 프로그램 실패를 최소화하는 것이 주요 관심사이다.

이 장을 학습한 후에 여러분은 프로그램 위험 감사의 목적을 이해하여야 한다. 위험 감사를 수행하는 참가자와 관련 활동, 감사 일정표를 알아야 한다. 위험 감사 단계별 활동 내용과 결과를 기술할 수 있어야 한다. 또한 프로그램 위험 감사에 필요한 관리, 계획, 자원 및 기타 절차의 효과성을 평가하기 위한 열 가지 성공요인을 기술할 수 있어야 한다. 특히 프로그램 위험 감사 열 가지 주요 성공요인의 기준선을 설명할 수 있어야 한다. 열 가지 주요 성공요인별 내용, 기준, 수용문서를 기술할 수 있어야 한다.

25.1 프로그램 위험 감사 실행

비록 프로그램 위험 감사에서 사용된 기법은 프로젝트 위험 감사에서 사용된 기법과 유사할지라도 명확히 하기 위해 다시 여기서 반복한다. 절차에서 주요한 차이점은 상호 관련된 프로그램의 조직 및 관리 요소를 평가하는 데 사용되는 프로그램 주요 성공요인(CFSs)에 있다.

1) 참가자

프로젝트 위험 감사에서와 같이 감사관은 기업의 조직 및 관리 철학에 객관적이고 민감해야 한다. 그럼에도 불구하고 공평한 판단에 대한 요구 충족을 위해서 외부 감사관이 가장 좋다. 이것이 가능하지 않다면 어떠한 프로그램에도 관련되어 있지 않아 실질적으로 품질을 보증할 수 있는 경험이 많은 은퇴한 프로젝트 관리자를 선정해야 한다. 감사 과정에 참여하는 다른 참가자와 책임을 요약하면 표 25.1과 같다.

기간 초기 프로그램 위험 감사에는 10~30일에 60~120시간 정도가 소요된다. 추가 프로그램 위험 감사에는 주로 사전 권고사항에 주안점을 두고 주요 성공요인 증거 요건에 지속적으로 순응하는지를 입증하기 때문에 시간이 덜 소요된다. 표 25.2는 프로그램 위험 감사를 수행하는 데 필요한 노력과 추정 경과 시간을 요약하였다.

2) 단계

표 25.2에서 보는 바와 같이, 프로그램 위험 감사 단계는 프로젝트 위험 감사 단계와 유사하다. 그림 25.1은 관련 활동의 네트워크를 보여주고 있다.

표 25.1 프로그램 위험 감사 참가자

참가자	관련 활동
프로그램 위험 감사 후원자	• 프로그램 위험 감사 범위 설정 • 프로그램 후원자, 프로젝트 팀 및 이해관계자의 협력 보장
감사관	• 프로그램 위험 감사 계획 및 수행 • 면접 수행 • 증거 분석 • 결과 및 권고사항 준비 • 최종 감사보고서 제시
개인 프로젝트 관리자	• 면접 참여 • 증거 제시
경영진 프로그램 후원자	• 면접 과정 참여
이해관계자	• 면접 과정 참여

표 25.2 프로그램 위험 감사 일정표

과업	소요시간	경과시간(일)
면접 대상자(경영진 프로그램 후원자, 주요 이해관계자, 개인 프로젝트 관리자) 확인	3 - 8	- 2
위험 감사 면접 일정 계획	3 - 8	- 2
위험 감사 증거 수집	8 - 20	2 - 6
위험 감사 면접 수행	8 - 16	2 - 6
프로그램 문서 및 면접 메모 분석	12 - 20	1 - 4
결과 준비	12 - 20	1 - 4
프로젝트 위험 완화에 관한 권고사항 준비	8 - 16	1 - 3
위험 감사 보고서 프레젠테이션 준비	6 - 12	
총계	60 - 120 시간	10 - 30일

❖ 면접 대상자 식별

프로그램 위험 감사에서 면접은 기업의 가장 높은 수준에서 시작한다. 관련된 개인들은 대부분 프로젝트에 자본과 인적 자원을 할당할 책임이 있는 실행운영위원회에 소속되어 있다. 전형적인 대표자는 수석 정보관, 수석 재무관, 수석 운영관 혹은 기업의 지명을 받은 사람이다. 지명을 받은 사람이 실행운영위원회에 소속되면 감사관은 그들이 진정으로 감사 검토를 받는 프로그램에 대한 최종 의사결정권을 가지고 있는지를 파악해야 한다.

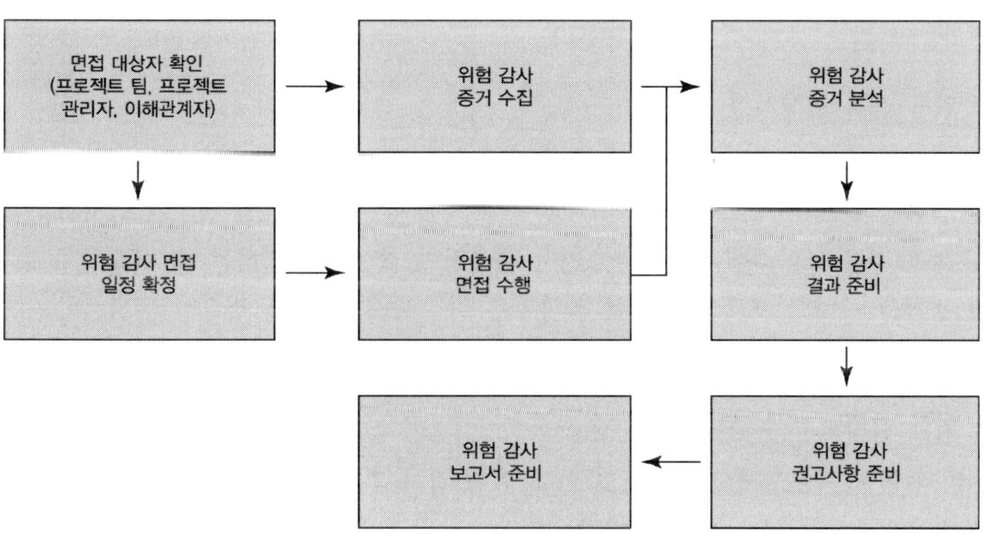

그림 25.1 프로그램 위험 감사 과정 단계

❖ 면접 일정잡기

면접은 프로그램의 조직 환경 측면을 확고히 하기 위해 가능한 한 빨리 일정을 잡아야 한다. 가능하면 조직 요인의 복합적인 실상을 밝히기 위하여 개별 면접 일정을 잡아야 한다. 면접은 각각 대략 30분이 소요된다.

❖ 위험 감사 면접 수행

면접 질문의 출처와 결과를 기록할 때 감사 작업지(그림 25.2)를 사용한다. 프로젝트 위험 감사와 마찬가지로 면접 메모가 기준 증거의 출처이다. 면접 대상자는 당신이 기록할 때 편안해야 한다. 면접 메모를 복창하거나 위험 감사보고서를 발행하기 전에 입증을 위해 면접 대상자에게 사본을 제공해야 한다. 프로그램 감사에서 면접 메모는 '명백한' 증거로 간주된다.

❖ 위험 감사 증거 수집

프로그램 기록으로부터 보조 증거를 획득한다. 각 CSF로 낮은 위험을 적절하게 보여줄 필요가 있는 기록의 유형을 지정하는 위험 감사 도구에 대해 질문한다(주요 성공요인 부분 참조).

❖ 위험 감사 증거 분석

어떤 위험 수준이 프로그램에 적절한지를 결정하기 위해 면접의 결과와 수집된 증거의 내용을 분석한다.

❖ 위험 감사 결과 준비

결과물과 관련 증거 기준을 기록한다.

❖ 위험 감사 권고사항 준비

중간 혹은 높은 위험으로 등급이 매겨지는 각 CSF에 대한 위험을 줄이기 위해 권고사항을 준비한다. 일부 기업에서는 '결과'만을 요청할 수 있다. 그럴 경우에 감사관은 감사를 수행한 것을 보여주어야 한다. 그러나 성공적인 감사를 수행하는 데 필요한 프로젝트 관리 경험을 구비한 프로그램 위험 감사관은 관리 절차 개선에 필요한 권고사항을 제공할 유리한 위치에 있게 된다.

❖ 위험 감사보고서 준비

최종 위험 감사보고서를 준비하고 이를 위험 감사 후원자에게 전달해야 한다. 또한 프로그램 관리자는 사본을 받아야 한다. 이는 프로그램 관리자가 감사와 권고사항을 실행할 책임이 있기 때문이다.

프로그램 위험 감사 도구			
회사:	프로그램:		
중요 성공요인/하위 요인	결과/권고사항	등급	증거 참고
회사는 프로그램 목표와 목적을 충족하고, 회사 규모에 맞게 조직되었다.			
1.1 전사적 프로그램 운영위원회(혹은 동급의 결정체계)가 작동된다.	결과:		
	권고사항:		
1.2 회사 경영자가 프로그램 임원진 후원자를 지명한다.	결과:		
	권고사항:		
1.3 효과적인 전사적 프로그램(혹은 동급의 직능) 조직이 규정되었다.	결과:		
	권고사항:		
1.4 회사는 프로그램 목표와 목적을 충족하고, 기업 규모에 맞게 조직되었다.	결과:		
	권고사항:		

그림 25.2 프로그램 위험 감사 작업지 추출

3) 결과

프로젝트 위험 감사에서와 같이 프로그램 위험 감사 절차의 주요 결과물은 위험 감사 작업지(그림 25.2)이다. 그러나 이를 배포할 때에는 대단히 많이 주의를 기울여야 한다. 작업지는 면접과 기록 증거 모두의 기준이다. 면접 증거는 프로젝트 위험 감사에서보다 프로그램 위험 감사에서 더 중요한 역할을 한다. 또한 프로그램 위험 감사는 주로 내부 조직 요인에 밀접하게 초점을 맞추므로 정치적으로 더 폭발력이 크다. 그러므로 면접 증거는 비밀로 유지해야 한다.

프로그램 위험 감사를 위한 계획 과정에서 작업지 배포와 비밀 유지에 관한 협정을 확실히 하고 긴밀하게 따라야 한다. 전사적 관점의 프로그램은 부서의 폐쇄적 이기주의를 배격하는 경향이 있으므로 중간 관리층은 위협을 느낄 수 있다. 위협 상황에서 사람들은 일반적으로 움츠리거나 복지부동하는 반응을 취하게 된다. 때로는 면접 대상자가 상대에 대한 믿음에 의존하여 위험에 기반한 정보를 노출하기 때문에 면접의 비밀 유지는 매우 중요하다. 면접 대상자가 감사 노출로 인해 위협을 받게 된다면 기꺼이 말을 하지 않고 위험을 숨길 수 있다. 프로그램 위험 감사의 목적은 비난하는 데 있는 것이 아니라 위험을 완화시키고 프로그램의 성공 확률을 개선하는 데 있다는 점을 명심해야 한다.

위험 감사 작업지에 부가하여 위험 감사 과정에서 수많은 다른 보고 문서가 생산된다.

- **면접 일지(기록)**: 위험 감사 작업지에 기준이 되는 면접 통제 번호, 면접 일자, 면접 대상자의 이름 및 직위, 면접관의 이름이 포함된다.
- **기록 일지**: 위험 감사 작업지에 기준이 되는 기록 통제 번호, 간략한 기록 내용, 면접관 이름, 검토 일자가 포함된다.

- **하위 CSF 수준의 사정 요약지**: 하위 CSF 수준의 감사 내용의 10가지 CSF에 대한 결과, 평가 등급, 권고사항을 요약한다.

전통적인 감사 시나리오에서는 사정 후원자의 재량에 의해 감사관은 결과만을 제시한다. 이는 감사 후원자의 재량임에 분명하다. 그러나 프로젝트 위험 감사관의 핵심 특징 중의 하나는 성공적으로 프로젝트를 완료하는 데 있어서의 그들의 경험이다. 그러므로 당신은 감사 후원자가 개선과 위험 감소를 위해 권고사항에 동의하도록 독려해야 한다.

25.2 프로그램 위험 감사 평가

19.7절의 프로그램 위험 감사에서 개괄했고, 22장의 프로젝트 위험 감사의 실행에서 살펴본 바와 같이, 프로그램 위험 감사도 프로그램 성공에 필수적인 관리, 계획, 자원 및 기타 절차의 효과성을 평가하기 위해 일련의 10가지 CSF를 사용한다.

1. **조직**: 기업이 프로그램 목적과 목표를 충족하고, 기업 규모로 조직되었다.
2. **계획**: 기업이 그 프로그램에 맞게 계획되었다.
3. **재무 자원**: 충분한 재원(거시적 수준)이 책정되었다.
4. **관리(지휘)**: 기업이 프로그램과 프로젝트에 분명한 방향을 제공하고 있다.
5. **조정**: 기업이 프로그램 노력을 잘 조정하고 있다.
6. **의사소통**: 기업이 프로그램 현황과 이슈를 효과적으로 소통하고 있다.
7. **인적 자원**: 기업이 프로그램과 프로젝트에 헌신할 충분한 프로그램과 기술 요원을 제공하고 있다.
8. **통제**: 기업이 프로그램과 프로젝트를 잘 통제하고 있다.
9. **위험 평가**: 기업이 프로그램 이슈와 위험을 잘 인식하고 있다.
10. **개선방안 추구**: 기업이 개선방안이 필요한 시기가 언제인지를 인식하고 능동적으로 개선방안을 추구하고 있다.

각 주요 성공요인을 다시 하위 CSF로 분류하고, 상세한 평가 질문지와 평가 기준을 제공한다. 프로그램 유형과 환경에 따라 수정 혹은 확장이 필요한 각 주요 성공요인을 정의한다. 높고, 보통(중간) 및 낮은 위험의 간단한 3수준 체계를 사용하여 평가 등급을 부여한다. 평가를 위해 다음과 같은 등급 정의를 적용한다.

- **상(높음)**–기업 프로그램이 기업 운영의 혼란을 경감시키는 데 효과적이지 않을 가능성이 매우 높다. 즉각적인 실행에 대한 주의가 필요하다.
- **중(중간)**–기업 프로그램이 기업 운영의 혼란을 경감시키는 데 효과적이지 않을 가능성이 보통이다. 내부 관리에 대한 주의가 필요하다.
- **하(낮음)**–기업 프로그램이 기업 운영의 혼란을 완화시키는 데 효과적이지 않을 가능성이 매우 낮다. 이 결정을 분명히 지원할 증거를 제공한다. 지속적인 기업 관리에 대한 주의가 필요하다.

면접 메모나 다른 기록을 지원하기 위해 적절한 기준이 있는 하위 CSF에 대한 결과를 기록한다. 하위 CSF를 분석한 후에 전체 평가 등급을 부여한다. 비교적 온건한 위험 사정을 제공하기 위해 각 주요 핵심 성공요인 등급에 대해 다음과 같은 기준선(표 25.3)을 사용한다.

- 하위 CSF의 1/2 이상이 높은 위험이면, CSF를 높은 위험으로 등급을 매긴다.
- 하위 CSF의 3/4 이상이 낮은 위험이고 높은 위험 등급이 없으면, CSF를 낮은 위험으로 등급을 부여한다.
- 기타 다른 조합인 경우에는 중간 수준의 위험으로 등급을 매긴다.

표 25.3 개별 CSF 등급 평가

		주요 성공요인 등급		
주요 성공요인	# 하위-CSFs	하	중	상
조직	4	$0 \leq x < 3$	$1 < x < 3$	$x \geq 2$
계획	5	$0 \leq x < 4$	$1 < x < 4$	$x \geq 4$
재무자원	2	$x < 2$	$1 < x < 2$	$x \geq 1$
지휘	3	$0 \leq x < 2$	$1 < x < 2$	$x \geq 2$
조정	2	$x < 2$	$1 < x < 2$	$x \geq 1$
의사소통	4	$0 \leq x > 3$	$1 < x < 3$	$x \geq 2$
인적자원	8	$0 \leq x > 6$	$1 < x < 6$	$x \geq 4$
통제	4	$0 \leq x > 3$	$1 < x < 3$	$x \geq 2$
위험 평가	4	$0 \leq x > 3$	$1 < x < 3$	$x > 2$
해결책 강구	3	$0 \leq x > 2$	$1 < x < 2$	$x \geq 2$

표 25.4 전체 CSF 등급

개별 CSF 등급			
하	중	상	전체 등급
≥ 7	–	0	하
–	≥ 6	≥ 4	중
–	–	≥ 5	상
–	N/I		

프로그램 과정 실패가 치명적인 결과를 가져오는 극단적인 상황에서는 평가등급을 매기는 데 보다 온건한 방법이 타당하다. 즉, 적어도 하나의 하위 CSF가 높은 위험으로 평가되면 CSF는 높은 위험이다. 적어도 하나의 하위 CSF가 높은 위험의 하위 CSF가 없는 중간 수준의 위험으로 평가되면 CSF는 중간 수준의 위험이다. 마지막으로, 모든 하위 CSF가 낮은 위험일 경우에는 CSF가 낮은 위험으로 평가할 수 있다.

주요 핵심 성공요인에 대한 등급을 수립함은 물론 각각의 높거나 혹은 중간 수준 위험의 하위 CSF에 대한 위험을 줄이기 위한 조치에 대한 권고사항을 생성해야 한다.

전체 프로그램 위험에 등급을 매기는 데 유사한 전략을 사용한다(표 25.4 참조). 다섯 가지 이상의 주요 CSF가 높은 위험이면 전체 등급은 높은 위험이다. 일곱 가지 이상이 낮은 등급이고 높은 등급이 없으면 전체 등급은 낮은 위험이다. 다른 조합은 중간 수준의 위험으로 등급을 매긴다. 이해관계자에게 제시하는 최종 위험 감사보고서에서 위험 감사 등급을 낮게 내리기 위한 활동으로 높고, 중간 수준의 위험에 대한 권고사항을 제안한다.

이 기법은 훈련이 거의 필요하지 않으며 프로그램 특정 지식이 필요하지 않다. 전형적인 초기 위험 감사는 필요한 면접 대상자의 가용도, 프로그램 기록의 상태, 기준 기록과 보조 증거의 필요한 수준에 따라 60~120시간의 노력으로 완료할 수 있다. 추가 위험 감사에는 높고, 중간 수준의 주요 성공요인이 평가의 초점이 되는 열린 권고사항이므로 시간이 덜 소요된다.

프로젝트 위험 감사에서와 같이, 기법은 수치적인 등급 체계로서보다 오히려 위험 감사의 '정확성'에 집중한다. 결과물과 권고사항이 기법의 핵심이다. 즉, 위험 수준을 식별하여 제시할 때에는 색깔 있는 굵은 글씨로 표시하고(높은=붉은색, 중간=황색, 낮음=녹색과 같이), 위험을 줄이고 더 확실한 성공을 보장하기 위한 수정 권고활동에 주요한 값을 사용한다.

이미 설명한 바와 같이, 면접 메모와 실제 기록과 같은 결과물에 대한 보조 증거를 제공한다. 증거를 평가할 때에는 객관적이어야 하는 것이 핵심이다. 재무감사와 같이 감사관의 느낌과 인상은 중요하지 않다. 결과물은 기준 증거로부터 수집한 것을 요약한 것으로 나타낸다. 감사 작업지에 증거 기준을 기록한다(그림 25.2 참조).

25.3 프로그램 위험 감사 주요 성공요인

10가지 프로그램 감사 CSF를 상세히 기술한다. 기술한 바와 같이, 각 주요 CSF는 다수의 하위 CSFs로 나눠진다. CSF 도표는 하위 CSFs로 세부 전개되어 위험 감사 평가에 대한 지시사항, 낮은 CSF 등급 평가를 정당화하기 위해 제시되는 증거의 유형을 강조한다(표 25.5~표 25.14).

1) 조직(CSF #1)

이 CSF는 전시적 수준의 프로그램 프로젝트를 지원하고 효과적으로 감시하는 데 어떻게 기업이 조직되었는가를 검토한다. 충분한 프로그램 조직이 없다면 프로젝트간 이슈와 우선순위를 효과적으로 다루는 것이 어렵다. 개별 프로그램 프로젝트 성공은 그 자신이 중요하지만 더 큰 프로그램 목적과 목표에 종속되어야 한다.

2) 계획(CSF #2)

계획 CSF는 프로그램 수준의 계획을 완료하는 데 충분한지 여부를 검토한다. 프로그램 계획은 개별 프로젝트의 상호관계를 다루며 인터페이스와 의존성을 적절하게 다루는 것을 확실히 하는 것이 중요하다.

3) 재무 자원(CSF #3)

이 요소는 프로그램의 예산을 책정하는 재정 자원을 점검한다. 기본적으로 이는 프로젝트의 적절한 통합을 보장하는 개별 프로젝트 예산과 기금의 합이다. 평가는 거시적 수준에서 재무 지원을 검토한다. 이 수준에서 획득가치나 변동을 평가하는 것은 필요하지 않고, 오히려 재무 자원 추정을 하는 것이 정당하다.

4) 경영(CSF #4)

이 CSF는 프로그램 프로젝트에 적용할 프로그램 관리 방향을 판단한다. 이 CSF는 적절한 주의가 개별 프로젝트에 주어지고 있는가를 확실히 하기 위해 과정이 구비되어 있는가를 평가한다. 이는 프로그램 수준의 표준이 설정되고 프로그램 이슈 관리가 효과적으로 수립되어 있는가를 평가한다.

5) 조정(CSF #5)

프로그램 개별 프로그램 프로젝트의 노력을 통합시키고, 내부 및 외부 인터페이스를 검토하고, 기업 사업 단위와 내부 독립체 간을 조정하는 조정 CSF는 프로그램 관리의 효과성을 평가한다.

6) 의사소통(CSF #6)

이 CSF는 프로그램 관리가 의사소통을 어떻게 다루는지를 검토한다. 이 CSF는 프로그램 의사소통 계획, 현황 보고서 절차 및 기록 결정 방법을 평가한다.

7) 인적 자원(CSF #7)

이 요소는 프로그램 자원 요건과 프로젝트 관리자가 프로젝트 작업을 완료하는 데 충분하고 능력이 있는가를 평가한다. 감사관은 프로그램 관리가 자원 부족을 어떻게 강조하는가를 평가한다.

8) 통제(CSF #8)

통제 CSF는 프로그램 관리 실행이 핵심 자원 가용도에 대해 어떻게 통제하며 프로그램 시험 절차와 도구를 어떻게 검토하는가를 통제한다. 더욱이 보다 더 중요한 점은 고도로 중요하거나 위험한 프로그램의 경우 감사관은 품질 보증을 어떻게 실행하는가를 평가한다.

9) 위험 평가(CSF #9)

위험 평가 CSF는 프로그램 관리가 프로그램 위험에 어떻게 대응하는가를 검토한다. 감사관은 프로그램 관리와 프로그램에 의해 영향을 받는 사업 단위 내에서 위험 인지를 평가한다. 적절한 위험 완화가 준비되어 있는지를 확실히 하기 위해 위험에 처한 사업 절차의 목록을 점검한다.

10) 개선방안 추구(CSF #10)

이 CSF는 프로그램 관리가 개선이 필요한 상황을 어떻게 해결하는지 검토한다. 평가 핵심 요소는 기업이 처방이 필요한 상황을 어떻게 인식하고 있으며, 그러한 상황을 어떻게 해결하고, 해결책이 얼마나 타당한가를 평가한다.

프로그램 위험 감사는 프로젝트 위험 감사보다 덜 일반적이다. 그러나 기업이 프로젝트에 기초한 노력(작업)으로 이동함에 따라 사업 과정에 상호 관련된다는 것이 명백해지고 있다. 더욱이 기업의 생존을 위해서는 모든 프로젝트의 성공적 완료가 필요하다.

프로그램 위험 감사는 프로젝트 프로그램을 관리할 수 있는 기업 능력에 대한 독립적인 평가이다. 감사 결과에 더해 가장 중요한 것은 적절한 최상의 관행 표준과 절차를 수립하는 데 필요한 정보를 기업에게 제공하는 권고사항이다. 도입하면 이러한 절차가 뜻밖의 위험과 실패를 줄여줄 것이다.

표 25.5 프로그램 조직

주요 성공요인	설명	기준/수용 증거
회사가 프로그램 목표 및 목적을 충족하도록 조직되었으며, 프로그램 조직이 회사 규모에 맞게 조정되었다	2개 이상의 하위 범주가 "상"이면, 득점은 "상"이다. 3개 이상의 하위 범주가 "하"이고, "상"이 하나도 없으면 득점은 "하"이다. 기타 다른 조합은 "중"이다.	• 프로그램 조직도
1.1 경영진 의사결정자로 이루어진 전사적 프로그램 운영위원회(혹은 체계)가 잘 작동된다.	• 운영위원회(해당 조직) 혹은 조직, 인원, 역할, 책임을 설명한다. • 최근의 이슈가 무엇이며, 이를 어떻게 해결하였는가?	• 프로그램 경영진 운영 위원회 헌장 • 프로그램 경영진 운영 위원회 회의록
1.2 회사 최고경영자가 프로그램 경영진 후원자를 지명한다.	• 경영진 후원자가 누구이며, 그는 기업 프로그램 노력에 어떻게 관여하였는가?	• 프로그램 경영진 운영 위원회 헌장
1.3 효과적인 전사적 프로그램(혹은 해당 직능) 조직이 규정되었다	• 프로그램 사무소(해당 직능조직)가 만들어지고 인원이 구성되었는가? (설명) • 당신의 프로그램(해당 직능조직)은 어떻게 조직되었는가? (설명))	• 프로그램 조직도
1.4 고객 조직 프로그램 관리 역할과 책임, 명령과 책임 계통이 정의되고, 합의되었다.	• 역할과 책임이 분명하게 정의되고 합의되었는가? (과정과 내용 설명) • 명령과 책임의 계통을 분명하게 정의하고 합의하였는가? (과정과 내용 설명)	• 프로그램 경영진 운영 위원회 헌장

표 25.6 프로그램 계획

주요 성공요인	설명	기준/수용 증거
2. 회사는 기업 프로그램에 관하여 계획하였다.	4개 이상의 하위 범주가 "상"이면 이 득점은 "상"이다. 6개 이상의 하위 범주가 "하"이고 "상"이 하나도 없으면 득점은 "하"이다. 다른 조합은 "중"이다.	• 프로그램과 관련한 전술 계획
2.1 우선순위 기준을 설정하였다.	• 우선순위 기준을 개발하였는가? (서비스 및 정보체계를 포함하여 개발하였는가?. • 어떤 과정으로 기준을 개발하였는가? • 우선순위 기준을 승인하였으며, 누가 승인하였는가? (승인 과정은?), • 진행 중인 우선순위에 관한 절차가 있는가? (설명)	• 프로그램 문제에 의해 영향을 받는 서비스와 체계에 관한 우선순위 기준
2.2 서비스와 체계를 기준에 따라 우선순위를 정하였다.	• 서비스와 체계를 기준에 따라 우선순위를 정하였는가? • 우선순위를 정하는 과정을 설명하여라	• 완화 기준에 적용할 과정
2.3 전사적 프로그램 계획을 개발하였다.	• 전사적 프로그램 계획을 개발하였는가? (토의) • 계획의 내용은 무엇인가?	• 프로그램 기술, 계획 및 현장
2.4 상당히 위험한 환경에 있는 사업 과정(공정)과 체계에 관한 프로그램 평가를 완료하였다.	• 상당히 위험한 환경에 있는 사업 과정과 체계에 관해 어떠한 유형의 프로그램 평가를 완료했는가? • 평가에 관여한 사람이 누구인가? • 결과를 기록하였는가?	• 개인 사업 및 체계 프로그램 평가 결과
2.5 회사 경영진이 각 과정과 체계에 대한 프로젝트 계획을 개발하고 승인하였다.	• 프로젝트 계획을 각 프로그램 프로젝트에 관해 개발하였는가? • 계획이 승인되었는가? (승인되었다면 누가 승인하였는가?)	• 프로그램 프로젝트 계획 문서
2.6 각 프로그램 프로젝트에 관해 비상계획을 개발하였다	• 각 프로젝트에 관해 비상계획을 개발하였는가? (설명) • 비상계획 완화 요건과 예측을 정의하였는가? (달성방법 설명)	• 프로그램 노력에 관한 체계 성능

주요 성공요인	설명	기준/수용 증거
2.7 체계 성능 요건과 예측을 규정하였다.	• 체계 내, 외부 성능 요건과 예측을 정의하였는가?(달성 방법 설명)	• 프로그램 노력에 관한 체계 성능 요건
2.8 프로그램 프로젝트 내 및 프로그램 간의 의존도를 정의하고 전사적 프로그램에 포함하였다	• 개별 프로젝트를 감시하고 조정하기 위한 전체 계획이 있는가? • 의존도를 정의하였는가? (과정 설명) • 의존도를 어떻게 관리하고, 추적하고, 감시하는가? • 의존도 관련 이슈를 어떻게 다루고/결정하는가?	• 개별 계획을 감시하고 조정하기 위한 전체 프로그램 프로젝트 계획

표 25.7 프로그램 재무 자원

주요 성공요인	설명	기준/수용 증거
3. 상당한 재무 자원을 예산으로 책정하였다(거시 수준 평가).	하나 이상의 하위 범주가 "상"이면 이 득점은 "상"이다. 2개 이상의 하위 범주가 "하"이면 이 득점은 "하"이다. 기타 조합은 "중"이다.	• 고수준 재무자원 추정
3.1 중요한 프로그램 프로젝트에 관해 재무 자원 추정을 하였다.	• 중요한 프로젝트에 관해 재무자원 추정이 이루어졌는가? (과정 설명)	• 개별 프로젝트 예산
3.2 고객 조직 예산 자원이 (거시 수준에서) 프로그램과 프로젝트 요건을 충족하는 데 충분하다.	• 회사의 프로그램과 프로젝트에 관한 추정 예산이 얼마인가? • 이 추정을 어떻게 하였는가? • 이 예산이 충분하다고 회사가 어떻게 확신하는가? (확신하는 이유 혹은 그렇지 않은 이유는?)	• 프로그램 예산

표 25.8 프로그램 방향

주요 성공요인	설명	기준/수용 증거
4. 회사가 프로그램과 프로젝트에 대해 분명한 방향을 제공하였다	2개 이상의 하위 범주가 "상"이면 이 득점은 "상"이다. 2개 이상의 하위 범주가 "하"이고 "상'이 하나도 없으면 이 득점은 "하"이다. 다른 조합은 "중"이다.	• 프로그램 헌장
4.1 경영진이 회사 프로그램의 성공에 헌신하였다.	• 프로그램이 회사 경영자로부터 충분히 관심을 받고 있는가? (이유 혹은 방법 설명)	• 프로그램 위원회 헌장
4.2 프로그램 표준을 개발하고 설정하였다.	• 프로그램 표준을 개발하였는가? (설명 혹은 사본 제시) • 프로그램 표준에는 변경 통제, 시험, 형상 관리, 변경 범위, 유지보수 및 생산직원, 프로젝트 관리 등이 포함되었는가?	• 프로그램 표준 • 변경 관리, 형상 관리, 시험 과정 정의
4.7 프로그램 이슈 관리 과정을 채택하고, 작동하였다.	• 이슈관리 과정을 설명한다. • 과정이 작동되는가?	• 이슈 관리 과정 • 프로그램 이슈 해결 일지

표 25.9 프로그램 조정

주요 성공요인	설명	기준/수용 증거
5. 회사가 프로그램 노력을 조정한다.	하나 이상의 하위 범주가 "상"이면 이 득점은 "상"이다. 2개의 하위 범주가 "하"이면 이 득점은 "하"이다. 다른 조합은 "중"이다.	• 프로그램 헌장
5.1 내부 및 외부 체계 인터페이스를 이해하고, 조정한다.	• 내부 및 외부 체계 인터페이스를 확인하였는가? • 내부 인터페이스를 얼마나 많이 확인하였는가?. • 외부 인터페이스를 얼마나 많이 확인하였는가?. • 인터페이스 이슈를 얼마나 많이 조정하였는가?	• 내부 및 외부 인터페이스 분석
5.2 프로그램 프로젝트를 적절한 개체로 조정한다.	프로그램 프로젝트를 • 사업 단위 • 다른 영향을 받는 체계 • 고객 조직 정보 서비스 조직 • 1차 서비스 공급자 및 제공자 • 데이터 및 전기통신 서비스 제공자 • 하드웨어 및 소프트웨어 판매인과 • (필요시) 조정하는가?	• 내부 및 외부 조정 계획

표 25.10 프로그램 의사소통

주요 성공요인	설명	기준/수용 증거
6. 회사는 프로그램 현황과 이슈에 관해 효과적으로 소통한다.	2개 이상의 하위 범주가 "상"이면 이 득점은 "상"이다. 3개 이상의 하위 범주가 "하"이고 "상"이 하나도 없으면 이 득점은 "하"이다. 다른 조합은 "중"이다.	
6.1 프로그램 의사소통 계획을 개발하였다	• 프로그램이 회사 경영자로부터 충분히 관심을 받고 있는가? (이유 혹은 방법 설명)	• 프로그램 의사소통 계획
6.2 프로그램 프로젝트 현황을 자주 프로젝트 후원자와 내부 이해관계자에게 보고하였다.	• 회사는 내부 및 외부 이해관계자에 대한 의사소통 계획을 개발하였는가? • 계획은 서비스 중단을 완화하는 것의 중요성에 대해 소통하였는가?	• 프로그램 프로젝트 현황보고서
6.3 고객 조직 전반에 걸친 프로그램 현황을 경영자, 사업 관리자 및 적절한 이해관계자에게 정확하게 보고하였다.	• 프로젝트 현황을 보고하는 과정이 무엇인가? 누구에게 그리고 얼마나 자주 보고하는가?	• 프로그램 현황보고서
6.4 회사는 프로그램 완화 전략을 지원하기 위해 결정과 과정을 기록하였다.	• 결정과 과정을 기록하는가? • 프로그램 완화 노력을 위한 문서 표준이 준비되어 있는가?	• 결정 문서

표 25.11 프로그램 인적 자원

주요 성공요인	설명	기준/수용 증거
7. 회사는 프로그램과 프로젝트에 대해 헌신적인 충분한 프로그램 및 기술 직원을 가지고 있다.	4개 이상의 하위 범주가 "상"이면 이 득점은 "상"이다. 6개 이상의 하위 범주가 "하"이고 "상"이 하나도 없으면 득점은 "하"이다. 다른 조합은 "중"이다.	
7.1 자원 요건을 충족하기 위해 회사의 능력과 성능을 검토하였다.	• 자원 요건을 충족하기 위해 회사의 능력(필요 기술)과 성능을 검토하였는가? (과정 설명) • 검토에는 직원, 공간, 장비 등에 관한 요건이 포함되었는가?	• 프로그램 프로젝트 노력에 대한 능력 및 성능 평가

주요 성공요인	설명	기준/수용 증거
7.2 내부 결점을 보상하기 위해 대안 해결책을 검토하고 보유하고 있다.	• 내부 결점을 보상하기 위해 보유하고 있는 추가 자원이 무엇인가? (설명) • 여전히 필요한 추가 자원이 무엇인가? (왜 그리고 무엇인지를 설명)	• 추가 자원에 관한 요건 문서 • 자원 부족 해결 방법에 관한 문서
7.3 회사는 프로그램 프로젝트를 지원하기 위해 취득한 도구와 채택한 절차가 있다.	• 회사 수준에서 프로그램 프로젝트를 지원하는 도구와 과정을 설명한다.	• 사용 도구 혹은 사용 계획 문서
7.4 프로그램 프로젝트 관리자가 자격을 갖추고 있다.	• 프로젝트 관리자의 자격을 어떻게 확인하는가? (그들이 전에 프로젝트를 관리한 적이 있는가?) • 그들이 프로그램 노력과 관련한 이슈를 이해하고 있는가?	• 프로젝트 관리자 자격 평가
7.5 각 중요 프로그램 프로젝트에 관해 직원 추정이 이루어졌다.	• 각 주요 프로그램 프로젝트에 대해 직원 추정이 이루어졌는가? (전부가 아니면, 얼마나 많은 프로그램 프로젝트에 대해 추정이 이루어졌는가?) • 이러한 추정은 어떻게 이루어졌으며, 어떠한 것에 기초하여 추정을 하였는가?	• 프로그램 프로젝트 직원채용 추정
7.6 직원이 적절한 과정과 도구로 훈련을 받고 혹은 경험을 얻어 유능하다.	• 직원을 훈련하였으며, 어떻게 훈련하였는가? • (회사 관점에서) 배정된 직원이 유능한가?	• 능력과 성능과 관련한 훈련 욕구 및 기타 문서
7.7 프로젝트에 헌신하는 프로그램 및 기술 직원의 헌신을 강화한다.	• 직원의 헌신을 강요했으며, 그리고 어떻게 강요했는가?	• 직원 헌신에 관한 문서 • 이직률 완화 정책
7.8 관리 및 직원 이직률을 최소화하였다.	관리 및 직원 이직률을 최소화했는가? 직원이 이직하였는가?	• 직원 헌신에 관한 문서 • 이직률 완화 정책 • 직원 이직에 관한 문서

표 25.12 프로그램 통제

주요 성공요인	설명	기준/수용 증거
8. 회사는 프로그램과 프로젝트를 통제하고 있다.	2개 이상의 하위 범주가 "상"이면 이 득점은 "상"이다. 3개 이상의 하위 범주가 "하"이고 "상"이 하나도 없으면 이 득점은 "하"이다. 다른 조합은 "중"이다..	
8.1 핵심 자원의 가용도를 보장하기 위해 척도가 구비되어 있다.	• 핵심 자원의 가용도를 보장하기 위해 구비된 통제수단이 무엇인가?	• 핵심 자원 요건 문서
8.2 체계 시험 과정 및 도구를 확인하고 사용하였다	• 확인되고 사용될 체계 시험 과정 및 도구를 설명한다.	• 시험 과정 문서
8.3 프로그램 시험에 (거시 수준의) 충분한 자원을 확인하고, 배정하였다.	• 프로그램 시험에 필요한 인적자원을 확인하고, 배정하였는가? • 프로그램 시험에 필요한 전산 직원을 확인하고 배정하였는가?	• 자원 배정이 구비된 시험 계획
8.4 주요 프로그램 프로젝트에 대해 독립적인 품질 보증을 제공하였다.	• 주요 프로그램 프로젝트에 대해 독립적인 품질 보증을 제공하고 있는가?(설명)	• 품질보증 정책 및 과정

표 25.13 프로그램 위험 감사

주요 성공요인	설명	기준/수용 증거
9. 회사가 프로그램 이슈 및 위험을 충분히 알고 있다.	2개 이상의 하위 범주가 "상"이면 이 득점은 "상"이다. 3개 이상의 하위 범주가 "하"이고 "상"이 하나도 없으면 이 득점은 "하"이다. 다른 조합은 "중"이다.	• 전략기술 계획
9.1 회사 임원과 경영팀이 프로그램 이슈와 위험을 잘 알고 있다.	• 프로그램 이슈가 회사에 얼마나 영향을 주는가? • 완화되어야 할 회사의 서비스 전달에 가장 중요한 위험은 무엇인가? • 프로그램 위험 이슈를 어떻게 강조하는가? (포럼, 관리목표, 사업계획을 통해 강조하는가?)	• 사업계획
9.2 사업 단위에서 프로그램 위험 및 암시에 관한 사업 과정을 검토하다.	• 프로그램 위험 및 암시를 어떻게 검사하는가? • 그 과정이 어떻게 달성되는가? (어떻게 그리고 누가?) • 진행 중인 평가 과정이 구비되어 있는가? 설명)	• 사업계획
9.3 위험에 처한 사업 과정과 체계에 대한 완전한 목록이 존재한다.	• 위험에 처한 사업 과정과 체계에 관한 목록이 있는가? • 목록 과정을 어떻게 달성하는가?	• 사업계획 • 프로그램으로 영향을 받는 사업 과정 목록 • 위험에 처한 사업 과정 목록
9.4 잠재적인 실패 확률과 심각도를 결정하였다.	• 잠재적인 정보 체계 고장의 확률 및 심각도를 어떻게 결정하는가?(서비스에 대한 궁극적인 영향) • 그렇다면, 확률은 어떻게 결정하는가? • 그렇다면 심각도는 어떻게 결정하는가?	• 사업과정 위험 평가 결과(서비스 전달에 영향을 주는 확률 및 심각도)

표 25.14 프로그램 개선방안 추구

주요 성공요인	설명	기준/수용 증거
10. 회사는 도움이 필요하고 능동적으로 해결책을 추구할 때를 인식하고 있다.	2개 이상의 하위 범주가 "상"이면 이 득점은 "상"이다. 3개 이상의 하위 범주가 "하"이고 "상"이 하나도 없으면 이 득점은 "하"이다. 다른 조합은 "중"이다.	
10.1 회사는 추가 해결책의 필요성에 대한 조기 인식에 관한 조건을 감시하고 있다.	• 지원 욕구를 인식하고, 찾고, 시간에 맞추어 제공하는 것을 확실히 하기 위해 프로그램 및 프로젝트 조건을 어떻게 감시하는가?	• 이슈 관리 과정
10.2 필요시 회사는 능동적으로 해결책을 찾는다(해당되지 않음을 표시하는 경우).	• 어떤 유형의 욕구를 회사가 가지고 있으며, 해결책을 어떻게 그리고 어디에서 강구하는가? • 회사가 문제를 어떻게 내부적으로 해결하거나 도움을 받으려고 하는가? • 누구와 이 욕구에 대하여 토론하는가? • 필요할 경우, 보충 재원에 대한 예산 요청을 정의하고, 제시하거나, 계획하였는가?	• 프로그램 위험을 완화하기 위한 추가 자원 혹은 해결책에 관한 문서
10.3 회사는 추가 해결책의 요청 혹은 도움을 정당화할 수 있다(해당되지 않음을 표시하는 경우).	• 공식 도움에 대한 필요성을 분명하게 입증하고, 기록하였는가? • 해결책을 인식하고, 구하고, 도움을 받고 혹은 얻는데 있어 심각한 장애가 무엇인가? • 회사가 해결책의 요청을 공정하고 건설적으로 처리할 것으로 믿는가?	• 프로그램 위험을 완화하기 위한 추가 자원 혹은 해결책에 관한 문서

토의 문제 및 활동

1. 프로그램 위험 감사 참가자 및 관련 활동을 요약하라.

2. 프로그램 위험 감사 단계, 결과를 요약하라.

3. 프로그램 위험 감사 작업지를 생성하라.

4. 프로그램 위험 감사에 사용되는 10가지 성공요인을 말하라.

5. 프로그램 위험 감시 열 기지 주요 성공요인의 기준선을 설명하라.

7. 열 가지 주요 성공요인 중 프로그램 조직의 주요 성공요인에 대한 내용, 기준/수용문서를 요약하라.

8. 열 가지 주요 성공요인 중 프로그램 계획의 주요 성공요인에 대한 내용, 기준/수용문서를 요약하라.

9. 열 가지 주요 성공요인 중 프로그램 방향의 주요 성공요인에 대한 내용, 기준/수용문서를 요약하라.

10. 열 가지 주요 성공요인 중 프로그램 재무자원의 주요 성공요인에 대한 내용, 기준/수용문서를 요약하라.

11. 열 가지 주요 성공요인 중 프로그램 조정의 주요 성공요인에 대한 내용, 기준/수용문서를 요약하라.

12. 열 가지 주요 성공요인 중 프로그램 의사소통의 주요 성공요인에 대한 내용, 기준/수용문서를 요약하라.

13. 열 가지 주요 성공요인 중 프로그램 인적자원의 주요 성공요인에 대한 내용, 기준/수용문서를 요약하라.

14. 열 가지 주요 성공요인 중 프로그램 위험감사의 주요 성공요인에 대한 내용, 기준/수용문서를 요약하라.

15. 열 가지 주요 성공요인 중 프로그램 개선방향 추구의 주요 성공요인에 대한 내용, 기준/수용문서를 요약하라.

(ㅈ)

(ㅊ)

(ㅋ)

(ㅌ)

(ㅍ)

(ㅎ)

저/자/소/개

송 윤 섭

공학박사, 체계 통합 전문가, 컨설턴트, 항공종사자, 시인, 스피치라이터, 저술가

변화와 혁신을 위한

기술경영 전략과 방법론

초판인쇄 | 2022년 9월 22일
초판발행 | 2022년 9월 26일

저 자 | 송윤섭
발행인 | 이성범
발행처 | 문운당
주 소 | 서울시 종로구 혜화로5길 16 (명륜1가 45-3)
전 화 | (02)762-6010
팩 스 | 영업 (02)745-0265 / 편집 (02)762-8758
이메일 | 영업 munun2@chol.com
편집 munundang@naver.com
홈페이지 | http://munundang.co.kr

ISBN 979-11-5692-595-8 93550

정가 40,000원